주역론

때가 오지 않아 득지得志하지 못했을 때는 ‘수제’하고 득지했을 때는 성신誠信의 자세로 ‘치평’에 임하는 것이 군자가 취해야 할 정도正道이다. 『주역』에서 말하는 ‘중정中正’은 바로 이를 말하는 것이다.

周易論

신동준 지음

인간사랑

들어가는 글

동양의 고전 중 가장 오래 된 것을 들라면 단연 『주역』을 들 수 있다. 공자가 생전에 『주역』의 원형에 해당하는 『역易』을 읽은 것이 그 증거이다. 그러나 유가의 기본경전으로 꼽히는 소위 '13경十三經' 중 공자 때 현존 경전과 유사한 모습을 갖춘 것은 오직 『시경』밖에 없었다. 나머지 경전은 모두 공자 사후 수백 년 뒤에 만들어진 것이다. 『주역』 역시 공자가 생존해 있을 당시는 대략 '괘효사卦爻辭' 정도만 존재하는 극히 간략한 형태의 것에 지나지 않았다.

공자가 찬술한 것으로 알려진 소위 '십익十翼'은 공자가 죽은 지 5백 년도 더 지난 뒤 유가 후학들이 공자를 가탁假託해 삽입시킨 것에 불과하다. 그럼에도 그 연원으로 따져볼 때 『주역』의 원형이라고 할 수 있는 『역』의 역사는 유구하다. 이는 현재까지 출토된 갑골문 대부분이 점복占卜에 관한 것이라는 사실을 통해 쉽게 알 수 있다. 전설적 왕조인 하夏나라가 등장하는 신석기시대부터 사람들은 자연의 이치와 현상을 해석하기 위해 점을 쳤다. 『주역』이 기본적으로 점복서의 성격을 띠게 된 것은 바로 이 때문이다.

복서卜筮에서 출발한 『주역』이 책으로 엮어지기까지는 수천 년간에 걸친 세월이 소요되었다. 『주역』은 자연과 인간에 대한 선인들의 깊은 성찰과 지혜를 온축蘊蓄해 놓고 있다. 『주역』이 유가의 경전으로 채택된 이유가 바로 여기에 있다. 조선조의 다산茶山 정약용丁若鏞은 『주역』을 치평治平의 이치를 터득키 위한 '학역學易'의 입장에서 접근할 것을 강조했다. 그는 『주역』을 '복서'의 차원에서 접근하는 '점역占易'의 입장을 통렬히 비판한 바 있다. 순조 연간에 강진으로 유배가 있던 다산은 중형仲兄인 정약전丁若銓에게 보내는 편지에서 이같이 썼다.

"저는 유배온 이래 마음으로 『주역』을 공부해 온 지 지금까지 10년 동안 단 하루도 점대를 세고 괘를 만들어 어떤 일을 점쳐본 적이 없습니다. 제가 만일 뜻을 얻게 된다면 조정에 고하여 '복서'를 엄금시키느라 겨를이 없을 것입니다. 이는 오늘날의 점서占筮가 옛날의 '점서'와 다르다는 취지로 말한 게 아닙니다. 설령 주문왕周文王과 주공周公이 지금 세상에 태어날지라도 결코 점을 쳐 의심스러운 일에 대해 묻지 않을 것이기 때문입니다. 무릇 하늘을 섬기지 않는 자는 감히 점을 칠 수 없다고 말하고 있으나 나는 이제 말하기를, '비록 하늘을 섬기는 자일지라도 또한 감히 점을 치지 못한다'라고 할 것입니다."

『주역』을 '복서'의 경전으로 삼고 있는 자들에 대한 통렬한 지적이 아닐 수 없다. 다산은 『주역』이 비록 '복서'에서 출발하기는 했으나 성현이 『주역』에 전문傳文을 만들어 붙인 이후 유가의 최고 경전이 된 만큼 이를 '복서'의 차원에서 접근하는 것은 잘못이라고 지적한 것이다. 본서 역시 다산이 역설한 '학역學易'의 차원에서 출발했음은 말할 것도 없다.

다산이 지적한 바와 같이 『주역』은 비록 '복서'에서 출발했지만 결코 점을 치라고 주문한 적이 없다. 곤경에 처했을지라도 점을 치는 대신 난국을 타개하겠다는 굳은 의지와 노력, 결단 등을 주문하고 있다. 이는 청대 때 나온 『주역전의대전周易傳義大全』의 다음 구절을 통해 쉽게 확인할 수 있다.

"『주역』은 성인이 천하의 뜻과 통하고, 천하의 대업을 정하고, 천하의 의심을 결단하여 백성의 일을 앞서 인도하기 위해 만물의 형상을 본떠 만든 것이다."

이를 통해 알 수 있듯이 『주역』은 기본적으로 군신君臣이 통치의 와중에 직면하는 다양한 상황에서 어떻게 대처하여 치국평천하治國平天下를 이룰 것인지를 논한 통치이론서에 해당한다. 그럼에도 오랫동안 이를 점복의 해석서로 이용하는 잘못을 범해온 것이다. 여기에는 전한제국 초기에 등장한 소위 '재이설災異說'이 결정적인 역할을 했다. '재이'의 '재災'는 사물의 작은 변고, '이異'는 큰 변고를 뜻한다. 이는 군주의 통치를 천재지변天災地變에 연결시켜 해석하는 이론을 말한다. 한무제漢武帝 당시 동중서董仲舒는 『춘추공양전』에 나오는 역사적 사례를 모두 '재이설'에 입각해 해석함으로써 『주역』을 점복서로 이용케 만드는 데 결정적인 공헌을 했다.

남송대의 주희는 여기서 한발 더 나아가 『주역』을 점복서의 관점에서 풀이해 놓았다. 주희의 『주역』에 대한 주석이 비록 '도학'의 관점에서 이뤄졌음에도 불구하고 근원적으로 미신적인 요소를 띠게 된 것은 바로 이 때문이다. 남송대의 정역동丁易東이 쓴 「역통론易通論」이 이를 뒷받침한다. 정역동은 「역통론」에서 『주역』을 주석한 역대 학자들을 크게 12개 유파로 분류한 뒤 주희를 의리에 입각해 『주역』에 접근한 정이천程伊川의 '이론파理論派'로 분류하지 않고 점서占筮의 관점에서 접근한 '점론파占論派'로 분류해 놓았다. 실제로 주희는 황제가 부르는 데에도 점을 쳐 불길하다고 나오자 칭병하여 알현을 거부하는 등 점서를 지나치게 신뢰한 바 있다.

중국에서는 오랫동안 정역동의 분류법이 통용돼 왔다. 그러나 청대에 이르러 건륭제乾隆帝의 주창으로 사고전서四庫全書가 찬집되면서 '역학'의 유파는 크게 의리파義理派와 상수파象數派로 대표되는 소위 '양파육종兩派六宗'으로 정리되었다. 여기서 가장 주목할 점은 '의리파'에 새로운 유파인 '사사종史事宗'이 등장한 점이다. '사事'에 '사史' 개념이 추가된 점에 비춰 정역동이 '역학'의 유파를 분류할 당시만 해도 크게 관심을 끌지 못해 분류대상에서 누락된 '사론파史論派'가 후대로 오면서 기본취지를 같이 하는 '사론파事論派'와 하나로 통합되었을 공산이 크다.

『주역』은 점복서도 아니지만 그렇다고 '의리파'가 주장하듯이 윤리론에 입각한 도학서도 아니다. 『주역』 역시 『노자』 및 『논어』와 마찬가지로 '치국평천하治國平天下'의 이치를 탐구하는 데서 출발하고 있다. 공자가 전래의 『역』을 탐독한 것도 바로 이 때문이라고 보아야 한다. 다만 『주역』은 인仁을 통한 인도人道의 구현을 추구한 『논어』 및 무위지치無爲之治를 통한 천도天道의 구현을 강조한 『노자』와 달리 상징적인 괘효사를 통해 '인도'와 '천도'

의 합일을 추구한 점이 다르다고 할 수 있다.

『노자』는 천도를 통해 인도의 근원을 탐구하는 소위 '치도론治道論'을 전개했다. 『논어』는 인도를 통해 이상적인 통치자인 군자의 구체적인 덕목을 탐구하는 소위 '치본론治本論'을 전개했다. 이에 대해 『주역』은 군자가 천도를 인도에 접목시키는 구체적인 방법론을 탐구하는 소위 '치술론治術論'을 전개했다고 할 수 있다. 『노자』와 『논어』, 『주역』 모두 난세를 구하고 치세를 구가하기 위한 통치의 요체를 논했다는 점에서 하등의 차이가 없는 것이다. 선진시대의 문헌 중 통치의 근원과 덕목, 방법론을 이토록 깊이 탐구한 문헌은 존재하지 않는다. 『노자』와 『논어』, 『주역』은 삼위일체의 관계를 맺고 있다고 해도 과언이 아닌 것이다.

일찍이 『노자』와 『주역』, 『논어』의 삼위일체 관계를 통찰한 인물이 있다. 그가 바로 삼국시대 위나라의 왕필王弼이었다. 당시 왕필은 이미 도교道敎로 추락한 도가의 치기주의治己主義와 명교名敎로 추락하기 시작한 유가의 예식주의禮式主義를 고발하면서 천도와 인도의 통합을 역설한 노자의 천인합일天人合一사상을 복원코자 했다. 그가 한유漢儒의 번다한 주석과 도사道士의 장생술을 비판한 것은 바로 이 때문이었다. 그는 공자 당시의 원시유학과 노자 당시의 원시도가를 회복코자 했던 것이다.

이에 그는 공자가 말하는 인仁과 노자가 말하는 무위無爲를 하나로 통일시키기 위한 노력의 일환으로 『노자』와 『주역』, 『논어』에 대한 총체적인 주석을 시도했다. 왕필은 『논어석의論語釋疑』에서 유가사상에 대한 도가적 비판을 통해 유가의 '도'가 노자사상의 최고 이념인 '무'와 일치한다는 것을 논증했다. 유가와 도가는 방법상의 차이만 있을 뿐 본질적인 차이가 있는 것은 아니라는 사실을 갈파한 것이다.

그는 이어 『노자주』에서 시공을 초월하는 '불변不變'과 '상常'을 찾아낸 뒤 이를 근거로 삼라만상의 존재이치를 찾아내고자 했다. 그러나 『주역주』에서는 이런 노력을 기울이지 않은 채 그보다는 오히려 음양의 조화관계에서 그 이치를 찾아내고자 했다. 왕필은 비록 『노자』와 『주역』의 이치를 하나로 꿰어 '무'라고 과감히 선포하기는 했으나 이를 이론적으로 정치精緻하게 뒷받침했던 것은 아니었다.

그럼에도 『노자』와 『주역』을 하나로 꿰어 '무'에 그 요체가 있다고 설파한 그의 주장은 타당성 여부를 떠나 『노자』와 『주역』을 하나로 꿰어 해석하고자 하는 당시 학계의 숙원을 실현한 것이나 다름없었다. 왕필의 이런 주장이 나온 이후 『주역』과 『노자』를 하나로 꿰어 왕필처럼 '무'라는 단 하나의 단어로 요약한 학설이 전혀 나오지 못한 사실이 이를 뒷받침한다.

남북조시대 이후의 시대적 분위기는 삼국시대와 같이 『노자』와 『주역』, 『논어』를 하나로 꿰어보기에는 상대적으로 경직되어 있었다. 이런 분위기는 청대 말기까지 그대로 이어졌다. 성리학이 등장한 이후에는 통치이론의 삼대 기본 텍스트라고 할 수 있는 『노자』와 『주역』, 『논어』를 하나로 꿰어보려는 시도 자체가 이단적인 행보로 여겨졌다.

원래 왕필이 통치이론의 삼대 기본 텍스트에 대한 통일적인 해석을 시도한 데에는 그가 '역학'으로 이름 높은 가문 출신이었다는 사실과 밀접한 관련이 있었다. 그는 가학家學으로 연구해 온

『주역』을 어렸을 때부터 깊이 연구했다. 그가 어렸을 때 이미 『주역주』로 명성을 떨친 데에는 전래의 가학이 커다란 영향을 미쳤다고 보아야 한다. 일군의 학자들이 입세간入世間의 현실정치에 참여하는 것보다 출세간出世間의 문제에 더 깊은 관심을 기울이며 '장학莊學'에 깊이 침작한 것도 왕필에게 적잖은 영향을 끼쳤다. 당시의 학계 풍토는 『노자』와 『주역』, 『논어』 등을 같이 연구하는 것을 자연스런 일로 여겼다.

그러나 왕필은 불행하게도 24세의 젊은 나이에 요절하고 말았다. 이는 그가 사마씨司馬氏의 정적인 조상曹爽의 지우知遇를 입어 그와 가까이 지낸 데 따른 것이었다. 사마씨는 조상을 제거하면서 문명을 떨치고 있던 왕필마저 가차없이 제거하고 만 것이다. 이로 인해 왕필은 끝내 『주역』의 〈계사전繫辭傳〉 이하의 부분에 대해 주석을 달지 못했다. 이를 두고 왕필이 의도적으로 주석을 달지 않았을 가능성을 제기하는 견해도 있으나 이는 잘못이다.

관계 문헌에 왕필의 『노자』 주석에 대한 언급만 나오고 『주역』 주석에 관한 언급이 나오지 않고 있는 점에 비춰 그는 『주역』에 대한 주석을 마치기 전에 세상을 떠난 게 확실하다. 동진東晋의 한강백韓康伯이 채록해 전하는 〈계사전〉의 주에 인용된 왕필의 주는 그가 〈계사전〉에 주를 달고자 했던 의도가 엿보인다. 〈계사전〉을 비롯한 〈역전易傳〉의 내용을 중시했던 왕필이 『주역』을 주석하면서 〈계사전〉 이하의 〈역전〉에 주를 달 필요가 없었다고 생각했을 가능성은 매우 희박하다. 이는 그의 요절에서 그 원인을 찾는 게 타당하다.

왕필이 요절한 뒤 그의 역학이론은 한강백에게 전수되었다. 한강백은 왕필의 역학이론에 입각해 왕필이 미처 주석을 달지 못한 〈계사전〉 이하의 부분에 주석을 달았다. 다산은 한강백의 주석에 불교사상이 혼입돼 있다고 주장했으나 대부분의 학자들은 한강백이 왕필의 역학이론을 조술祖述했다는 데 별다른 이의를 달지 않고 있다. 이는 한강백이 역도易道의 요체를 왕필과 같이 '무'로 간주한 사실에서 극명하게 드러나고 있다. 왕필의 역학이론이 송유宋儒에게 심대한 영향을 미친 데에는 한강백의 공이 컸다고 보아야 할 것이다.

당제국 때에 들어와 공영달孔穎達은 『주역정의周易正義』를 찬술하면서 한강백이 왕필의 주석을 인용한 점에 주목해 한강백이 직접 왕필에게 수업을 받았을 가능성을 제기했다. 그러나 이는 역사적 사실과 동떨어진 것이다. 두 사람은 70년의 나이 차이가 있어 사제관계로 볼 수 없다. 한강백이 왕필을 사숙한 것으로 보는 게 타당하다.

이론적으로 볼 때 『노자』와 『주역』의 요체를 하나로 꿰어 '무'로 해석한 왕필의 주장은 사실 지나친 것이다. 『주역』의 괘효사는 결코 '무'의 관점에서 나온 것이 아니다. 왕필의 『주역주』을 사실상 그대로 수용한 당제국의 공영달조차 『주역주』에 '소疏'를 달면서 『주역』을 '유'와 '무'의 관념과 연관시켜 해석해야 한다고 주장한 사실이 이를 뒷받침한다. 그는 『주역정의』의 서문에서 이같이 말한 바 있다.

"역리易理 자체가 아무리 현묘할지라도 실제의 명교名敎 : 사람이 당연히 좇아야 할 가르침으로 유교를 지칭 질서는 '유有'를 기준으로 삼을 수밖에 없다."

이는 왕필의 '무' 주장에 대한 명백한 이의제기에 해당한다. 사실 공영달이 지적한 바와 같이 『주역』이 '무'에 입각한 것도 아니지만 『노자』 자체도 결코 '무'에 입각한 것이 아니다. 왕필은 유가에서 강조하는 '성聖'과 '지知'의 폐단을 지적하면서 말절末節의 '성지聖知'를 버릴 때 진정한 '성지'가 성립될 수 있다고 주장했다. 그는 이를 '숭본식말崇本息末 : 근본을 숭상하고 말단을 버림'로 규정한 뒤 유가의 '성지'는 근본을 버린 채 새로운 교위巧僞만 만들어내는 '사본공말舍本攻末 : 근본을 버리고 말단을 다스림'에 불과하다고 비판했다.

그러나 왕필의 이런 해석은 『노자』를 잘못 해독한 데 따른 것이다. 원래 『노자』 제19장에 나오는 '절성기지絶聖棄智 : 뛰어난 지혜를 끊어서 버림' 구절은 지난 1993년에 호북성湖北省 형문시荊門市 곽점촌郭店村의 '곽점 1호묘'에서 출토된 죽간竹簡에는 '절지기변絶智棄辯'으로 되어 있다. 이는 '지변智辯 : 지혜와 변설을 끊어서 버리다'의 뜻이 된다. 『노자』는 『논어』에서 말하는 군자의 가장 궁극적인 모습을 '성인'으로 보았다. 당초 『노자』가 성인과의 절연을 연상시키는 '절성기지'를 언급했을 가능성은 거의 없는 것이다.

이는 후대에 들어오면서 그 내용이 의도적으로 바뀐 것으로 보아야 한다. 후대의 도가가 『노자』를 전수하는 과정에서 '절지기변'을 '절성기지'로 바꾼 것은 원래 선과 악의 개념에 얽매여서는 안 된다는 취지를 강조하기 위한 것으로 짐작된다. 후대의 도가들은 만일 그리 하지 못하면 안으로는 마음이 얽매이고 밖으로는 발자국을 남기게 되어 인간의 본성인 소박함을 잃어버리게 된다고 본 것이다. '절성絶聖'을 왕필과 같이 '성인을 끊다'는 식으로 직역해서는 안 되는 이유가 여기에 있다. 이는 『노자』에서 매우 긍정적으로 서술된 '성인'에 대한 기본입장과 배치되는 것이기도 하다. 여기의 '성聖'은 '재지才智가 있다'의 뜻으로 새기는 게 타당하다.

이를 통해 알 수 있듯이 왕필이 '절성기지'를 '숭본식말'에 입각해 해석한 것은 잘못이다. 『노자』는 결코 성인과 절연해야 '소박과욕素朴寡欲'의 정치를 구현할 수 있다고 주장한 적이 없다. 나아가 『노자』는 비록 '무위無爲'를 말하기는 했으나 불가의 '공空'에 가까운 『장자』의 '무위자연無爲自然'을 강조한 적이 없다. 『노자』에서 말하는 '무위'는 '무위지치無爲之治'를 말한 것으로 통치행위를 상징하는 '유위有爲'의 가장 지극한 모습을 뜻한다. 『노자』가 최상의 치도인 소위 '제도帝道'에 관한 통치사상서로 평가받는 이유가 바로 여기에 있다. 『노자』는 결코 출세간에 함몰된 '장학'과 같이 성인과의 교류를 끊는 식의 '절성기지'를 옹호하거나 원용한 적이 없다.

오히려 『노자』와 『주역』, 『논어』를 통일적으로 해석하고자 하면 '유위'의 관점에서 보아야만 한다. 그래야 논리상 무리가 없게 된다. 공영달은 비록 이론제기 차원에서 그치기는 했으나 사실 『노자』와 『주역』, 『논어』를 하나로 꿰는 요체는 왕필의 주장과는 정반대로 '유위'에서 그 의미를 찾고자 한 셈이다. 이는 필자가 『노자론』인간사랑, 2007에서 자세히 분석한 바 있다. 다산도 비록 『노자』에 대한 분석을 시도하지는 않았으나 역도易道의 요체는 '무'가 아닌 '유'에 있다고 주장한 바 있다.

『노자』는 결코 '유위'를 반대한 적이 없다. 오히려 '유위'에 반대되는 '무치無治'를 위험시했다. 『노자』에서 말하는 '무위지치'는 '유위지치'의 반대되는 개념이 아니라 '유위지치'의 궁극으로 보아야만 한다. 이는 『주역』의 「기제괘旣濟卦」와 「미제괘未濟卦」가 상통하는 이치와 같다. 이같이 보아야만 비로소 『주역』과 『노자』, 『논어』를 통일적으로 파악할 수 있다. 사실 왕필이 『주역』과 『노자』, 『논어』의 이치를 '무'로 정리한 데 따른 부작용이 적지 않았다. 왕필의 이론을 토대로 '장학'의 이론을 확장시킨 남북조시대의 '현학玄學'이 현실을 도외시한 출세간의 학문으로 치달은 사실이 이를 뒷받침한다.

그럼에도 왕필이 남긴 『노자주』와 『주역주』는 이후 천 년 동안 과거시험의 교과서로 통용되었다. 그의 역학이론은 불교의 중국화에 결정적인 역할을 한 것은 물론 성리학의 형성에 지대한 공헌을 했다. 왕필이 주창한 소위 '필연지리必然之理'가 '이理'를 '기氣'의 본체로 삼은 성리학의 효시가 되었다는 게 학계의 통설이다. 사실 성리학은 한대漢代의 유학이 아닌 위진魏晉의 '현학'에 사상적 뿌리를 두고 있다. '현학'의 세례를 받은 남송대의 성리학자들이 왕필을 높이 평가한 데에는 바로 이런 이론적인 전승이 적잖은 영향을 미쳤다.

이를 통해 알 수 있듯이 왕필과 주희 등에 의해 『주역』은 유가 내에서 최고의 경전으로 인식되었음에도 불구하고 오랫동안 성리학의 무미건조한 '도학道學' 속에 사장되어 왔다. 이는 공자사상에 대한 일대 왜곡으로 『노자』가 『장자』의 원형 정도로 치부되어 아예 '장학莊學' 속에 매몰된 것과 맥을 같이 하는 것이다. 필자가 『논어론』과 『노자론』에 뒤이어 『주역론』을 펴내게 된 이유가 바로 여기에 있다.

본서의 출간은 『주역』을 통치사상 내지 통치이론의 관점에서 접근코자 하는 의도에서 나온 것이다. 이는 필자가 시종 강조해온 '통치학'의 지평을 넓히기 위한 작업의 일환이기도 하다. 본서는 내용적인 면에서 『주역』을 사실史實 및 사론史論의 관점에서 접근코자 한 사마광 등의 사학파와 맥을 같이 한다. 중국의 전통적인 분류법에 따르면 대략 '사사파事史派'에 속한다고 할 수 있다.

우리나라에서 '사사파'의 관점에서 『주역』에 주석을 가한 것으로는 본서가 사상 최초라고 해도 과언이 아니다. 우리나라는 성리학이 들어온 이후 시종 주희의 주석에 기초한 '도리파道理派'의 주석이 정통인 것으로 인식돼 왔다. 그러나 기본적으로 주희의 주석은 '중정中正'에 그 초점이 맞춰져 있다.

원래 '중中'은 각 괘의 육효六爻 중 하괘下卦의 가운데에 처한 제2효第二爻와 상괘上卦의 가운데에 처한 제5효第五爻를 가리킨다. '정正'은 양효陽爻가 양위陽位에 처하고 음효陰爻가 음위陰位에 처해 바른 위치에 앉아 있는 것을 말한다. '중정'은 곧 부중不中하고 부정不正한 것은 나쁜 것이라고 뜻을 내포하고 있다.

그러나 『주역』의 괘효사를 보면 '중정'이 비록 길할지라도 이는 어디까지나 부단히 겸손한 자세로 노력하는 것을 전제로 한 것이다. 아무리 '중정'에 처했을지라도 겸손한 자세로 노력하지 않으면 이내 흉하게 되어 있다. 반대로 '부중'하고 '부정'한 자리에 처했을지라도 성신誠信의 자세로 수신修身하면 얼마든지 길할 수 있다. 이것이 『주역』에서 말하는 길흉의 요체이다.

주희는 「비괘否卦」에 나오는 '불리군자정不利君子貞' 괘사卦辭를 두고 '비否의 시기일지라도 군자는 정도를 지키는 것이 이롭다'고 풀이해 놓았다. 이는 명백히 효의爻義에 배치되는 주석이 아닐 수 없다. 원래 「비괘」의 '비否'는 '비색否塞 : 꽉 막힘' 내지 '비폐否閉 : 꽉 닫힘'의 뜻이다. '불리군자정'은 '비색'의 시기에는 군자의 수정守貞 : 정도를 지킴이 불리하다는 취지를 담고 있는 것으로, 소인의 도가 통하고 대인의 도가 통하지 않는다는 뜻을 내포하고 있다. '비색'의 시기에는 군자일지라도 '수정'을 감추고 '명철보신明哲保身'해야 한다는 게 바로 '불리군자정'의 기본취지인 것이다. 이것이 바로 공자가 『논어』「공야장」편에서 '나라에 도가 없을 때에는 벌을 받아 주살되는 일을 면해야 한다'고 말한 취지에 부합하는 해석이다.

이는 주희가 고식적으로 육효六爻 중 제2효와 제5효만 '중정中正'하다고 보아 오직 '중정'만이 어느 경우에나 통용될 수 있는 절대적 진리로 간주한 데 따른 것이다. '중정'을 강조한 주희의 취지는 이해할 수 있으나 '중정'을 모든 상황에 변함없이 적용되는 불변의 진리인 양 해석해 놓은 것은 잘못이다.

『주역』에서 강조하는 것은 '변역變易'의 이치이지 결코 '불변不變'의 이치가 아니다. 때와 장소에 따른 응변應變이 바로 '변역'의 이치이다. 이는 다양한 상황에서 사물이 취할 수 있는 가장 바람직한 자세이기도 하다. '중정' 또한 '응변'의 이치에서 벗어날 수 없다. 이를 주희와 같이 불변의 도리인 '중정'을 묵수해야 한다는 식으로 해석하는 것은 '변역'의 이치와 정면으로 배치되는 것이다. 『주역』에서 말하고 있는 유일한 '불변'의 이치는 천지만물이 끊임없이 변한다는 '변역'의 이치뿐이다.

이를 통해 알 수 있듯이 『주역』에 나오는 64괘의 괘효사는 바로 기승전결起承轉結 형식으로 전개되는 사물의 발전과정에 대한 해석을 통해 사람들에게 분발을 촉구하는 내용으로 되어 있다. 자신이 처한 현재 상황에 대한 정밀한 진단을 토대로 이전의 행로에 대한 주의 깊은 성찰과 이후의 전망에 대한 면밀한 고찰을 주문하고 있는 것이다.

『주역』이 말하는 전망은 크게 '자수自修'과 '쾌단夬斷' 두 가지로 요약할 수 있다. '자수'는 시기가 불리한 까닭에 더 이상 나아가지 않은 채 스스로 덕을 닦는 것을 말하고, '쾌단'은 유리한 상황이 도래한 까닭에 속히 결단하여 앞으로 나아가는 것을 말한다. 『주역』에서 '자수'도 '쾌단'도 아닌 '현상유지'와 '유예猶豫 : 머뭇거림'를 주문한 경우는 전무하다. 이는 바로 인간의 굳은 의지와 부단한 노력, 쾌도난마의 결단력을 촉구한 것이다.

『주역』은 결코 점복서도 아니지만 불변의 도리를 언급한 도학서도 아닌 것이다. 천지만물이 끝없이 변하는 만큼 인간 또한 이에 부응해 부단히 노력함으로써 가장 올바른 대안을 모색해야 한다는 것이 『주역』이 말하고자 하는 메시지이다. 이는 『노자』 제1장의 첫 구절과 그 취지를 같이 하는 것이기도 하다.

"도道는 가히 '도'라고 말할 수 있을지 모르나, 이는 상도常道 : 불변의 도가 아니다."

일찍이 남북조시대의 유협劉勰은 『문심조룡文心雕龍』에서 문학의 아름다움은 경전의 정신으로 돌아가는 데 있다고 주장하면서 경전의 중심에 『주역』이 있다고 단언한 바 있다. 문학 역시 『주역』의 이치에서 벗어나지 않고 있다는 것이다. 〈단전彖傳〉과 〈상전象傳〉을 비롯한 역전易傳이 뛰어난 운문으로 구성돼 있는 것도 유협의 이런 평가와 무관치 않을 것이다.

최근 리쩌허우李澤厚를 비롯한 적잖은 학자들이 『주역』을 『순자』의 계승 · 발전으로 간주해 양자의 상호관계에 커다란 관심을 기울이고 있다. 이는 『주역』과 『노자』, 『논어』 모두 난세를 구하고자 하는 취지에서 나온 통치사상서라는 사실을 뒤늦게 깨닫기 시작한 징표가 아닐 수 없다. 일찍이 곽말약郭沫若은 〈단전〉의 내용이 『순자』 「대략」편과 유사하다는 사실을 밝혀낸 바 있다. 사실 〈계사전〉의 내용을 보면 『순자』의 영향을 적잖이 받았음을 쉽게 알 수 있다. 『순자』의 '천인상분설天人相分說' 은 '자강불식自彊不息' 을 강조하고 있는 『주역』의 정신과 상통한다.

『주역』과 『노자』, 『논어』를 관통하는 기본이치는 '군자의 자강불식을 통한 치평' 에 있다고 해도 과언이 아니다. 공자사상의 적통을 이은 『순자』가 『주역』의 경문을 해석한 '역전' 의 형성에 결정적인 도움을 준 것은 자연스런 일이기도 하다. 필자는 이를 『순자론』인간사랑, 2006에서 개략적으로 언급한 바 있다. 『주역』과 『순자』의 상호관계에 대한 심도 있는 연구가 절실히 요구되는 시점이 아닐 수 없다.

본서는 왕필이 주석하고 공영달이 소를 단 『13경주소十三經注疏 : 周易正義』北京大出版社, 1999를 저본으로 삼아 고금의 주석을 두루 참조한 뒤 '사사파' 의 관점에서 새롭게 주석을 가한 것이다. 『주역정의』 이후의 역대 주석가의 주는 황수기黃壽祺 등이 편찬한 『주역역주周易譯註』上海古籍出版社, 2001와 고형高亨의 『주역대전금주周易大全今注』齊魯書社, 2003 등을 참조했다. 주희의 경우는 『주자어류朱子語類 : 卷 65-77』中華書局, 2004를 별도로 참조했고, 다산의 주석은 『여유당전서與猶堂全書 : 經集 1-2』全州大出版部, 1986를 참조했다.

끝으로 군자지도君子之道의 연마에 용맹정진하면서 본서의 집필에 아낌없는 성원을 보내준 송산松山 김홍기와 소평素平 이인한을 비롯한 맹파강원 문도들에게 심심한 사의를 표한다. 본서의 출판을 흔쾌히 허락해 주신 여국동 사장과 편집 · 교열에 노고를 아끼지 않은 홍성례 편집장을 비롯한 편집진에게도 고마운 마음을 전하고자 한다.

2007년 만춘
정릉 학오재學吾齋에서
저자 쓰다

차례

제1부

역도론

제1편 역서론易書論

『주역』에서 말하는 '역易'은 여러 가지 뜻을 내포하고 있으나 기본적으로 변역變易을 뜻하는 말이다. '역'의 어원과 관련해 석척설蜥蜴說과 일월설日月說, 일영설日影說 등이 있다. '석척설'은 '역'자가 주변상황에 따라 변화무쌍하게 변하는 도마뱀을 상징하는 상형문자에서 유래되었다고 보는 견해이다. '일월설'은 '역'자를 양陽을 상징하는 '일日'과 음陰을 상징하는 '월月'의 회의會意문자로 보는 견해이다. '일영설'은 '일日'과 '물勿'의 회의문자로 보는 견해로 고대에 해 그림자를 보고 그날의 일과에 대해 진퇴를 명한 데서 '역'자가 나왔다고 보는 것이다.

어원적으로 볼 때 '역'이 '석척'의 뜻으로도 쓰이는 점에 비춰 대략 '석척설'이 타당한 것으로 보인다. 도마뱀이 주변상황을 좇아 응변應變하는 모습은 『주역』에서 말하는 변역의 기본취지에도 부합한다. '역도易道'는 '변역'의 이치를 뜻하는 말로 곧 도마뱀이 응변하는 이치와 같다고 할 수 있다. 〈계사전〉은 '역도'의 의미를 이같이 풀이해 놓았다.

"『주역』의 괘사와 효사는 위태로운 정황을 드러내 위자危者 : 위태롭다고 조심하는 자는 평안을 얻고 이자易者 : 안이한 자세로 임하는 자는 기울어지게 해 놓았다. 그 도가 심대甚大하여 백물百物이 모두 포함돼 있다. 두려운 마음으로 일을 종시終始하면 『주역』의 요체는 그로 하여금 무구无咎 : 재난을 면함하게 한다. 이는 '역도'를 말한 것이다."

'역도'의 이치가 바로 '자강불식自彊不息'에 있음을 여실히 보여주는 대목이 아닐 수 없다. 『주역』은 64괘 384효를 통해 시종 '자강불식'을 강조하고 있다. 이를 변역의 이치와 연결시켜 해석할 경우 『주역』의 요체는 한마디로 '군자의 시변時變에 부응하는 자강불식'에 있다고 해도 과언이 아니다.

그러나 역사적으로 볼 때 '역'의 기원은 복서卜筮에 있다. 『주역』은 '복서'에 대한 합리적인 해석을 시도한 데서 나온 것으로 농경문화의 형성과 밀접한 관련을 맺고 있다. 원래 중국문명의 원형이 된 신석기시대의 농경문화는 대략 기원전 6천 년–2천 년 사이에 전개되었다. 인류는 이 시기에 들어와 농업생산에 종사하고 야생동물을 가축으로 사육하기 시작하면서 비교적 안정된 음식물 공급원을 확보케 되었다. 이때 씨족집단이 날로 확대되면서 대규모 촌락이 형성되었고 여러 종교의식이 널리 행해졌다. 씨족집단이 부족단위로 확대되면서 각 부족마다 독특한 문화를 만들어내기 시작했다. 본격적인 문명시대가 열리게 된 것이다.

이 시기의 가장 주목되는 징표는 수도작水稻作이다. 중국 내에서 수도작이 가장 먼저 나타난 곳은 장강 유역이었다. 수도작 문화는 은대문화의 형성과 발전에 깊은 영향을 주었다. 급속한 인구팽창과 더불어 황하와 장강 일대에 방대한 농경지가 조성되면서 최초의 왕조인 은왕조 때 등장하는 방邦과 읍邑, 국國 등 성읍城邑도시의 기틀이 마련되었다. 중국이 세계에서 가장 많은 인구를 보유케 된 것은 신석기시대부터 집약적인 농경을 통해 식량문제를 성공적으로 해결한 사실과 무관치 않다. 중국문명의 기원과 특징을 농경문화에서 찾는 이유가 바로 여기에 있다. 그만큼 중국의 농경문화는 매우 빠른 시기에 성공적으로 이뤄졌던 것이다. 이는 서양문명이 수렵문화를 근간으로 하여 발전한 것과 뚜렷한 대조를 이루고 있다.

중국은 여러 가지 면에서 농경에 유리했다. 광대하고도 비옥한 토지와 풍부한 수량, 막대한 노동력이 집약적이면서도 규모가 큰 농경을 가능케 했다. 집약적 농경문화는 정주定住를 전제로 한 수많은 부족사회의 존재가 있기에 가능했다. 정주생활에 기초한 부족사회의 출현은 사람들의 생활양식은 말할 것도 없고 모든 사유체계를 근원적으로 변화시켰다. 농경사회에서는 씨 뿌리고 수확하는 시기를 정하고 기상의 변화를 정확히 예측하지 않으면 안 된다. 농경문화는 많은 경험과 지식을 축적케 하는 데 유리했다. 가공할 만한 천재지변조차 자연의 순환과정에 나타나는 특이현상에 불과한 것으로 간주되면서 공자가 갈파했듯이 괴력난신怪力亂神의 위력을 두려워하지 않는 풍조가 조성되었다.

이로 인해 농경이 시작되는 신석기시대부터 천지만물의 소장운행消長運行에 부응하는 자연과의 합일이 강조되었다. 이것이 바로 '응천應天' 사상이다. 이는 위정자들이 전체 백성들의 삶을 고양시키는 방향으로 권력을 운용해야만 한다는 '위민爲民' 사상으로 이어졌다. 위정자에게 높은 경륜과 도덕적 품성을 요구하게 된 이유가 바로 여기에 있었다.

중국문명은 상왕조가 등장하면서 비로소 역사시대로 진입했다. 이는 상왕조 때에 비로소 최초의 문자기록인 갑골복사甲骨卜辭가 나타난 데 따른 것이었다. 이것이 『역』의 효시이다. 갑골복사는 거북의 등껍질을 불에 태워 신의 뜻을 물은 뒤 그 결과를 기록한 것을 말한다. 중국문명 역시 서양문명과 마찬가지로 선사시대는 말할 것도 없고 역사시대인 상왕조 때에 이르기까지 일종의 신탁神託에 의해 국가의 대소사를 결정했다. 신탁이 드러난 갑골복사를 해석하는 것은 곧 국가대사를 결정하는 것이었다. 이는 모두 일종의 무당인 무사巫師가 담당했다. 이들을 흔히 '정인貞人'이라고 했다. 상왕조는 바로 '정인'의 우두머리가 왕이 되는 '제정일치祭政一致'의 국가였던 것이다.

'정인'은 '신탁'을 해석할 수 있는 유일한 집단이었다. 상왕조의 역대 왕들이 일종의 무당에 해당하는 '정인'이었다는 것은 그리 이상한 일도 아니었다. 중국에서는 이미 군장사회가 형성되는 신선기 후기부터 이들 '정인'이 지배자집단으로 등장하기 시작했다. 후대에 '천자天子'는 천도天道를 세상에 구현하는 '인도人道'의 실천자로 해석된 데 반해 '제왕帝王'은 주술적呪術的인 위령威靈을 지닌 신적인 지배자로 해석된 것도 이와 무관치 않다. 상왕조는 비록 천명을 내세우며 '천자'의 의미를 강조한 주왕조에 의해 무너졌으나 '제왕' 개념을 통해 천신과 교신하는 '정인'이 천하를 지배한다는 기본이념을 남겨 놓았다. 이는 『국어』「초어」에 나오는 다음과 같은 구절을 보면 쉽게 확인할 수 있다.

"옛날에는 정명精明하고 전일專一한 사람이 있었다. 그들은 신령에 대해 능히 한마음으로 경배하면서 마음을 경건하고 성실하게 다스렸다. 그들의 지혜는 능히 천지신민天地神民들로 하여금 각기 그 자리를 잡게 할 수 있고, 그들의 도덕은 능히 먼 곳의 대지까지 두루 비출 수 있다. 그들의 안력眼力은 능히 천지를 통찰하고 그들의 청력聽力은 능히 모든 것을 들을 수 있다. 이런 사람에게는 신령이 곧 그 몸 위로 하강한다. 남자는 격覡이라 하고 여자는 무巫라고 했다."

당시 '천신'과 교신하는 '정인'이 얼마나 전지전능한 사람으로 인식되었는지를 짐작케 해주는 대목이 아닐 수 없다. '정인'이 되기 위한 전제조건이 바로 지성명총智聖明聰이었다. 최고통치자에게 '지성명총'을 요구하는 이런 전통은 '천명론天命論'을 내세워 은왕조를 뒤엎고 새롭게 등장한 주왕조의 천자에게도 그대로 적용되었다. 높은 경륜과 도덕적 품성을 지닌 통치자집단이 발동하는 통치권력을 분석키 위한 이론적 도구가 바로 치도治道 개념이다. 치도 개념은 막강한 통치권력의 합리적인 발동의 이론적 근거를 통치집단의 높은 경륜과 도덕적 품성에서 찾았다. 공자는 이를 '군자君子' 개념을 통해 이론적으로 정립해냈다. 중국문명이 일찍부터 국가공동체의 통치권력에 깊은 관심을 기울이게 된 것도 따지고 보면 신석기시대부터 형성된 농경문화의 소산이라고 할 수 있다.

이를 통해 알 수 있듯이 『역』은 '복서'를 통해 권력을 장악한 '정인'들이 신탁을 보다 합리적으로 해석코자 하는 노력에서 출발했던 것이다. 상왕조의 '점복占卜'은 주로 거북점의 형태로 이뤄졌다. 원래 '점복'의 '점占'은 '복卜'자와 입 '구口'자가 합쳐져 있는 데서 알 수 있듯이 '복卜'을 입으로 말하는 사람, 즉 '정인'을 상징하는 말이다. '복卜'은 글자 모양을 통해 짐작할 수 있듯이 거북등의 갈라진 모습을 형상한 것이다. '점복'은 바로 불에 구운 거북등의 갈라진 모습을 보고 '정인'이 길흉을 점친 데서 나온 것이다.

'점복'과 같은 뜻으로 쓰이는 점서占筮의 '서筮'는 점을 칠 때 쓰는 '시초蓍草 : 점을 치는 대나무인 筮竹으로 곧 점대를 의미'를 뜻하는 말이다. 이는 주왕조에 들어와 점을 칠 때 구하기 힘든 거북등 대신 보다 용이하게 구할 수 있는 '점대'를 사용하면서 나온 말이다. 상왕조에서는 '점복' 자체가 신성한 것으로 받아들여져 '정인'이라는 무당집단의 독점적인 권한으로 행사되었으나 주왕조에 들어와서는 일반인들조차 쉽게 점을 칠 수 있게 되었음을 뒷받침하는 대목이다. 『주역』의 64괘는 바로 '점서'를 토대로 한 것이다. 『주역』의 '주周'는 바로 여기서 나온 것이다.

주나라는 기원전 11세기에 들어선 나라이다. 주나라 이전에도 『역』은 있었다. 전설적 왕조인 하나라의 『역』인 『하역夏易』을 『연산역連山易』, 은나라의 『역』인 『은역殷易』을 『귀장역歸藏易』이라고 한다. 『연산역』은 산을 상징하는 「간괘艮卦」로 시작하고, 『귀장역』은 땅과 여자를 상징하는 「곤괘坤卦」로 시작하는 데 반해 『주역』은 하늘과 남자를 상징하는 「건괘乾卦」로 시작하는 것이 다르다. 그러나 『연산역』과 『귀장역』의 내용은 온전하게 전해지지 않고 있다. 대략 후대인들이 만들어낸 것일 공산이 크다.

『주역』은 주왕조 때의 『역』을 의미하는 까닭에 '점서'가 기본 바탕이 되었다. 그러나 주왕조 때에도 전쟁 등과 같이 국가 대사와 관련된 중대 사안을 점칠 때에는 '점서' 대신 '점복'을 행했다. '점복'의 권위가 '점서'보다 훨씬 높았던 것이다. 이는 『논어』「공야장」편에 나오는 공자의 다음과 같은 언급을 통해 쉽게 알 수 있다.

"장문중臧文仲 : 노나라의 권신 臧孫辰은 '채蔡 : 점복용 큰 거북등을 보관하는 집'를 지으면서 두공斗栱 : 들보와 마룻대를 괴는 큰 목재에는 산을 그리고, 동자기둥에는 수초 그림을 그려넣었다. 비례非禮를 저지른 그를 두고 어찌 지혜롭다고 할 수 있겠는가."

여기의 '채蔡'는 바로 천자가 점을 칠 때 쓰는 채나라 특산의 큰 거북을 말한다. 나라 이름이 점복용 큰 거북을 뜻하는 말로 전용된 것이다. 이는 서양에서 중국 특산의 도자기를 '차이나china'로 칭하는 것과 같은 경우라고 할 수 있다. 이를 통해 비록 주왕조에 들어와 점대를 거북등 대신 사용하기 시작했으나 여전히 국가의 중대사는 '점서'가 아닌 '점복'을 통해 이뤄졌음을 알 수 있다. 그러나 이는 특수한 경우에 한한 것으로 열국의 제후와 경·대부들은 대개 '점복' 대신 '점서'를 행했다. 『주역』이 나오게 된 배경이 바로 여기에 있었던 것이다.

『춘추좌전』을 보면 '점서'에 관한 기록을 무수히 발견할 수 있다. 비록 이들 기록 대부분이 『춘추좌전』이 만들어지는 전국시대 후기 이후에 유가 후학들에 의해 삽입된 것이기는 하나 당시 '점서'가 얼마나 널리 유포되었는지를 짐작케 해주는 대목이 아닐 수 없다. 이로 인해 오랫동안 공자 역시 '점서'에 커다란 관심을 기울인 것으로 알려져 왔다. 『주역』이 오랫동안 유가경전 중 최고의 경전으로 대접받은 데에는 바로 이런 오해가 결정적인 배경이 되었다.

그러나 사실 공자가 『주역』을 깊이 연구했다는 증거는 없다. 물론 공문孔門 내에서 『주역』을 가르친 적도 없었다. 그럼에도 사람들은 오랫동안 공자가 '점서'에 깊은 관심을 기울인 나머지 만년에 들어와 『주역』을 깊이 천착하면서 제자들에게 『주역』을 가르친 것으로 생각했다. 이러한 오해가 나오게 된 데에는 사마천司馬遷이 저술한 『사기』「공자세가」의 관련 기록이 결정적인 역할을 수행했다. 「공자세가」는 공자의 만년을 이같이 기술해 놓았다.

"공자는 만년에 『역』을 좋아해 〈단彖〉과 〈계繫〉, 〈상象〉, 〈설괘說卦〉, 〈문언文言〉편 등을 정리했다. 그는 '위편삼절韋編三絶' 할 만큼 『역』을 무수히 읽었다. 공자는 말하기를, '만일 나에게 몇 년의 시간을 더 준다면 나는 『역』의 문사文辭와 의리義理에 다 통달할 수 있을 것이다' 라고 했다."

여기서 바로 죽간竹簡을 꿴 위편韋編 : 가죽 끈이 세 번이나 끊어질 만큼 『역』을 무수히 읽었다는 뜻을 지닌 '위편삼절' 의 성어가 나오게 되었다. '위편삼절' 은 사람들로 하여금 공자가 『역』을 즐겨 읽은 것은 물론 공문의 문도들에게 『주역』을 강술한 것으로 오인케 만드는 데 결정적인 배경이 되었다.

그러나 사마천이 「공자세가」에서 인용한 공자의 말은 원래 『논어』「술이」편에 나오는 것이다. 이는 사실 「술이」편이 사마천을 비롯한 후대인에게 '위편삼절' 을 역사적 진실로 오인토록 만드는 근원이 되었음을 의미한다. 「술이」편은 『주역』에 관한 공자의 언급을 이같이 기록해 놓았다.

"하늘이 나에게 몇 년간의 시간을 더해주어 '오십五十'까지 『역』을 배우게 해주면 가히 일을 행하면서 큰 허물이 없게 될 것이다."

사람들은 「술이」편의 이 구절을 역사적 사실로 믿었다. 『논어』가 수백 년 동안 여러 사람의 손을 거쳐 완성되는 과정에서 후대에 만들어진 얘기가 삽입되었을 가능성을 전혀 염두에 두지 않았던 것이다. 「공자세가」는 원래 사마천이 당시 항간에 나돌던 공자에 관한 전설을 아무런 사료비판도 가하지 않은 채 모두 그러모아 놓은 것이다. 결국 사마천은 「술이」편에 나오는 공자의 말을 인용해 놓음으로써 사람들이 '위편삼절'을 역사적 사실로 간주토록 하는 결과를 낳은 셈이다.

공자는 전국시대에 우후죽순처럼 등장하는 제자백가諸子百家의 효시에 해당한다. 당시 유가 후학들은 말할 것도 없고 제자백가 모두 공자를 끌어들여 자신의 학설과 주장을 뒷받침하고자 했다. 『논어』의 내용과 동떨어진 다양한 모습의 공자가 선진시대의 문헌에 무수히 등장하게 된 이유가 바로 여기에 있다. 공자에 관한 한 역사적 사실에 가장 가까운 『논어』조차도 공자 사후 수백 년간에 걸쳐 보정補整되는 과정에 공자와 관련한 근거 없는 대목이 마치 공자의 언행인 양 삽입되었다. '위편삼절' 고사의 근거가 된 「술이」편의 관련 대목이 바로 그 대표적인 실례이다.

「술이」편의 관련 대목은 역사적 사실과 동떨어져 있다. 오랫동안 이를 둘러싼 논란이 그치지 않은 사실이 이를 뒷받침한다. 논란의 핵심은 '오십五十'에 대한 해석에 있었다. 주희는 「공자세가」의 기록을 토대로 공자가 나이 '오십'에 『역』을 언급했을 리 없다고 생각해 '오십'은 '마침내'의 뜻을 지닌 부사어 '졸卒'의 초서체가 잘못 인용된 것이라고 주장했다. 이는 대략 공자가 70세에 이르렀을 때 이런 말을 했을 것으로 추정한 데 따른 것이었다. 그러나 주희의 이런 주장은 무슨 근거가 있는 게 아니라 단지 하나의 추정에 불과한 것이었다.

이미 『예기』에서 「대학」편을 따로 떼어내 독립적인 경전으로 만들면서 134자로 이뤄진 소위 '격물보전格物補傳' 구절을 스스로 만들어 끼워넣은 주희로서는 「술이」편의 '오십'을 '졸'로 간주하는 게 그리 큰 문제가 되는 것도 아니었다. 성리학을 집대성한 그는 유가경전의 주석에 관한 자부심이 그만큼 컸던 것이다. 훗날 조선의 다산茶山 정약용丁若鏞은 공자가 만년에 자신의 삶을 회고하면서 50대를 소위 '지천명知天命'으로 규정한 점 등을 근거로 주희의 주장에 이의를 제기하고 나섰다. 그는 주장키를, '『역』은 지천명에 관한 책이니만큼 공자가 50의 나이에 이에 관한 『역』을 읽고자 한 취지는 결코 잘못된 것이 아니다'라고 했다. 그러나 주희의 주석을 거의 절대시했던 조선의 사대부들은 이를 일축했다.

본래 송대 이후에 나온 '졸卒'의 초서체를 토대로 하여 '구九'와 '십十'자를 합친 '졸'의 약자가 유행한 적은 있으나 '오五'와 '십十'을 합친 약자가 유행한 적은 없었다. 주희는 『사기』를 전거로 들었으나 『사기』에는 아예 '오십'에 관한 구절이 나오지 않고 있다. 『사기』는 『논어』만큼의 신빙성이 없는 만큼 『사기』를 근거로 『논어』의 글자를 멋대로 고쳐 해석한 것은 큰 잘못이다.

그럼에도 아직까지 적잖은 사람들은 주희의 주장을 좇아 천하유세를 마치고 노나라로 돌아온 공자가 『주역』을 탐독하면서 제자들에게 가르친 것으로 알고 있다. 이는 「공자세가」에도 나오지 않는 억견이다. 「공자세가」는 당시 공문에서 가르친 교과목을 다음과 같이 기술해 놓았다.

"공자는 『시』·『서』·『예』·『악』을 교재로 삼아 가르쳤다."

이를 통해 알 수 있듯이 『주역』을 공문에서 가르친 적이 없었다. 그럼에도 오랫동안 주희의 근거 없는 주장이 그대로 통용되었던 것이다. 이에 대한 반론도 적지 않았다. 다산의 반박도 바로 주희의 억견臆見에 대한 반론 차원에서 제기된 것이었다.

「공자세가」에 나오는 '위편삼절'의 고사는 후대에 공자가 '십익十翼'을 지어 『주역』을 완성했다는 전설이 나오면서 만들어진 것으로 짐작된다. 설령 '위편삼절'을 사실로 인정할지라도 공자가 '위편삼절'을 한 '『역』'은 지금의 '『주역』'이 아니었다고 보아야 한다. 그가 제자들에게 『주역』을 가르쳤을 가능성은 거의 전무하다고 보는 게 타당하다. '괴력난신'을 극도로 꺼린 공자가 '십익'을 지어 점술서에 철학적인 해석을 가했다는 얘기 자체가 신빙성이 없는 것이다. 훗날 순자가 유자가 반드시 공부해야 할 문헌목록을 열거하면서 『역』을 포함시키지 않은 것이 그 증거이다. 『순자』「유효」편은 유학을 공부해야 하는 이유를 이같이 설명해 놓았다.

"천하의 도는 오직 이 유학에 있으니 백왕百王의 도가 바로 이 유학에 있다. 『시』·『서』·『예』·『악』의 도 역시 이 유학에 귀결되는 것이다. 『시』는 유학의 뜻을, 『서』는 유학의 일을, 『예』는 유학의 행동을, 『악』은 유학의 조화를, 『춘추』는 유학의 은미隱微한 뜻을 말한 것이다."

순자는 『시』·『서』·『예』·『악』 이외에 『춘추』를 거론하면서도 『역』에 대해서는 한마디도 하지 않은 것이다. 유가는 물론 제자백가의 사상을 총결집한 전국시대 최후의 거유巨儒로 평가받고 있는 순자가 『역』에 대해 한마디도 언급하지 않았다는 것은 곧 전국시대 말까지도 『역』이 현재의 『주역』과 같은 모습을 아직 갖추지 못했음을 의미한다.

원래 공문 내에서는 서양의 철학에 준하는 교과목이 없었다. 공문 내에 방대한 체계의 '통치사상'은 존재했어도 서구적 의미의 '통치철학' 교과목은 존재하지 않았던 것이다. 이는 공자가 '괴력난신'을 타기한 사실과 무관치 않았다. 공문 내에서 교습된 『시』·『서』·『예』·『악』 등의 교과목 자체가 바로 '통치사상론'에 해당했던 것이다. 순자의 언급을 통해 알 수 있듯이 공자 사후에 이들 교과목 이외에도 『춘추』 등이 첨가되어 훗날 유가경전으로 체계화되었다.

순자가 『논어』를 언급치 않은 것은 아직 『논어』가 현재와 같은 체계로 완비되지 못한 채 공자의 언행을 단편적으로 모아놓은 다양한 형태의 『논』과 『어』로 존재했음을 시사한다. 『논어』가 현재의 형태로 편제된 것은 전한제국이 성립된 이후였다. 『논어』의 편제는 『시』·『서』·『예』·『악』 등에 분산돼 있던 공자의 언행을 하나로 모아 공자사상을 체계화할 필요성이 절실해진 데 따른 것이었다.

『시』·『서』·『예』·『악』·『춘추』 등을 유가경전으로 만들고자 하는 움직임은 전국시대 말기부터 가시화했다. 유가의 경전화 작업은 '분서갱유焚書坑儒'를 거쳐 한무제가 유가사상을 유일무이한 통치이념으로 선포하면서 사실상 마무리되었다. 한무제 때 등장한 소위 '오경박사五經博士'는 바로 유가경전이 사실상 완비됨으로써 가능했던 것이다. 이를 계기로 유가경전을 집중적으로 연구하는 소위 '경학經學'이 국학國學의 상징이 되었다.

『주역』은 경문經文과 전문傳文으로 구성돼 있다. 경문은 크게 상하 양편으로 나뉜다. 「건괘」에서 「이괘離卦」까지 총 30개 괘를 '상경上經', 「함괘」에서 「미제괘」까지 총 34개 괘를 '하경下經'이라고 한다. 전설에 따르면 복희씨伏羲氏가 '팔괘八卦'를 그리고, 수천 년이 지나 주문왕周文王이 64괘의 괘사卦辭를 쓰고, 그의 아들 주공周公이 384효爻에 대한 효사爻辭를 썼다고 한다. 괘사와 효사를 『주역』의 경문經文이라고 한다. 이를 '역경易經'이라고 부르기도 한다.

『주역』의 경문이 나온 지 다시 7백 년이 지나 공자가 '경문'의 해석에 해당하는 소위 '십익十翼'을 찬술했다고 한다. 이것이 바로 『주역』의 '경문'을 해설한 '전문傳文'이다. 이를 통상 '역경'을 해설한 '전문'이라는 의미에서 '역전易傳'이라고 한다. 『주역』은 경문經文과 전문傳文을 합쳐 총 2만 4천여 자로 구성돼 있다.

그러나 예로부터 『주역』의 경문과 전문의 작자에 관해 이론이 분분했다. '경문'과 관련해 정현鄭玄은 괘효사를 모두 문왕이 지었다고 주장했다. 마융馬融과 육적陸績, 공영달孔穎達, 주희朱熹 등은 괘사는 문왕이 지은 데 반해 효사는 주공이 지었다고 주장했다. 이에 대해 굴만리屈萬里와 고힐강顧頡剛 등은 괘효사 모두 주무왕 또는 주성왕 때 복서관卜筮官이 지었을 것으로 보았다. 이밖에도 괘효사 모두 춘추시대에 지어졌다는 견해 등 다양한 주장이 나왔으나 아직까지 정설이 없는 실정이다.

'전문'에 대해서도 이론이 분분하다. 정현과 반고班固, 육덕명陸德明 등은 '10익'을 모두 공자가 지었다고 주장했다. 북송대의 구양수歐陽修는 〈단전〉과 〈상전〉은 공자가 지었고 나머지는 그 제자 내지 후학이 지은 것으로 보았다. 이에 대해 청대의 최술崔述과 강유위康有爲, 곽말약郭沫若 등은 전국시대 중기 내지 전한 제국 초기에 유가 후학이 지은 것으로 보았다. 이밖에도 원래는 공자가 지은 것이기는 하나 후대인들이 함부로 삽입시킨 대목 등이 뒤섞여 있다는 견해 등이 나왔다. 이 또한 아직까지 정설이 없는 실정이다.

『주역』의 '전문'을 뜻하는 '십익'은 부익扶翼의 뜻으로 경문의 의미를 부연해 설명한다는 뜻을 담고 있다. 원래 '십익'이라는 말은 『주역』의 위서緯書인 『주역건착도周易乾鑿度』에서 나온 말이다. '위서'는 '경서經書'와 서로 대립되는 말이다. 이는 '경서'가 동서에 해당하는 날줄의 개념이고 '위서'는 남북에 해당하는 씨줄의 개념이라는 취지에서 나왔다. 베를 짤 때 씨줄과 날줄이 있듯이 사물의 이치를 제대로 파악하기 위해서는 '경서'만으로는 부족한 까닭에 '위서'를 반드시 참고해야 한다는 뜻에서 나온 것이다. 이는 '위서'가 '경서'에 버금하는 내용을 담고 있음을 의미한다. 대표적인 『주역』의 '위서'인 『주역건착도』는 '십익'에 대해 이같이 기록해 놓았다.

"공자가 만년에 눈물을 흘리며 한탄하기를, '천명인가, 운명인가, 봉황새도 오지 않고 하수河水에서 도서圖書도 나오지 않으니. 슬프다, 하늘의 명이로다'라고 했다. 이에 공자가 뜻을 안정시키고 읽기를 그만두었다. 공자가 나이 50에 이르러서 '십익'을 연구하여 지었다."

'십익'의 작자와 관련해서도 예로부터 많은 논란이 있었다. 전목錢穆은 「논십익비공자작論十翼非孔子作」에서 공자의 작품이 아님을 분명히 했다. 현재 전목의 견해에 이의를 제기하는 사람은 없다.

원래 『사기』는 공자가 만년에 『주역』을 좋아해 〈단사彖辭〉를 차례로 지어서 붙이고, 〈상사象辭〉와 〈설괘說卦〉, 〈문언文言〉을 지었다고만 기록해 놓았을 뿐 '십익'에 대해서는 한마디도 하지 않았다. 실제로 현재까지 '십익'에 대해 합의된 정설이 없는 실정이다. 일찍이 조선조의 성호星湖 이익李瀷은 『성호사설星湖僿說』에서 '십익'과 관련한 『한서』의 「예문지」와 「비직전費直傳」의 기록이 다른 점을 예로 들어 '십익'에 대해 통일된 견해를 찾기가 쉽지 않음을 토로한 바 있다.

현재 〈단전彖傳〉 2편과 〈상전象傳〉 2편, 〈계사전繫辭傳〉 2편, 〈문언전文言傳〉, 〈설괘전說卦傳〉, 〈서괘전序卦傳〉, 〈잡괘전雜卦傳〉 등 10편의 '역전'을 '십익'으로 간주하는 견해가 대종을 이루고 있다. 다산은 〈문언전〉 대신에 〈대상전大象傳〉을 끼워넣어 '십익'으로 간주했다. 이외에도 ① 〈단전〉, 〈대상전〉, 〈소상전小象傳〉, 〈건문언乾文言〉, 〈곤문언坤文言〉, 〈계사전〉 상 · 하, 〈설괘전〉, 〈서괘전〉, 〈잡괘전〉 등으로 보는 견해와 ② 〈단전〉 상 · 하, 〈계사전〉 상 · 하, 〈대상전〉, 〈소상전〉, 〈문언전〉, 〈설괘전〉, 〈서괘전〉, 〈잡괘전〉 등으로 보는 견해 등이 병존하고 있다.

이를 통해 알 수 있듯이 '십익'은 『사기』가 출현하는 전한제국 초기 이후에 유가 후학들이 공자의 찬술로 간주된 〈단사〉와 〈상사〉 등을 통칭하기 위해 만들어낸 용어로 보는 게 옳다. 원래 '십익'은 『주역』의 경문과 별도로 존재해 있었다. 그러던 것이 전한제국 때 비직費直에 의해 처음으로 〈단전〉과 〈상전〉이 64괘의 뒤에 나뉘어 붙여지게 되었고, 이후 왕필에 의해 다시 〈단전〉과 〈상전〉이 나뉘어져 모든 괘의 괘사 아래에 '단왈彖曰', '상왈象曰'이라는 말과 함께 연접되면서 현재의 형태로 편제되었다.

왕필은 〈단전〉과 〈상전〉을 매 괘의 아래에 붙여 놓는 방식으로 『주역』을 새롭게 편제해 놓은 셈이다. 현재의 『주역』은 왕필의 편제를 좇은 것이다.

〈단전〉은 내괘와 외괘의 관계를 비롯해 강유剛柔관계, 괘명卦名 등을 바탕으로 괘사의 의미를 풀이한 것이다. 각운脚韻 등을 맞춘 문아文雅한 운문으로 구성돼 있어 한 사람의 손에 의해 만들어진 것으로 추정되고 있다. 대략 '십익' 중 가장 먼저 만들어진 것으로 추정되고 있다. 괘사를 일반화하여 천지자연의 법칙에 부합시키고, 인간의 행위를 시세변화에 적응시키고자 한 의도가 뚜렷이 드러나고 있다. 이는 〈계사전〉과 맥을 같이 하는 것이다. 대략 〈계사전〉과 비슷한 시기에 나온 것으로 추정되고 있다.

〈상전〉은 괘 전체의 의의를 해설한 〈대상전大象傳〉과 효사의 의의를 해설한 〈소상전小象傳〉으로 나뉜다. 〈대상전〉은 상괘와 하괘가 상징하는 자연현상의 상호관계나 괘명과 관련된 교훈이 언급돼 있다. 〈소상전〉은 각 효위가 상징하는 내용을 도덕 실천의 차원에서 서술하고 있다. 〈대상전〉과 〈소상전〉은 모두 같은 시기에 이뤄진 것으로 추정되고 있다.

〈계사전〉은 『주역』의 성립근거와 기능 등을 체계적으로 서술한 『주역』의 총론부분에 해당한다. 『주역』을 점복서가 아닌 사상서로 만드는 데 결정적인 역할을 수행했다. 〈계사전〉은 크게 상 · 하로 나뉜다. 하편은 상편에 비해 문체가 서로 차이가 나는 곳이 있어 여러 사람의 손에 의해 만들어진 것으로 추정되고 있다.

〈문언전〉은 오직 「건괘」와 「곤괘」에만 있다. 「건괘」에 중점을 두어 군자의 도덕 실천을 바탕으로 그 의의를 고취한 것이 특징이다. 운문형식으로 음양의 소장에 따라 효사를 해설한 점에서는 〈단전〉과 유사하고, 도덕 실천의 관점에서 효사를 해설한 점에서는 〈소상전〉과 맥을 같이 한다. 내용면에서 〈계사전〉과 중복되는 부분이 있어 〈계사전〉과 거의 같은 시기에 만들어진 것으로 추정되고 있다.

〈설괘전〉은 『주역』의 구성원리를 설명한 총론부분과 팔괘가 상징하는 물상을 열거한 각론부분으로 성립돼 있다. 각론부분에는 경문과 동떨어진 내용이 담겨 있어 점서占筮를 염두에 둔 대목으로 분석된다. 대략 〈대상전〉과 같은 시기에 만들어진 것으로 추정되고 있다.

〈서괘전〉은 괘의 배열 순서를 만물이 생성되는 과정에 비유해 설명해 놓고 있다. 그러나 논리의 일관성이 떨어지고 있어 크게 중시되지 않고 있다. '상수역'을 추종하는 사람들은 대부분 〈서괘전〉의 순서와는 다른 유형의 순서를 좇고 있다.

〈잡괘전〉은 괘의 순서에 구애되지 않고 서로 상반되는 괘를 대조시켜 인사면의 특색을 운문으로 나타내고 있다. 대략 기송記誦과 강습의 필요에 의해 만들어진 것으로 추정되고 있다. 『주역』의 편제 순서로 볼 때 〈서괘전〉과 더불어 가장 나중에 삽입된 것으로 보인다.

이를 통해 알 수 있듯이 『주역』 역시 다른 유가경전과 마찬가지로 어느 한 시기에 한 사람의 손에 의해 체계적으로 정리된 것이 아니다. 그러나 유구한 점복의 역사에 비춰볼 때 『주역』의 편제는 유가경전 중에서 가장 오랜 세월에 걸쳐 만들어진 것으로 보아도 대과는 없다. 『주역』은 다른 유가경전보다 편제가 늦은 편에 속하나 후대에 미친 영향 면에서 볼 때는 다른 유가경전을 압도한다.

전한 제국 초기의 『주역』에 관한 학파는 크게 4개 학파가 존재했다. 시수施讐와 맹희孟喜, 양구하梁丘賀, 경방京房 등이 바로 그들이다. 이들 4가家는 자신들의 관점에서 『주역』에 주석을 가한 〈역전〉을 만들어 서로 정통성을 다퉜다.

이들 4가의 역전 중 가장 유명한 것은 『경방역전京房易傳』이었다. 경방역전은 『춘추공양전』을 미신적인 재이설災異說에 입각해 해석한 동중서董重舒의 『춘추번로春秋繁露』 논리를 이어받은 것으로 『주역』에서 말하는 천지만물의 변화를 '재이설'에 입각해 풀이해 놓은 게 특징이다. 이는 전한제국 말기에서 후한제국 초기에 걸쳐 극성한 '참위설讖緯說'의 연수淵藪가 되었다.

'참위설'은 경서에 대칭되는 '참서讖書'와 '위서緯書'에 기초한 주장을 말한다. '참위설'은 소위 '금참령禁讖令'이 내려질 때마다 크게 위축되어 약세를 면치 못했다. 이로 인해 '참서'는 '위서'에 비해 비교적 조기에 사라져 버렸다. 그러나 '위서'는 '참서'와 달리 '경서'의 주석을 위한 참고자료로 인용된 까닭에 오랫동안 생명을 유지했다.

대표적인 7종의 경서에 대한 위서를 통상 '칠경위七經緯' 또는 '칠위七緯'라고 한다. '칠위'는 '역위易緯'와 '서위書緯', '시위詩緯', '예위禮緯', '악위樂緯', '효경위孝經緯', '춘추위春秋緯'를 말한다. 36종의 '7위'를 최초로 언급한 기록은 『후한서』「번영전」의 주문注文이다. 『후한서』가 남북조시대 송나라의 범엽范曄에 의해 찬술되고 당제국의 이현李賢 등에 의해 주석이 가해진 점에 비춰 '7위'는 이현이 황태자의 신분에서 서인으로 폐하여지기 전인 7세기 말에 이미 존재한 것으로 추정된다.

『주역』의 위서인 '역위'는 유가경전의 다른 '위서'에 비해 그 영향력이 매우 컸다. 대표적인 예로 '십익十翼'이라는 용어가 전한제국 때 나온 것으로 추정되는 『주역건착도周易乾鑿度』에서 나온 점을 들 수 있다. 『주역건착도』는 현존하는 8종의 '역위' 중 『주역』의 주석에 가장 큰 영향을 미친 것이기도 하다.

당초 『후한서』「번영전」의 주문에 언급돼 있는 '역위'는 모두 6종이었다. 그러나 이후 무수한 '역위'가 등장했다. 대표적인 것으로 『건원서제기乾元序制記』와 『건곤착도乾坤鑿度』를 들 수 있다. 명대에 나온 「영락대전」에는 8종의 '역위'가 수록돼 있다. 이들 8종의 '역위'는 오랫동안 『주역』의 별전別傳에 해당하는 지위를 부여받았다. 이는 이들 '역위'의 영향력이 그만큼 컸음을 반증하는 것이다.

'역위'의 순차에 대해서는 문헌마다 다르게 기록해 놓았으나 대략 『영락대전』의 순서를 좇고 있다. 이들 모두 후한 말기의 정현이 주석을 가한 것으로 기록해 놓았으나 이는 후대인이 정현을 가탁한 것으로 보는 게 타당할 것이다. 『영락대전』에 나오는 순서에 따라 8종의 '역위'를 개괄해 보면 대략 다음과 같다.

(1) 『건곤착도乾坤鑿度』는 상권의 『건착도乾鑿度』와 하권의 『곤착도坤鑿度』로 구성되어 있다. 『건착도』는 송대 조공무晁公武의 『군재독서지郡齋讀書志』에 따르면 북송대에 나온 것으로 되어 있다. 송말원초宋末元初의 성리학자인 황진黃震은 『고금기요古今紀要』에서 '착鑿'을 '개開', '도度'를 '로路'로 풀이했다. '건곤착도'는 곧 '천지의 근원을 세상에 훤히 드러내 보이는 길을 연다'는 뜻을 지니고 있다. 『건곤착도』는 정현주鄭玄注로 알려져 있으나 이는 후대인이 정현에게 가탁한 것으로 짐작된다. 황진은 『건곤착도』를 두고 비평하기를, '대체로 문사가 매끄럽지 못하고 이치는 적다'고 폄하했다. 대부분의 학자들이 황진의 평가에 동의하고 있다.

(2) 『주역건착도周易乾鑿度』는 『역위건착도易緯乾鑿度』로 표기되어 있기도 하다. 『문헌통고文獻通考』 「경적고經籍考」 등에는 정현주의 2권으로 되어 있다고 하나 주이존朱彝尊의 『경의고』에서는 송균주宋均注로 되어 있다. 이 서명은 후한제국 초기의 사학자 반고班固가 찬술한 『백호통의白虎通義』 「천지天地」편에 최초로 나온다. 『주역건착도』는 '공자왈孔子曰'로 시작해 『주역』의 기본취지와 팔괘의 기원, 괘효사의 구성과 서법筮法 등을 자세히 논하고 있다. 『주역건착도』의 내용 중 가장 널리 인용되는 것은 상권의

첫머리에 나오는 다음 구절이다.

"공자가 이르기를, '『역』은 이易 : 쉬움, 변역變易 : 변하여 바뀜, 불역不易 : 바뀌지 않음이다' 라고 했다."

이는 『주역』의 모든 주석서에 빠짐없이 인용되는 명구이다. 그러나 『주역건착도』의 가장 큰 특징은 우주의 생성원리를 극히 사변적으로 구성해 놓은 데 있다. 이는 『후한서』를 비롯해 남북조시대의 여러 사서와 공영달의 『오경정의』, 이정조李鼎祚의 『주역집해』에 가장 많이 인용되고 있는 것이기도 하다. 이미 춘추전국시대에 형성된 우주의 생성원리를 『주역건착도』는 이같이 정리해 놓았다.

"태초太初는 기氣, 태시太始는 형形, 태소太素는 질質의 시작이다."

『주역건착도』는 '태초'의 '기氣'와 '태시'의 '형形'과 '태소'의 '질質'이 하나로 뒤섞인 혼륜상태를 태극太極으로 보고, 그 이전을 태역太易으로 본 것이다. 『주역건착도』는 우주생성의 이치를 〈태역太易→태초太初→태시太始→태소太素→혼륜渾淪→천지天地→만물萬物〉의 도식으로 구체화해 놓았다. 이는 『노자』 제1장에 나타나는 〈무명無名 : 自然=道=天地之始→유명有名 : 萬物之母→만물〉의 도식을 보다 상세히 풀이해 놓은 것으로 볼 수 있다.

'역위'가 극히 사변적인 '유심론唯心論'의 논리 위에 서 있음을 여실히 보여주는 셈이다. '8종의 역위' 중 '유심론'의 입장을 가장 선명히 드러낸 것이 바로 『주역건착도』이다. 『주역건착도』는 내용이 완정하고 논리적인 데다가 수미首尾가 일관하고 있다. 『주역』의 주석서 중 우주만물의 기원을 가장 깊이 있게 논증해 놓은 것이 바로 『주역건착도』라고 해도 과언이 아니다.

원래 『주역』에서 말하는 우주생성론은 매우 간략하다. 시공時空을 우주로 간주해 〈태극太極→양의兩儀→사상四象→팔괘八卦〉의 도식으로 파악하고 있는 것이다. 양의는 '천지'를 상징하는 동시에 공간을 뜻하고, 사상은 '사시四時'를 상징하는 동시에 시간을 뜻한다.

그러나 『주역건착도』는 여기서 한발 더 나아가 〈태역太易→태초太初→태시太始→태소太素→혼륜渾淪→역변易變〉의 도식을 전개하고 있는 것이다. 여기의 '태역'은 기氣가 아직 나타나지 않은 상태이고, '태초'는 적연무물寂然無物한 상태로 시간과 순서에서 '기'의 맨 앞에 해당하고, '태시'는 시간과 순서에서 '형形 : 형상'의 맨 앞을 뜻하고, '태소'는 시간과 순서에서 '질質 : 물질'의 맨 앞을 의미한다. 『주역건착도』는 기 · 형 · 질의 출현을 우주생성 과정으로 보면서 우주생성 이전의 본바탕을 '태역'으로 간주한 것이다.

그러나 『주역건착도』의 이러한 '유심론'의 입장에 비판적인 견해가 없었던 것은 아니다. 역사상 이러한 '유심론'에 통렬한 비판을 가하면서 '유물론'의 입장을 개진한 대표적 인물이 바로 명말청초의 왕부지王夫之였다. 그는 『주역외전周易外傳』「계사」편에서 이같이 비판한 바 있다.

"태역과 태초, 태시, 태소라고 하는 어지러운 것들은 모두 허위지명虛僞之名으로 무실無實한 것이다. 오호, 『역』을 멸시함으로써 건곤의 이치를 훼손하는 것은 반드시 이런 말일 것이다."

그는 우주생성 이전의 본바탕을 파헤치려는 『주역건착도』의 접근방법을 '번롱지희법玩弄之戱法 : 천지사물의 이치를 희롱하는 법술'에 불과하다고 비판한 것이다. 그러나 왕부지의 비판에도 불구하고 『주역건착도』가 『주역』의 주석서 중 기 · 형 · 질이 나타나기 이전의 문제를 가장 심도 있게 파헤치고자 한 것만은 분명하다. 이는 『노자』 제40장에서 말하는 다음 구절을 천착한 것으로 볼 수 있다.

"천하만물은 유有에서 생겨나고, '유'는 무無에서 생겨난다."

『주역건착도』는 내용상 『주역』의 〈계사전〉 및 〈설괘전〉의 내용과 유사한 곳이 매우 많다. 효위를 설명하면서 초효를 원사元士, 이효를 대부大夫, 삼효를 삼공三公, 사효를 제후諸侯, 오효를 천자天子, 상효를 종묘宗廟로 간주함으로써 『주역』의 기본취지가 통치에 있음을 분명히 밝히고 있다. 이는 '공자왈'로 시작되는 상권 2번째 문장에 보다 선명히 나타나고 있다.

"『역』은 경천지經天地 : 하늘과 땅을 다스림하고, 이인륜理人倫 : 인륜의 이치를 드러냄하고, 왕도王道 : 왕도를 폄하는 것이다. 그래서 팔괘로 오기五氣를 세우고, 오상五常을 세워서 실천하는 것이다. 천지를 본받아 음양의 이치에 순응함으로써 군신 · 부자 · 부부의 의리를 바르게 하는 데 그 뜻이 있다."

『주역건착도』는 내용상 전한제국의 『주역』 4가家인 경방京房과 맹희孟喜의 이론을 추종한 것으로 짐작되고 있다. '역위' 8종 중 가장 중요한 자료로 취급되고 있을 뿐만 아니라 실제로 후대에 가장 많은 영향을 끼친 것이기도 하다. 특히 '태극이 둘로 나뉘어 맑고 가벼운 것은 위로 올라가 하늘이 되고, 탁하고 무거운 것은 아래로 내려가 땅이 되었다'는 논리는 도가에 그대로 채택되어 이후 성리학의 우주론 형성에 결정적인 영향을 미쳤다는 점에서 주목할 만한 대목이 아닐 수 없다.

(3)『계람도稽覽圖』는 주로 역법曆法의 발전을『주역』의 논리에 입각해 설명하는 것으로 되어 있다. 64괘를 4계절의 24절기와 72후候에 배합하고, 괘기卦氣와 재이災異의 길흉을 논하여 '천인감응론'의 이론적 배경을 밝혀 놓았다. '계람도'는 제왕이 천지의 이치를 살펴보기 위해 참조하는 도서라는 뜻이다.

『계람도』는 후한제국 때 크게 유행했다. 당시에는『역전』내지『역내전易內傳』으로 불려졌다. 이밖에도『중부전中孚傳』또는『중부경中孚經』의 별칭이 존재했다. 이는 괘기가 성신誠信을 상징하는「중부괘中孚卦」에서 일어난다는 소위 '괘기설卦氣說'을 주창한 데서 나온 것이다.『계람도』에서 말하는 '괘기설'은 '괘기기중부설卦氣起中孚說'과 '사정괘설四正卦說', '십이소식괘설十二消息卦說' 등으로 구성돼 있다. 이는 경방 등이 주장한 괘기설과 부합하는 것으로 알려져 있다.

『계람도』는 당제국의 일행선사一行禪師가 '대연력大衍曆'을 만드는 데 커다란 영향을 미쳤다. 그러나 '대연력'은 도참설에 입각해 있었던 까닭에 정확성이 많이 떨어졌다. 일행은 '대연력'이 예언한 일식이 두 차례나 어긋나자 크게 당황한 나머지 당현종唐玄宗의 덕행이 하늘을 감동시켜 이런 성사聖事가 빚어졌다고 둘러댔다. 이 일로 '대연력'의 결점이 덮어진 것은 말할 것도 없다.

중국이 신석기시대 말기부터 뛰어난 역법체계를 보유했음에도 불구하고 더딘 발전으로 인해 끝내 서양의 역법체계보다 뒤떨어지게 된 것은 이 일화를 통해 알 수 있듯이 미신적인 '천인감응설'을 맹신한 데 있었다. 주희 등의 성리학자들이 숭봉한 '천리인욕설' 역시 미신적인 '천인감응설'에 기초한 까닭에 과학을 후퇴시키는 데 결정적인 배경이 되었다. 공자사상을 왜곡한 데 따른 부작용이 아닐 수 없다.

(4) 『변종비辨終備』는 『변중비辨中備』로도 불린 '역위'로 2백여 자에 불과한 단문으로 구성되어 있다. '중비'라는 명칭은 천문을 상징하는 '상비'와 지리를 상징하는 '하비'와 달리 복서卜筮를 상징한다는 뜻에서 나온 것이다. 당초 천 · 지 · 인 삼재三才를 토대로 하여 나름대로 치밀하게 구성되었을 것으로 추정되나 현재는 문자의 착오와 탈루가 심한 매우 난삽한 내용으로 이뤄져 있다.

(5) 『통괘험通卦驗』은 괘기의 징험을 풀이한 것으로 대부분의 문헌은 2권으로 편제되었다고 기록해 놓았으나 『영락대전』은 합하여 1편으로 기록해 놓았다. 『통괘험』은 선진시대에 이미 널리 유행했던 것으로 전해지고 있다. 상권에 나오는 '근본을 바르게 하는 것이 만물의 이치이니 터럭만큼의 잘못일지라도 그 결과는 천리의 차이가 난다'는 구절은 『사기』「태사공자서太史公自序」를 비롯하여 한유漢儒의 저서에 대거 '『역』왈'로 인용되어 있다. 『통괘험』은 선진시대에 이미 널리 유행하였던 것으로 '천인감응'의 이치를 설명하기 위하여 괘기卦氣의 징험을 분석했다. 사람이 주동이 되어 덕을 세우고, 천지의 도를 얻으면 만물에 두루 통한다는 것이 상권의 핵심 논리이다.

하권은 해시계인 일구日晷를 이용해 일월성신日月星辰을 과학적으로 탐구해 팔괘의 괘기를 자연현상의 변화와 연결시켜 논증하고 있다. 여기에는 『황제내경黃帝內經』의 '오운육기설五運六氣

說'과 부합하는 내용이 많다. 괘기의 징험을 구체적으로 논술하면서 계절기후가 국가의 정령政令 및 인간의 건강에 미치는 영향 등을 논리적으로 분석해 놓았다. 괘기가 시령時令과 절후에 부합하면 바람이 고르고 비가 순조로울 뿐만 아니라 오곡이 풍성해 천하가 태평해지나 그렇지 못하면 군신 간의 도가 없어져 국가정령이 문란해지고 재난으로 기근이 발생해 천하가 소란스럽게 된다고 보았다.

(6)『건원서제기乾元序制記』는『후한서』「방술열전方術列傳」의 '번영전樊英傳'의 주에 나열된 '칠경위七經緯'의 편목에 보이지 않고 남송의 진진손陳振孫이 쓴『직재서록해제直齋書錄解題』에 처음으로 등장하고 있다. 대략 당나라 이후 어느 방술가에 의해 만들어졌을 것으로 추정되고 있다.『건원서제기』는『계람도』와 마찬가지로 매우 짧은 단문으로 이뤄져 있고, 팔괘를 팔풍八風에 배치해 45일 간격으로 매풍每風이 작용하는 것으로 기술해 놓고 있다.

(7)『시류모是類謀』는 복서卜筮를 괘기의 징험으로 미리 헤아린다는 취지에서『서류모筮類謀』로 불리기도 한다. 비교적 단문이나『예문유취藝文類聚』와『태평어람』에는『시류모』의 글이 적잖이 인용돼 있다.『시류모』는 각운脚韻을 두운頭韻에 연철連綴하는 식의 운어韻語로 된 문장이 매우 많아 그 뜻이 매우 애매모호하다. 황황煌煌·매매昧昧·막막莫莫·망망芒芒·장장將將·맹맹盲盲 등이 그 실례이다. 괘기가 고르지 못하면 산이 무너지고, 땅이 갈라지고, 뱀과 말이 괴이한 형체로 번식하고, 여인네가 거짓으로 무고하는 세상이 오게 된다고 기술해 놓았다.

(8)『곤령도坤靈圖』는 '역위' 8종 중 가장 짧은 단문으로 불과 220여 자에 불과하다. '곤령'은 땅의 영묘함을 뜻한다.『시경』「대아」편의 소疏에『곤령도』의 구절을 인용해 놓은 점으로 미뤄 이미 수당대 이전부터 있었던 것으로 여겨지고 있다. 각 괘의 괘사를 참위설에 입각해 풀이해 놓고 있다.

현존하는 '역위'는 모두 '집일集佚'의 형태로 존재하고 있다. 원래 책의 일부가 흩어져 없어지는 것을 산일散佚 또는 망일亡佚, 비문秘文을 후손들이 전수하는 것을 유문遺文이라고 한다. '산일'과 '유문'을 모아 책으로 편찬하는 것을 집일集佚이라고 한다. '역위'가 '집일'의 형태로 남게 된 것은 대부분의 왕조가 '금참령禁讖令'을 발동해 참위서를 엄금한 사실과 무관치 않다.

'역위'를 비롯한 위서의 금절을 명하는 '금참령'은 위진魏晉시대에 시작되어 남북조시대를 거쳐 수당대隋唐代에 들어와 더욱 엄해졌다. 이에 '위서'가 대량으로 산일되었다. 그럼에도『수서隋書』「경적지經籍志 · 경부經部」에 실려 있는 참위서는 총 13부 92권이나 된다. 그러나 이후 대량 산일되어 거의 사라지게 되었다. 이는 남송대 말기에 마단감馬端監이 23년간에 걸쳐 편찬한『문헌통고文獻通考』에 불과 몇 종류의 참위서만이 기록되어 있는 사실을 통해 쉽게 알 수 있다.

이로 인해 원제국을 거쳐 명제국에 이르렀을 때는 오직 참위서의 편목만이 사서에 기록되어 있을 뿐 그 내용은 찾아보기 힘들게 되었다. 일부 학자가 산일된 참위서의 자료를 모아 '집일서輯佚書'를 편찬하기 시작한 이래 청제국 때에는 적잖은 고증학자들이 이에 가세했다. 명청대를 거치는 동안 대략 10여 명의 학자들이 참위서에 관한 '집일서'를 펴냈다. 대표적인 집일서는 대략 다음과 같다.

(1) 『고미서古微書』는 명대의 손곡孫轂이 펴낸 최초의 '집일서'로 총 36권 72종으로 이뤄져 있다. 『영락대전永樂大典』과 『사고대전』에 수록된 위서는 이를 근거로 했다고 한다. '7경七經'에 대한 위서뿐만 아니라 『하도위河圖緯』와 『낙서위洛書緯』, 『논어참論語讖』까지 실려 있는 귀중본이다.

(2) 『설부說符』는 명대의 도종의陶宗儀가 펴낸 것으로 총 100권으로 되어 있다. 여기에는 참위 34종이 실려 있다. 일설에는 이 책이 『고미서』보다 먼저 집일되었다고 하나 수록된 편목은 『고미서』의 절반밖에 되지 않는다.

(3) 『위서緯書』는 명대의 양교악楊喬嶽이 편찬한 것으로 총 10권 71종이다. 이는 일본의 나까무라 쇼오하치中村章八가 「위서지기초연구緯書之基礎硏究」의 자료편을 통해 처음으로 세상에 알려졌다. 일본의 내각문고內閣文庫에 소장되어 있다.

(4) 『역위팔종易緯八種』은 청대에 들어와 가장 먼저 집일된 것으로 『영락대전』에 실린 것 중 그릇된 문장을 여러 판본과 비교해 교정한 것을 건륭 연간에 『사고전서』 「역류易類」의 뒷부분에 실은 것이 오늘날까지 전해져온 것이다.

(5) 『고서습유古書拾遺』는 청대의 고증학자 임춘부林春溥가 편찬한 4권의 책이다. 고훈古訓과 유문遺文을 광범위하게 수집한 것으로 명망이 높다. 『주역』을 비롯해 『죽서기년竹書紀年』과 『춘추』,

『예기』 등에 관한 일문逸文 등을 항목별로 편성해 놓았다.

(6)『칠위七緯』는 청나라의 고증학자 조재한趙在翰이 19세기 초에 간행한 38권의 집일서로 한제국 때 유행한 '역위'를 비롯해 '7경'에 관한 위서를 수록해 놓았다.

(7)『한학당총서漢學堂叢書』는 청대의 고증학자 황석黃奭이 한제국 이래 남북조시대에 이르는 일서를 모아놓은 총서로 위서 56종뿐만 아니라 '경해經解' 85종과 '자사子史' 74종이 수록돼 있다. 청대 말기에 간행되었다가 1934년에 다시 간행될 때 『황씨일서고黃氏逸書考』로 그 명칭이 바뀌면서 19종의 위서가 더 추가되었다. 수록된 것으로는 '역위'를 비롯해 『논어참』과 『하도위』, 『낙서위』 등 11종의 참위서가 집일되어 있다. 최근 단행본으로 간행되고 있는 참위서는 모두 이를 저본으로 한 것이다.

(8)『옥함산방집일서玉函山房輯佚書』는 청대의 고증학자 마국한馬國翰이 청대 말기에 펴낸 총 600권의 집일서로 '옥함산방'은 마국한의 서재 이름이다. 여기에는 8종의 '역위'가 수록돼 있다.

(9)『위군緯捃』은 청대 말기에 태평천국의 난에 참가한 교송년喬松年이 하도총독河道總督이 되어 60세에 병사할 때까지 공무 도중 틈틈이 『고미서』에 빠져 있는 유문과 일서佚書를 모아서 찬집한 책이다. '군捃'은 일서佚書를 주워 모은다는 의미로 붙인 것이다. 『위군』은 기존의 8종 이외에도 일문佚文을 추가로 수집해 총 15종의 '역위'를 수록해 놓았다. 매 조목마다 출처를 밝혀서 주를 달아 놓았고, 책의 말미에 「고미서정오古微書訂誤」편과 「고미서존고古微書存考」편을 수록해 놓았다. 『위군』은 참위서의 집대성에 해당한다.

이들 '집일서'는 명청대의 학자들에 의하여 이루어진 소위 '위서학緯書學'의 중요한 업적에 해당한다. 지난 20세기 후반기에 일본의 위서학을 대표하는 나까무라 쇼오하치中村章八 등이 '역위' 2책을 비롯해 『춘추위春秋緯』와 『시위詩緯』, 『논어위論語緯』 등 기왕에 나왔던 집일서를 총망라한 『위서집성緯書集成』 중수본重修本 8책을 펴냈다. 이는 '위서학'의 기본이 되는 기본 텍스트를 총망라한 가장 완비된 집성본이라는 평가를 받고 있다. 명청대 6백 년 동안 집일된 총 11종의 집일서를 하나로 묶어낸 「위서집성」에는 10여 종의 위서가 총망라되어 있어 여러 참위설의 이동異同을 한눈에 쉽게 파악할 수 있다.

원래 『주역』은 음효와 양효를 6번 중첩해 이뤄진 괘卦라는 부호체계를 사용한 점에서 다른 문헌과 근본적인 차이가 있다. 『주역』의 경문은 모두 64괘로 이뤄져 있다. 통상 「건괘乾卦」에서 「이괘離卦」까지 총 30개 괘에 대한 풀이를 '상경上經', 「함괘咸卦」에서 「미제괘未濟卦」까지 총 34개 괘에 대한 풀이를 '하경下經'이라고 한다.

64괘 384효사에서 다루고 있는 내용은 점사占辭로서 통일적 체계를 찾기도 어려울 뿐만 아니라 표현도 매우 상징적이다. 『주역』과 가장 밀접한 관련을 가진 책으로는 『노자』를 들 수 있다. 5천여 자로 구성된 『노자』 역시 『주역』과 같이 상징적인 표현을 많이 사용하고 있으나 내용면에서 볼 때 『주역』에 비해 훨씬 간명하다.

『노자』는 『논어』나 『맹자』의 대화체 문장보다는 약간 후기의 산문체로 쓰여진 통치사상서이다. 전체 구성은 '도'에 관한 상편과 '덕'에 관한 하편으로 구성돼 있다. 『노자』가 추상적 이치로 사물을 개괄해 설명하고 있다면 『주역』은 구체적 사물로 사물의 변화와 그에 따른 인간의 길흉을 상징적으로 표현하고 있는 점이 다르다. 왕필보다 한 세대 후의 인물인 배위裵頠는 「숭유론崇儒論」에서 『노자』가 『주역』의 일부 사상을 발휘한 것이라는 주장을 펼쳤다. 남북조시대의 이정조李鼎祚도 『주역집해周易集解』 서문에서 『주역』은 유·불·도 삼가의 시원으로 구류九流 : 유가, 도가, 음양가, 법가, 묵가, 종횡가, 잡가, 농가, 소설가의 관건이 된다고 주장했다. 남송대의 소옹邵雍 : 邵康節과 주희도 『노자』가 『주역』을 계승한 것으로 보았다.

현대학자들 중에도 유사한 견해를 펼치는 사람이 적지 않다. 고형高亨은 『주역』의 〈단전〉 및 〈상전〉에 운어韻語가 많은 점에 주목해 『노자』와 마찬가지로 작자가 남방인일 가능성을 제기했다. 진고응陳鼓應은 『노자』의 '무위자연'이 〈역전〉의 근간이 되었다고 주장하면서 〈계사전〉을 도가에 가까운 계통의 사람이 지은 것으로 보았다.

이는 『노자』와 『주역』의 유사성에 주목해 유가와 도가가 한 뿌리였을 가능성을 제기한 것이라고 할 수 있다. 원래 유儒는 주왕조의 '사史'에 뿌리를 두고 있다. 춘추전국시대까지 사관이 여전히 복서卜筮를 관장한 사실이 이를 뒷받침한다. '사'는 점복을 관장했던 '무축巫祝'에서 갈려져 나온 것이다. '축사祝史'가 연칭連稱되어 사용된 이유가 여기에 있다. '사'는 '무축'의 직능이 분리되면서 '축'과 달리 주로 천문과 역법, 제사, 상서祥瑞, 재이 등 천관天官의 직능을 맡았으나 '점복'과 관련해 여전히 무술의 색채를 짙게 띠고 있었다.

'사史'는 크게 볼 때 관학의 원형에 해당한다. 청대 말기의 유사배劉師培는 육경과 제자백가 모두 '사'에서 나왔다고 보았다. 장학성章學誠 역시 『문사통의文史通義』에서 '육경개사六卿皆史 : 육경이 모두 역사임'를 주장한 바 있다. 이에 대해 전목錢穆은 이같이 풀이했다.

"주대에 관학은 '사'가 관장하고 있었다. 장학성이 '육경개사'라고 한 것은 역사를 가리킨 게 아니라 관학을 가리켜 말한 것이다. 고대 정부의 서류를 취급하는 자를 모두 '사'라고 했다. 이는 대략 후세의 '사'에 해당하다. 고대의 육예六藝, 즉 육경은 모두 왕실의 '사'가 관장했다. 이에 육예를 흔히 왕관학王官學이라고 불렀다."

실제로 한제국 초기에는 독존유술의 상황에도 불구하고 도가사상이 유행했다. 전한제국 초기에 한영韓嬰은 『시경』을 주석한 『한시외전韓詩外傳』을 저술하면서 유가의 도덕론을 대거 인용했으나 개중에는 노자의 말을 인용키도 했다. 동중서 역시 도가의 말을 취했고, 한문제와 한경제도 『노자』를 좋아했다. 가의賈誼와 반고班固, 장형張衡 등도 도가사상으로부터 커다란 영향을 받았다. 이는 당시 『도덕경』과 『주역』을 같은 차원에서 이해하는 풍조가 널리 만연했음을 시사하는 것이다.

남북조시대 때 『주역』과 『노자』에 대한 관심이 새롭게 일면서 이를 중심으로 '현학'이라는 새로운 학풍이 나타났으나 엄밀히 보면 이는 춘추전국시대 이래의 기본적인 흐름이었다. 이는 후한제국 초기에 환담桓譚이 『신론新論』에서 언급한 다음과 같은 언급이 뒷받침한다.

"복희씨의 '역易'과 노자의 '도道', 공자의 '원元', 양웅揚雄의 '원玄'은 모두 같은 것이다."

이를 통해 알 수 있듯이 진한秦漢시대를 거쳐 남북조시대에 이르기까지 『주역』과 『노자』를 같은 차원에서 해석코자 하는 일련의 흐름이 계속 존재해 왔다. 이를 대표한 학자가 바로 왕필이었다. 왕필의 『주역』에 관한 대표적인 저작으로는 『주역주周易注』와 『주역약례周易略例』, 『주역대연론周易大衍論』, 『주역궁미론周易窮微論』, 『역변易辨』 등을 들 수 있다. 『주역』 이외의 경전에 대한 주석서로는 『논어석의論語釋疑』와 『노자도덕경주老子道德經注』, 『노자지략老子指略』 등이 있다. 현재는 이들 중 일부만 전해지고 있다.

현존하는 왕필의 저작은 크게 3종류이다. 첫째 『논어석의』 등의 『논어』에 관한 주석이다. 그러나 『논어』에 관한 주석은 단지 47조만 황간皇侃의 『논어의소論語義疏』와 형병邢昺의 『논어정의論語正義』 안에 수록되어 있을 뿐이다. 둘째 『노자주』와 『노자지략』 등 『도덕경』에 관한 주석이다. 그는 18세 때인 정시正始 4년 243에 『노자주』를 지었다고 한다. 셋째 『주역주』와 『주역약례』, 『주역대연론』 등 『주역』에 관한 주석서이다. 『주역주』는 그가 20대 초반에 지었다고 한다. 왕필의 여러 저작 중 가장 완정하게 남아 있는 것은 『노자주』와 『주역주』이다. 이는 그의 대표적인 저작이기도 하다.

왕필에게는 『열자』와 관련된 일화가 전해져 오고 있다. 동진의 장담張湛이 쓴 『열자』 서문에 따르면 당초 『열자』는 영가永嘉의

난 때 일부 분실되었으나 장담이 왕필의 사위인 조계자趙季子의 집에서 얻었다고 한다. 『삼국지』「왕찬전」에 따르면 소위 '건안칠자建安七子'의 한 사람으로 명망이 높았던 왕찬王粲이 어려서 채옹蔡邕을 만났을 때 왕찬의 재능에 감복한 채옹이 자신의 만권서를 모두 그에게 주도록 했다. 『삼국지』「종회전」에 나오는 배주裵注에도 채옹의 만권서가 왕찬에게 보내지고 왕찬이 죽은 뒤 그 아들이 모반사건으로 죽음을 당하자 채옹의 책이 모두 왕필의 부친인 왕업王業에게 돌아갔다는 기록이 나온다. 왕필은 생전에 왕찬이 가지고 있던 채옹의 만권서를 물려받았던 것이 거의 확실하다.

왕필은 중국의 공자묘에 배향되고 있는 48인 중 한 사람이다. 『명사』「여곤열전呂坤列傳」에는 양명학의 비조인 왕양명王陽明도 왕필의 후손임을 내세웠다는 기록이 나온다. 왕필에 대한 후세인들의 존경심이 어느 정도였는지를 짐작케 해주는 대목이 아닐 수 없다.

왕필의 '역학' 사상에 대해서는 적잖은 사람들이 비판을 가했다. 삼국시대에 '상수역象數易'으로 명망이 높았던 관로管輅는 왕필이 '상수역'을 이해하지 못했다고 비판한 바 있다. 송대의 주진朱震과 사마광司馬光, 왕응린王應麟 등은 노장학을 원용해 『주역』을 해석한 왕필의 접근방법을 이단으로 비판했다. 그러나 왕필은 도가인 동시에 유가를 자처한 데서 알 수 있듯이 혜강嵇康 등의 장학莊學과는 구별할 필요가 있다. 왕필의 '역학' 사상 속에는 유가와 도가 이외에도 법가와 명가의 요소가 내포되어 있기도 하다.

실제로 왕필이 활약하는 삼국시대에는 학자들 사이에서 『노자』와 『주역』은 물론 제자백가를 함께 연구하는 게 하나의 유행이었다. 왕필은 바로 이런 지적 풍토에서 『주역주』와 『노자주』를 펴낸 것이다. 왕필의 『주역주』는 주로 유가의 관점에 서 있는 데 반해 『노자주』는 도가의 입장에 서 있는 것이 특징이다. 최초로 왕필의 『노자주』와 『주역주』를 비교평가한 사람은 하소何劭였다. 그의 「왕필전」에 따르면 왕필은 '무'를 내용으로 삼고 있는 『노자』를 공자가 '유'에 대해서만 말한 『논어』나 『주역』보다 한 단계 낮춰 보았다. 그러나 『노자주』와 『주역주』에서는 하소의 주장을 뒷받침할 만한 구체적인 내용이 드러나지 않고 있다.

왕필의 『노자주』는 81장이 모두 완비되어 있는 데 반해 『주역주』는 〈계사전〉 이하가 결여되어 있다. 이는 그가 요절했기 때문이다. 「왕필전」과 『세설신어』, 『태평어람』 등에 실린 왕필 관련 기사에는 모두 그가 노장을 좋아했다는 언급만 있을 뿐 『주역』에 대한 언급이 없다. 삼국시대 말기 위나라의 하안何晏이 정시 8년247에 왕필을 조상曹爽에게 천거하면서 『노자주』만 언급한 점에 비춰 『노자주』는 적어도 그 이전에 이뤄졌고, 『주역주』는 이보다 몇 년 뒤에 이뤄진 것이 거의 확실하다.

왕필의 역학사상은 동진東晋의 한강백韓康伯에 의해 전승되었다가 다시 당제국 때의 공영달에게 이어졌다. 공영달은 『주역정의周易正義』에서 왕필의 '역학' 사상을 그대로 받아들였다. 『주역정의』는 사실상 왕필의 주석을 부연해 놓은 것이라고 해도 과언이 아니다.

왕필의 『주역주』는 기본적으로 전문傳文인 〈역전〉을 토대로 경문經文인 〈역경〉을 해석해 놓은 것이다. 이는 왕필의 가학家學

이 전한제국 초기에 형성된 『주역』 4가家 중 어느 한 학파의 주석을 전수받았을 가능성을 시사한다. 『주역』에 일가를 이뤘던 초순焦循에 따르면 왕필은 친형 왕굉王宏과 더불어 소위 '형주학荊州學'의 대가인 외조부 유표劉表로부터 커다란 영향을 받았다. 유표는 왕필의 현조부 왕창王暢으로부터 사상적 세례를 받았다.

왕필의 『주역약례周易略例』는 상수象數를 중시해 신비주의로 흐르고 있던 당시의 한역漢易에 대해 매우 비판적인 입장에 서 있었다. 「명단明彖」와 「명효통변明爻通變」, 「명괘적변통효明卦適變通爻」, 「명상明象」, 「변위辯位」, 「약례하略例下」, 「괘략卦略」 등으로 구성된 『주역약례』는 『주역주』와 함께 그의 대표적인 저작이다. 당제국의 공영달과 청제국의 전대흔錢大昕은 모두 왕필의 '역학' 사상을 높이 평가했다.

『주역약례』는 주효론主爻論과 초상무위론初上無爲論, 득의망상론得意忘象論 등을 주창하며 상수를 중시한 '한역'을 비판하고 있는 점에서 매우 독창적이다. 그러나 실제로 그의 이런 주장이 철저히 관철된 것은 아니었다. 주효론은 초효初爻와 상효上爻를 허위화虛位化시킨 '초상무위론' 내지 일종의 모순론에 해당하는 '응비론應比論'과도 논리적으로 충돌을 일으키고 있다. '득의망상론' 역시 실제로 『주역』을 주석하는 과정에서는 『주역약례』에서 선언한 것처럼 분명히 적용되지 못하고 있다. 일부 주석에는 기존의 '한역'을 답습한 곳도 적지 않다.

그럼에도 왕필의 『주역주』에는 『주역』과 『노자』를 하나로 꿰어 해석코자 하는 왕필의 의지와 노력이 잘 나타나 있다. 「비괘比卦」의 구오 효사를 두고 그는 풀이하기를, '외물에 사사로움이 없어 오직 인자와 함께 어울린다'고 했다. 이는 외물에 대한 사욕이나 집착을 없애는 도가의 '무욕無欲' 개념을 유가의 '인仁' 개념에 접목시킨 것이다.

「대유괘大有卦」 상구 효사에 대해서도 '초상무위론'에 입각해 풀이하기를, '상구효는 「대유괘」의 맨 위에 처해 자리에 불루不累 : 얽매이지 않음하니 그 뜻은 상현尙賢에 있다'고 했다. 여기의 '불루'는 도가의 덕목, '상현'은 유가적 덕목을 언급한 것이다. 왕필은 유가의 '상현'을 도가의 '불루' 개념과 하나로 융해시켜 버린 것이다. 원래 '불루'는 『장자』「거협胠篋」편에 나오는 말이다.

이를 통해 알 수 있듯이 왕필은 『주역』을 풀이하면서 『장자』로부터 적잖은 영감을 얻었다. '득의망상론'이 바로 대표적인 예이다. 이는 『장자』「외물」편에 나오는 '득어망전得魚忘筌' 개념을 차용한 것이다. 왕필은 『장자』의 '득어망전'을 이내 '의意'를 얻으면 곧 언어로 표현코자 하는 수단은 버려야 한다는 뜻의 '득의망상得意忘象'으로 변용시켜 '상수'를 중시한 '한역'을 비판하는 근거로 삼았다. 왕필은 이를 토대로 신비주의 경향을 보이고 있던 '한역'의 '오행설五行說'을 신랄하게 비판했다.

왕필은 비록 요절하기는 했으나 후한제국 말기에 정현鄭玄이 유가경전에 정밀한 주석을 가함으로써 소위 '정학'을 완성시킨 것과 같이 1백 년 만에 이에 쌍벽을 이루는 '왕학王學'을 유행시켰다. 이후 근 4백 년에 가까운 남북조시대에는 '왕학'을 계승한 현학玄學이 유행하면서 노장사상이 크게 융성했다. 이때 인도에서 유입된 불교가 성행하면서 유·불·도 3교三教가 정립鼎立해 우위를 다투는 구도가 조성되었다.

남북조시대를 끝내고 다시 천하를 통일한 수隋제국은 학문과 사상도 하나로 통일시키고자 했다. 이때 왕통王通이 나타나 큰 명성을 얻었다. 당제국에서 문명을 떨친 왕발王勃의 조부이기도 한 왕통은 어려서부터 『주역』을 비롯한 유가경전에 통달해 이름을 떨치면서 강학講學에 힘을 쏟은 결과 문하에서 수많은 명현을 배출했다. 당태종 때의 명신인 위징魏徵과 방현령房玄齡 등이 모두 그의 문인이었다. 그는 수문제隋文帝에게 「태평10책太平十策」을 상주했으나 채택되지 않자 이내 수양제隋煬帝의 부름을 받고도 이에 응하지 않은 채 강학과 저술에 열중했다.

수나라에 뒤이어 당제국이 들어서면서 불교가 우위를 점했다. 불교가 중국에 전파된 정확한 연대는 아직 정설이 없으나 대략 후한제국 초기에 들어와 5세기경에 불경이 대대적으로 번역되면서 크게 발흥한 것으로 짐작되고 있다. 중국에서 유행한 것은 대승大乘불교였다. 그 중 가장 큰 영향을 미친 것은 선종禪宗이었다. 선종의 확산에 결정적인 공헌을 한 사람은 육조선사六祖禪師로 알려진 광동성 출신의 혜능慧能이었다. 혜능이 스승인 홍인弘忍의 의발衣鉢을 전수받자 홍인의 수제자로 있던 신수神秀가 이에 반발해 남종南宗을 개창한 뒤 '불성佛性'을 강조하며 '즉심즉불卽心卽佛'을 주장했다. 이에 북종北宗을 개창한 혜능은 '무無'를 강조하며 '무심무불無心無佛'을 주장했다.

'즉심즉불'과 '무심무불' 모두 선종에서 강조한 것이기는 했으나 이때에 들어와 남종과 북종의 종지宗旨로 뚜렷이 갈리게 되었다. 이후 선종은 혜능이 설정한 노선을 따라 발전했다. 이 과정에서 도가와 결합되면서 지성적 접근이 아닌 좌선坐禪 등과 같은 특이한 수양을 통해서만 '도'를 이해할 수 있다는 생각이 보편화되었다.

이로 인해 선종은 마침내 지성적 접근인 점수漸修의 과정은 준비작업에 불과할 뿐이고 절벽을 뛰어넘는 것과 같은 돈오頓悟를 통해야만 성불成佛할 수 있다고 주장하기에 이르렀다. 선종의 이러한 수행방법이 송대의 성리학에 지대한 영향을 미치게 된 것은 말할 것도 없다. 이는 내용적으로 볼 때 왕필의 '역학' 사상과 남북조시대의 현학이 '무'를 강조한 북종의 종지에 흡입된 결과로 볼 수 있다.

선종이 당제국에서 선풍을 일으키면서 약세를 면치 못한 유학은 한유韓愈가 등장하면서 비로소 발흥하기 시작했다. 그는『원도原道』에서 불가에 대한 유가의 우위를 설파하면서 유학의 학통이 요·순·우·탕·문왕·주공·공자·맹자로 이어졌다는 소위 '도통설道統說'을 내세웠다. 그는 맹자 사후에 비록 전국시대 말기의 순자와 전한제국 말기의 양웅揚雄이 나타나기는 했으나 그들의 선택은 정확치 못했고 설명 또한 상세치 못했다며 맹자를 높이 평가했다. 불가의 '법통설法統說'을 차용한 한유의 '도통설'은 송대 성리학의 '정윤론正閏論' 정립에 지대한 영향을 끼쳤다.

당제국이 멸망하고 50여 년 동안 5대10국의 시대를 거쳐 북송이 다시 천하를 통일하자 유가 내에서도 3교를 통일한 새로운 학문이 등장하기 시작했다. 이는 주돈이周敦頤 : 濂溪와 장재張載 : 橫渠, 정호程顥 : 明道, 정이程頤 : 伊川 등이 주도했다. 이들을 흔히 '북송이학4자北宋理學四子'라고 한다. 이들은 자신들의 학문을 '도학', '이학', '성리학', '성도학性道學', '심성의리학心性義理學'

으로 불렀다.

이들 중 주돈이가 공학을 소위 '도학'으로 불리게 만드는 데 결정적 배경이 된 '우주론'을 깊이 천착했다. 그는 일명 화산도사華山道士로 불리며 도가의 비법을 전수받은 진단陳搏의 '무극도無極圖'에서 영감을 받아 『태극도설太極圖說』을 펴냈다. 주희는 주돈이의 『태극도설』을 바탕으로 성리학의 우주론을 완성시켰다. 당시 주돈이는 성인이 되는 방안으로 '무욕無欲'을 주장했다. 이는 선종의 무심無心을 변용한 것이었다. 그의 이러한 주장은 주희의 '천리인욕설天理人欲說' 형성에 지대한 영향을 미쳤다.

북쪽의 거란족에 의해 송제국이 남쪽으로 쫓겨내려와 항주杭州를 수도로 하는 남송대가 시작되자 북송대의 학통을 계수한 '염락관민학濂洛關閩學'이 등장했다. 이는 주희와 주돈이, 장재, 정호, 정이 등이 중요한 위치를 차지한 데 따른 것이었다. 주희는 복건성에 살았기 때문에 흔히 '민학閩學'이라고 했다. 주희의 성리학은 공자 이래의 모든 유학을 집대성한 것이었다. 육구연陸九淵 : 象山은 명대의 왕수인王守仁과 더불어 흔히 '육왕陸王'이라고 불린다. '육왕'은 정이천과 주희를 통칭하는 소위 '정주程朱'와 비견된다.

송대 말기의 정역동丁易東은 13세기 중반에 진사에 급제하여 추밀원의 편수編修를 지낸 인물로 『주역』에 관한 많은 저술을 남겼다. 그는 원제국이 세워진 뒤 벼슬을 사양하고 고향인 무릉武陵에 석단정사石壇精舍를 짓고 후학들에게 『주역』을 가르쳤다. 그의 저서 『주역상의周易象義』가 『사고전서四庫全書』「경부經部 · 역류易類」에 수록된 데서 알 수 있듯이 그는 『주역』에 깊은 조예가 있었다. 그는 「역통론易通論」에서 전한제국 이래 송대 말까지 『주역』을 연구한 모든 학자를 총망라해 '역학'의 종류를 총 12개 유파로 분류해 놓았다.

(1) **이론파**(理論派) : 의리義理의 시각으로 접근하는 학파로 남송대의 정이천程伊川과 장재張載 등이 대표적인 인물이다.

(2) **상론파**(象論派) : 괘상卦象의 해석을 중시하는 학파로 당제국 때의 이정조李鼎祚와 북송대의 주진朱震 등이 있다.

(3) **변론파**(變論派) : 괘변卦變을 중시하는 학파로 남북조 때의 심해沈該와 도길都桔 등이 있다.

(4) **점론파**(占論派) : 점서占筮의 시각으로 접근하는 학파로 주희朱熹와 채백정蔡伯靜 등이 대표적인 인물이다.

(5) **수론파**(數論派) : 수리數理를 중시하는 학파로 남송대의 소강절邵康節 : 邵雍과 유지행劉志行 등이 있다.

(6) **율론파**(律論派) : 율려律呂 : 음률의 시각에서 접근하는 학파로 후한제국 말기의 정현鄭玄이 대표적 인물이다.

(7) **역론파**(曆論派) : 역보曆譜 : 책력의 시각으로 접근하는 학파로 전한제국 초기의 맹희孟喜와 경방京房, 당제국의 승려 일행一行 등이 있다.

(8) **술론파**(術論派) : 술수術數를 위주로 하는 학파로 전한제국의 곽박郭璞과 초연수焦延壽 등이 대표적인 인물이다.

(9) **사론파**(事論派) : 인사人事의 시각에서 접근하는 학파로 남북조시대의 간보干寶를 비롯해 남송대의 조공무晁公武와 양만리楊萬里 등이 대표적 인물이다.

⑽ **심론파**(心論派) : 본심本心을 위주로 하여 접근하는 학파로 남송대의 육상산陸象山과 양간楊簡 등이 있다

⑾ **노장파**(老莊派) : 노장老莊의 도학적 시각으로 접근하는 학파로 삼국시대의 왕필王弼과 한강백韓康伯 등이 있다

⑿ **석불파**(釋佛派) : 불가佛家의 교리로 접근하는 학파로 남북조 시대의 이통현李通玄 등이 대표적인 인물이다.

'역학'의 유파가 얼마나 오랫동안 지속되었는지는 확인키가 어렵다. 다만 18세기 중엽에 들어와 청제국의 건륭제乾隆帝의 주창으로 사고전서四庫全書가 찬집되면서 '역학'의 유파가 크게 '양파육종兩派六宗'으로 분류된 점에 비춰 도중에 수차례의 이합집산이 전개된 것으로 짐작된다.

『사고전서총목제요四庫全書總目提要』에 따르면 '양파육종'의 양파는 '의리파'와 '상수파'를 말한다. 이는 '역학'의 내용에 따른 것으로 의리파에는 노장종老莊宗 : 道家易과 유리종儒理宗 : 儒家易, 사사종史事宗 : 史事易의 3파가 속해 있었다. 노장종은 왕필의 역학이론을 전승한 유파이고, 유리종으로 정이천의 의리파가 확대발전한 것이고, 사사종은 사론파가 확대발전한 것이다. 의리파의 주종은 유리종이었다.

상수파에는 상수종象數宗 : 占筮易과 조화종造化宗 : 圖書易, 재상종災祥宗 : 禨祥易 등의 3파가 속했다. 조화종은 한제국 때 나온 도교의 연단술서煉丹術書인 『참동계參洞契』에 뿌리를 둔 것으로 하도河圖와 낙서洛書를 중심으로 한 각종 그림을 통해 『주역』을 이해하는 유파이다. 이는 상수종에서 갈려나온 것이다. 재상종은

사물을 음양오행과 상극상생相剋相生의 논리로 해석하는 유파로 『경방역전』이 확대발전한 것이다. 상수파의 주종은 시초蓍草로 점을 쳐서 인간의 길흉화복을 판별하는 상수종이다.

'양파육종'의 분류는 정역동의 분류를 토대로 하여 18세기 중엽의 상황을 반영한 것으로 볼 수 있다. 대략 '상수파'는 이전의 상론파와 수론파가 하나로 합쳐진 가운데 역론파 등을 흡수하고, '의리파'는 이론파와 점론파가 하나로 합쳐진 가운데 심론파 등을 흡수한 결과로 보인다.

여기서 주목할 것은 '의리파'의 '사사종史事宗'이다. 이는 『주역』을 인사人事의 관점에서 접근한 사론파事論派가 확대발전한 학파로 짐작된다. '사事'에 '사史' 개념이 추가된 것으로 미뤄 정역동이 분류할 당시만 해도 크게 부각되지 못했음에 틀림없다. 분류대상에서 누락된 소위 '사론파史論派'가 후대로 오면서 기본취지를 같이 하는 '사론파事論派'와 하나로 통합되었을 공산이 크다. 그렇다면 정역동의 분류대상에 전혀 나타나지 않았던 '사론파史論派'는 과연 누가 이끌었던 것일까.

대략 『자치통감』을 저술한 사마광司馬光이었을 것으로 짐작된다. 사마광은 비록 다른 사람처럼 『주역』에 대한 체계적인 주석서를 남기지는 않았으나 그의 유문집遺文集에는 『주역』에 관한 주석을 시도한 「온공역설溫公易說」이 실려 있다. 정치적으로 신법당新法黨을 이끌었던 왕안석王安石의 경학파經學派와 대립해 구법당舊法黨을 이끌며 사학史學을 강조했던 사마광이 역사해석의 관점에서 『주역』에 접근한 것은 지극히 당연한 일로 보아야 한다. 이는 기본취지에서 '사론파事論派'와 맥을 같이 하는 것이다.

'사사종'의 존재는 청대 말기까지만 해도 중국에서는 『주역』을 해석하는 '역학'의 한 학파로 일종의 '사학파'가 엄존했음을 시사한다. 실제로 『주역』의 괘효사 중에는 이들 사학파의 고증을 요구하는 역사적 사실이 제법 많이 나타나고 있다. 『주역』의 원형이 만들어지는 전국시대 말기 당시 『주역』의 이치를 역사적인 관점에서 접근코자 했던 일군의 학자들이 존재했음을 시사하는 대목이 아닐 수 없다.

그러나 엄밀히 말해 중국에는 이들 '양파육종'만이 존재했던 것이 아니다. 중국에는 다른 유가경전과는 달리 청대 말기까지 소위 '참위설讖緯說'을 추종하는 커다란 흐름이 존재했다. 다른 유가경전에도 경서經書에 대칭되는 위서緯書가 존재하기는 했으나 일찍 사라져 버린 데 반해 유독 『주역』에 한해서만 '위서'인 '역위易緯'가 끈질기게 살아남았다. 이는 참위설의 위력이 만만치 않았음을 반증하는 것이다.

'참위설'은 경서經書에 대칭되는 위서緯書와 참서讖書를 숭봉하는 이론으로 「경방역전」과 동중서의 재이災異사상에 입각한 것이다. '위서'는 경서에 의탁하여 미래에 나타날 예언을 기록한 문헌을 말하고, '참서'는 세운世運이라든지 인사人事의 미래를 신비한 내용으로 예언한 기록을 말한다. '위서'와 '참서'는 '경서'와 밀접한 관계를 맺고 있다. '참위설'의 영향력은 매우 막강해 오히려 경서를 기본서로 삼은 여타 학파를 압도했다.

'참위설'이 정확히 언제부터 나왔는지 단정할 수는 없으나 전한제국 말기에 참위설이 극성한 점에 비춰 아무리 늦어도 전한제국 중기 이전에 항간에 널리 유포되기 시작한 것으로 보인다. 현재 적잖은 학자들이 '참위설'의 효시로 동중서의 『춘추번로春秋繁露』를 꼽고 있다. 사실 『춘추번로』는 표면상 '경학'을 표방했지만 그 내용을 보면 일종의 참위서에 지나지 않았다.

동중서는 『춘추번로』에서 『춘추공양전』에 나오는 역사적 사실을 미신적인 '재이설災異說'에 기초해 풀이해 놓음으로써 공학을 결정적으로 왜곡시켜 놓았다. 이러한 왜곡은 다시 송대에 들어와 '경학'이 '이학理學'으로 탈바꿈하면서 극에 달했다. 주희는 제자백가서의 하나로 치부된 『맹자』를 비롯해 『예기』 중 철학적 논변이 풍부한 「대학」과 「중용」을 적출해 돌연 『논어』와 같은 반열에 올려놓은 것이다. 이는 공문 전래의 군자학에 대한 일대 왜곡이었다. 20세기에 들어와 공학이 매도된 것은 바로 왜곡된 공학에 대한 일대 반작용이기도 했다.

우주의 원리를 포함해 공자가 타기했던 '괴력난신'까지 일관되게 해석해 놓은 송대의 '이학'은 일종의 종교철학에 가까웠다. 동양은 송대 이후 '이학'에 침잠한 결과 마침내 19세기 말에 서양 제국주의자들의 침공에 속수무책으로 무너진 뒤 스스로 자신의 뿌리인 공학을 송두리째 내던지는 우를 범했다고 해도 과언이 아니다.

공자시대에도 널리 점복이 행해진 것이 사실이다. 그러나 '괴력난신'을 타기한 공자는 전혀 점복을 행하지 않았다. 공자가 『역』을 읽었을지라도 이는 어디까지나 사물의 변화원리를 살펴본다는 차원에서 이뤄진 것으로 점복을 통해 미래를 예측코자 하는 차원에서 이뤄진 것은 아니었다. 그가 제자들을 대상으로 『역』을 교재로 삼아 가르쳤을 리가 없는 것이다.

원래 동중서는 사상을 통일하고 황제권을 견제할 심산으로 '천인감응론天人感應論' 등을 내세워 미신적인 '재이설'을 주창하고 나섰다. 『춘추번로』는 『춘추』의 참위서는 아니었으나 내용적인 면에서 볼 때 이는 분명 '참위설'의 기원에 해당한다. 이는 '천인감응론'에 입각해 『춘추공양전』을 풀이한 『춘추번로』가 끼친 부작용을 보면 쉽게 알 수 있다.

대표적인 예로 전한제국 말기에 외척세력인 왕망王莽이 '참위설'을 원용해 전한제국을 무너뜨리고 '신新' 나라를 세운 사건을 들 수 있다. 선진先秦시대에도 맹자 등이 제창한 '천인합일설天人合一說' 등이 존재하기는 했으나 동중서의 '천인감응설天人感應說만큼 지배층과 백성을 일거에 사로잡은 적은 없었다.

당초 전한제국 초기만 하더라도 진시황秦始皇의 '협서금법挾書禁法'이 그대로 유지되었다. 이는 한고조漢高祖 유방劉邦이 '협서금법'의 유효성을 인정해 그대로 존치시킨 데 따른 것이었다. 이로 인해 '협서금법'은 유방이 죽은 후에도 한동안 그대로 통용되었다. '협서금법'이 폐지된 것은 한혜제漢惠帝가 등극한 지 4년이 지난 후였다. 이를 계기로 경문을 필사본으로 정리하여 나라에 바치는 일이 시작되었다. 이것이 바로 '금문경학今文經學'의 시작이었다.

'금문경학'의 효시에 해당하는 동중서는 바로 '천인감응설'을 통해 여타 사상가들을 제압하고 민심을 하나로 묶어 국론을 통일하는 데 성공하였다. 그는 『춘추번로』의 '인부천수장人副天數章'에서 이같이 주장했다.

"사람에게는 360개의 절節이 있어 한 해의 360일수와 같고, 12

대절大節은 12개월과 같고, 오장五臟은 오행수五行數와 같고, 사지四肢는 사시四時와 같고, 이목耳目이 총명한 것은 하늘에 일월이 떠 있는 것과 같고, 혈맥穴脈은 자연의 천곡川谷과 같고, 희노애락喜怒哀樂은 정기의 운행과 같다."

동중서는 이를 바탕으로 선을 행하는 자는 천복天福을 받고, 악을 행하는 자는 천화天禍를 입는다는 '천인감응설'을 이론화하는 데 성공하였다. 이는 곧 위정자는 응당 선정을 베풀어야 한다는 선정善政논리로 연결되었다. 만일 제왕이 선정을 베풀지 않고 폭정을 행하면 이내 하늘이 천재지변天災地變을 통해 경고를 내리고, 끝내 이마저도 무시할 경우 천명天命이 다른 곳으로 옮겨가 새로운 왕조가 등장케 된다는 것이 골자였다. 실제로 동중서는 이런 논리로 군권君權을 제약함으로써 자연스럽게 신권臣權의 강화를 꾀하고자 했다.

'역위'는 바로 동중서의 이런 논리를 그대로 채용해 '금문경학'의 하나로 '금문역학今文易學'을 형성하는 데 결정적인 기여를 했다. 『맹희역전孟喜易傳』과 『경방역전京房易傳』이 바로 그것이다. '협서금법'이 해제되고 반세기가 흐른 뒤 한무제가 '독존유술獨尊儒術'을 선포하자 방술지사方術之士 사이에 널리 통용되던 '음양오행설'과 '재이설'이 자연럽게 유술儒術에 혼입되어 『맹희역전』과 『경방역전』이 등장케 되었다. 이것이 바로 '금문역학'인 것이다. 동중서의 『춘추번로』는 비록 『춘추공양전』을 해석한 것이라고는 하나 '재이설'과 '음양오행설'의 관점에서 보면 『맹희역전』 및 『경방역전』과 하등 차이가 없다.

'금문역학'의 가장 큰 특징은 『주역』을 '음양오행설'과 '재이설'에 입각해 천지의 변화를 64괘의 신비스런 조화에서 찾는 소위 '괘기설卦氣說'을 주창한 데 있다. 원래 『주역』은 경문에서 '음양'을 언급해 놓기는 했으나 결코 '오행'을 말한 적이 없다. 그러나 『맹희역전』과 『경방역전』은 '재이설'과 '오행설'을 자연스럽게 받아들였다. '금문역학'은 한마디로 '역위'의 경전화經傳化를 추구하는 데서 출발했다고 해도 과언이 아닌 것이다.

'금문역학'은 '재災'는 하늘의 견책이고 '이異'는 하늘의 위협이라는 사고를 기초로 하고 있다. 이는 하늘을 '백신지대군百神之大君'으로 간주한 동중서의 '천인감응론'을 그대로 받아들인 것이다. 『주역』을 신비스런 비서秘書로 여기게 된 것은 바로 여기서 시작되었다고 해도 과언이 아니다. 우주만물의 존재 근거를 마음 또는 정신에서 찾는 관념론을 '유심론唯心論'이라고 한다. 이는 물질에 대한 정신의 근원성과 독자성을 인정하는 입장으로 물질의 존재를 정신의 하위개념으로 파악한다. '금문역학'은 동중서의 『춘추번로』 입장을 그대로 받아들여 만물의 존재 이치를 '유심론'의 관점에서 파악한 것이 그 특징이라고 할 수 있다. 이러한 '유심론'의 입장은 훗날 남북조시대의 '현학'을 거쳐 송대의 성리학으로 이어졌다.

당초 동중서가 『춘추번로』를 통해 막강한 황제권을 제약코자 하는 취지는 나름대로 일리가 있는 것이기는 하나 천재지변을 군왕의 선정 여부와 연결시킨 '천인감응설'의 논리는 분명 미신적이었다. 이는 맹자의 '천인합일설天人合一說'에 뿌리를 둔 것으로 동중서는 천도와 인도를 각각 절대불변의 지선至善과 상대가변의 추선追善으로 구분한 뒤 맹자의 '천인합일설'을 끌어들여 천도와 인도가 상호 감응하는 것으로 봉합해 놓은 것이다. 훗날 주희는 동중서의 '천인감응설'에 나오는 천도와 인도를 '이'와 '기'로 대체하여 각각 절대불변의 '천리天理'와 상대가변의 '인욕人欲'으로 재정리하여 성리학의 이론적 기반이 된 '천리인욕설'을 만들어냈다. 이로써 '치평학治平學'으로 출발한 공학孔學의 기본취지는 사실상 실종되고 말았다.

'치평학'으로 출발한 공학의 왜곡은 맹자가 단초를 열고 동중서가 이를 심화시키는 과정을 거쳐 마침내 주희에 의해 완성되었다고 해도 과언이 아닌 것이다. 이는 천도와 인도의 준별峻別을 강조한 순자의 '천인상분설天人相分說'과 대조되는 것이었다. 이로 인해 순자의 '천인상분설'은 괴력난신을 꺼린 공자의 기본취지를 이은 것이었음에도 불구하고 오히려 성리학자들에 의해 이단으로 몰리는 상황이 빚어지고 말았다.

성리학자들은 맹자의 '천인합일설'과 동중서의 '천인감응설'에 기초한 '천리인욕설'이 공학의 정수精髓를 심화시킨 것으로 선전했다. 주희를 비롯한 성리학자들은 이를 확신한 나머지 성리학을 이전의 유학과는 차원이 다른 '실학實學'으로 불러줄 것을 주문했다. 그러나 이들이 말한 '실학'은 '치국평천하'를 골자로 한 공학의 실질을 사상捨象한 공허한 사변론에 불과했다. 이들이 말한 '실학'은 사실 내용 면에서 볼 때 공학의 맹학화孟學化와 동학화董學化, 주자학화朱子學化를 합리화한 '허학虛學'에 지나지 않았다.

'치평학'에서 출발한 공학이 '허학'으로 왜곡되는 결정적인 계기가 바로 동중서의 미신적인 '천인감응설'에 있었다고 해도 과언이 아니다. '천인감응설'은 예악과 도덕의 근원과 통치사상과 통치제도의 원리를 모두 하늘의 이법理法에서 구하고자 하면서 그 이치를 음양오행설陰陽五行說에서 찾았다. 천지자연의 이치는 물론 인간의 길흉화복을 해석하는 최고의 이론이 된 음양오행설은 인간의 몸이 하늘과 직통할 수 있다는 논리 위에 서 있었다.

이로써 『주역』과 『노자』를 음양오행설에 입각해 해석코자 하는 흐름이 자연스럽게 형성되었다. 이때 『주역』의 '위서'인 『주역참동계周易參同契』가 등장했다. 이는 후한제국 때 위백양魏伯陽이 지은 것으로 연단술과 관련한 도교道敎의 내용을 담고 있다. 『주역』의 형식을 빌려 서술한 이 책은 내단內丹 : 도교기공과 외단外丹 : 연단술을 토대로 연단신선술煉丹神仙術을 논술하고 있다. 기공수련을 통해 생명을 연장시키고 질병을 방지하는 데 효과가 있다고 알려짐에 따라 많은 사람들이 이를 중시하였다. 주희조차 『주역참동계고이周易參同契考異』를 저술한 사실이 이를 뒷받침한다.

신비적이고 주술적인 내용으로 가득 찬 『주역참동계』의 출현을 계기로 다시 '참위설'이 맹위를 떨치기 시작했다. 이는 한무제의 '독존유술獨尊儒術' 선포로 유가사상이 유일무이한 통치이념으로 자리잡으면서 입지가 좁아진 도가가 세속화의 길을 걸으면서 불로장생을 추구하는 도교道敎로 전락한 사실과 무관치 않았다. 이후 중국에서는 각 왕조가 말기에 이르러 혼란에 빠질 때마다 어김없이 백성들 사이에 참위설이 극성하는 모습을 보였다.

이는 백성들이 내일을 기약할 수 없는 상황에서 『노자』와 『주역』의 내용을 '치인治人'이 아닌 '치기治己'의 양생술로 교묘히 변용시킨 술사術士와 방사方士들의 선전에 쉽게 빠져든 데 따른 것이었다. 쇠망의 길로 치닫게 된 왕조가 말기에 이르러 이를 국법으로 엄히 다스리면 다스릴수록 백성들은 혹세무민하는 미신적인 교설에 더욱 빠져들었고, 이는 대규모 민란을 일으키는 단초가 되었다. 중국의 전 역사를 개관해 볼 때 참위설이 등장한 이래 왕조 말기에 혼란이 극에 달할 때마다 이러한 현상은 어김없이 되풀이되었다.

이는 참위설의 위력이 얼마나 막강했는지를 웅변적으로 보여준 것이라고 할 수 있다. 참위설의 내용이 『오경정의五經正義』와 『태평어람太平御覽』 등에 집대성되어 오늘날까지도 전해지고 있는 것이 그 증거이다. 오랫동안 『오경정의』 등에 실려 있는 '참위지문讖緯之文'을 삭제해야 한다는 주장이 줄기차게 제기되었음에도 불구하고 결코 실행되지 못했다. 이는 참위설이 지니고 있는 위력이 만만치 않았음을 뒷받침하는 것이다.

실제로 참위설을 토대로 나라를 일으킨 경우가 적지 않았다. 대표적인 예로 왕망王莽의 '신新' 나라를 들 수 있다. 왕망은 전한제국 말기에 참위설을 부추겨 13세의 어린 평제平帝를 독살한 뒤 유씨劉氏의 나라를 찬탈했다. 왕망은 자신의 찬탈을 합리화하기 위해 유흠劉歆과 양웅揚雄 등 당대의 명유들을 모두 회유한 데 이어 수하들을 동원해 민간 사이에 새 왕조의 건국을 합리화하는 내용의 참위설을 유포케 만들었다. 그는 자신의 찬탈을 마치 천명을 받은 것처럼 미화해 놓은 참언을 돌에 새겨넣은 뒤 이를 우물에 빠뜨려 놓았다가 우물물을 긷던 중 우연히 돌을 건져 올리도록 하는 식의 방법을 동원해 민심을 사로잡았다. 이는 전한제국 말기의 신민들이 참위설을 맹신한 것을 이용한 것이었다. 왕망이 중국의 전 역사를 통틀어 무혈로 왕조를 찬탈한 유일한 인물이 된 것도 바로 이 때문이었다.

왕망을 무너뜨리고 후한제국을 세운 광무제光武帝 유수劉秀는 왕망이 참위설을 이용해 보위에 오른 것을 역이용한 경우에 해당한다. 그 역시 왕망과 마찬가지로 참위설을 이용해 보위에 오른 인물이었다. 원래 그는 평제와 같은 나이였다. 평제가 9세에 즉위할 때 유수는 양친부모를 여읜 천애의 고아였다. 평제가 독살당할 당시 유수 또한 한고조漢高祖 유방의 9세손인 까닭에 신변의 위험을 느껴 일족인 유량劉良의 도움을 받아 멀리 도주해 목숨을 부지했다.

『후한서』「광무제기」에 따르면 유수의 본명은 유문숙劉文叔이었다. '문숙文叔'을 '수秀'로 바꾼 것은 참언讖言에 따른 것이었다. 유문숙이 태어나기 이전에 나라 안에는 '유수劉秀가 군사를 일으켜 28년 만에 화火가 주인이 된다'는 참언이 나돌았다. 실제로 유수는 유방이 한제국을 세운 지 228년 만에 후한제국을 세웠다. '화'가 주인이 된다는 것은 화덕火德의 한제국이 부흥한다는 뜻을 담고 있다.

당대의 석학 유흠은 일족인 유문숙을 처음 만났을 때 유문숙의 상이 비범한 것을 보고 장차 대업을 일으킬 인물로 생각해 참언을 좇아 '수'로 개명토록 했다고 한다. 이 또한 후대인이 말들어낸 허구일 공산이 크다. 왕망의 '신'나라 건국에 결정적인 공헌을 한 유흠이 장차 유수가 대업을 일으킬 것을 알고 개명토록 했다는 것 자체가 모순이다.

그럼에도 불구하고 사료의 기록에 따르면 유수가 참위설을 맹신한 것만은 확실하다. 유수는 28세의 젊은 나이에 후한제국을 세우고 초대 황제로 즉위했다. 당시 그는 '유수'라는 이름으로 커다란 덕을 보았다. 참언을 믿는 왕망의 군사들은 광무제가 나타나면 으레 유수는 당해낼 수 없다는 참언을 믿고 도주하기에 바빴다고 한다. 이로 인해 광무제 유수는 참위설을 극히 신봉했다. 후한제국에서 참위설이 극성하게 된 데에는 광무제의 참위설에 대한 신봉이 결정적인 역할을 수행했다고 보아야 한다.

이를 통해 알 수 있듯이 참위설은 나라가 혼란할 때마다 새 왕조를 건립하는 데 결정적인 역할을 수행했다. 이때마다 『주역』의 위서緯書인 '역위易緯'가 위력을 떨친 것은 말할 것도 없다. '역위'는 참위설과 표리의 관계를 맺고 있다. '역위'의 가장 큰 특징은 『주역』을 상수象數를 동원해 마치 신비한 내용이 가득 찬 것처럼 풀이해 놓은 데 있다. 남북조南北朝시대 양梁나라의 학자였던 유협劉勰은 위서의 등장이 전한제국 말기에 이뤄진 것으로 보았으나 '역위'는 이보다 훨씬 앞선 전한제국 초기에 이미 등장한 것으로 보는 게 옳다. 사마천의 『사기』「태사공자서太史公自序」에 나오는 다음 구절이 이를 뒷받침한다.

"『역』에 이르기를, '터럭만큼의 잘못이라도 그 결과는 천리의 차를 가져온다'고 했다."

『예기禮記』「경해經解」편과 『대대예기大戴禮記』「보전保傳」편에도 같은 구절이 나온다. 가의賈誼도 『신서新書』「태교胎教」편에서 『대대예기』의 구절을 인용해 놓았다. 이는 현존 『주역』의 경문에는 전혀 나오지 않는 것으로 '역위'「통괘험通卦驗」편에 나오는 구절이다. 사마천이 활약한 전한제국 초기에 이미 '역위'가 널리 읽혀지고 있었음을 뒷받침하는 대목이 아닐 수 없다.

이후에도 '역위'를 인용한 사례가 빈번히 나타나고 있다. 『한서漢書』「동방삭전東方朔傳」과 「두흠전杜欽傳」을 비롯해 『설원說苑』「건본建本」편과 『후한서』「범승전范升傳」 등이 '역위'의 내용을 인용한 것이 그 실례이다. 이는 '역위'가 한제국 때 얼마나 흥기했는지를 시사하고 있다. 청제국 때 나온 「사고전서총목제요四庫全書總目提要」의 다음과 같은 해제가 그 증거이다.

"복생伏生 : 전한제국 초기의 학자의 『상서대전』과 동중서의 『춘추음양론』과 같은 책은 위서이다."

이는 '역위'가 복생을 효시로 한 금문경학今文經學의 시작과 더불어 흥기했음을 시사하고 있다. 역사상 참위서의 폐단을 가장 먼저 언급한 사람은 후한제국 초기의 경학자인 환담桓譚이었다. 그는 참위설에 힘입어 등극한 광무제가 즉위 직후 참위설을 숭봉해 온 천하가 도참에 빠지는 폐단이 나타나자 이내 참위설을 물리칠 것을 상주했다. 도참은 '기인편재欺人騙財 : 사람을 속여서 재물을 빼앗음'에 지나지 않는다는 게 그 요지였다. 참위설을 신봉한 광무제는 대노하여 이내 환담을 참수斬首하려다가 신하들의 반대로 결국 그를 지방 군령郡令으로 좌천시켜 버렸다.

환담 이후에도 여러 학자들이 환담의 뒤를 이어 참위설의 폐해를 지적하고 나섰다. 천체天體에 관한 연구로 소위 '사분력四分曆'을 완성시킨 장형張衡은 광무제 때부터 유행한 속유俗儒의 도참설을 비판하면서 왕망이 도참설로 한제국을 찬탈한 점을 예로 들며 '금참禁讖'을 상소했으나 받아들여지지 않았다.

왕충王充은 「문공問孔」과 「자맹刺孟」을 지어 공자와 맹자의 이름을 빌려 '천인감응설'을 내세우는 한유漢儒에 질타를 가했다. 우주의 본체를 하나의 기氣로 간주한 그의 주장은 훗날 정호程顥가 내세운 기일원론氣一元論의 선구가 되었다. 그는 『논형論衡』「복서卜筮」편에서 미신적인 참위설을 말하는 자는 속유俗儒에 불과할 뿐이라며 한유들의 미신적인 행보에 통렬한 비판을 가했다.

순자의 13세손으로 '소순자小荀子'로 불린 순열荀悅은 후한 말기에 환관들이 정권을 장악하자 이내 은거했다가 훗날 궁중에서 시강侍講하면서 왕충의 이론을 수용했다. 그는 한제국의 부흥을 기원하는 취지를 담은 『신감申鑒』의 「속혐俗嫌」편에서 참위는 위잡僞雜된 것으로 공자의 글이 아님을 논증했다. 남북조시대 양나라의 유협劉勰 역시 불후의 문학이론서인 『문심조룡文心雕龍』의 「정위正緯」편에서 위서는 위잡된 것에 불과하다고 혹평했다.

이로 인해 근 3백여 년 만에 천하를 다시 통일한 수隋제국은 사상통일을 꾀하기 위해 참위설에 대대적인 탄압을 가하고 나섰다. 그러나 역설적으로 수제국은 참위설에 따른 골육상쟁에서 시작한 까닭에 이내 2대 37년 만에 종언을 고하고 말았다. 왜 이런 일이 벌어진 것일까.

수제국을 세운 사람은 수문제隋文帝 양견楊堅이다. 양견은 후한제국 때 태위太尉의 벼슬을 지낸 양진楊震의 8대손인 양현楊鉉의 후손이었다. 그러나 선대에 큰 벼슬을 지낸 사람이 없었다. 당시 풍채가 뛰어난 데다가 문무를 겸비한 양견은 존경과 선망의 대상이 되고 있었다. 양견은 부인 독고獨孤씨와의 사이에서 5남2녀를 두고 있었다. 장녀는 당대의 미인이었다. 야심에 가득 찬 독고부인은 양견의 성망盛望과 장녀의 미모를 최대한 활용해 장차 황후가 되고자 했다. 독고부인의 사주를 받은 양견은 북주北周의 선제宣帝에게 빼어난 미모를 지닌 큰 딸을 바친 뒤 궁궐을 드나들던 중 마침내 선제를 암살하고 제위를 찬탈하는 데 성공했다. 이때 양견은 사위인 선제는 말할 것도 없고 큰 딸의 목까지 가차없이 베어버렸다.

양견이 곧 백성을 도탄에 빠뜨리고 향락만을 일삼은 선제를 베었다고 선포하자 백성들이 쌍수를 들어 이를 반겼다. 그러나 보위에 오른 수문제 양견은 이내 둘째 아들 양광楊廣에게 죽임을 당하고 말았다. 양광이 바로 역사상 폭군의 대명사로 불린 수양제隋煬帝이다.

원래 양광은 12세 때 부친이 수제국을 세우자 제2황자皇子로 책봉되었다. 양광은 사위와 딸의 목을 베고 제위를 찬탈한 부친의 사례를 통해 자신의 형이 제거되지 않는 한 영원히 보위에 오를 수 없다는 사실을 깨달았다. 제1황자皇子는 독고부인의 절대적인 신임을 얻고 있었다. 그렇다면 독고황후를 제거하는 일이 급선무에 해당한다. 마침내 그는 모친인 독고황후를 시해한 뒤 내관들을 금품으로 포섭해 부친인 수문제까지 시해해 버렸다. 그는 이 소식을 듣고 사태를 수습하려고 찾아온 제1황자마저 그 자리에서 목을 벤 뒤 유유히 보위에 올랐다.

『수서』「경적지經籍志」에 따르면 수양제가 골육상쟁을 통해 보위에 오르자 항간에는 '양화楊花 : 버들꽃가 떨어지면 이화李花 : 오얏꽃가 핀다' 는 참요讖謠가 나돌았다. '양화' 는 물론 양씨의 수나라를 뜻하고 '이화' 는 이씨의 당唐나라의 출현을 예언한 것이었다. 이에 대노한 수양제가 참위설과 관련된 자는 모두 불에 태워 죽인다는 '금참령禁讖令'을 내렸다. 역사상 가장 혹독한 '금참령'이었다. 이를 계기로 민심이 급속히 이반하자 수양제는 이내 총애하던 우문화급宇文化及에 의해 교살되고 말았다. 이로써 수나라는 37년 만에 사라지고 말았다.

수나라가 멸망한 이후 과연 요참이 예언한 바대로 장군 이연李淵이 고조高祖가 되어 당제국을 개창했다. 그의 아들 이세민李世民은 뒤를 이어 태종太宗으로 즉위한 뒤 〈계사전〉의 '천하지도天下之道, 정관자貞觀者' 구절에서 따온 '정관'을 연호로 채택해 역사상 보기 드문 '정관지치貞觀之治'의 성세를 이뤘다. 훗날 당태종의 치세를 기록한 『정관정요貞觀政要』는 '제왕지도帝王之道'의 기본교과서가 되었다. 성리학이 등장하기 전까지만 해도 『정관정요』는 가장 널리 읽힌 제왕학 교본이었다. 『정관정요』는 치세의 근본을 정관貞觀 : 정도를 지키며 관찰함에 두고 백성의 생업을 활성화시킬 것을 권장하고 있다. 그러나 당태종은 수양제가 발동한 '금참령'을 계속 유지시켰다.

이로서 도참설은 수당隋唐이 들어선 이후 크게 위축되었다. 이때 대부분의 위서緯書가 산일되었다. 그러나 '역위易緯'만은 끈질기게 살아남았다. 이는 남송대의 진진손陳振孫이 「직재서록해제直齋書錄解題」에서 '오늘날 위서는 모두 망실되고 오직 역위易緯만이 남아 있다'고 언급한 사실을 통해 쉽게 짐작할 수 있다.

'당송팔대가唐宋八大家'의 일원인 구양수歐陽修는 『역동자문易童子問』에서 『주역』의 '십익十翼'을 공자가 찬술했다는 기존의 통념에 대해 최초로 의문을 제기한 인물이다. 참위설에 극히 비판적이었던 그는 공영달이 당태종의 칙명으로 찬술한 「오경정의」에 인용되어 있는 참위설과 관련된 문구를 모두 삭제할 것을 주장했다. 그의 뒤를 이어 위료옹魏了翁 역시 「구경요의九經要義」를 통해 유사한 주장을 펼쳤으나 받아들여지지 않았다.

명대 말기에 이르러 고염무顧炎武는 명나라의 유민으로 평생을 마치는 동안 고전에 대한 엄밀한 분석을 시도해 청대 고증학의 비조가 되었다. 그는 『일지록日知錄』 「술수術數」편에서 『사기』 「조세가趙世家」에 쓰여 있는 '진참설秦讖說'을 인용하여 '참위의 기록이 흥왕한 것은 실로 진나라로부터 시작되었고 전한 말기에 왕성했다'고 그 폐단을 지적하면서 도참설을 신랄하게 비판했다.

전한제국 초기의 공안국孔安國이 전한 「상서전尙書傳」이 위작임을 밝혀낸 호위胡渭는 『홍범정론洪範正論』과 『역도명변易圖明辨』을 통해 참위설의 폐해를 열거하면서 이를 속히 제거할 것을 주장했다. 그는 참위설의 폐해를 이같이 요약해 놓았다.

"내학內學 : 緯書學을 익히는 것은 실제로 육경六經의 경우에 곡식을 해치는 잡초와 같은 것이다."

『명사明史』 편수에 참여한 주이존朱彝尊은 참위설에 관한 연구가 시작된 이래 가장 방대한 내용의 자료를 평가 · 정리한 『경학고經學考』 3백 권을 펴내면서 참위설에 대한 경계를 촉구했다. 총 2백만 자에 가까운 『경학고』의 제263권부터 267권까지 5권에 걸쳐 기존의 참위서를 분석하면서 삼가야 한다는 뜻의 '비毖'자를 덧붙인 '비위毖緯'라는 제목을 각 권의 권두에 실었다. 그가 취급한 참위서는 총 185종으로 이 중 '역위'는 모두 28종에 달한다. 주이존은 권298에서 '설위說緯'라는 제목으로 45명에 달하는 선유들의 참위설에 대한 논술을 수록해 놓았다. 이후 일종의 '참위학讖緯學'의 차원에서 '위서'를 전문적인 연구대상으로 삼는 흐름이 형성되었다.

장혜언張惠言의 『역위략의易緯略義』와 유정섭兪正燮의 『역위론易緯論』, 유사배劉師培의 『참위론讖緯論』, 장청익蔣清翊의 『위학원류흥폐고緯學源流興廢考』, 강충규姜忠奎의 『위사논미緯史論微』를 비롯해 최근에 나온 나까무라 소오하치의 『위서의 기초적 연구緯書之基礎的研究』와 야쓰이 고오야마安居香山의 『위서의 성립과 그 발전緯書之成立及其發展』, 종조붕鍾肇鵬의 『참위논략讖緯論略』 등이 바로 '참위학'의 관점에서 참위설을 심도 있게 연구한 결과물이라고 할 수 있다. 이들의 연구는 기본적으로 참위설의 폐풍弊風으로부터 벗어나려는 노력에서 비롯된 것으로 참위설의 신비사상이 지니고 있는 문제점을 적나라하게 드러내 보이는 데 초점이 맞춰져 있다.

이를 통해 알 수 있듯이 중국에서 '역위'가 흥하게 된 것은 후한의 광무제光武帝와 정현鄭玄으로 인한 것이었다. 이에 반해 가장 혹동한 '금참령'을 내린 사람은 수양제隋煬帝였고, 이론적으로 '역위'에 대해 가장 신랄한 비판을 가한 사람은 「오경정의五經正義」에 인용되어 있는 참위지설을 모두 삭제하자고 주장한 송대의 구양수歐陽修였다. 중국은 어찌보면 '역위'의 존재로 인해 『주역』의 해석이 훨씬 풍부해지는 계기를 갖게 되었다고 할 수 있다.

이에 반해 우리나라는 전통적으로 중국과 같이 체계적인 역학이론이 존재하지 않았다. 이는 오랫동안 '도참설圖讖說'이 유행한 사실과 무관치 않을 것이다. 우리나라의 경우는 성리학을 통치이념으로 받아들인 조선조를 기점으로 그 이전과 이후로 나눠 볼 필요가 있다. 조선조 이전에는 『주역』을 학술적으로 접근한 사례를 거의 찾을 길이 없다. 오직 '도참설'만이 유행했을 뿐이다.

원래 '도참설'은 미신적인 음양오행설과 천인감응설天人感應說, 부서설符瑞說, 풍수지리설 등을 혼합하여 천변지이天變地異를 설명하는 이론이다. 『삼국사기』를 보면 우리나라도 삼국시대에 이미 도참설이 널리 유행했음을 알 수 있다.

『삼국사기』「백제본기百濟本紀」에 따르면 의자왕 20년660에 귀신이 하늘로부터 내려와서 '백제는 망한다'는 말을 잇달아 외치고 나서 땅 속으로 들어갔다. 의자왕이 사람을 시켜 그 자리를 파게 하자 한 자쯤 들어가서 거북 한 마리가 나왔는데 그 등에 '백제는 월륜月輪 : 둥근 달과 같고 신라는 월신月新 : 초승달과 같다'는 참언讖言이 쓰여 있었다. 이는 후대인들이 백제의 패망을 도참설에 입각해 만들어낸 허황된 항설巷說을 김부식이 그대로 정사에 옮겨 실은 것으로 보이나 일면 고려조 중엽까지 이런 도참설이 널리 유포되었음을 시사하고 있다.

우리나라에서 도참설이 표면화한 것은 신라 말기의 도선국사道詵國師 때부터였다. 『고려사』「태조세가太祖世家」에는 당나라 상인 왕창근王昌瑾이 철원鐵圓에서 이상한 노인으로부터 산 거울에 '신라가 망하고 고려가 일어난다'는 내용의 참언이 적혀 있었다는 소위 '고경참古鏡讖' 대목이 나온다. 고려 태조 왕건은 도선道詵의 도참설을 통치의 근본으로 삼았을 뿐만 아니라, 미신적인 '훈요십조訓要十條'를 유훈으로 남김으로써 고려의 신민들로 하여금 풍수설을 맹신토록 만드는 데 결정적인 역할을 수행했다.

공민왕 때에도 신돈辛旽이 『도선비기道詵秘記』에 나오는 '송도기쇠설松都氣衰說'을 원용하여 충주로 천도할 것을 주청하기도 했다.

고려조 5백 년 동안 그토록 숭앙받던 도참설은 태종이 민심을 어지럽게 만든 모든 참위서를 수거해 불태우도록 하면서 비로소 그 자취를 감추게 되었다. 그러나 조선조 역시 도참설로부터 자유로운 것은 아니었다. 이는 조선조가 궁중행사는 물론 사대부 가문의 대소행사에 이르기까지 거의 빠짐없이 점복을 쳐 택일擇日한 사실과 무관치 않았다.

조선조의 역대 군왕 중 『주역』을 점서의 관점에서 접근한 대표적인 인물을 꼽으라면 단연 선조宣祖를 들 수 있다. 그는 왜란 발발 초기에 황황히 파천播遷하는 도중에 적나라한 민심 이반의 실상을 목도한 뒤 인간의 길흉화복과 운명에 지대한 관심을 기울였다. 그가 환도한 뒤 죽을 때까지 경연에서 신료들과 강론했던 교재가 오로지 『주역』 하나였다는 사실이 이를 뒷받침한다. 간난신고艱難辛苦를 몸으로 겪은 선조로서는 현실을 합리적으로 이해하기보다는 운명 차원에서 받아들이는 것이 편했을지도 모를 일이다.

『주역』을 점서의 관점에서 접근한 선조의 잘못된 행태는 이내 사대부들에게까지 커다란 영향을 미쳐 적잖은 부작용을 낳았다. 당시의 상황을 목도한 고상안高尙顔의 『효빈잡기效嚬雜記』에 따르면, 왜란 이후 조선의 사대부들이 술사術士들의 말을 굳게 믿고 명당을 갈구해 조상의 묘를 여러 차례 이장한 것도 꺼리지 않았다. 정약용鄭若鏞이 『목민심서牧民心書』에서 지방 관장의 업무 중 7할 이상이 명당자리에 대한 암장暗葬과 이장移葬문제를 둘러싼

소송사건인 것을 개탄한 사실만 보아도 그 부작용이 얼마나 심했는지를 대략 짐작할 수 있다.

조선조는 표면상 '도학'의 나라였으나 그 이면을 보면 오히려 주희와 마찬가지로 점복占卜을 극히 중시한 미신적인 나라였던 셈이다. 이는 성리학이 사실상 일종의 미신적인 종교철학의 역할을 수행한 데 따른 것으로 보아야 한다.

조선조의 경우는 역학이론과 관련해 크게 3가지 유파가 존재해 왔다고 할 수 있다. '도리파道理派'와 '노불파老佛派', '명리파命理派'가 그것이다. '도리파'는 정역동의 분류에 나오는 '의리파'의 전통을 잇는 유파로 조선조의 성리학적 관점에서 크게 벗어나지 않고 있다. 이들은 주희 등의 주석을 크게 중시했다. '노불파'는 『노자』와 『장자』를 위시해 불가 경전의 교리 및 이론 등을 원용해 『주역』을 해석코자 하는 학파로 판에 박힌 '도리파'의 도학적 해석에 반발해 괘효사의 본래 의미를 천착하는 데 주력했다. '명리파'는 『주역』을 명리학命理學의 관점에서 접근하면서 인간의 운명을 점치는 데 주안점을 두고 있다. 현재 시중에 나와 대부분의 주석서는 '명리파'의 관점에 서 있는 것이다.

우리나라는 고려조 이래 현재에 이르기까지 『주역』이 전래된 이래 크게 보아 이들 3가지 유파만이 존재했다고 해도 과언이 아니다. 조선조 당시만 하더라도 억불숭유抑佛崇儒 정책으로 인해 공식적으로 활동한 유파는 오직 '도리파'밖에 없었다. 그러나 '노불파'는 비록 '노장학'과 '불학'이 이단으로 몰려 공개적으로 그 모습을 드러내지는 않았으나 일부 학승學僧 등을 통해 그 명맥을 유지했다. 『주역』을 '노불'의 입장에서 해석하는 흐름이 꾸

준히 유지된 것은 바로 이 때문이었다. '명리파'는 주로 민간 내에서 크게 유행했으나 궁중의 주요 행사를 비롯해 사대부 가문의 대소사 모두 점서占筮를 통해 결정한 데서 알 수 있듯이 사대부 내에서도 적잖은 위력을 떨쳤다.

이를 통해 알 수 있듯이 우리나라에서는 오랫동안 '도리파'가 『주역』의 주석에 관한 절대적인 권위를 장악했다. 그러나 '도리파'는 조선조가 무력을 앞세운 일제의 침공 앞에 속수무책으로 무너질 당시 공리공담空理空談의 성리학이 아무런 도움도 주지 못했다는 사실이 극명하게 드러난 이후 일거에 궤멸되고 말았다. 해방 이후 6 · 25 등의 혼란을 겪으면서 점복이 크게 유행하자 '명리파'가 무복巫卜과 마구 뒤섞여 점복을 호구지책으로 삼게 되었다. 『주역』이 사람들의 뇌리에 유가경전이라기보다는 명리학의 점복서로 깊이 각인된 것은 바로 이 때문이었다.

조선조는 말할 것도 없고 현재에 이르기까지 도참설은 잉존하고 있다. 조선조 때 민란이 야기될 때마다 산곡과 민간에 비전돼 오던 도참설이 슬며시 고개를 들고 맹위를 떨쳤듯이 현재도 대선이 있을 때마다 수많은 술사와 방사들이 풍수지리설과 관련한 온갖 애기를 유포하면서 민심을 현혹하고 있다. 이는 우리나라가 아직도 미신적인 참위설로부터 자유롭지 못하다는 사실을 뒷받침하는 것이다.

왜란 이후에 출현한 것으로 짐작되는 『정감록鄭鑑錄』이 아직도 민간 내에서 유통되는 것도 바로 이 때문이라고 보아야 한다. 이는 『도선비기』의 일종으로 풍수와 도참을 결부시켜 새 왕조의 출현을 예언한 대표적인 도참서이다. 아직도 적잖은 사람들이

『주역』을 점복서의 일종으로 알고 있는 것도 『정감록』의 유통과 무관치 않다고 보아야 한다.

제3편 역리론易理論

『주역』의 첫머리는 '건도乾道는 원元 · 형亨 · 리利 · 정貞하다'는 구절로 시작하고 있다. 이는 사물의 이치를 밝힌 것이다. 우주만물의 이치를 인간의 합리적인 이지理智로 파악하는 데서 출발하고 있는 셈이다. 서양문명西洋文明의 근간을 이루고 있는 기독교사상의 원전인 『성경』은 천지天地를 창조하는 절대자의 '말씀'으로 시작하고 있다. 동서양의 문명이 엇갈리게 된 배경이 바로 여기에 있다. 동양은 애초부터 인간을 뛰어넘는 것에 관심을 기울이지 않았던 것이다.

『주역』은 『주역건착도』에서 말한 바와 같이 '변역變易'과 '불역不易', '간이簡易'의 세 가지 뜻을 지니고 있다. '변역'은 천지만물은 멈추어 있는 것 같으나 항상 변하고 바뀐다는 뜻으로 양陽과 음陰의 기운氣運이 변화하는 현상을 말한다. '불역'은 모든 것은 변하고 있으나 그 양상은 항구불변恒久不變의 법칙을 따라서 이뤄지기 때문에 법칙 자체는 영원히 변하지 않는다는 뜻을 담고 있다. '간이'는 천지만물의 자연현상은 끊임없이 변하나 그 변화의 이치는 간단하고 평이하다는 뜻으로 단순하고 간편한 변화가 곧 천지의 공덕임을 설명한 것이다.

『주역』의 64괘는 바로 이를 설명키 위한 상징적인 부호라고 할 수 있다. 여기에는 괘사卦辭와 효사爻辭, 십익十翼 등의 해설이 붙어 있다. 이들 괘효사卦爻辭와 십익의 작자에 관해서는 예로부터 여러 얘기가 있으나 대략 오랜 세월에 걸쳐 많은 사람들의 손에 의해 현재의 형태를 갖추게 되었다고 보는 게 타당할 것이다. 내용에 비춰 어느 특정인의 손에 의해 완결되었을 가능성은 희박하다.

이와 관련해 예로부터 여러 가지 설이 있었다. 왕필王弼은 복희씨伏羲氏가 황하黃河에서 나온 용마龍馬의 등에 있는 도형圖形을 보고 계시啓示를 얻어 천문지리를 살피고 만물의 변화를 고찰하여 처음 8괘를 만들고, 이것을 더 발전시켜 64괘를 만들었다고 주장했다. 사마천司馬遷은 복희씨가 8괘를 만들고 문왕文王이 64괘와 괘사 · 효사를 만들었다고 보았다. 마융馬融은 괘사를 문왕이 만들고 효사는 주공周公, 십익은 공자孔子가 만들었다고 주장했다. 그러나 아직까지 그 정확한 작자를 밝혀낼 수가 없다.

『주역』은 기본적으로 양陽과 음陰의 이원론二元論으로 이뤄져 있다. '양'은 강강剛强 : 굳세고 강함하고 높은 것을 상징하는 데 반해 '음'은 유약柔弱 : 부드럽고 약함하고 낮은 것을 의미한다. 천지만물은 모두 양강陽剛과 음유陰柔로 되어 있다는 게 해석의 출발점이다. 모든 사물과 현상은 양강과 음유 2가지로 구분되나 그 위치나 모습은 주어진 시간 및 공간 등의 주변상황에 따라 끊임없이 변화한다는 것이 『주역』의 기본원리이다. 이는 마치 달이 차면 다시 기울고, 여름이 가면 다시 가을과 겨울이 순서대로 찾아오는 현상과 같다. 천지만물은 끊임없이 변역하나 그 변역의 이치는 영원불변하다는 게 그 요지이다. 이를 인사人事에 적용하면 개인의 수제修齊는 물론 국가공동체의 치평治平원리를 쉽게 찾아낼 수 있다는 것이 바로 『주역』이 말하고자 하는 '역리易理'이다.

'역리'는 양강과 음유가 분화하기 이전의 태극太極 : ☯에서 시작한다. 태극이 일변一變하여 양강陽剛 : ⚊과 음유陰柔 : ⚋의 양의兩儀가 된다. 『주역』에서는 양강을 '양효陽爻' 또는 '강효剛爻', 음유를 '음효陰爻' 또는 '유효柔爻'라고 한다. 양강과 음유를 상징하는 부호가 어디에서 유래했는지는 분명치 않으나 대략 남녀의 생식기를 상징하는 것으로 보고 있다. 양강과 음유의 상징부호는 '일一'과 '이二'의 기수奇數와 우수偶數를 나타낸 것으로 볼 수 있다. 이를 이진법의 원리에 입각해 '일'과 '영零'의 숫자로 대치하기도 한다.

태극이 음양의 양의로 바뀐 뒤 다시 한 번 이변二變하면 사상四象이 된다. 양의가 사상四象으로 분화하는 과정에서 음유는 노음老陰 : ⚏과 소양少陽 : ⚍, 양강은 노양老陽 : ⚌과 소음少陰 : ⚎으로 나뉜다. 사상은 양의보다 변화가 한 단계 더 진척돼 구체적인 '상象'을 이룬 것으로 하늘의 일월성신日月星辰과 땅의 산천초목山川草木, 사시의 춘하추동春夏秋冬, 인체의 이목구비耳目口鼻 등을 의미한다.

사상은 부모인 태양太陽 : 노양과 태음太陰 : 노음, 자녀인 소양少陽과 소음少陰으로 구분되기도 한다. 양강을 바탕으로 하여 양강으로 작용하는 것이 '태양', 양강을 바탕으로 하되 음유로 작용하는 것이 '소음', 음유를 바탕으로 하여 음유로 작용하는 것이 '태음', 음유를 바탕으로 하되 양강으로 작용하는 것이 '소양'이다. '태양'은 견실하여 강건불식剛健不息하고, '태음'은 공허하여 유순안정柔順安定하고, '소음'은 내실외허內實外虛하여 위로 올라가 생장하고, '소양'은 내허외실內虛外實하여 아래로 내려가 수축한다.

이를 사시四時에 비유해 설명하면 '소음'은 내부의 양강이 자라는 모습인 까닭에 봄과 아침, '태양'은 양강이 자라나 극성한 모습인 까닭에 여름과 한낮, '소양'은 내부의 음유가 자라는 모습인 까닭에 가을과 저녁, '태음'은 음유가 자라나 극성한 모습인 까닭에 겨울과 밤으로 비유된다.

하루를 음양으로 나누면 오전은 양강, 오후는 음유가 된다. 이를 사상으로 세분하면 자정에서 일출까지는 '소음', 일출에서 일중日中까지는 '태양', 일중에서 일몰까지는 '소양', 일몰에서 자정까지는 '태음'이 된다. 양강을 바탕으로 하여 '태양'과 '소음'이 생기고, 음유를 바탕으로 하여 '소양'과 '태음'이 나오는 것은 음양이 사상으로 분화하는 과정과 유사하다.

태극에서 양의와 사상으로 바뀐 뒤 다시 한 번 삼변三變하면 8괘가 된다. 8괘는 건괘乾卦 : ☰와 태괘兌卦 : ☱, 이괘離卦 : ☲, 진괘震卦 : ☳, 손괘巽卦 : ☴, 감괘坎卦 : ☵, 간괘艮卦 : ☶, 곤괘坤卦 : ☷로 구성돼 있다. 이들 8괘는 오직 3개의 효로 이뤄진 까닭에 소위 '소성괘小成卦'로 호칭된다. 『주례』에서는 이를 '경괘經卦'로 칭하고 있다

'소성괘'인 8괘는 천지만물의 다양한 속성을 상징한다. '괘卦'는 우주만물의 모든 상象을 징조徵兆와 기미幾微로 포착하는 상징부호를 의미한다. '괘상卦象 : 괘의 작용'은 곧 사물이 발생소멸하기 이전에 드러내는 징조를 상으로 나타낸 것을 의미한다. '괘상'의 해독을 통해 사물의 징조를 포착하는 이치와 방법론을 탐구하는 것이 바로 '역리'라고 할 수 있다.

팔괘는 천문天文과 지리地理, 인사人事를 궁구하여 3개의 획을 그음으로써 성립한다. 3개의 획은 천天 · 지地 · 인人 삼재三才를 의미한다. 삼재는 그 작용이 무궁한 까닭에 통상 '삼극三極'으로 일컬어지기도 한다. 천극天極과 지극地極, 인극人極이 그것이다. 8괘는 곧 기본바탕의 '삼재'와 작용측면의 '삼극', 변화과정의 '삼변三變'이 구체화된 상징체계라고 할 수 있다.

삼재가 나타나는 순서는 천 · 지 · 인이나 팔괘에서 나타나는 순서는 위로부터 천 · 인 · 지의 순서로 배열되어 있다. 팔괘를 그릴 때에는 아래로부터 위로 그려 올라간다. 이는 생성의 순서를 좇은 것으로 만물이 존재하는 공간적 의미를 살핀 것이다.

원시적인 점서占筮는 이들 팔괘만으로 길흉을 점쳤다. 팔괘의 괘상이 바로 『역』의 기본에 해당한다. 팔괘는 자연현상에 비유되어 특수한 8가지 성질이 덧붙여져 있다. 건乾의 괘에는 건健의 성질이 있고, 곤坤의 괘에는 순順의 성질이 있다는 것 등이 그것이다. 이를 괘덕卦德이라고 한다. '괘덕'은 괘의 작용을 의미하는 '괘상卦象'과는 구별된다.

'팔괘'는 크게 선천팔괘先天八卦와 후천팔괘後天八卦로 나뉜다. 선천팔괘와 후천팔괘는 각각 복희팔괘伏羲八卦와 문왕팔괘文

王八卦로 불리고 있으나 사실 이는 남송대의 소강절이 만들어낸 것이다. 선천팔괘와 후천팔괘는 그 괘의 형태와 모습은 모두 같으나 단지 배열의 방위과 순서에 차이가 있다. 이들 그림으로 그리면 다음과 같다.

〈선천팔괘와 방위, 가운데는 9〉

〈후천팔괘와 방위, 가운데는 5〉

선천팔괘의 순서는 '일건천一乾天', '이태택二兌澤', '삼리화三

離火', '사진뢰四震雷', '오손풍五巽風', '육감수六坎水', '칠간산七艮山', '팔곤지八坤地'로 이루어져 있다. 후천팔괘는 '이괘離卦'와 '감괘坎卦'를 남북방향, '진괘震卦'와 '태괘兌卦'를 동서방향에 배치했다. 이와 관련해 다산茶山은 소강절이 임의로 '선천팔괘도'를 만들어냈다고 질타하면서 소강절을 지지한 주희의 주장에 대해 일일히 반박하고 있다.

원래 소강절이 만들어낸 팔괘도는 도가의 비법을 전수받은 진단陳搏의 '무극도無極圖'로부터 유래한 것이다. 이마이 우사부로今井宇三郎의 『송대 역학의 연구』에 따르면 진단의 역학이론은 충방种放와 목수穆修, 이지재李之才를 거쳐 소강절에게 연결된 것으로 되어 있다. 주희의 태극설太極說에 지대한 영향을 미친 북송대의 주돈이周敦頤는 이지재와 동학으로 진단의 '무극도'에서 영감을 받아 『태극도설太極圖說』을 제창한 것으로 알려져 있다. 소강절 역시 스승인 이지재를 통해 진단의 '무극도'를 접하고 이에 자극을 받아 '선천팔괘도'를 만든 것으로 짐작된다.

소강절의 팔괘도는 후대에 지대한 영향을 미쳤다. 청대 말기의 의술가인 당종해唐宗海가 태아의 형성과정이 선천팔괘의 순서로 이뤄지고, 출생 이후에는 후천팔괘의 이치가 적용된다고 주장한 것이 그 실례이다. 당종해는 후한제국 말기의 장중경張仲景이 쓴 『상한잡병론傷寒雜病論』에 주석을 가한 데서 알 수 있듯이 중의中醫에도 해박했지만 그에 못지않게 『주역』에도 조예가 깊었다. 이는 그가 『주역』의 이론을 의학에 적용한 『의역통설醫易通說』을 저술한 사실을 통해 쉽게 알 수 있다. 그는 여기서 선천팔괘와 태아 형성과정의 유사성을 이같이 비교해 놓았다.

"사람이 모태에서 인체가 형성될 때 그 첫달에 한 점의 으뜸이 되는 양陽의 정기精氣는 일건천一乾天, 둘째 달에는 기氣가 액液으로 화하니 이태택二兌澤, 셋째 달에는 기氣와 택액澤液이 화化하여 합合하면서 열熱이 되니 삼리화三離火, 넷째 달에는 태아의 모습을 갖추고 움직이니 사진뢰四震雷, 다섯째 달에는 모기母氣를 따라 호흡을 하니 오손풍五巽風, 여섯째 달에는 태수胎水가 비로소 많아지니 육감수六坎水, 일곱째 달에는 태아의 장위腸胃가 이미 갖추어지니 칠간산七艮山, 여덟째 달에는 살과 근육이 모두 이루어지니 팔곤지八坤地에 응하게 되어 형체가 구전俱全케 된다. 모태에서 8개월을 지나서 출생하면 쉽게 기를 수 있으나 8개월을 채우지 못한 신생아는 기르기가 어렵다."

당종해의 이런 주장이 현대 의학에서 어느 정도로 받아들여지는 자세히 알 수 없다. 『황제내경黃帝內經』은 오장五臟인 심心·폐肺·간肝·신腎·비脾를 '음', 육부六腑인 대장大腸·소장小腸·위胃·담膽·방광膀胱·삼초三焦를 '양'으로 보고 있다. 『황제내경』을 비롯한 동양의학의 기본서 모두 음양오행설에 입각해 있는 만큼 이에 대한 보다 과학적인 검증이 뒷받침되어야 할 것이다.

원래 팔괘는 『주역』에 나오는 64괘의 기본이 되는 까닭에 64괘의 상징적 의미를 제대로 파악키 위해서는 팔괘의 괘상을 먼저 정확히 이해하는 것이 필요하다. 팔괘는 배속되는 방향에 따라 그 작용하는 성질이 달라진다. 팔괘 자체가 지닌 괘상을 개괄해 보면 대략 다음과 같다.

'건괘乾卦'는 3개의 양효陽爻가 합쳐진 것으로 이를 하나로 합하면 '일양一陽'이 되고 나누면 '3양三陽'이 된다. 이는 순양純陽이다. 팔괘의 음양은 '순양'과 '순음純陰'을 말한다. 이것이 뒤섞여 오행五行의 음양을 이룬다.

'곤괘坤卦'의 괘상은 3개의 음효陰爻가 합쳐진 것으로 이를 하나로 합하면 '일음一陰'이 되고 나누면 '3음三陰'이 된다. '건괘'는 모두 양효로 이뤄진 까닭에 중심부위가 충실하나 '곤괘'는 모두 음효로 이뤄진 까닭에 중심이 비어 있다. 이에 '건괘'는 양강을 발산코자 하는 반면 '곤괘'는 양강을 포장包藏하려는 속성을 지니고 있다.

'이괘離卦'는 양강이 상하에 있고 중심에 있는 음유가 상하의 양강을 견제하는 모습을 하고 있다. 이는 상하의 양강이 가운데의 음유에 걸려 빛을 발하고 있는 상이다. 여기의 중허中虛는 상하에 있는 양강의 생명력을 상징한다. 만일 '중허'가 상하의 양강과 동화되면 '건괘'로 변하나 정반대로 '중허'가 상하의 양강을 동화시키면 '곤괘'로 변한다. '이괘'는 결국 양강을 동화시켜 '곤괘'를 만들고 만다. 이러한 '이괘'의 작용을 '중도적 작용'이라고 한다.

'감괘坎卦'는 '이괘'와 정반대로 상하에 있는 음유가 중심에 있는 양강을 포위하는 상을 하고 있다. 중심의 양강이 본래의 기질을 발휘할 수 없는 것이다. 그러나 중심의 양강이 상하의 음유를 동화시키면 '건괘'가 되고 음유에게 동화되면 '곤괘'가 된다. '감괘'는 결국 음유를 동화시켜 '건괘'를 만들고 만다. 이를 '감괘'의 '중도적 작용'이라고 한다.

팔괘 중에서 '이괘'와 '감괘'만이 중심에 주효主爻가 위치한 까닭에 능히 '건괘'와 '곤괘'의 역할을 대신할 수 있다. 다산이 '건괘' 및 '곤괘'에 '이괘'와 '감괘'를 합쳐 소위 '사정괘四正卦'로 칭한 것도 이 때문이다. 나머지 '진괘震卦'와 '손괘巽卦', '간괘艮卦', '태괘兌卦'는 모두 주효가 상하의 변방에 위치해 있는 까닭에 '건괘'와 '곤괘'의 역할을 대신할 자격이 없다.

'진괘震卦'는 주효가 양강의 초효初爻에 있는 까닭에 위에 있는 두 개의 음효를 뚫고 용출湧出하려는 모습을 하고 있다. 억압하려는 음유의 세력이 강할수록 이에 대한 반발계수도 높아지는 까닭에 '진괘'와 같이 주효가 양강의 초효일 경우는 그 힘이 가장 강하다. '진괘'를 '목木' 또는 '장남長男'으로 간주하는 것은 바로 이 때문이다.

'손괘巽卦'는 주효인 음유의 초효가 위에 있는 두 개의 양효를 견제하는 모습을 하고 있다. 초효와 양강의 제2효는 밀접하게 붙어 있는 까닭에 제2효는 초효와 친하면서 초효의 견제를 받는다. 그러나 양강의 제3효는 초효와 떨어져 있어 친하지 못하다. '진괘'의 경우 초효의 반발력이 제2효보다 제3효에 이르러 더욱 강하게 나타나는 것과는 정반대이다.

'간괘艮卦'는 초효에 있던 양강이 제3효까지 치솟아 올라간 모습을 하고 있다. 이는 '진괘'의 막강한 양효가 이제 힘이 떨어져 더 이상 올라가지 못하는 것을 상징한다. 원래 양강은 음유의 압력을 받으면 반발력이 생긴다. '간괘'는 가장 높은 제3효의 자리까지 치솟아 올라간 까닭에 이내 힘이 소진되고 만 셈이다.

'태괘兌卦'는 '손괘'의 맨 아래에 있는 음유의 초효가 위에 있는 양강에 의해 맨 위까지 밀려 올라간 상을 하고 있다. 이에 '손괘'와 같은 강력한 제어력은 없고 다만 위에서 양강을 추종하는 모습을 보일 뿐이다. '태괘'를 소녀少女에 비유한 것은 바로 이 때문이다.

이상 살펴본 바와 같이 8괘는 음효와 양효가 배합된 위치 등에 따라 각기 다양한 성질을 지니고 있다. 팔괘는 각 괘마다 고유의 괘덕卦德과 괘의卦義를 지니고 있는 것이다. 이는 자연현상과 사상事象, 인체 등에 비유할 수 있다. 그러나 학자마다 이에 대한 비유는 약간씩 차이가 있다. 다산의 물상론物象論을 중심으로 하여 8괘의 괘덕과 괘의 등을 도표로 나타내면 다음과 같다.

卦 / 象	乾(☰)	坤(☷)	震(☳)	巽(☴)	坎(☵)	離(☲)	艮(☶)	兌(☱)
정상(正象)	天	地	雷	風	水	火	山	澤
괘덕(卦德)	健	順	動	入	陷	麗 (=罹)	止	悅
인상(人象)	父	母	長男	長女	中男	中女	少男	少女
인륜(人倫)	賓	衆人	君子	主人	盜	武人	小人	巫
인체(人體)	首	腹	足	股	耳	目	手	口
동물(動物)	馬	牛	龍	鷄	豕	雉	狗	羊
기물(器物)	金玉	釜	簋	繩	弓	甲冑	節	瓶
오행(五行)	陽金	陰土	陽木	陰木	水	火	陽土	陰金
사시(四時)	晩秋 初冬	晩夏 初秋	春	晩春 初夏	冬	夏	晩冬 初春	秋
방위(方位)	西北	西南	東	東南	北	南	東北	西
시각(時刻)	戌亥	未申	卯	辰巳	子	午	丑寅	酉
미(味)	辛	甘	酸	酸	鹹	苦	甘	辛
색(色)	大赤	黑	蒼	白	赤	(紅)	(黃)	(白)
음(音)	徵	宮	角	角	羽	徵	宮	商
수(數)	4·9	5·10	3·8	3·8	1·6	2·7	5·10	4·9
기후(氣候)	晴	細雨	雷	風	雪雨	晴	不雨	雲

그러나 8괘만 가지고는 천지자연의 현상을 다 표현할 수 없다. 이에 8괘를 겹치는 방식으로 괘상을 변형시켜 64괘를 만들었다. 64괘에 괘사와 효사를 붙여 설명한 것이 바로 『주역』의 경문經文이다. 64괘는 8괘가 상하로 겹쳐 있는 까닭에 모두 6개의 효爻를 갖는다.

64괘는 8괘가 오직 3개의 효로 이뤄져 '소성괘小成卦'로 불리는 것과 대비되어 통상 '대성괘大成卦'로 불린다. 『주례』는 이를 '별괘別卦'로 칭했다. '대성괘'인 64괘의 육효六爻는 비록 같은 위치에 놓여 있을지라도 64괘의 괘상에 따라 그 의미가 달라지는 까닭에 결국 64괘에는 총 364개의 효의爻義가 존재하는 셈이 된다.

8괘를 두 개씩 포개어 서로 같지 않게 된 괘형을 '64괘'라고 한다. 64괘는 '8괘' 자신의 중첩으로 구성된 「건괘」와 「곤괘」 등 8개의 소위 순괘純卦 이외에 56개의 괘가 모두 각자의 명칭을 갖고 있다. 64괘는 각기 상이한 64종의 사물과 현상을 뜻한다. 64괘의 출현은 『주역』이 8괘의 물상物象을 이용해 천지만물의 변화를 해석하는 상징체계를 완비했음을 의미한다. 『주역』의 64괘 배열은 일정한 질서를 갖고 있다.

대부분의 괘형은 서로 거꾸로 놓이거나 순서대로 놓여 있다. 이를 당제국 때의 공영달은 '복괘覆卦', 명대 말기의 내지덕來之德은 '종괘綜卦'로 불렀다. 내지덕은 『역경집주易經集註』 16권을 저술한 역학의 대가였다. 그러나 다산은 내지덕의 '종괘설'에 매우 비판적이었다. 그는 내지덕을 왕필 및 소강절에 이어 선진시대의 고역古易에 뿌리를 둔 한대漢代의 순수한 '상수역'을 오염시킨 장본인으로 지목했다.

「건괘」와 「곤괘」, 「이괘離卦」, 「감괘」, 「이괘頤卦」, 「대과괘大過卦」, 「중부괘中孚卦」, 「소과괘小過卦」 등 8개 괘는 괘를 거꾸로 뒤집어도 괘형이 변하지 않는다. 이를 두고 삼국시대 오나라의 우번虞翻은 '방통旁通', 공영달은 '변괘變卦', 내지덕은 '착괘錯卦', 단목국호端木國瑚는 '복괘伏卦' 라고 했다.

64괘의 전체 배열로 보면 「건괘」와 「곤괘」에서 시작해 「기제괘」와 「미제괘」로 끝나고 있다. 64괘 부호의 의미를 문사文辭로 만들어 각 괘와 효의 의미를 표현한 것이 '괘효사' 이다. 괘사는 매 괘마다 하나로 되어 있고, 괘의 전체 의미를 표현한 것이다. 효사는 매 효마다 하나로 되어 있고, 각 효의 의미를 표현한 것이다.

『주역』은 모두 64괘 384효로 구성되어 있다. 일각에서는 「건괘」와 「곤괘」에서 각각 '용구用九' 와 '용육用六' 의 문사文辭가 출현하는 까닭에 효사가 386개라고 주장하고 있으나 '용구' 와 '용구' 는 통상적인 효사가 아니라 「건괘」와 「곤괘」의 운용이치를 말한 것으로 별개의 효사로 볼 필요가 없다. 「건괘」와 「곤괘」에서 특히 '용구' 와 '용육' 의 문사를 설정한 것은 '9' 와 '6' 은 사용할 수 있으나 '7' 과 '8' 은 사용할 수 없음을 표명한 것이다.

괘효사는 대부분 '가상우의假象寓意 : 형상을 빌려 의미를 붙임' 의 비유를 통해 괘상을 생생하게 표현하고 있다. 64괘의 괘상이 『주역』의 부호를 상징한 것이라면 괘효사는 이를 문자로 표현한 것이라고 할 수 있다.

64괘는 매 괘마다 각각 한 종류의 사물 및 현상을 상징하고 있다. 상징된 사물 및 현상은 특정한 배경 하에서 변화하는 규율을 갖고 있다. 괘의에 따른 특정한 상황배경을 『주역』에서는 '시時'

라고 한다. 64괘는 '64시', 즉 64종의 특정 상황을 상징하는 것이다. 예컨대 「송괘」는 '송사訟事', 「미제괘」는 '미완성'의 사리事理를 상징한다. 64괘의 육효는 특정한 '시'에서 진행되는 사물의 변화과정을 추적한 것이다.

육효는 각기 6단계로 진행되는 사물의 변화과정에서 상하귀천 등의 지위와 조건, 신분 등을 상징하고 있다. 육효가 상징하는 사물변화의 6단계를 통상 '효위爻位'라고 한다. 효위는 반드시 아래부터 순서대로 위로 올라가면서 '초효初爻'와 '이효二爻', '삼효三爻', '사효四爻', '오효五爻', '상효上爻' 등으로 부른다. 통상적인 순서를 뒤집어 아래로부터 세어나가는 것은 『주역』이 미래를 예측하는 데 의의를 두고 있는 데 따른 것이다. 이를 두고 〈설괘전〉은 '『역易』은 역逆이다'라고 표현해 놓았다. 과거사를 추구하는 것은 '순順'이라고 한다.

가장 아래에 양효가 오면 '초양初陽', 음효가 오면 '초음初陰'이라고 한다. 가장 위에 양효가 오면 '상양上陽', 음효가 오면 '상음上陰'이라고 한다. 그러나 통상 양효와 음효를 지칭할 때는 '9九 : 양'와 '6六 : 음'을 사용한다. 이는 『주역』이 '9'를 가변을 상징하는 '노양老陽', '6'을 가변을 대표하는 '노음老陰', '7'을 불변을 상징하는 '소양少陽', '8'을 불변을 상징하는 '소음少陰'으로 삼은데 따른 것이다.

『주역』은 움직이는 것을 점치면서 움직이지 않는 것을 점치지 않는 까닭에 양효는 모두 '9', 음효는 모두 '6'으로 칭한다. 통상 '초양'을 '초구初九', '초음'을 '초육初六', '상양'을 '상구上九', '상음'을 '상육上六'으로 표현하는 것은 바로 이 때문이다. '이효'에서 '오효'까지는 음양을 나타내는 '육'과 '구'가 앞에 붙고 '초효'와 '상효'는 뒤에 붙는다. 이는 '초효'와 '상효'를 나머지 효와 구분코자 한 데서 비롯된 것으로 볼 수 있다. 이들 육효의 효위가 지니고 있는 특징은 다음과 같다.

(1) **초위** : 사물의 발단을 상징한다. 일에 임했을 때 첫 행보를 신중히 하며 자신의 재주를 함부로 사용하지 말 것을 주문하고 있다. 「건괘乾卦」의 초구 효사가 '잠룡물용潛龍勿用'으로 나타난 이유가 바로 여기에 있다.

(2) **이위** : 사물이 유순한 태도로 서서히 두각을 드러내며 적당히 진취적인 상황을 상징한다. 설령 강중剛中일 경우라도 중도의 미덕을 발휘해 이내 진퇴에 신중을 기하는 까닭에 길하게 된다.

(3) **삼위** : 비록 내괘의 최상위에 처해 약간의 업적을 이루기는 했으나 장차 안에서 밖으로 진출하거나 아래에서 위로 상행하는 전환점에 서 있는 까닭에 초위 못지않은 신중함이 요구되고 있다. 「건괘」 구삼 효사가 '종일건건終日乾乾'으로 나타난 이유가 여기에 있다.

(4) **사위** : 하괘로부터 질적인 도약을 통해 사물이 새로운 높은 단계에 진입한 것을 상징한다. 그러나 역시 상괘의 아래에 처해 존위尊位에 있는 제5효와 지근거리에 있는 까닭에 늘 경계하며 상세히 살펴야만 화를 면할 수 있다.

(5) **오위** : 사물이 원만하게 성공한 것을 상징하는 자리로 군위君位 내지 극품極品에 오른 신하의 자리를 의미한다. '유중柔中' 내지 '강중剛中'의 미덕을 발휘해 왕성할 때 꽉 차는 것을 경계해

야 한다.

(6) 육위 : 주어진 상황이 극에 달해 새로운 변환의 조짐이 완연히 드러난 까닭에 적극적인 행동을 자제하고 그간 벌여온 일을 마무리하는 데 주의를 기울여야 한다. 만일 '물극필반物極必反'의 이치를 깨닫지 못하고 계속 앞으로 나아갈 경우 흉함을 면치 못하게 된다.

이는 대략적인 의미를 나타낸 것으로 매 괘의 육효는 구체적인 환경 하에서 여러 요소의 작용으로 인해 매우 복잡한 양상을 나타낸다. 효위에는 음양이 존재한다. 초효와 제3효, 제5효의 자리는 양위陽位, 제2효와 제4효, 상효의 자리는 음위陰位이다. 양위에 양효가 오거나 음위에 음효가 오는 경우는 바른 자리에 처했다는 의미에서 '정위正位' 또는 '당위當位', '득정得正', '득위得位'라고 한다. 반대의 경우를 '부정不正' 또는 '실정失正', '부당위不當位', '위부당位不當', '실위失位'라고 한다.

'당위'의 효는 사물의 발전이 정도를 따르고 규율에 부합하는 것을 의미한다. '부당위'는 정도를 어기고 규율을 위반하는 것을 뜻한다. 그러나 '당위'와 '부당위'는 각 효의 길흉을 좌우하는 절대적 기준은 아니다. '당위'일지라도 주변상황에 따라 부정한 방향으로 전향할 수 있고, '부당위'일지라도 역시 바른 방향으로 전향할 가능성을 갖고 있다. 이에 『주역』의 효사爻辭는 늘 '당위'의 경우일지라도 부단히 노력해야만 흉함을 면할 수 있고, '부당위'의 경우일지라도 정도를 따르면 길한 쪽으로 나아갈 수 있다고 충고하고 있다. 우번은 이에 주목해 소위 '지정설之正說'을 주장했다. 왕필은 여기서 한발 더 나아가 '초상무위론初上無爲論' 을 주장했다. 그는 『주역약례』「변위變位」에서 이같이 말했다.

"초효와 상효는 음양으로 위치를 정하지 않았다. 음효와 양효는 두 위치에 처한 것에 관계없이 모두 사물의 종시終始를 상징하고, 당위와 부당위의 의미를 갖지 않는다."

초효는 효위가 낮고 효세爻勢가 미약한 까닭에 '당위' 와 '부당위' 에 관계없이 모두 깊이 숨어 있으면서 나아가지 말아야 하고, 상효 역시 효위가 마지막에 처해 있고 효세 역시 다했으므로 '당위' 와 '부당위' 에 관계없이 신중하게 행동해야 한다는 뜻이다. 이것이 바로 왕필이 말하는 '초상무위론' 의 요지이다. 역대 주석가들이 주목하지 못한 중요한 이치를 확연히 밝혀냈다는 점에서 왕필의 천재성이 약여하게 드러나는 대목이 아닐 수 없다. 우번의 '지정설' 이 미시적인 접근에 그쳤다면, 왕필의 '초상무위론' 은 거시적인 안목에서 『주역』의 기본이치를 통찰한 것이라고 평가할 수 있다.

64괘 중 6효가 모두 '부정' 인 경우는 오직 「미제괘未濟卦」 하나밖에 없다. 또한 6효 모두 정위를 차지한 경우는 오직 「기제괘旣濟卦」 하나밖에 없다. '정' 은 길한 경우가 많고 '부정' 은 흉한 경우가 많다.

『주역』은 '정' 못지않게 '중中' 을 중시한다. '중' 은 하괘의 가운데 위치인 제2효의 자리와 상괘의 가운데 위치인 제5효의 자리를 말한다. 나머지 자리는 '부중不中' 에 해당한다. 양효가 중위에 처하면 '강중剛中', 음효가 중위에 처하면 '유중柔中' 이라고 한다. 만일 음효가 제2효의 자리에 처해 '유중' 이면서 '당위' 를 얻고 양효가 제5효의 자리에 처해 '강중'이면서 '당위'를 얻으면 이를 '중정中正' 또는 '정중正中'이라고 한다. 이는 '중'이면서 '정'인 경우로 최고의 아름다움을 갖춘 것을 뜻한다. '중정'의 경우는 항상 길하다. 64괘 중 가장 이상적인 중정괘는 「기제괘」이다. '중정'에서 '중'과 '정'을 비교하면 '중'이 '정'보다 우수하다. '중'을 강조한 대표적인 학자로 의리파의 정이천을 들 수 있다. 그는 '중'의 의미를 이같이 강조했다.

"'정'은 반드시 '중'할 필요는 없으나 '중'은 '정'하지 않는 게 없다. 육효 중 당위한 자는 반드시 모두 길한 것이 아니나 제2효와 제5효가 '중'에 처해 길한 자가 특히 많은 것은 바로 이 때문이다."

주희도 정이천의 주장을 그대로 좇았다. 이는 '중용中庸'의 도를 높이 평가한 데 따른 것이다. 그러나 '중정'을 절대적인 기준으로 삼아 오직 정도를 지키는 것만을 '중정'으로 새기는 것은 문제가 있다. '중정' 역시 각 괘의 전체적인 괘상 속에 존재하는 까닭에 무턱대고 '중정'이 타당한 것은 아니다. 각 괘상마다 특이한 상황을 전제로 하고 있는 까닭에 해당 정황에 어울리는 '중정'이 필요한 것이다. '중정' 자체가 사안에 따라 유동적인 것이다. 그럼에도 주희와 정이천은 이런 이치를 제대로 밝히지 않았다. 이는 응변應變을 역설하고 있는 『주역』의 변역 이치에 반하는 것이다.

64괘의 육효는 각 효의 자리와 성질, 원근거리 등에 의해 항상 승乘·승承·비比·응應의 관계를 맺게 된다.

'승乘'은 상효가 하효를 올라타고 앉아 업신여기는 것을 말한다. 이는 약자가 강자를 올라타고 앉아 업신여기거나 소인이 군자를 올라타고 앉아 업신여기는 것을 상징한다. 음효가 양효를 올라타고 앉아 있는 것을 '승강乘剛'이라고 하나 양효가 음효의 위에 처하는 것을 '승유乘柔'라고 하지 않는다. 이는 사물의 당연한 이치로 파악한 데 따른 것으로 군자가 소인 위에 처해 있는 것을 상징한다.

'승承'은 하효가 상효의 뜻을 받드는 것을 뜻한다. 이는 음효가 양효의 뜻을 받드는 것을 의미하는 것으로 비천하고 유약한 자가 존귀하고 강강剛强한 자에게 순종하며 보필하는 것을 상징한다. 대체로 음양이 '당위'에 처해 서로 받들고 도와주면 길하나 '부당위'에 처해 서로 받들고 돕는 것은 흉하다. 이는 부정한 음양의 야합으로 간주한 데 따른 것이다.

'비比'는 각 효가 서로 나란히 놓인 채 이웃하고 있는 것을 말한다. 초효와 2효, 2효와 3효, 3효와 4효, 5효와 상효는 모두 '비'의 관계에 있다. '비'가 음양의 교합을 이룰 때는 '정비正比', 그러지 못할 때는 '불비不比'라고 한다. '정비'일 때 승乘·승承의 현상이 나타난다. 제2효가 양효이고 제3효가 음효일 경우 제3효가 양강의 제2효를 올라타는 '승강', 초효가 음효이고 제2효가 양효일 경우 초효가 제2효의 뜻에 순종하며 받드는 '승承'의 현상이 빚어진다. '비'는 사물이 서로 이웃해 작용 또는 반작용을 일으키는 관계를 말한다.

'응應'은 하괘 3효와 상괘 3효가 둘씩 서로 교감하는 것을 말한다. 초효와 제4효, 제2효와 제5효, 제3효와 상효는 서로 응하는 관계에 있다. 대응하는 효가 음양의 조화를 이룰 때는 교감이 가능하므로 이를 '유응有應' 또는 '정응正應'이라고 한다. 그렇지 못할 경우는 서로 반발하는 관계에 있는 까닭에 '무응無應' 또는 '불응不應'이라고 한다. '정응' 중 상하괘의 중위中位에 처한 제2효와 제5효가 상응하는 것이 가장 좋은 경우에 속한다. 「기제괘」와 「미제괘」를 비롯해 「비괘否卦」와 「태괘泰卦」 등은 육효가 모두 '정응'하고 있다. '정응'의 관계가 '비'의 관계보다 강하다.

이밖에도 각 괘마다 '주효主爻'가 존재한다. 주효는 괘의 중심이 되는 효를 말한다. '소성괘'에서 '건괘'와 '곤괘', '감괘', '이괘'는 중효中爻가 주효가 된다. 그러나 '진괘'와 '손괘'의 경우는 하효下爻, '간괘'와 '태괘'는 상효上爻가 주효가 된다.

'대성괘'는 2개의 '소성괘'가 합쳐진 까닭에 주효를 찾기가 쉽지 않다. '대성괘'에는 2개의 주효가 존재한다. 하나는 해당 괘의 괘명卦名과 직결된 경우이다. 여기서는 지위의 고하와 덕의 유무가 문제되지 않고 해당 괘의 의의를 대표하는 것이 중시된다. 이를 '성괘주成卦主'라고 한다. 다른 하나는 정위에 처해 덕을 지닌 경우로 대개 제5효가 주효가 된다. 이를 '정괘주定卦主'라고 한다.

'성괘주'와 '정괘주'는 같을 수도 있고 다를 수도 있다. 「건괘」의 경우 제5효는 가장 훌륭한 덕을 지니고 있는 까닭에 정괘주인 동시에 존귀함을 뜻하는 괘명에 부합하는 까닭에 성괘주가 된다. 이에 반해 「곤괘」의 경우는 제2효가 순종을 뜻하는 신도臣道에 부합하는 까닭에 성괘주가 되나 제5효가 군위에 처해 있는 까닭에 정괘주가 된다.

'대성괘'는 해당 괘에 대한 정밀한 분석을 위해 다양한 육효의 조합이 이뤄지고 있다. 위에 있는 괘를 통상 '상괘上卦' 또는 '외괘外卦', '모괘侮卦'라고 한다. 아래에 있는 괘를 '하괘下卦' 또는 '내괘內卦', '정괘貞卦'라고 한다.

매 괘의 육효에서 초효와 상효를 제외한 4개의 효를 서로 연결시켜 함께 묶은 '소성괘'를 '호괘互卦'라고 한다. 제2효에서 제4효까지의 조합을 '내호괘內互卦', 제3효에서 제5효까지의 조합을 '외호괘外互卦'라고 한다. 호체론互體論은 호괘互卦를 이루는 방법과 이론을 말한다.

원래 '호괘'는 주어진 괘상만으로는 그 의미를 깊이 헤아리기 어려운 까닭에 이를 보다 깊이 있게 해독키 위한 방안으로 나온 것이다. 통상 호괘는 초효와 상효를 사용치 않는 까닭에 2가지만이 존재한다. 이는 왕필로부터 시작된 것이다. 그는 삼국시대 위나라의 종회鐘會가 주장한 '무호괘론無互卦論'에 입각해 오직 2개의 호괘만을 인정했다. 이는 기본적으로 초효와 상효에서는 해당 괘의 괘덕卦德과 괘세卦勢가 분명하게 드러나지 않는 것으로 간주한 데 따른 것이다.

이에 대해 다산茶山은 호괘의 중요성을 강조하며 소위 '호체론互體論'을 주장했다. 다산이 '호체론'에서 말하고 있는 호괘는 대체大體와 겸체兼體, 도체倒體, 복체伏體, 반합牉合, 양호작괘兩互作卦 등 모두 6개이다.

'대체'는 대감괘大坎卦와 대이괘大離卦를 뜻하는 말로 상하의 두 양효 및 음효 사이에 끼어 있는 반대 효의 다과를 묻지 않고 형태상의 유사점만을 중시해 호괘를 취하는 것을 뜻한다. '겸체'는 육효를 삼등분하여 삼재三才의 자리에 배당시킨 뒤 두 효가 같을 경우 하나의 효로 간주해 호괘를 취하는 방법을 말한다.

'도체'는 괘를 뒤집어도 동일하게 되는 8개 괘 중 「건괘」와 「곤괘」를 제외한 「감괘坎卦」와 「이괘離卦」, 「대과괘大過卦」, 「이괘頤卦」, 「소과괘小過卦」, 「중부괘中孚卦」에서만 가능하다. 이는 호괘나 본괘를 뒤집어 상을 취하는 것을 말한다.

'복체'는 괘위卦位, 즉 괘수卦數에서 '감괘'와 '이괘離卦'의 상을 취하는 것을 말한다. 이는 '감괘'와 '이괘'가 '건괘' 및 '곤괘'와 마찬가지로 『역』의 4기둥을 형성하고 있는 까닭에 육효의 자리 자체가 바로 '감괘'와 '이괘'의 상을 내장하고 있다는 판단에 따른 것이다. '반합'은 반쪽이 서로 합친다는 뜻으로 혼구婚媾와 관련된 상을 말한다. 이는 「귀매괘」의 경우 상괘인 '진괘'가 하괘인 '간괘'로 전도됨으로써 사위가 신부의 집으로 오는 국면이 중시되어 여가女家가 주인격이 되는 것을 말한다. '양호작괘'는 두 개의 호괘로 새로운 괘를 만들어 그 의미를 해석하는 것을 말한다. 64괘에서 양호작괘는 모두 16개가 산출된다.

다산이 고역古易을 부활시킨 대표적인 사례가 바로 '호체론'이다. 다산이 왕필의 주장을 좇는 기존의 접근방법에 이의를 제기하면서 '호체론'을 주장한 것은 「건괘」와 「곤괘」 등과 같이 단순한 모양의 괘를 보다 심도 있게 해독하기 위한 것이다. 이들 괘는 괘상이 보여주듯이 다양한 형태의 호괘를 통하지 않고는 그 은미隱微한 괘의卦義를 통찰키가 쉽지 않은 게 사실이다. '의리역'의 관점에 서 있는 왕필이 초효와 상효를 호괘의 조합대상에서 누락시킨 채 오직 2개의 호괘만을 인정한 것과 대조되는 모습이 아닐 수 없다.

제4편 역점론易占論

본래 『주역』은 점을 치는 데서 출발했다. 64괘가 출현한 것 역시 8괘만으로는 너무 단순해 복잡한 사상事象을 점치기가 어려운데 따른 것이었다. 64괘의 고안은 획기적인 일이었다. 이는 단순한 양적 확대가 아니라 질적인 변화를 내포하고 있다. 64괘의 출현으로 '역점易占'은 동적인 대상을 포착해 그 징조와 변화를 예측하는 일이 가능해진 것이다. '이괘離卦'와 '곤괘坤卦'는 단순히 불과 땅만을 나타냈으나 두 괘를 결합시켜 「진괘晉卦」를 만들면서 불이 땅 위로 솟아나는 형상을 통해 욱일승천旭日昇天의 세력을 상징하는 일이 가능케 된 것이다.

동일한 방법으로 64괘를 두 개씩 짝을 맞추어서 4,096개의 괘를 만들 수 있다. 후세에 이를 시도한 자도 있었다. 그러나 너무 번잡해 2만여 개에 달하는 효사를 정의키도 쉽지 않을 뿐만 아니라 64괘가 보여주는 간명한 상징성을 상실하는 결과를 초래했다. 64괘가 출현한 이래 현재에 이르기까지 역점에서 변함없이 64괘만을 이용하는 이유가 바로 여기에 있다.

『주역』의 '역전易傳'은 공자를 대거 인용해 놓기는 했으나 원래 공자는 비록 『역』을 읽기는 했으나 점복에 대해서는 매우 회의적인 입장에 있었다. 이는 『논어』「술이」편에 나오는 일화를 보면 쉽게 알 수 있다. 하루는 공자가 병이 위중하자 자로子路가 기도할 것을 청했다. 그러자 공자가 물었다.

"그런 이치가 있느냐."

"있습니다. 뇌문誄文 : 사자를 애도하며 그의 행적을 쓴 祭文에 기록돼 있기를, '너를 위해 천지신명에게 기도했다'고 했습니다."

그러자 공자가 이같이 말했다.

"그런 의미라면 나는 기도한 지 오래다."

이를 통해 알 수 있듯이 공자는 개인적인 차원의 기복祈福을 위해 점을 치거나 기도하는 일에 회의적이었다. 당시 공실公室을 비롯한 경·대부 대부분이 점복을 행한 데도 불구하고 공자가 이를 행했다는 기록이 선진시대의 문헌에 전혀 나오지 있는 것이 그 증거이다.

그럼에도 공자의 생존 당시는 물론 공자 사후에도 점복은 널리 유행했다. 『주역』이 편제되어 마침내 유가경전에 편입케 된 것도 따지고 보면 바로 이런 시대적 흐름의 소산이라고 할 수 있다. 『주역』을 기초로 '역점'을 행하게 된 것 또한 불가피한 현상으로 볼 수 있다. 『주역』을 대상으로 한 연구의 흐름이 수천 년에 걸쳐 크게 '상수파象數派'와 '의리파義理派'로 나뉘게 된 것도 바로 이 때문이라고 할 수 있다.

'상수파'의 효시는 전한제국 초기에 관학을 주도하던 전하田

何였다. 공자의 6전傳제자로 알려진 그는 '금문역학'의 창시자이기도 하다. 한무제 때 세워진 관학의 일원으로 등장한 오경박사의 『주역』분야는 '금문역학' 뿐이었다. 당시 '상수역'을 추종하는 학자들은 모두 '금문역학'을 추종하는 학자들이었다. 박사가 모두 전하의 문하에서 나온 것은 그리 이상한 일도 아니었다.

전하의 학맥은 이후 〈전하田何→정관丁寬→전왕손田王孫→맹희孟喜→양구하梁丘賀→경방京房→우번虞翻〉으로 이어졌다. 이들은 모두 관변에서 높은 벼슬을 하였거나 대장군의 직위에 있었던 사람들로 전하로부터 시작된 '금문역학'의 이론을 정치하게 다듬어냈다. 이들은 괘기卦氣와 세응世應, 비복飛伏, 효진爻辰, 승강升降, 방통旁通, 호괘互卦 등 매우 정밀한 이론을 개발해 '상수역'의 발전에 커다란 공헌을 했다.

당초 '상수파'가 주류로 부상케 된 데에는 여러 요인이 복합적으로 작용했다. 그러나 여기에는 진시황 때 일어난 '분서갱유'가 적잖은 영향을 미쳤다. 당시 『주역』은 점을 치는 책으로 분류되어 '협서금법'에서 제외되었다. 그러나 이는 『주역』을 복서卜筮와 관련된 책으로 전락토록 만드는 계기로 작용했다.

이로써 『주역』을 '의리역'의 관점에서 접근하는 것이 매우 어렵게 되었다. 이는 학자들로 하여금 당시의 상황을 천지의 올바른 이치가 잠시 끊어진 것으로 여기도록 만들었다. 천지의 이치를 운명적인 것으로 해석하는 '상수역'은 이런 시류에 적극 편승했다. '상수역'을 추종하는 자들은 오직 하늘만이 올바른 이치를 알 수 있고, 그 신비한 이치는 반드시 은밀한 '상수'를 통해서만 파악할 수 있다고 선전했다. '상수역'이 일종의 '복서학卜筮學'으로 변질될 조짐이 이때부터 여실히 드러나고 있었던 것이다.

이런 분위기에 결정적인 역할을 한 것이 바로 미신적인 참위설을 원용한 동중서의 『춘추번로』였다. '상수역'을 추종하는 자들은 『춘추번로』에서 원용한 음양오행설의 해석에 커다란 영감을 받았다. 이에 이들은 『주역』을 우주의 무한한 변화와 인간의 길흉을 상수象數의 개념을 동원해 통일적으로 해명코자 했다. 하늘에 나타난 일월성신의 모양과 빛깔 등의 움직임을 보고 국가와 인간의 길흉을 점치는 '점후역占候易'이 등장한 것은 바로 이 때문이었다.

그러나 '점후역'이 상징하는 '상수역'의 부작용은 간단치 않았다. 천지의 변화를 인간과 국가의 길흉과 연결시킨 황당무계한 해설로 인해 '참위설'이 극성한 것이다. 혹세무민하는 미신이 조정은 물론 민간 내에서 횡행하게 되었다. 이런 상황에서 『주역』을 '의리역'의 관점에서 접근코자 하는 것 자체가 무리였다. 전한제국 내내 '상수역'이 주류를 차지한 것은 바로 이런 미신적인 시류에서 비롯된 것이었다. '상수역'을 추종하는 학자들은 '금문경학'의 일환으로 관학을 주도하면서 『주역』을 '의리역'의 관점에서 해석하는 움직임을 억압하는데 결정적인 역할을 수행했다.

『주역』을 '의리역'의 관점에서 접근하는 '고문역학'이 주로 민간의 재야학자들 내에서 전수될 수밖에 없었던 이유가 여기에 있었다. '상수역'이 미신적인 '복서학'으로 변질됨에 따라 이에 반발하는 목소리도 점차 높아졌다. '상수역'의 부작용이 크게 드러나자 '의리역'에 입각해 이를 광정匡正코자 하는 흐름이 자연스럽게 형성된 것이다. 왕망이 '고문경학자'들의 전폭적인 지지를 얻어 '신新' 나라를 세우게 된 데에는 바로 '고문경학'의 보호자를 자처하고 나선 데 따른 것이었다. 당시 '금문역학'을 상징하는 '상수역'은 미신적인 색채를 농후하게 띠고 있었던 까닭에 명분 면에서 '의리역'의 상대가 될 수 없었다.

전한제국 말기의 명유 양웅揚雄이 '의리역'의 관점에서 『주역』을 새롭게 해석한 『태현경太玄經』을 펴낸 것이 당시의 이런 분위기를 상징적으로 보여주는 것이다. 모두 10권으로 구성된 『태현경』은 음양이원론陰陽二元論 대신 시始·중中·종終의 삼원론三元論으로 우주를 설명코자 하는 독특한 논리를 전개했다. '태현'의 '현玄'은 눈에 보이지 않는 우주의 본체를 뜻하고, '태太'는 그 공덕을 형용한 것이다. 이는 사상적으로 『노자』와 맥을 같이 하는 것이다.

양웅은 '현玄'으로 상징되는 『노자』의 '무無' 개념을 우주의 본체로 간주한 뒤 천天·지地·인人 삼재三才를 기본요소로 하여 우주의 이치를 찾아낼 수 있다고 주장했다. 이에 그는 총 81개의 도식圖式을 만들어 '찬贊'의 형식으로 각개의 현상에 대한 풀이를 시도했다. 그가 만든 총 729개의 '찬'은 인사의 전개과정을 남김없이 나타낸 것으로 평가받고 있다.

그러나 왕망이 몰락하고 광무제가 후한제국을 건국하면서 다시 '금문경학'이 관학의 주류를 차지하게 되자 '신' 나라 건국에 협력했던 '고문경학자'들은 다시 비주류로 밀려나게 되었다. 특히 광무제가 '참위설'을 신봉함에 따라 '상수역'의 미신화는 더욱 촉진되었다. 후한제국 말기의 혼란은 바로 '상수역'이 '참위설'과 구분이 안 될 정도로 혼효混淆된 사실과 무관치 않았다. 암군의 표상인 소위 '환령桓靈'으로 통칭되는 환제桓帝와 영제靈帝의 치세에 들어와 전국에 걸쳐 수많은 재이災異가 발생하자 각지에 할거한 군웅群雄들이 천하를 거머쥘 야심을 품고 독립적인 세력을 형성하기 시작했다. 삼국시대의 개막은 바로 여기서 시작되었다.

당시 '상수역'의 미신화 경향에 대해 신랄한 비판을 가하면서 '의리역'의 관점에서 『주역』을 새롭게 해석할 필요성을 제기하고 나선 사람이 바로 마융馬融이었다. 그는 민간에서 전승돼 온 '고문역학'의 상징인 '비씨역費氏易'을 추종한 인물이었다. '비씨역'은 전한제국 때 '비직費直'이 '의리역'의 관점에서 『주역』을 해석한 것으로 '상수역'에 눌려 민간 내에서만 전승돼 오고 있었다. 마융은 바로 '비씨역'의 이론을 토대로 당시 주류를 형성하고 있던 '상수역'에 도전장을 던진 셈이다.

마융의 역학은 그의 제자인 정현鄭玄에게 이어지면서 마침내 결실을 보게 되었다. 정현은 표면상 '고문경학'과 '금문경학'의 통합을 내세웠으나 기본입장은 어디까지나 '고문경학'의 입장에 있었다. 이를 계기로 '고문경학'이 '금문경학'을 누르고 주류로 등장하는 발판이 마련되었다. 『주역』 역시 '의리학'이 '상수학'을 대신할 수 있는 적기를 맞이하게 되었다.

이런 시기에 혜성처럼 등장해 '의리역'의 기치를 높이 든 인물이 바로 위나라의 왕필王弼이었다. '비씨역'에 입각한 왕필은 번다한 '상수역'의 이론을 완전히 무시한 채 '초상무위론初上無爲論'과 같은 새로운 이론에 입각한 『주역주周易注』 6권을 펴내면서 '역학'이론의 일대 쇄신을 제창하고 나섰다. 왕필의 등장은 주류를 형성하고 있던 '상수역'의 '금문역학'을 추종한 '한역漢易'에 대한 정면도전의 성격을 띠고 있었다. 이로써 역학이론에 일대 전환기가 마련되었다.

왕필의 등장을 계기로 점차 '의리역'이 '상수역'을 대체하기 시작한 뒤 남북조시대에 들어와 이를 토대로 한 일군의 학자들이 소위 '현학玄學'을 개창하면서 왕필을 사상적 교조로 삼게 되었다. 이후 당제국 때에 이르러 공자의 제32대손인 공영달孔穎達이 『오경정의五經正義』를 찬술하면서 왕필의 '역학'이론을 그대로 받아들인 『주역정의周易正義』를 펴냈다. 이에 왕필의 역학이론은 명실상부한 '의리역'의 상징이 되었다. 뒤이어 북송의 정이천程伊川이 여기에 가세함으로써 '의리역'은 이후 1천여 년 동안 확고부동한 관학의 위지를 점하게 되었다. 『주역정의』가 『십삼경주소본十三經注疏本』의 하나로 채택되어 현재까지 그대로 전해지고 있는 사실이 이를 뒷받침한다.

정이천은 왕필의 '의리역'에 심취한 인물이었다. 그는 『주역』에 관한 주석서 4권을 쓴 뒤 자신의 호를 따서 『이천역전伊川易傳』이라고 칭했다. 흔히 『정씨역전程氏易傳』 또는 『정전程傳』으로 불리는 이 책은 『주역정의』와 마찬가지로 '의리역'의 중흥조인 왕필의 『주역주』를 근거로 한 것이었다. 정이천이 창도한 '역학'은 '상수역'을 위주로 한 '한역漢易'을 반대하고 천지만물의 운행이치를 도학道學의 관점에서 새롭게 해석했다는 점에서 통상 '한역'과 대칭되는 '송역宋易'으로 불리고 있다.

그러나 '송역'의 등장으로 '상수역'이 결코 몰락한 것은 아니었다. 성리학을 집대성한 주희가 표면상 '의리역'을 내세우면서도 내심 '상수역'을 추종한 사실이 이를 뒷받침한다. 이는 남송대에 들어와 '상수역'을 집대성한 인물이 등장한 사실과 무관치 않다. 그가 바로 소강절邵康節이다. 주희는 소강절의 역학이론에 공명한 나머지 사상적으로는 정이천을 추종하면서도 『주역』의 주석에서만큼은 '상수학'의 손을 들어주었던 것이다.

당시 주희는 특이하게도 『정전』에 대한 비판을 서슴지 않았다. 정이천이 '상수역'을 저버린 채 '의리역'을 전개하려다가 무리하게도 비유적인 문장을 많이 구사함으로써 내용이 난삽難澁하게 되었다는 것이 비판의 요지였다. 정이천의 사상과 이론을 그대로 수용해 소위 '정주학程朱學'으로 불리는 성리학을 집대성한 주희가 자신의 사상적 스승이라고 할 수 있는 정이천의 '역학'을 비판한 것은 매우 이례적인 일이다. 이는 주희가 소강절과 마찬가지로 점서占筮의 효능을 높이 평가한데 따른 것이었다. 『주자어류』 권67에 따르면 당시 주희는 정이천의 '의리역'을 이같이 비판해 놓았다.

"옛 성인이라 할지라도 정씨처럼 전편이 비유뿐인 책을 지으려고 생각하지는 않았을 것이다."

남송대의 정역동이 『주역』의 역대 주석가들을 분류하면서 주희를 '의리파'인 정이천과 달리 '점서파'로 분류한 것은 정곡을 찌른 것이다. 적잖은 학자들이 '정주학'이라는 이름에 얽매여 주희의 역학이론도 정이천과 마찬가지로 '의리역'에 속하는 것으로 간주하고 있으나 이는 잘못이다. 큰 틀에서 볼 때 주희 역시 '의리파'에 속한다고 할 수 있으나 이는 결코 정확한 분석은 아니다. 주희는 비록 모든 면에서 정이천의 사상과 이론을 그대로 답습했으나 역학이론만큼은 분명한 차이를 보이고 있는 것이다.

주희는 '의리학'과 동의어로 간주되는 성리학을 집대성했음에도 불구하고 『주역』의 주석만큼은 '의리역'보다 미신적인 '상수역'에 치우치는 모순된 모습을 보였다는 지적을 면키 어렵다. 실제로 주희는 점서를 지나치게 과신했다. 이는 그가 나이 48세 때 소강절의 '상수역' 이론에 기초해 『주역』을 풀이한 『주역본의周易本義』 12권을 찬술한 데서 극명하게 드러난다. 『주역본의』에 나타난 '역리易理'는 『주역』을 통해 인간의 도덕성을 각성시키고자 하는 '의리역'의 관점이 거의 나타나지 않고 있다. 『정전』이 '의리역'의 집대성으로 평가받고 있는 데 반해 『주역본의』는 '의리역'으로 포장된 사실상의 '상수역'의 주석서에 가깝다는 지적을 받고 있는 것은 바로 이 때문이다.

원래 정이천은 『주역』을 주석하면서 '괴력난신'을 꺼린 공자의 기본취지를 드러냄으로써 『주역』의 괘의卦義를 제대로 밝혔다고 할 수 있다. 그는 「건괘」의 첫머리에 나오는 '원元·형亨·이利·정貞'의 괘사를 두고 이같이 풀이했다.

"원元은 만물의 비롯함, 형亨은 만물의 거침없는 자라남, 리利는 만물의 결실과정, 정貞은 만물의 온전한 결실을 말한다."

정이천은 이를 읽을 때에도 글자 그대로 '원·형·이·정'으로 읽어 '상수학'에서 말하는 점사占辭의 의미를 완전히 배제하고 있다. 이에 반해 주희는 '원·형·이·정'의 괘사을 두고 풀이키를, '원元은 크고, 형亨은 통하고, 이利는 마땅하고, 정貞은 바르고 진실된 것이다'라고 했다. 이를 읽을 때에도 점사적인 의미를 부여해 이같이 풀이했다.

"점을 치는 자가 「건괘」를 얻었을 때에는 크게 형통하고, 바르고, 진실되게 하는 것이 이롭다는 뜻이다."

이를 통해 주희가 『주역』의 첫머리부터 '상수역'에 기초한 점사의 해설을 덧붙여놓았음을 쉽게 알 수 있다. 성리학이 성립한 이후 '의리역'의 우위에도 불구하고 '상수역'이 '역위易緯'와 더불어 끈질긴 생명력을 유지한 이유도 여기에 있다고 보아야 한다. 이는 명제국 때에 편찬된 『영락대전』에 정이천의 『정전』과 주희의 『주역본의』가 동일한 비중으로 취급된 사실을 통해 쉽게 알 수 있다.

당초 성조成祖 영락제永樂帝는 재위하는 20여 년 동안 수많은 책을 찬술하는 데 애썼다. 그의 치세 때 칙찬勅撰된 서책은 모두 2만 2천여 권에 달했다. 이것이 바로 『영락대전』이다. 당시 유가 경서를 크게 애호한 그는 재위 12년1414 겨울에 한림원 학사 호광胡廣 등에게 명하여 『오경사서대전五經四書大全』을 찬수케 했다. 『오경사서대전』의 하나가 바로 『주역전의대전周易傳義大全』이다. 총 24권으로 구성된 이 책은 『정전』과 『주역본의』 이외에도 1백여 명에 달하는 역대 주석가들의 주석을 집대성해 놓으면서 『정전』을 맨 앞에 배치해 놓았다. 『주역』에 대한 해설서로 이보다 더 방대한 것은 존재한 적이 없다. 이는 당제국 때 공영달이 『오경정의』를 찬수한 이래 8백년 만에 이룬 쾌거로 볼 수 있다.

청제국의 제4대 황제 성조聖祖 강희제康熙帝는 대학사 이광지李光地 등에게 명하여 『주역』에 대한 해설서를 펴내게 했다. 이때 편찬된 것이 바로 『주역절중周易折中』 22권이다. 여기에는 『정전』과 『주역본의』를 비롯해 총 2백여 명에 달하는 제가諸家의 해설이 실려 있다. 그러나 그 중에는 '도참설'에 가까운 '상수역' 이론을 전개한 해설도 실려 있어 내용 면에서 『주역전의대전』에 훨씬 못 미친다. 이는 『주역전의대전』이 『정전』을 『주역본의』보다 앞세운 데 반해 『주역절중』은 『주역본의』를 『정전』보다 앞세운 사실과 무관치 않을 것이다. 청대 말기의 경학자인 피석서皮錫瑞는 『주역절중』을 두고 '송대의 고루한 역설易說을 전혀 벗어나지 못했다'고 혹평한 바 있다. 다산 역시 『주역절중』을 두고 이같이 비판했다.

"슬프다, 『주역』은 정현鄭玄을 만나 이미 대액大厄을 입었다. 우번虞翻 · 순상荀爽에 의해 근근히 부전扶顚 : 쓰러진 것을 일으킴되었으나 다시 왕필이 나타나자 왕필로 인해 대액을 입었다. 이정조李鼎祚와 주회암朱晦菴 : 주희이 이를 면면히 연맥延脈했으나 다시 이광지李光地를 만나 대액을 입게 되었구나."

원래 '상수역'이 '의리역'에게 주류의 자리를 넘겨주었음에도 불구하고 이후 1천여 년 동안 성리학이 극성한 가운데서도 그 명맥을 유지할 수 있었던 것은 전적으로 소강절과 주희의 공이었다고 해도 과언이 아니다. 중국의 성리학보다 더욱 명분론으로 치달은 조선조에서조차 궁중행사와 사대부 집안의 대소사에 이르기까지 점서占筮가 끊이지 않은 것도 이와 무관치 않다고 보아야 한다. 주희를 맹종했던 조선조의 사대부들이 점서의 공능을 높이 평가한 주희의 모순된 행보를 지적해 주기를 바라는 것은 연목구어緣木求魚에 지나지 않았다.

다만 다산茶山만큼은 점서를 맹신한 조선조의 여느 사대부들과 달리 점서의 공능을 전혀 인정치 않았다. 다산이 비록 '상수역'을 높이 평가하기는 했으나 그것은 어디까지나 순수천명順受天命의 통치 차원에서 접근한 '상수역'이었을 뿐이다. 그는 누구보다도 '상수역'이 참위설과 뒤섞여 커다란 폐해를 초래했다는 사실을 잘 알고 있었다. 그가 시종 실사구시實事求是 차원의 '상수역'을 강조한 이유가 여기에 있었다. 다산은 조선조 전 시기를 통틀어 점서를 가장 깊이 연구했음에도 불구하고 결코 『주역』을 문복問卜 차원의 신비주의적인 관점에서 접근하는 '상수역'을 인정치 않았다. 그런 점에서 다산은 높이 평가받을 만하다. 그는 『역학서언易學緖言』에서 '문복'을 타기하는 이유를 이같이 밝힌 바 있다.

"옛 사람은 천지신명을 섬김으로써 상제를 섬겼다. 그래서 '복서卜筮'를 통해 그 명을 따랐던 것이다. 요즘 사람들은 평시에는 신을 섬기지 않다가 오직 일을 당했을 때 점을 쳐 일의 성패를 엿보고자 하니, 이는 하늘을 업신여기고 신을 모독하는 것이다. 내가 『주역』의 괘상을 풀이한 것은 경문의 뜻을 밝히기 위한 것이다. 만일 어떤 사람이 역례易例에 밝아 점을 칠 만하다고 생각한다면 점험占驗이 맞지 않을 뿐만 아니라 잘못에 빠짐이 적지 않을 것이다. 이것이 내가 크게 두려워하는 점이다. 요즘 사람 가운데 수정守正하는 자는 마땅히 '복서'를 폐해야 할 것이다."

당초 다산은 강진으로 유배가 있던 도중 『춘추좌전』에 나오는 수많은 점서占筮에 관한 기록을 보고 『주역』을 깊이 연구하게 되었다. 그가 10여 년간에 걸친 연구 끝에 펴낸 것이 『주역사전周易四箋』과 『역학서언易學緖言』이다. 현재 학계에서는 다산이 〈계사전〉에 나오는 서점筮占에 관한 구절을 근거로 하여 만들어낸 〈시괘전蓍卦傳〉을 두고 주희의 「서의筮儀」를 압도하는 작품으로 호평하고 있다. 다산의 역학이론은 크게 추이론推移論과 물상론物象論, 호체론互體論, 효변론爻變論으로 구성돼 있다.

'추이론'은 계절의 순환현상에 따라 64괘를 주종의 관계로 연결시켜 일관성 있게 이해코자 하는 이론이다. 실사구시를 추구하는 다산의 '상수학'이 고역古易과 접통케 된 배경이 바로 '추이론'에 있다. 다산은 추이론을 통해 『주역』의 경문이 괘의 숫자가 불균형인 상태로 '상경'과 '하경'으로 갈리는 이유를 규명해 놓았다. 다산의 주장에 따르면 『주역』의 상경과 하경은 비록 괘의 숫자에서는 4개의 차이를 보이고 있으나 각 괘가 속해 있는 전체의 궁宮 차원에서 보면 각각 18궁으로 서로 균형을 이루고 있다.

'물상론'은 〈설괘전〉에서 8괘를 동물에 비유한 내용을 이론화한 것을 말한다. 다산은 『춘추좌전』과 『국어』 등을 참조해 〈설괘전〉에 나오는 물상을 대폭 확충해 놓았다. 원래 〈설괘전〉은 예로부터 그다지 주목을 받지 못한 것이다. 그런데도 다산은 왜 〈설괘전〉에 주목한 것일까. 이는 소위 이경증경以經證經 : 경전의 내용으로 경전을 해석함의 고증학적인 관점에서 『주역』이 성립할 당시의 상황을 상고함으로써 『주역』의 기본취지를 정확히 파악코자 하는 취지에서 나온 것이다. 다산은 이를 기초로 '상수학'의 태두인 소강절이 근거도 없이 〈설괘전〉의 전문을 멋대로 왜곡해 '후천팔괘도'를 만들어냈다고 비판했다.

'호체론'은 호괘互卦를 이루는 방법과 이론을 말한다. 다산은 통상 2개의 호괘를 만드는 것과 달리 모두 6종류의 호체를 만들 수 있다고 주장했다. 이는 단순한 형태로 구성된 괘상을 보다 심도 있게 해독키 위한 방안으로 나온 것이다.

효변론은 다산의 역학이론에서 가장 돋보이는 대목으로 육효의 각 효를 반대효로 바꿔 놓고 음미하는 것을 말한다. 이는 각 괘의 효가 고정된 것으로 간주한 기존의 견해에 대한 통렬한 반박이기도 하다. 다산은 효변론의 논거로 '효爻' 자체가 변화의 의미를 내포하고 있고, 『주역』의 경문 중 효사의 '구九'와 '육六'이라는 숫자에 변화의 의미가 암축돼 있고, 『춘추좌전』의 '서점'이 이미 효변을 사용해 효사를 언급하고 있다는 점 등을 제시했다. 다산은 구체적인 실례로 『춘추좌전』 「노소공 29년」조에 나오는 다음 구절을 들었다.

"건지구乾之姤의 효사에 이르기를, '잠룡물용潛龍勿用 : 숨은 용은 사용치 않음'이라고 했다."

현재의 모든 『주역』은 64괘의 초효를 지칭할 때 '초구初九' 또는 '초육初六'으로 표현해 놓고 있다. 다산은 『춘추좌전』에서 「건괘」의 '초구'를 '건지구乾之姤'로 표현해 놓은 점에 주목해 기존의 해석에 이의를 제기하고 나선 것이다.

「노소공 29년」조에 나오는 '건지구'는 원래 「건괘」의 초구효를 음효로 바꿔 놓고 보았을 때의 괘상이 「구괘」로 드러났을 때의 상태를 언급한 것이다. 다산은 『춘추좌전』의 점서 대목에 대한 의문에서 『주역』에 대한 탐구를 시작한 만큼 이를 간과하지 않았다. 그렇다면 『춘추좌전』에 명백히 기록돼 있는 「건괘」의 '건지구'를 후대인들은 왜 '초구'로 바꿔 놓은 것일까. 다산은 『주역사전』에서 이같이 주장했다.

"한제국 이후 효변설은 사승師承이 끊어져 없게 되었다. 이것이 『주역』을 알 수 없게 만든 연유이다."

다산의 주장에 따르면 한제국 때 효변의 중요성에 대한 인식이 점차 희석되어 소수의 학자들에 의해 한정적으로 언급되다가 마침내 그 명맥이 끊어지고 말았다는 것이다. '춘추학'과 '역학' 전반에 대한 새로운 접근을 요구하는 탁견이 아닐 수 없다.

다산은 효변의 이치를 알지 못한 대표적 인물로 왕필을 꼽았다. 왕필은 '상수역'의 적폐를 일소해 '의리역'의 발흥에 결정적인 역할을 수행한 인물이다. 그럼에도 불구하고 다산은 왕필을 성인이 만든 '치평'의 이치를 왜곡시킨 이단으로 지목한 것이다. 다산은 『역학서언』에서 왕필을 이같이 비난했다.

"왕필이 출현해 독단적 사견으로 백가百家의 역리易理를 소탕해 버렸다. 그간 전승돼 온 역설易說은 모두 진멸殄滅되니 괘변卦變과 효변爻變, 호체互體, 물상物象 등의 설은 다 없어지고 말았다. 역리의 실질이 막히고 혼탁한 사설私說의 물줄기가 열려 음陰으로 현허충막玄虛沖漠 : 현학을 지칭의 학을 세우자 온 세상이 혼탁해져 그의 말을 지언至言으로 받드니 이 어찌 한탄스럽지 않은가."

다산은 왕필이 노장사상을 끌어들여 『주역』을 풀이한 것을 질타한 것이다. 이는 다산이 비록 복서卜筮를 극도로 타기하기는 했으나 '상수역'을 높이 평가한 데 따른 것이다. 다산은 왕필을 폄하하는 대신 주희를 극찬했다.

"한漢으로부터 송宋에 이르기까지 역학은 주자朱子에게서 크게 구비되기에 이르렀다. 그럼에도 속유들은 이를 살피지 못하고 있다. 괘변도卦變圖는 주자가 만년에 만든 것이다. 한위漢魏 제가諸家들 중 괘변을 말한 자가 있기는 했으나 이를 총괄해 이처럼 도표로 만든 자는 없었다."

왕필과 주희에 대한 다산의 평가는 기본적으로 '상수역'을 높이 평가한 데 따른 것이다. 그러나 다산은 '상수역'을 높이 평가했음에도 불구하고 복서卜筮를 타기하는 모습을 보였다. 다산이 주희를 높이 평가하면서도 소강절의 선천팔괘도 등에 비판을 가한 것도 같은 맥락에서 이해할 수 있을 것이다. 다산의 특이한 면모를 엿보게 해주는 대목이 아닐 수 없다.

다산의 왕필 및 주희에 대한 평가는 사실 지나친 것이다. 주희는 '의리역'을 내세우면서도 소강절을 추종해 '상수역'을 높이 평가하면서 '복서'의 공능을 신봉했다. 이는 다산과 질적인 차이가 있는 것이다. 대략 다산은 주희가 '복서'의 공능을 신봉한 사실을 간과했던 것으로 보인다. 왕필 역시 다산의 생각과는 달리 '의리역'의 관점에 서 있었던 까닭에 호괘와 효변 등을 중시하지 않은 것이다. 왕필을 두고 『주역』의 주석을 이단으로 이끌어간 장본인으로 몬 것은 분명 지나친 것이다.

다산의 왕필에 대한 혹평은 기본적으로 '상수역'에 해박한 자신의 지적 자부심에서 비롯된 것으로 짐작된다. 다산이 〈괘사전〉에 나오는 점서占筮와 관련된 구절만을 발췌한 뒤 여기에 자신의 독창적인 견해를 가미한 '시괘전蓍卦傳'을 만들어낸 사실이 이를 뒷받침한다. 다산은 점을 칠 때 50개의 점대 중 점대 하나를 빼놓고 육효를 구하는 것을 태극의 상징으로 본 주희의 주장에 이의를 제기하면서 이는 어디까지나 1이 수數의 기본으로 생각한 데 따른 것으로 보아야 한다고 반박한 바 있다. '상수역'에 대한 다산의 조예가 어느 정도였는지를 짐작케 해주는 대목이 아닐 수 없다.

그럼에도 다산은 결코 '복서'를 행한 적이 한번도 없다. 오히려 그는 『주역』에서 '복서'를 뒷받침하는 기능을 완전히 제거해야 한다고 주장하면서 일체의 '복서'를 철저히 반대하는 입장에 서 있었다. 이는 다산이 『주역』에 대한 연구방법론에서 주희와 같이 '복서'의 공능을 신봉하는 소위 '점역占易'의 입장이 아니라, 치평을 위한 학문적 차원에서 접근하는 소위 '학역學易'의 입장에서 있었음을 분명히 보여주는 것이다.

비록 다산의 이런 입장은 큰 반향을 일으키지는 못했으나 화서華西 이항로李恒老 등에게 적잖은 영향을 미쳤다. 조선조 말기에 '척사의리론斥邪義理論'을 주창하며 문하에 최익현崔益鉉 등의 여러 의병장을 배출시킨 이항로는 생전에 『주역전의동이석의周易傳義同異釋義』 2권을 찬술한 바 있다. 그는 이 책의 말미에서 정이천의 『정전』과 주희의 『주역본의』에 대해 이런 평을 달아 놓았다.

"『정전』은 의리일변도로 해석함으로써 사람들로 하여금 사람됨을 다하여 유익하도록 하였고, 『주역본의』는 『주역』의 근본취지를 밝게 드러내 터럭만큼이라도 틀린 뜻이 없도록 했다."

이는 『주역』을 '의리역'과 '상수역'의 어느 한쪽에 치우치지 않고 접근할 것을 주문한 것이다. 그러나 조선조의 사대부들 중 과연 '의리역'과 '상수역'을 훤히 꿰뚫은 가운데 치평의 요체를 군자의 '자강불식自彊不息'에서 구한 『주역』의 이치를 터득한 사람이 얼마나 있었을까. 대한제국 말기에 김일부金一夫가 소위 '정역正易'을 창도했으나 이는 소강절을 추종하며 '복서'의 공능을 과신하는 유파에 해당하는 까닭에 다산의 역학이론 전승은 일단 그 맥이 끊어진 셈이다.

그렇다면 다산이 높이 평가한 주희는 과연 어떤 이유로 '의리역'을 강조하면서 '상수역'에 근거한 점서의 공능을 높이 평가했던 것일까. '상수역'은 점서의 공능을 길흉화복을 미리 알아내 이에 대비하는 데서 찾고 있다. 그렇다면 점서를 통해 어떻게 사물의 징조를 알아낼 수 있을까.

〈계사전〉은 시초蓍草로 서점筮占을 치는 방법에 대해 개략적으로 서술해 놓고 있다. 원래 '서점'은 구갑龜甲 : 거북등이나 수골獸骨을 불에 구워 갈라지는 문양을 보고 길흉을 알아보는 '복점卜占'의 대안으로 나온 것이다. '서점'이 등장한 가장 큰 이유는 구갑 등을 구하기가 쉽지 않은 데 따른 것이었다. 시초는 산야에서 자라는 풀의 일종으로 줄기의 길이가 대략 2자 정도 되는 국화과의 다년생 식물을 말한다. '서점'에 사용되는 점대는 시초의 줄기를 말린 뒤 이를 점을 치기에 알맞은 길이로 자른 것이다. 후대에 와서는 시초를 구하기가 쉽지 않아 '서죽筮竹'으로 대신했다.

서죽으로 괘를 뽑아내는 방법은 여러 가지가 있으나 통상 본서법本筮法과 중서법中筮法, 약서법略筮法 등이 동원되고 있다. 다산의 분석에 따르면 〈괘사전〉에 나오는 '서법'은 원래 2가지가 존재했다고 한다. 천지의 수를 상징하는 50개의 시책蓍策 : 서죽을 사용하는 방법과 대나무에 괘효의 이름을 적어넣은 총 11,520개의 죽책竹策을 사용하는 방법이 그것이다. 효변爻變을 중시한 다산은 후자의 방법을 사용해야 올바른 괘를 추출할 수 있다고 주장했다. 그러나 중국과 우리나라 모두 오랫동안 전자의 방법을 사용해 왔다. 이를 통상 '본서법'이라고 한다.

'본서법'에 따르면 먼저 50개의 서죽을 마련한 뒤 그 중 한 개를 뽑아 산통算筒에 넣는다. 주희의 주장에 따르면 이는 태극을 상징한다. 이어 남은 49개를 임의로 양손에 갈라 쥔다. 이는 천지를 상징한다. 이때 왼손에 쥔 것을 천책天策, 오른손에 쥔 것을 지책地策이라고 한다.

먼저 지책에서 1개를 뽑아 왼손의 무명지와 새끼손가락 사이에 끼운다. 이는 천책 및 지책과 더불어 삼재三才를 상징한다. 이어 천책의 서죽을 오른손으로 4개씩 덜어낸다. 이는 사상四象을 상징한다. 마지막 남은 4개미만의 서죽을 중지와 무명지 사이에 끼운다. 이는 윤월閏月을 상징한다.

다음은 지책의 서죽을 왼손으로 역시 4개씩 덜어내고 마지막 남은 4개 미만의 서죽을 중지와 인지 사이에 끼운다. 이때 손가락 사이에 끼운 서죽을 모두 합하면 그 숫자는 반드시 5 또는 9가 된다. 이것이 제1변一變이다.

49개의 서죽에서 손가락에 끼웠던 서죽을 제외한 나머지 44개 또는 40개의 서죽을 갖고 1변에서 행한 요령으로 동일한 절차를 한 차례 더 행한다. 이때 얻어지는 수는 반드시 4 또는 8이 된다. 이를 제2변二變이라고 한다.

제1변과 제2변에서 손가락에 끼웠던 것을 제외한 나머지 32개 또는 36 내지 49개의 서죽을 갖고 제1변에서 행한 요령으로 동일한 절차를 다시 한 번 더 행한다. 여기서 얻어지는 수는 반드시 4 또는 8이 된다. 이를 제3변三變이라고 한다.

이로써 괘를 뽑아내는 기본절차를 모두 마무리짓고 본격적으로 괘효를 정하게 절차에 들어가게 된다. 이때 제1변과 제2변, 제3변의 과정을 통해 얻은 서죽의 숫자를 기준으로 하여 덜어낸 횟수를 계산할 수 있다. 이를 기준으로 초효를 정한다. 여기서 4가지 경우의 수가 나타나게 된다.

첫째 나머지가 5·4·4일 경우이다. 이때는 나머지의 합이 13이 되는 까닭에 모두 4개씩 9회에 걸쳐 덜어낸 셈이 된다. 이 경우는 노양老陽이 된다. 이는 9가 노양을 상징하기 때문이다.

둘째 나머지가 5·8·4 내지 5·4·8일 경우이다. 이때는 나머지의 합이 17이 되는 까닭에 모두 4개씩 8회에 걸쳐 덜어낸 셈이 된다. 이 경우는 소음少陰이 된다. 이는 8이 소음을 상징하기 때문이다.

셋째 나머지가 9·8·4 내지 9·4·8일 경우이다. 이때는 나머지의 합이 21이 되는 까닭에 모두 4개씩 7회에 걸쳐 덜어낸 셈이 된다. 이 경우는 소양이 된다. 이는 7이 소양을 상징하기 때문이다.

넷째 나머지가 9·8·8일 경우이다. 이때는 나머지의 25가 되는 까닭에 모두 4개씩 6회에 걸쳐 덜어낸 셈이 된다. 이 경우는 노음老陰이 된다. 이는 6이 노음을 상징하기 때문이다.

이같이 하여 노양과 소양을 얻게 되면 양효陽爻가 되고, 노음과 소음을 얻게 되면 음효陰爻가 된다. 이로써 초효가 결정된다. 동일한 요령으로 절차를 되풀이하여 마지막 상효까지 얻어낼 수 있다. 결국 육효를 모두 얻어내기 위해서는 총 18변을 해야 하는 셈이 된다. '본서법'을 '18변'이라고 부르는 것은 바로 이 때문이다. 이같이 하여 '대성괘'가 완성되면 해당 괘를 찾아 괘사와 효사를 통해 길흉을 점치면 된다.

그러나 과연 우연에 의한 숫자의 조합을 통해 얻은 이런 괘가 자신이 처해 있는 상황을 타개하는 데 얼마나 도움을 줄 수 있는 것일까. 요행히 점을 치는 사람이 현재 처해 있는 상황과 맞아떨어지는 괘를 얻었을 경우는 그런대로 가하나 그렇지 못할 경우 괘효사가 내포하고 있는 뜻을 추단하여 자신에게 도움이 될 수 있는 방향으로 점단占斷할 수 있는 사람이 과연 얼마나 될까. 이는 결국 점을 치는 사람이 스스로 '상수역'의 이치를 통찰해 주어진 상황에 맞춰 발전적인 방향으로 점단하는 수밖에 없다는 뜻이 된다. 그렇다면 점을 치지 않는 것과 하등 다를 바가 없는 것이다. 하물며 남이 자신의 길흉에 대해 역점易占을 쳐주는 경우는 더 이상 언급할 가치조차 없는 것이다.

'의리역'은 바로 '상수역'이 강조하는 '역점'의 이런 문제를 질타한 것이다. '상수역'이 미신적인 참위설과 뒤섞여 길흉화복을 점치는 '복서학'으로 전락한 나머지 수많은 부작용을 낳았던 사실史實을 감안할 때 점서는 군자의 '자강불식'을 강조하는 『주역』의 기본취지와 배치되는 것이다. '상수역'의 대가들조차 함부로 점을 치지 말라고 당부한 이유도 이와 무관치 않을 것이다.

사람이 살아가는 도중에 개인적으로 맞닥뜨리게 되는 모든 난관은 크게 두 가지 경우로 나눌 수 있다. 하나는 그 원인이 자신에게 있는 경우이고 다른 하나는 밖에 있는 경우이다. 후자의 경우는 개인적인 분발을 촉구하는 계기로 작용할 수 있으나 전자의 경우는 본인이 대오각성하기 전에는 빠져나오기가 힘들다. 모든 원인을 자신이 아닌 다른 곳에서 찾고 있기 때문이다.

국가단위의 '치평'의 경우도 크게 다르지 않다. 한 나라가 직면하는 곤경도 사실 따지고 보면 위정자와 국민들이 초래한 것일 공산이 크다. 스스로 노력도 하지 않은 채 이웃나라의 침략적인 행보만을 탓하는 것은 모든 원인을 밖에서 찾는 것과 같다. 19세기말 당시 서구 제국주의자들이 지구상에 남아 있는 마지막 식민지 대상국가로 동아시아를 지목하고 교묘한 침공을 자행할 때 조선은 이웃 중국과 함께 속수무책으로 당하고 말았다.

메이지유신明治維新을 통해 가까스로 위기를 탈출한 일본은 서구 열강을 좇아 부국강병을 국책으로 내걸고 이웃 조선을 자국의 식민지로 삼은 뒤 중국대륙으로 진출하면서 장차 동남아시아 지역까지 자국의 영향 하에 두고자 했다. 당시 가장 큰 피해를 당한 우리나라는 조국이 분단된 채 아직까지 그 후유증에서 벗어나지 못하고 있다.

조선의 패망 원인을 일제의 야욕에서 찾기 이전에 당시 급변하는 세계정세에 눈을 감은 채 사변적인 성리학 이념에 안주하며 만연히 대처한 잘못을 먼저 깊이 반성할 필요가 있다. 해방 후 반세기가 넘도록 통일을 이루지 못한 것도 마찬가지이다. 그간 공허한 이념논쟁에 빠져 분단의 원인을 모두 밖에서만 찾는 잘못을 범한 것이나 아닌지 진지하게 반성할 필요가 있는 것이다.

일본은 패전 후 6 · 25를 계기로 세계 제2의 경제대국이 되었다. 우리는 현재 비록 세계 10위 안팎의 경제규모를 자랑하고 있으나 신흥 경제대국으로 부상하고 있는 중국 등에 밀려 고전을 면치 못하고 있다. 게다가 매년 천문학적인 대일무역적자를 기록하며 일본의 경제대국 유지에 결정적인 도움을 주고 있다. 이는 일본을 뛰어넘어 세계 제1의 경제대국이 되겠다는 자세를 결여한 데서 비롯된 것으로 볼 수밖에 없다. 우리도 『주역』에서 역설하고 있는 '자강불식'의 자세로 전 국민의 역량을 하나로 모아 앞으로 나아가면 21세기 동북아시대를 우리의 시대로 만들 수 있다. 팍스 로마나Pax Romana와 팍스 브리타니카Pax Britanica를 구가했던 로마와 영국도 당초 우리나라보다 더 유리한 상황에서 출발했던 것도 아니었다.

안팎의 도전을 슬기롭게 헤쳐나가기 위해서는 반드시 전 국민의 역량을 하나로 묶어내는 일이 시급하다. 모든 일의 성패는 '자강불식'의 자세에 달려 있다. 하늘을 원망하거나 남을 탓하는 것은 『주역』의 기본취지와 어긋나는 것이다. 대표적인 예로 항우項羽를 들 수 있다. 그는 해하垓下의 결전에서 유방劉邦에게 대패해 도주하던 중 오강烏江에 이르러 끝내 도강을 포기한 채 하늘을 원망하다가 자진하고 말았다. 당시 그가 오강을 건너 권토중래를 노렸다면 아직 천하가 누구의 수중에 떨어질지도 모를 일이었다. 그러나 그는 겨우 이같이 말했을 뿐이다.

"나는 강동江東의 자제 8천 명과 함께 강을 건너 서쪽으로 왔으나 지금 한 사람도 돌아오지 못했으니 설사 강동의 부형들이 나를 가련히 여겨 용서해 준다 한들 무슨 면목으로 그들을 보겠는가. 그들이 비록 말을 안 한다 할지라도 내 어찌 이를 부끄럽게 여기지 않겠는가."

항우는 사람을 볼 면목이 없다는 한낱 개인 차원의 수치를 이유로 대업을 포기하고 만 것이다. 그의 이런 모습에서는 한때 '역발산기개세力拔山氣蓋世'의 기개로 천하를 호령했던 영웅의 모습은 전혀 찾을 길이 없는 것이다. 이는 그가 남긴 마지막 유언에 더욱 극명하게 드러나고 있다.

"이는 하늘이 나를 멸망시키려는 것이지 내가 결코 싸움에 약했기 때문이 아니다."

항우는 권토중래는커녕 자진을 선택한 마당에 마지막까지도 개인 차원의 소심하기 짝이 없는 자존심을 지키기 위해 하늘을 원망하는 모습밖에 보이지 못한 셈이다. 이를 두고 한신韓信은 '항우의 인용仁勇은 한낱 부인지인婦人之仁과 필부지용匹夫之勇에 지나지 않았다'고 혹평했다. 사마천도 『사기』 「항우본기」의 말미에 항우의 최후를 두고 이같이 질타했다.

"한낱 자신의 지혜만을 믿고 힘으로써 천하를 경영하려다가 겨우 5년 만에 나라를 망치고 죽게 된 마당에 스스로의 잘못을 깨닫지 못하고 하늘이 자신을 버렸다고 원망한 것은 큰 잘못이다."

사마천이 지적한 바대로 항우는 스스로 자만에 빠져 최선을 다하지 못한 점을 조금도 반성하지 못한 것이다. 천명은 승자의 것이다. 이는 만고의 진리이다. 하늘도 결코 그의 이런 잘못을 용서할 수 없었을 것이다. 항우와 같이 '자강불식'의 노력도 기울이지 않은 채 하늘을 탓하고 남을 탓하는 것은 곧 패망의 길이다. 『주역』이 하나같이 난관에 봉착했을 때 그 원인을 자신에게서 찾을 것을 주문하고 있는 것은 바로 이 때문이다.

『주역』은 「이괘履卦」의 괘효사에서 호미虎尾를 밟는 위란危亂의 시기조차 스스로 반성해 노력하는 자는 이내 길하게 된다고 역설하고 있다. 이는 군자의 '자강불식'이 바로 수제치평修齊治平의 요체임을 말한 것이다. 때가 오지 않아 득지得志하지 못했을 때는 '수제'하고 득지했을 때는 성신誠信의 자세로 '치평'에 임하는 것이 군자가 취해야 할 정도正道이다. 『주역』에서 말하는 '중정中正'은 바로 이를 말하는 것이다. 때가 아닌데도 '수제'를 게을리 하면서 계속 앞으로 나아가고자 하거나 결정적인 시기에 결단을 내리지 못한 채 하늘을 원망하며 '치평'에 나서지 못하면 모두 흉하게 된다. 『주역』에서 말하는 '흉린凶吝'은 바로 이를 말한 것이다. 개인의 성패는 말할 것도 없고 국가의 흥망 역시 『주역』이 역설하고 있는 '자강불식'의 이치에서 한 치도 벗어난 적이 없다.

그런 의미에서 '복서卜筮'는 전혀 행할 이유가 없는 것이다. '치평' 차원에서 볼 때 '복서'를 행하는 것보다는 차라리 역사를 거울로 삼아 미래를 대비하는 게 타당하다. 이것이 사실 『주역』에서 말하는 '자강불식'의 요체이기도 하다. 사마광을 비롯한 '사사파史事派'들이 하나같이 강조한 것도 바로 이것이었다. 나라의 흥망을 점치고자 할 때 고금사를 통해 치란治亂의 이치를 통찰하는 것보다 더 나은 '복서'는 존재하지 않는다. 21세기 동북아시대의 초입에서 안팎의 수많은 도전으로 인해 그 어느 때보다 전 민족의 일치된 '자강불식'이 절실히 요구되고 있는 지금이야말로 『주역』의 의미를 정확히 파악할 때가 아닐 수 없다. 본서가 '의리역'과 '상수역'을 뛰어넘어 '사사파'의 관점에서 『주역』을 새롭게 접근코자 한 것은 바로 이 때문이다.

제2부

주석론

＊ 64괘 일람표 (숫자는 〈서괘전〉에 나오는 각 괘의 고유번호)

상괘 / 하괘	☰ 天	☱ 澤	☲ 火	☳ 雷	☴ 風	☵ 水	☶ 山	☷ 地
☰ 天	☰ 乾 ☰ 1	☱ 夬 ☰ 43	☲ 大有 ☰ 14	☳ 大壯 ☰ 34	☴ 小畜 ☰ 9	☵ 需 ☰ 5	☶ 大畜 ☰ 26	☷ 泰 ☰ 7
☱ 澤	☰ 履 ☱ 10	☱ 兌 ☱ 58	☲ 睽 ☱ 38	☳ 歸妹 ☱ 54	☴ 中孚 ☱ 61	☵ 節 ☱ 60	☶ 損 ☱ 41	☷ 臨 ☱ 19
☲ 火	☰ 同人 ☲ 13	☱ 革 ☲ 49	☲ 離 ☲ 30	☳ 豊 ☲ 55	☴ 家人 ☲ 37	☵ 旣濟 ☲ 63	☶ 賁 ☲ 22	☷ 明夷 ☲ 36
☳ 雷	☰ 无妄 ☳ 25	☱ 隨 ☳ 17	☲ 噬嗑 ☳ 21	☳ 震 ☳ 51	☴ 益 ☳ 42	☵ 屯 ☳ 3	☶ 頤 ☳ 27	☷ 復 ☳ 24
☴ 風	☰ 姤 ☴ 44	☱ 大過 ☴ 28	☲ 鼎 ☴ 50	☳ 恒 ☴ 32	☴ 巽 ☴ 57	☵ 井 ☴ 48	☶ 蠱 ☴ 18	☷ 升 ☴ 46
☵ 水	☰ 訟 ☵ 6	☱ 困 ☵ 47	☲ 未濟 ☵ 64	☳ 解 ☵ 40	☴ 渙 ☵ 59	☵ 坎 ☵ 29	☶ 蒙 ☵ 4	☷ 師 ☵ 7
☶ 山	☰ 遯 ☶ 33	☱ 咸 ☶ 31	☲ 旅 ☶ 56	☳ 小過 ☶ 62	☴ 漸 ☶ 53	☵ 蹇 ☶ 39	☶ 艮 ☶ 52	☷ 謙 ☶ 15
☷ 地	☰ 否 ☷ 12	☱ 萃 ☷ 45	☲ 晉 ☷ 35	☳ 豫 ☷ 16	☴ 觀 ☷ 20	☵ 比 ☷ 8	☶ 剝 ☷ 23	☷ 坤 ☷ 2

제1편 괘효사卦爻辭

『주역』은 모두 64괘 384효로 구성되어 있다. 64괘는 '8괘' 자신의 중첩으로 구성된 「건괘」와 「곤괘」 등 8개의 괘명 외에도 나머지 56개 괘가 모두 각자의 명칭을 갖고 있다. 64괘의 괘상은 64종의 사물과 현상의 특정 상태에 각각 비유되어 있다. 64괘의 출현은 『주역』이 음양의 효상爻象을 핵심으로 삼고 8괘의 물상物象을 사용해 천지만물을 상징하는 부호체계를 완비했음을 뜻한다.

제1장 중천건(重天乾)

☰ 天

☰ 天

乾下乾上111,111

착괘錯卦 : 중지곤重地坤 : 000,000

종괘綜卦 : 중천건重天乾 : 111,111

1-1

乾, 元 · 亨 · 利 · 貞.

건(乾)은 원(元 : 만물의 始發) · 형(亨 : 만물의 亨通) · 리(利 : 만물의 結實) · 정(貞 : 만물의 歸藏)하다.

공영달은 '천天'을 상징하는 「건괘」가 '천' 대신 '건乾'을 명칭으로 삼은 것을 두고 이같이 풀이했다.

"천天은 정체定體 : 자연의 이치를 의미를 칭한 것이고, 건乾은 체體와 용用을 칭한 것이다."

이는 상象과 의意의 관계를 언급한 것으로 「건괘」가 '천'을 '상'으로 삼아 그 뜻을 취한 것임을 밝힌 것이다.

『주역』의 64괘는 모두 육효六爻로 구성돼 있다. 아래서부터 위로 올라가면서 초初, 이二, 삼三, 사四, 오五, 상上으로 부른다. 『주역』의 점서占筮는 모두 '구九'와 '육六'의 숫자를 사용한다. 이는 '구'가 '양陽', '육'이 '음陰'을 상징한 데 따른 것이다. 「건괘」의 육효가 각각 초구初九와 구이九二, 구삼九三, 구사九四, 구오九五, 상구上九로 불리는 것은 바로 이 때문이다. 육효를 아래서부터 위로 올라가며 배열한 것을 두고 정현은 이같이 풀이해 놓았다.

"『역』은 본래 무형無形으로 어둑한 데서 밝아지게 되고 기氣는 아래에서부터 살아나는 까닭에 아래의 효가 곧 시작이 되는 것이다."

「건괘」는 양기가 모여 이뤄진 '하늘'을 형상화한 것으로 강건剛健의 의미를 지니고 있다. 원元·형亨·리利·정貞은 시작과 형통, 조화, 바름을 의미한다. 「건괘」의 덕은 순수한 양의 품성을 지니고 있는 까닭에 자연히 양기를 사용해 만물을 비로소 살아나게 한다. 근원에서 시작하게 함으로써 뜻과 같이 잘 되도록 하고, 조화를 이뤄 각기 그 이로움을 갖게 하고, 견고하고 바르게 한 뒤 끝을 맺는다는 뜻을 지니고 있다.

「건괘」의 특징은 '용龍'을 6개 효사의 '상'으로 취해 양강陽剛의 기질을 표명한 데 있다. 이를 두고 주희는 이같이 풀이해 놓았다.

"『역』을 이해하기 어려운 것은 다른 서적에 비할 바가 아니다. 『역』은 하나의 사물을 말하나 진정 하나의 사물이 아닌 것은 마치 '용'이 진정한 '용'이 아닌 것과 같다."

1–2

初九, 潛龍勿用.

九二, 見龍在田, 利見大人.

九三, 君子終日乾乾, 夕惕若厲, 无咎.

九四, 或躍在淵, 无咎.

九五, 飛龍在天, 利見大人.

上九, 亢龍有悔. 用九, 見群龍, 无首, 吉.

초구(初九)는 잠룡물용(潛龍勿用 : 물 속에 잠겨 있는 용은 힘을 기를 때까지 인내하며 기다림)하다.

구이(九二)는 현룡재전(見龍在田 : 잠룡이 끝내 힘을 비축한 뒤 땅위로 나옴, '田'은 '地'와 통함)으로 이현대인(利見大人 : 뛰어난 성군이 출현해 세상을 이롭게 한다는 뜻임)하다.

구삼(九三)은 군자가 종일건건(終日乾乾 : 종일토록 꿋꿋이 실천함)하고 석척약려(夕惕若厲 : 저녁에도 반성하고 근신하며 마치 위험에 처한 듯이 행동함)하니 무구(无咎 : 재난을 면함)하다.

구사(九四)는 혹약재연(或躍在淵 : 혹여 연못 위로 뛰어오르거나 연못 속으로 물러남)하다. 전진을 결행해도 무구(无咎)하다.

구오(九五)는 비룡재천(飛龍在天 : 나는 용이 하늘에 있음)으로 '이현대인(利見大人)' 하다.

상구(上九)는 항룡유회(亢龍有悔 : 절정에 달한 용은 나중에 후회하는 바가 있음)하다.

용구(用九)는 현군룡무수(見群龍无首 : 무리를 이룬 6마리의 용이 출현해 서로 우두머리를 자처하지 않음)하니 길하다.

초구 효사 '잠룡물용潛龍勿用'의 '잠潛'은 초구가 양효로

맨 아래에 위치한 데서 나온 것이다. '용龍'은 세상에 존재하지 않으나 신화에서 강건하고 상서로운 동물로 알려진 까닭에 「건괘」 육효의 상징물로 선택되었다. '용'은 하늘과 육지, 물에서 동시에 서식할 수 있는 까닭에 변화가 무궁하고 은현隱顯 : 숨거나 드러남이 무상하다. '물용勿用'은 '잠룡'이 만물의 싹과 잠복을 상징하는 까닭에 '불가용不可用'과 '불가측不可測'의 두 가지 의미를 지니고 있다.

이는 '잠룡'이 물 속 깊이 엎드려 숨어 있으면서 승천昇天할 때를 기다리고 있는 까닭에 그 재능을 사용치 않고 있다는 뜻이다. '불不' 대신 '물勿'을 사용한 것은 비록 무한한 양덕陽德을 지니고는 있으나 아직 힘이 약하고 위치도 아래에 있으므로 삼가고 조심할 것을 당부한 것이다.

구이 효사 '현룡재전見龍在田'의 '현見'은 '현現', '전田'은 '지地'와 통한다. '전'은 곧 '인간세상'을 의미한다. 땅의 표면은 적당한 수분을 포함하고 있는 까닭에 만물이 생장할 수 있다. '용'이 '전'에 출현할 수 있는 이유가 여기에 있다. 이를 두고 왕필은 이같이 풀이했다.

"물 속 깊은 곳으로부터 나와 숨어살지 않는 까닭에 '현룡', 땅 위에 사는 까닭에 '재전'이라고 한 것이다."

'이현대인利見大人'의 '현見'을 두고 대개 배견拜見의 '견見'으로 간주해 '대인을 만나야 유익하다'로 풀이하고 있다. 그러나 구이효를 풀이한 〈상전〉의 '덕시보德施普' 구절을 감안할 때 '현'으로 간주해 '대인이 땅에 출현해 세상을 이롭게 하다'의 뜻으로 풀이하는 게 문맥상 순통順通한다. '견'은 개인적인 점서占筮의 시각에서 본 것이다. '치평'의 차원에서 볼 때 성군이 나타나면 결국 신민臣民의 입장에서 볼 때 개인적인 '배견'도 가능하게 되므로 '현'과 '견'은 내용상 큰 차이가 없게 된다.

원래 '대인大人'은 주왕조 당시 왕후王侯와 대부大夫를 통칭하는 용어였다. 그러나 여기의 '대인'은 '유덕자有德者'를 지칭한다. 이를 두고 〈역전易傳〉이 만들어질 당시 서민들의 의식이 고양된 결과로 보는 견해도 있으나 이는 무리이다. 여기의 대인은 군왕을 의미하는 것이다.

주희는 '대인'을 두고 점서占筮를 행하는 자의 입장에 서서 2가지로 나눠 해석했다. 만일 점을 치는 사람이 합당한 지위를 얻지 못한 현인이라면 구이효가 구오효와 호응하고 있는 점을 감안해 '대인'은 곧 구오효가 상징하는 군왕으로 보아야 한다고 주장했다. 그러나 만일 점을 치는 사람이 일반 상민常民이라면 '대인'은 응당 '현룡지덕見龍之德'을 지닌 현인으로 보아야 한다고 주장했다.

주희의 이런 해석은 「건괘」의 구오효가 군위君位를 상징하고 있는 점을 간과한 것이다. 「건괘乾卦」 이외에도 「송괘訟卦」와 「췌괘萃卦」, 「승괘升卦」, 「손괘巽卦」의 단사彖辭와 「건괘蹇卦」의 상육효사에도 '이현대인利見大人' 구절이 나온다. 주희와 같이 해석할 경우 이를 통일적으로 해석할 길이 없다. 다산은 이를 지적하면서 '이현대인'의 '대인'은 모두 군주를 지칭한 것으로 보아야 한다고 주장했다. '이현대인'을 두고 다산은 『주역사전周易四箋』에서 이같이 풀이했다.

"〈문언전〉에 따르면 공자는 '성인이 일어나자 만물이 이를 본다'고 말했다. 여기의 대인은 군주를 뜻하고, 대인을 보는 자는 신하를 말한다. 신하가 있은 뒤에야 군주를 볼 수 있는 것이다."

다산은 비록 '현見'을 '견見'으로 파악키는 했으나 구이효를 현인과 상민을 구분하지 않고 모두 신하로 본 것이다. 「건괘」뿐만 아니라 나머지 괘에 나타나는 '이현대인'을 통일적으로 해석할 수 있다는 점에서 타당한 견해가 아닐 수 없다.

구삼 효사 '군자종일건건君子終日乾乾'의 '군자君子'는 '대인'과 마찬가지로 '유덕자'를 의미한다. '종일終日'을 두고 『주역정의』는 '이날이 끝나다'는 뜻으로 해석했으나 부사어로 보는 게 타당하다. '건건乾乾'을 두고 앞의 '건'은 괘명卦名, 뒤의 '건'은 동사로 보는 견해 등이 있으나 형용사의 중복으로 간주해 '건덕乾德을 꿋꿋이 실천하다'의 뜻으로 풀이하는 게 문맥상 순통한다. '여무구'의 '여厲'는 '위험', '무구无咎'는 '재난을 면하다'의 뜻이다. 〈계사전〉은 '무구'를 이같이 풀이해 놓았다.

"무구는 '선한 일로 잘못된 것을 보충하다'의 뜻이다."

곧 '여무구'는 위험한 상황에 처할지라도 근신하여 행동하며 반성하면 재난을 면하게 된다는 뜻을 담고 있다. 「건괘」의 육효 중 구삼의 효만 '용'이 아닌 '군자'로 표현한 것을 두고 정현은 이같이 풀이해 놓았다.

"일一은 천도天道, 이二는 지도地道, 삼三은 인도人道이다. 삼재三宰 중 '삼'은 인도이다. 건덕이 있는 곳이 인도이니 곧 군자의 상象하다."

그러나 이보다는 '군자'를 '용'의 덕을 갖춘 인물로 간주한 데 따른 것으로 보는 게 타당할 것이다. 왕필도 이같이 풀이해 놓았다.

"무른『역』은 형상을 말한 것이다. 형상이 살아나면 의미도 만들어진다. 이 의미가 있은 연후에 사물이 드러나게 된다."

이는 육삼 효사 '군자'를 바로 '용'의 형상이 구체적으로 드러난 경우로 해석한 것이라고 할 수 있다. 왕필의 주석이 타당하다.

구사 효사 '혹약재연或躍在淵'의 '혹或'은 의심스러운 경우를 뜻한다. 왜 '혹'이라는 표현을 사용한 것일까. 원래 64괘의 육효에서 3효와 4효는 모두 어려운 위치에 처해 있음을 뜻한다. 3효는 비록 하괘의 가장 윗자리에 처해 있기는 하나 상괘에는 도달하지 못했고, 4효는 비록 상괘에 진입키는 했으나 아직 상괘의 가장 아랫자리에 처해 있을 뿐이다. 이 두 위치에 처하면 무사하지 못하고 왕왕 아래 효의 거역을 당하거나 위의 효로부터 압력을 받게 된다. 3효가 노력과 겸손을 결할 경우 능력 있는 아래 효에 의해 자리를 빼앗기거나 상괘의 마음을 거슬러 낭패를 보게 된다. 4효 역시 상괘의 자리에 앉았다고는 하나 노력과 겸손을 결할 경우 아래 효에게 무시를 당하거나 위의 효로부터 압력을 받게 된다. 이를 두고 〈계사전〉은 이같이 풀이해 놓았다.

"3효는 흉한 게 많고, 4효는 두려운 게 많다."

「건괘」 구삼 효사 '종일건건'과 구사 효사 '혹약재연'은 모두 어려운 위치에 처해 있음을 지적한 것이다. 그러나 구사 효사 '혹약재연'의 '혹'은 결코 의심스러운 나머지 결정을 내리지 못하는 것을 뜻하는 게 아니다. 이는 때와 형세를 헤아리면서 기회가 오기를 기다려 앞으로 나아가는 것을 뜻한다. 「건괘」 구사의 효에 위치한 '용'은 마음먹기에 따라 자유롭게 운신할 수 있다. 만일 연못 위로 뛰어오른다면 바람과 구름을 타고 하늘로 날아오를 수 있기 때문에 '무구'라고 한 것이다. '혹약재연'에는 주어인 '용'이 생략되어 있다.

구오 효사 '비룡재천飛龍在天'의 '비룡飛龍'은 끝내 때를 만나 자신의 능력을 마음껏 발휘하며 승천한 '용'을 지칭한다. 이는 득지得志 내지 달도達道를 의미한다. 구오 효사 '이현대인'의 '대인'은 높은 지위에 오른 '유덕자'를 뜻한다. 이는 용덕龍德을 지닌 성인이 천위天位에 올라 덕정을 행하자 천하인이 편히 살게 되어 이롭게 되었음을 뜻한다. 구오 효사 '대인'은 곧 '비룡'에 해당하는 까닭에 '현룡재전' 상태에 머물러 있는 구이 효사 '대인'과는 내용상 커다란 차이가 있다.

「건괘」의 구오효는 상괘의 가운데에 처한 까닭에 하괘의 가운데에 있는 구이효와 그 작용은 같으나 다만 그 위치가 다른 까닭에 결과가 전혀 다르게 나타나고 있다. 이를 두고 〈계사전〉은 이같이 풀이해 놓았다.

"구이의 효와 구오의 효는 같은 작용을 하면서 다른 위치를 갖고 있다."

이를 통해 알 수 있듯이 구오효는 물 속 깊이 잠겨 있던 '용'이 단번에 물 위로 뛰어올라 하늘 끝까지 날아오르는 눈부신 변화를 일으키는 자리이다. 구오효는 '구九'가 양수陽數의 끝이고 '오五'가 상괘의 가운데에 처해 있는 까닭에 지존지중至尊至中의 의미를 지니고 있다. 구오효가 각 괘에서 가장 길한 효로 간주되는 이유가 바로 여기에 있다.

「건괘」 구호 효사 '비룡재천'의 '천天'은 아래에 있는 삼라만상을 훤히 내려다 볼 수 있는 무한히 넓은 공간인 까닭에 '용'이 마음껏 재주를 펼칠 수 있는 무대가 된다. 과거에 구오효를 '군위君位'로 파악한 이유가 바로 여기에 있다. 현대적 해석으로는 대략 사물의 변화발전 과정에서 최상의 완성 상태에 이른 것을 의미한다.

상구 효사 '항룡유회亢龍有悔'의 항亢을 두고 삼국시대 위魏나라의 뛰어난 주석가인 왕숙王肅은 '높은 곳의 가장 끝'으로 풀이했다. 결국 '항룡亢龍'은 가장 높은 경지까지 올라간 것을 뜻한다. 절정에 달한 '용'이 바로 '항룡'인 셈이다. '유회有悔'의 '회悔'는 너무 지나친 나머지 나중에 후회케 된다는 의미이다. 이를 두고 〈계사전〉은 '회린悔吝'으로 간주해 이같이 풀이해 놓았다.

"회린은 그 사실이 이미 지나쳐 나중에 후회할 것이라는 의미이다."

'항룡유회'는 가득 차서 오래가지 못하는 것을 뜻한다. 왕숙은 '나아갈 줄만 알고 물러설 줄 모르는 까닭에 뉘우치고 한탄하다'의 뜻으로 풀이했다. 대략 주희도 비슷하게 해석했다. 그는 『주자어류』에서 이같이 해석해 놓았다.

"가장 왕성한 때를 맞이하면 반드시 막힌다는 것을 근심해야 하는 게 이와 같다. 『역』의 중요한 의미는 대체로 충만했을 때를 지극히 조심하는 데 있다."

'용구用九'는 점을 쳐 얻은 육효가 모두 양효인 '구'로 나타나면 매 효가 서로 통하도록 만든다는 뜻을 지니고 있다. 『주역』은 64괘의 효사 중 단지 양괘의 처음에 해당하는 「건괘」에서만 '용구'를 언급하고, 음괘의 처음에 해당하는 「곤괘」에서만 '용육用六'을 언급하고 있다.

'용구'와 관련해 예로부터 여러 해석이 존재했으나 대략「건괘」초구 효사 '잠룡물용'으로부터 '구'를 이해해 나가면 양효의 변화를 능히 장악할 수 있다는 의미로 풀이하는 게 타당하다. 원래 '양'의 형세가 지극히 성하면 반드시 '음'으로 변하기 마련이다. 그러나「건괘」는 여러 마리의 용이 조화롭게 변화를 이끌듯이 자신을 자연스럽게 이롭게 한다는 뜻을 지니고 있다.

이는 용구의 '현군룡무수見群龍无首' 구절이 뒷받침한다. '군룡'은 육효가 모두 양효임을 전제로 한 비유이다. 6개의 양효가 모두 양강陽剛 : 양기의 강건함에서 음유陰柔 : 음기의 부드러움로 변하면서 6마리 용이 모두 우두머리를 자처하지 않는 현상이 나타난다. 이를 본받아 길하게 되는 것이다. '용구'를 언급한 취지가 바로 여기에 있다.

그렇다면 '양강'이 '음유'로 변하게 된 요체는 무엇일까. 그것은 바로 '겸양'이다. 겸양할수록 더욱 강건해지고, 지위가 올라갈수록 선두에 나서고 싶어하지 않게 된다. '현군룡무수'는 바로 이런 상황을 지칭한 것이다. 그 이유를 두고 왕필은 이같이 풀이해 놓았다.

"강건을 사용해 사람들의 우두머리에 처한다는 것은 곧 사물들이 그와 함께 하지 않는다는 뜻이다."

곧 양강의 천덕天德은 부드럽고 온화한 자세로 아래를 대한다는 뜻이다. 이는『노자』제39장의 '존귀尊貴는 비천鄙賤, 고상高上은 비하卑下를 기초로 삼는다'는 구절과 그 취지를 같이 하는 것이다. '겸양'을 결할 경우 '용구'는 이뤄지지 않게 된다. 이는 천도天道의 혼란을 의미한다.

천도를 사시四時가 돌아가며 만물의 생장쇠멸生長衰滅을 주도하는 이치로 간주할 경우 「건괘」의 육효에 나타난 6마리 '용'은 곧 춘 · 하 · 추 · 동 · 지地 · 일日에 비유할 수 있다. 이들 6마리의 '용'은 자신이 위치할 시간과 공간에서 자신에게 부과된 책임과 의무를 수행하며 결코 다투지 않는다. 이들 6마리의 용은 만물을 생육하는 은덕을 베풀고도 결코 이를 자랑하거나 대가를 요구하지 않는다. 이는 바로 천덕의 요체인 '겸양'이 작동한 결과이다. '용구'는 바로 이를 언급한 것이다.

1-3

「彖」曰, 大哉乾元, 萬物資始. 乃統天. 雲行雨施, 品物流形, 大明終始, 6位時成, 時乘6龍, 以御天. 乾道變化, 各正性命. 保合大和, 乃利貞. 首出庶物, 萬國咸寧.

〈단전(彖傳)〉에 이르기를, '대재건원(大哉乾元 : 크도다, 乾의 元德이여)' 이라고 했다. 만물이 이를 바탕으로 태어나기에 이내 통천(統天 : 하늘을 통어함)한다. 운행우시(雲行雨施 : 구름이 날고 비가 대지를 적심)하여 품물(品物)이 유형(流形 : 제각기 흘러 모양을 갖춤)한다. 종시(終始 : 끝과 시작)를 크게 밝히고 6위(六位 : 잠룡과 현룡, 약룡, 비룡, 항룡 등의 변화과정)가 때에 따라 이뤄지기에 6룡(六龍)을 올라타 어천(御天 : 하늘을 제어함)한다. 건도(乾道)는 천변만화(千變萬化)하여 각 품물의 성명(性命)을 바로 잡는다. 이에 만물은 천지의 대화(大和)를 보합(保合 : 보전하여 화합함)하여 이내 이정(利貞 : 이롭고 바름)을 유지하는 것이다. 수출서물(首出庶物 : 모든 사물 속에서 머리로 나온다는 뜻으로 군주의 군림을 상징)하니 만국이 함녕(咸寧 : 모두 안녕함)하다.

이는 「건괘」의 단사彖辭이다. '단사'는 주문왕이 만들고 이에 대한 주석인 '단전彖傳'은 공자가 만들었다고 하나 이는 후대인이 만들어낸 얘기에 불과하다. '단彖'은 단정斷定 또는 판단判斷의 의미를 지니고 있다. 각 괘의 의미를 규정한다는 의미에서 '단彖'이라고 한 것이다. 흔히 〈단전彖傳〉으로 통칭되는 것은 공자가 지었다는 '십익十翼'의 하나로 간주한 데 따른 것이다. 마융馬融은 '단사彖辭'를 '괘사卦辭'로 풀이한 데 반해 왕필은 '한 괘의 몸체를 종합적으로 논한 것'으로 풀이했다. 왕필의 주석이 타당하다.

원래 〈단전〉은 「역전易傳」의 하나이다. 후한 말기의 정현鄭玄이 각기 여러 편으로 나뉘어 존재하던 「역전」을 하나로 그러모은 뒤 크게 〈단전彖傳〉과 〈상전象傳〉으로 나눠 경문經文 아래 붙여 놓았다. 이후 이러한 편제가 계속 이어지게 되었다.

현재의 『주역』 편제를 보면 「건괘」를 제외하고 「곤괘」 이하 63괘 모두 〈단전〉과 〈상전〉을 각각 괘사卦辭와 효사爻辭 뒤에 나누어 붙여놓았다. 유독 「건괘」만 〈단전〉과 〈상전〉, 〈문언전文言傳〉을 괘사와 효사 뒤에 배치해 놓았다. 이는 「역전」이 경문經文과 다르다는 것을 예시하기 위한 것으로 짐작된다.

1-4

「象」曰, 天行健, 君子以自彊不息. '潛龍勿用', 陽在下也, '見龍在田', 德施普也. '終日乾乾', 反復道也. '或躍在淵', 進无咎也. '飛龍在天', 大人造也. '亢龍有悔', 盈不可久也. '用九', 天德不可爲首也.

〈상전(象傳)〉에 이르기를, '천행(天行)이 굳건하니 군자는 이를 본받아 자강불식(自彊不息 : 스스로 굳세고자 노력하며 쉬지 않음)한다' 고 했다. '잠룡물용' 은 양(陽)이 아래에 있는 것을 뜻한다. '현룡재전' 은 덕을 널리 베푸는 것을 뜻한다. '종일건건' 은 수도(修道)를 반복하는 것을 뜻한다. '혹약재연' 은 전진을 결행해도 '무구' 한 것을 뜻한다. '비룡재천' 은 대인이 떨쳐 일어나 재능을 크게 펼쳤음을 뜻한다. '항룡유회' 는 가득 차서 오래가지 못하는 것을 뜻한다. '용구' 는 천덕(天德)이 자신을 내세워 과시하지 않는 것을 뜻한다.

'상象' 은 형상과 상징을 동시에 의미한다. 〈상전象傳〉으로 통칭되는 것은 '십익' 의 하나로 간주된 데 따른 것이다. 〈상전象傳〉은 크게 〈대상전大象傳〉과 〈소상전小象傳〉으로 나뉜다. 맨 앞에 나오는 '천행건天行健, 군자이자강불식君子以自彊不息' 구절이 바로 〈대상전〉이고, 나머지 구절이 〈소상전〉이다. 〈대상전〉은 상괘와 하괘의 '괘상卦象' 을 풀이한 것이고, 〈소상전〉은 육효의 '효상爻象' 을 풀이한 것이다.

〈대상전〉의 '천행건' 구절은 상괘와 하괘가 모두 '천天' 의 '상' 으로 구성되어 있음을 의미한다. '행行' 은 '운동하다' 의 뜻이고, '건健' 은 '강건剛健' 의 의미이다. '군자이자강불식' 구절의 '이以' 는 개사介詞로 그 뒤에 '천행건' 을 상징하는 목적어 '지之' 가 생략되어 있다. '자강불식' 을 두고 왕필은 이같이 풀이해 놓았다.

"이는 사람이 하는 일은 '천' 을 본받아 행해야 한다는 뜻이다. 군자의 사람됨도 이 괘상을 이용해 스스로 강인하게 힘써 노력하며 쉬지 말아야 한다는 취지이다."

1-5

「文言」曰, 元者善之長也, 亨者嘉之會也, 利者義之和也, 貞者事之幹也. 君子體仁足以長人, 嘉會足以合禮, 利物足以和義, 貞固足以幹事. 君子行此4德者, 故曰, "乾, 元亨利貞."

初九曰 '潛龍勿用', 何謂也. 子曰, "龍德而隱者也. 不易乎世, 不成乎名, 遯世无悶, 不見是而无悶, 樂則行之, 憂則違之, 確乎其不可拔, '潛龍' 也."

九二曰 '見龍在田, 利見大人', 何謂也. 子曰, "龍德而正中者也. 庸言之信, 庸行之謹, 閑邪尊其誠, 善世而不伐, 德博而化. 『易』曰 '見龍在田, 利見大人', 君德也."

九三曰 '君子終日乾乾, 夕惕若厲, 无咎', 何謂也. 子曰, "君子進德修業. 忠信所以進德也. 修辭立其誠, 所以居業也. 知至至之, 可與幾也. 知終終之, 可與存義也. 是故居上位而不驕, 在下位而不憂. 故乾乾因其時而惕, 雖危无咎矣."

九四曰 '或躍在淵, 无咎', 何謂也. 子曰, "上下无常, 非爲邪也. 進退无恒, 非離羣也. 君子進德修業, 欲及時也, 故无咎."

九五曰 '飛龍在天, 利見大人', 何謂也. 子曰, "同聲相應, 同氣相求. 水流濕火就燥, 雲從龍風從虎, 聖人作而萬物覩, 本乎天者親上, 本乎地者親下, 則各從其類也."

上九曰 '亢龍有悔', 何謂也. 子曰, "貴而无位, 高而无民. 賢人在下位而无輔, 是以動而有悔也."

'潛龍勿用', 下也. '見龍在田', 時舍也. '終日乾乾', 行事也. '或躍在淵', 自試也. '飛龍在天', 上治也. '亢龍有悔', 窮之災也. '乾元用九', 天下治也.

'潛龍勿用', 陽氣潛藏. '見龍在田', 天下文明. '終日乾乾', 與時偕行. '或躍在淵', 乾道乃革. '飛龍在天', 乃位乎天德. '亢龍有悔', 與時偕極. '乾元用九', 乃見天則.

'乾元' 者, 始而亨者也. '利貞' 者, 性情也. 乾始, 能以美利利天下, 不言所利, 大矣哉. 大哉乾乎, 剛健中正, 純粹精也. 6爻發揮, 旁通情也. '時乘6龍', 以御天也. '雲行雨施', 天下平也.

君子以成德爲行, 日可見之行也. 潛之爲言也, 隱而未見, 行而未成, 是以君子弗用也.

君子學以聚之, 問以辨之, 寬以居之, 仁以行之. 『易』曰 '見龍在田, 利見大人', 君德也.

九三, 重剛而不中, 上不在天, 下不在田. 故乾乾因其時而惕, 雖危无咎矣.

九四, 重剛而不中, 上不在天, 下不在田, 中不在人, 故或之. 或之者, 疑之也, 故无咎.

夫大人者, 與天地合其德, 與日月合其明, 與四時合其序, 與鬼神合其吉凶. 先天而天弗違, 後天而奉天時. 天且弗違, 而況於人乎. 況於鬼神乎.

'亢' 之爲言也, 知進而不知退, 知存而不知亡, 知得而不知喪. 其唯聖人乎. 知進退存亡而不失其正者, 其唯聖人乎.

〈문언전(文言傳)〉에 이르기를, '원(元)은 선(善)의 수장(首長)이고, 형(亨)은 가(嘉 : 美)의 회집(會集)이고, 이(利)는 의(義)의 화해(和諧 : 조화)이고, 정(貞)은 사(事)의 본간(本幹)' 이라고 했다. 군자는 체인(體仁 : 인을 체득함)하여 족히 장인(長仁 : 인을 키움, 본문의 '人' 은 '仁' 과 통함)할 만하고, 가회(嘉會 : 아름다운 일이 크게 모임)하여 족히 합례(合禮 : 예에 부합함)할 만하고, 이물(利物 : 사물을 이롭게 함)하여 족히 화의(和義 : 의에 부합함, '和' 는 '合' 과 통함)할 만하고, 정고(貞固 : 굳게 지킴)하여 족히 간사(幹事 : 일을 관장함)할 만하다. 군자는 이 4덕(四德)을 행한다. 그래서 건(乾)을 '원형리정' 이라고 하는 것이다.

초구 효사 '잠룡물용' 은 무엇을 이르는 것인가. 공자가 말하기를, "용덕(龍德)을 갖추고 있으면서 숨어 있는 것이다. 불역호세(不易乎世 : 세상에 맞춰 자신의 의지를 바꾸지 않음)하고 불성호명(不成乎名 : 명성을 이루려고 하지 않음)한다. 돈세(遯世 : 세상을 피해 몸을 숨김)해도 무민(无悶 : 번민이 없음)하다. 자신을 알아주지 않아도 '무민' 하다. 세상에 나아가 활동하기 즐거울 때는 그 덕을 행하고, 내키지 않으면 세상에서 물러선다. 오로지 도를 지키는 신념이 확고불발(確固不拔)할 뿐이다. 이게 바로 잠룡이다"라고 했다.

구이 효사 '현룡재전, 이현대인'이란 무엇을 이르는 것인가. 공자가 말하기를, "용의 덕을 갖추고 있고 정중(正中 : 바름으로 중도를 취함)한 것이다. 용언(庸言 : 평소의 말)은 신용이 있고, 용행(庸行)은 근엄하고, 한사존성(閑邪尊誠 : 간사함을 배제하고 정성스런 마음을 보존함)하고, 선세불벌(善世不伐 : 세상에 선을 행하고도 자랑하지 않음)하고, 덕박이화(德博而化 : 덕을 널리 펴 사람들을 감화시킴)한다. 『역(易)』의 '현룡재전, 이현대인' 구절은 군덕(君德)을 말한 것이다"라고 했다.

구삼 효사 '군자종일건건, 석척약려, 무구'는 무엇을 이르는 것인가. 공자가 말하기를, "군자가 진덕수업(進德修業 : 덕으로 나아가 대업을 닦음)한다. 충신(忠信)은 '진덕'이다. 수사입성(修辭立誠 : 言辭를 연마하고 정성을 세움)은 거업(居業 : 공업을 쌓아올림, '居'는 '集積'의 의미임)하는 것이다. 지지지지(知至至之 : 나서야 할 때를 알아 나섬)하니 가히 더불어 기미(幾微 : 미세한 낌새)를 말할 수 있다. 지종종지(知終終之 : 물러설 때를 알아 물러섬)하니 가히 더불어 존의(存義 : 적정한 상태를 보존함)할 수 있다. 이런 까닭에 거상불교(居上不驕 : 높은 자리에서도 교만하지 않음)·재하불우(在下不憂 : 낮은 자리에서도 근심이 않음)하는 것이다. 그래서 건건(乾乾 : 꿋꿋이 부지런히 노력함)하고 인시이척(因時而惕 : 때에 따라 반성하고 근신함)하면 비록 위기에 처해도 무구(无咎)한 것이다"라고 했다.

구사 효사 '혹약재연, 무구'는 무엇을 이르는 것인가. 공자가 말하기를, "상하무상(上下无常 : 현자의 지위의 오르내림이 무상함)은 위사(爲邪 : 사악을 범함)에서 나온 게 아니다. 진퇴무항(進退无恒 : 진퇴가 일정치 않음) 또한 이군(離羣 : 무리를 떠남)한 것은 아니다. 군자의 진덕수업(進德修業)은 적절한 시기를 놓치지 않고자 하는 것이다. 그래서 무구(无咎)라고 한 것이다" 라고 했다.

구오 효사 '비룡재천, 이현대인' 은 무엇을 이르는 것인가. 공자가 말하기를, "동성상응(同聲相應 : 같은 소리는 서로 응함) · 동기상구(同氣相求 : 같은 기운은 서로 구함)한다. 또한 수류습(水流濕 : 물은 젖은 데로 흐름) · 화취조(火就燥 : 불은 마른 데로 나아감) · 운종룡(雲從龍 : 구름은 용을 따름) · 풍종호(風從虎 : 바람은 범을 따름)한다. 성인작만물도(聖人作萬物覩 : 성인이 일어나 세상을 밝고 맑게 다스리자 만물도 지니고 있는 지극한 이치를 훤히 드러냄)한다. 하늘에 근본을 둔 자는 친상(親上 : 위를 친애함)하고, 땅에 근본을 둔 자는 친하(親下 : 아래를 친애함)한다. 이는 곧 만물이 각기 종류(從類 : 그 무리를 따름)하는 것이다" 라고 했다.

상구 효사 '항룡유회' 는 무엇을 이르는 것인가. 공자가 말하기를, "귀하되 자리가 없고, 자리가 높되 백성이 없다. 현인(賢人)이 아래에 있으나 보필하는 자가 없다. 그래서 동이유회(動而有悔 : 움직이면 후회함)라고 한 것이다" 라고 했다.

'잠룡물용' 은 아래에 있는 것을 뜻한다. '현룡재전' 은 시사(時舍 : 형세가 때에 맞춰 발전되어 나감, '舍' 는 '舒' 와 통함)를 뜻한다. '종일건건' 은 시의에 맞게 일을 행한 것을 뜻한다. '혹약재연' 은 스스로 시험해 본 것을 뜻한다. '비룡재천' 은 상치(上治 : 성인이 위에 머물며 善治함, '上' 은 '尙' 과 통함)하다. '항룡유회' 라고 한 것은 절정에 이르러 재앙이 있는 것을 뜻한다. 건원(乾元 : 乾德)의 '용구(用九 : 陽剛의 陰柔로의 변화를 내포한 陽德의 활용)' 는 천하치(天下治 : 천하가 크게 다스려짐, 형세의 필연을 의미)를 말한 것이다.

'잠룡물용' 은 양기(陽氣)가 깊이 감춰져 있는 것을 뜻한다. '현룡재전' 은 천하가 문명(文明 : 文德이 밝게 빛남)한 것을 뜻한다. '종일건건' 은 시의에 맞도록 일을 추진하는 것을 뜻한다. '혹약재연' 은 건도(乾道)가 이 시점에서 변화해 새로워지는 것을 뜻한다. '비룡재천'

은 이내 천덕(天德)을 본받아 천하를 다스리는 위치에 오른 것을 뜻한다. '항룡유회'는 때의 추이에 따라 극점에 이른 것을 뜻한다. '건원'의 '용구'는 견천칙(見天則 : 대자연 운행의 법칙을 봄)을 말한 것이다.

'건원'은 만물의 시초가 되어 형통해지는 것을 말하고, 이정(利貞)은 만물의 성정(性情 : 본성과 작용)을 말한다. 건시(乾始 : 건원의 창조력)는 능히 미리(美利 : 훌륭한 덕)로 이천하(利天下 : 천하를 이롭게 함)하면서도 그 이로운 바를 말하지 않는다. 여기에 건도의 위대함이 있다. 참으로 크도다, 하늘이여. 강건(剛健)하고, 중정(中正 : 중도로써 바르게 함)하고, 순수(純粹)함이 정미(精微)하다. 6효(六爻)가 발휘되니 방통정(旁通情 : 모두 정황에 넓게 두루 미침)하고, '시승6룡(時乘六龍)' 하니 하늘을 통어(統御)하고, '운행우시(雲行雨施)' 하니 천하가 평안해진다.

군자가 성덕위행(成德爲行 : 덕을 이뤄 실천함)하니 날마다 행실에서 드러난다. '잠(潛)'의 위언(爲言 : 말하고자 한 것으로 곧 '취지'를 의미)은 숨어서 나타나지 않고 행해도 아직 이뤄지지 않는 것을 말하고자 한 데 있다. 그래서 군자불용(君子弗用 : 군자는 때를 기다리는 까닭에 잠시 재주와 능력을 드러내지 않음)이라고 한 것이다.

군자는 학취문변(學聚問辨 : 학문을 닦고, 덕을 축적하고, 모르는 것을 상세히 묻고, 의심나는 것을 분명히 해결함) · 관거인행(寬居仁行 : 관용으로 임해 위치를 지키고 인애를 행함)한다. 『역』에서 '현룡재전, 이현대인'이라고 한 것이다. 이는 군덕(君德)을 말한 것이다.

구삼은 중강부중(重剛不中 : 거듭 강장한 양기가 쌓여 중용을 얻지 못함)하다. 위로 하늘에 있는 것도 아니고, 아래로 지상에 있는 것도 아니다. 그래서 『역』에서 '건건(乾乾)하고 인시이척(因時而惕)하면 비록 위기에 처해도 '무구하다'고 한 것이다.

구사도 '중강부중' 하다. 위로 하늘에 있는 것도 아니고, 아래로

지상에 있는 것도 아니고, 가운데로 인세(人世)에 있는 것도 아니다. 그래서 '혹(或)'이라고 한 것이다. 혹은 의혹(疑惑)을 내포한다. 그래서 '무구'라고 한 것이다.

무릇 대인은 천지와 더불어 합덕(合德 : 덕에 부합함)하고, 일월과 더불어 합명(合明 : 밝음에 부합함)하고, 사시(四時)와 더불어 합서(合序 : 사시의 순서에 부합함)하고, 귀신과 더불어 합길흉(合吉凶)한다. 선천(先天 : 하늘에 앞서 행함)해도 하늘이 하는 일이 이에 어긋나지 않고, 후천(後天)해도 봉천시(奉天時 : 천시를 받듦)하는 까닭에 하늘조차 대인이 하는 일에 어긋남이 없게 한다. 하물며 사람이나 귀신의 경우는 더 말할 게 있겠는가.

'항(亢)'은 지진부지퇴(知進不知退 : 전진만 알고 후퇴를 모름)와 지존부지망(知存不知亡 : 존속만 알고 패망을 모름), 지득부지상(知得不知喪 : 취득만 알고 상실을 모름)을 말한 것이다. 아, 오직 성인뿐이란 말인가. 진퇴존망(進退存亡)의 이치를 알면서 그 정도를 잃지 않는 사람은 참으로 오직 성인뿐이란 말인가.

〈문언文言〉의 '문文'은 '문식文飾 : 겉을 꾸밈'의 의미이다. 〈문언〉이 〈문언전文言傳〉으로 통칭되는 것은 '십익'의 하나로 간주된 데 따른 것이다. 〈문언전〉은 「건괘」와 「곤괘」에만 나온다. 이는 두 괘의 덕이 위대한 까닭에 그 괘사를 아름답게 마무리하여 나머지 62괘를 모두 이에 의지케 한다는 뜻을 지니고 있다. 〈문언전〉은 오랫동안 공자가 주석을 가한 '십익'의 하나로 알려져 왔다. 그러나 〈문언전〉 역시 〈단전〉 및 〈상전〉과 마찬가지로 후대인이 공자를 가탁假託해 삽입시킨 것으로 보는 게 타당할 것이다. 이게 통설이기도 하다.

왕필은 〈문언전〉을 「건괘」와 「곤괘」의 효사 뒤로 배치해 「건괘」와 「곤괘」의 결론부분으로 삼았다. 송대에 이르러 〈문언전〉을 다시 '십익'으로 돌려 놓았으나 주희가 『정씨역전程氏易傳』을 토대로 왕필을 좇아 〈문언전〉을 「건괘」와 「곤괘」 뒤에 배치했다. 이후 현재까지 왕필의 편제가 그대로 통용되고 있다.

〈문언전〉은 결코 「건괘」와 「곤괘」의 결론이라기보다는 후대인이 「건괘」와 「곤괘」의 괘사와 효사를 다른 측면에서 해석한 것으로 보는 게 타당할 것이다. 〈문언전〉의 내용이 〈단전〉 및 〈상전〉과 달리 인사의 덕업德業과 수양修養에 관한 얘기로 점철돼 있는 사실이 이를 뒷받침한다. 〈문언전〉은 대략 전한제국 초기에 만들어진 것으로 짐작되고 있다. 당시의 유자들이 『주역』을 유학의 경전으로 숭상하면서 「건괘」 및 「곤괘」에 대해 새로운 해석을 시도한 결과가 『주역』을 편찬할 때 공자를 가탁한 〈문언전〉으로 끼어든 것으로 보인다.

이는 〈문언전〉에 나오는 첫 번째 문장이 『춘추좌전』 「노양공 9년」조에 나오는 대목과 동일한 사실이 뒷받침한다. 『춘추좌전』에 따르면 당초 노양공의 조모인 목강穆姜이 동궁東宮 : 별궁으로 들어가 살 때 시초점을 친 바 있다. 그러자 '간지팔艮之八'의 점괘가 나왔다. 이에 태사大史가 점괘를 이같이 풀이했다.

"이는 「간괘」가 「수괘隨卦」로 변하는 것으로 '수隨'는 밖으로 나가는 것을 뜻합니다. 속히 이 동궁을 나가도록 하십시오."

그러자 목강이 이같이 말했다.

"그럴 필요 없소. 『주역』에 이르기를, '「수괘」는 원형리정이니 재난이 없다'고 했소. 원元은 체體의 수장首長이고, 형亨은 가嘉의 회집會集이고, 이利는 의義의 화해和諧이고, 정貞은 사事의 본간本

幹이라고 했소. 군자는 체인體仁하여 족히 장인長人할 만하고, 가회嘉會하여 족히 합례合禮할 만하고, 이물利物하여 족히 화의和義할 만하고, 정고貞固하여 족히 간사幹事할 만하오."

'원元'을 '선지장善之長' 대신 '체지장體之長'으로 해석한 것을 빼고는 『주역』의 내용과 모두 같다. 노양공 9년은 기원전 564년이다. 이는 공자가 태어나기 12년 전이다. 『춘추좌전』이 전국시대에 만들어진 점을 감안할 때 시기상 「건괘」의 〈문언전〉은 『춘추좌전』의 해당 대목을 그대로 인용한 것으로 보인다.

「노양공 9년」조에 언급된 '간지팔艮之八'에 대해서는 예로부터 여러 해석이 존재해 왔으나 아직까지 정설이 없는 실정이다. 삼국시대 위나라의 두예杜預는 『연산역連山易』과 『귀장역歸藏易』, 『주역周易』 등을 두루 이용해 이를 풀이했으나 현재 『연산역』과 『귀장역』이 전해지지 않고 있어 그의 해석을 논증하기가 어렵다. 현재까지 나와 있는 여러 해석 중 "「건괘」는 구九를 쓰고 칠七을 쓰지 않고, 「곤괘」는 육六을 쓰고 팔八을 쓰지 않는다. 구九를 쓰는 것은 노양老陽이 소음少陰으로 변하고, 육六을 쓰는 것은 노음老陰이 소양少陽으로 변하기 때문이다. '칠'과 '팔'을 쓰지 않는 까닭에 소음少陰과 소양少陽이 불변한다. 이를 간지팔艮之八이라고 한다"는 풀이가 가장 유력하다.

첫 번째 문장에 나오는 '족이장인足以長人' 구절의 '장인長人'을 두고 대개 '장長'을 형용사로 간주해 '인에 접근한 사람'으로 해석하거나 '장로長老'의 의미로 보아 '어른 노릇을 함' 등으로 풀이하고 있으나 문맥상 어색하다. 원래 고대에는 '인人'이 '인仁'의 의미로 통용되었다. '장인'의 '인'도 '인仁'으로 간주해

'인을 키우다'의 뜻인 '장인長仁'으로 풀이하는 게 문맥상 순통한다. 뒤따라 나오는 구절이 '합례合禮'와 '화의和義'로 되어 있는 점이 이를 뒷받침한다. 내용적으로 볼지라도 '장인長仁'으로 풀이해야만 '합례' 및 '화의'와 조응케 된다.

구이효를 풀이한 '선세불벌善世不伐' 구절을 두고 '선善'을 명사, '세世'를 '대大'의 뜻으로 간주해 '아름다운 행위는 위대하나 스스로 자랑하지 않는다'로 풀이하는 견해도 있다. 그러나 '선'을 동사로 해석해 '세상에 선을 행하고도 자랑하지 않는다'로 풀이하는 게 문맥상 순통한다.

구오효를 풀이한 '성인작만물도聖人作萬物覩' 구절은 예로부터 창업주의 대업을 칭송하는 구절로 자주 인용되었다. 이는 구오효의 존엄성을 차용한 것이다. 실제로 각 왕조의 창업주는 모두 자신을 요·순·우·탕 등의 성인에 비유해 자신의 창업을 미화했다.

그러나 '성인작만물도'의 진정한 의미는 '운종룡雲從龍·풍종호風從虎'의 변화에 있다. 바람과 구름을 타고 하늘로 치솟은 용은 종종 주저하는 뜻을 나타낸다. 더 높은 경지가 없음을 알기 때문이다. 〈문언전〉에서 '각종기류各從其類'를 언급한 것은 각기 다른 효위爻位의 덕성이 유사한 점을 지녔다는 사실을 밝힌 것이다. 유사한 점은 매우 심각한 위험을 안고 있기에 반드시 구삼효에서 말하는 '종일건건終日乾乾·석척약夕惕若'의 자세를 잃어서는 안 된다. 사마천은 『사기』를 지으면서 「백이열전伯夷列傳」에서 이를 인용한 바 있다. 그는 인생역정에서 겪게 되는 행복과 불행을 바람과 구름의 취산聚散에 근거해 해설하면서 공자는 백이와 유사한 사람이기 때문에 백이를 찬양한 것으로 풀이해 놓았다.

〈괘사전〉에서 '구삼효와 구사효는 같은 공능을 갖고 있으면서 서로 다른 지위에 앉아 있다' 고 지적한 것도 바로 '종일건건 · 석척약' 과 그 취지를 같이 하는 것이다. 특히 구오효는 최고위인 상구효에 근접해 있는 까닭에 여기서 한 걸음 더 나아가면 소위 '물극필반物極必反 : 사물의 발전이 극점에 달하면 원점으로 돌아옴' 과 '양극생음陽極生陰 : 양기가 극에 달하면 음기를 낳음' 의 이치에 따라 괘상이 전면적으로 바뀌게 된다. 따라서 구오효는 반드시 강건중정剛健中正의 4덕을 갖춰야 한다. 『논어』 「공야장」편에 언급된 '오미견강자吾未見剛者' 의 '강剛' 을 두고 정이천은 '욕欲' 과 대비시켜 풀이하기를, '사람이 욕심이 있으면 강할 수 없고, 강하면 욕심에 굽히지 않는다' 라고 했다. 곧 제욕制欲이 가능해야만 '강건중정' 을 이룰 수 있는 것이다.

〈문언전〉에서 말한 '대인' 은 후대의 유자들에 의해 『장자』에 나오는 '내성외왕內聖外王' 과 같은 뜻으로 풀이되었다. 이는 성인의 덕을 지닌 군주를 지칭한다. 『대학』에서 말하는 '대학大學' 을 '대인의 학문' 으로 풀이하는 것도 〈문언전〉에 나오는 '대인' 개념을 차용한 것이다.

제2장 중지곤(重地坤)

☷ 地

☷ 地

坤下坤上000,000

착괘 : 중천건重天乾 : 111,111

종괘 : 중지곤重地坤 : 000,000

2-1

坤, 元亨, 利牝馬之貞. 君子有攸往, 先迷後得, 主利. 西南得朋, 東北喪朋, 安貞吉.

곤(坤)은 원형(元亨 : 크게 형통함, 元은 大와 통함)하니 빈마지정(牝馬之貞 : 유순함과 인내심을 지닌 암말이 정도를 지킴)이 이롭다. 군자가 나아가야 할 바이니, 앞서 나아가면 헤매게 되나 뒤를 좇아 나아가면 얻게 된다. 앞서 나가는 사람을 주인으로 섬기고 따르면 반드시 이로울 것이다. 서남(西南)은 벗을 얻고, 동북(東北)은 벗을 잃는다. 안정(安貞 : 편안한 가운데 정도를 굳건히 지킴)하면 길할 것이다.

'곤坤'은 '지地'와 '순종'을 의미한다. '곤'의 고자古字는 '순順'의 원형인 '순巛'이다. 「곤괘」는 땅을 '상'으로 하여 땅의 순한 성질을 그 뜻으로 취한 것이다. 서남득붕西南得朋과 동북상붕東北喪朋은 주문왕의 후천팔괘後天八卦로 설명할 수 있다. 서방은 '곤괘坤卦'와 '태괘兌卦'의 방위이고, 남방은 '손괘巽卦'와 '이괘離卦'의 방위이다. 이들 모두 음괘로 '곤괘'와 같은 종류이다. 이에 '서남득붕'이라고 한 것이다. 동방은 '간괘艮卦'와 '진괘震卦'의 방위이고, 북방은 '건괘乾卦'와 '감괘坎卦'의 방위이다. 이들 모두 양괘로 음괘인 '곤괘'와 반대된다. 이에 '동북상붕'이라고 한 것이다.

2-2

「彖」曰, 至哉坤元. 萬物資生, 乃順承天, 坤厚載物, 德合无疆. 含弘光大, 品物咸亨, 牝馬地類, 行地无疆. 柔順利貞, 君子攸行, 先迷失道, 後順得常. '西南得朋', 乃與類行. '東北喪朋', 乃終有慶. '安貞之吉', 應地无疆.

〈단전〉에 이르기를, '지재곤원(至哉坤元 : 지극하도다, 坤의 元德이여)'이라고 했다. 만물이 이를 바탕으로 태어나기에 이내 순승천(順承天 : 하늘에 순응함)한다. 곤은 중후하여 그 위에 만물을 싣고, 그 덕은 무강(无疆 : 광활하여 끝이 없음)과 합치한다. 함홍광대(含弘光大 : 널리 포용하고 밝고 큼)하고, 품물이 모두 형통하고, 빈마가 땅의 무리에 속하니 행지(行地 : 대지 위를 달려나감)가 '무강'하다. 유순이정(柔順利貞)은 군자가 행하는 바이다. 먼저 앞서 나아가면 혼미해져 도를 잃고, 뒤좇아 나아가면 순해서 항상(恒常)을 얻을 수 있다. '서남득붕(西南得朋)'은 이내 무리와 더불어 행하는 것이고, '동북상붕

(東北喪朋)' 은 지종(至終 : '끝내'의 뜻으로 副詞임) 경사가 있는 것을 뜻한다. '안정지길(安貞之吉)' 은 응지(應地 : 땅의 요구에 부응함)가 '무강' 하다.

「건괘」의 〈단전〉에서는 '지재至哉' 가 아닌 '대재大哉' 로 표현해 놓았다. 이를 두고 『주역정의』는 이같이 풀이해 놓았다. "「건괘」는 지극할 뿐만 아니라 크기 때문에 '대재' 로 표현한 것이다."

2-3

「象」曰, 地勢坤. 君子以厚德載物.

初六, 履霜, 堅氷至. 「象」曰 '履霜堅氷', 陰始凝也. 馴致其道, 至堅氷也.

六二, 直方大, 不習无不利. 「象」曰, 六二之動, 直以方也. 不習无不利, 地道光也.

六三, 含章可貞, 或從王事, 无成有終. 「象」曰 '含章可貞', 以時發也, '或從王事', 地光大也.

六四, 括囊, 无咎无譽. 「象」曰 '括囊无咎', 愼不害也.

六五, 黃裳元吉. 「象」曰 '黃裳元吉', 文在中也.

上六, 龍戰于野, 其血玄黃. 「象」曰 '龍戰于野', 其道窮也. 用六, 利永貞. 「象」曰 '用六永貞', 以大終也.

〈상전〉에 이르기를, '지세곤(地勢坤 : 대지의 형세는 두텁고 건실하며 화순함)' 이라고 했다. 군자는 땅을 본받아 그 덕을 증후(增厚 : 더욱 두텁게 함)하여 만물을 싣고자 한다.

초육(初六)은 이상(履霜 : 서리를 밟음)을 뜻하니 머지않아 견빙(堅氷 : 굳은 얼음)이 이를 것이다. 〈상전〉에 따르면 '이상견빙(履霜堅

冰)' 은 음기(陰氣)가 응결되기 시작한 것을 뜻한다. 음유(陰柔)의 도에 순치(馴致 : 순하게 길들여짐)되면 '견빙' 의 단계로 나아가게 된다.

육이(六二)는 직방대(直方大 : 곧고 안정되고 큼)하다. 학습하지 않는다고 하여 반드시 이로움을 얻지 못하는 게 아님을 말한 것이다. 〈상전〉에 따르면 '육이지동(六二之動 : 육이효의 움직임)' 는 곧고 방정하다고 했다. '불습무불리(不習无不利)' 는 지도(地道)가 밝은 것을 뜻한다.

육삼(六三)은 함장가정(含章可貞 : 빛나는 것을 머금어 가히 바르게 함)하다. 혹 왕사(王事)를 좇을 경우 큰 공은 이루지 못할지라도 유종지미(有終之美 : 끝까지 성실히 일을 수행해 완수하는 미덕)는 거둘 수 있다. 〈상전〉에 따르면 '함장가정' 은 때에 따라 발하는 것을 뜻한다. '혹종왕사(或從王事)' 는 아는 게 광대(光大)한 것을 뜻한다.

육사(六四)는 괄낭(括囊 : 주머니 입을 잡아맴)하여 무구무예(无咎无譽 : 재난을 면하나 명예는 얻지 못함)한 것을 뜻한다. 〈상전〉에 따르면 '괄낭무구' 는 삼가야만 해롭지 않게 되는 것을 뜻한다.

육오(六五)는 황상원길(黃裳元吉 : 중도를 지켜 겸양하면 크게 길함, '黃' 은 '中道', '裳' 은 '謙讓' 을 상징)하다. 〈상전〉에 따르면 '황상원길' 은 온문(溫文 : 온화하고 아름다운 坤德을 상징, '威武' 와 대칭됨)이 그 안에 있는 것을 뜻한다.

상육(上六)은 용전우야(龍戰于野 : 용들이 들에서 싸움, 음양의 교합을 상징)하다. 그 흘린 피의 색깔이 현황(玄黃 : 검고 누름)하다. 〈상전〉에 따르면 '용전우야' 는 곤도(坤道)가 궁극에 이른 것을 뜻한다.

용육(用六)은 이영정(利永貞 : 오랫동안 정도를 견고히 지켜 나가면 이로움)하다. 〈상전〉에 따르면 '용육영정(用六永貞)' 은 이대종(以大終 : 陽을 귀의처로 삼음, '大' 는 '陽' 으로 陰柔가 剛大로 돌아감을 상징)을 뜻한다.

『주역』에 나오는 64괘 중 「건괘」를 제외한 「곤괘」 이하 63괘의 〈상전〉은 〈대상전〉을 효사 앞에 배치한 뒤 각 효사 뒤에 그에 해당하는 〈소상전〉을 부기附記하는 식으로 편제되어 있다. 효사와 각 효사를 풀이한 〈소상전〉의 의미를 일목요연하게 종합적으로 고찰코자 하는 편집자의 의도가 작용한 결과로 보인다.

초육 효사 '이상履霜'은 음기가 처음 살아나서 점차 번성해 나아가는 것을 서리가 얼어 단단한 얼음으로 변한 것에 비유한 것이다. 이를 두고 『주역정의』는 이같이 풀이해 놓았다.

"초육의 음기가 미세한 것은 마치 초겨울 추위가 시작하는 것과 같다. 그러나 서리를 밟게 되면 미세한 음기가 점진적으로 축적되어 가는 까닭에 결국 단단한 얼음을 밟게 되는 한 겨울이 다가온다는 의미이다."

이는 음기가 처음 살아나는 '상'을 표현한 것으로 '빙동삼척氷凍三尺, 비일일지한非一日之寒' 구절과 그 취지가 같다.

육이 효사 '직방대直方大'는 위位·체體·용用 세 측면에서 그 효의爻義가 뛰어난 점을 설명한 것이다. 이를 두고 『주역정의』는 이같이 풀이해 놓았다.

"생물이 사악하지 않은 것을 '직', 지체地體가 안정된 것을 '방', 땅이 싣고 있지 않은 물건이 없는 것을 '대'라고 한다."

이는 '직'을 중정中正의 위치, '방'을 땅의 체體, '대'를 땅의 용用으로 해석한 것이다. 육이효는 음위에 있으면서 유순중정柔順中正하여 곤덕坤德의 지극히 두터운 품성을 물려받은 것으로 간주되고 있다. 이를 두고 주희는 이같이 풀이해 놓았다.

"「곤괘」 가운데 오로지 이 육이효만이 가장 순수하다. 육오효는 비록 존경받는 위치에 있으나 오히려 양위陽位에 있는 까닭에 체體를 깨어버렸다. 육사효는 부중不中, 육삼효는 부정不正하다. 오로지 이 육이효만이 중정한 까닭에 '직방대'라고 한 것이다."

하괘의 가운데에 위치해 가장 순수한 음효의 특성을 보여주고 있는 「곤괘」 '육이효'는 상괘의 가운데에 위치해 가장 순수한 양효의 특성을 드러내고 있는 「건괘」의 '구오효'에 비유할 만하다. 양자 모두 위位·체體·용用 세 가지 측면에서 「건괘」와 「곤괘」의 가장 순수한 모습을 보여주고 있는 것이다.

육삼 효사 '함장가정含章可貞'의 '장章'은 양기의 강건한 아름다움이 빛나는 모습을 표현한 것이다. 이는 육삼효가 음효로서 양위陽位에 처해 안으로 양기의 강건한 아름다움을 품고 있으면서 가볍게 드러내지 않는 것을 칭송한 것이다. 이를 두고 삼국시대 오나라의 우번虞翻은 이같이 풀이했다.

"육삼효는 음陰으로 양陽을 품고 있다. 그래서 '함장'이라고 한 것이다."

육사 효사 '괄낭括囊'은 입을 꼭 다물고 숨어서 세상에 나오지 않는 것을 비유한 것이다. '무구무예无咎无譽'는 이같이 하면 명성을 얻지는 못하나 재난을 야기하지도 않게 됨을 지적한 것이다. 이는 재난을 피하는 게 급선무임을 뜻한다.

육오 효사 '황상원길黃裳元吉'의 '황상黃裳'은 군주가 착용하는 '군裙 : 치마 또는 속옷'을 지칭한다. 주왕조는 '황상'을 존귀하고 길상吉祥한 복장으로 생각했다. '황상'은 속옷의 아름다움을 비유한 것으로 곧 내면의 '겸덕謙德'을 상징한다. 이를 두고 『주역정의』는 이같이 풀이해 놓았다.

"황黃은 중간의 색상이고, 상裳은 아랫도리를 문식하는 옷이다. 곤坤은 신도臣道이고, 육오효는 군위君位이니 '신하가 지극히 귀한 자리에 있다'는 뜻이다. 중화中和로써 물리에 통할 수 있고 신하의 직위에 있는 까닭에 '황상원길'이라고 한 것이다."

곧 육오효는 음효로서 지극히 존귀한 자리인 5효의 양위陽位에 처해 있음에도 불구하고 내면의 '겸덕'을 통해 크게 길하게 되었음을 의미한다. 이는 「곤괘」 육오효가 '황상원길'의 효사를 얻게 된 요체가 바로 '중도겸양'에 있음을 설명한 것이다.

상육 효사 '용전우야龍戰于野'의 '용전龍戰'은 음양의 교합을 상징한다. 상육효의 음기가 지극히 왕성한 나머지 끝내 양기가 도래해 서로 화합케 된 것을 '용전'으로 비유한 것이다. 현황玄黃의 피는 각각 하늘과 땅의 기운을 상징한 것이다.

'용육用六'은 마치 '용구'가 「건괘」에만 나오는 것처럼 오직 「곤괘」에만 나온다. 이는 점을 쳐 얻은 육효가 모두 음효인 '육'으로 나타나면 매 효가 서로 통하도록 만든다는 뜻을 지니고 있다. 점에서 6개의 효사가 모두 '육'의 음효로 나오면 곧 '용육'의 효사가 점사占辭가 되는 것이다. '용육'의 효사인 '이영정利永貞'은 바로 이를 의미한다. 이를 두고 『주역정의』는 이같이 풀이해 놓았다.

"육六은 '유순柔順'으로 순유純柔는 아닌 까닭에 '영정永貞'이 있어야 이로울 것이다. 영永은 '장長', 정貞은 '정正'의 의미이다. '오랫동안 정도를 지켜 나간다'는 뜻이다."

'육'은 '노음老陰'을 뜻한다. '음'이 극에 달했는데도 돌아오지 않으면 '태유太柔'가 된다. '영정'은 '음'이 극에 달해 '양강陽剛'

으로 변화하게 되었음을 의미하는 것이다. 이는 '음'의 형세가 지극히 성하면 반드시 '양'으로 변하는 이치에 따른 것이다.

「곤괘」'용육'은 「건괘」'용구'와 마찬가지로 「곤괘」 육효의 변화를 잘 운용해 변화에 구속되지 않는 데 그 요체가 있다. 「건괘」의 '용구'가 군도君道·사도師道·부도父道를 상징한 데 반해 「곤괘」의 '용육'은 신도臣道·제도弟道·모도母道를 상징한다.

2-4

「文言」曰, 坤至柔而動也剛, 至靜而德方. 後得主而有常, 含萬物而化光. 坤道其順乎, 承天而時行.

積善之家, 必有餘慶. 積不善之家, 必有餘殃. 臣弑其君, 子弑其父, 非一朝一夕之故, 其所由來者漸矣, 由辯之不早辯也. 『易』曰 '履霜堅冰至', 蓋言順也.

直其正也, 方其義也. 君子敬以直內, 義以方外, 敬義立而德不孤. '直方大, 不習无不利', 則不疑其所行也.

陰雖有美, 含之以從王事, 弗敢成也. 地道也, 妻道也, 臣道也. 地道无成而代有終也.

天地變化, 草木蕃, 天地閉, 賢人隱. 『易』曰 '括囊无咎无譽', 蓋言謹也.

君子黃中通理, 正位居體, 美在其中而暢於四支, 發於事業, 美之至也.

陰疑(=凝)於陽必戰. 爲其嫌於无陽也, 故稱龍焉. 猶未離其類也, 故稱血焉. 夫玄黃者, 天地之雜也, 天玄而地黃.

〈문언〉에 따르면 곤(坤)은 지유(至柔)하되 움직이면 양강(陽剛)하고, 지정(至靜)이되 유덕(柔德)을 사방에 두루 베풀고 있다. 뒤따라 하면서 그 사람을 주인으로 삼아 받들고 순종하면 '유덕'에 항상(恒常)됨이 있고, 만물을 머금어 화광(化光 : 德化가 빛남)한다. 곤도(坤

道)가 그 얼마나 순종적인가. 이는 승천(承天 : 하늘의 뜻을 받들음)하여 사계를 따라 움직이기 때문이다.

적선지가(積善之家)는 반드시 경사가 있고, 적불선지가(積不善之家)는 반드시 재앙이 있다. 신하가 그 군주를 시해하고 자식이 그 부친을 시해한 것은 일조일석(一朝一夕)의 연고(緣故)가 아니다. 그 연원을 보면 이는 점진적인 것으로 그 조짐을 분별해 대책을 강구하면서 그 조짐을 일찍 분별치 못한 데 따른 것이다. 『역(易)』에서 말하는 '이상견빙지(履霜堅氷至)'는 대략 나쁜 행위의 발전도 일정한 추세에 따라가는 것을 말한 것이다.

'직(直)'은 그 바름이고, '방(方)'은 그 의로움이다. 군자는 '경이직내(敬以直內 : 공경으로 안을 곧게 함)·의이방외(義以方外 : 의로움으로 밖을 방정하게 함)' 한다. '경의(敬義)'가 서면 덕불고(德不孤 : 덕이 외롭지 않음)하게 된다. '직방대(直方大), 불습무불리(不習无不利)'는 즉 그 행하는 바를 의심치 않는 것을 뜻한다.

음기가 비록 아름다움이 있으나 이를 속에 간직한 채 왕사(王事)를 좇을 뿐 감히 앞장서 공을 이루려 하지 않는다. 지도(地道)는 처도(妻道)이고 신도(臣道)이다. '지도'는 앞장서 이루려 하지 않으나 하늘을 대신해 '유종지미'를 거둔다.

천지가 변화하면 초목이 번성(蕃盛)하고, 천지가 닫히면 현인이 은둔(隱遁)한다. 『역』에서 말하는 '괄낭, 무구무예'는 대략 삼가는 것을 말한 것이다.

군자는 황중통리(黃中通理 : 곤덕의 이치에 통달해 밖으로 실천함)하여 정위거체(正位居體 : 자신의 위치를 바르게 하고 예의를 지킴, '體'는 '禮'와 통함)한다. 미덕이 그 안에 있으니 사지(四支 : 수족으로 '支'는 '肢'와 통함, 실천을 의미)에 펼치면 사업(事業)이 발전할 것이다. 이는 미의 극치이다.

음기가 강성해 양기에 견줄 만하면 양기는 반드시 음기와 교합한다. 이는 음기가 양기의 부재를 싫어한 데 있다. 그래서 상육효에서 '용(龍)'을 사용해 표현한 것이다. 그러나 음기는 어디까지나 음기의 부류에서 벗어날 수 없다. 그래서 '혈(血)'을 사용해 음양의 교합을 표현한 것이다. 무릇 현황(玄黃)은 천지음양의 혈색이 뒤섞인 것을 뜻한다. 하늘은 흑색, 땅은 황색이기 때문이다.

〈문언전〉에 나오는 '경이직내敬以直內 · 의이방외義以方外' 구절은 정이천을 비롯해 주희 등의 성리학자들에게 커다란 영향을 끼친 대목이다. 정이천은 이를 두고 이같이 풀이해 놓았다.

"군자는 '경敬'을 근본으로 그의 마음을 바르게 하고, '의義'를 지킴으로 그의 행위를 바르게 한다. '경'이 서면 마음이 바르게 되고 '의'가 드러나면 행위가 바르게 된다."

이는 대략 왕필의 주석을 따른 것으로 맹자의 인의설仁義說과 맥이 닿아 있는 것이다. 남송대의 주희는 정이천의 주석에 기초해 천리에 이르는 방법으로 소위 '거경설居敬說'을 주장함으로써 『중용』을 토대로 '성誠'을 강조한 정명도와 뚜렷한 차이를 보였다. 조선조 때 이율곡은 정명도와 같이 주자가 내세운 '경' 대신 '성'을 강조한 데 반해 이퇴계는 주희의 주장을 좇아 '경'을 중시했다. 『중용』이 '성'을 강조케 된 것도 「곤괘」의 〈문언전〉과 밀접한 관련이 있다는 주장이 있다.

「곤괘」에서 육이효와 육오효는 존경스런 위치에 처하면서 겸손한 까닭에 가장 아름다고 착하다. 초육 효사 '이상履霜'과 상육 효사 '용전龍戰'은 서로 대조적이나 동시에 음기가 미세하게 쌓여 가면 언젠가는 반드시 극점에 달해 다시 양기로 돌아오게 된다는 뜻을 밝히고 있다. 〈문언전〉이 오직 「건괘」와 「곤괘」에만 존재하는 것은 음양의 두 기가 우주만물의 운동변화 및 발전의 원천이 된다는 사실을 강조하기 위한 것으로 짐작된다.

제3장 수뢰준(水雷屯)

☵ 水

☳ 雷

震下坎上100,010

착괘 : 화풍정火風鼎 : 011,101

종괘 : 산수몽山水蒙 : 010,001

3-1

屯, 元亨, 利貞. 勿用有攸往, 利建侯.

준(屯 : '둔'이 아닌 '준'임)은 원형(元亨 : 크게 형통함)하고, 이정(利貞 : 守貞하면 이로움)하다. 유유왕(有攸往 : 경거망동하여 앞으로 나아감)해서는 안 되고, 건후(建侯 : 제후를 세워 도움을 청함)하는 것이 천하의 안녕을 도모하는 데 이로울 것이다.

「준괘」는 생명 탄생의 고통을 상징한다. '준屯'자는 초목의 싹이 흙을 뚫고 나온 모습을 묘사한 것이다. 「준괘」는 「건괘」

가 '원元·형亨·이利·정貞'인 것과 달리 '원형元亨·이정利貞'으로 되어 있다. 크게 형통하는 이치를 갖고 있어 장래에 반드시 순조롭게 달통하는 경지에 도달하게 되나 반드시 정도를 지켜야만 이롭다는 뜻이다. 이를 두고 『주역정의』는 이같이 풀이해 놓았다.

"준屯은 곧 '원형元亨'이고, '형亨'은 곧 '이정利貞'이다. 「건괘」의 이롭지 않은 게 없는 것과는 같지 않다."

〈단전〉에서 '대형정大亨貞'이라고 표현해 놓은 것은 바로 이 때문이다. '정貞'이 유지되어야만 '대형大亨'할 수 있다는 뜻이다. '대형'이 바로 '이정利貞'의 '이利'에 해당하는 것이다. 이는 사물이 처음 태어나 그 성장코자 하는 기세가 지극해 형통할 것이나 반드시 그 근본을 바르게 해야만 이로운 이치를 언급한 것이다.

따라서 「준괘」는 성장코자 하는 기질을 잘 지켜 경거망동하지 말아야 한다는 이치를 설명하고 있다. 그 이치가 바로 '물용유유왕勿用有攸往'으로 나타나 있다. 여기의 '유攸'는 '소所'와 같은 의미이다. 태어나는 기운이 바로 시작했을 때는 지나치게 부드러워 크게 쓸모가 없는 까닭에 '물용勿用'이라고 한 것이다. '이건후利建侯'는 나라를 창업할 때 모든 게 미녕未寧한 까닭에 제후를 세워 도움을 청하는 것과 같이 좌우의 도움을 받는 게 유리하다는 뜻이다. 이는 「준괘」를 인사人事에 비유한 것이다.

3-2

「彖」曰, 屯, 剛柔始交而難生, 動乎險中, 大亨貞. 雷雨之動滿盈.

天造草昧, 宜建侯而不寧.

〈단전〉에 이르기를, '준은 강유(剛柔 : 음양을 지칭)가 처음 교합해 어렵게 태어난다. 험한 가운데 움직이니 크게 형정(亨貞)하다' 고 했다. 뇌우(雷雨)의 움직임이 천지에 가득하기 때문이다. 하늘의 조화가 시작되는 초매(草昧 : 만물이 처음 나와 어수선한 초창기)에는 마땅히 '건후' 해야 한다. 결코 안심해서는 안 되고 늘 조심해야 한다.

「준괘」를 「건괘」와 「곤괘」 다음에 배치한 것은 '준屯' 이 사물의 시작을 의미한 데 따른 것이다. 이를 두고 〈서괘전序卦傳〉은 이같이 풀이해 놓았다.

"천지가 있은 뒤 만물이 태어났다. 천지 사이에 차 있는 것은 오직 만물일 뿐이므로 이를 '준屯' 이라고 한 것이다. '준' 은 사물의 첫 탄생을 뜻한다."

〈단전〉은 '뇌우雷雨' 를 예로 들어 「건괘」와 「곤괘」가 서로 교합해 만들어낸 형상을 묘사해 놓았다. 이는 「준괘」의 상괘인 '감괘坎卦 : 險難을 상징' 를 '우雨', 하괘인 '진괘震卦 : 始動을 상징' 를 '뇌雷' 로 파악한 데 따른 것이다. 진한秦漢시대 사람들은 '뇌우' 를 음기와 양기가 교합해 생성된 것으로 보았다. 『설문해자』에서 '음양이 교합하면 우레가 치고 비가 내리고 만물이 탄생한다' 고 풀이한 게 그 증거이다.

〈단전〉에서 말하는 마지막 구절인 '의건후이불녕宜建侯而不寧' 의 '불不' 을 '비丕' 로 간주해 '마땅히 건후해야 크게 안녕케 된다' 로 풀이하는 견해가 있다. 사실 이를 직역할 경우 괘사의 '이건후利建侯' 구절과 모순된다. 고서에는 '불' 을 '비' 의 뜻으로 사용한 경우가 제법 많다. '불녕'을 '비녕丕寧'으로 해석할 경우 '이건후' 구절과 조응케 되는 게 사실이다. 그러나 원문 그대로 두고 '결코 안심해서는 안 되고 늘 조심해야 한다'로 풀이하면 별 문제는 없다.

3-3

「象」曰, 雲雷屯, 君子以經綸.

初九, 磐(=盤)桓, 利居正, 利建侯. 「象」曰, 雖'磐桓', 志行正也. 以貴下賤, 大得民也.

六二, 屯如邅如, 乘馬班如, 匪寇婚媾. 女子貞不字, 10年乃字. 「象」曰, 六二之難, 乘剛也. 10年乃字, 反常也.

六三, 卽鹿无虞, 惟入于林中. 君子幾, 不如舍, 往吝(=悋). 「象」曰 '卽鹿无虞', 以從禽也. 君子舍之, '往吝'窮也.

六四, 乘馬班如, 求婚媾, 往吉, 无不利. 「象」曰 '求而往', 明也.

九五, 屯其膏, 小貞吉, 大貞凶. 「象」曰 '屯其膏', 施未光也.

上六, 乘馬班如, 泣血漣如. 「象」曰 '泣血漣如', 何可長也.

〈상전〉에 이르기를, '운뢰(雲雷)가 준(屯)하니 군자는 이를 본받아 경륜(經綸 : 나라를 다스림)한다'고 했다.

초구는 반환(磐桓 : 배회하며 앞으로 나아가지 못함)하니 거정(居正 : 바른 데에 거처함)이 이롭고, 건후(乾侯)가 이로울 것이다. 〈상전〉에 이르기를, '비록 반환(磐桓)할지라도 지행(志行)을 바르게 한다. 귀한 데서 천한 데로 내려오니 크게 득민(得民 : 백성의 지지를 얻음)한다'고 했다.

육이는 준여전여(屯如邅如 : 망설이고 맴돎)한다. 승마반여(乘馬班如 : 말을 타고 머뭇거리며 다가옴)하는 자는 비구혼구(匪寇婚媾 : 도적이 아니라 청혼코자 하는 배필임)이다. 여자가 정도를 견고히 지키면서 시집을 서두르지 않다가 십년내자(十年乃字 : 오랜 시간이 지난 뒤 훌륭한 배우자를 만나 이내 시집갈 것을 허락함)한다. 〈상전〉에 이르기를, '육이효가 어려운 상황에 처해 앞으로 나아가지 못하는 것은 음유(陰柔)로서 양강(陽剛)의 초구효를 올라타고 앉아 있기 때문이다. 십년내자(十年乃字)는 반상(反常 : 어려움이 극에 달하면 결국 다시 정상으로 돌아옴)을 뜻한다' 고 했다.

육삼은 즉록무우(卽鹿无虞 : 사슴을 쫓아갔으나 사냥을 안내할 山澤의 관원이 없음)하여 숲 속으로 들어간 것을 뜻한다. 군자는 지기(知幾 : 기미를 앎)하여 이내 그만둘 줄 안다. 만일 계속 나아가면 회린(悔吝 : 후회함)케 된다. 〈상전〉에 따르면 '즉록무우' 는 사슴에 정신이 팔린 것을 뜻한다. 군자는 기미를 알면 그쳐야 하니 '왕린(往吝 : 계속 나아간 까닭에 후회함)' 은 궁지에 몰린 것을 뜻한다.

육사는 승마반여(乘馬班如)하여 청혼을 하니 앞으로 나아가면 길할 것이고, 이롭지 않은 게 없다. 〈상전〉에 따르면 '구이왕(求而往 : 혼인을 구하여 앞으로 나아감)' 은 밝은 지혜를 지니고 있음을 말한 것이다.

구오는 준고(屯膏 : 육이효에 얽매여 그 은택이 널리 미치지 못함)하니 소정(小貞 : 출납을 다루는 有司가 작은 일을 바르게 함)에는 길하고, 대정(大貞 : 대인의 博施惠民을 지칭)에는 흉하다. 〈상전〉에 따르면 '준기고(屯其膏)' 는 시덕(施德)이 밝지 못한 것을 뜻한다.

상육은 '승마반여' 로 읍혈연여(泣血漣如 : 피눈물이 마구 흐름)한다. 〈상전〉에 따르면 '읍혈연여' 는 '피눈물을 흘리는 일이 어찌 오래 갈 수 있겠는가' 라는 뜻이다.

〈대상전〉에서는 〈단전〉이 '뇌우雷雨' 를 예로 들어 「준괘」를 설명한 것과 달리 '운뢰雲雷' 를 예로 들어 「준괘」를 풀이해 놓았다. 상괘인 '감괘坎卦' 를 '우雨' 가 아닌 '운雲' 으로 파악한 것은 감괘가 '진괘震卦' 위에 놓여 있는 위치를 주목한 데 따른 것이다.

우레 위의 구름은 바로 비로 변하지 않는 까닭에 초창기의 험난한 모습을 형상한 「준괘」의 기본취지에 부합한다.

'경륜經綸'은 『설문해자』에 따르면 원래 '직포의 세로 실과 청색의 실로 만든 끈'을 지칭하는 말이었으나 훗날 치국治國의 의미로 전용되었다. 창업의 초창기에는 어려움이 매우 많으므로 반드시 분발하여 잘 해결해 나갈 것을 당부한 것이다.

초구 효사 '반환磐桓'은 '반환盤桓'과 같은 뜻이다. 여기의 '반盤'은 몸을 웅크리고 틀어앉아 있는 것을 뜻하고, '환桓'은 옛날 역참驛站의 표시로 세워두었던 푯말을 뜻한다. '반환'은 곧 앞으로 나아가지 못하고 주위를 서성인다는 뜻이다. 여기서는 초구효가 「준괘」의 시작에 처해 움직이면 어려움이 생기는 까닭에 삼가고 조심하며 머뭇거리는 모습을 '반환'에 비유한 것이다.

육이 효사 '십년내자十年乃字'의 '자字'는 '여인이 시집갈 것을 허락하다'의 의미이다. 이에 대해 우번虞翻은 '자字'를 '임신'으로 풀이했다. 대략 '자'를 '잉孕'의 잘못으로 간주한 데 따른 것으로 보인다. '십년내자' 구절은 하괘의 가운데에 있는 육이효를 자신의 위치를 지키는 여인, 가까이 있는 초구효를 강하게 혼인을 요구하는 남자, 멀리 떨어져 있는 육오효를 장래의 뛰어난 배필로 상정한 데 따른 것이다. '십년'이라는 숫자와 관련해 구이효와 구오효의 두 숫자를 곱해서 나온 것으로 풀이하는 견해도 있으나 통상 '십년'은 오랜 시간을 지칭하는 뜻으로 쓰인다. 『주역정의』의 다음과 같은 풀이가 그 증거이다.

"십十은 숫자의 최고치이다. 숫자가 극에 달하면 다시 돌아오므로 '십년'이라고 한 것이다."

이는『주역』이 강조하는 '변역變易'의 차원에서 시간이 극에 달하면 다시 돌아오므로 출발점과 종점이 서로 통한다는 취지에서 나온 것이다.

육삼 효사 '즉록무우卽鹿无虞'의 '즉卽'은 '축逐'과 통한다. 사슴을 잡기 위해 추격할 때 산택을 관리하는 관원인 우인虞人의 인도를 받지 않으면 산림 속으로 들어가 곤경에 처하게 된다는 뜻이다. 군자는 여의치 못할 경우 그 낌새를 미리 알고 더 이상 추격치 않고 포기할 줄 안다. 만일 집념을 가지고 계속 추격하면 반드시 후회하는 상황을 접하게 된다. 한제국 때에는 '록鹿'을 '록麓 : 산기슭'으로 해석했으나 이는 잘못이다.

육사 효사 '승마반여乘馬班如'는 육사효가 초구효에 호응한 것을 설명한 것이다. 육사효는 음효로서 상괘의 시작에 처해 유정柔正 : 음효가 陰位에 처해 正位를 얻음 한데다가 초구효와 호응하고 있어 음양의 조화를 얻고 있다. '구이왕求而往'은 육사효가 초구효와 호응하는 것을 윗사람이 예로써 아래에 있는 현자를 찾아간 것에 비유한 것이다. 이를 두고 정이천은 이같이 풀이했다.

"공경公卿의 지위에 있으면 자신의 재능이 비록 부족할지라도 어려운 시기를 해결할 수 있다. 만일 아래의 현인을 구하여 친하게 지내면서 그의 재능을 아끼고 이용하면 어찌 어려운 난국을 구제하지 못하겠는가."

구오 효사 '준고屯膏'의 '준屯'을 두고 왕필은 '취聚'로 보고, '고膏'는 '고택膏澤 : 은택'으로 보았다. 이에 그는 풀이하기를, '고난을 극복하고 은택을 베풀기는 하나 그 은택이 미치는 범위는 넓을 수 없다'고 했다. 그러나 '고'를 '은택을 베풀다'는 뜻의 동사로 간주해 상괘의 '운雲'이 곧장 '우雨'로 변해 그 혜택이 널리 베풀어지는 것으로 풀이하는 견해도 있다. 참고할 만한 해석이 아닐 수 없다.

상육 효사 '읍혈연여泣血漣如'는 상육효가 초창기의 고난은 이미 극복했으나 여전히 준난屯難 : 험난한 곳에 처해 있음하여 눈물을 줄지어 흘리며 마음 아파하고 있는 모습을 설명한 것이다. 뒤의 '하가장야何可長也'는 '비록 읍혈연여를 하기는 하나 대세는 이미 통하게 되어 있으므로 어찌 그 일이 오래 갈 수 있겠는가. 이내 우환이 기쁨으로 바뀔 것이다'라는 뜻을 담고 있다.

이를 통해 알 수 있듯이 「준괘」의 육효는 사물이 처음 태어났을 때는 고난이 따르지만 규율을 따르면 이내 형통할 수 있다는 이치를 설명하고 있다. 「준괘」의 육효 모두 사물의 초기 상황에 나타나는 다양한 길흉의 모습을 설명하면서 '준도屯道'의 이치 역시 중정中正에 있음을 밝히고 있다. 이는 사물이 처음 생겨날 때 만나게 되는 모든 간난艱難은 사물의 성장을 위한 하나의 시금석에 해당하는 까닭에 중정의 도를 발휘해 성장해 나가야 한다는 뜻을 내포하고 있다. 〈대상전〉의 '군자이경륜君子以經綸'은 바로 이를 말한 것이다.

제4장 산수몽(山水蒙)

☶ 山

☵ 水

坎下艮上010,001

착괘 : 택화혁澤火革 : 101,110

종괘 : 수뢰준水雷屯 : 100,010

4-1

蒙, 亨. 匪我求童蒙, 童蒙求我. 初筮告, 再三瀆, 瀆則不告. 利貞.

몽(蒙)은 형통하다. 내가 동몽(童蒙 : 어리석은 아이)을 구하는 게 아니라 동몽이 나를 구한다. 초서곡(初筮告 : 처음 점을 칠 때는 길흉을 보여줌)하나 재삼하면 점을 모독하는 것이다. 모독하면 알려주지 않는다. 이정(利貞 : 정도를 지켜야 이로움)하다.

'구동몽求童蒙' 은 '어리석은 아이를 찾아가 계몽한다' 는 뜻이다. 계몽은 학생이 교사를 찾아와 이룩된다는 뜻을 담고 있다.

이는 공자의 소위 '인재시교因才施教'의 교학원칙과 맥을 같이 하는 것이다. 『논어』「술이」편의 다음 구절이 그 증거이다.

"분발하지 않으면 열어주지 않고, 알고 싶어 애태우지 않으면 말해주지 않고, 한 모퉁이를 예로 들어 보일 때 나머지 세 모퉁이를 본받아 이를 증명하지 못하면 다시 일러주지 않았다."

'초서곡初筮告'의 '서筮'는 50개의 시초蓍草를 사용해 점을 치는 것을 가리킨다. 거북 등으로 점을 치는 것은 '복卜'이라고 한다. '곡告'은 '시示'의 뜻이다.

『주역』에 나오는 '정貞'은 모두 '정正'의 뜻이다. 이를 두고 『주역정의』는 이같이 풀이해 놓았다.

"정貞은 정正하다. 「몽괘」에서 말하는 뜻은 '정正'을 양성하면 이롭다는 뜻이다."

그러나 주석가에 따라 '이정利貞'을 다양하게 해석하고 있다. 대개의 경우 『주역정의』를 좇아 '바름을 양성하면 이롭다'의 뜻으로 풀이하거나 '바름에 이롭다'의 뜻으로 풀이하고 있다. 이에 대해 다산茶山은 그같이 해석할 경우 논리상 모순이 생긴다고 지적하면서 '일을 주간主幹함에 이롭다'로 풀이해야 타당하다고 주장했다. 그는 『주역사전周易四箋』에서 그 이유를 이같이 밝혔다.

"정貞은 정正이다. 복서卜筮를 하는 뜻은 하늘의 밝음을 잇는 것이니 바르지 않은 일로는 감히 서점筮占을 치지 않는다는 뜻이다. 이는 곧 일이 바르게 된다는 뜻이니 정貞은 곧 '일', '이정利貞'은 곧 '주간함에 마땅함'을 뜻하는 것이다. 군자의 일은 어디를 가든 바르지 않음이 없다. 그러니 이 괘를 만나면 '바름에 마땅함'이고, 저 괘를 만나면 '바름에 마땅하지 않음'이라고 하면 천하에 과연 그런 이치가 있을 수 있겠는가. 「동인괘」에서는 '이군자정利君子貞', 「비괘否卦」에서는 '불리군자정不利君子貞'이라고 했다. 그렇다면 장차 비색否塞해지는 때에는 군자가 수정守貞하는 것이 바르지 않다는 뜻인가. 또 「곤괘」 육삼효 등에서 '가정可貞'이라고 했고, 「고괘蠱卦」 구이효 등에서 '불가정不可貞'이라고 했다. 그렇다면 이는 서점을 쳐 '불가정'이라고 한 괘를 만날 경우 장차 스스로를 바르게 해서는 안 된다는 뜻인가. 『주역』에서 '정흉貞凶'을 언급한 곳은 모두 9곳이다. 그렇다면 군자의 뜻이 흉함을 피해 길함으로 달려가는 것이라면 서점을 쳐 '정흉'을 만난 경우에는 장차 바름을 어기면서까지 길함을 구해야 한다는 말인가. 실로 '이정'의 뜻을 '바름에 마땅함'이라고 새긴다면 『주역』의 64괘 모두 '이정'이 아님이 없을 것이니, 어찌 단지 「대축괘大畜卦」와 「대장괘大壯卦」, 「점괘漸卦」, 「중부괘中孚卦」 등에서만 비로소 '바름에 마땅함'이 되겠는가. '이정'은 응당 '일을 주간함에 이로움'으로 새겨야 한다."

다산의 해석이 탁이하다. 사실 '이정'의 문제를 어떻게 해석하는가에 따라 괘효사가 전혀 다른 뜻을 지니게 된다. 다산과 같이 해석할 경우 '이정'은 물론 '정흉貞凶'과 '가정可貞', '불가정不可貞' 등 '정貞'과 관련된 다양한 구절의 해석에서 모순이 없게 된다. 이에 다산은 '정貞'과 관련된 『주역』의 괘효사를 두고 〈이정利貞→가정可貞→정린貞吝→정려貞厲→불가정不可貞→정흉貞凶〉의 순으로 흉함이 강화되는 것으로 풀이했다. 이밖에도 다산은 『주역』에 나오는 영정永貞 : 장구한 일과 거정居貞 : 거처를 옮기는 일, 간정艱貞 : 어렵고 험한 일, 안정安貞 : 편안한 일, 여정女貞 : 시집가는 일, 군자지정君子之貞 : 군자의 일, 유인정幽人貞 : 은거한 사람이 점을 친 일, 사정師貞 : 군대의 일, 곤정困貞 : 곤액스러운 일, 여정旅貞 : 여행자의 일 등에 대해 모두 '일' 또는 '일을 주간함'의 뜻으로 풀이했다. 수미가 일관하는 해석이 아닐 수 없다.

그러나 '정貞' 자체가 '사事' 또는 '간사幹事'의 뜻을 지니고 있는 것은 아니다. '정'이 함축하고 있는 뜻을 감안할 때 다산의 풀이가 타당하나 '정'은 '정덕貞德 : 正德'의 의미로 쓰인 것이다. 나아가 '정'과 관련된 구절 모두 획일적인 의미를 지니고 있는 것이 아니라 문맥에 따라 다양한 의미를 내포하고 있다. 왕필 및 공영달의 주석과 같이 '정貞'을 '정덕貞德'으로 보아 '이정利貞'을 '정덕을 수덕修德하는 데 이로움', '정흉貞凶'을 '정덕을 수덕하는 데 해로움'으로 해석할지라도 큰 문제는 없다. 본서는 이를 좇았다.

4-2

「彖」曰, 蒙, 山下有險, 險而止, 蒙. '蒙, 亨', 以亨行, 時中也. '匪我求童蒙, 童蒙求我', 志應也. 初筮告, 以剛中也. 再三瀆, 瀆則不告. 瀆, 蒙也. 蒙以養正, 聖功也.

〈단전〉에 이르기를, '몽은 산 아래에 험고(險阻)가 있고, 험해서 그치는 것이다. 그게 몽이다'라고 했다. '몽(蒙), 형(亨)'은 '형행(亨行 : 형통의 도를 질서정연하게 실천해 나감)'으로 시중(時中 : 시기를 장악함)하는 것을 뜻한다. '비아동몽(匪我求童蒙), 동몽구아(童蒙求我)'는 지응(志應 : 음양이 호응함, 교사와 학생의 의기투합을 상징)하는 것을 뜻한다. '초서곡(初筮告)'은 강장한 덕을 지니고 중도를 행하는 것을 뜻한다. 재삼 점을 치면 모독하는 것이고, 모독하면 알려주지 않는다. 모독은 '몽'이다. '몽'으로부터 양정(養正 : 바른 것을 길러나 감)하는 게 곧 성공(聖功 : 성인의 공적)이다.

'산하유험山下有險' 구절은 「몽괘」의 상괘인 '간괘艮卦 : 山'와 하괘인 '감괘坎卦 : 險'를 설명한 것이다. '험이지險而止' 구절은 '감괘'의 '험險'이 '간괘'의 '산山'에 의해 멈춘 것을 의미한다. 여기의 '지止'는 '불통不通'의 의미로 「몽괘」의 괘상卦象이 되었다.

4-3

「象」曰, 山下出泉, 蒙. 君子以果行育德.

初六, 發蒙, 利用刑(=型)人, 用說(=脫)桎梏, 以(=而)往吝. 「象」曰 '利用刑人', 以正法也.

九二, 包蒙吉, 納婦吉, 子克家. 「象」曰 '子克家', 剛柔接也.

六三, 勿用取女. 見金夫, 不有躬, 无攸利. 「象」曰 '勿用取女', 行不順也.

六四, 困蒙, 吝. 「象」曰 '困蒙之吝', 獨遠實也.

六五, 童蒙, 吉. 「象」曰 '童蒙之吉', 順以巽也.

上九, 擊蒙, 不利爲寇, 利禦寇. 「象」曰, 利用禦寇, 上下順也.

〈상전〉에 이르기를, '산하출천(山下出泉 : 산 아래에 샘이 솟아나옴), 몽(蒙)'이라고 했다. 군자는 이를 본받아 과행(果行 : 과단성을 지닌 행위)으로 육덕(育德 : 덕을 기름)한다.

초육은 발몽(發蒙 : 어리석음을 제거함)으로 형인(型人 : 법식에 맞는 사람)을 기용하면 죄인들도 질곡(桎梏 : 발과 손에 채우는 차꼬와 쇠고랑)에서 벗어나게 되어 이로울 것이다. 그러나 만일 상황파악을 못한 채 서두르면 회린(悔吝)케 된다. 〈상전〉에 따르면 '이용형인(利用刑人)' 은 바른 것으로 법을 세워 본받게 하는 것을 뜻한다.

구이는 포몽(包蒙 : 여러 동몽을 교육함)하여 길하고, 납부(納婦 : 현숙한 아내를 맞아들임)하여 길하다. 이는 자극가(子克家 : 자식이 집안을 잘 다스림)를 뜻하는 것이기도 한다. 〈상전〉에 따르면 '자극가' 는 강유(剛柔)가 호응하여 접하는 것을 뜻한다.

육삼은 물용취녀(勿用取女 : 그 여인을 취하지 않음)하니 이는 금부(金夫 : 뛰어난 사내)를 보고 몸을 제대로 두지 못해 이로울 바가 없기 때문이다. 〈상전〉에 따르면 '물용취녀' 는 행실이 순하지 않은 것을 뜻한다.

육사는 곤몽(困蒙 : 곤경에 처한 어리석은 자)하니 회린케 된다. 〈상전〉에 따르면 '곤몽지린(困蒙之吝)' 은 육사효만이 홀로 양실(陽實 : 양효의 實質로 독실한 스승을 상징)로부터 멀리 떨어져 있는 것을 뜻한다.

육오는 '동몽(童蒙)' 이니 길하다. 〈상전〉에 따르면 '동몽지길(童蒙之吉)' 은 순손(順巽 : 순하고 공손함)을 뜻한다.

상구는 '격몽(擊蒙 : 무지를 깨우침)' 이다. 위구(爲寇 : '도적이 된다' 는 뜻으로 지나치게 엄하고 강포한 것을 지칭)가 불리하고, 어구(禦寇 : '도적을 막는다' 는 뜻으로 적당히 엄격한 것을 지칭)가 이로울 것이다. 〈상전〉에 따르면 '이용어구(利用禦寇)' 는 상하가 서로 순(順)한 것을 뜻한다.

〈대상전〉의 '산하출천山下出泉' 은 물이 산으로부터 흘러내려와 지하에 모여 있다가 다시 지상으로 솟아오른 뒤 흘러내려 강하江河가 되는 것을 의미한다. 이는 몽치蒙穉 : 어리석은 아동의 지혜가 점차 계발되는 것을 상징한다. 군자의 '과행果行' 은 '백절불요百折不撓' 의 의미를 담고 있다. 이는 샘에서 시작한 물이 처음에 가늘게 흘러가던 중 모래와 돌에 막혔을 때 '과행'으로 이를 뚫고 나가 끝내 큰 강하가 되는 것을 상징한 것이다.

초육 효사 '발몽發蒙'은 어리석음을 제거한다는 뜻이다. 이는 초육효가 「몽괘」의 시작에 처해 마땅히 계몽교육을 받아야만 죄를 범하지 않을 수 있다는 뜻을 담고 있다. '계몽발지啓蒙發智 : 계몽하여 지혜를 발달시킴' 해야만 어리석음에서 벗어나 광명한 세상으로 나올 수 있다는 뜻이다. '이왕린以往吝'은 초육효가 '발몽'하지 않은 채 서둘러 앞으로 나아갈 경우 이내 인석吝惜한 일을 만나게 될 것이라는 뜻이다.

구이 효사 '포몽包蒙'은 구이효가 양강陽剛의 성질로 하괘의 가운데에 처해 있으면서 수많은 음효에 둘러싸여 있는 것을 마치 교사가 수많은 학생 속에서 교육을 실시하고 있는 것에 비유한 것이다. 이를 두고 왕필은 이같이 풀이했다.

"양강陽剛이 가운데에 처해 있으니 마치 동몽들이 찾아가는 곳이 되었다. 그가 동몽들에게 포위되어 있는 상황이 멈추지 않고 원근에서 모두 그를 찾아오므로 '포몽이 길하다'라고 한 것이다."

'납부納婦'는 구이효가 육오효와 호응하는 것을 비유한 것으로 육오효를 존경받는 위치에 있는 현숙하고 아름다운 여인으로 비유한 것이다. '자극가子克家'는 구이효를 자식, 구오효를 부친에 비유해 자식이 아래에 처해 있으면서도 부친의 교사가 될 수 있다는 뜻을 담고 있다. 정이천은 이같이 풀이해 놓았다.

"가정에 비유할 때 육오효는 부친이고 구이효는 자식이다. 구이효가 「몽괘」의 사업을 주도할 수 있으므로 '자극가'라고 한 것이다."

'금부金夫'를 두고 왕필은 '양강陽剛'을 '금金'으로 새겨 상구효를 지칭한 것으로 풀이했다. 그러나 그보다는 금옥金玉을 패용하는 귀남자貴男子를 지칭하는 것으로 새기는 게 타당할 것이다.

육삼 효사 '물용취녀勿用取女'는 부인으로 맞아들여서는 안 된다는 뜻이다. 육삼효가 구이효의 양강陽剛 위에 올라탄 채 상구효와 호응하고 있는 것을 두고 행동이 불순한 여인에 비유한 데 따른 것이다. '물용취녀'의 대상은 귀남자를 보자마자 정신을 빼앗겨 서둘러 그와 접촉코자 하는 행동이 불순不順한 여인이다.

육사 효사 '곤몽困蒙'은 육사효가 음효로서 상괘의 시작에 처해 위아래의 음효에 둘러싸여 있는 것을 마치 스승을 멀리 떠나 살고 있는 제자가 홀로 곤경에 처해 있는 것에 비유한 것이다. 왕필은 이를 두고 이같이 풀이했다.

"홀로 양효로부터 멀리 떠나 2개의 음효 가운데에 처한 채 어두운 모습을 하고 있는 까닭에 '곤몽'이라고 한 것이다."

육오 효사 '동몽지길童蒙之吉'은 육오효가 존경받는 위치에 있으면서 겸손하게도 하괘의 구이효와 호응하고 있는 것을 마치 동몽이 마음을 비우고 유순하게 스승의 가르침을 좇는 것에 비유한 것이다. 육오효는 정위正位를 얻지 못하고 있으나 구이효와 호응함으로써 어리석음을 면하게 된 것이다. 이는 스스로 변화를 기다렸다가 결정적인 계기를 만나 마침내 변화하게 된 것에 비유할 수 있다.

상구 효사 '격몽擊蒙'의 '격擊'은 '치治'와 통한다. 이는 상구효가 여러 음효 위에 있는 처해 있는 것을 스승이 높은 곳에 앉아 동몽들을 계몽하는 모습에 비유한 것이다. 위구爲寇와 어구禦寇

를 두고 정이천은 이같이 풀이해 놓았다.

"상구효가 「몽괘」의 최상의 위치에 처해 양강陽剛이 극에 달한 채 중中을 견지하지 못하고 있어 '위구'가 불리하다고 한 것이다. 사람들의 어리석음을 다스릴 때에는 '어구'의 방식으로 해야 한다. 주공周公이 삼감三監 : 은나라 유민을 감시한 管叔, 蔡叔, 武庚을 죽인 것은 '어구'이고, 진시황과 한무제가 병사들을 괴롭혀 죽인 것은 '위구'이다."

진시황과 한무제의 '격몽'을 '어구'가 아닌 '위구'로 파악한 것은 맹자의 왕도설王道說에 입각한 것이다. 기본적으로 「몽괘」는 2개의 양효를 스승, 나머지 4개의 음효를 동몽으로 간주해 괘효사를 풀이해 놓았다. 「몽괘」의 특징은 '교敎'와 '학學'의 두 측면에서 계몽의 문제를 다루고 있는 데 있다.

제5장 수천수(水天需)

☵ 水

☰ 天

乾下坎上111,010

착괘 : 화지진火地晉 : 000,101

종괘 : 천수송天水訟 : 010,111

5-1

需, 有孚, 光亨貞吉, 利涉大川.

수(需)는 유부(有孚 : 誠心을 지님)하여 광형정길(光亨貞吉 : 밝고 형통하며 정도를 지켜 길함)하다. 이섭대천(利涉大川 : 큰 내를 건너는 게 이로움)하다.

'수需'는 '수요需要 : 필요해 요구함'와 '기대期待 : 희망을 갖고 기다림'의 두 가지 뜻을 지니고 있다. 〈잡괘전〉은 '부진不進 : 앞으로 나아가지 않음'으로 풀이했다. 이는 '기대'를 가리킨 것으로 의

미상 '수須'와 통한다. 이를 두고 『주역정의』는 이같이 풀이해 놓았다.

"수需는 대待의 뜻이다. 사물이 갓 태어났을 때는 어리기 때문에 양육되기를 기다리고 양육을 받아야만 비로소 성숙할 수 있다."

'유부有孚'의 '부孚'는 '신信'의 뜻이다. 글자 역시 자子 : 영아가 조爪 : 손로 어미의 젖을 잡고 있는 모습에서 나온 것이다. 『주역』에 나오는 '부孚'는 모두 '마음 속에 정성과 믿음을 지니고 있다'는 뜻으로 사용되고 있다.

'이섭대천利涉大川'의 '대천大川'은 험난한 장애물이 앞을 가로막고 있는 상황을 비유한 것이다. '대천'이 험난한 장애물의 뜻으로 인용된 것은 「수괘」의 상괘가 '감괘'인 데서 유래한 것이다. 물은 배를 띄울 수도 있지만 배를 전복시킬 수도 있는 까닭에 험한 장애물의 뜻으로 인용된 것이다. 『순자』「왕제」편은 '수水'를 '험險'의 뜻으로 풀이해 놓았다.

"군주는 배이고 백성은 물이다. '수즉재주水則載舟 : 물은 배를 띄우기도 함 · 수즉복주水則覆舟 : 물은 배를 뒤엎기도 함' 한다."

5-2

「彖」曰, 需, 須也, 險在前也. 剛健而不陷, 其義不困窮矣. '需有孚, 光亨貞吉', 位乎天位, 以正中也. '利涉大川', 往有功也.

〈단전〉에 이르기를, '수(需)는 수(須 : 기다림)하니 험한 게 앞에 있다'고 했다. 강건불함(剛健不陷 : 굳세고 튼튼하여 빠지지 않음)하니 그 의(義)가 곤궁(困窮)하지 않다. '수유부(需有孚), 광형정길(光亨貞

吉)' 은 천위(天位)에 자리해서 정중(正中)한 것을 뜻한다. '이섭대천(利涉大川)' 은 굳세게 전진하면 공이 있는 것을 뜻한다.

'위호천위位乎天位' 는 구오효가 천자의 자리에 있으면서 중정中正을 얻은 것을 지칭한 것이다. '왕유공往有功' 은 구오효의 강건한 품성을 이용해 끈기를 갖고 난관을 돌파해 나가면 반드시 성공할 수 있다는 뜻을 담고 있다. 「수괘」의 요지는 끈기 있는 기다림과 강한 의지이다.

5-3

「象」曰, 雲上於天, 需. 君子以飮食宴樂.

初九, 需于郊, 利用恒, 无咎. 「象」曰 '需于郊', 不犯難行也. '利用恒无咎', 未失常也.

九二, 需于沙, 小有言, 終吉. 「象」曰 '需于沙', 衍在中也. 雖'小有言', 以吉終也.

九三, 需于泥, 致寇至. 「象」曰 '需于泥', 災在外也. 自我致寇, 敬愼不敗也.

六四, 需于血, 出自穴. 「象」曰 '需于血', 順以聽也.

九五, 需于酒食, 貞吉. 「象」曰 '酒食貞吉', 以中正也.

上六, 入于穴, 有不速之客3人來, 敬之, 終吉. 「象」曰 '不速之客來' · '敬之終吉', 雖不當位, 未大失也.

〈상전〉에 이르기를, '운상어천(雲上於天 : 구름이 하늘에 떠 있음), 수(需)' 라고 했다. 군자는 이를 본받아 음식연락(飮食宴樂 : 마시고 먹으며 잔치를 벌여 즐김)에도 수시(需時 : 때를 기다림)한다.

초구는 수우교(需于郊 : 교외에서 기다림)하다. 이용항(利用恒 : 변하지 않는 착한 마음을 이용함)이면 '무구(无咎 : 재난을 면함)' 하다.

〈상전〉에 따르면 '수우교'는 어려움을 범하지 않고 행하는 것을 뜻한다. '이용항무구'는 상도(常道)를 잃지 않는 것을 뜻한다.

구이는 수우사(需于沙 : 모래밭에서 기다림)하다. 약간의 중상모략이 있으나 끝내 길하다. 〈상전〉에 따르면 '수우사'는 너그러움으로 그 가운데 있는 것을 뜻한다. 비록 약간의 중상모략이 있으나 결국 길할 것이다.

구삼은 수우니(需于泥 : 진흙밭에서 기다림)하다. 도적이 다가오는 지경에 이른다. 〈상전〉에 따르면 '수우니'는 재앙이 밖에 있는 것을 뜻한다. 나로 인해 도적이 다가오는 지경에 이르는 것이니 경신(敬愼 : 공경하고 삼감)하면 패하지 않을 것이다.

육사는 수우혈(需于血 : 피를 흘리며 기다림)하나 그 험난한 곳으로부터 탈출한다. 〈상전〉에 따르면 '수우혈'은 상황을 냉철하게 기다리며 주어진 운명에 순종하는 것을 뜻한다.

구오는 수우주식(需于酒食 : 술과 음식을 기다림, '酒食'은 '恩澤'을 상징)하니 정길(貞吉 : 守貞하면 길함)하다. 〈상전〉에 따르면 '주식정길(酒食貞吉)'은 중정(中正 : 구오효가 상괘의 '중'에 처해 '정'을 얻음)을 뜻한다.

상육은 입우혈(入于穴 : 험난한 곳으로 빠져들어 감)하다. 불속지객(不速之客 : 초대하지 않은 손님)이 3인이나 오나 공경하면 끝내 길하다. 〈상전〉에 따르면 '불속지객래(不速之客來)'와 '경지종길(敬之終吉)'은 비록 부당위(不當位 : 자신의 위치가 아닌 곳에 처해 있음)하나 크게 잃지는 않는 것을 뜻한다.

〈대상전〉의 '운상어천雲上於天'은 「수괘」 상괘의 '감괘'를 '운雲'으로 간주해 하늘 위의 구름을 마치 언젠가는 비가 되어 내릴 때를 기다리는 구름으로 간주한 데 따른 것이다. 이를 두고 『주역정의』는 이같이 해석했다.

"이는 '천상유운天上有雲 : 하늘에 구름이 떠 있음'이 아니라 '운상어천雲上於天 : 구름이 하늘에 떠 있음'이라고 해야 한다. '천상유운'은 비로 내리고자 하는 뜻이 없기 때문이다."

초구 효사 '수우교需于郊'의 '교郊'는 도성의 외곽지역을 말한다. 이는 초구효가 「수괘」의 시작에 처해 있어 험난함을 상징하는 상괘 '감괘'로부터 멀리 떨어져 있는 것을 비유적으로 표현한 것이다. 그러나 초구효는 응당 변치 않는 자세로 끈기 있게 기다려야만 '무구'할 수 있다. '이용항利用恒, 무구'는 바로 이를 말한 것이다.

구이 효사 '수우사需于沙'의 '사沙'는 모래밭을 말한다. 이는 구이효가 험난을 상징하는 상괘로부터 그리 멀리 떨어지지 않은 곳에 있음을 비유적으로 표현한 것이다. 구이효는 상괘로부터 멀리 떨어져 있지 않은 까닭에 사람들로부터 약간의 중상모략을 받을 소지가 크다. '소유언小有言'은 바로 이를 말한 것이다. 다만 구이효는 하괘의 가운데에 처해 중덕中德을 얻고 있어 조용히 서두르지 않고 기다릴 수 있는 까닭에 결국 길할 수 있다. '종길終吉'은 이를 말한 것이다.

구삼 효사 '수우니需于泥'의 '니泥'는 진흙 밭을 말한다. 이는 구삼효가 하괘의 마지막에 처해 드디어 험난을 상징하는 '감괘'에 접근했음을 지적한 것이다. 진흙밭은 곧바로 물 속으로 빠져들어 갈 위험성이 크다는 의미를 지니고 있다. 다만 구삼 효는 하괘에 속해 있는 만큼 아직 위험이 몸에 닥친 것은 아닌 까닭에 스스로 조심하면 능히 위험에서 빠져나올 수 있다. '경신불패敬愼不敗'는 바로 이를 말한 것이다.

원래 초구 효사의 '교郊'와 구이 효사의 '사沙', 구삼 효사의 '니泥'는 상괘인 '감괘'로부터 멀리 떨어져 있는 것을 차례대로 비유한 것이다. 험난險難을 상징하는 '감괘'에 가까이 갈수록 '교외'에서 '모래밭'을 지나 끝내 '진흙밭'에 다다르게 되나 '진흙밭'까지는 아직 재난이 신체의 외부에 있어 극한 상황은 아니라는 뜻을 담고 있다.

육사 효사 '수우혈需于血'의 '혈血'은 재난이 몸에 이르러 끝내 피를 흘리게 되었음을 상징한다. 중상모략을 받은 상황이 마치 피를 흘리면서 구제되기를 기다리는 것에 비유할 만한 상황임을 의미하고 있다. 다만 육사효는 음유陰柔가 정正을 얻은 까닭에 이내 위기로부터 탈출케 된다.

구오 효사 '수우주식需于酒食'의 '주식酒食'은 '음식물이 풍부하고 맛있다'는 뜻으로 '은택'을 의미한다. 이는 구오효가 양강한 품성으로 「수괘」의 군위에 처해 중정中正의 도를 행하는 것을 맛있는 오곡이 추수되기를 기다렸다가 백성들에게 베푸는 것에 비유한 것이다.

상육 효사 '입우혈入于穴'은 기다리는 상황이 지나치자 더 이상 기다릴 수 없어 조급한 마음에 서두르다가 끝내 위기에 처하게 된 경우를 의미한다. '불속지객不速之客'은 하괘에 있는 3개의 양효陽爻를 가리킨다. 이는 상육효가 기다리다 지친 나머지 끝내 서두르다가 위기 상황에 처하게 되자 상육효와 호응하는 구삼효가 초구효 및 구이효와 함께 찾아와 도와주게 되었음을 상징한다. '경지종길敬之終吉'은 위기에 처한 상육효가 '불속지객' 3인을 공경하는 마음으로 기다림으로써 끝내 험지를 벗어나게 되었음을 뜻한다. 『논어』「자한」편에 '수도需道' 와 관련된 구절이 나온다.

"자공이 묻기를, '여기에 아름다운 옥이 있다면 이를 궤 속에 넣어 감춰두겠습니까, 아니면 선고善賈 : 좋은 상인가 나타나기를 기다렸다가 팔겠습니까' 라고 하자 공자가 대답하기를, '팔아야지, 팔아야지. 나는 대고자待賈者 : 선고를 기다리는 사람이다' 라고 했다."

『주역정의』는 여기의 '선고善賈' 를 현군賢君으로 간주해 풀이하기를, '비록 현군이라 할지라도 역시 초빙해 주기를 기다렸다가 벼슬길에 올라야 한다는 뜻이다' 라고 했다. 공자가 말한 대고자待賈者는 「수괘」에서 말하는 '수정대시守貞待時 : 정도를 지키며 때를 기다림' 와 그 취지를 같이하는 것이다.

제6장 천수송(天水訟)

☰ 天

☵ 水

坎下乾上010,111

착괘 : 지화명이地火明夷 : 101,000

종괘 : 수천수水天需 : 111,010

6-1

訟, 有孚, 窒惕, 中吉, 終凶. 利見大人, 不利涉大川.

송(訟)은 유부(有孚 : 정성과 믿음을 지님)할지라도 질척(窒惕 : 막혀서 두려워함)한다. 중길(中吉 : 중도를 취하면 길함)하나 계속 다투면 끝내 흉하다. 현대인(見大人 : 대인이 출현해 다툼을 종결시킴)은 이로우나 섭대천(涉大川 : 다툼 도중 위험한 경지를 건너야 함)은 불리하다.

'송訟'은 『설문해자』에 따르면 '말로써 공평한 것을 헤아린다'는 뜻이다. '중길中吉'을 두고 『주역정의』는 이같이 풀이해 놓았다.

"무릇 송訟일 때는 함부로 움직여서는 안 된다. 반드시 신실함을 견지하는데도 사물에 의해 저지당하게 되니 삼가고 두려워하면서 적당한 곳에서 그만두어야 길하다."

'종흉終凶'은 상구효가 다투고 있는 극한 상황에서 이미 재난을 당한 상태를 상징한다. '이현대인利見大人'은 구오효가 중정의 자세로 존경받는 위치에 처하게 되었음을 가리킨다. '불리섭대천不利涉大川'은 다투는 것이 오래 지속되는 상황을 말한다.

6-2

「彖」曰, 訟, 上剛下險, 險而健, 訟. '訟有孚, 窒惕中吉', 剛來而得中也. '終凶', 訟不可成也. '利見大人', 尙中正也. '不利涉大川', 入于淵也.

〈단전〉에 이르기를, '송은 상강하험(上剛下險 : 위는 강하고 아래는 험함)하니 험하고 건장한 게 송이다'라고 했다. '송유부(訟有孚), 질척중길(窒惕中吉)'은 양강(陽剛)이 와서 득중(得中 : 중도를 얻음)하는 것을 뜻한다. '종흉(終凶)'은 송사를 가히 이루지 못하는 것을 뜻한다. '이현대인(利見大人)'은 중정(中正)을 숭상하는 것을 뜻한다. '불리섭대천(不利涉大川)'은 깊은 연못으로 빠져들어 가는 것을 뜻한다.

'상강하험上剛下險'은 강건을 상징하는 '간괘'가 험난을 상징하는 '감괘' 위에 올라앉아 있는 것을 지적한 것이다. 이를 두고 정이천은 이같이 풀이했다.

"험난한 경지에 이르렀을지라도 강건한 품성이 아니면 다투지 않는다. 험난한 경지에 이르렀는데 또한 강건한 품성이라면 이는 다투는 까닭이 된다."

통상 〈단전〉에서 각 괘의 괘덕卦德을 말할 때는 모두 하괘를 먼저 얘기하고 상괘를 나중에 언급하고 있다. '감하건상坎下乾上'으로 이뤄진 「송괘」의 경우도 '험이건險而健'으로 표현된 데서 알 수 있듯이 하괘인 '감괘坎卦'의 괘덕인 '험險'이 먼저 언급되고 상괘인 '건괘'의 괘덕인 '건健'이 뒤에 언급돼 있다. 여기의 '이而'는 하괘와 상괘의 괘덕이 상호 병렬적인 관계에 있음을 시사한다.

그러나 괘덕이 '이以'로 표현되어 있을 경우는 하괘와 상괘의 괘덕에 차서次序가 있음을 시사한다. 「동인괘」의 경우는 괘덕이 '문명이건文明以健'으로 되어 있다. 이는 「동인괘」의 괘덕이 상괘인 '건괘'의 괘덕인 '건健'보다는 하괘인 '이괘離卦'의 괘덕인 '문명文明'에 그 중점이 있음을 의미한다.

이에 대한 변문變文으로 '이이而以'를 사용한 경우를 들 수 있다. 「복괘」의 괘덕은 '동이이순행動而以順行'으로 되어 있다. 이는 뒤에 나오는 '순행順行'에 중점을 둔 것으로 '이以'를 사용해 앞의 덕목을 강조하는 '순행이동順行以動' 구절과 동일한 뜻을 지니고 있다. 「송괘」는 '이而'를 사용한 경우에 해당한다. 이를 통해 '험이건險而健'으로 표현된 상괘와 하괘의 괘덕은 상호 병렬적인 관계에 있음을 쉽게 알 수 있다.

6-3

「象」曰, 天與水違行, 訟. 君子以作事謀始.

初六, 不永所事, 小有言, 終吉. 「象」曰 '不永所事', 訟不可長也. 雖 '小有言', 其辯明也.

九二, 不克訟, 歸而逋其邑. 人三百戶, 无眚. 「象」曰 '不克訟', 歸逋竄也. 自下訟上, 患至掇也.

六三, 食舊德, 貞厲, 終吉. 或從王事无成. 「象」曰 '食舊德', 從上吉也.

九四, 不克訟. 復卽命渝, 安貞吉. 「象」曰 '復卽命渝', 安貞不失也.

九五, 訟元吉. 「象」曰 '訟元吉', 以中正也.

上九, 或錫之鞶帶, 終朝三褫之. 「象」曰, 以訟受服, 亦不足敬也.

〈상전〉에 이르기를, '천여수위행(天與水違行 : 하늘과 물이 어긋나게 흘러감), 송(訟)' 이라고 했다. 군자는 이를 본받아 작사모시(作事謀始 : 일을 도모하면서 다툼이 싹트지 않도록 시작부터 잘 헤아림)한다.

초육은 불영소사(不永所事 : 다투는 일을 길게 끌지 않음)한다. 소유언(小有言 : 약간 말로 인한 다툼이 있음)하나 끝내 길하다. 〈상전〉에 따르면 '불영소사' 는 다투는 일을 오래 하지 않는 것을 뜻한다. 비록 '소유언' 하나 그 시비분별이 명백하다.

구이는 불극송(不克訟 : 송사를 이기지 못함)한다. 송사에 패하자마자 두려워한 나머지 속히 본거지인 소읍(小邑)으로 도망가 숨어 있으면 3백호(三百戶 : 협소한 식읍을 지칭)는 무생(无眚 : 재앙이 없음)할 것이다. 〈상전〉에 따르면 '불극송' 은 본거지로 돌아가 숨는 것을 뜻한다. 자기 위치를 망각하고 윗사람과 쟁송하니 환지(患至 : 환난의 도래)를 습철(拾掇 : '줍다' 의 뜻으로 自招와 통함)한 것이다.

육삼은 식구덕(食舊德 : 분수를 지키며 옛날의 봉록으로 먹고 삶)하니 정려종길(貞厲終吉 : 정도를 지켜 나가면 위태로운 일을 만날지라도 끝내 길함)하다. 혹여 왕사(王事 : 왕의 일)에 보좌로서 종사할지라도 자신의 공적으로 자처하지 말아야 한다. 〈상전〉에 따르면 '식구덕' 은 군주를 좇으면 길하다는 뜻이다.

구사는 '불극송(不克訟)' 한다. 복즉명(復卽命 : 마음을 돌이켜 바른 이치로 나아감)하여 유(渝 : 剛이 변해 柔가 된다는 뜻으로 다투려는 생각을 바꾼다는 의미임)하니 안정(安貞 : 편안한 마음으로 순응하며 정도를 지킴)하면 길하다. 〈상전〉에 따르면 '복즉명, 유(渝)' 는 안정(安貞)하여 잃지 않는 것을 뜻한다.

구오는 송원길(訟元吉 : 송사를 명석하게 판결해 크게 길함, '訟' 은 '決訟' 의 의미임)하다. 〈상전〉에 따르면 '송원길' 은 중정(中正)을 뜻한다.

상구는 혹 송사에 승리해 반대(鞶帶 : 큰 띠, 높은 지위의 厚祿을 받는 자를 지칭)를 하사받을지라도 종조삼치(終朝三褫 : 해가 지기 전의 하루 낮 사이에 여러 번 작록을 褫奪당함, '三' 은 '多' 와 통함)할 것을 뜻한다. 〈상전〉에 이르기를, '송사로 인한 수복(受服 : 관복을 상을 하사받음)은 존경받기에 부족하다' 고 했다.

〈대상전〉의 '천여수天與水違行' 은 '천도는 서쪽을 향해 돌고, 물은 동쪽을 향해 흘러간다' 는 관념에서 나온 것이다. 『주역정의』는 '수천송水天訟' 이라고 하지 않고 굳이 '천수송天水訟' 이라고 한 이유를 이같이 풀이해 놓았다.

"무릇 다툼은 반드시 강건한 게 앞에 있음으로 인해 일어나는 것이다. 그래서 '수천송' 이 아니라 '천수송' 이라고 한 것이다."

초육 효사 '불영소사不永所事' 는 초육효가 음효로서 「송괘」의 첫 자리에 처해 있는 까닭에 물러나 다투지 않는 모습을 상징한 것이다. '송訟' 대신 '소사所事' 로 표현한 이유가 바로 여기에 있다. '종길終吉' 은 초육효가 뒤로 물러나 있는 까닭에 이내 시비가 분명히 가려져 결국 길하게 된다는 뜻이다.

구이 효사 '인삼백호人三百戶' 를 두고 정현鄭玄은 하대부下大

夫가 소유한 사방 십리의 작은 식읍을 뜻한다고 풀이했다. 그러나 '3백호, 무생无眚'의 해석을 둘러싸고 예로부터 많은 논란이 있었다. 이를 두고 왕필은 이같이 풀이했다.

"만일 두려워하여 본거지인 소읍으로 숨어들면 재난을 면할 수 있다. 소읍은 3백호에 불과하기 때문에 숨을 곳이 못 된다. 숨어서 강자에 저항할 경우 재난을 면할 수가 없게 된다."

이에 대해 후한제국 말기의 뛰어난 주석가인 순상荀爽은 '해당 군주가 다투지 않으면 그 백성들이 해를 당하지 않을 것이다'라고 풀이했다. 이 또한 의미상 통하기는 하나 왕필의 주석이 보다 명쾌하다.

육삼 효사 '식구덕食舊德'은 육삼효가 음유의 품성으로 하괘의 윗자리에 처해 있는 것을 다투는 일은 하지 못한 채 옛 봉록으로 먹고 사는 것에 비유한 것이다. 이는 음유한 품성을 지닌 육삼효가 바르게 사는 까닭에 비록 위험한 일을 만날지라도 끝내 길할 것이라는 뜻을 내포하고 있다. '정려종길貞厲終吉'은 이를 분명히 드러낸 것이다.

구사 효사 '불극송不克訟'은 구사효가 먼저 하괘의 초육효를 침범해 다투면서 처음에는 변명이 가능했으나 끝내 지고 말았음을 뜻한다. 이를 두고 『주역정의』는 이같이 풀이했다.

"구사효가 이치에 맞지 않게 초육효를 침범한 까닭에 처음에는 능히 분변도리分辯道理 : 이치를 밝히며 설명함했으나 끝내 다툼에서 이기지 못하게 되었다."

이는 구사효가 양강의 품성을 지닌 까닭에 강건하게 다툴 수 있으나 정위를 얻지 못해 뒤로 물러난 데 따른 것이다. '안정安貞'

은 구사효가 편한 마음으로 정도를 지켜 나감으로써 이롭게 될 수 있음을 설명한 것이다.

구오 효사 '송원길訟元吉'은 구오효가 양강의 품성으로 군위에 앉아 중정의 도를 발휘해 다투는 내용을 듣고 명석하게 판단해 줌으로써 크게 길하게 되었음을 설명한 것이다. 이를 두고 왕필은 이같이 풀이했다.

"존위尊位에 앉아 다툼을 주관하면서 중정中正의 덕을 발휘해 왕직枉直 : 시비을 판단하게 되었다. 중도를 행한다는 것은 지나치지 않는다는 뜻이고, 정도를 행한다는 것은 사악하지 않다는 뜻이다. 강剛은 빠져들지 않는다는 뜻이고, 공公은 치우치지 않는다는 뜻이다. 그래서 '송원길'이라고 한 것이다."

상구 효사 '반대鞶帶'는 고관의 허리띠를 말한다. '삼치三褫'는 양강의 품성으로 「송괘」의 가장 윗자리에 앉아 상구효가 다툼을 그만두지 않으면 이내 '반대'를 잃게 될 것임을 경고한 것이다. 이를 두고 왕필은 이같이 풀이했다.

"「송괘」의 가장 윗자리에 처해 있다는 것은 곧 강한 품성으로 윗자리에 앉아 다투면 승자가 된다는 뜻이다. 다투어 승자가 된 뒤 하사품을 받았으나 과연 그 영화를 보전할 수 있겠는가. 종조지간終朝之間에 수차례에 걸쳐 '반대'를 치탈褫奪당하고 말 것이다."

이를 통해 알 수 있듯이 「송괘」의 육효는 성신誠信이 부족한 상황에서 다툼이 일어나게 된다는 사실을 분명히 지적하고 있다. 「송괘」에서 말하는 소위 '송도訟道'의 요체는 어떻게 다툴 것인가 하는 데 있는 게 아니라 어떻게 하면 다투지 않을 것인가 하는 데 있다. 육삼효가 다투지 않은 까닭에 길하게 된 데 반해 상구효는 심하게 다퉈 승리한 까닭에 하사품을 머지않아 치탈 당하게 된 것이 그 증거이다.

'송도'는 일을 시작하는 단계에서 다툼의 싹을 미연에 방지하는 데서 출발한다. 〈대상전〉의 '작사모시作事謀始'가 바로 이를 말한 것이다. 동양이 서양과 달리 송사에 대해 부정적인 생각을 갖게 된 것도 이와 무관치 않다고 보아야 한다. 『논어』「안연」편에 나오는 공자의 말은 '송도'를 이같이 규정해 놓고 있다.

"송사를 듣고 판결하는 것은 나도 남과 같다. 그러나 나는 그보다는 반드시 송사가 없도록 만들겠다."

제7장 지수사(地水師)

☷ 地

☵ 水

坎下坤上010,000

착괘 : 천화동인天火同人 : 101,111

종괘 : 수지비水地比 : 000,010

7-1
師, 貞, 丈人吉, 无咎.

사(師)는 정(貞)하니 장인(丈人 : 어른)이 통솔해야 길하고 '무구(无咎)' 하다.

『주례』에 따르면 원래 '사師'는 2천5백 명으로 구성된 군대집단을 말한다. 여기의 '사'는 '병사들이 많다'는 뜻이다. '장인丈人'을 두고 정현은 '법도를 다른 사람보다 훌륭히 지키는 사람'으로 풀이했다. '대인大人'으로 풀이하는 견해도 있으나 문맥상 대략 '현인賢人인 군주'를 지칭하는 것으로 보는 게 타당하다.

7-2

「彖」曰, 師, 衆也. 貞, 正也. 能以衆正, 可以王矣. 剛中而應, 行險而順, 以此毒天下而民從之, 吉又何咎矣.

〈단전〉에 이르기를, '사(師)는 무리이고, 정(貞)은 정(正)이다' 라고 했다. 능히 무리를 바르게 하면 가히 왕이 될 수 있다. 양강(陽剛)이 중(中)에 처하여 육오효의 군주와 호응하여 위험한 일을 헤쳐 나가면서 정리(正理)에 순종한다. 이를 본받아 독천하(毒天下 : 천하인을 부림)하면 백성이 복종하게 되어 길하니 어찌 재난이 있을 수 있겠는가.

'강중剛中'은 구이효를 지칭한다. '응應'은 구이효가 상괘의 육오효와 호응하는 것을 말한다. '험險'은 하괘인 '감괘', '순順'은 상괘인 '곤괘'를 지칭한다. '독천하毒天下'의 '독毒'을 두고 마융은 '치治', 왕필은 '역役'으로 풀이했다. 왕필의 주석이 문의에 부합한다.

7-3

「象」曰, 地中有水, 師. 君子以容民畜衆.

初六, 師出以律, 否(=不)臧凶. 「象」曰 '師出以律', 失律凶也.

九二, 在師中, 吉, 无咎, 王3錫命. 「象」曰 '在師中, 吉', 承天寵也. '王三錫命', 懷萬邦也.

六三, 師或輿尸, 凶. 「象」曰 '師或輿尸', 大无功也.

六四, 師左次, 无咎. 「象」曰 '左次无咎', 未失常也.

六五, 田有禽, 利執言, 无咎. 長子帥師, 弟子輿尸, 貞凶. 「象」曰 '長子帥師', 以中行也. '弟子輿尸' 使不當也.

上六, 大君有命, 開國承家, 小人勿用.「象」曰 '大君有命', 而正功也. '小人勿用', 必亂邦也.

〈상전〉에 이르기를, '지중유수(地中有水 : 땅 속에 물이 있음), 사(師)' 라고 했다. 군자는 이를 본받아 용민휵중(容民畜衆 : 백성을 포용하고 병사들을 기름)한다.

초육은 사출이율(師出以律 : 군사가 출동할 때는 군율과 호령으로 군기를 다스림)하니 기율이 불량하면 흉하다. 〈상전〉에 따르면 '사출이율' 은 기율이 불량하면 흉하다는 뜻이다.

구이는 재사중(在師中 : 군사를 통솔하면서 중도를 취함)하니 길하고 '무구(无咎)' 하다. 왕이 삼석명(三錫命 : 여러 번 상을 내리라는 명을 내림)하여 중임을 맡긴다. 〈상전〉에 따르면 '재사중길(在師中吉)' 은 천총(天寵)을 입는 것을 뜻한다. '왕삼석명(王三錫命)' 은 회만방(懷萬邦 : 천하평정의 뜻을 품음)을 뜻한다.

육삼은 군사가 혹여 여시(輿尸 : 시체를 수레에 실음, 패주를 의미)하니 흉하다. 〈상전〉에 따르면 '사혹여시(師或輿尸)' 는 크게 공이 없는 것을 뜻한다.

육사는 사좌차(師左次 : 군사가 일시 왼쪽으로 물러나 포진함)하니 무구(无咎)하다. 〈상전〉에 따르면 '좌차무구(左次无咎)' 는 실상(失常 : 병법의 상도를 잃음)하지 않는 것을 뜻한다.

육오는 밭에서 짐승들이 곡식을 뜯어먹고 있으니 집언(執言 : 잡아들임, '言' 은 語氣辭)해야 이롭고 '무구' 하다. 장자(長子 : 덕이 있는 현자로 長者와 통함, 구이효를 지칭)가 솔사(帥師 : 군사를 거느림, '帥' 는 '率' 과 통함)해야 한다. 제자(弟子 : 덕이 없는 소인의 의미, 삼육효를 지칭)가 통솔하면 여시(輿尸)하니 정흉(貞凶 : 貞德이 凶害를 입음)하다. 〈상전〉에 따르면 '장자솔사(長子帥師)' 는 중행(中行 : 중도로써 통솔함)을 뜻한다. '제자여시(弟子輿尸)' 는 사람을 잘못 기용한 결과를 지적한 것이다.

상육은 대군(大君 : 군주)의 명으로 개국승가(開國承家 : 나라를 개창하는 제후에 봉하고 가문을 이룰 수 있는 경대부의 작위를 수여함)의 상을 받게 된다. '개국승가' 할 때에는 반드시 소인물용(小人勿用 : 소인을 등용하지 않음)해야 한다. 〈상전〉에 따르면 '대군유명(大君有命)' 은 이정공(以正功 : 공을 바르게 평가함)을 뜻한다. '소인물용' 은 필난방(必亂邦 : 소인이 반드시 나라를 어지럽히기 때문임)을 뜻한다.

〈대상전〉의 '지중유수地中有水' 는 땅이 속에 많은 물을 저장하고 있는 것을 표현한 것이다. '용민휵중容民畜衆' 은 많은 민중을 수용해 병사들을 양휵養畜하는 것을 말한다. '지중유수' 를 두고 『주역정의』는 이같이 풀이해 놓았다.

"'지재수상地在水上 : 땅이 물 위에 있음' 과 '상지하수上地下水 : 위에 땅이 있고 아래에 물이 있음', '수상유지水上有地 : 물 위에 땅이 있음' 라고 하지 않고 '지중유수' 라고 한 것은 '용휵' 의 의미를 취했기 때문이다."

초육 효사 '부장否臧' 은 '불선不善' 과 같은 뜻이다. '부장, 흉凶' 은 많은 병사들이 처음으로 출동하는 상황에서 군기를 엄히 밝히지 않으면 반드시 흉하게 된다는 취지를 밝힌 것이다. 『주역』에서는 64괘의 초효初爻를 언급할 때 반드시 조심해야 한다는 취지를 밝히고 있으나 「사괘」의 초육효에 나오는 '부장, 흉' 은 더욱 철저하게 조심할 것을 당부한 것이다. 이는 군사의 첫 출동을 감안한 데 따른 것이다.

구이 효사 '재사중在師中' 은 구이효가 양강의 품성으로 하괘의 가운데에 처해 상괘의 육오효와 호응하는 것을 마치 장수가 많은 병사들을 통솔하면서 중도를 지키는 것에 비유한 것이다. 이를 두고 왕필은 이같이 풀이했다.

"양강한 품성으로 하괘의 가운데에 처하면서 육오효와 호응해 병사를 통솔하며 중도를 행한다. 위로 군주의 총애를 입어 병사들을 통솔하니 막중한 임무를 띠고 공을 세우지 못하면 흉하게 된다. 그러나 중도를 지키면서 공을 세우면 길하게 되어 '무구'할 것이다."

육삼 효사 '여시輿尸'는 시체를 수레에 싣고 도주하는 상황을 지칭한 것으로 패주敗走를 의미한다. 옛날에는 비록 전쟁에서 패할지라도 시신을 버리지 않은 까닭에 이같이 표현한 것이다. 육삼효는 「사괘」의 하괘 윗자리에 있는 까닭에 정正을 상실한 채 위로는 호응할 양강陽剛이 없고 아래로는 양강에 올라타고 있는 형상을 하고 있다. 이에 힘이 약하면서 임무가 막중한 나머지 공을 탐내면서 모험을 감행하는 군사행동에 비유한 것이다. 이를 두고 왕필은 이같이 풀이해 놓았다.

"음효가 양위陽位에 앉아 있으면서 음유陰柔한 것으로 양강陽剛한 것 위에 앉아 있다. 앞으로 나아가도 호응해 줄 자가 없고 물러서도 보호해 줄 자가 없다."

육사 효사 '사좌차師左次'는 군사를 물려 왼쪽에 진을 친다는 뜻으로 일시적인 철퇴撤退를 의미한다. 병법에서는 '우배고右背高 : 오른쪽으로 높은 산릉을 취함'를 높이 치는 까닭에 '좌차'는 곧 '우배고'와 반대되는 뜻으로 사용된 것이다. 『한서』「한신전韓信傳」에 나오는 '병법은 오른쪽으로 산릉山陵을 등지고 앞의 왼쪽에 수택水澤을 두는 것을 높이 친다'는 구절이 그 증거이다. '좌차무구左次无咎' 구절을 두고 순상荀爽은 이같이 풀이했다.

"좌左는 구이효를 말한다. 양효陽爻는 '좌'이다. 차次는 '진영'을 말한다. 구이효와 육사효는 업적이 같다. 육오효에 진영을 치고 육사효가 육오효의 뜻을 받으니 재난을 면할 수 있다는 뜻이다."

육오 효사 '전유금田有禽'은 육오효가 음유의 품성으로 군위에 처해 함부로 전쟁을 일으키지 않고 오직 침공을 당할 때에만 반격을 하고 있는 모습을 밭에서 짐승들이 곡식을 뜯어먹고 있는 것을 방치하는 것에 비유한 것이다. '장자솔사長子帥師'와 '제자여시弟子輿尸'는 대조되는 2개의 비유를 통해 인재등용의 중요성을 설명한 것이다. 이를 두고 왕필은 이같이 풀이했다.

"음유가 병사를 통솔할 수 없는 것은 음유는 양강한 무인의 기질을 가지고 있지 못하기 때문이다. 따라서 스스로 출전하지 않고 반드시 다른 통솔자를 임명해야 한다. 이때 임명된 자가 바르지 못하면 많은 병사들이 순종하지 않는 까닭에 '장자솔사'만이 가하다고 한 것이다. '제자여시'가 흉한 것은 말할 것도 없다."

상육 효사 '대군유명大君有命'과 '개국승가開國承家'는 상육효가 「사괘」의 마지막에 처해 있는 것을 승전을 대군에게 고하고 커다란 포상을 받은 것에 비유한 것이다. 이를 두고 『주역정의』는 이같이 풀이했다.

"상육효가 「사괘」의 극한에 처한 것은 사도師道가 끝났음을 뜻한다. 대군이 상육효에게 작위를 하사할 경우 큰 공적을 세운 사람에게는 나라를 열 수 있도록 제후에 봉할 것이고, 작은 공적을 세운 사람에게는 가문을 이룰 수 있는 경대부卿大夫의 작위를 내릴 것이다."

이를 통해 알 수 있듯이 「사괘」는 구이효만 길할 뿐 나머지 5개 효는 모두 다흉소길多凶少吉하다. 이는 군사를 동원하는 일이 어려운 만큼 신중을 기해야 한다는 뜻을 담고 있다. 「사괘」에서 말하는 '사도師道'의 요체는 용병의 성공 요건으로 엄격한 군율과 뛰어난 통솔자, 철병하여 기회를 기다릴 줄 아는 인내심과 지혜 등에 기초해 있다. 이는 고금동서를 막론하고 두루 통하는 용병의 기본이치가 아닐 수 없다.

제8장 수지비(水地比)

☵ 水

☷ 地

坤下坎上000,010

착괘 : 화천대유火天大有 : 111,101

종괘 : 지수사地水師 : 010,000

8-1

比, 吉, 原筮, 元永貞, 无咎. 不寧方來, 後夫凶.

비(比)는 길하니 원서(原筮 : 실상을 처음부터 깊이 연구해 그 의미를 점으로 결정함)해야 원영정(元永貞 : 근본, 불변, 정도를 의미)하여 '무구(无咎)' 하다. 불녕(不寧 : 때를 만나지 못해 안녕치 못한 자들을 지칭)이 방래(方來 : 여러 곳에서 몰려옴)하니 후부(後夫 : 뒤에 도착하는 자, '夫'는 語氣辭)는 흉하다.

'비比'는 '서로 친밀하게 지내면서 돕다'의 뜻이다. '불녕방래不寧方來'의 '방래方來'는 사방의 여러 곳에서 일거에 몰려와 형제처럼 도와준다는 뜻이다. 여기의 '래來'는 '비보比輔 : 형제처럼 도움'의 의미를 지니고 있다.

'후부흉後夫凶'은 도와주고자 할 경우 빨리 도와야만 이로움을 얻을 수 있다는 의미를 담고 있다. 이를 두고 『주역정의』는 이 같이 풀이해 놓았다.

"돕고자 할 때는 서두르는 게 좋다. 이는 일찍 도착하는 사람들은 형제와 같이 진심과 성의를 갖고 있는 자들이기 때문에 그들의 도움을 받으면 매사가 잘 성취되고 그들에게 돌아가는 작상爵賞 또한 후하게 됨을 말한 것이다. 만일 늦게 도착하는 사람이라면 타인이거나 친분이 두텁지 않는 사람일 것이다. 이에 돕는 일을 성취시킬 가능성이 낮아지기 때문에 흉하다고 한 것이다."

8-2

「彖」曰, 比, 吉也. 比, 輔也, 下順從也. '原筮, 元永貞, 无咎', 以剛中也. '不寧方來', 上下應也. '後夫凶', 其道窮也.

〈단전〉에 이르기를, '비는 길하다. 비는 보필하는 것이다. 아래에서 순종한다'고 했다. '원서(原筮), 원영정(元永貞), 무구(无咎)'는 강함이 중도를 얻은 것을 뜻한다. '불녕방래(不寧方來)'는 상하가 응하는 것을 뜻한다. '후부흉(後夫凶)'은 그 도가 궁한 것을 뜻한다.

「비괘」는 하괘의 여러 음효와 상괘의 육사효가 상괘의 상구효에 순응하고 있는 모습을 하고 있다. '원서原筮'의 '서筮'를 두고 정이천은 풀이하기를, '이는 복술卜術 : 점치는 기술을 말한 것으로 시구蓍龜 : 시초점과 거북점를 말한 것이 아니다' 라고 했다. 그 이치를 파악하라는 뜻이지 실제로 점을 치라는 뜻이 아닌 것이다. 『주역』의 참된 이치가 바로 여기에 있다.

마지막 구절의 '기도궁야其道窮也' 는 상육효의 후부흉後夫凶을 설명한 것이다. 이를 두고 『주역정의』는 이같이 풀이해 놓았다.

"상육효는 모두 친밀하게 서로 도와야 한다는 것을 알면서도 유독 자신만 늦게 도착해 도울 수 있는 기회를 놓침으로써 지극히 곤란한 상황에 처하게 되었다. 그는 누구와도 친밀하게 지낼 수 없게 되었기 때문에 마땅히 재난을 만날 것이다. 이게 상육효의 상이다."

8-3

「象」曰, 地上有水, 比. 先王以建萬國, 親諸侯.

初六, 有孚比之, 无咎. 有孚盈缶, 終來有他吉. 「象」曰, 比之初六, 有他吉也.

六二, 比之自內, 貞吉. 「象」曰 '比之自內', 不自失也.

六三, 比之匪人. 「象」曰 '比之匪人', 不亦傷乎.

六四, 外比之, 貞吉. 「象」曰, 外比於賢, 以從上也.

九五, 顯比. 王用三驅, 失前禽. 邑人不誡, 吉. 「象」曰 '顯比之吉', 位正中也. 舍逆取順, '失前禽' 也. '邑人不誡', 上使中也.

上六, 比之无首, 凶. 「象」曰 '比之无首', 无所終也.

〈상전〉에 이르기를, '지상유수(地上有水 : 땅 위에 물이 있음), 비(比)' 라고 했다. 선왕은 이로써 건만국(建萬國 : 천하에 제후국을 세움) · 친제후(親諸侯 : 제후와 親比하며 서로 도움)했다.

초육은 유부비지(有孚比之 : 멀리 떨어져 있음에도 성의껏 도움)하니 '무구' 하다. 유부영부(有孚盈缶 : 군주가 誠信의 자세를 지닌 것이 마치 좋은 술을 술 단지에 가득 채운 듯함)하니 종래유타길(終來有他吉 : 마침내 멀리 있는 자도 來附하고 다른 제후국까지 어루만져 호응케 하니 길하게 됨)하다. 〈상전〉에 따르면 '비지초육(比之初六)'은 '유타길(有他吉)'을 뜻한다.

육이는 비지자내(比之自內 : 내부로부터 군주를 親比함)로 정길(貞吉 : 守貞하면 길함)하다. 〈상전〉에 따르면 '비지자내'는 부자실(不自失 : 자신을 잃지 않음, '失'은 안일의 '佚'과 통함)을 뜻한다.

육삼은 비지비인(比之匪人 : 사람답지 못한 자를 도움, 폭군을 보필하는 일을 상징)하다. 〈상전〉에 이르기를, '비지비인'이라고 했다. 이 어찌 슬픈 일이 아니겠는가.

육사는 외비지(外比之 : 조정 밖에서 도움)하니 수정(守貞)하면 길할 것이다. 〈상전〉에서 이르기를, '밖에서 어진 군주를 돕는 것은 위를 좇는 것이다'라고 했다.

구오는 현비(顯比 : 군주가 光明無私하여 상하가 親比함)하다. 왕이 삼구(三驅 : 4면 중 한 면을 터놓고 짐승을 모는 것으로 적의한 통치를 의미)로 실전금(失前禽 : 앞에 있는 짐승을 놓아줌)하고, 읍인불계(邑人不誡 : 읍인이 서로 경계하지 않고 도움)하니 길하다. 〈상전〉에 따르면 '현비지길(顯比之吉)'은 위정중(位正中 : 중정의 자리에 처함)을 뜻한다. 사역취순(舍逆取順 : 거스르는 것을 놓아두고 순종하는 것을 취함)은 '실전금'을 뜻한다. '읍인불계'는 상사중(上使中 : 위에서 아래를 부리면서 중도를 행함)을 뜻한다.

상육은 비지무수(比之无首 : 돕고자 하면서도 먼저 통솔해 오지 않음)하니 흉하다. 〈상전〉에 따르면 '비지무수'는 상육효가 결국 항복하지 않았음을 설명한 것이다.

〈대상전〉의 '지상유수地上有水'는 「사괘」의 '지중유수地中有水'와 대비된다. 「비괘」의 괘명과 관련해 삼국시대 위나라의 하안何晏은 이같이 풀이해 놓았다.

"물의 성격은 아래를 적시면서 내려간다. '지상유수'는 땅과 물이 서로 자리를 바꾸면서 적셔 들어가는 것을 말한다. 그래서 '비'라고 한 것이다."

'건만국建萬國, 친제후親諸侯'는 제후국을 세워 왕실을 튼튼히 한다는 뜻이다. 이를 두고 정이천은 이같이 풀이했다.

"천하에 제후국을 건립하는 것은 백성을 돕기 위한 것이다. 천자가 친히 제후들을 어루만지는 것은 천하의 백성을 돕기 위한 것이다."

초육 효사 '유부비지有孚比之'는 초육효가 군위에 있는 구오효를 돕는다는 뜻이다. 초육효는 구오효와 가장 먼 거리에 있어 서로 응할 수 없으나 구오효가 아래를 돕는 덕을 널리 베푸는 까닭에 구오효를 돕게 된 것이다. 이를 두고 순상荀爽은 이같이 풀이했다.

"초육효가 외괘와 호응한 것은 마치 성왕의 신의와 덕망이 빛나자 멀리 떨어진 제후국이 찾아와 친밀하게 도움으로써 '무구'한 것과 같다."

육이 효사 '비지자내比之自內'는 육이효가 하괘의 가운데에 처하여 위로 상괘의 구오효와 호응해 유중柔中 : 음효가 중도를 얻음을 지키는 것을 말한다. 일종의 내조에 해당하는 것이다. '부자실不自失'은 스스로 정도를 잃지 않는다는 뜻으로 만일 정도를 잃게 되면 흉한 일을 만날 것이라는 뜻을 내포하고 있다. 이를 두고 정이천은 이같이 찬탄했다.

"『역』이 제시하는 훈계는 참으로 용의주도하구나."

육삼 효사 '비지비인比之匪人'은 육삼효가 음유의 품성으로 하괘의 윗자리에 처해 정위正位를 잃고 상괘의 구오효와 호응하지 못하는 것을 사람답지 못한 자를 돕고 있는 것에 비유한 것이다. 이를 두고 우번은 이같이 풀이했다.

"비匪는 비非이다. 자신의 위치를 잃고 구오효와 호응하지 못해 흉한 일을 많이 만난다는 것이다. 육삼효가 자신의 위치를 잃고 경거망동하니 위에서 호응하지 않고 도와주는 자는 상하의 육이효와 육사효 뿐이다. 양강陽剛의 주인을 얻지 못하고 있으므로 '비지비인'이라고 한 것이다."

육사 효사 '외비지外比之'는 육사효가 유순한 품성으로 상괘에 처해 위로 구오효를 받들면서 정도를 지켜 나가는 것을 말한다. '정길貞吉'은 군주를 가까이 보필하면서 정도를 지켜 나가는 까닭에 길할 것이라는 뜻이다.

구오 효사 '현비顯比'는 구오효가 「비괘」의 존위尊位에 양강중정陽剛中正의 자세로 처해 있는 것을 표현한 것이다. 이는 육오효로 상징되는 군주가 하괘 및 육사효의 음효로 상징된 무리들이 찾아와 보필하자 광명무사光明無私한 자세로 일처리를 함으로써 결국 상하가 서로 친비親比하게 되었음을 뜻한다.

'왕용삼구王用三驅'는 탕湯의 고사를 인용한 것이다. 『사기』 「은본기」 등에 이에 관한 고사가 나온다. 이에 따르면 하루는 탕이 들에 나갔다가 한 사내가 새잡는 그물을 치고 다음과 같이 기원하는 소리를 들었다.

"하늘에서 내려오든 땅에서 솟아나든 사방에서 오는 것들은 모두 내 그물에 걸려라."

탕은 이 소리를 듣고 그 사내에게 말했다.

"그 소리는 살아 있는 모든 것들을 다 잡아 죽이겠다는 게 아닌가. 그런 일은 걸桀이나 하는 짓이다."

그리고는 사내를 타일러 그물의 세방향을 풀어주고 나머지 한 방향으로만 새를 잡게 했다. 바로 이 고사에서 '왕용삼구'의 고사가 나오게 된 것이다. '왕용삼구'는 구오효가 중정을 얻은 것을 두고 마치 군주가 훌륭한 신하의 보필을 받아 천하에 군림하는 모습에 비유한 것이다.

상육 효사 '비지무수比之无首'는 상육효가 음유의 품성으로 「비괘」의 마지막에 처해 있으면서 다른 사람에게 도움을 주고자 하나 오히려 늦게 도착해 도울 수 없는 상황이 되어 흉하게 되었음을 설명한 것이다. 이를 두고 『주역정의』는 이같이 풀이했다.

"다른 사람이 모두 친비親比하여 친도親道가 이미 완성된 상황에서 상육효 홀로 뒤에 남아 있으니 중인들이 모두 버리는 바가 되었다. 의당 흉할 수밖에 없는 것이다."

이를 통해 알 수 있듯이 「비괘」에서 말하는 '비도比道 : 親道'의 요지는 크게 2가지로 요약할 수 있다. 하나는 친비親比하여 돕고자 할 때는 대상을 신중히 선택해 앞장서 성실히 돕는 것이다. 다른 하나는 아랫사람의 보필을 얻어 존위尊位에 처하고자 할 때는 '대공무사大公無私'한 입장을 견지하는 것이다. 『순자』「의병」편은 '비도'를 이같이 풀이해 놓았다.

"궁시弓矢 : 활과 화살를 제대로 조절하지 못하면 예羿 : 전설적인 명궁도 화살을 적중시킬 수 없고, 수레를 끄는 여섯 마리 말이 불화하면 조보造父 : 전설적인 마부도 멀리 갈 수 없다. 사민士民이 군주에게 친부親附 : 친하게 따름하지 않으면 탕湯 · 무武도 필승을 거둘 수 없다. 그래서 부민附民 : 백성들로 하여금 군부에게 친부토록 만듦에 능한 자가 용병 또한 잘하는 것이다. 병법의 요체는 오직 '부민'附民을 잘하는 데 있을 뿐이다."

신민의 친비를 통해 패왕이 되고자 할 경우 반드시 '대공무사' 해야만 한다. 그게 『순자』에서 말한 '부민附民'의 요체이기도 하다. 고금동서를 막론하고 선치善治는 이러한 이치에서 벗어난 적이 없다.

제9장 풍천소축(風天小畜)

☴ 風

☰ 天

乾下巽上111,011

착괘 : 뇌지예雷地豫 : 000,100

종괘 : 천택리天澤履 : 110,111

9-1
小畜, 亨. 密雲不雨, 自我西郊.

소축(小畜)은 형통할 것이다. 밀운불우(密雲不雨 : 구름이 가득 끼어 있으나 비가 오지 않음)하고 있으니 운기(雲氣)는 내가 있는 서교(西郊 : 서쪽 교외)로부터 시작되었다.

'소축小畜'은 '저축하여 모으다'는 뜻이다. '축'은 '육育'의 의미를 지닌 '휵畜'으로도 읽히는 까닭에 '작은 게 사물을 양육하다'는 뜻도 내포하고 있다. 정현은 '축'을 '휵'의 의미로 새겼다. '소小'는 육사효의 음효를 지칭한다. 육사효가 5개의 양효 사이에 처해 있는 것을 두고 마치 작은 것이 큰 것을 양육하고 있으나 그 실상이 매우 미미한 상황에 비유한 것이다.

'밀운불우密雲不雨'는 비로 변하기 전의 짙은 구름을 형상한 것이다. '자아서교自我西郊'는 서쪽이 음의 방향을 상징한 것으로 간주한 데서 나온 것이다. 여기의 '아我'는 음효를 뜻한다. 이를 두고 정이천은 이같이 풀이했다.

"구름은 음양의 두 기氣가 견고히 모인 것이다. 양이 먼저 일어나고 음이 화합하면 순리에 맞아 조화가 이뤄지나 음이 먼저 일어나고 양이 뒤따르게 되면 순리에 어긋나 조화가 이뤄지지 않는다. 동과 북은 양의 방향이고 서와 남은 음의 방향이다. 음의 방향으로부터 일어나면 비가 될 수 없다."

9-2

「彖」曰, 小畜, 柔得位而上下應之, 曰 '小畜'. 健而巽, 剛中而志行, 乃亨. '密雲不雨', 尙往也. '自我西郊', 施未行也.

〈단전〉에 이르기를, '소축은 음유(陰柔)가 제자리를 얻어 상하가 서로 응하니 소축이라 한다'고 했다. 굳건하고 겸손하며 강한 게 중도를 얻어 뜻한 바대로 행하니 이내 형통한다. '밀운불우'는 상왕(尙往 : 오히려 위로 올라감), '자아서교(自我西郊)'는 시덕(施德)이 제대로 시행되지 않고 있는 것을 뜻한다.

'소축'이 크게 이룰 수 없는 것은 마치 서쪽 교외의 구름이 비가 될 수 없는 것과 같다는 취지를 밝힌 것이다. 과거에는 이를 두고 한 여성이 여러 남성을 양육하거나 신하가 군주를 양육하는 것에 비유하곤 했다. '시미행施未行' 은 음양이 교합하고 조화한 공이 바야흐로 실행되고는 있으나 제대로 성과를 거두지 못하고 있는 현상을 지적한 것이다. 이는 '소축' 의 덕이 '밀운密雲' 의 수준에서 그친 데 따른 것이다. 정이천이 '축畜' 을 '지止' 의 뜻으로 풀이한 것은 바로 이 때문이다.

9-3

「象」曰, 風行天上, 小畜. 君子以懿文德.

初九, 復自道, 何其咎, 吉. 「象」曰 '復自道', 其義吉也.

九二, 牽復吉. 「象」曰 '牽復' 在中, 亦不自失也.

九三, 輿說(=脫)輻. 夫妻反目. 「象」曰 '夫妻反目', 不能正室也.

六四, 有孚, 血(=恤)去惕出, 无咎. 「象」曰 '有孚惕出', 上合志也.

九五, 有孚攣如, 富以其隣. 「象」曰 '有孚攣如', 不獨富也.

上九, 旣雨旣處, 尙德載, 婦貞厲, 月幾望, 君子征凶. 「象」曰 '旣雨旣處', 德積載也. '君子征凶', 有所疑(=凝)也.

〈상전〉에 이르기를, '풍행천상(風行天上 : 바람이 하늘 위에서 流行함), 소축(小畜)' 이라고 했다. 군자는 이를 본받아 의문덕(懿文德 : 문덕을 아름답게 닦아 때를 기다림)한다.

초구는 복자도(復自道 : 스스로 자신의 길로 돌아감)하니 무슨 재난이 있겠는가. 길할 것이다. 〈상전〉에 따르면 '복자도(復自道)' 는 의길(義吉 : 응당 길함, '義' 는 '當' 과 통함)을 뜻한다.

구이는 견복(牽復 : 초구효에 이끌려 陽道로 돌아옴)하니 길하다. 〈상전〉에 따르면 '견복' 은 중도에 있어 또한 스스로 잃지 않는 것을 뜻한다.

구삼은 여탈복(輿脫輻 : 수레가 바퀴살이 벗겨져 해체됨, '脫輻' 은

'反目'을 상징)하니 부처(夫妻)가 반목(反目)한다. 〈상전〉에 따르면 '부처반목(夫妻反目)'은 정실(正室 : 바른 아내)이 될 수 없음을 뜻한다.

육사는 유부(有孚 : 誠信을 지님)로 휼거척출(恤去惕出 : 근심이 사라지고 두려움에서 벗어남)하니 '무구'하다. 〈상전〉에 따르면 '유부척출(有孚惕出)'은 존엄한 지위에 있는 구오효와 합지(合志 : 志意가 맞음)했음을 뜻한다.

구오는 유부련여(有孚攣如 : 성신으로 이끌음, '如'는 語氣辭)하여 이웃을 부(富 : 부를 증대시킴)하게 한다. 〈상전〉에 따르면 '유부련여'는 독부(獨富 : 홀로 부유함)하지 않음을 뜻한다.

상구의 기처기우(旣雨旣處 : 이미 비가 내린 뒤 그침, '處'는 '止'와 통함)로 상덕재(尙德載 : 陽德이 적재되었다는 뜻으로 小畜의 도가 완성되었음을 의미, '尙'은 '上'과 통함)하다. 부인은 정려(貞厲 : 守貞하면 위태로움을 극복함)하니 마치 달이 기망(幾望 : 보름 직전처럼 꽉 차지 않은 상황을 지칭)인 것과 같이 해야 한다. 이때 군자가 앞으로 나아가면 흉한 일을 만날 것이다. 〈상전〉에 따르면 '기우기처'는 덕을 적재(積載 : 가득 실음)한 것을 뜻한다. '군자정흉(君子征凶)'은 머지않아 양질(陽質)이 음기에 쌓여 엉기게 됨을 뜻한다.

〈대상전〉의 '풍행천상風行天上'은 하늘의 명을 수행하는 바람이 천하天下가 아닌 천상天上에 머물고 있는 현상을 말한다. 명령이 아래로 시행되지 못하고 있음을 상징한다.

초구 효사 '복자도復自道'는 초구효가 양강의 재능을 갖고 가장 아랫자리에서 육사효의 양육을 받고 있던 중 더 이상 음의 지배 하에서는 자신을 발전시킬 수 없다는 것을 깨닫고 본래의 양도陽道로 돌아갔음을 의미한다.

구이 효사 '견복牽復'의 '견牽'은 '견련牽連 : 끌어당김'의 뜻이다. 이는 구이효가 하괘의 가운데에 처하면서 위로 나아가 육사효에게 양육을 받고자 했으나 초구효가 끌어당겨 다시 자신의 자리로 돌아오게 되었음을 의미한다. 초구효와 구이효 모두 '소축'의 시기에 '양도'로 돌아온 까닭에 길하게 된 셈이다.

구삼 효사 '여탈복輿脫輻'의 '복輻'은 바퀴살을 뜻한다. 사물이 한 곳으로 모인다는 뜻의 '폭주輻輳'는 바퀴살이 바퀴통으로 모여드는 모습을 취한 것이다. '폭주'는 원래 '부주'로 읽는 것이 옳다. 잘못된 발음이 고착화된 경우에 해당한다. 이는 구삼효가 하괘의 마지막에 처하여 가까이 있는 구사효의 양육을 받아 수레와 바퀴살의 관계를 이뤘으나 이내 구사효의 제약에 반발해 충돌케 된 것을 바퀴살이 이탈해 수레가 해체된 것에 비유한 것이다.

육사 효사 '유부有孚'는 육사효가 구오효의 신뢰에 보답해 군위에 있는 구오효를 성신의 자세로 받드는 것을 말한다. 양자 모두 상대방에 대해 깊은 신뢰를 보내고 있는 것이다. '휼거척출恤去惕出'은 육사효가 구오효를 섬김으로써 음유의 품성으로 양강을 부양하는 데 따른 근심과 우환을 덜게 되었음을 뜻한다.

구오 효사 '유부반여有孚攣如'는 구오효가 성신誠信으로 사방의 많은 양효들을 끌어당겨 유일한 음효인 육사효를 믿고 섬기면서 양강陽剛의 품성을 발휘해 이웃을 부유하게 만드는 것을 의미한다. 이어지는 '부독부不獨富' 구절은 바로 이를 풀이한 것이다.

상구 효사 '기우기처旣雨旣處'는 음양이 조화를 이뤄 비가 내림으로써 이미 양육을 의미하는 소축小畜의 도가 끝났음을 의미한다. '상덕재尙德載' 역시 육사효에 의해 양육된 양덕陽德이 가득 쌓여 '소축'의 도가 완성되었음을 상징한다. 이를 두고 정이천은 이같이 풀이했다.

"음유陰柔가 양강陽剛을 양육하는 일은 일조일석에 이뤄질 수 없는 것으로 오랜 시간 동안 부단한 노력이 누적된 결과이다. 그러니 주의하지 않을 수 있겠는가. '재載'는 가득 쌓였다는 뜻이다."

'기망幾望'의 '기幾'는 '근近'의 뜻으로 보름달이 차기 직전을 말한다. '망望'은 만월을 지칭한다. 달이 태양의 빛을 반만 받으면 '현弦'이 되고, 모두 받게 되면 '망'이 된다. '기망'은 '밀운'의 상태에 그쳐야 하는 소축의 도가 '기우旣雨'로 나아가는 것은 옳지 않은 까닭에 장차 만월이 되는 가능성을 보유한 채 '기망'의 단계에 머무는 게 타당하다는 취지를 밝힌 것이다. '군자정흉君子征凶'을 언급한 취지가 바로 여기에 있다. 「소축괘」는 음이 양을 양육하는 주인이 된 까닭에 음의 양육을 받는 군자가 '기망'의 상태에서 행보를 신중히 하지 않으면 반드시 음의 의심을 받게 되는 까닭에 이런 주의를 준 것이다. 이를 두고 왕필은 이같이 풀이했다.

"아내가 그 남편을 제압하고, 신하가 그 군주를 제압하고, 음이 양을 의심하면 반드시 전쟁이 일어난다."

이는 마지막 구절인 '유소의有所疑'의 '의疑'가 '응凝'의 뜻으로 풀이되는 이유를 설명한 것이기도 하다. '응'은 군자의 양질陽質이 음기에 휩싸여 엉겨 붙게 된 상황을 가리킨다. 상구효는 군자의 '양질'이 결코 '음기'에 의해 전적으로 양육될 수 없음을 선명히 밝혀주고 있다.

이를 통해 알 수 있듯이 「소축괘」는 사물의 발전과정 중 작은 것이 큰 것을 양육하는 '소축대小畜大'의 뜻을 지니고 있다. 이는 육사효가 「소축괘」의 가운데에 처해 나머지 5개의 양효에 둘러싸여 있는 괘상에서 나온 것이다. 육사효가 양육하는 정도는 매우 미소微小한 까닭에 비록 양강을 양육하기는 하나 결코 제압할 수는 없다. 이를 치도의 관점에서 보면 신하가 어린 군주를 양육할 수는 있으나 군주의 자리를 낮출 수는 없는 것과 같다. 대표적인 실례로 이윤伊尹의 경우를 들 수 있다. 맹자는 『맹자』「만장 상」편에서 이윤이 신하의 자격으로 군주를 양육한 것을 이같이 풀이해 놓았다.

"이윤이 탕湯을 도와 천하의 군왕으로 군림케 했다. 탕이 붕어하자 태자 태정太丁은 즉위하지 못한 채 죽었다. 이에 나머지 왕자인 외병外丙이 2년, 중임仲壬은 4년 동안 재위했다. 뒤이어 즉위한 태갑太甲 : 태정의 아들은 탕이 만든 법도를 모두 뒤집었다. 이에 이윤이 그를 동桐 땅에 3년 동안 추방했다. 태갑이 자신의 과오를 뉘우치고 자원자애自怨自艾 : 스스로를 원망하며 다스림하여 덕을 닦았다. 그는 동 땅에서 처인천의處仁遷義 : 인에 머물며 의를 따름한 지 3년 만에 이윤의 훈계를 다 받아들인 뒤 다시 도성인 박亳으로 돌아와 보위에 올랐다."

이를 「소축괘」에 적용해 풀이하면 태갑은 구오효, 이윤은 육사효에 해당한다. 구오효와 육사효가 음양의 조화를 이룬 군신관계를 맺고 서로 양육하는 모습이 태갑과 이윤의 고사를 통해 구현된 셈이다. 「소축괘」에서 음효인 육사효가 주인으로 되어 있으나 이는 어디까지나 '소축도小畜道'가 통용되는 시기에 이뤄진 한시적인 것이다. '소축도'의 요체는 오히려 양강陽剛의 덕을 키우는 데 있다고 보아야 한다.

제10장 천택리(天澤履)

☰ 天

☱ 澤

兌下乾上110,111

착괘 : 지산겸地山謙 : 001,000

종괘 : 풍천소축風天小畜 : 111,011

10-1
履, 虎尾, 不咥人, 亨.

이(履)는 호미(虎尾)를 밟을지라도 호랑이가 부질인(不咥人 : 사람을 깨물지 않음, '咥'은 '咬'와 통함)하니 형통하다.

'이履'는 조심하여 걷는 모습을 상징한다. 「이괘」의 핵심은 유일한 음효인 육삼효에 있다. 육삼효는 즐거움을 뜻하는 '태兌'의 모체로 '건괘'의 아래에 처한 모습이 마치 험지를 지나가면서도 재난을 당하지 않고 오히려 형통함을 얻는 경우에 비유된 것이다. 이를 두고 『주역정의』는 이같이 풀이해 놓았다.

"태兌는 화평하고 기쁜 것으로 건괘의 양강에 호응하니 비록 위험한 곳을 걸어가나 재난을 당하지 않고 형통할 것이라는 의미이다. 이는 마치 호랑이 꼬리를 따라가는데도 호랑이가 사람을 물어뜯지 않는 것과 같다."

10-2

「彖」曰, 履, 柔履剛也. 說(=悅)而應乎乾, 是以 '履虎尾, 不咥人, 亨'. 剛中正, 履帝位而不疚, 光明也.

〈단전〉에 이르기를, '이(履)는 음유(陰柔)가 양강(陽剛)에 밟히니 기쁨으로 건(乾)에 응한다. 이에 이호미(履虎尾 : 호랑이 꼬리를 밟음) 할지라도 물리지 않으니 형통하다' 고 했다. 강하고 중정하니 이제위(履帝位 : 제위를 밟음, 不敬을 의미)할지라도 불구(不疚 : 병폐가 없음) 하면 광명(光明)하다.

왕필은 '부질인不咥人'의 이유를 이같이 풀이했다.

"이는 기쁜 마음으로 건乾에 호응하기 때문이다. '건'은 강정剛正의 덕을 지닌 자이다. 간사하고 아첨하는 자에게 기쁜 마음으로 호응하지 않고 '건'에 호응하기 때문에 응당 물어뜯기지 않고 형통하는 것이다."

'이제위履帝位'는 구오효를 설명한 것이다. 그 공능이 '불구不疚, 광명光明'으로 표현돼 있다. 이를 두고 『주역정의』는 이같이 풀이해 놓았다.

"강중剛中으로 제위에 있으니 흠잡을 데가 없고 이로 인해 덕이 더욱 밝게 빛날 것이다."

10-3

「象」曰, 上天下澤, 履. 君子以辯上下·定民志.

初九, 素履往, 无咎.「象」曰 '素履之往', 獨行願也.

九二, 履道坦坦, 幽人貞吉.「象」曰 '幽人貞吉', 中不自亂也.

六三, 眇能視, 跛能履. 履虎尾, 咥人凶. 武人爲于大君.「象」曰 '眇能視', 不足以有明也. '跛能履', 不足以與行也. 咥人之凶, 位不當也. '武人爲于大君', 志剛也.

九四, 履虎尾, 愬愬, 終吉.「象」曰 '愬愬終吉', 志行也.

九五, 夬履, 貞厲.「象」曰 '夬履貞厲', 位正當也.

上九, 視履考祥, 其旋元吉.「象」曰 '元吉', 在上大有慶也.

〈상전〉에서 이르기를, '상천하택(上天下澤), 이(履)' 라고 했다. 군자는 이를 본받아 상하를 분별해 민지(民志 : 민의)를 정한다.

초구는 소리(素履 : 본래의 소박한 모습으로 실천해 나아감)의 자세로 앞으로 나아가면 '무구(无咎)' 하다. 〈상전〉에 따르면 '소리지왕(素履之往)' 은 독행원(獨行願 : 아무 잡념 없이 예를 실천해 나아감)을 뜻한다.

구이는 이도탄탄(履道坦坦 : 탄탄한 평지를 조심스럽게 걸음)하다. 유인(幽人 : 도를 닦아 조용하고 편안한 마음을 지닌 사람)이 수정(守貞 : 정도를 지켜나감)하면 길하다. 〈상전〉에 따르면 '유인정길(幽人貞吉)' 은 중도의 마음이 자란(自亂 : 스스로 혼란스러워짐)하지 않는 것을 뜻한다.

육삼은 묘능시(眇能視 : 애꾸처럼 한 눈으로밖에 보지 못함, '能' 은 '而' 의 의미임)와 파능리(跛能履 : 절름발이처럼 한쪽 발로밖에 걷지 못함)와 같다. 이호미(履虎尾)하여 호랑이가 사람을 무는 형상인 까닭에 흉하다. 무인(武人 : 의지가 굳센 사람)이 대군(大君 : 군주)을 위해 충성코자 하나 그 완고함과 미련함이 지나치다. 〈상전〉에 따르면 '묘능시'는 족히 밝다고 할 수 없고, '파능리'는 족히 제대로 걷는다고 할 수 없다. '질인지흉(咥人之凶)'은 제자리가 아닌 곳에 있음을 말한 것이다. '무인위우대군(武人爲于大君)'은 지의(志意)가 강한 것을 말한 것이다.

구사는 이호미(履虎尾)하다. 삭삭(愬愬 : 삼가며 두려워함)히 행하면 끝내 길하다. 〈상전〉에 따르면 '삭삭종길(愬愬終吉)'은 조심스럽게 예를 행하고자 하는 의지가 행해지는 것을 뜻한다.

구오는 쾌리(夬履 : 결단을 조심스럽게 실천함)하니 수정(守貞)하면 위험을 막을 수 있다. 〈상전〉에 따르면 '쾌리정려(夬履貞厲)'는 구오효의 자리가 정당한 것을 설명한 것이다.

상구는 시리고상(視履考祥 : 걸어온 과정을 살펴 상서로운 조짐이 있는지를 고찰함)하여 몸을 돌리니 원길(元吉 : 大吉)하다. 〈상전〉에 따르면 '원길'은 큰 경사가 있음을 뜻한다.

〈대상전〉의 '상천하택上天下澤'은 상하가 바른 이치로 되어 있음을 상징한 것이다. 이를 두고 정이천은 이같이 풀이했다.

"사람이 길은 걷는 것도 '상천하택'의 이치와 같은 까닭에 그 '상'을 '리履'라고 한 것이다."

이는 상하존비上下尊卑의 예를 분별하여 질서를 지켜 나간다는 뜻으로 '이도履道'의 요체가 상하질서의 준수에 있음을 밝힌 것이다.

초구 효사 '소리素履'의 '소素'는 자연 그대로의 소박한 상태를 말한다. 이는 초구효가 「이괘」의 시작에 처해 자연 그대로의 소박한 예절을 편히 지켜나가고 있는 것을 설명한 것이다. 이를 두고 왕필은 이같이 풀이했다.

"「이괘」의 시작에 처했다는 것은 「이괘」가 행동을 시작했다는 뜻이다. 이도履道는 화려한 것을 싫어하므로 소박해야 재난을 면할 수 있다는 뜻이다."

구이 효사 '이도탄탄履道坦坦'은 구이효가 양강한 품성으로 하괘의 가운데에 처해 있는 것을 마치 사람이 평평한 길을 걷고 있는 것에 비유한 것이다. '유인幽人'은 조용하고 편안한 마음을 지니고 있는 사람을 뜻한다. '유인정길幽人貞吉'을 두고 정이천은 이같이 풀이해 놓았다.

"구이효는 유柔한 곳에 처하면서 관유한 품성으로 중도를 지켜나가니 평탄한 길을 걸어가게 될 것이다. 그러나 평탄한 길을 걸어갈지라도 반드시 조용하고 평안한 마음을 가진 사람만이 비로소 정도를 견고히 지켜나가면서 길할 수 있다."

육삼 효사 '무인위우대군武人爲于大君'의 해석을 둘러싸고 2가지 해석이 존재한다. 이 구절을 육삼효와 상구효의 관계를 설명한 것으로 파악해 '무인이 군주를 위해 충성을 바치다'의 뜻으로 새기는 견해가 있다. 그러나 이 견해는 구오효 대신 상구효를 '군주'로 간주한 이유가 석연치 않다. 『주역정의』는 육삼효와 구오효의 관계를 설명한 것으로 간주해 이같이 풀이해 놓았다.

"육삼효는 미약한 능력으로 구오효의 뜻을 실천하고자 하니 그 완고함과 미련함이 지나치다."

이는 구오효를 '대군'으로 파악한 데 따른 것이다. 통상 제5효가 군주의 효위爻位인 점을 감안할 때 『주역정의』의 풀이가 타당하다. 이같이 해석하는 게 문맥상 순통할 뿐만 아니라 '묘능시眇能視'와 '파능리跛能履' 구절과도 조응케 된다.

구사 효사 '이호미履虎尾'는 구사효가 상괘가 시작하는 곳에 처해 군주와 가까이 하고 있는 까닭에 위험에 노출되어 있는 것을 호랑의 꼬리를 밟은 것에 비유한 것이다. '종길終吉'은 구사효가 양강의 품성으로 음위에 처해 있는 까닭에 능히 겸손할 수 있어 끝내 길할 수 있다는 뜻이다.

「이괘」에서는 특이하게도 '이호미'를 3번에 걸쳐 언급하고 있다. 〈단전〉 괘사에서는 형통한 것으로 되어 있고, 육삼효에서는 양강을 올라타고 함부로 행동하는 까닭에 흉하게 되어 있고, 구사효에서는 양강한 성품으로 음유의 자리에 처해 있는 까닭에 마침내 길한 것으로 되어 있다. 동일한 괘효사가 그 위치에 따라 전혀 다른 내용을 함축하고 있는 것이다. 이를 두고 왕필은 이같이 풀이했다.

"무른 〈단彖〉은 한 괘卦의 본체를 통일적으로 설명한 것이다. 〈상象〉은 각 효爻의 의미를 각각 변별해 설명한 것이다."

구오 효사 '쾌리夬履'는 구오효가 양강의 품성으로 군위에 앉아 중정의 도를 행함으로써 과감한 결단으로 조심스럽게 실천해 나간다는 뜻이다. '정려貞厲'는 양강의 품성으로 양위에 처해 있는 까닭에 만일 지나치게 과감한 결단력을 행사할 경우 정도를 벗어나게 되어 위험하다는 뜻이다.

구오효는 특이하게도 〈단전〉에서 크게 칭송해 놓았음에도 불구하고 〈상전〉에서는 '려厲'을 언급하고 있다. 이는 「이괘」 구오효가 유일한 경우에 해당한다. 그 이유는 무엇일까. 대략 「이괘」가 온유한 것을 귀하게 여긴데 따른 것으로 보인다. 구오효는 양강의 품성으로 양위의 자리에 처해 있을 뿐만 아니라 자리 자체가 최고의 존자를 뜻하는 군위君位이다. 지나치게 과감하게 결단할 소지가 큰 것이다. 〈단전〉에서 크게 칭송해 놓았음에도 불구하고 〈상전〉에서 '려'를 언급한 이유가 바로 여기에 있다고 짐작된다. 그러나 구오효는 비록 〈상전〉에서 '려'를 언급하고 있음에도 불구하고 중정의 덕을 얻고 있는 까닭에 결코 지나친 행동은 하지 않는다. 〈단전〉은 바로 이를 높이 평가한 것으로 볼 수 있다.

상구 효사 '시리고상視履考祥'은 이도履道 : 실천하는 도가 완성된 까닭에 그간 실천했던 일을 돌아보면 그 조짐을 알 수 있다는 의미이다. '기선원길其旋元吉'의 '선旋'은 이내 몸을 돌려 되돌아본다는 의미이다. 이를 두고 왕필은 이같이 풀이해 놓았다.

"가장 높은 곳에 처하면서 호응한다는 말은 높으나 위험하지 않다는 뜻이다. 그래서 그는 몸을 돌린 것이다. 이도履道가 크게 성취되었으므로 대길할 것이다."

이는 상구효가 건괘의 가장 높은 위치에서 몸을 돌려 하괘인 '태괘兌卦'의 육삼효와 호응하고 있는 것을 설명한 것이다. 음효에 있는 양강陽剛의 상구효가 끝내 상호 기맥이 통하는 육삼효에 호응해 유柔한 모습을 취하게 된 것을 의미한다. 「이괘」에서 말하는 '이호미履虎尾'는 『시경』「소아 · 소민小旻」에서 말하는 '전전긍긍戰戰兢兢 : 두려워하고 조심함, 여리박빙如履薄氷 : 얇은 얼음 위를 밟듯이 조심함'과 그 취지를 같이 하고 있다.

「이괘」는 '조심스럽게 걷는다'는 뜻에서 괘명을 취한 것이다. 「이괘」의 육효 또한 일을 할 때에는 반드시 예에 맞춰 신중하게 행할 것을 주문하고 있다. 호랑이 꼬리를 밟았음에도 불구하고 '부질不咥'을 언급한 이유가 바로 여기에 있다. 조심스럽게 행동하면 설령 호랑이 꼬리를 밟는 것과 같이 위험한 상황에 처했을지라도 재난을 면할 수 있다는 것이다.

「이괘」의 육효 중 5개 양효 모두 양강의 품성으로 스스로 잘 처신함으로써 대부분 '무구'하거나 '길'하게 되었다. 오로지 육삼효만 음유의 품성으로 조급히 앞으로 나아가 호랑이 꼬리를 밟은 결과 흉하게 되었으나 이내 잘못을 뉘우치고 정도로 돌아온 까닭에 '무구'하게 되었다. 위태로운 것으로 '이호미履虎尾'보다 더한 것이 없음에도 불구하고 '무구'할 수 있는 것은 곧바로 뉘우치고 정도로 돌아온 데 있다. 「이괘」는 사람들에게 아무리 위험한 상황에 처했을지라도 행동을 조심하면 능히 '무구'할 수 있다는 메시지를 전하고 있는 것이다.

이를 통해 알 수 있듯이 「이괘」에서 말하는 이도履道의 요체는 바로 '이례중정履禮中正'에 있다고 해도 과언이 아니다. 『순자』「애공哀公」편에 인용된 공자의 다음과 같은 언급은 '이례중정'을 군도君道의 차원에서 해석한 것이라고 할 수 있다.

"군주가 동이 트기 직전의 새벽에 빗질을 하여 관을 쓰고, 이른 아침에 조회에 나아가 정무를 처리할 때 한 가지 일이라도 타당하게 처리치 않으면 이는 혼란의 단서가 된다. 군주가 도성문을 빠져나가 교외를 둘러보면 망국의 폐허가 보일 것이니 어찌 두렵지 않겠는가. 내가 듣건대 '군주가 배라면 백성은 물이다. 물은 배를 띄우기도 하고, 배를 뒤엎기도 한다'고 했다. 군주가 이를 생각하면 어찌 위험하다는 느낌이 들지 않겠는가."

제11장 지천태(地天泰)

☷ 地

☰ 天

乾下坤上111,000

착괘 : 천지비天地否 : 000,111

종괘 : 천지비天地否 : 000,111

11-1
泰, 小往大來, 吉, 亨.

태(泰)는 소왕대래(小往大來 : 작은 게 가고 큰 게 옴)하니 길하고 형통하다.

〈서괘전〉에 따르면 '태泰'는 '통通'의 의미를 지니고 있다. '소왕대래小往大來'는 음효인 '곤괘'가 외괘에 처하고 양효인 '건괘'가 내괘에 처했음을 의미한다. 이를 두고 『주역정의』는 이같이 풀이해 놓았다.

"음陰은 사라지는 것이므로 '소왕小往', 양陽은 자라나는 것이므로 '대래大來'라고 한 것이다."

태泰는 곧 부드럽고 작은 것이 밖으로 나가고 강하고 큰 것이 안으로 들어옴으로써 상호 조화를 이룬 상태를 말하는 것이다. 순한 음기가 밖에 처해 있는 까닭에 '소왕小往', 강건한 양기가 안에 처해 있는 까닭에 '대래大來'라고 표현한 것이다. 「태괘」를 두고 순상은 이같이 해석했다.

"곤기坤氣가 상승하면 천도天道가 되고 건기乾氣가 하강하면 지도地道가 된다. 천지의 두 기운이 교합하지 않으면 막혀버리고 만다. 이미 교합하고 있다는 것은 통하고 있다는 의미이다."

11-2

「彖」曰 '泰, 小往大來, 吉, 亨', 則是天地交而萬物通也, 上下交而其志同也. 內陽而外陰, 內健而外順, 內君子而外小人. 君子道長, 小人道消也.

〈단전〉에서 말하는 '태, 소왕대래, 길, 형'은 곧 천지가 교합해 만물이 상통하고, 상하가 교합해 그 뜻이 같게 되는 것을 뜻한다. 이는 '내양외음(內陽外陰)과 내건외순(內健外順), 내군자외소인(內君子外小人)'인 데 따른 것이다. 군자의 도는 자라나고 소인의 도는 쇠미해진다.

'내건외순內健外順'과 '내군자외소인內君子外小人'의 '건建'과 '군자君子'는 양효陽爻, '순順'과 '소인小人'은 음효陰爻를 상징한 것이다. 이는 '건하곤상乾下坤上'으로 이뤄진 「태괘」를

'내양외음內陽外陰' 으로 표현한 것이다.

'내양외음' 은 천지의 교화交和를 상징한다. 천기天氣가 위로만 올라가고 지기地氣가 땅으로만 내려가면 음양의 두 기운이 서로 교화할 수 없게 되어 만물이 죽게 된다.「태괘」는 바로 만물이 살아나는 이치를 밝힌 것이다. 지기는 열을 받으면 위로 올라가 운기雲氣가 되고 운기가 냉각되면 비가 되어 땅 위로 떨어진다. 고인古人들은 이를 '천지의 교화' 로 해석한 것이다. 이는 현대과학의 관점에서 볼지라도 만물의 순환이치에 부합한다.

'군자도장君子道長, 소인도소小人道消' 구절은 '내순외양' 의 결과를 말한 것이다. 원래 양기는 성장하면 위로 올라가고, 음기는 쇠잔하면 아래로 내려온다. 음양 두 기운의 소장消長을 '군자에게는 이롭고 소인에게는 이롭지 못하다' 는 뜻으로 새기는 것은「태괘」를 인사人事에 적용한 데 따른 것이다.

11-3

「象」曰, 天地交, 泰. 后以財(=裁)成天地之道, 輔相天地之宜, 以左右民.

初九, 拔茅茹, 以其彙, 征吉.「象」曰 '拔茅征吉', 志在外也.

九二, 包荒(=巟), 用馮(=淜)河, 不遐遺, 朋亡. 得尙于中行.「象」曰 '包荒得尙于中行', 以光大也.

九三, 无平不陂, 无往不復. 艱貞无咎. 勿恤其孚, 于食有福.「象」曰 '无往不復', 天地際也.

六四, 翩翩, 不富以其鄰. 不戒以孚.「象」曰 '翩翩不富', 皆失實也. '不戒以孚', 中心願也.

六五, 帝乙歸妹, 以祉元吉.「象」曰 '以祉元吉', 中以行願也.

上六, 城復于隍, 勿用師. 自邑(=挹)告命, 貞吝.「象」曰 '城復于隍', 其命亂也.

〈상전〉에 이르기를, '천지교(天地交 : 천지가 서로 교합함), 태(泰)' 라고 했다. 후(后 : 군주)는 이를 본받아 천지지도(天地之道 : 천지의 교합)를 재성(財成 : 헤아려 조절함)하고, 천지지의(天地之宜 : 천지만물의 화목)를 보상(輔相 : 보필하며 권유함)하며 좌우민(左右民 : 백성을 도움, 여기의 '左右'는 '輔助'의 뜻임)한다.

초구는 발모여(拔茅茹 : 서로 엉켜 있는 띠풀의 뿌리를 뽑아냄)로 그 휘(彙 : 무리)가 함께 출현하는 것을 말한다. 정길(征吉 : 앞으로 나아가면 길함)하다. 〈상전〉에 따르면 '발모정길(拔茅征吉)'은 지재외(志在外 : 뜻을 밖에 둠, '치천하'를 의미)를 뜻한다.

구이는 포황(包荒 : 大河를 포용함)과 용빙하(用馮河 : 대하를 배 없이 건넘), 불하유(不遐遺 : 멀리 있는 현자를 버리지 않음), 붕무(朋亡 : 사사로운 붕당을 결성치 않음, '亡'은 '無'의 뜻임)를 뜻한다. 이 4가지 덕을 구비하면 중행(中行 : 중도를 행하는 군주를 상징하는 육오효를 지칭)에 득상(得尙 : 짝이 될 수 있음)할 것이다. 〈상전〉에 따르면 '포황(包荒)'과 '득상우중행(得尙于中行)'은 4가지 덕으로 세상을 광대(光大)하게 만드는 것을 뜻한다.

구삼은 무평불피(无平不陂 : 평지치고 경사지로 변하지 않는 게 없음)·무왕불복(无往不復 : 떠난 것치고 돌아오지 않는 게 없음)을 뜻한다. 간정(艱貞 : 艱難의 세월에 안일을 꾀하지 않고 정도를 지킴)하면 '무구(无咎)'하다. 물휼기부(勿恤其孚 : 다른 사람의 신의를 얻지 못할까 근심치 않음)하니 식록을 누리는 데 복이 있다. 〈상전〉에 따르면 '무왕불복(无往不復)'은 구삼효가 천지제(天地際 : 천지가 교합하는 끝자리)에 있음을 설명한 것이다.

육사는 편편(翩翩 : 짝을 지어 함께 아래로 내려감)하여 불부(不富 : '부유하지 않다'의 뜻으로 이웃과 더불어 즐겁게 사는 것을 상징)한다.

이웃에 대해 서로 경계하지 않고 성신(誠信)을 지니고 있다. 〈상전〉에 따르면 '편편불부(翩翩不富)' 는 상괘의 음효 모두 실실(失實 : 풍요로움을 버림)했다는 뜻이다. '불계이부(不戒以孚 : 상호 경계치 않고 성신을 지님, 以는 而와 통함)' 는 상괘 음효의 중심원(中心願 : 충심으로 하괘의 양효와 호응하고자 함)을 설명한 것이다.

육오는 제을귀매(帝乙歸妹 : 은나라 군주 제을이 어진 신하에게 딸을 출가시킴)하니 이지원길(以祉元吉 : 복을 얻어 크게 길함)할 것이다. 〈상전〉에 따르면 '이지원길' 은 중이행원(中以行願 : 중도로써 구이효와 호응하고자 하는 마음을 실현함)을 설명한 것이다.

상육은 성복우황(城復于隍 : 성벽이 무너져 성하의 마른 도랑 속을 막음)하니 물용사(勿用師 : 君道가 이미 기울어진 까닭에 번잡하게 군사를 동원할 필요가 없다는 뜻임)해야 한다. 자읍고명(自邑告命 : 명이 아래로 시행되지 않는 까닭에 자신이 직할하는 읍에서만 명을 내림)하니 정린(貞吝 : 이런 상황이 지속되면 貞德의 鄙賤함이 심하게 됨)할 것이다. 〈상전〉에 따르면 '성복우황' 은 군명(君命)이 어지러운 것을 뜻한다.

〈대상전〉에 나오는 '재성財成' 의 '재財' 를 두고 예로부터 많은 논란이 있었다. 우번은 글자 그대로 해석해 풀이하기를, '財는 재용財用이다. 이는 곧 직위를 지키는 것은 사람이고 사람을 모으는 것은 재물이라는 뜻이다' 라고 했다. 이에 대해 순상은 '재裁 : 헤아림', 정현은 '절節 : 조절' 로 보았다. 대략 '헤아려 조절하다' 의 뜻으로 새기면 무난할 것이다.

'좌우민左右民' 은 「태괘」의 이치를 깨달아 나라를 잘 통치하고 백성을 보호해야 한다는 뜻을 담고 있다. 이를 두고 왕필은 풀이하기를, "태泰는 사물이 크게 통하는 것을 뜻한다. 이는 사물로 하여금 서로 도와주도록 한다는 의미이다. 이게 곧 '좌우민'이다" 라고 했다. 이는 '좌우민'을 '천지화생天地化生의 화목함을 돕는 것'으로 풀이한 것이다. 문의에 부합하는 해석이다.

초구 효사 '발모여拔茅茹'의 '모茅'는 띠풀을 가리킨다. '여茹'는 초목의 뿌리가 서로 연결되어 있는 형상을 말한다. '발모여'는 뿌리가 서로 엉켜 있는 띠풀의 제거를 의미한다. 이를 두고 왕필은 이같이 풀이했다.

"모茅의 뿌리를 뽑아보면 서로를 끌어당겨 엉켜 있다. 여茹는 서로를 끌어당겨 엉켜 있는 모습이다. 초구효는 하괘인 '건괘'에 있는 세 양효의 수령이다. 이미 함께 하여 따르는 것이 마치 '모여茅茹'와 같아 보인다는 의미이다. 위로 순하게 호응하여 거리감이 없으니 앞으로 나아가면 모두 뜻을 얻는 까닭에 무리들이 앞으로 나아가면 길할 것이라고 했다."

구이 효사 '포황包荒'의 '황荒'은 『석문釋文』에 따르면 원래 '황巟'이다. 우번은 이를 '대하大河'로 풀이했다. '포황'은 곧 '대하를 포용하다'의 뜻이다. 이는 구이효가 양강의 품성으로 하괘의 가운데에 처해 있는 것을 마치 모든 것을 포용하는 '대하'에 비유한 것이다. '용빙하用馮河'의 '빙馮'은 '빙淜'과 통한다. '빙淜'을 두고 『설문해자』는 '배를 사용치 않고 하천을 건너다'의 뜻으로 풀이해 놓았다. 『이아爾雅』「석훈釋訓」에 따르면 '빙하'는 '하천을 걸어서 건너다'의 뜻이다. '불하유不遐遺'는 '불유하不遺遐'의 도치문으로 '멀리 있는 현자를 등용치 못해 버리는 일이 없다'의 뜻이다.

'득상得尙'의 '상尙'을 두고 '숭상崇尙'으로 풀이하는 견해도 있으나 이는 문맥상 자연스럽지 못하다. 왕필은 '배配 : 짝이 됨', 『이아』「석고釋詁」는 '우右 : 도움'의 뜻으로 보았다. 원래 '포황'과 '용빙하', '불하유', '붕무'의 덕은 육이효가 상괘의 가운데에 처해 중행中行 : 중도를 행함하고 있는 음유陰柔의 육오효에 호응하고 있는 것을 비유한 것이다. 왕필의 해석이 문맥상 순통한다.

구삼 효사 '무평불피无平不陂'와 '무왕불복无往不復'은 구삼효가 하괘의 끝에 처하면서 상괘로 이어지는 통로 역할을 수행하고 있는 것을 비유한 것이다. 이는 『시경』「소아 · 시월지교十月之交」에 나오는 '높은 언덕은 계곡을 만들고 깊은 계곡은 큰 언덕을 만든다'는 구절과 그 취지를 같이 한다. '간정무구艱貞无咎'는 구삼효가 상괘인 '곤괘'의 맨 끝에 있는 상육효와 호응하고 있는 까닭에 정도를 지키지 않으면 통하는 것이 이내 막히는 것으로 전환될 수 있음을 지적한 것이다. 이를 두고 정이천은 이같이 풀이했다.

"바야흐로 통할 때는 감히 안일해서는 안 된다. 항시 어렵고 위험하다는 생각을 하고 있어야 재난을 면할 수 있다."

육사 효사 '편편불부翩翩不富'는 새들이 친밀하게 함께 날아서 내려오는 모습을 형상한 것으로 인사人事의 '교태交泰 : 교합하여 통함'를 설명한 것이다. 이는 음양이 상하 교합을 이뤄 크게 통하게 되었음을 뜻한다. 경복궁 내 곤전坤殿의 명칭을 '교태전交泰殿'으로 한 것은 바로 육사효의 원리를 원용한 것이다.

육오 효사 '제을귀매帝乙歸妹'의 '제을帝乙'을 두고 순상과 『경방역전京房易傳』은 탕湯, 우번은 은나라 마지막 군주인 주紂의 부친으로 보았다. 중국의 전래 신화에 따르면 '제을'은 곧 '을제

乙帝'로 '주'의 부친에 해당한다. 우번의 견해가 타당하다.

전설에 따르면 제을은 생전에 두 아들을 두었다. 큰 아들이 바로 미자微子 계啓이다. 미자는 미微 : 산서성 노성현 동쪽 땅을 봉지로 받은 데서 나온 것이다. 둘째 아들은 신제辛帝, 즉 제신帝辛이다. '제신'이 바로 은나라 마지막 군주인 '주'이다. 당초 미자 계는 모친이 정실이 아닌 까닭에 태자가 되지 못했다. 이에 '제신'이 부왕인 '제을'의 뒤를 이어 보위에 오르게 된 것이다. '제신'은 생모가 제을의 정비였던 까닭에 어려서 태자가 되었다. 을제가 죽자 태자인 '제신'이 보위에 오른 것이다.

'귀매歸妹'의 '귀歸'는 '가嫁'의 뜻이다. '매妹'는 원래 여동생을 뜻하나 '제을귀매'의 '매'는 육오효가 음효로서 존위尊位에 처하면서 현신賢臣을 상징하는 아래의 구이효에 호응하는 점에 비춰 제을의 딸을 의미하는 것으로 새기는 게 타당하다.

상육 효사 '성복우황城復于隍'의 '복復'은 '복覆 : 무너짐'과 통한다. '황隍'을 두고 우번은 물이 마른 성하城下의 해자垓字로 보았다. 물이 있는 해자를 뜻하는 '성지城池'가 통상 '성城'과 같은 의미로 사용되는 점에 비춰 우번의 해석이 타당하다. '성복우황'은 크게 통하는 것도 극에 달하면 막히는 게 생긴다는 뜻을 담고 있다. 이를 두고 왕필은 이같이 풀이해 놓았다.

"극한 곳에 처하면 반대로 응하게 된다. 태도泰道 : 크게 통하는 이치가 사라진다는 것은 상하가 교합치 못하고 있다는 의미이다. 아랫사람은 위를 받들지 않고 윗사람은 아랫사람에게 베풀지 않는 것이다. 이에 '성복우황'이라고 한 것이다. 이리 되면 비도卑道 : 아랫사람의 도리 또한 무너지고 말 것이다."

평화의 시기가 오래 가면 반드시 혼란의 시기가 도래하고, 혼란의 시기가 오래 되면 반드시 평화의 시기가 도래하기 마련이다. 「태괘」의 육효가 모두 '수수授受'와 '내왕來往'의 뜻을 지니고 있는 것도 바로 이 때문이다. 상육효는 평화의 시기가 극에 달해 끝내 혼란의 시기가 도래케 된 상황을 설명한 것이다.

「태괘」의 요체는 구삼효와 상육효가 상징하는 '태극비래泰極否來'에 있다. 「태괘」가 궁극에 달하면 「비괘否卦」로 변하게 된다는 뜻이다. 구삼효는 '무평불피无平不陂'와 '무왕불복无往不復', 상육효는 '성복우황城復于隍'의 비유로 '태극비래'의 이치를 설명해 놓았다. 이는 『논어』「자로」편에 나오는 '군자태이불교君子泰而不驕 : 군자는 사람들과 두루 통하되 교만하지 않음' 구절과 그 취지를 같이 하는 것이다. '처태려비處泰慮否 : 두루 통하는 곳에 처하면서 장차 막힐 것을 우려함'의 자세야말로 '태극비래'에 대처하는 군자의 바른 자세가 아닐 수 없다.

제12장 천지비(天地否)

☰ 天

☷ 地

坤下乾上000,111

착괘 : 지천태地天泰 : 111,000

종괘 : 지천태地天泰 : 111,000

12-1

否之匪人, 不利君子貞. 大往小來.

비(否)는 비인(匪人 : 人道가 거부되는 시기를 상징)이다. 군자정(君子貞 : 군자가 정도를 취함)하여 대왕소래(大往小來 : 큰 것이 가고 작은 것이 옴)하기 때문이다.

'비否'는 '비색否塞 : 꽉 막힘' 내지 '비폐否閉 : 꽉 닫힘'의 뜻이다. 하늘이 위에 있고 땅이 아래에 있는 게 정상이나 『주역』의 '변역' 관점에서 볼 때 이는 정반대로 '비색'의 상황을 의미한다.

'비인匪人'이 바로 이를 상징한다. 이는 소인이 득세한 시기를 지칭한다. '비인'의 시기에는 군자의 수정守貞이 불리하다. 이는 군자의 도가 통하지 않기 때문이다. 이를 두고 『주역정의』는 이같이 풀이했다.

"'비인'은 인도人道가 서로 통하지 않는 때를 의미한다."

'불리군자정不利君子貞' 구절을 두고 '비색'의 시기일지라도 군자는 '수정'해야 한다는 뜻으로 풀이하는 견해도 있으나 이는 잘못이다. 이는 소인의 도가 통하고 대인의 도가 통하지 않는다는 뜻으로 말한 '대왕소래大往小來' 구절의 취지와 배치된다. '비색'의 시기에는 군자도 '수정'을 감추며 '명철보신明哲保身'할 필요가 있다. 이것이 『논어』「공야장」편에서 말한 '방무도면어형륙邦無道免於刑戮 : 나라에 도가 없을 때 벌을 받아 주살되는 일을 면함'의 취지에 부합한다.

12-2

「彖」曰, '否之匪人, 不利君子貞, 大往小來', 則是天地不交, 而萬物不通也. 上下不交, 而天下无邦也. 內陰而外陽, 內柔而外剛, 內小人而外君子, 小人道長, 君子道消也.

〈단전〉에서 말하는 '비지비인(否之匪人), 불리군자정(不利君子貞), 대왕소래'는 곧 천지가 서로 교합하지 못하는 까닭에 만물이 불통(不通)하는 것을 뜻한다. 상하가 교합하지 못하니 천하무방(天下无邦 : 천하에 인도가 통하지 않는 까닭에 백성들이 흩어져 나라가 존재하지 않음)하다. 이는 '내음외양(內陰外陽)과 내유외강(內柔外剛), 내소인외군자(內小人外君子)'인 데 따른 것이다. 소인의 도는 자라나고 군자의 도는 쇠미해진다.

「비괘」의 '내음외양內陰外陽'과 '내유외강內柔外剛', '내소인외군자內小人外君子'는 각각 「태괘」의 '내양외음內陽外陰'과 '내건외순內健外順', '내군자외소인內君子外小人'과 대칭된다. 「비괘」의 〈단전〉은 「태괘」의 〈단전〉과 완전히 상반되고 있다. '천하무방天下无邦'은 바로 이를 설명한 것이라고 할 수 있다.

'군자도소君子道消'의 '소消'는 '멸滅'과 구별할 필요가 있다. 비록 '비인'의 세상일지라도 '군자도'가 완전히 사라지는 것은 아니다. 만일 완전히 사라지는 것으로 해석할 경우 『주역』에서 말하는 변역의 이치와 배치케 된다. 이는 소인들이 높은 자리를 차지하고 있는 까닭에 군자가 재야에 머물고 있는 상황을 비유한 것이다.

12-3

「象」曰, 天地不交, 否. 君子以儉德辟(=避)難, 不可榮以祿.

初六, 拔茅茹, 以其彙, 貞, 吉亨. 「象」曰 '拔茅貞吉', 志在君也.

六二, 包承, 小人吉, 大人否, 亨. 「象」曰 '大人否亨', 不亂羣也.

六三, 包羞. 「象」曰 '包羞', 位不當也.

九四, 有命无咎. 疇(=儔)離祉. 「象」曰 '有命无咎', 志行也.

九五, 休否, 大人吉. 其亡其亡, 繫于苞桑. 「象」曰 '大人之吉', 位正當也.

上九, 傾否, 先否後喜. 「象」曰, 否終則傾, 何可長也.

〈상전〉에 이르기를, '천지불교(天地不交 : 천지가 교합하지 못함), 비(否)'라고 했다. 군자는 이를 본받아 검덕피난(儉德辟難 : 검소함을 미덕으로 삼아 난을 피함)할 뿐 작록(爵祿)을 받아 영화를 추구하는 일을 하지 말아야 한다.

초육은 발모여(拔茅茹 : 서로 엉켜 있는 띠풀의 뿌리를 뽑아냄)로 그 휘(彙 : 무리)가 함께 출현하는 것을 말한다. 수정(守貞)하면 길하고 형통하다. 〈상전〉에 따르면 '발모정길(拔茅貞吉)'은 '지재군(志在君 : 뜻이 군주를 위하는 데 있음, 감히 아첨하지 않음을 지칭)'을 뜻한다.

육이는 포승(包承 : 군주에게 포용되어 유순하게 받듦, 호응하는 구오효를 받드는 것을 지칭)하니 소인에게는 길하다. 대인(大人 : 군자)은 이를 부정(否定)해야 형통할 것이다. 〈상전〉에 따르면 '대인부(大人否), 형(亨)'은 난군(亂群 : 바른 것과 사악한 게 뒤섞여 문란해짐)하지 않는 것을 뜻한다.

육삼은 포수(包羞 : 포용되어 아첨으로 섬기며 사악한 짓을 행하다가 치욕을 당함)하다. 〈상전〉에 따르면 '포수'는 위부당(位不當 : 자리가 적당치 않음, 음효가 양효의 자리에 처해 있음을 지칭)을 뜻한다.

구사는 유명무구(有命无咎 : 군주의 명을 좇으면 재난을 면함)하니 주리지(疇離祉 : 무리들이 구사효의 군자를 만나 복을 누림, '離'는 '遭'와 통함)한다. 〈상전〉에 따르면 '유명무구'는 지행(志行 : '否道'를 다스리고자 하는 의지를 실천함)을 뜻한다.

구오는 휴비(休否 : 否道가 통하는 시기에 美事를 행함)하니 대인에게 길하다. 기망기망(其亡其亡 : 소인의 참소로 위난에 빠지지 않을까 염려함)하는 자세로 스스로 경계하니 마치 계우포상(繫于苞桑 : 뽕나무 밑둥에 물건을 맨 것처럼 견고함, '苞'는 '本'과 통함)하는 것과 같다. 〈상전〉에 따르면 '대인지길(大人之吉)'은 그 자리가 정당함을 뜻한다.

상구는 경비(傾否 : 비색의 상황이 기울어져 뒤집혀짐)하니 선비후희(先否後喜 : 앞서는 否道가 통했으나 이제는 正道를 행한 자에게 기쁨이 있음)한다. 〈상전〉에 이르기를, '비색의 상황이 기울어져 이내 뒤집혀지려 하고 있으니 그 상황이 어찌 오래 가겠는가' 라고 했다.

〈대상전〉의 '천지불교天地不交' 는 천지가 서로 교합하지 않는다는 뜻으로 이를 치도의 관점에서 파악하면 군주와 신하가 서로 응접하지 않는 것에 비유할 수 있다. 군주는 자신의 입장만 고집하고 신하는 군주의 교오驕傲한 자세에 더욱 반발하며 멀어지는 경우가 이에 해당한다.

초육 효사 '발모여拔茅茹, 이기휘以其彙' 구절은 「태괘」 초구효의 효사와 동일하나 그 의미는 정반대이다. 「태괘」에서는 하괘인 '건괘' 의 3개의 양효가 함께 움직이면서 상괘인 '곤괘' 의 음효와 화합하는 까닭에 '정길征吉' 이라고 한 것이다. 이에 대해 「비효」에서는 하괘인 '곤괘' 의 3개의 음효가 서로 연합해 상괘인 '곤괘' 의 양효와 호응코자 하나 이를 이루지 못하는 까닭에 '정길貞吉' 이라고 한 것이다. 이를 두고 왕필은 이같이 풀이했다.

"비否에 처했을 때 움직이면 곧 사악한 곳으로 들어가게 된다. 이는 세 개의 음효가 가진 동일한 이치이다. 이에 모두 앞으로 나아갈 수 없다. '발모여' 는 같은 성질의 무리가 정도를 지키면서 아첨하지 않으면 곧 길하고 형통할 것이라는 뜻이다."

육이 효사 '대인부大人否, 형亨' 구절을 두고 대개 '부否' 를 '비색否塞' 으로 간주해 '대인은 비색하나 끝내 형통할 것이다' 로 새기고 있으나 이는 잘못이다. 순상과 왕필은 '부否' 를 '부정否定', 우번은 '불不' 로 해석했다. 원래 '비도否道' 의 시대에는 소인의 도가 횡행하는 까닭에 대인은 뒤로 물러나 소인과 섞이지 말아야 한다. '난군亂群' 을 언급한 취지가 바로 여기에 있다. '난군'

은 군자가 뜻을 굽혀 소인들과 함께 어울림으로써 바른 것과 사악한 것이 뒤섞인 상황을 지칭한다. 이를 두고 왕필은 풀이하기를, '대인이 이를 부정하면 그 도는 곧 형통할 것이다' 라고 했다. 왕필의 주석을 좇아 '대인부大人否' 로 해석하는 게 문맥상 순통한다.

육삼 효사 '포수包羞' 는 소인이 높은 자리에 앉아 아첨으로 군주를 섬기며 사악한 짓을 행하다가 끝내 치욕을 당하는 것을 지적한 것이다. 원래 소인은 능력이 없는 까닭에 군주에게 용납되어 높은 자리에 앉게 되면 자리를 보존하기 위해 아첨을 일삼기 마련이다. 그러나 끝내 이로 인해 커다란 치욕을 당할 수밖에 없게 된다. '위부당位不當' 을 언급한 취지가 여기에 있다.

구사 효사 '유명무구有命无咎' 는 구사효가 상괘의 아래에 처하면서 구오효의 군명君命을 받들어 비도否道를 다스림으로써 재난을 면하게 된 것을 설명한 것이다. 「태괘」는 지극히 잘 다스려지는 상황에서 군명의 혼란으로 인해 어지러운 상황으로 전화되는 데 반해 「비괘」는 비록 지극히 어지러우나 군명의 수행으로 점차 유익한 상황으로 바뀌게 된다. '주리지疇離祉' 는 바로 군자가 천하인을 위해 복지福祉를 만들어내자 소인들 역시 같은 무리를 끌어들여 서로 의지하여 살아가게 되는 상황을 말한 것이다. 구사효는 위태로운 상황에서 전복하는 것을 부축해 잡아주는 데 근본 취지가 있다.

구오 효사 '휴비休否' 는 '군자가 휴미지사休美之事 : 아름다운 일를 행한다' 는 뜻이다. 이를 두고 '휴休' 를 '정식停息 : 정지시켜 멈추게 함' 으로 간주해 '비도否道를 정지시키다' 의 뜻으로 해석하는 견해도 있으나 '휴休'를 '미美'의 뜻으로 간주해 풀이하는 게 문맥상 순통한다. 그래야만 '기망기망其亡其亡'을 언급한 취지가 확연히 드러난다. 이는 '비도'가 횡행하는 시기에 군자가 존위尊位에 앉아 소인의 접근을 막을 경우 위난에 처할 가능성이 높은 까닭에 늘 스스로 경계할 것을 당부한 것이다. '계우포상繫于苞桑'은 '기망기망'하는 군자의 자세가 매우 견고한 것을 비유한 것이다.

상구 효사 '경비傾否'는 비색의 상황이 극에 달해 '비도'가 이미 끝나게 된 것을 지칭한다. '선비후희先否後喜'는 비도가 끝나지 않은 상황에서는 아직 비도가 앞서 통하나 이미 끝난 뒤에는 정도가 통하는 까닭에 정도를 행한 자에게 이내 기쁨이 있게 되리라는 것을 지적한 것이다. 상구효의 공능功能을 두고 정이천은 이같이 풀이했다.

"막힌 게 극에 달하면 반드시 기울어지게 되어 있다. 사물은 극에 달하면 반드시 돌아오게 되어 있다. 위험이 일변해 평안이 되고, 혼란이 일변해 정돈이 되는 것은 반드시 양강陽剛의 재능을 지닌 후에야 가능하다. 「비괘」의 상구효는 능히 막힌 것을 뒤집을 수 있는 데 반해 「준괘屯卦」의 상육효는 그리 할 수 없다."

「비괘」의 요지는 '비극태래否極泰來'에 있다. 이는 「태괘」의 요지가 '태극비래泰極否來'에 있는 것과 정반대이다. 일찍이 왕부王符는 『잠부론潛夫論』「사현思賢」편에서 「비괘」를 인용해 '천하의 백성을 양육하는 군주는 난이 일어나기에 앞서 현자를 임용해 미리 대비한다'고 언급한 바 있다. 이는 『노자』에 나오는 '오직 병병病病 : 병통을 병통으로 여김해야 불병不病 : 병통이 없음할 수 있다'는 구절과 취지를 같이하는 것이다. 「비괘」의 의미는 '비도'가 횡행하는 시기일지라도 장차 '비극태래'의 원리에 따라 밝은 미래가 올 것을 믿고 묵묵히 자신이 해야 할 바를 찾아나갈 것을 권한 데서 찾을 수 있다.

제13장 천화동인(天火同人)

☰ 天

☲ 火

離下乾上101,111

착괘 : 지수사地水師 : 010,000

종괘 : 화천대유火天大有 : 111,101

13-1

同人于野, 亨, 利涉大川, 利君子貞.

동인(同人)은 넓은 들에서 사람들과 함께 하니 형통한다. 섭대천(涉大川)이 이롭고, 군자는 수정(守貞)하는 게 이로울 것이다.

'동인우야同人于野'의 '동인同人'은 사람들과 화합하는 사람, '야野'는 드넓은 들판을 지칭한다. 『주역정의』에 따르면 '동인우야'는 '사람들과 화합하려면 반드시 관대하여 그들과 같지 않은 게 없어야 한다'는 뜻이고, '섭대천涉大川'은 '사람들과 마음을 같이 해야 어려움을 넘어설 수 있다'는 취지를 담고 있다.

13-2

「彖」曰, 同人, 柔得位得中而應乎乾, 曰 '同人'. 同人曰 '同人于野, 亨, 利涉大川.' 乾, 行也. 文明以健, 中正而應, 君子正也. 唯君子爲能通天下之志.

〈단전〉에 이르기를, '동인은 음유(陰柔 : 육이효를 지칭)가 중도의 자리를 얻어 건(乾 : 구오효를 지칭)에 호응한다. 이를 일러 동인이라 한다'고 했다. '동인'의 괘사에서 말하는 '동인우야(同人于野), 형(亨), 이섭대천(利涉大川)'은 건덕(乾德)이 행해지는 것을 뜻한다. 문명(文明 : 文德이 밝게 빛남)하여 굳건하고, 중정(中正)하여 응하니 이는 군자정(君子正 : 군자의 바른 미덕)을 뜻한다. 오직 군자라야 능히 통천하지(通天下志 : 천하인의 뜻에 통함)할 수 있다.

「동인괘」에서는 육이효만이 음효이다. 육이효는 하괘의 가운데에 처하며 상괘의 구오효에 응하고 있다. '문명文明'과 '중정中正'은 육이효와 구오효의 공효를 설명한 것이다. '통천하지通天下志'는 군자정君子正의 결과이다.

13-3

「象」曰, 天與火, 同人. 君子以類族辨物.

初九, 同人于門, 无咎. 「象」曰 '出門同人', 又誰咎也.

六二, 同人于宗, 吝. 「象」曰 '同人于宗', 吝道也.

九三, 伏戎于莽, 升其高陵, 三歲不興. 「象」曰 '伏戎于莽', 敵剛也. '三歲不興', 安行也.

九四, 乘其墉, 弗克攻, 吉.「象」曰 '乘其墉', 義弗克也. 其吉, 則困而反則也.

九五, 同人先號咷, 而後笑, 大師克相遇.「象」曰, 同人之先, 以中直也. 大師相遇, 言相克也.

上九, 同人于郊, 无悔.「象」曰 '同人于郊', 志未得也.

〈상전〉에 이르기를, '천여화(天與火 : 하늘이 불과 함께 함), 동인(同人)' 이라고 했다. 군자는 이를 본받아 유족변물(類族辨物 : 인류와 사물의 異同을 분별하여 동화시킴)한다.

초구는 동인우문(同人于門 : 강건한 자가 문을 나서 타인과 화합함)하여 '무구(无咎)' 하다. 〈상전〉에 따르면 '출문동인(出門同人 : 문을 나서며 타인과 화합함)' 은 '우수구(又誰咎 : 누가 그와 더불어 잘못을 범하겠는가)' 의 뜻이다.

육이는 동인우종(同人于宗 : 족당 내에서만 화합함)하니 인석(吝惜 : 애석함)하다. 〈상전〉에 따르면 '동인우종' 은 인도(吝道 : 인석케 만드는 이치)를 뜻한다.

구삼은 복융우망(伏戎于莽 : 군사를 숲에 매복시킴)하여 빈번히 높은 언덕에 올라 적정을 살피나 3년이 지나도 힘이 약한 까닭에 감히 군사를 일으키지 못한다. 〈상전〉에 따르면 '복융우망' 은 강한 적이 대치해 있음을 뜻한다. '삼세불흥(三歲不興)' 은 '안행(安行 : 어찌 모험적인 공격을 할 수 있겠는가)' 의 의미이다.

구사는 승기용(乘其墉 : 성벽의 담장을 올라타고 앉음)하여 아래에 있는 구삼효인 적을 공격코자 하나 이내 스스로 물러날 뿐 공격하지 않으니 길하다. 〈상전〉에 따르면 '승기용' 은 의리(義理)에 비춰 이길 수 없음을 설명한 것이다. 그게 길하다고 한 것은 곧 '곤이반칙(困而反則 : 곤경에 처하자 이내 正則으로 돌아옴)' 을 설명한 것이다.

구오는 '동인' 하는 과정에서 먼저 호도(號咷 : 크게 울부짖음)하나 후에 웃게 되니 대사(大師 : 대군)를 동원해 승리한 뒤 비로소 뜻을 같이한 자와 화합할 수 있다는 의미이다. 〈상전〉에 따르면 '동인지선(同人之先 : 號咷를 지칭)'은 중직(中直 : 중도로써 바르게 함)을 뜻한다. '대사상우(大師相遇)'는 상극(相克 : 적과 교전하여 승리를 거둠)을 말한 것이다.

상구는 동인우교(同人于郊 : 황량한 외곽지역에서 동지를 구함)하나 무회(无悔 : 후회는 없음)하다. 〈상전〉에 따르면 '동인우교'는 타인과 뜻을 같이 하고자 하나 아직 실현되지 못한 것을 설명한 것이다.

〈대상전〉의 '천여화天與火'는 상하 간의 친화親和를 천체가 위에 있고 화기火氣가 위를 향해 타오르는 형상에 비유한 것이다. 여기의 '여與'를 '친화'의 뜻으로 새기는 것은 바로 이 때문이다. 순상은 '동인同人'을 상괘인 '건괘'가 하괘인 '이괘離卦'에서 떨어져 나와 동거하는 것으로 풀이했다. '유족변물類族辨物'의 '유類'는 '변辨'과 통한다. 이를 두고 주희는 풀이하기를, '유족類族은 인류의 측면에서 말한 것이고, 변물辨物은 사물의 측면에서 말한 것이다'라고 했다.

'유족변물'은 사물의 이동異同을 분별해 동화시키는 것을 의미한다. 이는 「규괘睽卦」의 〈대상전〉에 나오는 '이동이이以同而異 : 크게 같은 것을 도모하며 작게 다른 것을 존치시킴' 구절과 그 취지를 같이 한다. '이동이이'는 '구동존이求同存異'와 같은 말이다. 다만 「규괘」의 '이동이이'는 서로 어긋나는 것의 화합을 뜻하는 데 반해 「동인괘」의 '유족변물'은 서로 다른 점을 인정하면서 화합하는 것을 지칭하는 점이 다르다.

초구 효사 '동인우문同人于門'은 양효로서 하괘의 첫자리에 앉아 있는 까닭에 '동인'의 시작으로 본 것이다. 윗자리에 얽매이지 않고 문을 나서 폭넓게 많은 사람과 화합하는 것을 뜻한다. 이를 두고 왕필은 이같이 풀이했다.

"「동인괘」의 처음에 처하니 '동인'의 우두머리가 되는 자이다. 위에서 호응하지 않아도 마음이 근심스럽지 않으니 무릇 대동大同과 통한다. 문을 나서면서 남과 함께 하는 까닭에 '동인우문'이라고 한 것이다. 문을 나서자마자 남들과 잘 어울리는데 누구인들 그를 해치겠는가."

육이 효사 '동인우종同人于宗'은 육이효가 구오효와 서로 호응하는 것을 편협하게도 가까운 족당 내에서만 화합하는 것에 비유한 것이다. 이는 육이효가 자신과 호응하는 구오효를 지나치게 친애한 데 따른 것이다.

구삼 효사 '복융우망伏戎于莽'은 힘이 약한 구삼효가 이웃한 육이효와 화합키 위해 군사를 매복시키는 기병奇兵을 통해 강한 무력을 지닌 구오효와 대적하는 형상을 비유한 것이다. 그러나 '복융우망'은 강제로 육이효와 화합키 위해 무리한 방안을 동원한 까닭에 비록 빈번히 높은 언덕에 올라 적정을 살피나 3년이 지나도록 힘이 약한 까닭에 감히 군사를 일으키지 못하는 것을 상징한다.

구사 효사 '승기용乘其墉'은 구사효가 육이효를 구하기 위해 구삼효와 다투는 것을 비유한 것이다. 구삼효와 구사효 모두 강강剛强한 품성으로 육이효와 억지로 화합코자 한다. 다만 구사효는 구삼효와 달리 음위陰位에 처해 있는 까닭에 물러날 줄 안다. 구사효가 끝내 길하다고 한 것은 바로 이 때문이다.

구오 효사 '호도號咷'는 '호도號啕'와 '호도嚎啕', '호도嚎咷'

등으로도 쓰인다. '선후도이후소先號咷而後笑'는 처음에는 구삼효와 구사효가 적대시하여 싸우고자 하는 까닭에 화합할 수 없어 큰 소리로 통곡하면서 비통해 하나 나중에는 승리를 거둬 크게 웃게 된다는 뜻이다. 이를 두고 왕필은 이같이 풀이했다.

"구오효는 강건한 양효가 가까이 있는 까닭에 격리된 채 그가 원하는 것을 얻지 못한다. 이에 처음에는 큰 소리로 울부짖는다. 중도를 지키면서 존경받는 위치에 전쟁을 함으로써 반드시 승리하여 나중에는 웃게 될 것이다. 사물로 하여금 스스로 돌아오게 할 수는 없으나 그 강직함을 잘 이용하면 반드시 승리할 것이다. 연후에는 서로 화합할 수 있다."

상구 효사 '동인우교同人于郊'는 황량한 외곽지역에 처함으로써 동지들을 찾아볼 수 없게 되었음을 의미한다. 그렇다면 '동인우교'를 두고 '무회无悔'라고 한 것은 무슨 까닭일까. 이를 두고 왕필은 이같이 풀이했다.

"황막한 교郊에 처해 있다는 것은 곧 동지를 얻지 못했다는 뜻으로 내부의 혼란으로부터 멀리 떨어져 있음을 의미한다. 따라서 비록 뜻을 얻지는 못하나 후회치는 않는 것이다."

「동인괘」의 요지는 '화동어인和同於人'에 있다. 이는 『예기』「예운禮運」편에서 얘기하는 '대동大同'과 그 취지를 같이 하는 것이다. 그러나 「동인괘」는 『예기』「예운」편과 달리 '대동세계'는 단순히 예치禮治를 통해 이룰 수 있는 게 아니라 대규모 군사동원이 불가피한 점을 역설한 데 그 특징이 있다. 구오효에 나오는 '대사大師'가 이를 뒷받침한다.

이는 『주역』이 천하통일의 기운이 무르익는 전국시대 후기에 완성되었을 가능성을 짙게 시사하는 대목이다. 삼국시대의 왕필이 '동인에 처했을 때 통하지 않으면 반드시 군사를 동원해야 한다' 고 언급한 것도 같은 맥락에서 이해할 수 있을 것이다. 과거 일제가 「동인괘」에서 강조한 '대사大師를 통한 대동' 을 역설하며 소위 '대동아전쟁大東亞戰爭' 을 일으킨 것도 결코 우연으로만 볼 수 없다. 공교롭게도 일장기日章旗는 「동인괘」의 '대동' 이념을 형상화한 것이다.

제14장 화천대유(火天大有)

☲ 火

☰ 天

乾下離上111,101

착괘 : 수지비水地比 : 000,010

종괘 : 천화동인天火同人 : 101,111

14-1
大有, 元亨.

대유(大有)는 원형(元亨 : 크게 형통함)하다.

'대유大有'는 말 그대로 '크게 소유하다'의 뜻이다. 이에 대해 우번은 '크게 부유해지다'의 뜻으로 풀이했다. 이는 『춘추좌전』「노선공 16년」조에 나오는 '동冬, 대유년大有年 : 크게 풍년이 들었음'에 주목한 견해이다. 크게 보아 같은 뜻으로 볼 수 있다. 「대유괘」는 한 개의 음효가 군주의 자리에 위치해 나머지 5개 양효의 호응을 얻고 있는 형상에서 나온 것이다.

14-2

「彖」曰, 大有, 柔得尊位大中, 而上下應之, 曰 '大有'. 其德剛健而文明, 應乎天而時行, 是以 '元亨'.

〈단전〉에 이르기를, '대유는 음유(陰柔)가 존위대중(尊位大中 : 존귀한 자리와 큰 중도)을 얻어 상하가 서로 응하는 것이다. 이를 일러 대유라고 한다' 고 했다. 그 덕이 강건(剛健)하고 문명(文明)하여 응천시행(應天時行 : 하늘에 응해 적시에 행해짐)한다. 그래서 원형(元亨)이라고 한 것이다.

'강건剛健' 과 '문명文明' 은 각각 하괘인 '건괘' 와 상괘인 '이괘離卦' 의 공능을 표현한 것이고. '응천시행應天時行' 은 '건하이상乾下離上' 으로 구성된 「대유괘」의 공능을 언급한 것이다. '응천시행' 을 두고 왕필은 이같이 풀이해 놓았다.

"강건하여 정체되지 않고 현명함으로써 잘못을 저지르지 않는다. 응천應天하면 곧 크게 되고, 시행時行하면 어그러짐이 없게 된다. 이는 근원적으로 크게 형통하는 덕성을 지녔기 때문이다."

14-3

「象」曰, 火在天上, 大有. 君子以遏惡揚善, 順天休命.

初九, 无交害. 匪咎, 艱則无咎. 「象」曰, 大有初九, 无交害也.

九二, 大車以載, 有攸往, 无咎. 「象」曰 '大車以載', 積中不敗也.

九三, 公用亨(=享)于天子, 小人弗克. 「象」曰 '公用亨于天子', 小人害也.

九四, 匪其彭, 无咎.「象」曰 '匪其彭无咎', 明辯(=辨)哲也.

六五, 厥孚交如, 威如, 吉.「象」曰 '厥孚交如', 信以發志也. '威如之吉', 易而无備也.

上九, 自天祐之, 吉无不利.「象」曰, 大有上吉, 自天祐也.

〈상전〉에 이르기를, '화재천상(火在天上 : 불이 하늘 위에 있음), 대유(大有)' 라고 했다. 군자는 이를 본받아 알악양선(遏惡揚善 : 악을 막고 선을 드날림) · 순천휴명(順天休命 : 천도에 순응해 그 명을 아름답게 함)한다.

초구는 교해(交害 : 交往에 따른 해)가 없으니 비구(匪咎 : 재난을 야기치 않음)하다. 그러나 간난(艱難)을 염두에 두어야만 '무구(无咎)' 하게 된다. 〈상전〉에 따르면 '대유초구(大有初九)' 는 교해(交害)가 없음을 뜻한다.

구이는 대거이재(大車以載 : 큰 수레에 재물을 가득 실음)하니 앞으로 나아갈지라도 '무구' 하다. 〈상전〉에 따르면 '대거이재' 는 적중불패(積中不敗 : 중도를 실천해 쌓아놓은 물건이 한쪽으로 기울어지지 않도록 해야만 실패치 않게 됨)를 뜻한다.

구삼은 공향천자(公享天子 : 제후가 천자에게 조공을 올리며 공경함)하니 소인은 막중한 책무를 감당치 못한다. 〈상전〉에 따르면 '공용향우천자(公用享于天子)' 는 소인에게 막중한 책임을 맡기면 반드시 재난을 초래할 것이라는 취지를 설명한 것이다.

구사는 비방무구(匪彭无咎 : 부유함이 지나치게 홍성하지 않으면 재난을 면함, '彭' 은 '壯' 과 통함)하다. 〈상전〉에 따르면 '비기방무구(匪其彭无咎)' 는 명변절(明辯哲 : 밝게 변별하여 파악함, '哲' 은 '明照' 의 뜻임)을 뜻한다.

육오는 궐부교여(厥孚交如 : 그 誠信으로 교왕함, '厥' 은 '其' 와 통함)하니 위엄이 자연히 발현돼 길할 것이다. 〈상전〉에 따르면 '궐부교여' 는 믿음으로 발지(發志 : 자신의 뜻을 밝힘)하는 것을 뜻한다.

'위여지길(威如之吉)'은 이이무비(易而无備 : 簡易하게 행동할지라도 사람들이 그 위엄을 두려워해 굳이 방어하는 설비를 갖출 필요가 없음)를 뜻한다.

상구는 자천우지(自天祐之 : 하늘로부터 도움을 받음)하니 길하고, 이롭지 않은 게 없다. 〈상전〉에 따르면 '대유상(大有上 : 상구효를 지칭), 길(吉)'은 '자천우(自天祐)'를 설명한 것이다.

〈대상전〉의 '화재천상火在天上'은 불이 하늘 위에 있으면서 만물을 비춰주는 모습을 형상한 것이다. '순천휴명順天休命'은 크게 두 가지로 해석할 수 있다. 하나는 '천휴명天休命'을 '천지휴명天之休命'으로 간주해 하나의 문장으로 풀이하는 것이고, 다른 하나는 '휴休'를 동사로 간주해 '순천順天'과 '휴명休命'을 나눠 풀이하는 경우이다. 후자의 해석이 문맥상 순통한다.

'휴명休命'의 구체적인 내용과 관련해 『자치통감資治通鑑』의 저자인 사마광司馬光과 성리학의 비조인 정이천 모두 앞에 나오는 '알악양선遏惡揚善'으로 보았다. 문의에 부합하는 해석이다. 다만 정이천이 그 전제로 사물 모두 선악의 두 가지 모습을 갖추고 있다고 간주한 것은 이분법적 해석에 입각한 것으로 선악 개념을 지나치게 확대시켰다는 지적을 면키 어렵다. 불교를 배척하며 철저한 이성주의에서 출발한 성리학이 일종의 종교적 선악관으로 함몰된 것은 커다란 역설이 아닐 수 없다.

초구 효사 '무교해无交害'는 초구효가 양효로서 하괘의 맨 아래에 처해 있으면서 구사효에 호응하지 않는 것을 마치 다른 사람과 교왕交往하지 않는 모습에 비유한 것이다. 다른 사람과 교왕하지 않는 까닭에 재난을 초래할 까닭이 없다. 그러나 비록 교왕하지 않을지라도 반드시 간난艱難을 염두에 두어야만 '무구无咎' 하게 된다. 이는 매사에 근신謹愼할 것을 당부한 것이다. 이를 두고 정이천은 이같이 풀이했다.

"부유함에 처하면서 가난할 때를 생각해 조심하고 두려워해야 한다. 그렇지 않으면 교만한 마음이 일어나 재난을 맞이하게 된다."

구이 효사 '대거이재大車以載'는 구이효가 양강의 품성으로 하괘의 가운데에 처해 육오효와 호응함으로써 군주의 신임을 받은 것을 큰 수레에 재물을 가득 실은 것에 비유한 것이다. 이는 그 임무가 가야 할 길이 멀다는 뜻을 내포한 것으로 『논어』「태백」편의 다음 구절과 그 취지를 같이 한다.

"선비는 도량이 넓고 뜻이 굳세지 않으면 안 된다. 임중도원任重道遠 : 임무는 막중하고 갈 길은 멂하기 때문이다."

'임중도원'은 흔히 위정자의 막중한 책임을 비유할 때 인용되는 구절이다. 「대유괘」는 구이효가 군주의 총임寵任을 받아 앞으로 나아가는 '임중도원'의 모습을 '대거이재'로 표현해 놓은 셈이다. 이를 두고 왕필은 이같이 풀이했다.

"강건한 품성으로 중도를 거역하지 않으니 육오효가 임무를 준 것이다. 임무가 막중하나 위험한 것은 아니니 멀리 갈지라도 수렁에 빠지는 일은 없을 것이다. 그래서 '유유왕有攸往, 무구'라고 한 것이다."

구삼 효사 '공향천자公享天子'의 '향享'은 조헌朝獻 : 조공하여 바침 및 향헌享獻 : 제사상을 바침의 뜻을 지닌 '향享'과 통한다. '향享'은 이밖에도 팽임烹飪 : 음식을 삶거나 익힘의 뜻을 지닌 '팽烹'

의 뜻으로도 쓰인다. '공향천자'는 구삼효가 하괘의 윗자리에 처해 있으면서 군주를 상징하는 육오효를 받드는 모습을 조공을 바치는 공후公侯의 모습에 비유한 데서 나온 것이다.

구사 효사 '비방무구匪彭无咎'는 음위에 처한 구사효가 공겸恭謙한 태도로 근접해 있는 군주인 육오효에 순종하며 그 뜻을 받드는 모습을 표현한 것이다. 이를 두고 정이천은 이같이 풀이했다.

"구사효가 '대유'의 시기에 처해 있으나 이미 중中의 위치를 지나쳐 버렸다. 이는 '대유'가 이미 흥성했다는 뜻이다. 지나치게 흥성하면 곧 재난이 있게 된다. 그러나 비방匪彭하면 이내 무구无咎할 것이다."

일부 판본에는 '명변절明辯晢'의 '절晢'이 '석晳'으로 되어 있다. '절晢'은 사물을 밝게 비춰 그 기미를 미리 파악하는 것을 의미한다. 이에 대해 '석晳'은 '변석辨析 : 세밀히 나눠 분석함'의 의미를 지니고 있다. '명변절'은 대략 '명철보신明哲保身'과 그 의미가 같다. '명변절'로 해석해야 '비방무구匪彭无咎' 구절과 조응해 문맥상 순통하게 된다.

육오 효사 '궐부교여厥孚交如'는 육오효가 음유의 품성으로 군위君位에 처하면서 성신誠信을 지니고 나머지 5개의 양효가 교왕함으로써 크게 흥성케 된 것을 표현한 것이다. 그 요체는 중도무사中道無私에 있다. 왕필은 이같이 풀이해 놓았다.

"군주의 자리에 처하면서 유柔한 품성을 지니고 있고, 큰 곳에 처하면서 중中을 실천하고, 사물에 사욕私欲을 부리지 않으니 상하가 호응케 된다. 무릇 사물에 사욕을 두지 말아야 하니 사물은 공물公物이기 때문이다."

상구 효사 '자천우지自天祐之'는 상구효가 양강의 덕을 지니고 「대유괘」의 마지막에 처해 '무위无位'의 지위를 즐기는 것을 하늘의 도움을 얻어 복록을 누리는 것에 비유한 것이다. 이를 두고 〈괘사전〉은 이같이 풀이해 놓았다.

"우祐는 돕는다는 뜻이다. 하늘이 돕는 자는 순종하는 자이고, 사람이 돕는 자는 믿음이 있는 자이다. 믿음을 실천하는 자는 순종할 것을 생각하는 자이니 또한 현인을 받들 것이다. 그래서 '자천우지'라고 한 것이다."

이는 맹자가 말한 천도天道와 그 취지가 같다. 맹자는 일찍이 '치도治道'를 뜻하는 '인도人道'는 '천도'의 이치를 닮은 까닭에 천도와 인도는 하나라는 취지에서 소위 '천인합일설天人合一說'을 주장한 바 있다. 그의 이런 입장은 『맹자』「이루 상」편의 다음 구절에 잘 나타나 있다.

"천하가 유도有道하면 소덕小德이 대덕大德에 부림을 당하고, 소현小賢이 대현大賢에 부림을 당한다. 천하가 무도無道하면 소자小者 : 작은 것가 대자大者 : 큰 것에 부림을 당하고, 약자弱者가 강자强者에게 부림을 당한다. 이 2가지는 하늘의 이치이다. 순천자順天者 : 하늘에 순종하는 자는 살아남고, 역천자逆天者는 망한다."

치도의 관점에서 볼 때 「대유괘」는 '성세명치盛世明治 : 성세의 밝은 다스림'의 방안을 여러 예를 들어 설명해 놓고 있는 셈이다. 육오효를 명군明君, 나머지 5개의 양효를 현신賢臣에 비유한 것이 이를 뒷받침한다. '성세명치'의 요체는 '순천휴명順天休命'에 있다고 해도 과언이 아니다.

제15장 지산겸(地山謙)

☷ 地

☶ 山

艮下坤上001,000

착괘 : 천택리天澤履 : 110,111

종괘 : 뇌지예雷地豫 : 000,100

15-1
謙, 亨. 君子有終.

겸(謙)은 형통하다. 군자는 겸허한 자세로 유종지미(有終之美)를 거둔다.

'겸謙'은 '겸허謙虛'를 뜻하는 말로 '허虛'와 통한다. 『주역정의』에 따르면 '다른 사람을 앞세우고 자신은 뒤에 처해 있는 것'을 의미한다. 이는 『논어』「옹야」편의 '기욕립이입인己欲立而立人 : 자신이 서고자 하면 먼저 남을 세움' 구절과 그 취지를 같이 하는 것이다.

15-2

「彖」曰, 謙, 亨, 天道下濟而光明, 地道卑而上行. 天道虧盈而益謙, 地道變盈而流謙, 鬼神害盈而福謙, 人道惡盈而好謙. 謙尊而光, 卑而不可踰, 君子之終也.

〈단전〉에 이르기를, '겸은 형통하니 천도(天道)가 하제(下濟 : 아래로 내려와 만물을 생육함)하여 광명(光明 : 日 · 月 · 星의 三光이 밝게 빛남)하고, 지도(地道)가 낮은 곳에 있으나 상행(上行 : 地氣가 위로 올라가 천도와 통함)한다' 고 했다. 천도는 휴영익겸(虧盈益謙 : 가득 찬 것을 덜어내 빈 곳을 채움)하고, 지도는 변영유겸(變盈流謙 : 가득 찬 것을 변통시켜 비어 있는 곳으로 흐르게 함)하고, 귀신은 해영복겸(害盈福謙 : 교만한 자에게 해를 입히나 겸허한 자에게 복을 내림)하고, 인도는 오영호겸(惡盈好謙 : 교만을 미워하고 겸허를 좋아함)한다. 겸(謙)은 존귀하면 더욱 빛나고, 비천할지라도 분수를 넘지 않는 것을 뜻한다. 그래서 군자지종(君子之終 : 군자의 유종지미)이 있는 것이다.

'군자지종君子之終'의 '종終'은 '유종지미'를 의미한다. 이를 두고 공영달은 이같이 풀이했다.

"군자는 그의 겸허한 미덕을 마지막까지 지킬 수 있을 뿐만 아니라 겸허함으로 인한 복을 얻을 수 있다."

공영달은 '유종지미'를 미덕美德과 복록福祿으로 풀이한 셈이다. 이는 사후의 성예聲譽까지 감안한 해석으로 볼 수 있다.

15-3

「象」曰, 地中有山, 謙. 君子以裒多益寡, 稱物平施.

初六, 謙謙君子, 用涉大川, 吉.「象」曰 '謙謙君子', 卑以自牧也.

六二, 鳴謙, 貞吉.「象」曰 '鳴謙貞吉', 中心得也.

九三, 勞謙, 君子有終吉.「象」曰 '勞謙君子', 萬民服也.

六四, 无不利, 撝謙.「象」曰 '无不利, 撝謙', 不違則也.

六五, 不富以其鄰, 利用侵伐, 无不利.「象」曰 '利用侵伐', 征不服也.

上六, 鳴謙. 利用行師征邑國.「象」曰 '鳴謙', 志未得也. 可用行師, '征邑國' 也.

〈상전〉에 이르기를, '지중유산(地中有山 : 땅 속에 산이 있음), 겸(謙)' 이라고 했다. 군자는 이를 본받아 부다익과(裒多益寡 : 해당 물건이 많은 자에게 더욱 많이 모이게 하고, 적은 자에게도 그 이익이 더욱 늘어나게 함) · 칭물평시(稱物平施 : 해당 물건의 다소를 저울질하여 다자와 과자 모두에게 두루 베풂)한다.

초육은 겸겸군자(謙謙君子 : 겸허한 자 중에 더욱 겸허한 군자)이니 섭대천(涉大川)의 험난한 일을 행할지라도 길하다. 〈상전〉에 따르면 '겸겸군자' 는 비이자목(卑以自牧 : 스스로를 낮추는 방식으로 자신을 성장시킴)을 뜻한다.

육이는 명겸(鳴謙 : 겸허하다는 명성이 자자하게 퍼짐)하니 수정(守貞)하면 길할 것이다. 〈상전〉에 따르면 '명겸정길(鳴謙貞吉)' 은 중심득(中心得 : 중도의 이치에 의지해 명성을 얻음)을 뜻한다.

구삼은 노겸(勞謙 : 誠信의 자세로 더욱 겸허한 태도를 취함)하다. 군자가 유종지미를 지키니 길하다. 〈상전〉에 따르면 '노겸군자(勞謙君子)' 는 만민이 복종하는 것을 뜻한다.

육사는 무불리(无不利 : 이롭지 않은 게 없음)하니 이는 휘겸(撝謙 : 겸도를 발휘함, '撝' 는 '揮' 와 통함)으로 인한 것이다. 〈상전〉에 따르면

'무불리, 휘겸'은 겸도(謙道)의 법칙에 어긋나지 않았음을 뜻한다.

육오는 불부이기린(不富以其鄰 : 이웃과 함께 나누며 홀로 부를 쌓는 일을 하지 않음)하여 이용침벌(利用侵伐 : 교만하여 불복하는 자를 토벌하는데 이웃을 동원함)하니 이롭지 않은 게 없다. 〈상전〉에 따르면 '이용침벌(利用侵伐)'은 불복하는 자를 치는 것을 뜻한다.

상육은 명겸(鳴謙)하다. 행사(行師 : 전쟁을 수행함)하여 읍국(邑國 : 교만하여 불복하는 나라)을 정토(征討)하는 게 이로울 것이다. 〈상전〉에 따르면 '명겸'은 미득지(未得志 : 뜻을 아직 얻지 못함)를 뜻한다. '가용행사(可用行師 : 군사를 동원해 전쟁을 수행함)'는 정읍국(征邑國 : 불복하는 나라를 정토함)을 뜻한다.

〈대상전〉의 '지중유산地中有山'은 간하곤상艮下坤上의 괘상을 풀이한 것이다. 원래 「겸괘」는 산이 위주로 되어 있다. 그런데도 '산재지중山在地中'으로 풀이하지 않고 굳이 '지중유산'으로 풀이한 이유는 무엇일까. 정현은 풀이하기를, '산은 본래 높은 것이나 지금 땅 아래에 있으니 높은 사람이 아래로 내려갈 수 있다는 뜻이다'라고 했다. 이에 대해 정이천은 풀이하기를, '이는 비천하고 낮은 곳에 그 숭고함을 간직하고 있다는 뜻이다'라고 했다. 그러나 이러한 해석은 '산재지중'의 취지를 제대로 헤아리지 못한 것이다.

이는 기본적으로 '부다익과裒多益寡'에 대한 잘못된 해석에서 비롯된 것이다. 원래 '부裒'는 '감減'과 '취聚'의 두 가지 뜻을 지니고 있다. 정이천 등은 '부'를 '감'의 뜻으로 간주해 '많은 것을 덜어 부족한 곳을 보태다'의 뜻으로 풀이했다. 그러나 이는 잘못이다.

여기의 '부'는 '취'의 뜻으로 쓰인 것이다. 이는 다자多者 : 해당 물건을 많이 가진 자가 비록 많은 물건을 갖고 있을지라도 아직 적취積聚하지 못한 까닭에 겸도謙道를 구사해 이를 '적취'할 것을 권한 것이다. 과자寡者 또한 비록 해당 물건이 적을지라도 겸도를 구사해 더욱 증익增益 : 이익을 증대시킴할 것을 권하고 있다. 왕필도 동일하게 해석했다. '부다익과'를 두고 『주역정의』는 이같이 풀이해 놓았다.

"부다裒多는 다자多者가 겸도를 취해 그 물건이 더욱 부취裒聚하는 경우를 말한 것이다. 이는 군주가 겸도로써 광대光大해지는 것을 의미한다. 익과益寡는 과자寡者가 겸도를 취해 더욱 진익進益 : 이익을 얻는 곳으로 나아감하는 경우를 말한 것이다. 이는 비자卑者가 분수를 지킴으로써 증익增益하는 것을 의미한다. 원래 「겸괘」의 괘상은 산을 위주로 한 것이다. 산은 겸허하나 땅은 그렇지 못한 까닭에 응당 산을 주어로 하여 '산재지중山在地中'이라고 표현해야만 한다. 그런데도 지금 '지중유산'이라고 한 것은 다자多者와 소자少者 모두 그 이익을 얻게 된다는 취지를 취한 것이다. 이는 '지중유산'이 많은 물건을 사람들에게 두루 베푼다는 취지에 근사한 것으로 간주한 데 따른 것이다. 그래서 '산재지중'을 '지중유산'으로 변문變文한 것이다."

사실 '부'를 '취'의 뜻으로 새겨야만 뒤따라 나오는 '칭물평시稱物平施' 구절과 조응케 된다. '칭물평시'는 '해당 물건의 다소를 저울질하여 다자와 과자 모두에게 두루 베풀다'의 뜻을 지니고 있다. 이는 '시부실평施不失平 : 베풀면서 평형을 잃지 않음'과 같은 뜻으로 해당 물건의 다소에 따라 '다자'에게도 시은施恩하고, '소자'에게도 '시은'하는 것을 의미한다.

이는 결코 많은 것을 덜어내어 적은 것에 보탠 결과 모든 것을 균등하게 만드는 것을 의미하는 게 아니다. 〈대상전〉의 '부다익과'는 〈단전〉의 '휴영익겸虧盈益謙' 및 '변영유겸變盈流謙'에 조응하는 게 아니라 '겸존이광謙尊而光'과 '비이불가유卑而不可踰'의 취지를 밝힌 것이다. '부다익과'의 '부'를 '감'의 뜻으로 간주해 '휴영익겸' 및 '변영유겸'에 대한 해석으로 풀이하는 것은 잘못이다.

초육 효사 '겸겸군자謙謙君子'는 초육효가 음유의 품성으로 하괘의 시작에 처한 것을 설명한 것이다. '겸겸'은 지극히 겸허한 모습을 표현한 것이다. 이를 두고 왕필은 이같이 풀이했다.

"「겸괘」의 아래에 처하니 겸허한 가운데 또 겸허한 자이다. 본래 '겸겸'은 오로지 군자만이 할 수 있는 일이다."

'용섭대천用涉大川'은 물이 도도히 흐르는 큰 하천은 건너기가 어려우나 '겸겸'을 이용하면 능히 건널 수 있다는 뜻이다. 왕필은 '물무해物无害 : 사물에 피해를 주지 않음'로 풀이했다. 이는 '비이자목卑以自牧'을 '용섭대천'의 의미로 파악한데 따른 것이다.

육이 효사 '명겸鳴謙'은 육이효가 유순한 품성으로 하괘의 가운데에 처해 겸손한 모습을 하고 있는 것을 겸허하다는 명성이 천하에 널리 알려진 것에 비유한 것이다. 이를 두고 왕필은 이같이 풀이했다.

"명鳴은 성명聲名이 널리 알려진다는 뜻이다. 가운데에 처했다는 것은 곧 겸정謙正 : 겸허하면서도 바름하다는 뜻이다."

구삼 효사 '노겸勞謙'은 구삼효가 「겸괘」의 육효 중 유일한 양효로 하괘의 마지막에 처해 강건한 성품으로 상괘와 호응하는 모습을 설명한 것이다. 이를 두고 왕필은 이같이 풀이했다.

"'겸'의 시기에 처했다고 한들 어찌 평안히 존경받을 수 있겠는가. 상승하접上承下接 : 위의 뜻을 받들면서 아랫사람을 대접함 · 노겸비해勞謙匪解 : 성신의 자세로 겸허하며 게으르지 않음해야 길할 것이다."

육사 효사 '휘겸撝謙'의 '휘撝'는 『설문해자』에 따르면 '열裂'의 뜻이다. 이는 겸허함을 널리 펼친다는 뜻이다. 육사효가 가는 곳마다 겸도謙道를 발휘하는 것을 두고 '열겸裂謙 : 겸허함을 사용하지 않는 바가 없음'의 뜻으로 사용한 것이다. 왕필이 말한 '상승하접上承下接'은 육사효가 구삼효와 육오효의 사이에 끼어 유순한 덕으로 정도를 지켜나가는 모습을 표현한 것으로 볼 수 있다. '무불리无不利'를 두고 왕필은 이같이 해석했다.

"육사효가 구삼효의 위에 처하면서 겸허함을 사용한다는 것은 곧 자상하하自上下下 : 위로부터 아래로 내려옴를 뜻한다. 육오효를 받들면서 겸허하게 순종하는 것이 곧 상행上行의 길이다."

육오 효사 '불부이기린不富以其鄰'은 육오효가 허심虛心한 자세로 군위에 처해 신료들을 이끄는 모습을 홀로 부富를 쌓지 않고 이웃과 나누는 것에 비유한 것이다. '이용침벌利用侵伐'은 '부'를 함께 나눈 이웃을 동원해 불복하는 자에 대한 공벌에 나선 것을 말한다. 이를 두고 왕필은 이같이 풀이했다.

"'불부이기린'은 육오효가 군위에 처해 겸허하고 화순한 모습을 보였다는 뜻이다. 그래서 능히 그 이웃을 동원할 수 있었던 것이다. 겸허하고 화순한 자세로 정벌에 나섰으니 정벌당한 자들은 모두 교만하고 거역한 자들이었다."

상육 효사 '명겸鳴謙'은 육이 효사 '명겸'과 내용상 차이가 있다. 육이 효사 '명겸'은 하괘의 가운데에 처하면서 밖으로 명성을 떨친다는 뜻이다. 이에 대해 상육 효사 '명겸'은 정토에 나서면서 오직 교만한 읍국을 정토함으로써 겸허하다는 명성을 떨친다는 뜻이다. 상육효에서 말하는 정토는 육이효와 달리 안천하安天下의 취지를 완전히 실현시킬 수가 없는 것이다. 이는 겸도謙道가 극한에 달한 시기에 정토에 나선 데 따른 것이다.

치도의 관점에서 볼 때 「겸괘」는 '치천하'의 기본원리를 천명하고 있다. 그 요체는 바로 '겸허謙虛'에 있다. 『노자』는 이를 '지족겸하知足謙下'로 표현해 놓았다. 『한시외전韓詩外傳』의 다음 구절은 '지족겸하'의 공능을 치도의 관점에서 풀이한 것이라고 할 수 있다.

"『역』은 한 가지 도를 갖고 있다. 이를 훌륭히 실천하면 천하를 지킬 수 있고, 보통으로 실천하면 국가를 지킬 수 있고, 작게 실천하면 몸을 지킬 수 있다. 그것이 바로 '겸허'이다."

「겸괘」의 육효 모두 '겸허'하면 이롭다는 이치를 역설하고 있다. 『주역』의 64괘 중 육효 모두 이롭다고 한 경우는 거의 찾기 어렵다. 예로부터 '겸허'가 시종 '치천하'의 요체로 원용된 것도 이와 무관치 않다고 보아야 한다.

제16장 뇌지예(雷地豫)

☳ 雷

☷ 地

坤下震上000,100

착괘 : 풍천소축風天小畜 : 111,011

종괘 : 지산겸地山謙 : 001,000

16-1
豫, 利建侯行師.

예(豫)는 건후행사(建侯行師 : 제후를 세워 널리 통치하고 군사를 동원해 불복하는 자들을 침)가 이로울 것이다.

'예豫'는 『이아』「석고釋詁」편에 따르면 '낙樂'과 통한다. 「예괘」를 두고 정현은 이같이 풀이했다.

"곤坤은 '순順', 진震은 '동動'의 의미이다. 천성에 순종하면서 움직이니 얻지 못하는 게 없으므로 '예豫'라고 한 것이다. '예'는 기뻐하는 모습을 말한다."

상괘인 '진괘震卦'와 하괘인 '곤괘'로 구성된 「예괘」는 '천성에 순종해 움직이니 사물이 모두 기뻐하다'의 의미를 지니고 있는 셈이다.

16-2

「彖」曰, 豫, 剛應而志行, 順以動, 豫. 豫順以動, 故天地如之, 而況'建侯行師'乎. 天地以順動, 故日月不過, 而四時不忒. 聖人以順動, 則刑罰淸而民服. 豫之時義大矣哉.

〈단전〉에 이르기를, '예는 강응지행(剛應志行 : 구사효의 陽剛이 많은 陰爻에 호응하면서 자신의 뜻을 실천해 나감)하여 순동(順動 : 순종하면서 움직임)한다. 이를 예라고 한다'고 했다. 천지도 이와 같은데 하물며 '건후행사'야 말할 게 있겠는가. 천지가 순동(順動)하는 까닭에 일월이 불과(不過 : 잘못이 없음)하고 사시(四時)도 불특(不忒 : 어긋나지 않음)한 것이다. 성인이 민정(民情)을 좇아 '순동'하는 까닭에 곧 형벌이 맑고 백성 또한 복종한다. 예지시의(豫之時義 : 「예괘」가 나타나는 그 때와 의의)가 참으로 크도다.

『주역』에 64괘 중 〈단전〉의 마지막 구절이 '대의재大矣哉'로 끝나는 괘를 흔히 '탄괘歎卦'라고 한다. 이를 두고 『주역정의』는 이같이 풀이했다.

"무릇 말로는 그 뜻을 전하지 못하고 번잡한 문장으로도 그 뜻을 다 말할 수 없어 감탄함으로써 그 정을 나타내 후인들로 하여금 나머지 의미를 생각토록 한 것이다. 이는 그 뜻을 알지라도 말로는 다 표현할 수 없다는 뜻이다."

『주역정의』에 따르면 '탄괘'는 모두 12개이다. 이를 대별하면 크게 3가지로 나눌 수 있다. 첫째 '시時 : 해당 괘가 나타날 때'만을 찬탄함으로써 사람들에게 큰 사건의 변화에 대한 경계를 촉구한 경우이다. 「이괘頤卦」와 「대과괘大過卦」, 「해괘解卦」, 「혁괘革卦」가 그것이다. 둘째 '시'와 '의義 : 의의'를 함께 찬탄함으로써 사람들에게 나름대로 그 나머지 의미를 생각토록 촉구한 경우이다. 「예괘」와 「수괘隨卦」, 「돈괘遯卦」, 「구괘姤卦」, 「여괘旅卦」가 그것이다. 셋째 '시時'와 '용用 : 해당 괘의 사용'을 함께 찬탄함으로써 성인들이 때로 이를 이용한 사실에 대한 분별을 촉구한 경우이다. 「감괘坎卦」와 「규괘睽卦」, 「건괘蹇卦」가 그것이다.

「예괘」는 '시'와 '의'를 동시에 찬탄한 까닭에 사람들에게 그 나머지 의미를 생각토록 촉구한 경우에 해당한다. 이를 두고 『주역정의』는 이같이 풀이해 놓았다.

"감탄하고 칭찬하는 것이 「예괘」의 좋은 점이다. 편히 즐길 때를 말한 것으로 그 의미가 크다."

16-3

「象」曰, 雷出地奮, 豫. 先王以作樂崇德. 殷薦之上帝, 以配祖考.

初六, 鳴豫, 凶. 「象」曰 '初六鳴豫', 志窮凶也.

六二, 介于石, 不終日, 貞吉. 「象」曰 '不終日貞吉', 以中正也.

六三, 盱豫悔, 遲有悔. 「象」曰, 盱豫有悔, 位不當也.

九四, 由豫, 大有得. 勿疑, 朋盍(=合)簪. 「象」曰 '由豫大有得', 志大行也.

六五, 貞疾, 恒不死. 「象」曰 '六五貞疾', 乘剛也. '恒不死', 中未亡也.

上六, 冥豫成, 有渝无咎. 「象」曰 '冥豫在上', 何可長也.

〈상전〉에 이르기를, '뇌출지분(雷出地奮 : 우레소리가 들리자 대지가 진동함), 예(豫)' 라고 했다. 선왕은 이를 본받아 작악숭덕(作樂崇德 : 예악을 만들어 공덕을 숭상함)했다. 상제(上帝 : 天帝)에 대한 은천(殷薦 : 새로운 짐승을 조상에 바치는 薦新을 성대히 거행함, '殷'은 '盛'과 통함)은 조고(祖考 : 작고한 조부와 부친, 조상을 의미)에 대한 배향(配享 : 配饗)과 같이 했다.

초육은 명예(鳴豫 : 즐거움이 지나쳐 소리치며 의기양양해 함)하니 흉하다. 〈상전〉에 따르면 '초육명예(初六鳴豫)' 는 기쁜 뜻이 다하면 흉한 상황이 도래하는 것을 뜻한다.

육이는 개우석(介于石 : 절개가 돌같이 굳음)하다. 부종일(不終日 : 아침에 해야 할 일을 저녁까지 갖고 가지 않음)하니 수정(守貞)하면 길할 것이다. 〈상전〉에 따르면 '부종일정길(不終日貞吉)' 은 중정(中正)을 체득했음을 뜻한다.

육삼은 우예(盱豫 : 아첨하는 눈빛으로 상관의 마음을 기쁘게 함)하면 반드시 후회케 된다. 회개가 늦어지면 더욱 후회하게 된다. 〈상전〉에 따르면 '우예유회(盱豫有悔)' 는 위부당(位不當)을 뜻한다.

구사는 유예(由豫 : 많은 음효가 구사효로부터 즐거움을 얻음)하니 대유득(大有得 : 크게 소유함)하다. 강직함에 의심할 나위가 없으니 벗이 합잠(盍簪 : 비녀를 이용해 머리를 단단히 묶음, 많은 친구들이 모여들어 단합한다는 뜻임)한다. 〈상전〉에 따르면 '유예대유득(由豫大有得)' 은 뜻이 크게 행해지는 것을 뜻한다.

육오는 정질(貞疾 : 守貞하면 병을 예방할 수 있음)하니 항불사(恒不死 : 늘 중도를 지켜야 패망을 면함)한다. 「예」의 '육오정질(六五貞疾)' 은 음효가 승강(乘剛 : 강한 양효에 올라탐)한 것을 뜻한다. '항불사' 는 중도를 실천하면 패망치는 않을 것임을 설명한 것이다.

상육은 명예(冥豫 : 어리석게도 방종하게 즐김)의 상태가 이뤄졌으나 유(渝 : 반성하여 변함)하면 '무구(无咎)' 하다. 〈상전〉에서 이르기를, '윗자리에 앉아 명예(冥豫)하니 그 기쁨이 어찌 오래 가겠는가'라고 했다.

〈대상전〉의 '뇌출지분雷出地奮'은 '곤하진상坤下震上'으로 이뤄진 「예괘」의 괘상을 두고 우레가 땅에서 나와 만물을 진동震動시키는 모습으로 설명한 것이다. 이를 두고 정현鄭玄은 이같이 풀이했다.

"분奮은 동動의 뜻이다. 우레가 땅 위에서 움직이니 만물이 기뻐할 것이다."

초육 효사 '명예鳴豫'는 즐거워하는 모습이 사방에 널리 알려진 것을 상징한다. 이를 두고 왕필은 이같이 풀이했다.

"특별히 위의 뜻을 얻어 기쁨이 지나친 나머지 음탕하게 되었다. 뜻이 다하면 흉해질 것이다. 그러니 어찌 기쁘다고 소리칠 수 있겠는가."

이는 「겸괘」 상육효의 효사인 '명겸鳴謙'과 정반대의 모습이다. 겸허하다는 소문은 널리 퍼질수록 길하나 기뻐한다는 소문은 널리 퍼질수록 흉하게 된다.

육이 효사 '부종일不終日'은 사물의 기미를 미리 알아차려 구차하게 기쁨을 추구하지 않는다는 뜻을 담고 있다. '예豫'는 '락樂'의 의미 이외에도 '지기知幾'의 뜻이 있다. 이를 두고 왕필은 이같이 풀이했다.

"직위를 얻은 후 그 직위에 알맞은 중도를 실천하면 편히 정도를 지킬 수 있다. 이에 구차하게 기쁨을 구하지 않는다. 위로 아첨하지 않고 아래로 사람을 업신여기지 않는다. 화복이 일어날 것에 대한 분별이 분명한 까닭에 구차하게 말하지 않는 것이다."

육삼 효사 '우예盱豫'의 '우盱'는 소인이 아첨하며 기뻐하는 모습을 뜻한다. 육삼효가 음유의 품성으로 정도를 지키지 않고 상괘의 구사효에게 아첨하면서 기뻐하는 모습을 지칭한 것이다. 육삼효는 여러 면에서 육이효와 상반된다. 육삼 효사 '우예'와 '지遲', '위부당位不當'은 각각 육이 효사 '개석介石'과 '부종일不終日', '중정中正'과 대칭되는 개념이다. 이는 육이효가 음효로서 하괘의 가운데인 음위에 제대로 자리 잡고 있는 데 반해 육삼효는 양효의 자리에 위치한 데 따른 것으로 볼 수 있다. 그러나 육삼효는 음유의 품성으로 인해 이내 회개할 수 있다. 다만 그 회개의 시기가 빠를수록 좋다. 육삼효의 효사는 그 시기가 늦으면 반드시 후회하게 된다고 경고하고 있다.

구사 효사 '유예由豫'는 5개의 음효가 유일한 양효인 구사효로부터 즐거움을 얻는 것을 말한다. 구사효는 유일한 양효인 까닭에 양강陽剛의 품성으로 인해 주변의 수많은 음효를 즐겁게 만든다. 이로 인해 크게 소유케 된다고 한 것이다. 다만 구사효는 유일한 양효임에도 불구하고 음위에 처한 까닭에 구사효의 주변에 모여든 음효들이 그 양강의 효능을 의심할 소지가 크다. 효사에서 굳이 '물의勿疑'를 언급한 것은 바로 주변의 음효들에게 구사효의 양강을 의심치 말 것을 당부한 것이다.

육오 효사 '정질貞疾'은 육오효가 음유의 품성으로 군주의 자리에 처해 있는 까닭에 구사효의 강신强臣에 의지하며 환락에 빠져 몸이 병드는 상황을 경고한 것이다. 구사효와 육오효의 관계는 '군약신강君弱臣强'의 전형적인 모습이 아닐 수 없다. 조선조 말기에 세도정치勢道政治가 극성할 당시 철종哲宗이 정사에 손을 뗀 뒤 환락에 빠져 몸을 망친 경우를 '정질'의 대표적인 사례로 볼 수 있다.

다만 육오효는 상괘의 가운데에 처한 까닭에 중도를 지키면 패망치는 않게 된다. 이는 육오효가 구사효의 현사賢士를 얻었음을 의미한다. 그러기 위해서는 비록 기쁨에 처했을지라도 반드시 방종에 빠지지 말아야 한다. 이는 몸을 건강히 해 자리를 보전하는 길이기도 하다. 중도로써 자신을 바르게 지켜나가는 육이효와 더불어 육오효에만 유독 '예豫 : 기쁨'를 언급치 않은 이유가 여기에 있다. '항불사恒不死'는 바로 이 경우를 의미하는 것이다.

상육 효사 '명예冥豫'는 최고의 기쁨이 다한 상황을 언급한 것이다. 이를 두고 왕필은 풀이하기를, '지나치게 기뻐하는 것을 끊이지 않고 계속하니 어찌 그 기쁨이 오래 갈 수 있겠는가'라고 했다. 상육효는 소위 '흥진비래興盡悲來'와 그 취지를 같이하고 있는 것이다. 다만 상육효는 음효로서 음위에 자리한 까닭에 노력만 하면 이내 반성하여 서둘러 변신함으로써 재난을 면할 수 있다.

「예괘」의 요체는 천지만물의 이치를 좇는 '순동順動'에 있다. 이는 천하와 더불어 기뻐하면서 적당한 곳에서 그칠 줄 아는 것이다. 중국 북송北宋시대의 대학자인 범중엄范仲淹이 지은 「악양루기岳陽樓記」에 이에 부합하는 구절이 나온다.

"선천하지우이우先天下之憂而憂 : 천하의 백성들이 근심하기에 앞서 근심함, 후천하지락이락後天下之樂而樂 : 천하의 백성들이 기뻐한 연후에 기뻐함."

『춘추좌전』「노양공 27년」조에도 이를 언급한 대목이 나온다. 이에 따르면 당시 진晉나라의 권신인 조무趙武 : 趙文子는 현대부 숙향叔向과 함께 정나라 대부들을 논하면서 이같이 언급한 바 있다.

"인단印段 : 정목공의 후손은 즐거워하면서도 지나치지 않고, 백성을 편히 만드는 것을 낙으로 삼고 있다."

여기의 '낙이불황樂而不荒, 낙이안민樂以安民' 구절은 곧 「예괘」 구사 효사 '유예대유득由豫大有得' 구절과 그 취지를 같이 하는 것이다. 「예괘」의 육효 중 구사효만이 유일한 양효로서 기쁨을 나눠주는 주인이 된다. 「예괘」 전체의 기쁨은 곧 구사효로부터 나온다고 해도 과언이 아니다. 다만 구사효는 지나치게 강해질 경우 군주를 상징하는 육오효의 나약함과 대비되어 '군약신강'의 상황을 초래할 소지가 크다.

제17장 택뢰수(澤雷隨)

☱ 澤

☳ 雷

震下兌上100,110

착괘 : 산풍고山風蠱 : 011,001

종괘 : 산풍고山風蠱 : 011,001

17-1

隨, 元亨, 利貞, 无咎.

수(隨)는 원형(元亨 : 크게 형통함)하니 수정(守貞)하면 이롭고, '무구' 할 것이다.

'수隨'는 '종從'과 통한다. 진하태상震下兌上으로 되어 있는 까닭에 '내동외열內動外悅 : 안으로 움직이고 밖으로 사람을 기쁘게 함'의 뜻을 지니고 있다. 이를 두고 정현은 이같이 풀이해 놓았다.

"진震은 '동動', 태兌는 '열悅'의 뜻이다. 안에서는 움직이는 것을 덕으로 하고, 밖에서는 기쁘게 하는 것을 말로서 하니 천하인이 모두 그의 행동을 사모하여 그를 따르고자 한다. 이에 '수隨'라고 한 것이다."

17-2

「彖」曰, 隨, 剛來而下柔, 動而說, 隨. 大亨, 貞无咎, 而天下隨時. 隨時之義大矣哉.

〈단전〉에 이르기를, '수(隨)는 강래하유(剛來下柔 : 陽剛이 와서 陰柔의 밑에 섬)하여 동이열(動而說 : 움직이며 기뻐함)한다. 이를 일러 수라고 한다' 고 했다. 대형(大亨)하니 수정(守貞)하면 '무구' 하고, 천하가 수시(隨時 : 적당한 시기를 맞이해 서로 따르며 친하게 지냄)할 것이다. 수시지의(隨時之義)가 참으로 크도다.

〈단전〉의 마지막 구절이 '대의재大矣哉' 로 끝난 데서 알 수 있듯이 「수괘」 역시 소위 '탄괘歎卦' 에 속한다. 괘덕卦德으로 언급된 '동이열動而說' 을 두고 『주역정의』는 풀이하기를, '아랫사람들을 잘 부려 사물이 모두 친하게 지낸다는 뜻이다' 라고 했다.

17-3

「象」曰, 澤中有雷, 隨. 君子以嚮(=向)晦入宴息.

初九, 官有渝, 貞吉. 出門交有功. 「象」曰 '官有渝', 從正吉也. '出門交有功', 不失也.

六二, 係小子, 失丈夫. 「象」曰 '係小子', 弗兼與也.

六三, 係丈夫, 失小子. 隨有求得, 利居貞. 「象」曰 '係丈夫', 志舍下也.

九四, 隨有獲, 貞凶. 有孚在道以明, 何咎.「象」曰 '隨有獲', 其義凶也. '有孚在道', 明功也.

九五, 孚于嘉, 吉.「象」曰 '孚于嘉, 吉', 位正中也.

上六, 拘係之乃從. 維之. 王用亨(=享)于西山.「象」曰 '拘係之', 上窮也.

〈상전〉에 이르기를, '택중유뢰(澤中有雷), 수(隨)' 라고 했다. 군자는 이를 본받아 날이 저물면 집으로 돌아가 연식(宴息 : 휴식)한다.

초구는 관유유(官有渝 : 사상을 수시로 개선함)하니 수정(守貞)하면 길할 것이다. 출문(出門)하여 널리 교유하면 공을 이룬다. 〈상전〉에 따르면 '관유유' 는 종정(從正 : 정도를 좇음)하면 길하다는 뜻이다. '출문교유공(出門交有功)' 은 정도를 잃지 않음을 뜻한다.

육이는 계소자(係小子 : 초구효의 아랫사람에게 마음이 얽매임)하여 실장부(失丈夫 : 구오효의 대장부를 잃음)한다. 〈상전〉에 따르면 '계소자(係小子)' 는 겸여(兼與 : 여러 면에서 친숙한 관계를 맺음)치 못함을 뜻한다.

육삼은 계장부(係丈夫 : 구사효의 윗사람에게 마음이 얽매임)하여 실소자(失小子 : 초구효의 소자를 잃음)한다. 다른 사람을 따르면서 구하고자 하는 게 있으면 반드시 구득(求得)하게 될 것이나 거정(居貞 : 편히 거처하며 守貞함)이 이로울 것이다. 〈상전〉에 따르면 '계장부' 는 그 뜻이 사하(舍下 : 아래의 소자를 버림)에 있음을 의미한다.

구사는 수유획(隨有獲 : 육삼효의 수행을 받아 얻는 게 있음)하나 멋대로 백성을 부려 신도(臣道)에 어긋나니 정흉(貞凶 : 貞德이 凶害를 입음)할 것이다. 오로지 성신으로 정도를 실천해 나가고, 공명정대하게 처신하면 무슨 재난을 당할 리 있겠는가. 〈상전〉에 따르면 '수유획' 은 구사효가 처한 지위가 흉하다는 뜻이다. '유부재도(有孚在道)' 는 공명정대한 처신에 따른 입공(立功)을 뜻한다.

구오는 부우가(孚于嘉 : 성신을 아름답고 선한 자에게 널리 베풂)하니 길하다. 〈상전〉에 따르면 '부우가, 길'은 그 자리가 정중(正中)한 것을 뜻한다.

상육은 구계내종(拘係乃從 : 강제로 얽매여 좇음)으로 밧줄에 묶여 뒤따르는 것이다. 구오효의 군왕은 군사동원을 위해 서산(西山)에 제사를 올렸다. 〈상전〉에 따르면 '구계지(拘係之)'는 최상의 위치에 처해 수도(隨道 : 따르는 이치)가 궁해졌음을 뜻한다.

〈대상전〉의 '택중유뢰澤中有雷'는 연못 가운데에서 우레가 진동하자 연못의 물이 우뢰를 좇아 움직이는 것을 의미한다. '향회嚮晦'는 '향만向晩 : 날이 어둑해짐', '연식宴息'은 '안식安息'의 뜻이다. '향회연식' 구절을 두고 정이천은 이같이 풀이했다.

"군자는 낮에는 스스로 강인하게 쉬지 않고 일을 하고, 어두워지면 집으로 돌아가 편히 쉰다. 기거하는 것을 때에 맞춰 적당하게 해야만 생활이 바르게 될 것이다."

초구 효사 '관유유官有渝'의 '관官'을 두고 정이천은 '주수主守 : 일종의 사상'로 보았다. 이에 대해 『주역정의』는 '사람의 마음을 주재하는 것을 관직에 비유한 것이다'라고 했다. 대략 유사한 뜻으로 볼 수 있다. 초구효는 첫출발을 뜻하는 까닭에 '신시愼始 : 조심스럽게 시작함'의 뜻을 내포하고 있다.

육이 효사 '계소자係小子, 실장부失丈夫'는 육이효가 본래 양강陽剛의 구오효와 호응해야 함에도 불구하고 오히려 가까이 있는 초구효를 따르는 까닭에 작은 것에 얽매여 큰 것을 잃게 되었음을 지적한 것이다. 이는 육이효가 어리석고 유약한 데다 결단성이 없어 작은 것으로 인해 큰 것을 잃는 소탐대실小貪大失의 우를 범하고 있다는 뜻이다.

육삼 효사 '계장부係丈夫, 실소자失小子'는 육이효가 이미 초구효에 의지하고 있는 모습을 본 육삼효가 누구를 따라야 할지 고민하다가 이내 초구효를 버리고 구사효에 얽매이게 된 상황을 지적한 것이다.

구사 효사 '정흉貞凶'은 신하의 자리에 처하여 멋대로 백성들을 부린 결과 신도臣道를 상실함으로써 정덕貞德을 해치게 된 것을 말한다. 이를 두고 남송대의 원추袁樞는 풀이하기를, '흉하다는 것은 반드시 흉하다는 뜻은 아니다. 처한 곳에서 그 도를 체득하면 재난을 면하게 된다'고 했다. 문의에 부합하는 해석이다.

구오 효사 '부우가孚于嘉'는 구오효가 군주의 자리에 처하면서 성신으로 선한 자를 따르고 선한 자 역시 그를 따르는 까닭에 서로 화합이 잘 된다는 의미이다. 이를 두고 왕필은 이같이 풀이했다.

"시기에 맞춰 의로움을 실천하는 데 최선을 다한 것이다."

상육 효사 '구계내종拘係乃從'은 구오효에 구금을 당해 억지로 따르는 모습을 지칭한 것이다. 이를 두고 왕필은 풀이하기를, '수도隨道가 이미 다하여 특별히 따를 이유가 없게 되자 억지로 결박해 따르게 한다'고 했다. 왕필의 주석이 문맥상 순통한다.

'왕용향우서산王用亨于西山'의 '왕'은 구호효를 지칭한 것이다. 여기의 '서산西山'을 두고 주희는 '서주西周의 근거지인 기산岐山'으로 보았으나 그보다는 상육효인 군왕이 은거하는 장소로 풀이하는 게 타당하다. '향亨'을 '제향祭享'으로 보는 견해와 '연향宴享'으로 해석하는 견해가 대립되어 있으나 군사출동을 위한 '제향'으로 보는 게 문맥상 순통한다. 고대에는 군사들을 출동시키기 위해서는 반드시 제례를 올렸다.

「수괘」의 요지는 종선從善에 있다. 이는 '상수相隨 : 서로 따름'의 의미를 내포하고 있다. 「수괘」 구오 효사 '부우가孚于嘉'는 군주가 성신誠信으로 선한 자를 따르자 선한 자 역시 충심으로 군주를 따르는 모습을 형상한 것이다. 윗사람이 일방적으로 아랫사람에게 자신을 따를 것을 주장하는 것은 '상수'의 이치에 어긋난다.

제18장 산풍고(山風蠱)

☶ 山

☴ 風

巽下艮上011,001

착괘 : 택뢰수澤雷隨 : 100,110

종괘 : 택뢰수澤雷隨 : 100,110

18-1

蠱, 元亨, 利涉大川. 先甲三日, 後甲三日.

고(蠱)는 원형(元亨)으로 섭대천(涉大川)이 이로울 것이다. 선갑삼일(先甲三日 : 天干의 시작인 '甲日'의 3일 전의 기간, 치밀한 사전준비를 의미)과 후갑삼일(後甲三日 : '갑일'의 3일 후의 기간, 신중한 사후평가를 의미)에 유의해야 한다.

'고蠱'는 '혹惑'과 통한다. 원래 '고'는 『설문해자』에 따르면 '뱃속에 있는 벌레'를 형상한 것이다. 여기서는 사물을 미혹

시켜 혼란스럽게 만들어 해를 끼치는 '고해蠱害'를 뜻한다. 이는 '폐란弊亂'과 같은 의미이다. 이를 두고 소동파蘇東坡는 『동파역전東坡易傳』에서 이같이 풀이했다.

"그릇을 오래 사용치 않으면 그릇 속에 벌레가 생겨나니 이를 고蠱라고 한다. 사람이 오랫동안 안락에 빠지면 그 몸 속에 질병이 발생하니 이를 '고'라고 한다. 나라가 오랫동안 평안하면 나라 안에 폐단이 발생하니 이를 '고'라고 한다. '고'의 재난은 하루만에 형성된 것이 아니라 반드시 오랜 시간이 지난 뒤 나타나는 것이다."

'선갑삼일先甲三日'과 '후갑삼일後甲三日'은 폐란弊亂의 혁치革治를 상징한다. 이는 「고괘」 및 「항괘」의 〈단전〉에 나오는 '종즉유시終則有始 : 끝나면 다시 시작됨'를 설명한 것으로 『주역』의 변역논리에 부합하는 것이기도 하다. '갑일甲日'을 두고 왕필은 '제도를 만들어 시행을 명령하는 날'로 보았다. 이에 대해 정이천은 이같이 풀이했다.

"갑甲은 일의 시작을 말한다. 폐단을 다스리는 도는 마땅히 폐란弊亂을 다스리는 일을 착수하기 전 3일과 다스린 후 3일은 심사숙고해야 한다. 그래야만 폐란을 구제한 상태가 오래갈 수 있기 때문이다. 선갑先甲은 먼저 그러하게 된 까닭을 살피는 것이고, 후갑後甲은 나중에 장차 그러하게 될 것을 고려하는 것이다. 사흘 동안 생각을 깊이하면 멀리까지 미칠 수 있다."

18-2

「彖」曰, 蠱, 剛上而柔下, 巽而止, 蠱. 蠱, 元亨而天下治也. '利涉大川', 往有事也. '先甲三日, 後甲三日', 終則有始, 天行也.

〈단전〉에 이르기를, '고(蠱)는 강상유하(剛上柔下 : 陽剛이 위로 가고 陰柔가 아래로 옴)하여 손지(巽止 : 사물이 길들어져 순해지면 폐단이 그침. 巽은 風, 止는 山을 상징)하니 이를 일러 고(蠱)라고 한다' 고 했다. 고(蠱)는 원형(元亨)하여 천하가 다스려진다. '이섭대천(利涉大川)' 은 노력하여 앞으로 계속 나아가 큰일을 하는 것을 말한다. '선갑삼일, 후갑삼일' 은 종즉유시(終則有始 : 앞의 일을 끝내면 곧 새로운 일을 시작함)를 뜻한다. 이는 천행(天行 : 하늘의 운행이치)을 말한 것이다.

'손이지巽而止' 는 「고괘」를 이루고 있는 상괘 '손괘' 와 하괘 '간괘' 의 괘덕을 말한 것이다. 이를 두고 왕필은 이같이 풀이했다.

"상괘인 '간괘艮卦' 의 양강은 법령을 제정할 수 있고, 하괘인 '손괘巽卦' 의 음유는 법령을 실행할 수 있다. 이미 손이지巽而止 : 바람이 불다가 그침했으니 경쟁은 하지 않는다. 일이 있을 때 경쟁하는 우환이 없으므로 그 일은 잘 되어 나갈 것이다."

'종즉유시終則有始' 는 천지운행의 이치를 말한 것으로 사업의 이치를 설명한 것이기도 하다. 이는 폐란弊亂 : 폐단과 혼란을 혁치革治 : 폐단을 제거하고 혼란을 다스림하고자 할 때에는 반드시 앞일을 거울삼아야 한다는 뜻을 내포하고 있다. 이를 두고 정이천은 이같이 풀이해 놓았다.

"무릇 시작이 있으면 반드시 마지막이 있는 법이다. 이미 마지막이 되었다는 것은 곧 반드시 시작이 된다는 뜻이다. 이것이 천지운행의 이치이다. 성인은 마지막과 시작의 이치를 알고 있었으므로 시작에서는 그 연유를 살폈고, 마지막에서는 그것이 장차 그러하게 될 것을 갖추고 있다는 것을 알고자 했다. 그래서 혁폐치란革弊治亂하여 크게 형통할 수 있었던 것이다."

18-3

「象」曰, 山下有風, 蠱. 君子以振民育德.

初六, 幹父之蠱, 有子, 考无咎, 厲終吉. 「象」曰 '幹父之蠱', 意承考也.

九二, 幹母之蠱, 不可貞. 「象」曰 '幹母之蠱', 得中道也.

九三, 幹父之蠱, 小有悔, 无大咎. 「象」曰 '幹父之蠱', 終无咎也.

六四, 裕父之蠱, 往見吝. 「象」曰 '裕父之蠱', 往未得也.

六五, 幹父之蠱, 用譽. 「象」曰 '幹父用譽', 承以德也.

上九, 不事王侯, 高尙其事. 「象」曰 '不事王侯', 志可則也.

〈상전〉에 이르기를, '산하유풍(山下有風 : 폐란의 혁치를 상징), 고(蠱)' 라고 했다. 군자는 이를 본받아 진민육덕(振民育德 : 백성을 구제키 위해 덕을 기름, '振' 은 '救' 와 통함)했다.

초육은 간부지고(幹父之蠱 : 부친이 한 일을 자식이 떠맡음, '幹' 은 '堪事' 의 의미)하여 유자(有子 : 자식이 부친의 사업을 능히 감당함)하니 그 아비는 '무구(无咎)' 할 것이다. 설령 위험이 있을지라도 부단히 노력하면 결국 길하다. 〈상전〉에 따르면 '간부지고' 는 그 뜻이 죽은 아비의 사업 계승에 있음을 뜻한다.

구이는 간모지고(幹母之蠱 : 하괘의 가운데에 처해 모친이 한 일을 떠맡음)하나 불가정(不可貞 : 어머니를 억지로 바르게 하려는 태도는 불가함)하다. 〈상전〉에 따르면 '간모지고' 는 득중도(得中道 : 부인의 고집에 대응하는 적절한 방도를 얻음)를 뜻한다.

구삼은 '간부지고(幹父之蠱)' 하니 약간의 후회가 있으나 대구(大咎 : 큰 재난)는 없다. 〈상전〉에 따르면 '간부지고' 는 끝내 '무구' 함을 뜻한다.

육사는 유부지고(裕父之蠱 : 아비가 그르친 일을 서두르지 않고 느슨하게 처리함)하니 계속 그대로 나아가면 견린(見吝 : 悔吝할 일을 당함)케 된다. 〈상전〉에 따르면 '유부지고' 는 계속 느슨한 방식으로 나아가면 끝내 잘못을 다스리기 어렵게 됨을 뜻한다.

육오는 '간부지고(幹父之蠱)' 하니 다른 사람들로부터 칭송을 받는다. 〈상전〉에 따르면 '간부용예(幹父用譽)' 는 '승이덕(承以德 : 盛德으로 아비의 사업을 계승함, 以德承의 도치문임)' 을 뜻한다.

상구는 불사왕후(不事王侯 : 왕후의 사업에 종사치 않음, '事' 는 '奉事' 의 뜻임)하여 자신의 행위를 고상(高尙 : 초연히 마음을 밖으로 돌려 고결하게 정도를 지켜나감)하게 한다. 〈상전〉에 따르면 '불사왕후' 는 그 뜻이 가히 본받을 만한 것임을 뜻한다.

「고괘」의 여러 효사에 나오는 '간幹' 을 두고 두 가지 해석이 엇갈리고 있다. 『이아』 「석고」의 해석을 좇아 '정正' 으로 보는 견해와 '감사堪事 : 일을 떠맡음' 로 보는 견해가 그것이다. 「고괘」 자체가 고해蠱害를 제거하는 소위 '치고治蠱' 를 역설하고 있는 점에 비춰 두 가지 뜻을 겸유한 것으로 보는 게 무난하다.

〈대상전〉의 '산하유풍山下有風' 은 '손하간상巽下艮上' 으로 이뤄진 「고괘」의 괘상을 두고 산 아래에서 바람이 부는 모습에 비유한 것이다. 이를 두고 정이천은 이같이 풀이했다.

"산 아래에서 바람이 부니 그 바람은 산을 만나 돌아가야만 한다. 이는 사물이 모두 혼란스러워져 재난을 만난다는 뜻이다."

초육 효사 '간부지고幹父之蠱' 의 '간幹' 은 '광정匡正', '고蠱'

는 '고해蠱害'의 뜻이다. 이는 초육효가 '고蠱'의 시기에 유순한 성품으로 낮은 곳에 처해 위로 구이효와 구삼효를 받들고 있는 모습을 마치 자식이 부친의 잘못을 바르게 하는 모습에 비유한 것이다. '무구无咎'는 뛰어난 자손을 두면 선대의 덕업이 빛나게 되는 것을 설명한 것이다.

구이 효사 '간모지고幹母之蠱'는 구이효가 양강의 품성으로 음위에 처해 정덕正德을 얻지는 못했으나 중덕中德을 얻은 것을 모친의 잘못을 바르게 하는 자식의 모습에 비유한 것이다. '불가정不可貞'은 어미의 잘못을 억지로 바르게 하려는 태도는 불가하다는 뜻이다. 이를 두고 왕필은 이같이 풀이했다.

"하괘의 가운데에 처해 마땅히 모친의 일을 바르게 도와야 하는 까닭에 '간모지고'라고 한 것이다. 부인의 성품을 완전히 바르게 고치는 것은 어려운 일이다. 그러나 자신의 강剛함을 굽힌다면 바르고 유순하게 만들 수 있는 까닭에 '불가정'이라고 한 것이다."

구삼 효사 '간부지고幹父之蠱'는 대략 초육효와 그 취지가 같다. 이는 구삼효가 '고'의 시기에 양강의 품성으로 하괘의 마지막에 처해 있는 것을 자식이 부친의 잘못을 고치는 모습에 비유한 것이다. 이를 두고 왕필은 이같이 풀이했다.

"양강의 품성으로 일을 바르게 하나 부친이 호응하지 않는 까닭에 후회를 한다. 그러나 구삼효는 정위正位에 처해 정덕正德을 얻은 까닭에 부친의 잘못을 바르게 하는 과정에서 비록 약간의 후회할 만한 일이 있었으나 결국 큰 재난을 면하게 되었다."

이는 아랫사람이 양강의 품성으로 정도를 지키면서 윗사람에게 아부하지 않고 그들의 잘못을 고쳐주는 것을 뜻한다. 치도의 관점에서 볼 때 이는 신하가 군주의 잘못을 규간規諫하는 과정에서 일시 그 방법이 지나쳐 후회할 만한 일이 있기는 했으나 끝까지 정도를 걸으며 규간하여 마침내 난관을 타개한 것에 비유할 수 있다. 이를 두고 당제국 때의 한유韓愈는 이같이 비유하기도 했다.

"부패한 자들을 황제에게 고할 뿐만 아니라 결국 하늘도 알게 하여 저녁에 내쫓기고 아침에 등청하는 자가 8천 명이나 되었다. 본래 성군이 세운 왕조의 폐정을 교정키 위한 것일진대 어찌 허약하고 부패한 모습으로 얼마 남지 않은 생명을 아끼겠는가."

육사 효사 '유부지고裕父之蠱'는 아랫사람이 서두르지 않고 규간하는 것을 관대하고 부드러운 방법으로 부친의 잘못을 고쳐나가는 것에 비유한 것이다. 그러나 이런 방법은 이내 인석吝惜한 일을 만날 수밖에 없다. 이를 두고 우번虞翻은 이같이 풀이했다.

"육사효가 음유의 나약한 성품으로 음위에 처했기 때문에 부친의 잘못을 속히 바르게 할 수 없는 까닭에 관대하고 순종하는 듯한 안색을 한다는 의미이다. 그러나 계속 이같이 하면 반드시 인석한 일이 일어날 것이다."

인석한 일이 일어난다는 것은 곧 그 잘못이 날로 심각해져 나중에는 규간조차 할 수 없는 지경에 이르게 된다는 뜻이다. '왕미득往未得'은 바로 이를 말한 것이다.

육오 효사 '간부지고幹父之蠱'는 초육효 및 구삼효와 대략 그 취지가 같으나 다른 사람들로부터 칭송을 받는다는 점에서 차이가 있다. 이는 육오효가 부친의 사업을 계승해 더욱 융성하게 만든 데 따른 것이다. 이들 두고 왕필은 이같이 풀이했다.

"육오효는 음유의 품성으로 존위에 처해 중도를 행함으로써 부친의 사업을 이어 나갔으니 이것이 바로 다른 사람들로부터 칭송을 받는 길이다."

이는 육오효가 구이효에 호응하면서 상구효의 뜻을 잘 받드는 모습을 마치 자식이 부친의 사업을 계승해 더욱 융성하게 만든 것에 비유해 칭송한 것이다. 육오효는 '고해蠱害'를 다스려야 하는 '고'의 시기에 가장 바람직한 모습을 보여주고 있다. 이는 육오효가 윗사람의 뜻을 잘 받들 뿐만 아니라 아랫사람들의 뜻에도 잘 호응한데 따른 것이다.

상구 효사 '불사왕후不事王侯'의 '사事'는 '봉사奉事'의 뜻 이외에도 '시侍'의 뜻을 지니고 있다. 이같이 새길지라도 의미상 큰 차이는 없다. 다만 '시'의 뜻으로 새길 경우 그 뜻이 보다 강화된다고 할 수 있다. 그러나 문맥의 흐름과 상구효의 요체가 '고상高尙'에 있는 점 등을 감안하면 '시'보다는 '봉사'의 뜻으로 새기는 것이 보다 자연스럽다.

「고괘」의 요지는 '치고治蠱 : 폐란의 혁치'에 있다. 그러나 그 방법은 매우 다양하다. 초육효와 구삼효, 육사효, 육오효 모두 '간부지고幹父之蠱'를 언급하고 있음에도 불구하고 상이한 내용의 '치고' 방안을 제시한 사실이 이를 뒷받침한다.

〈대상전〉은 '치고'의 요체를 '진민육덕振民育德'으로 규정해 놓았다. 이는 위정자의 '수제修齊'를 '치고'의 요체로 간주한 데 따른 것으로 볼 수 있다. 그러나 상구효의 경우는 '치평治平'과 관련된 '군주지고君主之蠱'를 언급한 것이다. 「고괘」에서 말하고자 한 '치고' 방안의 요체로는 구이효에 제시된 '득중도得中道' 방안이 보다 타당하다고 보아야 한다.

제19장 지택림(地澤臨)

☷ 地

☱ 澤

兌下坤上110,000

착괘 : 천산돈天山遯 : 001,111

종괘 : 풍지관風地觀 : 000,011

19-1

臨, 元亨, 利貞. 至于八月有凶.

임(臨)은 원형(元亨)하니 수정(守貞)하면 이로울 것이다. 8월에 이르러서는 흉함이 있다.

'임臨'은 '감監' 내지 '시視'의 뜻을 지니고 있다. 이밖에도 동진東晋의 범녕范寧이 『춘추곡량전春秋穀梁傳』「노애공 7년」조를 주석하면서 인용한 서건徐乾은 '유림有臨'을 '무유撫有 : 백성을 다독이며 나라를 보유함'로 풀이했다. 이를 종합해 보면 군주가 백성을 보살피는 것으로 요약할 수 있다. 실제로 「임괘」는 위정자의 보민保民을 풀이해 놓은 것이다.

'지우8월유흉至于八月有凶'은 임도臨道가 극에 달해 쇠락의 위험을 띠게 된 것을 표현한 것이다. 여기의 '8월'은 음기와 양기의 교체에 주목한 것이다. 『예기』「월령月令」에 따르면 8월은 비록 양기가 성한 때라고 하나 음기가 점점 성해지고 양기가 날로 쇠미해지는 시기를 말한다.

19-2

「彖」曰, 臨, 剛浸而長, 說而順, 剛中而應, 大亨以正, 天之道也. '至于八月有凶', 消不久也.

〈단전〉에 이르기를, '임(臨)은 강침이장(剛浸而長 : 陽剛이 점차 길어짐), 열이순(說而順 : 기뻐하며 순종함), 강중이응(剛中而應 : 陽剛이 중정에 응함), 대형이정(大亨以正 : 바른 자세로 크게 형통함)한다. 이것이 천지도(天之道)이다'라고 했다. '지우8월유흉(至于八月有凶)'은 소불구(消不久 : 臨道가 쇠미해져 이내 오래 가지 못함)를 뜻한다.

'대형이정大亨以正'을 두고 정이천은 이같이 풀이했다.

"천지자연이 만물을 생육하는 노력을 그치지 않는 까닭은 양강陽剛·정正·화和·순順하기 때문일 것이다. 이 4가지로 사물을 보살피고 천하백성을 보살피면 크게 형통할 것이다."

19-3

「象」曰, 澤上有地, 臨. 君子以教思无窮, 容保民无疆.

初九, 咸臨, 貞吉.「象」曰 '咸臨貞吉', 志行正也.

九二, 咸臨, 吉, 无不利.「象」曰 '咸臨, 吉, 无不利', 未順命也.

六三, 甘臨, 无攸利. 旣憂之, 无咎.「象」曰 '甘臨', 位不當也. '旣憂之', 咎不長也.

六四, 至臨, 无咎.「象」曰 '至臨无咎', 位當也.

六五, 知臨, 大君之宜, 吉.「象」曰 '大君之宜', 行中之謂也.

上六, 敦臨, 吉, 无咎.「象」曰 '敦臨之吉', 志在內也.

〈상전〉에 이르기를, '택상유지(澤上有地), 임(臨)' 이라고 했다. 군자는 이를 본받아 교사무궁(敎思无窮 : 백성을 가르치고 생각하는 것이 무궁함)하고, 용보민무강(容保民无疆 : 백성을 용납해 보호하는 것이 무강함)하다.

초구는 함림(咸臨 : 君位에 가까운 육사효에 감응하며 정사에 임함, '咸'은 '感'과 통함)하니 수정(守貞)하면 길할 것이다. 〈상전〉에 따르면 '함림정길'은 지행(志行 : 뜻과 행동)이 바른 것을 뜻한다.

구이는 함림(咸臨 : 君位인 육오효에 감응하며 정사에 임함)하니 길하고 이롭지 않은 게 없다. 〈상전〉에 따르면 '함림, 길(吉), 무불리(无不利)'는 미순명(未順命 : '함림'이 군명에 따라 이뤄진 것이 아님)을 뜻한다.

육삼은 감림(甘臨 : 감언이설로 윗사람을 감응시켜 정사에 임함)하니 무유리(无攸利 : 이로운 바가 없음)하다. 기우(旣憂 : 자신의 잘못을 이미 깨닫고 근신함)하니 '무구'하다. 〈상전〉에 따르면 '감림'은 자리가 부당한 것을 뜻한다. '기우지(旣憂之)'는 재난이 오래 가지 않음을 뜻한다.

육사는 지림(至臨 : 지극히 친근한 자세로 정사에 임함)하니 '무구(无咎)'하다. 〈상전〉에 따르면 '지림무구(至臨无咎)'는 자리가 마땅함을 뜻한다.

육오는 지림(知臨 : 현신을 임용해 지혜롭게 정사에 임함)하다. 대군

(大君 : 대인군주)의 행보가 적의(適宜)하니 길하다. 〈상전〉에 따르면 '대군지의(大君之宜)' 는 행중(行中 : 중도를 행함)을 설명한 것이다.

상육은 돈림(敦臨 : 돈후한 덕으로 정사에 임함)하니 길하다. 〈상전〉에 따르면 '돈림지길(敦臨之吉)' 은 '지재내(志在內 : 뜻이 통치에 있음)' 를 뜻한다.

〈대상전〉의 '교사敎思' 는 '교민敎民' 과 '사민思民', '용보민容保民' 은 '용민容民' 과 '보민保民' 을 합친 말이다. 이를 두고 그 의미가 연못과 같이 깊고 그 도량이 대지와 같이 크다는 취지에서 '교사' 와 '용보민' 의 표현을 쓴 것으로 풀이하는 견해도 있으나 이는 지나친 것이다.

초구 효사 '함림咸臨' 은 구이 효사와 같다. 그러나 그 내용은 크게 다르다. 초구효는 군위인 육오효에 직접 감응하는 것이 아니라 군위와 가까운 육사효에 감응하는 까닭에 그 길리吉利가 구이효만 못하다. 구이효는 하괘의 가운데에 처해 중덕中德을 얻었을 뿐만 아니라 직접 군위인 육오효와 감응하고 있는 까닭에 그 '길리' 가 무궁하다. 구이 효사 '길리' 는 전적으로 감응에 의해 이뤄지는 비공식적인 것으로 공식적인 군명에 따른 것이 아닌 까닭에 오히려 더 풍후豊厚할 수 있다.

구이 효사 '미순명未順命' 의 '미未' 를 두고 정이천은 '순명順命' 에 따르지 않았다는 뜻의 '불유不由' 의 의미로 풀이했다. 이는 구이효와 육오효가 서로 감응해 다른 사람을 보살피는 것이 군명을 받들거나 군명에 순종해 그런 것이 아니라는 뜻이다. 정이천은 구체적으로 이같이 풀이했다.

"구이효와 육오효가 감응해 아랫사람을 돌보는 것은 대체로 강덕剛德이 성장했을 뿐만 아니라 또한 중도를 얻어 지극한 정성으로 감은한 데 따른 것이다. 결코 윗사람의 명에 순응해 그런 것은 아니라는 뜻이다."

육삼 효사 '감림甘臨'의 '감甘'을 두고 왕필은 풀이하기를, '간사하게 아첨하는 말과 바르지 못한 것을 뜻한다'고 했다. 육삼효는 하괘의 맨 윗자리에 처해 있으면서 음유의 품성으로 정도를 이행치 못한 형상을 하고 있는 까닭에 간사한 아첨으로 다른 사람을 보살피는 척하는 자에 비유된 것이다. 다만 육삼효는 자신이 바르지 못한 것을 스스로 알고 있는 까닭에 늘 우울함과 두려움을 지니고 있다. 이에 겸손한 마음으로 정도를 지켜 나가면서 잘못을 고치면 '무구'할 수 있다고 한 것이다.

육사 효사 '지림至臨'은 상괘의 아래에 처하면서 하괘와 이웃하고 있는 까닭에 간절하게 아래를 보살피고자 하는 모습을 취하고 있다. 이는 마치 백성에게 친근하게 다가가 보살펴주고자 하는 위정자의 모습과 닮아 있기에 '위당位當'하다고 한 것이다.

육오 효사 '지림知臨'은 군주가 중덕中德을 얻어 감응하고 있는 구이효의 강건한 신하를 발탁해 자신을 보필케 한 형상이 현군賢君의 모습에 비유된 것이다. 육오효는 군도君道의 요체가 현신을 발탁해 적소에 배치하는 소위 '지인知人'에 있음을 잘 보여주고 있다. 이는 『예기』「중용」편에 나오는 '천하의 지성至聖만이 능히 총명예지聰明睿知하여 유림有臨 : 백성들에게 다가가는 정사를 펼침할 수 있다'는 구절과 그 취지를 같이 하는 것이다.

상육 효사 '돈림敦臨'은 상육효가 더 이상의 직위가 없는 가장 높은 곳에 처해 있으면서도 음효의 품성으로 강맹剛猛하지 않아 돈후한 덕으로 사람들을 보살피는 것에 비유한 것이다. 상육효는 원래 임도臨道가 다한 상황에서 높은 자리에 처해 있는 까닭에 매우 위험할 수 있다. 그러나 그 덕이 돈후한 까닭에 '무구'하게 된다.

이를 통해 짐작할 수 있듯이 「임괘」의 요지는 통치에 있다. 「임괘」의 육효 모두 통치와 관련된 것으로 '임도臨道'는 곧 '치도治道'를 의미한다. 〈대상전〉은 치도의 요체를 '교사민敎思民'과 '용보민容保民'에서 찾고 있다. 이는 『논어』「자로」편에 나오는 소위 '선부민후교민先富民後敎民' 사상과 맥을 같이 하는 것이라고 할 수 있다.

군주의 치도로 가장 바람직한 것은 육오 효사 '지림知臨'이다. 유능한 신하를 얻어 정사를 맡기고 군주 자신은 천지의 운행에 부합하는 대정大政을 행하는 것이 바로 '지림'의 요체라고 할 수 있다. 역사상 이런 '지림'을 행한 대표적인 군주로는 춘추시대 중엽에 관중管仲을 발탁해 정사를 맡긴 제환공齊桓公을 들 수 있다. 뛰어난 현신들의 보필을 받은 당태종唐太宗과 조선조의 세종世宗 등도 '지림'의 이치를 통찰한 경우에 해당한다.

제20장 풍지관(風地觀)

☴ 風

☷ 地

坤下巽上000,011

착괘 : 뇌천대장雷天大壯 : 111,100

종괘 : 지택림地澤臨 : 110,000

20-1
觀, 盥而不薦, 有孚顒若.

관(觀)은 관이불천(盥而不薦 : 성대한 盥禮의식을 보는 것으로 충분해 신령에게 祭需를 올리는 薦禮의식은 보지 않음)하는 것과 같다. 이는 유부옹약(有孚顒若 : 誠信을 갖고 공경스럽고 엄정한 자세를 취함, '若'은 '如'와 마찬가지로 '然'의 뜻을 지닌 語氣辭)하기 때문이다.

'관觀'은 『주역정의』에 따르면 '가관可觀 : 덕정이 가히 볼만함'의 뜻을 지니고 있다. '관이불천盥而不薦'의 '관盥'은 종묘제사에서 술을 땅에 뿌리면서 강신降神을 청하는 의식을 말한다. 제사를 지낼 때 손을 깨끗이 씻는 예로 해석하기도 하나 문맥상 '강신' 의식으로 풀이하는 게 타당하다. '천薦'은 신령에게 제수祭需를 올리는 의식을 말한다.

'관이불천' 구절은 '관'과 '천' 앞에 '관觀'이 생략돼 있다. 이는 '관觀'은 가장 장엄한 예식을 행할 때 보는 것이 가장 바람직하다는 뜻을 담고 있다. 종묘제사에서 처음에 행하는 '관례盥禮'가 가장 장엄하게 치러지는 까닭에 '관례'만 보고 '천례薦禮'는 보지 않을지라도 무방하다는 의미이다. 『주역정의』의 다음과 같은 해석이 이를 뒷받침한다.

"왕도를 가관可觀하는 데 종묘보다 더 좋은 곳은 없다. 종묘를 '가관'하는 데 '관례'보다 더 좋은 게 없다. '관례' 뒤에 치러지는 '천례'는 변두籩豆 : 祭器를 늘어놓는 것에 불과하다. 그래서 '관례'는 '가관'이나 '천례'는 그렇지 못하다고 한 것이다."

이와 유사한 내용이 『논어』「팔일」편에도 나온다. 공자는 노나라의 예제가 쇠퇴한 것을 두고 이같이 탄식한 바 있다.

"체제禘祭 : 천자가 정월에 시조 및 하늘에 올리는 제사를 지낼 때 이미 관주灌酒 : 일종의 降神酒 의식를 행한 뒤로는 정성이 깃들어 있지 않아 내가 더 이상 보고 싶지 않다."

이를 통해 짐작할 수 있듯이 '관이불천'은 '처음의 성례盛禮를 우러러 보는 것이 끝나면 다음의 세례細禮는 굳이 볼 필요가 없다'는 뜻을 담고 있다. 문맥으로 볼지라도 '관이불천'은 '관관이불관천觀盥而不觀薦'으로 해석해야 의미가 순통한다.

20-2

「彖」曰, 大觀在上, 順而巽, 中正以觀天下, 觀. '盥而不薦, 有孚顒若', 下觀而化也. 觀天之神道, 而四時不忒. 聖人以神道設教, 而天下服矣.

〈단전〉에 이르기를, '대관(大觀 : 군위인 구오효의 덕정이 가히 壯觀을 이룬 것을 의미)이 위에 있으니 순손(順巽 : 온순하고 겸손함)하고 중정(中正)한 자세로 천하를 바라본다. 이를 일러 관(觀)이라 한다'고 했다. '관이불천, 유부옹약'은 하관이화(下觀而化 : 백성들이 군주의 덕정을 우러러 보며 자연스럽게 교화됨)를 뜻한다. 하늘의 신도(神道 : 신묘한 이치)를 관찰하면 사시(四時)에 어긋남이 없다. 성인이 '신도'로써 설교(設教 : 교화를 베풂)하는 까닭에 천하가 복종하는 것이다.

'대관재상大觀在上'은 구오효가 군위에 처하여 양강의 품성으로 중정의 덕을 실천하고 있는 것을 표현한 것이다. 정이천은 풀이하기를, "구오효가 중정의 위치에서 겸손하며 순응하는 중정의 덕을 실천하자 아래에서 그 군덕君德을 우러러본다. 그 덕이 매우 큰 까닭에 '대관재상'이라고 한 것이다"라고 했다. 문의에 부합하는 해석이다.

20-3

「象」曰, 風行地上, 觀. 先王以省方觀民設教.

初六, 童觀, 小人无咎, 君子吝. 「象」曰 '初六童觀', 小人道也.

六二, 闚(=窺)觀, 利女貞. 「象」曰 '闚觀, 女貞', 亦可醜也.

六三, 觀我生進退. 「象」曰 '觀我生進退', 未失道也.

六四, 觀國之光, 利用賓于王. 「象」曰 '觀國之光', 尙賓也.

九五, 觀我生, 君子无咎. 「象」曰 '觀我生', 觀民也.

上九, 觀其生, 君子无咎.「象」曰 '觀其生', 志未平也.

〈상전〉에 이르기를, '풍행지상(風行地上), 관(觀)' 이라고 했다. 선왕은 이를 본받아 성방관민(省方觀民 : 사방을 순시하여 살피고 백성을 보살핌)하여 설교(設敎 : 가르침을 세움)했다.

초육은 동관(童觀 : 어린아이의 유치한 식견)이다. 소인은 무구(无咎)하나 군자는 인석(吝惜 : 애석)해 할 것이다. 〈상전〉에 따르면 '초육동안(初六童觀)' 은 소인의 도이다.

육이는 규관(闚觀 : 어두운 곳에서 은밀히 엿봄)이다. 여정(女貞 : 여인이 守貞함)하면 이로울 것이다. 〈상전〉에 따르면 '규관, 여정' 은 역가추(亦可醜 : 비록 이롭다 할지라도 또한 추함)를 뜻한다.

육삼은 관아생(觀我生 : 자신의 행동을 면밀히 살핌)하여 진퇴(進退 : 때를 가려 신중하게 나아가고 물러남)를 결정한다. 〈상전〉에 따르면 '관아생진퇴' 는 아직 관도(觀道 : 정확히 살펴보는 이치)를 잃지 않은 것을 뜻한다.

육사는 관국지광(觀國之光 : 구오효인 國君의 덕정을 살핌)하다가 빈우왕(賓于王 : 군왕의 빈객이 되어 出仕함, '賓' 은 동사)하여 크게 이용되었다. 〈상전〉에 따르면 '관국지광' 은 상빈(尙賓 : 빈객을 존중함)을 뜻한다.

구오는 관아생(觀我生 : 사람들의 추앙을 받고 있는데도 스스로 면밀히 돌아보면 반성함)하니 군자는 '무구(无咎)' 하다. 〈상전〉에 따르면 '관아생' 은 관민(觀民 : 백성들의 풍속과 교화를 관찰함)을 뜻한다.

상구는 관기생(觀其生 : 백성들이 자신의 행위를 우러러보고 있음)하니 군자는 '무구' 하다. 〈상전〉에 따르면 '관기생' 은 지미평(志未平 : 虛位에 있다고 하여 안일하게 게으름을 피워서는 안 됨)을 뜻한다.

〈대상전〉의 '풍행지상風行地上' 은 '바람이 땅 위를 날아서 미치지 않는 곳이 없다'는 뜻이다. 이는 천하의 모든 곳을 두루 살피며 백성들에게 덕화를 베풀었다는 의미로 『시경』「국풍國風」의 취지와 상통한다.

초육 효사 '동관童觀'은 소인의 천박한 도를 말한다. 이를 두고 왕필은 이같이 풀이해 놓았다.

"직위를 잃어버려 아래에 처하여 거울삼아 배울 바를 없는 까닭에 '동관'이라고 한 것이다. '대관大觀'의 시기에 처하면서 '동관'하고 있으니 단지 따라다니며 순종할 뿐이다. 소인은 이렇게 해도 '무구'하나 군자는 천박해질 것이다."

육이 효사 '규관闚觀'은 육이효가 비록 정도를 얻어 상괘의 구오효와 호응은 하나 음유의 품성으로 인해 아래에서 단지 중도를 지켜나가는 것으로 마치 여인이 집안에 처해 있으면서 몰래 밖의 경치를 엿보는 것에 비유한 것이다. 대관의 시기에 처해 있으면서 단지 엿보기만 하는 까닭에 여인이 수정守貞하면 이로우나 군자는 단지 추할 뿐이라고 한 이유가 여기에 있다.

육삼 효사 '관아생觀我生'의 '아생我生'을 두고 『주역정의』는 '나의 몸의 동출動出 : 움직임'로 보았다. 이에 대해 정이천은 '움직이는 것은 나의 몸에서 나오는 것이다'로 해석했다. 대략 '자신의 행위'를 지칭한 셈이다. 육삼효는 상구효와 호응해 점진적으로 군위에 있는 구오효에 접근하나 음유의 품성으로 인해 수정守貞하지 못한다. 이를 두고 『주역정의』는 이같이 풀이해 놓았다.

"육삼효는 하괘의 가장 높은 곳과 상괘의 아래에 처한 까닭에 진퇴를 자유롭게 할 수 있다. 멀어도 '동관'은 되지 않고 가까워도 '관국觀國'은 되지 않으니 스스로 자신의 행위를 관찰할 수 있다.

바람을 관찰하여 알맞은 시기를 장악하면 그 도를 상실하지 않는다."

육삼효에게 밖을 신중히 관찰하면서 안으로 수양하면서 때를 잘 살펴 진퇴를 결정하라고 충고한 것은 바로 육삼효가 진퇴를 스스로 결정할 수 있는 위치에 있기 때문이다.

육사 효사 '관국지광觀國之光'은 육사효가 군위인 구오효에 가장 가까이 접근해 그 덕정을 살피는 것을 형상한 것이다. '국지광國之光'의 '광光'은 나라가 잘 다스려져 그 효과가 크게 빛나는 상황을 말한 것이다. 통치자들은 '관광'을 크게 중시했다. 이는 자국의 국력을 보여주면서 인재를 흡인하기 위한 속셈에서 나온 것이다. 현재의 '관광觀光'이라는 용어 역시 원래는 '관국지광'에서 나온 것으로 그 나라의 덕정 여부를 관찰한다는 뜻을 지니고 있다.

「관괘」의 5개 효는 모두 구오효와의 관계를 통해 그 의미를 찾고 있다. 초육효는 양위에 처하면서 구오효와 가장 멀리 떨어져 있는 까닭에 '동관'이라고 했다. 육이효는 비록 음효로서 음위에 처해 중정을 얻고 있으나 역시 구오효와 멀리 떨어져 있는 까닭에 '규관'이라고 했다. 오로지 육사효만이 구오효에 가까이 다가가 그 덕정을 제대로 살펴볼 수 있다. '이용빈우왕利用賓于王'은 빈객을 우대하는 현군賢君의 조정에 참여하여 크게 활용되었음을 뜻한다.

구오 효사 '관아생觀我生'은 육삼 효사 '관아생'과 차원이 다르다. 육삼 효사 '관아생'은 진퇴를 결정키 위한 전제요건이나 구오 효사 '관아생'은 사람들의 추앙을 받고 있는데도 스스로 면밀히 돌아보며 자성하는 것이다. 이는 '관민觀民'을 위한 것이다. 이를 두고 왕필은 이같이 풀이했다.

"위에서 아래를 교화시켜야 하는 것은 마치 바람이 풀을 쓰러지게 하는 것과 같다. 백성들이 잘못을 저지르는 것은 나 한 사람에게 있는 것이다. 군자의 바람이 일어나면 나 역시 재난을 면할 것이다. 자신의 도를 성찰코자 한다면 마땅히 백성을 관찰해야 한다."

이는 『논어』「자장」편에 나오는 '군자의 허물은 일식·월식과 같다. 허물이 있으면 사람들이 모두 이를 보게 된다. 또한 허물을 고칠 경우에도 사람들이 모두 우러러 보게 된다'는 구절과 그 취지를 같이 한다. 『맹자』「공손추 하」편에도 유사한 기록이 나온다.

상구 효사 '관기생觀其生'은 상구효가 양강의 품성으로 「관괘」의 최상위에 처해 있는 상황을 설명한 것이다. 그는 비록 마음대로 일을 처리할 수 없는 허위虛位에 있기는 하나 백성들이 그의 행위를 우러러 보고 있는 까닭에 언행을 조심하며 군자의 덕을 수련해야만 한다. '지미평志未平'은 바로 이를 말한 것이다. 이는 언행을 구오효와 같이 하는 것을 경계한 것이다.

이를 통해 짐작할 수 있듯이 「관괘」의 요체는 '관지觀止'에 있다고 할 수 있다. 이는 성군의 성덕盛德을 관찰하는 '관광觀光'이 사실상 끝나 더 이상 보지 않아도 충분하다는 뜻을 내포하고 있다. 『춘추좌전』「노양공 29년」조에 '관지'와 관련된 일화가 나온다. 이에 따르면 당시 오왕 수몽壽夢의 아들 계찰季札이 열국을 순방하던 중 노나라를 빙문聘問케 되었다. 이때 그는 「소소韶箾 : 순임금의 舞樂」를 보고는 이같이 찬탄했다.

"성덕이 극에 달했으니 여기에 더 보탤 수는 없을 것입니다. 이제 저는 '관지觀止' 하겠습니다. 설령 다른 음악이 또 있다 하더라도 저는 감히 다시 청하지 않겠습니다."

이는 '관광'의 기본취지가 사람을 감화시키고 인재를 발탁하는 데 있음을 밝힌 것이다. 군주는 성덕으로 백성들을 감화시키는 동시에 늘 민풍民風을 관찰해 자성의 계기로 삼아 군도君道를 바르게 해야 한다. 〈단전〉은 그 요체를 '순손중정順巽中正'에서 찾고 있다.

제21장 화뢰서합(火雷噬嗑)

☲ 火

☳ 雷

震下離上100,101

착괘 : 수풍정水風井 : 011,010

종괘 : 산화비山火賁 : 101,001

21-1

噬嗑, 亨. 利用獄.

서합(噬嗑)은 형통하다. 군자가 이를 본받아 용옥(用獄 : 刑獄을 이용함)하면 이로울 것이다.

'서합噬嗑'은 원래 '음식을 씹어 벌어진 입을 합치게 하다'의 뜻이다. 「서합괘」는 이를 형옥刑獄을 시행하는 이치에 비유했다. 이는 음식물이 입안에 들어오면 입이 벌어진 상태로 존재케 되나 이를 씹을 경우 이내 입을 다물 수 있다는 취지에서 나온 것이다. 이를 두고 왕필은 이같이 풀이했다.

"무릇 사물이 친하지 못한 것은 상호 간의 간격으로 인한 것이다. 사물이 바르지 못한 것은 잘못으로 인한 것이다. 간격이 있고 잘못이 있는 것을 씹어서 합하게 해주면 통하게 될 것이다. 형벌을 시행하면 통할 것이고, 재판을 잘하면 이로울 것이다."

이를 두고 주희는 「서합괘」의 괘상이 마치 음식물이 입에 들어온 형상과 같다고 분석해 놓았다.

"「서합괘」의 가장자리와 가장 윗자리는 양효로 막혀 있고 그 중간은 음효로 비어 있다. 이는 마치 입의 윗턱과 아래턱, 구강口腔의 형상과 같다. 구사효가 양효로 입안의 중간을 막고 있으니 반드시 씹어서 부숴버려야 상하가 합치게 된다. 그래서 '서합'이라고 한 것이다."

이는 〈단전〉에 나오는 '이중유물頤中有物'에 착안한 것이다. 청대의 단옥재段玉裁도 금문金文에 나타난 '이頤 : 턱' 자에 대한 분석을 통해 유사한 해석을 내린 바 있다. 그러나 턱을 뜻하는 '이' 자가 과연 「서합괘」의 괘상에서 유래했다고 보기는 어렵다. 공교롭게도 '진상이하震下離上'로 구성돼 있는 「서합괘」의 괘상이 '이' 자와 유사한 모양을 하고 있는 까닭에 이런 해석이 나온 것으로 보는 게 타당하다. 왕필의 주석이 보다 합리적이다.

21-2

「彖」曰, 頤中有物, 曰 '噬嗑'. 噬嗑而亨. 剛柔分動而明, 雷電合而章. 柔得中而上行, 雖不當位, '利用獄'也.

〈단전〉에 이르기를, '이중유물(頤中有物 : 상하의 턱뼈 사이에 물건이 들어 있음)을 일러 서합이라 한다' 고 했다. 서합(噬嗑 : 물건을 씹어서 상하의 턱뼈를 합침)해야 형통한다. 강유(剛柔)가 나뉘어 움직이면 밝고, 뇌전(雷電 : 우레와 번개)이 합치면 빛난다. 음유(陰柔 : 육오효를 지칭)가 득중(得中 : 중도를 얻음)하여 상행(上行 : 위를 향해 분발하여 실천함, 君位에 처했음을 지칭)한다. 비록 부당위(不當位 : 음효인 육오효가 양위인 군위에 있는 것을 지칭)하기는 하나 용옥(用獄)하면 이로울 것이다.

'강유분동이명剛柔分動而明' 과 '뇌전합이장雷電合而章' 구절은 모두 '서합' 을 묘사한 것이다. 이를 두고 왕필은 이같이 풀이해 놓았다.

"강유가 반으로 분리되어 움직이나 혼란스럽지 않고 분명하다. 우레와 번개가 병합하나 어지럽지 않고 빛난다."

'상행上行' 은 육오위가 군위君位에 처해 위를 향해 분발하여 실천하는 모습을 지칭한 것이고, '부당위不當位' 는 음효인 육오효가 양위인 군위에 있는 것을 지칭한 것이다. 그러나 육오효는 중덕中德을 얻어 시비를 단호히 결정하고 사정에 빠져들지 않는 까닭에 형옥을 통해 이로움을 얻을 수 있다.

21-3

「象」曰, '雷電, 噬嗑.' 先王以明罰勑(=勅)法.

初九, 屨校滅趾, 无咎.「象」曰 '屨校滅趾', 不行也.

六二, 噬膚滅鼻, 无咎.「象」曰 '噬膚滅鼻', 乘剛也.

六三, 噬腊肉, 遇毒, 小吝无咎.「象」曰 '遇毒', 位不當也.

九四, 噬幹胏, 得金矢. 利艱貞吉.「象」曰 '利艱貞吉', 未光也.

六五, 噬乾肉, 得黃金, 貞厲无咎.「象」曰 '貞厲无咎', 得當也.

上九, 何(=荷)校滅耳, 凶.「象」曰 '何校滅耳', 聰不明也.

〈상전〉에 이르기를, '뇌전(雷電 : 우레는 威嚴, 번개는 明察을 상징), 서합' 이라고 했다. 선왕은 이를 본받아 명벌칙법(明罰勅法 : 형벌을 엄격히 밝히고 법령을 엄숙히 정비함)했다.

초구는 구교멸지(屨校滅趾 : 발에 형틀을 채워 발꿈치를 베어냄)하니 무구(无咎)하다. 〈상전〉에 따르면 '구교멸지' 는 행하지 못함을 뜻한다.

육이는 서부멸비(噬膚滅鼻 : 연한 살을 씹듯이 쉽게 형을 집행해 코를 베어냄)하니 '무구' 하다. 〈상전〉에 따르면 '서부멸비' 는 승강(乘剛)을 뜻한다.

육삼은 서석육(噬腊肉 : 마른 고기를 씹듯이 형벌에 불복하는 자를 만남)하니 우독(遇毒 : 독을 품고 있는 마른 고기를 씹음)과 같다. 소린(小吝 : 약간 吝惜함)하나 '무구' 하다. 〈상전〉에 따르면 '우독' 은 위부당(位不當)을 뜻한다.

구사는 서건자(噬乾胏 : 뼈가 들어 있는 마른 육포를 씹음)하는 도중에 금시(金矢 : 동화살, 剛直한 기백을 상징)를 얻는 것이다. 간정(艱貞 : 艱難을 인내하며 守貞함)이 이롭고 길할 것이다. 〈상전〉에 따르면 '이간정길(利艱貞吉)' 은 미광(未光 : 형집행의 이치를 아직 밝게 드러내지는 못하고 있음)을 뜻한다.

육오는 서건육(噬乾肉 : 말라서 단단해진 육포를 씹음)하는 도중에 황금(黃金 : 中德을 상징)을 얻는 것이다. 정려(貞厲 : 守貞하여 위기에 대처함)하면 '무구' 할 것이다. 〈상전〉에 따르면 '정려무구' 는 득당(得當 : 마땅함을 얻음)을 말한 것이다.

상구는 하교멸이(何校滅耳 : 목에 형틀을 채운 뒤 목을 베어냄, '耳' 는 '首' 를 상징)하니 극히 흉하다. 〈상전〉에 따르면 '하교멸이' 는 총불명(聽不明 : 총명치 못함, 죄가 쌓이는 것을 생각지 않아 해결할 수 없는 지경에 이름)을 뜻한다.

〈대상전〉의 '뇌전雷電'은 '진하이상震下離上'으로 구성된 「서합괘」의 괘상을 우레와 번개에 비유해 설명한 것이다. 이를 두고 정이천은 이같이 풀이했다.

"우레와 번개는 서로 필요하여 만나는 사물이니 역시 합하는 괘상이다. 번개는 명찰하고, 우레는 위엄이 있다."

초구 효사 '구교멸지屨校滅趾'의 '구屨'는 '신을 신기다'는 뜻의 동사로 쓰였다. '교校'는 나무로 만든 형틀을 말한다. '멸지滅趾'는 '발을 상하게 하다'의 뜻이다. 이는 처음으로 형을 받았을 때의 모습을 형상한 것으로 '작은 형벌'을 의미한다. 대략 발꿈치를 잘라내는 '월형刖刑'에 해당한다. 초구효는 양강의 품성으로 '작은 형벌'을 받고 이내 큰 잘못을 범하지 않은 까닭에 '무구'하다고 한 것이다. 이를 두고 왕필은 이같이 풀이했다.

"벌이 처음 가해질 때는 반드시 가볍게 시작하나 후에는 죽이는 지경에까지 이르게 된다. 잘못한 것이 가벼우면 형벌도 가벼우므로 '구교멸지'하여 걸음을 못 걷게 할 뿐이다."

〈계사전〉에도 '구교멸지'에 대한 풀이가 나와 있다.

"소인은 징계를 하지 않으면 두려워하지 않는다. 작은 징계를 받고 큰 교훈을 얻는 것은 소인의 복이다. 『역』에서 '구교멸지, 무구'라고 한 것은 바로 이를 두고 한 말이다."

육이 효사 '서부멸비噬膚滅鼻'는 아무런 장애가 없는 형집행을 의미한다. '서부噬膚'는 부드러운 고기를 씹어 먹듯이 형을 정당하게 집행하는 까닭에 아무런 장애가 없다는 뜻이다. '멸비滅鼻'는 코를 제거하는 '의형劓刑'에 해당한다. 이를 두고 왕필은 이같이 풀이했다.

"강한 자를 올라탄 까닭에 순리로 다스리지 못했다. 이에 약간 과한 형을 가해 '멸비'라고 한 것이다. 형을 집행하는 데 고민했으므로 비록 '멸비'는 했으나 '무구'하다고 한 것이다."

육삼 효사 '서석육噬腊肉'은 형벌에 승복하지 않는 자에 대한 형집행을 상징한 것이다. 이를 '우독遇毒'으로 풀이해 놓았다. 여기의 '독毒'은 원래 '독초'를 의미하나 『주역정의』는 '고악지물苦惡之物 : 맛이 나쁘고 해로운 음식'로 풀이했다. 이는 수형자受刑者자가 원독怨毒을 품고 있음을 의미한다.

육삼효는 「서합괘」 하괘의 가장 윗자리에 처해 다른 사람에게 형을 집행하고 있으나 음유의 품성으로 인해 정도로 다스리지 못한 까닭에 수형자의 원독을 야기하는 형상을 하고 있다. 이를 두고 왕필은 이같이 풀이했다.

"육삼효는 하괘의 가장 높은 곳에 처해 있으면서 그 직위에 알맞은 도를 실천치 못하고 있다. 이는 매우 딱딱하고 독을 품고 있는 음식을 만난 것에 비유할 수 있다. 그러나 육삼효는 강한 자를 타고 앉아 있지 않기 때문에 형집행의 순리를 어기지는 않았다. 그래서 비록 '우독遇毒'할지라도 약간의 아쉬움이 따를 뿐 '무구'하다고 한 것이다."

구사 효사 '서건자噬乾胏'의 '건자乾胏'를 두고 마융은 '뼈가 들어 있는 마른 고기'로 풀이했다. '서건자'는 '건자'를 씹다가 치아가 뼈에 부딪치고 있는 형상을 언급한 것으로 형집행이 매우 순조롭지 못한 것을 의미한다. 이는 구사효가 양강의 품성으로 음위陰位에 처해 있는 까닭에 정중正中을 상실한 데 따른 것이다. 이를 두고 왕필은 이같이 풀이했다.

"본질은 양효陽爻이나 음위에서 주관하니 형집행을 할지라도 중덕中德을 얻지 못하고 있다. 이는 위부당位不當에 따른 것이다. 육사효가 음식을 씹기는 하나 음식 또한 잘 씹히지 않는다. 그래서 '서간자'라고 한 것이다."

'금시金矢'는 '동시銅矢'를 말한다. 고대의 '금金'은 '동銅'을 의미한다. '득금시得金矢'는 형집행자의 강직한 품성을 의미한다. 이를 두고 왕필은 이같이 풀이했다.

"금시金矢는 강직을 의미한다. 이는 '서간자' 하는 도중에 강하고 곧은 '금시'를 발견한 것과 같다. 어려운 상황 속에서도 수정守貞하면 이로울 것이다."

육오 효사 '서건육噬乾肉'은 음유의 품성으로 군위의 자리에 오른 까닭에 형 집행의 순리를 얻지 못하고 있는 것을 지적한 것이다. 다만 육오효는 위부당位不當으로 인해 정덕正德은 얻지 못하고 있으나 상괘의 가운데에 처한 까닭에 중덕中德은 얻고 있다. 편벽되게 일을 처리하지 않는 것은 이 때문이다. '득황금得黃金'과 '득당得當'을 언급한 이유가 바로 여기에 있다. 이를 두고 왕필은 이같이 풀이했다.

"육오효는 음유의 품성으로 양강한 구사효 위에 올라앉아 있으면서 중덕을 얻은 까닭에 형벌을 집행할 수 있다. 수형자가 비록 승복하지 않으나 중덕을 얻어 승리하므로 '서건육, 득황금'이라고 한 것이다."

상구 효사 '하교멸이何校滅耳'는 상구효가 「서합괘」의 극한에 처해 있는 것이 마치 악행을 저지르다가 형틀을 메고 끝내 '멸수滅首 : 목을 베어냄'의 지경에 이른 것을 말한다. 여기의 '이耳'는 '수首'를 상징한다. 과거 전쟁에서는 전공戰功의 표시로 수급首級 : 적군의 목을 취했다. '수급'은 진秦나라가 적군의 목을 하나 취한 장병에게 한 계급을 올려준 데서 나온 말이다. 이를 '괵馘'이라고 한다. 당시 상황에 따라서는 적군의 귀를 취해 '수급'을 대신하기도 했다. 이 또한 '괵馘'이라고 했다.

'하교멸이'에 사용된 '이耳' 또한 '수首' 대신 사용된 것이다. 이를 두고 대부분의 사람들이 '이형刵刑 : 귀가 잘리는 형벌'을 받은 것으로 해석하고 있으나 이는 잘못이다. 문맥으로 볼지라도 '이형'은 초구 효사 '구교멸지屨校滅趾'에 나오는 '멸지', 즉 '월형刖刑'보다도 가벼운 형벌이다. 상구 효사 '멸이'를 '이형'으로 해석할 경우 그 뜻이 전혀 통하지 않게 된다. '하교멸이'는 적악積惡이 극심해 끝내 목이 베어지는 참형斬刑을 당하게 되었음을 의미한다. 이는 왕필의 다음과 같은 주석을 보면 쉽게 알 수 있다.

"이는 악행만 저지르고 개선改善은 전혀 하지 않았는데도 징계되지 않다가 끝내 형벌이 그의 머리에까지 이르렀음을 의미한다. 그 흉악함이 막심한 것이다."

이를 통해 알 수 있듯이 「서합괘」의 요체는 '치옥治獄'에 있다. 「서합괘」의 육효 중 초구효와 상구효는 수형자受刑者에 비유되어 있다. 초구효는 초범인 까닭에 가벼운 징벌에 그쳤으나 상구효는 죄를 많이 지은 까닭에 중형을 받게 되었다. 육이효와 육삼효, 구사효, 육오효는 집형자執刑者에 비유되어 있다. 대략 육오효는 군위에 처한 까닭에 '치옥'을 주관하는 재판장에 비유할 수 있다. 구사효가 대신의 자리에 있는 까닭에 부재판관에 해당한다면 육이효와 육삼효는 그 아래에 있는 옥리獄吏로 볼 수 있다.

'치옥'의 요체는 〈대상전〉에 나오는 '명벌칙법明罰勅法'에 있다. 이는 '진하이상震下離上'으로 구성된 「서합괘」의 괘상에 부합하는 것이기도 하다. '치옥'을 의미하는 「서합괘」의 상징은 '뇌전雷電'이다. 이는 '불'을 상징한다. 불은 맹렬히 타오르는 까닭에 백성들이 두려워하며 감히 범접할 생각을 갖지 못한다. '치옥'의 이치는 바로 여기서 나온 것이다.

『노자』 제74장에 나오는 '백성들이 죽음을 두려워하지 않으면 어찌 죽음으로 백성을 두렵게 할 수 있겠는가'라는 구절이 바로 '치옥'의 이치를 언급한 것이다. 이는 『춘추좌전』「노소공 20년」조에 나오는 정鄭나라 현상賢相 자산子山의 언급과 맥을 같이 한다. 자산은 병이 들게 되자 후임자인 유길游吉에게 이같이 당부한 바 있다.

"내가 죽게 되면 그대가 틀림없이 집정執政이 될 것이오. 오직 유덕자만이 관정寬政으로 백성을 복종시킬 수 있소. 그렇지 못한 사람은 맹정猛政으로 다스리느니만 못하오. 무릇 불은 맹렬하기 때문에 백성들이 이를 두려워하므로 불에 타 죽는 사람이 많지 않소. 그러나 물은 유약하기 때문에 백성들이 친근하게 여겨 쉽게 가지고 놀다가 이로 인해 매우 많은 사람이 물에 빠져 죽게 되오. 그래서 관정을 펴기가 매우 어려운 것이오."

자산이 죽자 뒤를 이어 집정이 된 유길은 차마 '맹정'을 펴지 못하고 '관정'으로 일관했다. 그러자 정나라에는 도둑이 급증했다. 이에 유길이 크게 후회했다.

"내가 일찍이 자산의 말을 들었더라면 이 지경에 이르지는 않았을 것이다."

그리고는 곧 보병을 출동시켜 도둑의 소굴을 소탕해 모두 죽여버렸다. 이를 두고 훗날 공자가 이같이 평했다.

"참으로 잘한 일이다. 정치가 관대해지면 백성이 태만해진다. 태만해지면 엄히 다스려 바르게 고쳐 놓아야 한다. 정치가 엄하면 백성이 상해를 입게 된다. 상해를 입게 되면 관대함으로 이를 어루만져야 한다. 관이제맹寬以濟猛 : 관대함으로 백성들이 상처 입는 것을 막음과 맹이제관猛以濟寬 : 엄정함으로 백성들의 태만함을 고침으로 정치는 조화를 이루게 되는 것이다."

'치옥' 또한 통치의 이치인 '치리治理'에서 벗어날 수 없는 것이다. 「서합괘」에서 말하는 '치옥'의 요체인 '명벌칙법明罰勅法'은 공자가 말한 '맹이제관猛以濟寬'과 그 취지를 같이 하는 것이다. 공자가 말한 '관이제맹寬以濟猛'은 '치옥'의 이치가 아니라 예악을 다스리는 '치례治禮' 및 '치악治樂'의 이치에 해당한다.

제22장 산화비(山火賁)

☶ 山

☲ 火

離下艮上101,001

착괘 : 택수곤澤水困 : 010,110

종괘 : 화뢰서합火雷噬嗑 : 100,101

22-1
賁, 亨. 小利有攸往.

비(賁)는 형통하다. 그러나 앞으로 나아갈지라도 약간 이로울 뿐이다.

'비賁'는 『설문해자』에 따르면 '문식文飾'의 뜻을 지니고 있다. 원래는 '반斑'자로 쓰여 문장文章 : 무늬 및 문체을 뜻했다. '비賁, 형亨'을 두고 정이천은 이같이 풀이했다.

"사물은 화려하게 치장을 한 연후 형통할 수 있다. 이에 '근본이 없으면 설 수 없고, 문식을 하지 않으면 행할 수 없다'고 한 것이다. 실질적인 내용에 문식을 가하면 형통할 것이다."

'소리유유왕小利有攸往'을 두고 여러 해석이 나왔다. 우번과 정이천 등은 '소小'를 육오 효사 '유소柔小'로 보았으나 이는 잘못이다. 본래 문식이 성하면 반드시 내용이 쇠미해지기 마련이다. 여기의 '소리小利'는 육오효가 지나친 문식을 뜻하는 상구효로 문식되어 있는 것을 지적한 것으로 '대리大利'와 대칭되는 의미로 사용된 것이다.

22-2

「彖」曰, '賁亨, 柔來而文剛, 故亨.' 分剛上而文柔, 故'小利有攸往'. 剛柔交錯, 天文也. 文明以止, 人文也. 觀乎天文, 以察時變. 觀乎人文, 以化成天下.

〈단전〉에 이르기를, '비(賁)가 형통하다고 했으니 이는 유래문강(柔來文剛 : 陰柔가 앞서와 陽剛을 문식함, 육이효가 구삼효를 문식한 것을 의미)을 말한 것이다. 그래서 형(亨)이라고 한 것이다'라고 했다. 그러나 강상문유(剛上文柔 : 다른 양효와 나누어진 상구효가 맨 위로 올라가 육오효를 문식함)는 '소리유유왕(小利有攸往)'하다. 강유교착(剛柔交錯 : 양강과 음유가 조화롭게 어울림)은 천문(天文 : 천도의 문채), 문명이지(文明以止 : 문덕이 찬연히 밝아져 예의에 의해 멈춤)는 인문(人文 : 인도의 문채)이다. 천문을 보아 시변(時變 : 사계의 변화)을 살피고, 인문을 보아 화성천하(化成天下 : 천하인을 교화시켜 치도를 완성시킴)한다.

〈단전〉에서 말하는 '유柔'는 음효陰爻로서 문식文飾, '강

剛'은 양효陽爻로서 본질本質을 상징한다. 음유가 양강을 문식하는 '유래문강柔來文剛'은 형통하고, 양강이 음유를 문식하는 '강상문유剛上文柔'는 약간 이로운 데 그치는 이유가 여기에 있다.

'문명이지文明以止'의 '문명文明'은 하괘인 '이괘離卦'의 괘덕卦德을 뜻하고 '지止'는 상괘인 '간괘艮卦'의 괘덕을 지칭한다. 이를 두고 정이천은 이같이 풀이했다.

"위가 있으면 아래가 있고 본질이 있으면 문식이 있다. 하나로는 홀로 서지 못하니 둘은 곧 문식이다. '천문'은 '하늘의 이치', '인문'은 '인간의 이치'를 말한다."

22-3

「象」曰, 山下有火, 賁. 君子以明庶政, 无敢折獄.

初九, 賁其趾, 舍車而徒.「象」曰 '舍車而徒', 義弗乘也.

六二, 賁其須.「象」曰 '賁其須(=鬚)', 與上興也.

九三, 賁如濡如, 永貞吉.「象」曰 '永貞之吉', 終莫之陵也.

六四, 賁如皤如, 白馬翰如. 匪寇, 婚媾.「象」曰, 六四當位, 疑也. '匪寇婚媾', 終无尤也.

六五, 賁于丘園, 束帛戔戔. 吝, 終吉.「象」曰 '六五之吉', 有喜也.

上九, 白賁, 无咎.「象」曰 '白賁无咎', 上得志也.

〈상전〉에 이르기를, '산하유화(山下有火), 비(賁)'라고 했다. 군자는 이를 본받아 서정(庶政)을 밝게 하고, 감히 문식(文飾)으로 절옥(折獄 : 獄事의 처결)하지 않는다.

초구는 비지(賁趾 : 자신의 발꿈치를 꾸밈, 최소한의 문식을 의미)하니 사거이도(舍車而徒 : 수레를 버리고 도보로 걸어감, 지나친 문식을 해서는 안 된다는 뜻임)한다. 〈상전〉에 따르면 '사거이도'는 도의상 수레에 올라타지 않는 것이 옳다는 뜻이다.

육이는 비수(賁須 : 수염을 꾸밈)이다. 「象」의 '비기수('賁其須)' 는 구삼효와 함께 홍기해 문식해 주는 것을 뜻한다.

구삼은 비여유여(賁如濡如 : 서로 문식하며 은혜를 입음, '濡' 는 '受惠' 의 의미임)하다. 영정(永貞 : 오랫동안 守貞함)하면 길하다. 〈상전〉에 따르면 '영정지길(永貞之吉)' 은 시종 타인의 능멸을 받지 않게 됨을 뜻한다.

육사는 비여파여(賁如皤如 : 서로 문식해 아름답게 빛나고 온 몸이 눈부시게 흼)하니 백마한여(白馬翰如 : 순결한 백마가 서둘러 달려감)한다. 비구혼구(匪寇婚媾 : 앞에 있는 자는 도적이 아니라 혼인을 청할 훌륭한 짝임)이다. 〈상전〉에 이르기를, '육사효는 당위(當位 : 정당한 직위에 올라 정도를 실천함)하나 마음 속에 의구심을 품는다' 고 했다. '비구혼구' 는 끝내 무우(无尤 : 원망과 걱정이 없음)임을 뜻한다.

육오는 비우구원(賁于丘園 : 언덕의 동산을 문식함, '丘園' 은 '質素' 를 상징)과 같다. 속백잔잔(束帛戔戔 : 많은 비단 묶음을 사용한다는 뜻으로 金銀珠玉의 낭비를 의미)하면 비도(賁道)를 해치게 된다. 애초에 문식을 애린(愛吝 : 검약하며 아낌)하니 끝내 길하게 되었다. 〈상전〉에 따르면 '육오지길(六五之吉)' 은 기쁨이 있다는 뜻이다.

상구는 백비(白賁 : 순백하게 꾸밈)하니 '무구(无咎)' 하다. 〈상전〉에 따르면 '백비무구' 는 상구효가 득지(得志 : 뜻을 얻음)했음을 뜻한다.

〈대상전〉의 '산하유화山下有火' 를 두고 정이천은 이같이 풀이했다.

"산은 풀과 나무 등이 모여 사는 곳이다. 불이 산 아래에서 위를 밝게 비춰주고 있으니 산에 있는 많은 생물이 모두 불에 의해 밝게 빛난다. 이것이 바로 「비괘」의 괘상이다."

그러나 '산하유화'의 「비괘」는 불이 산 위에 있지 않고 산 아래에 있는 까닭에 멀리까지 훤히 비추지 못한다. 이는 문식에 일정한 한계가 있음을 시사한다. 이는 바로 질소質素 : 본바탕로 인한 것이다. 문식이 지나칠 경우 '질소'가 소홀해질 수 있다. 「비괘」에서 말하는 비도賁道는 바로 문식과 질소의 조화를 추구하는 데 그 요체가 있는 것이다.

'무감절옥无敢折獄'은 옥사獄事를 처결할 때는 오로지 진상만을 근거로 해야 하고, 문식을 가해서는 안 된다는 의미이다. 이는 '절옥折獄'에 문식을 가할 경우 그 진상이 가려지기 때문이다.

초구 효사 '사거이도舍車而徒'는 초구효가 위치가 낮고 아래에 처해 있으므로 감히 문식을 탐해서는 안 된다는 뜻이다. '비지賁趾'는 스스로 자신의 발을 문식할 정도의 최소한의 문식에 그쳐야 한다는 뜻을 담고 있다. 이를 두고 왕필은 이같이 풀이했다.

"「비괘」가 시작되는 곳에서 초구효인 양강이 아래에 처해 있는 것은 위치가 없는 곳에 처해 있다는 뜻이다. 의롭지 않은 것을 버리고 어디론가 도보로 걸어간다는 것은 자신의 뜻을 따라간다는 뜻이다."

이는 초구효가 육사효의 호응을 기다리는 까닭에 의롭지 않은 수레에는 올라타지 않는 것에 비유할 수 있다. 『논어』「안연」편에 나오는 '예가 아니면 보지 않고, 예가 아니면 듣지 않고, 예가 아니면 말하지 않고, 예가 아니면 움직이지 않는다'는 구절과 그 취지를 같이 하는 것이다.

육이 효사 '비수賁須'는 육이효가 위의 구삼효를 받들고 있는 모습을 비유한 것이다. 이는 육이효가 하괘의 가운데에 처해 구삼효를 받들며 서로 밝게 빛내주는 모습이 마치 구삼효의 아름다운 수염을 문식하고 있는 것과 닮았다는 뜻이다. 이를 두고 왕필은 이같이 풀이했다.

"육이효가 직위를 얻었으나 호응해 주는 자가 없고, 구삼효도 직위를 얻었으나 역시 호응해 주는 자가 없다. 양자는 이웃해 있으면서 서로를 알게 되었다. 수염은 사물 위에 붙은 물건이다. 육이효가 구삼효가 하는 대로 따라하며 순종하는 까닭에 '비수'라고 한 것이다."

구삼 효사 '비여유여賁如濡如'는 서로 문식하며 은혜를 입는다는 뜻이다. 이는 구삼효와 육이효가 친밀하게 지내면서 서로를 빛내주는 것을 의미한다. 그러나 구삼효는 근심이 있을 수 있는 상황을 잊어서는 안 되는 까닭에 오랫동안 수정守貞해야만 길하게 된다. 이를 두고 왕필은 이같이 풀이했다.

"하괘의 가장 높은 곳에 처하여 같이 직위를 얻은 육이효와 가까이 지내니 양자 모두 수정守貞하여 화합하면 문식을 이룰 수 있다. 이미 문식과 은혜를 입은 까닭에 '비여유여'라고 한 것이다. 오랫동안 '수정'하면 다른 무리들이 업신여기지 못하게 되므로 '영정길永貞吉'이라고 한 것이다."

육사 효사 '비여파여賁如皤如'와 '백마한여白馬翰如'는 육사효가 상괘의 시작에 처하자 비도賁道가 변해 흰 것을 숭상케 되었음을 의미한다. '파皤'와 '백白'을 비롯해 쾌비快飛의 뜻을 지닌 '한翰' 역시 '희다'는 뜻을 지니고 있다. 육사효는 음효로서 정덕正德을 얻어 하괘의 초구효에 호응한다. 이에 신속히 달려가 서로 호응하며 문식해 준다. '백마한여'는 백마가 서둘러 달려가는 모습을 상징한 것이다.

육사효는 하괘인 '이괘離卦'에서 통용된 비도賁道가 궁극에 달해 새롭게 질박을 숭상하는 '비도'가 시작되었음을 상징하고 있다. '비여파여'는 바로 이를 의미한다. 육사효에 호응하는 초구효는 가장 아래에 처해 있는 까닭에 수레를 버리고 도보로 걸었으나 육사효는 구삼효의 위에 처해 있는 까닭에 마치 백마가 이끄는 수레에 올라탄 형상에 비유된 것이다. 육사효가 호응하는 초구효를 만나기 위해 달려가는 형상이 '백마한여'로 비유된 이유가 여기에 있다. 육사효가 올라 탄 수레를 이끄는 말이 '백마'인 것은 사람들이 이미 질박해진 까닭에 말 역시 질박을 상징하는 '백마'로 비유된 것이다.

'비구혼구匪寇婚媾'는 육사효가 초구효를 찾아가는 과정을 설명한 것이다. 초구효는 아래에 처해 있는 양강으로 도적이 아니라 육사효에 호응하는 배필이다. 도적은 육사효의 진로를 방해하고 있는 구삼효를 말한다. 육사효는 구삼효의 방해로 초구효를 찾아가는 도중에 적잖은 번민을 하게 된다. '비구匪寇'는 바로 육사효의 자리가 많은 의구심을 지닌 자리임을 의미한다. 이를 두고 왕필은 이같이 풀이해 놓았다.

"구삼효를 강도로 생각한 것은 육사효가 초구효와 호응하려고 달려갈 때 구삼효에게 저지당했기 때문이다."

'비구혼구'는 여전히 의구심을 떨치지 못하고 감히 초구효와 호응치 못하고 있는 육사효에게 속히 의구심을 떨치고 초구효를 찾아갈 것을 주문한 것이다. 「비괘」의 '비구혼구'는 「준괘屯卦」의 '비구혼구'와 외견상 유사하다. 그러나 「준괘」의 '비구혼구'는 아래에 있는 육이효가 위에 있는 구오효를 구하는 것인 까닭에 서둘러서는 안 된다는 뜻을 지니고 있다. 이에 반해 「비괘」의 '비구혼구'는 위에 있는 육사효가 아래에 있는 초구효와 호응하는 것이므로 결코 늦춰서는 안 된다고 말한 것이다. 「비괘」의 초구효는 도의에 맞지 않는 수레를 버린 채 수정守貞하고 있는 까닭에 육사효의 훌륭한 배필이 될 수 있다.

육오 효사 '비우구원賁于丘園'의 '구원丘園'은 '구허丘墟'와 '원포園圃'를 뜻한다. 통상 '구원'에는 초목만이 생장한다. 여기의 '구원'은 바로 '질소質素 : 자연 그대로의 본바탕'를 상징하는 말로 사용된 것이다. '비우구원'은 곧 '질소' 위에 문식을 가하는 것으로 많은 비용을 들일 필요가 없다는 뜻이다.

'속백전전束帛戔戔'은 비단 묶음이 매우 많다는 뜻으로 금은주옥金銀珠玉 등의 재물을 낭비하는 것을 의미한다. 여기의 '전전戔戔'은 '다적多積'의 뜻이다. 적잖은 사람들이 '전전'을 '비박菲薄'의 뜻을 지닌 '잔잔戔戔'으로 간주해 '속백전전'을 두고 "육오효가 변변치 못한 예물로 현사를 초빙한다"고 풀이하고 있으나 이는 잘못이다. '속백전전'은 쓸데없는 곳에 재물을 낭비해 빙현聘賢 : 현사의 초빙을 외면함으로써 비도賁道를 해치는 현상을 지적한 것이다.

원래 육오효는 상괘인 '간괘艮卦'의 가운데에 처해 있으나 음유의 품성으로 인해 육이효의 호응을 얻지 못하고 상구효의 도움을 받게 되었다. '유희有喜'는 '질소'를 상징하는 상구효가 육오효를 돕게 되자 육오효가 끝내 상구효의 도움을 얻어 통치함으로써 기쁨을 얻게 되었음을 뜻한다. 그러나 육오효와 상구효의 만남은 일정한 한계가 있어 소리小利에 그친다. 〈단전〉에서 말한 '소리유유왕'은 바로 이 경우를 말한 것이다.

상구 효사 '백비白賁'는 '백白'이 질소質素를 뜻하는 데서 알 수 있듯이 상구효가 「비괘」의 가장 높은 곳에 처함으로써 '비도'가 '질소'로 돌아왔음을 뜻한다. 이는 자연의 순수한 아름다움을 의미한다. 이를 두고 왕필은 이같이 풀이했다.

"문식의 마지막에 처한 것은 그 문식이 결국 본래의 자연의 순수한 '질소'로 돌아오게 되었음을 의미한다. 이에 그 '질소'를 좇으면 될 뿐 문식을 하기 위해 고생할 필요가 없게 된다. 그래서 '무구'하다고 한 것이다."

이를 통해 알 수 있듯이 「비괘」의 요체는 '문질文質'에 있다. '문'은 '문식文飾'으로 곧 '예제禮制'를 의미한다. '질'은 '질소質素'로 '본질本質'을 의미한다. 문질은 상호 보완적인 관계에 있는 까닭에 어느 한쪽도 소홀히 해서는 안 된다. 공자는 『논어』「옹야」편에서 이같이 설파한 바 있다.

"질質이 문文을 이기면 야野 : 교양을 닦지 않은 거친 성정을 지칭하고, '문'이 '질'을 이기면 사史 : 사관이 붓을 놀려 수식하듯 겉만 호화스러운 것을 지칭하다. '문'과 '질'이 빈빈彬彬 : 잘 조화를 이룸한 연후에 가히 군자라고 이를 수 있다."

이는 '문질'의 요체를 언급한 것이다. 「비괘」의 육효는 음양이 섞여 있는 가운데 서로를 장식해 주는 형상을 하고 있다. 그 중 특히 초구효와 육사효는 서로 '문질빈빈'하게 호응하고 있고, 육이효와 구삼효, 육오효, 상구효는 서로 도우며 문식하고 있다. 그러나 각 효 모두 자신의 분수에 맞는 문식을 주장하면서 '질소'

를 중시하고 있다. 「비괘」의 요체가 바로 여기에 있다.

제23장 산지박(山地剝)

☶ 山

☷ 地

坤下艮上000,001

착괘 : 택천쾌澤天夬 : 111,110

종괘 : 지뢰복地雷復 : 100,000

23-1
剝, 不利有攸往.

박(剝)은 벗겨져 떨어진 것을 상징한다. 군자가 앞으로 나아가면 불리하다.

'박剝'은 '벗겨져 떨어져 나간 것'을 의미한다. 정현은 풀이하기를, '음기가 양기를 침범해 육오효까지 이르자 만물이 떨어져 나가게 된 것이다'라고 했다. '곤하간상坤下艮上'으로 이뤄진 「박괘」가 상구효를 제외한 나머지 5개 효 모두 음효로 구성돼 있는 점에 주목한 풀이이다. '불리유유왕不利有攸往' 을 두고 『주역정의』는 이같이 풀이해 놓았다.

"지금 음기가 성장해 양강을 변하게 하니 양강이 벗겨져 떨어져 나가고 있으므로 '박' 이라고 한 것이다. 소인이 이미 성장해 버렸으므로 '군자가 앞으로 나아가면 불리하다' 고 한 것이다."

23-2

「彖」曰, 剝, 剝也. 柔變剛也. '不利有攸往', 小人長也. 順而止之, 觀象也. 君子尙消息盈虛, 天行也.

〈단전〉에 이르기를, '박(剝)은 벗겨져 떨어져 나간 것이다' 라고 했다. 음유(陰柔)가 점차 침식해 들어가 양강(陽剛)의 본질을 변하게 만들었다. '불리유유왕(不利有攸往)' 은 소인의 세력이 한창 성장했음을 뜻한다. 이런 때는 순이지지(順而止之 : 시세를 좇아 활동을 멈춤)하니 이는 관상(觀象 : 사시의 운행을 살펴봄)을 통해 알 수 있다. 군자는 소식영허(消息盈虛 : 사시의 운행을 의미, '息' 은 '生蕃' 을 의미)를 숭상한다. 이는 그것이 바로 천행(天行 : 천도의 운행이치)이기 때문이다.

'순이지지順而止之' 를 두고 정현은 풀이하기를, '소인이 왕성하게 활동할 때는 세상에 나아가서는 안 된다' 고 했다. 이에 대해 보다 적극적으로 해석해 '소인의 도인 박도剝道를 억지해야 한다' 는 당위론으로 풀이하는 견해도 있다. 왕필은 이런 입장에서 이같이 풀이했다.

"곤坤은 '순順', 간艮은 '지止' 를 뜻한다. 순리적으로 그곳에 멈추게 해야지 억지로 멈추게 해서는 안 된다. 이는 그 형상을 관찰해 알 수 있다."

결국 같은 얘기를 다르게 표현한 것으로 볼 수 있다. 어느 경우이든 '순이지지'의 요체는 천지만물의 소식영허消息盈虛 : 사라지고, 살아나고, 차고, 빔를 살피는 소위 '관상觀象'에 있다는 점에서는 아무 차이가 없다.

23-3

「象」曰, 山附於地, 剝. 上以厚下安宅.

初六, 剝牀以足, 蔑. 貞凶.「象」曰 '剝牀以足', 以滅下也.

六二, 剝牀以辨, 蔑. 貞凶.「象」曰 '剝牀以辨', 未有與也.

六三, 剝之, 无咎.「象」曰 '剝之无咎', 失上下也.

六四, 剝牀以膚, 凶.「象」曰 '剝牀以膚', 切近災也.

六五, 貫魚, 以宮人寵, 无不利.「象」曰 '以宮人寵', 終无尤也.

上九, 碩果不食, 君子得輿, 小人剝廬.「象」曰 '君子得輿', 民所載也. '小人剝廬', 終不可用也.

〈상전〉에 이르기를, '산부어지(山附於地 : 산이 땅 위에 붙어 있음), 박(剝)'이라고 했다. 군주는 이를 본받아 정사를 풍요롭게 하여 백성들을 안택(安宅 : 집에서 편히 삶)하게 한다.

초육은 박상이족(剝牀以足 : 침상의 다리를 깎음)하여 멸상(蔑牀 : 침상까지 무너뜨림, '蔑'은 '削崩'의 뜻임)하니 정흉(貞凶 : 貞德이 凶害를 입음)하다. 〈상전〉에 따르면 '박상이족'은 멸하(滅下 : 침상의 다리를 없앰, 통치기반의 붕괴를 의미)를 뜻한다.

육이는 박상이변(剝牀以辨 : 침상의 언저리를 깎음)하여 이내 멸상(蔑牀)하게 된다. 정흉(貞凶)하다. 〈상전〉에 따르면 '박상이변'은 미유여(未有與 : 호응하는 자를 얻지 못함, 육오효의 호응을 얻지 못했음을 의미)를 뜻한다.

육삼은 박지(剝之 : 깎여 떨어져 나옴)하니 '무구' 하다. 〈상전〉에 따르면 '박지, 무구' 는 실상하(失上下 : 육삼효가 상하에 있는 두 개의 음효와 어울리지 않아 위아래를 모두 잃음)를 뜻한다.

육사는 박상이부(剝牀以膚 : 침상의 면을 깎음)로 흉하다. 〈상전〉에 따르면 '박상이부' 는 재난이 절근(切近 : 매우 가까이 다가옴)했음을 뜻한다.

육오는 관어이궁인총(貫魚以宮人寵 : 물고기를 한 줄로 엮어 놓은 듯이 후궁들이 군주의 총애를 입고자 목을 빼고 늘어서 있음)하니 이롭지 않은 게 없다. 〈상전〉에 따르면 '이궁인총(以宮人寵)' 은 끝내 무우(无尤 : 원망과 걱정이 없음)한 것을 뜻한다.

상구는 석과불식(碩果不食 : 큰 열매는 따먹지 못함)하다. 군자가 '석과' 를 얻으면 득여(得輿 : 수레에 백성을 태워 세상을 구제함)하고, 소인이 '석과' 를 얻으면 박려(剝廬 : 백성들의 오두막집이 모두 내려앉음)케 된다. 〈상전〉에 따르면 '군자득여' 는 백성들을 수레에 태운다는 뜻이고, '소인박려' 는 끝까지 등용해서는 안 된다는 뜻이다.

〈대상전〉의 '산부어지山附於地' 는 '박剝' 이 나타나게 된 배경을 시사하고 있다. 〈대상전〉이 '산재지상山在地上' 대신 '산부어지' 로 표현한 것은 바로 산이 땅 위에 붙어 있는 까닭에 깎여 나가게 된 배경을 설명코자 한 것이다. '산' 은 군주, '지' 는 백성을 상징한다. 백성의 '안택安宅' 은 통치의 요체이다. 이는 백성을 근본으로 삼아야 한다는 이치를 말한 것이다. '안택' 은 바로 군왕이 백성들을 풍요롭게 잘 살 수 있도록 해야만 위에서 평안히 통치할 수 있다는 뜻을 담고 있다.

초육 효사 '박상이족剝牀以足' 은 침상을 부술 때 다리부터 시작한다는 뜻이다. 여기의 '이以' 는 '급及' 과 같은 뜻으로 사실상

'지之'의 의미를 지니고 있다. 이는 음기가 양기를 침식해 들어갈 때 아래부터 시작하는 것을 상징한 것이다.

'멸蔑'은 '삭削'과 통한다. 오랫동안 '멸'을 뒤따르는 '정흉貞凶'과 합쳐 '멸정흉蔑貞凶 : 바른 것을 무너뜨리면 흉함'으로 새겼다. 그러나 문맥상 '멸'과 '정흉'을 떼어서 해석하는 게 타당하다. 이 경우 '멸'은 '박상이족'의 결과가 되어 '침상의 다리를 부수면 이내 침상 자체가 무너진다'의 뜻이 된다. 이같이 해석하는 게 문맥상 순통한다.

육이 효사 '박상이변剝牀以辨'의 '변辨'은 '단端'의 차용으로 침상의 머리 부분인 '상단牀端'을 의미한다. 곧 침상의 다리에서 시작된 붕괴작업이 머리 부분까지 이르게 되었음을 뜻한다. 이는 육이효가 하괘의 가운데에 처해 중정을 얻었으나 상괘에 있는 육오효의 호응을 얻지 못한데 따른 것이다.

육삼 효사 '박지剝之'가 일부 판본에는 '지之'를 생략한 채 '박剝'으로만 되어 있다. 그러나 여기의 '지'는 깎여 떨어져 나오게 된 본체를 의미하는 까닭에 '박지'로 해석하는 게 타당하다. '박지'는 육삼효가 비록 몸체는 사라졌으나 상구효와 호응하고 있는 까닭에 회복될 가능성을 내포하고 있다. 순상은 이를 두고 이같이 해석했다.

"「박괘」의 많은 음효는 모두 양陽을 무너뜨리고자 한다. 그러나 육삼효만 홀로 상구효와 호응하며 '양'을 무너뜨릴 의사가 없다. 이에 '무구'하다고 한 것이다."

육사 효사 '박상이부剝牀以膚'의 '부膚'는 침상의 '상면牀面'을 말한다. 침상의 상면까지 깎여 침상 전체가 무너질 위기에 놓인 상황을 말한다. 침상의 상면은 사람이 누우면 몸에 닿는 부분인 까닭에 재난이 박두했음을 의미한다. 왕숙王肅은 '부'를 '신체'로 해석했으나 이 또한 해석상 별 차이가 없다.

육오 효사 '관어이궁인총貫魚以宮人寵'은 육오효가 군위에 처하여 박도剝道의 궁극에 이르러 끝내 원점으로 돌아오는 시기를 맞이하게 되었음을 뜻한다. 이는 육오효가 많은 음효들을 이끌고 상구효를 받들면서 '박도'를 변환시키려고 노력하는 모습을 마치 후비后妃가 군총君寵을 입기 위해 많은 후궁들을 이끌고 줄지어 서 있는 모습에 비유한 것이다. '무불리无不利'는 바로 이 상황을 언급한 것이다.

『주례』「천관」편에 따르면 천자의 침소를 담당하는 여어女御 81명은 9일, 후궁의 여관인 세부世婦 27명은 3일, 구빈九嬪 9명은 1일, 삼부인三夫人은 1일, 황후皇后도 1일 밤 동안 천자를 모시게 되어 있다. 황후는 존귀한 까닭에 홀로 모시게 된다.

천자가 이들 후비를 차례로 순방하는 데 보름이 걸린다. 보름 동안 회침回寢한 뒤 다시 원래의 순번으로 돌아가게 된다. 정현의 주에 따르면 신분이 낮은 자가 먼저 모시고 신분이 높은 자가 가장 나중에 모시도록 되어 있다. '관어이궁인총貫魚以宮人寵'은 바로 주왕조의 궁빈宮嬪제도를 원용해 육오효의 괘상을 풀이한 것이다.

상구 효사 '석과불식碩果不食'은 과일이 커서 쉽게 먹을 수 없다는 뜻이다. 이는 상구효가 「박괘」의 마지막에 처하여 여러 음효를 충족시키면서도 홀로 양강을 보존하는 모습을 설명한 것이다. '군자득여君子得輿'는 군자가 석과碩果를 얻으면 마치 큰 수레를 몰며 백성들을 태워 세상을 구제하는 것과 같이 길할 것이라는 뜻이다. 이에 대해 '소인박려小人剝廬'는 소인이 '석과'를 얻게 되면 백성들의 오두막집이 모두 내려앉아 큰 피해를 입게 되어 크게 흉하다는 의미이다.

「박괘」의 요체는 상구 효사 '석과불식碩果不食'에 있다. 「박괘」는 상구효를 제외한 5개효 모두 음효로 구성되어 있는 데서 알 수 있듯이 양기가 음기에 의해 차례대로 부서지는 형상을 하고 있다. 이는 마치 늦가을에 만물의 껍질이 본체에서 떨어져 나오는 것과 마찬가지로 소인의 도가 횡행하는 박도剝道의 시대가 도래했음을 의미한다. 괘사에 나오는 '불리유유왕不利有攸往'은 바로 군자에게 이러한 '박도'의 시대에는 함부로 몸을 드러내지 말 것을 당부한 것이다.

그러나 '박도'가 점차 진행되면서 육삼효는 양위陽位에 위치해 양질陽質을 함유하고 있는 까닭에 '무구'하고, 육오효는 양강인 상구효를 받들고 있는 까닭에 '무불리'하게 된다. 마침내 상구효에 이르러서는 '박도'가 극에 달한 까닭에 유일한 양효인 상구효가 '석과碩果'가 되어 군자가 득여得輿하여 세상을 구제하는 시대로 접어들게 된다. 「박괘」는 소인들이 횡행하는 시대에 처세하는 방안과 '박도'가 극에 달하면 군자의 시대로 전환케 되는 변역의 이치를 말하고 있다. 이는 '박도'의 세상에서 무릇 군자는 침잠하여 수정守貞하면서 장차 '득여'를 위해 부단히 실력을 배양해야 한다는 뜻을 담고 있는 것이다.

제24장 지뢰복(地雷復)

☷ 地

☳ 雷

震下坤上100,000

착괘 : 천풍구天風姤 : 011,111

종괘 : 산지박山地剝 : 000,001

24-1

復, 亨. 出入无疾, 朋來无咎. 反復其道, 7日來復, 利有攸往.

복(復)은 형통하다. 양기의 출입(出入)에 무질(无疾 : 손상이 없음)하고, 벗이 와도 '무구' 하다. 양강이 반복(反復 : 복귀하여 회복됨)하는 데에는 일정한 규율을 따르니 결코 7일(七日 : 태양의 움직이는 주기를 7일로 간주한 데 따른 것임)을 넘기지 않고 회복된다. 앞으로 나아가면 소인의 도가 사라져 이로울 것이다.

'복復' 은 '복원復原 : 근원으로 돌아감' 의 뜻을 지니고 있다.

「박괘」의 유일한 양효인 상구효가 아래로 내려와 만물생장의 근원이 된 것을 말한다. 이는 마치 '핵核 : 씨앗' 을 상징하는 '석과碩果' 가 땅에 떨어져 근원이 된 것에 비유할 수 있다.

'출입무질出入无疾' 은 양기가 밖으로 성장하고 안에서 살아나가면서 아무런 손상이 없는 것을 말한다. 이를 두고 정이천은 이같이 풀이했다.

"양기가 살아나는 것은 외부로부터 시작되는 것이 아니고 안에서부터 나오는 것이다. 봄에 양기가 발동하고 음기의 차가운 기운이 꺾여버리는 것은 아침저녁에 초목을 관찰하면 쉽게 알 수 있다. '무질' 은 미미한 양기가 생장하는 데 아무런 해가 없다는 뜻이다."

'붕래무구朋來无咎' 의 '붕래' 를 두고 여러 해석이 나왔다. 본래 진하곤상震下坤上으로 구성된 「복괘」는 「박괘」의 상구효와 마찬가지로 초구효 단 하나만이 양효로 존재할 뿐이다. 초구효에게 벗을 자처하며 가까이 다가오는 '음효' 를 지칭한다고 보는 견해도 있으나 「복괘」가 「박괘」에 뒤이어 나오고 있는 점 등에 비춰 「박괘」의 상구효가 아래로 돌아온 것을 지칭한 것으로 보는 게 문맥상 순통한다. 왕필이 '붕' 을 '양기' 로 풀이한 것도 이런 취지에서 나온 것이다.

24-2

「彖」曰, '復, 亨.' 剛反, 動而以順行, 是以 '出入无疾, 朋來无咎.' '反復其道, 7日來復', 天行也. '利有攸往', 剛長也. 復, 其見天地之心乎.

〈단전〉에 이르기를, '복(復)은 형통한다' 고 했다. 양강(陽剛)이 회복된 뒤 동이이순행(動而以順行 : 움직이며 순행함)하는 까닭에 '출입무질(出入无疾), 붕래무구(朋來无咎)' 라고 한 것이다. '반복기도(反復其道), 7일내복(七日來復)' 은 천행(天行)을 말한 것이다. '이유유왕(利有攸往)' 은 강장(剛長 : 강양의 기운이 날로 성장함)을 말한 것이다. '복(復)' 은 참으로 천지지심(天地之心 : 만물을 생육시키고자 하는 천지의 마음)을 본 것인가.

「복괘」의 괘덕은 특이하게도 '동이이순행動而以順行' 으로 되어 있다. 접속사 '이이而以' 는 뒤에 나오는 '순행順行' 에 중점을 둔 것으로 '이以' 를 사용해 앞에 나오는 단어에 중점을 두는 '순행이동順行以動' 과 동일한 뜻을 지니고 있다.

24-3

「象」曰, 雷在地中, 復. 先王以至日閉關, 商旅不行, 后不省方.

初九, 不遠復, 无祇(=祇)悔, 元吉. 「象」曰 '不遠之復', 以修身也.

六二, 休復, 吉. 「象」曰 '休復之吉', 以下仁也.

六三, 頻(=顰)復, 厲无咎. 「象」曰 '頻復之厲', 義无咎也.

六四, 中行獨復. 「象」曰 '中行獨復', 以從道也.

六五, 敦復, 无悔. 「象」曰 '敦復无悔', 中以自考也.

上六, 迷復, 凶, 有災眚. 用行師, 終有大敗. 以其國君凶, 至于10年不克征. 「象」曰 '迷復之凶', 反君道也.

〈상전〉에 이르기를, '뇌재지중(雷在地中 : 우레소리가 땅 속에서 울려퍼짐), 복(復)' 이라고 했다. 선왕은 이를 본받아 지일폐관(至日閉關 : 동짓날에 대문을 닫고 미미한 양기의 성장을 도움)하여 상려(商旅 : 상인과 나그네)가 다니지 않게 하고, 군후(君后 : 군주) 자신도 성방(省方 : 사방을 순시함)치 않았다.

초구는 불원복(不遠復 : 머지않아 양기가 회복됨)하니 무기회(无祇悔 : 크게 후회할 일이 없음)하여 원길(元吉)하다. 〈상전〉에 따르면 '불원지복(不遠之復)' 은 수신(修身)을 뜻한다.

육이는 휴복(休復 : 아름답게 회복됨)하니 길하다. 〈상전〉에 따르면 '휴복지길(休復之吉)' 은 아래의 인자(仁者)와 친하게 지내는 것을 뜻한다.

육삼은 빈복(頻復 : 찡그리며 회복됨, '頻' 은 '顰' 과 통함)하니 비록 위려(危厲 : 위태로움)하나 '무구' 하다. 〈상전〉에 따르면 '빈복지려(頻復之厲)' 는 인선(仁善)으로 돌아오고자 하는 의리에 비춰 '무구' 할 것임을 뜻한다.

육사는 중행독복(中行獨復 : 음효의 가운데에 처해 전념하여 회복코자 함)한다. 〈상전〉에 따르면 '중행독보' 는 종도(從道 : 정도를 따름)를 뜻한다.

육오는 돈복(敦復 : 돈후하게 회복됨)하니 무회(无悔 : 후회가 없음)하다. 〈상전〉에 따르면 '돈복무회' 는 상괘의 가운데에 처하여 자고(自考 : 자기 성찰을 통해 仁善으로 회복하는 '復道' 를 이룸)하는 것을 뜻한다.

상육은 미복(迷復 : 미혹되어 仁善으로 돌아오지 못함)하여 흉하니 재생(災眚 : 안팎의 재앙)이 있다. 행사(行師 : 군사를 동원해 전쟁을 벌임)하면 끝내 대패하고 말 것이다. 국군(國君) 또한 흉한 상황을 만나 십년(十年 : 10년이 아닌 '오랜 세월' 을 의미, '十' 은 '滿數' 의 뜻임)이 지날지라도 불극정(不克征 : 흥기하지 못함)할 것이다. 〈상전〉에 따르면 '미복지흉(迷復之凶)' 은 군도(君道)에 반하는 것을 뜻한다.

〈대상전〉의 '뇌재지중雷在地中' 은 양기가 돌아와 회복한 현상을 음기의 집결체인 땅 속에서 우레소리가 울린 것에 비유한 것이다. 이는 소인의 도인 '박도剝道'에서 벗어나 비로소 만물이 마음껏 생장할 수 있는 밝은 세상이 도래했음을 상징하고 있다.

'지일폐관至日閉關'은 「복괘」의 이치를 본받아 동지에 이르러 양기가 다시 소생하기 시작할 때 대문을 닫고 조용히 수양하며 양기의 소생을 북돋운 것을 설명한 것이다. 이를 두고 『백호통白虎通』 「주벌誅罰」편은 이같이 해석해 놓았다.

"동지 때 병사들을 휴식시키면서 대문을 굳게 닫고 행상을 하지 않은 이유는 무엇인가. 이날은 양기가 미약한 까닭에 군왕은 천지의 이치로 살아가는 사물의 뜻을 받들어 천하를 조용히 통솔해야 하고, 미미한 기운을 잘 보양하여 만물의 성장을 촉진시키는 데 힘을 기울여야 하기 때문이다."

초구 효사 '불원복不遠復'은 초구효가 유일한 양효로서 수많은 음효 아래에 처한 까닭에 '복도復道'의 극의極意를 이루고 있음을 설명한 것이다. '무지회无祇悔'에 대해 크게 두 가지 해석이 대립한다. 정현은 '지祇'를 '기祇'의 잘못으로 보아 '병病 : 재난'으로 풀이했다. 이에 대해 공영달은 '지祇'가 '대大'의 뜻을 지닌 '기祇'가 통한다고 보아 풀이하기를, '양기가 속히 회복되는 까닭에 결코 크게 후회할 일이 없다'고 했다. 양측 모두 일리가 있으나 원문의 취지를 살려 공영달의 주석을 좇는 게 옳을 듯하다.

'불원지복不遠之復'을 '수신修身'으로 풀이한 것을 두고 〈계사전〉은 '선하지 않다는 것을 알면 다시 행하지 않는다는 뜻이다'로 풀이했다. 정이천도 이와 유사한 뜻으로 풀이했다. 이애 대해 왕필은 이같이 풀이했다.

"후회할 조짐이 보이면 곧 돌아온다는 취지로 몸을 수양하면 환난은 멀어진다는 뜻이다."

문맥상 왕필의 주석이 보다 타당하다.

육이 효사 '휴복休復'은 육이효가 양기가 돌아오는 시기에 즈음해 유일한 양기인 초구효와 절실히 가깝게 지내는 것을 설명한 것이다. '하인下仁'은 육이효의 아래에 처해 있는 양강인 초구효가 '인仁'과 '선善'을 상징하고 있음을 뜻한다. 이를 두고 주희는 풀이하기를, '학문은 인仁에 가까이 하는 것보다 나은 게 없으니 그런 자와 친하게 지내야 한다'고 했다. 문의에 부합하는 해석이다.

육삼 효사 '빈복頻復'의 '빈頻'을 두고 정이천은 '빈번頻煩'으로 해석했으나 우번과 왕필 모두 눈썹을 찡그리는 '빈축顰蹙'의 의미로 풀이했다. '빈축'의 뜻으로 풀이하는 게 문맥상 순통한다. '빈복'은 육삼효가 하괘의 윗자리에 처하면서 정덕正德을 상실하여 호응하는 자가 없고, 상하에 있는 자들 모두 음효인 까닭에 인선仁善으로 회복하는 데 많은 어려움이 있음을 설명한 것이다.

육사 효사 '중행독복中行獨復'은 육사효가 5개 음효의 중간에 처해 정덕正德을 얻어 마치 '거중행정居中行正 : 가운데에 머물며 정도를 행함'하는 모습을 띠고 있음을 말한 것이다. '독복'은 육사효만이 여러 음효들 가운데 유일하게 초구효와 호응하며 전심으로 인선仁善으로 돌아가고자 노력하는 모습을 설명한 것이다. 「복괘」가 '복復'의 의미를 지니게 된 이유가 바로 육사 효사 '중행독복'에 있다고 해도 과언이 아니다.

육오 효사 '돈복敦復'은 육오효가 음유의 품성으로 군위에 처하면서 편애하지 않고 중도를 행하고 있음을 설명하고 있다. 이를 두고 왕필은 이같이 풀이했다.

"돈후한 위치에 처하면서 중덕을 실천하고 스스로를 성찰한다. 비록 육이 효사 '휴복'의 길함에 이르기에는 부족하다 할지라도 돈후함을 지켜나가 회복함으로써 후회는 면할 것이라고 한 것이다."

'자고自考'는 도와주는 이웃도 없이 자력으로 깨달아 인선仁善으로 회복하는 자들을 말한다. 육오효는 양효인 초구효와 멀리 떨어져 있으나 상괘의 가운데에 처하면서 육사효의 영향을 받아 스스로 인선으로 회복하는 모습을 보이고 있다. '돈복'은 바로 인선으로 회복하는 공적이 돈후하다는 뜻을 지니고 있다.

상육 효사 '미복迷復'은 상육효가 길을 잃고 헤매며 돌아갈 길을 찾지 못하고 있는 것을 말한 것이다. 그 결과가 '재생災眚'으로 나타난다. 정이천은 '재災'를 외부로부터 만들어지는 재앙, '생眚'을 자신이 잘못하여 초래한 재앙으로 풀이했다. 이에 대해 정현은 밖으로부터 만들어지는 재앙은 '재災'가 아닌 '상祥'이고, '재'는 사물을 해치는 재앙으로 보았다. 어느 경우든 상육효는 '복도復道'에 어긋난 행보를 보임으로써 스스로 안팎의 '재화災禍'를 초래한 셈이다.

상육효의 행보는 군도에 반한다는 의미에서 '반군도反君道'의 실례로 거론되고 있다. 이는 강양을 '군君', 음유를 '신臣'으로 본 데 따른 것이다. 『춘추좌전』은 「노양공 28년」조에서 초강왕楚康王의 행보를 두고 '기본棄本 : 근본을 버림'을 범했다는 취지에서 「복괘」 상유효의 효사를 인용해 '미복, 흉'으로 표현해 놓았다. 이는

'반군도'를 풀이한 것으로 볼 수 있다.

「복괘」의 요체는 인선仁善으로의 회복을 뜻하는 '복도復道'에 있다. 육효 대부분이 비록 여러 우여곡절이 있을지라도 '복도'를 지킴으로써 '무구'하게 되나 상육효만 유일하게 끝내 '복도'를 배반하고 무례하게 행동하다가 '재생'을 만나고 있다. 「복괘」가 강양의 품성을 빌려 '인선'으로의 회복을 역설하고 있는 점에 비춰 '복도'의 요체는 대략 '복선추인復善趨仁'으로 정리할 수 있을 것이다. 이는 〈계사전〉에 나오는 다음 구절이 뒷받침하고 있다.

"나쁜 것을 가지고 있는 것을 알면 다시 행하지 말아야 할 것이다."

제25장 천뢰무망(天雷无妄)

☰ 天

☳ 雷

震下乾上100,111

착괘 : 지풍승地風升 : 011,000

종괘 : 산천대축山天大畜 : 111,001

25-1
无妄, 元亨, 利貞. 其匪正有眚, 不利有攸往.

무망(无妄)은 원형(元亨)으로 수정(守貞)하면 이로울 것이다. 정도가 아니면 재앙이 있으니 정도를 행하지 않은 채 그대로 나아가면 불리하다.

'무망无妄'은 '불망위不妄爲 : 거짓 행위를 하지 않음'의 뜻이다. 이에 대해 마융과 정현, 왕숙 등은 '망妄'을 '망望'과 통하는 것으로 간주해 '무망无望 : 바라는 것이 없음'으로 풀이해 놓았다.

과분한 희망을 가지고 있지 않기 때문에 결국 거짓을 하지 않게 된다는 취지에서 나온 해석이다. 뜻이 통하지 않는 것은 아니나 문맥상 자연스럽지 못하다. 왕필은 '불망위不妄爲' 로 풀이했다. 〈괘사전〉 역시 '불망不妄' 으로 해석해 놓았다.

25-2

「彖」曰, 无妄, 剛自外來而爲主於內. 動而健, 剛中而應. 大亨以正, 天之命也. '其匪正有眚, 不利有攸往'. 无妄之往, 何之矣. 天命不祐, 行矣哉.

〈단전〉에 이르기를, '무망은 양강(陽剛 : 震卦를 지칭)이 외래주내(外來主內 : 밖으로부터 들어와 안을 차지함)한다' 고 했다. 위세가 진동하고 품성 또한 강건하여 강중이응(剛中而應 : 구오효의 양강이 상괘의 가운데에 처하면서 하괘의 육이효에 호응함)한다. 정도를 지켜 크게 형통하니 이는 하늘의 교명(敎命)이다. 괘사에서 '기비정유생(其匪正有眚), 불리유유왕(不利有攸往)' 이라고 했으니 '무망' 의 상황에서 정도를 벗어나 앞으로 나아간들 과연 어디로 갈 수 있겠는가. 천명불우(天命不祐 : 천명이 돕지 않음)인데 어찌 감히 망위(妄爲)를 행할 수 있겠는가.

'외래주내外來主內' 는 상괘인 '건괘' 가 하괘인 '진괘震卦' 와 하나가 되어 진동하는 상황을 설명한 것이다. 이를 두고 『주역정의』는 이같이 풀이해 놓았다.

"이는 '외래주내' 를 통해 '무망' 을 설명한 것이다. '진괘' 의 강剛이 외부로부터 들어와 안에서 주인이 되었다. '진괘' 는 진동하고 '건괘' 는 양강한 까닭에 사물로 하여금 거짓을 없게 만든다."

25-3

「象」曰, 天下雷行, 物與无妄. 先王以茂對時育萬物.

初九, 无妄往, 吉.「象」曰 '无妄之往', 得志也.

六二, 不耕穫, 不菑畬, 則利有攸往.「象」曰 '不耕穫', 未富也.

六三, 无妄之災, 或繫之牛. 行人之得, 邑人之災.「象」曰 '行人得牛', 邑人災也.

九四, 可貞, 无咎.「象」曰 '可貞无咎', 固有之也.

九五, 无妄之疾, 勿藥有喜.「象」曰 '无妄之藥', 不可試也.

上九, 无妄行, 有眚, 无攸利.「象」曰 '无妄之行', 窮之災也.

〈상전〉에 이르기를, '천하에 우레가 진동하니 만물이 모두 무망하게 되었다' 고 했다. 선왕은 이를 본받아 성대한 위세로 대시육만물(對時育萬物 : '무망' 의 때에 만물을 육성함, '對' 는 '當' 과 통함)했다.

초구는 무망왕(无妄往 : 무망의 덕으로 나아감)하니 길하다. 〈상전〉에 따르면 '무망지왕(无妄之往)' 은 득지(得志)를 뜻한다.

육이는 불경확(不耕穫 : 먼저 경작에 나서지 않고 나중에 수확에 나섬) · 불치여(不菑畬 : 먼저 개간에 나서지 않고 이미 개간한 밭을 경작하는 데 나섬)하니 이같이 앞으로 나아가면 이로울 것이다. 〈상전〉에 따르면 '불경확' 은 미부(未富 : 앞장서 자신의 미명을 떨치는 일을 하지 않음)를 뜻한다.

육삼은 무망지재(无妄之災 : 무망인데도 당하는 재앙으로 뜻밖의 재앙을 의미)하다. 어떤 사람이 소를 매어 놓으나 행인(行人)이 이를 취하여 읍인(邑人)이 모두 문책을 당하는 재앙과 같다. 〈상전〉에 따르면 '행인득우(行人得牛)' 는 읍인의 재앙을 뜻한다.

구사는 가히 수정(守貞)할 수 있으니 '무구' 하다. 〈상전〉에 따르면 '가정무구(可貞无咎)' 는 고유(固有 : 守貞하여 재난을 면하는 상황을 오랫동안 지켜나감)를 뜻한다.

구오는 무망지질(无妄之疾 : 뜻밖의 작은 병을 얻음)하나 물약유희

(勿藥有喜 : 작은 병은 약을 쓰지 않을지라도 절로 치유되어 기쁨이 있음)할 것이다. 〈상전〉에 따르면 '무망지약(无妄之藥)'은 불가시(不可試 : 약으로 다스리는 시험을 해서는 안 됨)를 뜻한다.

상구는 무망행(无妄行 : 무망으로 행동함)일지라도 재앙을 만나니 이로울 바가 없다. 〈상전〉에 따르면 '무망지행(无妄之行)'은 궁지재(窮之災 : 무망의 시운이 다하고 有妄의 시기가 도래한 까닭에 무망한데도 재앙을 만남)를 뜻한다.

〈대상전〉의 '대시육만물對時育萬物'은 천지만물이 때맞춰 생장하는 이치를 밝힌 것으로 자연의 사시四時에 부응하는 것을 의미한다. 이를 두고 왕필은 이같이 칭송했다.

"사시에 맞춰 양육하는 것보다 더 성대한 것은 없다."

초구 효사 '무망왕无妄往'은 초구효가 '무망'의 시기에 양강의 품성으로 하괘의 아래에 처해 있으면서 공손하고 거짓되지 않은 모습을 칭송한 것이다. 초구효는 하괘인 '진괘'의 양효로서 처음으로 활동하면서 오로지 성실한 자세로 임하고 있어 「무망괘」를 대표할 만하다. 이를 두고 왕필은 이같이 풀이했다.

"몸체가 강건한 상태로 아래에 처하며 존귀한 몸으로 천한 신분에 처하니 거짓 행위를 하지 않는다. 앞으로 나아가면 득지할 것이다."

육이 효사 '불경확不耕穫'과 '불치여不菑畬'는 앞서 나서지 않고 뒤에 나서는 '신도臣道'를 언급한 것이다. 원래 '불치여'의 '치菑'는 『이아』「석지釋地」에 따르면 처음으로 개간한 밭을 가리키나 여기서는 '개간하다'는 뜻의 동사로 쓰였다. '여畬'는 개간한 지 3년이 된 밭으로 경작을 여러 해 동안 하여 이미 비옥해진 땅을 의미한다. 이 또한 동사로 쓰였다. 이는 육이효가 중정中正의 자리에 위치한 데 따른 것이다.

육삼 효사 '무망지재无妄之災'는 육삼효가 하괘의 마지막에 처하면서 정도를 상실하고 조급하게 행동함으로써 거짓 행위를 하지는 않았을지라도 뜻밖의 재앙을 맞이할 가능성을 말한 것이다. 이는 '무망지재無望之災'와 뜻이 같다. 여기서 자신의 잘못이 없는데도 당하게 되는 재난을 '무망지재' 또는 '무망지화無望之禍'로 불리게 되었다. 전국시대 말기에 초나라 재상인 춘신군春申君 황헐黃歇의 문객인 주영朱英이 춘신군에게 피살의 위험성을 알리면서 '무망지화'를 언급한 일화가 『사기』 및 『자치통감』 등에 실려 있다.

구사 효사 '가정무구可貞无咎'는 양효로서 음위에 처하여 양강한 품성으로 음유를 올라타고 앉아 있는 까닭에 유순하게 행동하며 군주를 가까이 모시고 있다. 소임을 맡기면 바르고 견고히 지켜 나갈 수 있는 까닭에 '무구'하다고 한 것이다. 그러나 본래 양강의 품성인 까닭에 오랫동안 재난을 면코자 하면 반드시 시종 이런 자세를 견지해 나가야만 한다. '고유固有'를 언급한 이유가 여기에 있다.

구오 효사 '무망지질无妄之疾'은 구오효가 군위에 처해 선정을 베풀어 신민이 감히 거짓 행위를 하지 못하는 것을 설명한 것이다. 설령 우연히 작은 재난이 일어날지라도 '망위妄爲'에서 비롯된 것이 아닌 까닭에 그냥 둘지라도 자연히 치유된다. '불가시不可試'는 바로 이를 지적한 것이다. 이를 두고 왕필은 이같이 풀이했다.

"약으로 다스린다는 것은 곧 거짓이 있다는 뜻이다. 그러나 이와 반대로 다스린다는 것은 곧 거짓이 없다는 뜻이므로 '불가시'라고 한 것이다."

상구 효사 '무망행无妄行'은 상구효가 '무망'의 가장 극한 곳에 처한 까닭에 행동하기가 지극히 어려운 상황임을 지적한 것이다. 이를 어길 경우 이내 재앙을 만나는 까닭에 이로울 바가 없다. 이를 두고 왕필은 이같이 풀이했다.

"무망의 극한 곳에 처한 까닭에 결코 행동에 나서서는 안 되고 오직 조용히 자신을 보존해야만 한다."

'궁지재窮之災'는 바로 이러한 경고를 어겼을 때 빚어지는 상황을 언급한 것이다. 사물이 극에 달하면 반드시 돌아오는 까닭에 무망이 극에 달하면 곧 '유망柔妄'으로 바뀔 수밖에 없다. 천하가 모두 '유망'으로 된 상황에서 홀로 '무망'을 행할 경우 반드시 막혀 그 뜻이 통하지 않게 된다. '궁지재'는 바로 이 경우를 말한 것이다. 주희는 이를 두고 이같이 풀이했다.

"상구효가 '유망'하기 때문이 아니라 그가 '무망'의 궁극 상황에 처해 있는 까닭에 행하는 것이 옳지 않다고 한 것이다."

우번은 '유망'으로 변환된 상황에서 행동에 나선 상구효를 두고 풀이하기를, '상구효가 양강을 올라타 명령을 거역하면서 정도를 상실한 채 행동을 하는 까닭에 재난을 만나게 된다'고 했다. 결국 행동에 나선 상구효는 시운을 잘못 만난 셈이다.

「무망괘」의 요체는 일을 하면서 '무망'한 데 있다. 「무망괘」의 육효는 모두 '망위妄爲'를 하지 않는 상이다. 그럼에도 재앙을 만나게 되는 것은 바로 '무망지재无妄之災'와 '유망有妄' 때문이다.

육삼효는 무망한데도 '무망지재'로 인해 재앙을 만나고, 상구효는 '유망'의 시운으로 인해 재앙을 만나게 된다. 시운이 맞지 않을 때에는 응당 조용히 있을 필요가 있는 것이다.

그러나 「무망괘」가 '유망'의 시기에 무조건 몸을 감추라고 주문하고 있는 것은 아니다. 그런 시기에도 정도를 지키며 형세를 살필 것을 주문하고 있다. 이를 두고 주희는 이같이 덧붙였다.

"「무망괘」는 비록 화복의 왕래가 일정치 않다고 말하고 있으나 '정正'에 이롭지 않은 것은 하지 않아야 한다고 말했다."

제26장 산천대축(山天大畜)

☶ 山

☰ 天

乾下艮上111,001

착괘 : 택지췌澤地萃 : 000,110

종괘 : 천뢰무망天雷无妄 : 100,111

26-1

大畜, 利貞. 不家食, 吉. 利涉大川.

대축(大畜)은 수정(守貞)하면 이로울 것이다. 불가식(不家食 : 현인으로 하여금 집에서 음식을 먹고 있게 하지 않음)하면 길하다. 이섭대천(利涉大川)하다.

'대축大畜'은 대략 '크게 모으다'의 뜻이다. 「대축괘」의 '축畜'은 크게 3가지 뜻을 지니고 있다. '온축蘊畜 : 덕을 쌓음', '축지畜止 : 강건함을 기름', '축양畜養 : 현인을 양성함'이 그것이다.

'불가식不家食'은 현인을 발탁해 식록食祿을 내리는 것을 의미한다. 이는 현인은 집안에서 양육하는 것이 아니라 조정에서 양육해야 한다는 뜻을 담고 있다. '이섭대천利涉大川'을 두고 『주역정의』는 이같이 풀이했다.

"풍년일 때 현인을 양육하는 것은 천도에 호응하는 것이다. 험난한 것을 근심하지 않아도 되는 까닭에 '이섭대천'이라고 한 것이다."

26-2

「彖」曰, 大畜, 剛健篤實, 輝光日新其德. 剛上而尙賢, 能止健, 大正也. '不家食吉', 養賢也. '利涉大川', 應乎天也.

〈단전〉에 이르기를, '대축은 강건독실(剛健篤實)하여 그 덕을 휘광일신(輝光日新 : 휘황히 빛나도록 날마다 새롭게 함)한다'고 했다. 강건한 상구효가 위에 앉아 상현(尙賢 : 현자를 존중함)하고 능히 지건(止健 : 강건한 乾德을 비축함)하니 이는 대정(大正 : 크고 바른 治道의 실현)을 뜻한다. 괘사의 '불가식길(不家食吉)'은 양현(養賢), '이섭대천(利涉大川)'은 응천(應天)을 뜻한다.

'강건독실剛健篤實'의 '강건'은 하괘인 '건괘'의 괘덕이 강건한 것을 지칭한 것이고, '독실'은 상괘인 '간괘'가 조용히 멈춰 충실하다는 뜻이다. 이를 두고 왕필은 이같이 풀이했다.

"무릇 사물이 이미 싫어져 물러난 자를 약자弱者, 이미 번영했다가 기울어진 자를 박자薄者라고 한다. 무릇 그 덕을 날로 새롭게 하여 밝게 하는 자는 오로지 '강건독실'한 자일 뿐이다."

26-3

「象」曰, 天在山中, 大畜. 君子以多識前言往行, 以畜其德.

初九, 有厲利已. 「象」曰 '有厲利已', 不犯災也.

九二, 輿說(=脫)輹. 「象」曰 '輿說輹', 中无尤也.

九三, 良馬逐, 利艱貞. 曰, '閑輿衛, 利有攸往.' 「象」曰 '利有攸往', 上合志也.

六四, 童牛之牿, 元吉. 「象」曰 '六四元吉', 有喜也.

六五, 豶豕之牙, 吉. 「象」曰 '六五之吉', 有慶也.

上九, 何天之衢, 亨. 「象」曰 '何天之衢', 道大行也.

〈상전〉에 이르기를, '천재산중(天在山中), 대축(大畜)'이라고 했다. 군자는 이를 본받아 전언왕행(前言往行 : 선대의 말과 지나간 행실)을 다지(多識 : 많이 기억함, '識'은 '記'와 통함)하여 그 덕을 온축(蘊畜)한다.

초구는 유려(有厲 : 앞으로 계속 나아가는 것은 위태로움)하나 도중에 멈춰 덕을 쌓으면 이로울 것이다. 〈상전〉에 따르면 '유려이이(有厲利已)'는 불범재(不犯災 : 앞에 있는 재앙을 범하지 않음)를 뜻한다.

구이는 여탈복(輿說輹 : 수레의 伏兎가 빠져나감, 움직이지 않음을 의미)하다. 〈상전〉에 따르면 '여탈복'은 중도를 지켜 무우(无尤)인 것을 뜻한다.

구삼은 양마축(良馬逐 : 준마가 달려나감)하니 이간정(利艱貞 : 艱難을 이겨내며 守貞하면 이로움)하다. 그래서 '한여위(閑輿衛 : 수레의 경호를 익힘), 이유유왕(利有攸往)'이라고 하는 것이다. 〈상전〉에 따르면 '이유유왕'은 상구효와 합지(合志 : 뜻이 합치됨)한 것을 뜻한다.

육사는 동우지곡(童牛之牿 : 초구효를 송아지 뿔에 가로나무를 질러 댄 것처럼 억제함)하니 원길(元吉)하다. 〈상전〉에 따르면 '육사원길

(六四元吉)' 은 희사(喜事)가 있음을 뜻한다.

육오는 분시지아(豶豕之牙 : 구이효를 거세된 멧돼지의 어금니처럼 무력하게 만듦)하니 길하다. 〈상전〉에 따르면 '육오지길(六五之吉)' 은 경사(慶事)가 있음을 뜻한다.

상구는 축덕(畜德)이 극에 달했는데 또 무슨 '축' 이 있단 말인가, 천구(天衢 : 사통팔달의 거리, 상구효의 축덕이 크게 통하게 되었음을 의미)이니 형통하다. 〈상전〉에 따르면 '하천지구(何天之衢)' 는 도가 크게 행해지는 것을 뜻한다.

〈대상전〉의 '천재산중天在山中' 은 하늘이 산중에 살아가고 있는 동식물을 모두 양육하고 있음을 뜻한다. 이를 두고 『주역집해』에 인용된 상수向秀는 이같이 풀이했다.

"멈춰 있는 것 중 산보다 더한 게 없고, 큰 것 중 하늘보다 더한 게 없다. 하늘이 산 가운데 있으니 '대축' 의 형상이다."

전언왕행前言往行에 대한 '다지多識' 는 『서경』「상서 · 열명說命 하」편의 '학우고훈學于古訓', 『예기』「곡례 상」편의 '박문강기博聞强記', 『논어』「자장」편의 '박학독지博學篤志' 와 그 취지를 같이하는 것이다.

초구 효사 '유려이이有厲利已' 는 초구효가 양덕陽德이 미약한 까닭에 호응하는 육사효의 제지로 멈춰 덕을 양육케 되었음을 뜻한다. 이때 만일 급히 서둘러 앞으로 나아가면 범재犯災 : 재난에 처함하게 된다.

구이 효사 '여탈복輿脫輹' 의 '복輹' 은 차상車箱 밑에 설치해 차상과 굴대를 연결하여 고정시키는 나무를 말한다. 그 모양이 마치 토끼가 웅크리고 있는 모습을 닮았다는 이유로 흔히 '복토伏

兎'로 칭한다. 복토가 빠질 경우 수레와 바퀴가 분해되어 수레로서의 기능을 상실케 된다. 구이효는 양강으로 하괘의 가운데에 처하여 호응하는 육오효의 제지로 정지한 채 덕을 양육하며 천천히 앞으로 나아가고자 하는 모습을 하고 있다. '여탈복'은 바로 이를 비유한 것이다.

「대축괘」 구이 효사 '여탈복'은 「소축괘」 구삼 효사 '여탈복輿脫輻'과 대조된다. 「소축괘」의 '여탈복'은 바퀴살이 빠져나가 바퀴가 해체된 상황을 지칭한다. 이에 반해 「대축괘」의 '여탈복'은 복토를 빼놓은 채 단지 가고자 하지 않을 뿐이다. 「소축괘」의 '여탈복'은 다른 사람에 의해 이뤄진 것이나 「대축괘」의 '여탈복'은 자신이 행한 것이라는 점에 커다란 차이가 있다.

구삼 효사 '양마축良馬逐'은 구삼효가 충분히 덕을 쌓아 강건함이 극히 성하게 되었을 뿐만 아니라 상구효와 뜻을 합쳐 재능을 발휘해 나가는 모습을 말한 것이다. 그러나 구삼효는 많은 어려움을 안고 있는 자리에 처한 까닭에 어렵더라도 수정守貞하는 모습을 견지할 필요가 있다.

일부 판본에는 '한여위閑輿衛'가 '일한여위日閑輿衛'로 되어 있다. 여기의 '일日'은 어기사語氣辭로 아무 뜻이 없다. '한閑'을 두고 마융과 정현 모두 '습習'으로 풀이했다. '여위輿衛'는 수레의 방어기술을 말한다. '한여위'는 구삼효가 지난날의 고난을 잊어서도 안 되고 '여위'의 기술을 계속 연마해야만 장차 앞으로 나아갈 때 이롭다는 점을 지적한 것이다.

'합지合志'는 육삼효가 상구효와 뜻을 합친 것을 의미한다. 본래 구삼효와 상구효는 서로 높은 곳에 우뚝 솟아 마주보며 호응하지 않는다. 그러나 「대축괘」에서는 양덕이 극성한 까닭에 비록 서로 양육해 주지는 않으나 뜻을 같이 하게 된 것이다.

육사 효사 '동우지곡童牛之牿'의 '동우'는 『석문』에 따르면 '뿔이 없는 소'를 말한다. 이는 곧 '송아지'를 의미하는 말로 초구효를 지칭한다. '곡牿'은 쇠뿔 위에 댄 가로나무로 육사효를 지칭한다.

송아지는 뿔이 처음 돋아날 때 비벼대는 것을 좋아하는 까닭에 뿔이 단단해지기도 전에 쉽게 상할 수 있다. 이에 송아지 뿔에 '곡'을 대어 놓으면 뿔도 상할 염려가 없을 뿐만 아니라 사람과 물건도 상하지 않게 된다. 〈단전〉의 '능지건能止健'은 이 경우를 말한 것이다. 육사효는 바로 '동우지곡'과 같이 사전 예방을 통해 덕을 쌓는 경우에 해당한다. 이를 두고 주희는 이같이 풀이했다.

"「대축괘」의 하괘는 스스로 덕을 쌓으면서 나아가지 않는 것에 비유되었다. 상괘는 다른 사람의 덕을 육성시켜 주기 위해 멈추도록 한 것에 비유되었다. 육사효는 처음에 멈춰 섰기 때문에 길하나 육오효는 이미 나아가다가 멈춰 섰기 때문에 어려움을 겪게 된 것이다."

육오 효사 '분시지아豶豕之牙'는 거세된 돼지의 어금니는 크게 두려워할 게 없다는 뜻이다. '분豶'은 거세된 돼지를 뜻하고, '시豕'는 '돈豚'과 같은 뜻이다. '분시지아'는 '복토'를 빼놓은 구이효를 상징한 것이다. 육오효는 군위에 처하여 구이효와 호응하면서 구이효로 하여금 스스로 덕을 쌓을 것을 주문하고 있다. 〈단전〉의 '능지건能止健'은 육사효뿐만 아니라 이 경우도 지칭한 것이다.

상구 효사 '하천지구何天之衢'는 상구효가 양효로서 「대축괘」 상괘인 '간괘'의 마지막에 처해 '축덕畜德'이 절정에 달하게 되었음을 뜻한다. 여기의 '하何'는 반문조의 '하축何畜'을 뜻하는 감탄사로 이제 더 이상의 '축덕'은 없다는 뜻을 내포하고 있다. '천구天衢'는 상구 효사 '축덕'이 사방으로 널리 통하게 되었음을 상징한다. 대략 주희가 『대학장구』에서 언급한 '활연관통豁然貫通'과 그 취지를 같이 하고 있다.

「대축괘」는 다른 괘가 양효와 음효가 서로 호응하는 모습을 취하고 있는 것과 달리 상호 양육하는 특이한 모습을 띠고 있다. 하괘인 '건괘'는 상괘의 양육을 받으며 자지自止 : 스스로 멈춤하는 것을 괘덕으로 삼고 있는 데 반해 상괘인 '간괘'는 하괘를 양육하며 지지止之 : 멈추게 함하는 것을 괘덕으로 삼고 있다. 다만 구삼효와 상구효는 하괘와 상괘의 가장 극한 곳에 처해 있으면서 스스로 '축덕畜德'을 발양發揚하는 모습을 취하고 있다.

이를 통해 짐작할 수 있듯이 「대축괘」의 '축덕'은 크게 3가지로 나눌 수 있다. 첫째 초구효와 구이효와 같이 스스로 덕을 쌓으며 성급히 앞으로 나아가지 않는 경우, 둘째 육사효와 육오효와 같이 황급히 앞으로 나아가고자 하는 아랫사람들을 제지하며 그들의 '축덕'을 돕는 경우, 셋째 구삼효와 상구효과 같이 '축덕'이 크게 이뤄져 사방으로 그 덕을 펼치는 경우 등이다. 「대축괘」의 요체는 치도의 극의를 상징하는 상구 효사 '축덕'에 있다. '축덕'은 말할 것도 없이 천하의 인재를 육성하는 '양현養賢'에서 시작되는 것이다.

제27장 산뢰이(山雷頤)

☶ 山

☳ 雷

震下艮上100,001

착괘 : 택풍대과澤風大過 : 011,110

종괘 : 산뢰이山雷頤 : 100,001

27-1
頤, 貞吉. 觀頤, 自求口實.

이(頤)는 수정(守貞)하면 길할 것이다. 관이(觀頤 : 성인의 사물양육을 잘 살핌)하여 자구구실(自求口實 : 自養의 요소를 살펴 口腹이 필요로 하는 음식물을 구하기에 노력함)해야 한다.

'이頤'는 원래 '함頷 : 턱'의 뜻이나 「이괘」에서는 '양養'의 뜻으로 쓰이고 있다. 이를 두고 정현은 이같이 풀이했다.

"「이괘」의 의미를 분석하면 우레가 아래에서 움직이고 산이 위에서 멈춰 있다. 턱이 위를 향해 움직이면서 음식을 씹는 것을 도와 사람을 양육한다는 의미이다."

27-2

「象」曰 '頤, 貞吉', 養正則吉也. '觀頤', 觀其所養也. '自求口實', 觀其自養也. 天地養萬物, 聖人養賢以及萬民, 頤之時大矣哉.

〈단전〉에 이르기를, '이(頤)는 정길(貞吉)' 이라고 했다. 양정(養正)하면 길하다. '관이(觀頤)' 는 소양(所養 : 길러지는 것)을 보는 것이다. '자구구실(自求口實)' 은 자양(自養 : 스스로 기름)을 보는 것이다. 천지는 만물을 기르고, 성인은 양현(養賢)하여 만민에게 미치게 한다. 이도(頤道 : 양육의 도)가 행해지는 때야말로 참으로 위대하도다.

정이천은 마지막 구절인 '이지시대의재頤之時大矣哉' 의 의미를 이같이 풀이했다.

"공자가 '이도' 의 이치를 넓혀 천지와 성인의 공을 함께 찬양해 이르기를, '이도가 행해지는 때야말로 참으로 위대하도다' 라고 했다. 혹은 '의義', 혹은 '용用', 혹은 '시時' 라고 하면서 '의' · '용' · '시' 를 사용해 그 위대함을 말했다. 만물이 살아나고 성장하는 것은 그 시기가 위대하기 때문에 '시' 라고 한 것이다."

27-3

「象」曰, 山下有雷, 頤. 君子以愼言語, 節飮食.

初九, 舍爾靈龜, 觀我朶頤, 凶. 「象」曰 '觀我朶頤', 亦不足貴也.

六二, 顚頤, 拂經于丘. 頤, 征凶. 「象」曰 '六二征凶', 行失類也.

六三, 拂頤, 貞凶. 10年勿用, 无攸利. 「象」曰 '10年勿用', 道大悖也.

六四, 顚頤, 吉. 虎視耽耽, 其欲逐逐, 无咎.「象」曰 '顚頤之吉', 上施光也.

六五, 拂經, 居貞, 吉. 不可涉大川.「象」曰 '居貞之吉', 順以從上也.

上九, 由頤, 厲吉, 利涉大川.「象」曰 '由頤厲吉', 大有慶也.

〈상전〉에 이르기를, '산하유뢰(山下有雷), 이(頤)' 라고 했다. 군자는 이를 본받아 능히 신언절식(愼言節食 : 언행을 신중히 하고 음식을 알맞게 조절함)한다.

초구는 사이영구(舍爾靈龜 : 자신의 신령한 거북을 버림)하여 관아타이(觀我朶頤 : 나의 늘어뜨려진 아래턱 안의 음식물을 보며 욕심을 냄)하니 흉하다. 〈상전〉에 따르면 '관아타이' 또한 부족귀(不足貴 : 존중받을 가치가 없음)를 뜻한다.

육이는 전이(顚頤 : 전도된 방법으로 양육을 구함, 아랫사람의 부양을 구하는 모습을 상징)하다. 이는 불경우구(拂經于丘 : 常道의 의리에서 어긋남. '經'은 '義', '丘'는 반드시 걸어야 할 '常道'를 의미)하니 만일 이런 양육을 바라며 앞으로 나아가면 반드시 흉할 것이다. 〈상전〉에 따르면 '육이정흉(六二征凶)'은 행실류(行失類 : 앞으로 나아간 결과 동료를 잃고 고독해짐)를 뜻한다.

육삼은 불이(拂頤 : 이도를 위배함)하여 정흉(貞凶 : 貞德이 흉해를 입음)하다. 10년이란 오랜 세월 동안 잘못된 양육을 구하는 행위를 하지 말아야 한다. 만일 행한다면 이롭지 못할 것이다. 〈상전〉에 따르면 '십년물용(十年勿用)'은 육삼효가 이도(頤道)에 크게 위배되는 행위를 한 것을 뜻한다.

육사는 전이(顚頤)이나 길하다. 호시탐탐(虎視耽耽 : 늙은 호랑이가 한 곳만을 주시함, 專心을 의미)의 자세로 간절하게 사물을 구하는 마음이 축축(逐逐 : 끊어지지 않고 이어짐)하면 '무구' 할 것이다. 〈상전〉에 따르면 '전이지길(顚頤之吉)'은 육사효가 윗자리에 처하면서 아래로 밝은 덕을 베풀 수 있다는 뜻이다.

육오는 불경(拂經 : 頤道에 어긋남)이나 거정(居貞 : 편히 머물면서 守貞함)하면 길하나 험난한 시기를 만나 섭대천(涉大川)하는 것은 불가하다. 〈상전〉에 따르면 '거정지길(居貞之吉)'은 현인에게 순종하며 의지하는 것을 뜻한다.

상구는 유이(由頤 : 천하 백성이 그에 의지함으로써 양육됨)하니 여길(厲吉 : 위태롭게 여기면 길함)하다. 이때는 '섭대천' 하면 이로울 것이다. 〈상전〉에 따르면 '유이여길(由頤厲吉)'은 큰 경사가 있음을 뜻한다.

〈대상전〉의 '신언절식愼言節食'을 두고 『주역정의』는 이같이 풀이했다.

"선유先儒가 말하기를, '화禍는 입으로부터 나오고 환患은 입으로 들어간다'고 했으니 응당 스스로 양육할 때 말을 조심하고 음식을 알맞게 먹어야 한다."

초구 효사 '사이영구舍爾靈龜'의 '영구靈龜'는 자양自養의 이치를 뜻한다. '사이영구'는 곧 '자양'의 이치를 버려두는 어리석음을 뜻한다. 이를 두고 정이천은 이같이 풀이해 놓았다.

"거북이는 목구멍으로 호흡할 수 있고 먹지 않는다. 만년을 사는 신령스런 거북이는 그의 밝은 지혜로 외부에서 양육되는 것을 구하지 않는다."

'관아타이觀我朶頤'의 '아我'는 초구효에 호응하는 육사효를 지칭하고, '타朶'는 턱이 아래로 늘어뜨려진 모습을 말한다. 이는 초구효가 음효인 육사효를 바라보는 모습을 남의 입안에 있는 음식을 바라보며 탐을 내는 모습에 비유해 '영구靈龜'를 버려둔 채 남의 양육을 바라는 어리석음을 질타한 것이다. 초구효는 능히 자신의 양강에 기초해 '자양' 할 수 있음에도 불구하고 호응해 주는 육사효에 기대어 양육되기를 기대하는 까닭에 스스로 양강의 아름다운 효덕爻德을 키울 길이 없다. 그래서 '부족귀不足貴' 라고 한 것이다.

본래 '진하간상震下艮上' 으로 구성돼 있는 「이괘」는 상괘인 '간괘' 는 모두 길하고, 하괘인 '진괘' 는 모두 흉한 것으로 나타나 있다. 상괘는 멈춰서 있는 데 반해 하체는 모두 움직이고 있는 모습을 한 데 따른 것이다. 위에서는 멈춘 채 양육하는 모습을 하고 있는 데 반해 아래에서는 부단히 움직이며 다른 사람으로부터 양육을 구하는 모습을 보이고 있는 것이다. 이에 초구효가 비록 양강의 효덕을 지니고 있음에도 불구하고 자신과 호응하는 육사효를 바라보며 양육을 구하는 어리석은 모습을 띠게 된 것이다. 「이괘」는 상괘와 하괘의 효의爻義가 명확히 구별되는 매우 특이한 경우에 속한다. 이는 '이頤' 가 '양육' 의 의미를 지니고 있는 데 따른 것으로 분석할 수 있다.

육이 효사 '전이顚頤' 는 육이효가 호응하는 육오효의 지원을 얻지 못하자 이내 돌아서서 아래에 처한 초구효에게 양육을 구하는 모습을 설명한 것이다. 육이효는 중정의 덕을 얻고 있음에도 불구하고 유순한 품성으로 인해 '자양' 하지 못하고 육오효의 호응을 구하다가 여의치 못하자 오히려 양육해 주어야 할 초구효의 양육을 구하는 모습을 하고 있다. '불경우구拂經于丘' 는 바로 육이효의 이런 모습이 정상적인 이도頤道에 어긋나는 것임을 지적한 것이다.

육삼 효사 '불이拂頤' 는 육삼효가 양위陽位에 처해 중정을 상실한 채 호응하는 상구효에게 아첨을 일삼으며 양육을 구하는 일을 멈추지 않는 모습을 설명한 것이다. '십년물용十年勿用'은 10년이라는 오랜 세월 동안 잘못된 행위를 해서는 안 된다는 뜻으로 육삼효에게 각성을 촉구하는 것이다.

육사 효사 '전이顚頤'는 육사효가 상괘에 처하며 정덕正德을 얻어 초구효에 호응하는 것을 두고 위에 있는 자가 아래를 향해 양육을 구하다가 다시 아래를 양육하는 것에 비유한 것이다. 비록 아래에 있는 초구효를 향해 양육을 구하다가 다시 아래를 양육하는 것인 까닭에 육이효와 같이 '전이'로 규정해 놓았으나 그 내용은 정반대이다.

기본적으로 육이효의 뜻은 사물에 있는 데 반해 육사효의 뜻은 '이도'에 있다. 뜻이 사물에 있는 것은 곧 호응이 없자 강제로 구하는 것을 뜻한다. 이에 대해 뜻이 '이도'에 있는 것은 '이도'에 입각해 사물을 이롭게 하는 것을 말한다. '상시광上施光'은 바로 이를 의미하는 것이다. 이는 백성으로부터 세금을 거두어 '이도'에 입각해 백성을 위해 사용하는 것에 비유할 수 있다.

육오 효사 '불경拂經'은 육오효가 군위에 처해 있으면서 '이도'를 상실해 호응하는 자가 없을 뿐만 아니라, 음유의 품성으로 인해 실속도 없고 오로지 현자로 상징되는 상구효에만 의지하고 있는 것을 설명한 것이다. '이도'에 어긋난 모습이 마치 육삼효와 같은 까닭에 '불이拂頤'라고 한 것이다. 이를 두고 정이천은 이같이 풀이했다.

"육오효는 군위에 처해 있으나 음유의 품성으로 인해 천하의 백성들을 양육하기에는 그 재능이 부족하다. 이에 양강의 상구효로 상징되는 현인에게 순종하여 의지함으로써 자신과 백성들의 양육문제를 해결하고 있다."

'불가섭대천不可涉大川'은 군위에 처해 있는 음유의 육오효가 평상시에는 현인에게 의지해 순종하며 견뎌낼 수 있으나 어렵고 험난한 변고가 있을 때는 결코 견뎌낼 수 없음을 설명한 것이다. '순이종상順以從上'은 육오효가 자양自養하는 방법도 모르는 까닭에 부득불 현자에게 의존할 정도로 재덕才德이 박약함을 지적한 것이다. 그러나 육오효는 천하 백성을 양육코자 하는 마음을 지니고 있는 까닭에 이내 거정居貞하면 길할 수 있다.

상구 효사 '유이由頤'는 상구효가 가장 높은 곳에 처하면서 양강의 품성을 발휘해 군주를 훌륭히 보필함으로써 군주가 그에게 의지해 백성들을 양육하는 모습을 설명한 것이다. 상구효는 자신이 떠안고 있는 책무가 막중한 까닭에 이를 깨달아 늘 조심하면 크게 이롭게 된다. '유이'는 「예괘」 구사 효사 '유예由豫'와 그 취지가 같다. '유예'는 천하의 백성들이 그에게 의지해 즐거움을 얻는 까닭에 '대유득大有得'이라고 했고, '유이'는 천하의 백성들이 그에게 의지해 양육되는 까닭에 '대유경大猷慶'이라고 했다.

이를 통해 알 수 있듯이 「이괘」는 여러 면에서 주덕酒德과 닮아 있다. 『한서』 「식화지食貨志」에서 이르기를, '술은 하늘이 내려준 훌륭한 음식이다. 군주는 술을 이용해 천하인을 양육하고, 제사를 지내고, 허약자를 돕고, 질병을 낫게 해준다'고 했다. 그러나 술은 그 자체로는 아무 문제가 없으나 이를 먹는 사람이 과음을 할 경우 건강과 인품을 해치는 독으로 작용한다. 「이괘」 역시 '양육'의 뜻을 지니고 있기는 하나 '이도'의 원칙에서 벗어날 경우 큰 위험에 처할 수 있음을 거듭 경고하고 있다.

「이괘」에서 말하는 이도頤道에는 '양인養人'과 '양현養賢', '양천하養天下'의 뜻이 내포되어 있다. 하괘의 초구효가 흉凶, 육이효가 정흉征凶, 육삼효가 무유리无攸利한 것은 모두 '자양自養'을 실천하지 못한 데 있다. 이에 대해 상괘의 육사효가 길吉, 육오효가 거정길居貞吉, 상구효가 여길厲吉인 것은 모두 스스로 노력해 사람을 양육하는 덕을 베풀었기 때문이다. 하괘의 3개 효는 흔히 자양하지 못하는 '소인', 상괘의 3개 효는 양덕養德하여 다른 사람을 양육하는 '공인公人'에 비유되는 것은 바로 이 때문이다. '이도'의 요체는 '양덕'에 있다고 해도 과언이 아니다.

제28장 택풍대과(澤風大過)

☱ 澤

☴ 風

巽下兌上011,110

착괘 : 산뢰이山雷頤 : 100,001

종괘 : 택풍대과澤風大過 : 011,110

28-1
大過, 棟橈(=撓), 利有攸往, 亨.

대과(大過)는 동요(棟橈 : 기둥이 휘어짐)하다. 앞으로 나아가면 이롭고 이내 형통할 것이다.

'대과大過'는 '크게 지나치다'의 뜻으로 '잘못되다'의 뜻을 내포하고 있다. 이는 손하태상巽下兌上으로 구성돼 있는 「대과괘」가 4개의 양효로 인해 지나치게 양강의 형세를 지니고 있는데 따른 것이다. '동요棟橈'는 대들보의 양끝이 무거운 압력을 이기지 못하고 휘어진 형상을 표현한 것으로 지나친 양강의 형세를 비유한 것이다.

28-2

「彖」曰, 大過, 大者過也. '棟橈', 本末弱也. 剛過而中, 巽而說行, '利有攸往', 乃亨. 大過之時大矣哉.

〈단전〉에 이르기를, '대과는 강대한 것이 지나치다' 라고 했다. '동요(棟橈)' 는 본말(本末 : 초육효와 상육효를 지칭)이 쇠약한 것을 뜻한다. 양강(陽剛)이 지나치게 심해졌을 때 중도를 얻어 겸손과 기쁨으로 바르게 다스릴 수 있다. 이에 '이유유왕(利有攸往)' 하니 이내 형통으로 이어질 것이다. 대과의 시기에 이뤄지는 공적이 참으로 크도다.

'대과' 의 때에는 사물의 발전이 상도에서 벗어나 있는 만큼 속히 정상화될 때를 기다릴 필요가 있다. '대과지시대의재大過之時大矣哉' 를 두고 왕필은 군자가 행동할 때로 보았다. 이에 대해 정이천은 이같이 풀이했다.

"백 년에 한 번 일으키는 큰 사업을 일으키거나 세상 사람들이 가지고 있지 않은 큰 덕을 성취시키는 일은 모두 '대과' 라고 한다."

정이천의 해석이 보다 상세하다.

28-3

「象」曰, 澤滅木, 大過. 君子以獨立不懼, 遯世无悶.

初六, 藉用白茅, 无咎.「象」曰 '藉用白茅', 柔在下也.

九二, 枯楊生稊(=荑), 老夫得其女妻, 无不利.「象」曰 '老夫女妻', 過以相與也.

九三, 棟橈, 凶.「象」曰 '棟橈之凶', 不可以有輔也.

九四, 棟隆, 吉. 有它吝.「象」曰 '棟隆之吉', 不橈乎下也.

九五, 枯楊生華, 老婦得其士夫, 无咎无譽.「象」曰 '枯楊生華', 何可久也. 老婦士夫, 亦可醜也.

上六, 過涉滅頂, 凶, 无咎.「象」曰 '過涉之凶', 不可咎也.

〈상전〉에 이르기를, '택멸목(澤滅木 : 큰 연못이 나무를 물 속에 가둬버림), 대과(大過 : 지나치게 심함)' 라고 했다. 군자는 이를 본받아 독립불구(獨立不懼 : 독립해 행동하는 것을 두려워하지 않음)하고 돈세무민(遯世无悶 : 세상을 숨어 살아도 이를 번민하지 않음)한다.

초육은 자용백모(藉用白茅 : 윗사람의 물건을 놓기 위한 자리를 하얀 띠풀을 사용해 만듦)하니 '무구' 하다. 〈상전〉에 따르면 '자용백모' 는 음유(陰柔)의 품성으로 아래에 처해 있음을 뜻한다.

구이는 고양생제(枯楊生稊 : 마른 버드나무에 새 가지가 나옴) · 노부득여처(老夫得女妻 : 늙은 남자가 젊은 후처를 얻음)하니 이롭지 않은 게 없다. 〈상전〉에 따르면 '노부여처(老夫女妻)' 는 육이효가 비록 양강이 지나치기는 하나 초육효의 음유와 잘 어울릴 수 있음을 뜻한다.

구삼은 동요(棟橈)하니 흉하다. 〈상전〉에 따르면 '동요지흉(棟橈之凶)' 은 구삼효의 강한 기세를 더 이상 도와주어서는 안 된다는 것을 뜻한다.

구사는 동륭(棟隆 : 기둥이 평면보다 높게 올라옴, '동요' 가 정상화되었음을 의미)하니 길하다. 그러나 아래 방향으로 호응하면 반드시 인석(吝惜)한 바가 있을 것이다. 〈상전〉에 따르면 '동륭지길(棟隆之吉)' 은 구사효가 다시는 아래로 '동요(棟橈)' 하는 일이 없도록 만들었음을 뜻한다.

구오는 고양생화(枯楊生華 : 마른 버드나무에 꽃이 핌)하다. 노부득사부(老婦得士夫 : 늙은 여인이 젊은 남편을 얻음)하니 무구무예(无咎无譽 : 재난은 면할지라도 칭찬할 바는 아님)하다. 〈상전〉에서 '고양생화'라고 말했으니 이것이 어찌 오래갈 수 있겠는가. '노부사부(老婦士夫)' 또한 가히 추하다는 뜻이다.

상육은 과섭멸정(過涉滅頂 : 물을 건너다 정수리까지 물에 잠김)으로 흉하기는 하나 '무구'하다. 〈상전〉에 따르면 '과섭지흉(過涉之凶)'은 세상을 구하기 위한 투신을 재난으로 볼 수 없다는 뜻이다.

〈대상전〉의 '택멸목澤滅木'은 연못을 상징하는 상괘인 '태괘兌卦'와 나무를 상징하는 하괘인 '손괘巽卦'로 구성된 이치를 설명한 것이다. 이를 두고 정이천은 이같이 풀이했다.

"연못은 나무를 윤기있게 양육하나 여전히 나무를 죽음에 이르게 할 수 있다. 이는 지나치게 심한 현상을 지적한 것이다."

'독립불구獨立不懼'는 군자가 아니면 천하를 돌볼 사람이 없는 까닭에 독립해 행동하는 것을 당연시하여 결코 두려워하지 않는다는 뜻이다. '돈세무민遯世无悶'은 군자가 의연히 세상으로부터 몸을 숨겨 살면서 조금도 번민하지 않는 것을 뜻한다. 모두 군자의 비범한 기백을 언급한 것이다. 이를 두고 공영달은 이같이 풀이했다.

"대인이 크게 자신의 분수를 넘어서서 세상의 역경을 구제하는 상황을 말한 것이다."

초육 효사 '자용백모藉用白茅'의 '자藉'는 깔고 앉는 자리로 여기서는 축축한 습기를 막아 그 위에 있는 사물을 보호하기 위한 자리의 뜻으로 사용되었다. '백모白茅'는 청결한 흰색의 띠풀을 말한다. 이는 초구효가 '대과'의 시기에 음효의 품성으로 아래에 처하면서 지극히 공손하고 신중한 태도로 위에 있는 여러 양효를 받드는 것을 비유한 것이다. 초구효는 비록 바닥의 부끄러운 곳에 처해 있음에도 불구하고 '백모'를 사용해 깔고 앉을 자리를 만드는 신중함을 발휘함으로써 이내 '무구'하게 되었음을 뜻한다.

구이 효사 '고양생제枯楊生稊'의 '제稊 : 강아지풀'는 '이荑 : 띠풀의 싹'와 통한다. '고양생제'는 '마른 버드나무에 새 가지가 나오다'의 뜻으로 쓰인 것이다. 이는 구이효가 강양의 품성으로 하괘의 가운데에 처해 아래 초육효와 가까이 지내면서 음양의 조화를 이룬 것을 의미한다. '노부득여처老夫得女妻'도 같은 뜻으로 쓰인 것이다. 이를 두고 왕필은 이같이 풀이했다.

"늙음이 지나친 것을 '고枯', 젊음이 지나친 것을 '치稚'라고 한다. 노성老成을 젊은이에게 나눠주면 어린 자가 성장하게 되고, 치기稚氣를 늙은이에게 나눠주면 늙은이가 생동하게 된다. 이는 지나친 것이 서로 친하게 지낸다는 의미이다."

초육효는 음유의 품성으로 양위에 처해 있고, 구이효는 양강의 품성으로 음위에 처해 있는 까닭에 서로 잘 어울릴 수 있는 조건을 갖추고 있는 것이다. 이에 '무불리无不利'라고 한 것이다. 육이효에 대해 사마광은 『온공역설溫公易說』에서 약간 비판적인 견해를 피력하고 있다.

"「대과괘」는 양강이 지나친 까닭에 양강으로 양강을 도울 수는 없다. 「대과괘」의 구이효는 음위에 처했기 때문에 길하다고 할 수는 있으나 얻은 자리가 아름답다고는 할 수 없다."

이는 대략 '노부득여처老夫得女妻' 등의 현상에 대한 비판적인 견해에서 비롯된 것으로 짐작된다.

구삼 효사 '동요棟橈'는 구삼효가 양효로서 하괘의 가장 높은 곳에 처한 까닭에 양강이 극에 달해 지나치게 되었음을 지적한 것이다. 구삼효는 호응하는 상육효의 지원으로 양강의 기운이 더욱 맹렬해져 마침내 용마루가 휘어지는 '동요'의 양상을 초래한다. 이를 두고 정이천은 이같이 해석했다.

"지나치게 심하게 양강하고, 움직이는 것이 중화를 위반함으로써 대중의 마음을 거스르게 되었다. 그러니 어찌 '대과'의 임무를 담당할 수 있겠는가. 그가 임무를 담당치 못해 '동요'를 초래해 마침내 집을 쓰러지게 한 것과 같으니 흉할 것이라고 한 것이다."

구삼 효사 '동요'는 상육효의 지원으로 인한 것이다. 다른 괘에서는 구삼효가 상육효와 호응하면 길한 것으로 평가된다. 그러나 「대과괘」의 경우는 양강이 지나치게 성한 까닭에 상육효의 호응이 오히려 구삼효의 양강을 더욱 부채질하는 요인으로 작용하게 된 것이다.

구사 효사 '동륭棟隆'은 '동요'로 인해 평면보다 낮게 되었던 기둥이 다시 원상회복되어 평면보다 높게 올라오게 되었음을 말한 것이다. 구사효는 강양으로 음위에 있는 처해 있는 까닭에 스스로 강양의 기운을 덜어내는 것과 같다. 그러나 그것이 지나쳐 초육효와 호응해 지나치게 유약하게 되면 오히려 '동요'를 구할 수 없게 된다. 구삼효가 상육효와의 호응으로 더욱 양강해져 '동요'를 일으켰다면 구사효는 초육효와의 호응으로 자칫 정상화된

기둥을 다시 휘어지게 만들 소지가 있는 것이다. 이를 통해 구사효의 길함은 초육효 호응의 단절을 전제로 한 것임을 알 수 있다.

구오 효사 '고양생화枯楊生華'는 구오효의 강양이 노쇠함이 극에 달한 상육효의 음유와 조응하는 것을 지적한 것이다. 같은 취지로 언급된 '노부득사부老婦得士夫'의 '노부老婦'는 상육효, '사부士夫'는 구오효를 지칭한다. '무구무예无咎无譽'는 극성한 '사부'가 쇠미한 '노부'와 배필이 되어 사는 동안 강유剛柔를 조화시켜 사는 까닭에 '무구'하게 되나 결국 공을 이루기가 어려움을 지적한 것이다.

상육 효사 '과섭멸정過涉滅頂'은 쇠미한 상육효가 아래의 구오효와 호응하기 위해 부단히 노력하나 이내 힘이 달려 결국 몸을 망치는 지경에 이르게 되었음을 말한 것이다. 그러나 상육 효사 '과섭멸정'은 '대과'의 시기가 극에 달했을 때 일어나는 현상으로 이를 탓할 수는 없다. 이는 상육효가 '대과'의 세상을 바로잡아야 할 시기에 마침내 자신의 몸을 던져 천하를 구하는 살신성인殺身成仁의 의리를 실현했기 때문이다. 불가구不可咎'는 바로 이를 말한 것이다.

「대과괘」의 육효는 양강이 지나치게 극성한 비정상적인 시기에 어떻게 하면 음양간의 화해和諧 : 조화를 이룰 수 있는지를 설명하고 있다. 초육효와 구이효는 서로 이웃하여 음양의 조화를 이루었으나 구오효와 상육효는 상호 간의 노력에도 불구하고 음기와 양기의 기운차가 현격한 까닭에 원만한 조화를 기할 수가 없다. 구삼효는 양강의 기운을 덜어내야 하는데도 이를 어겨 흉함을 초래했고, 구사효는 나름대로 이를 잘 지켜 길하게 되었다.

이를 통해 짐작할 수 있듯이 「대과괘」의 요지는 '강유상제剛柔相濟'에 있다. '고양생화枯楊生華'와 '노부득사부老婦得士夫' 등의 비유는 '대과'의 시기에는 통상적인 시기와 달리 극단적인 모습이 횡행할 수 있음을 시사하고 있다. 이런 시기에는 '대과인大過人 : 평범치 않은 인물'이 나오기 마련이다. '대과인'은 구체적으로 과연 어떤 사람일까. 그것은 바로 〈대상전〉에 나오는 '독립불구獨立不懼'의 군자이다. 이는 살신성인殺身成仁을 의미한다. 『논어』「계씨」편의 다음 구절은 바로 '독립불구'의 자세로 '살신성인'을 행하는 자를 비유한 것이다.

"위태로운데도 붙잡지 못하고 넘어지는데도 부축하지 못한다면 정차 그 보필하는 사람을 어디에 쓰겠는가. 호랑이와 들소가 우리에서 뛰쳐나오고 구옥龜玉 : 거북껍질과 옥, 보물을 상징이 궤 속에서 망가지면 이는 누구의 잘못인가."

이는 누군가는 '독립불구'의 자세로 '살신성인'을 행해야만 새로운 세상을 만들 수 있음을 지적한 것이다. 「대과괘」는 상육효를 '살신성인'의 표상으로 내세웠으나 그 공능이 크지 않다. 난세를 구하고자 하는 웅지雄志를 품은 대장부大丈夫가 살신성인에 나섰을 때야말로 '살신성인'의 공능이 유감없이 발휘될 수 있을 것이다.

제29장 중수감(重水坎)

☵ 水

☵ 水

坎下坎上010,010

착괘 : 중화리重火離 : 101,101

종괘 : 중수감重水坎 : 010,010

29－1
習坎, 有孚, 維心亨, 行有尙.

습감(習坎)은 유부(有孚 : 誠信을 지님)하니 유심형(維心亨 : 오직 양강이 밖으로 나와 있지 않고 안의 마음에 있어 형통하게 됨, 外柔內剛으로 형통한다는 뜻임)한다. 노력하며 앞으로 나아가면 반드시 숭상을 받을 것이다.

'습감習坎'은 '감괘'가 중첩되어 있다는 뜻으로 「감괘」의 별칭이기도 하다. 『주역』의 64괘 중 특이하게도 「감괘」만 괘명卦

名에 '습習'이라는 글자를 첨가해 놓았다. 이를 두고 공영달은 이같이 풀이했다.

"험난한 역경에 처하게 되었음을 알리고, 반드시 그 일을 잘 할 수 있도록 훈련을 해야 형통할 수 있다는 취지에서 나온 것이다."

'감坎'은 본래 '웅덩이'를 뜻하는 말로 여기서는 '역경逆境'의 의미로 사용되고 있다. 「감괘」의 괘상 역시 공교롭게도 양효가 음효 사이에 빠져 있는 모습을 하고 있다.

'유심형維心亨'은 「감괘」의 구이효와 구오효가 양강陽剛의 품성으로 중덕中德을 얻고 있는 것을 지칭한 것이다. 이를 두고 정이천은 이같이 풀이했다.

"마음이 형통할 것이라는 말은 그 마음이 성실하고 순수한 까닭에 형통할 수 있다는 뜻이다. 지극한 정성이 있으면 금석金石도 뚫을 수 있고, 수화水火 위도 걸을 수 있다."

29-2

「彖」曰 '習坎', 重險也. 水流而不盈, 行險而不失其信. '維心亨', 乃以剛中也. '行有尙', 往有功也. 天險不可升也, 地險山川丘陵也, 王公設險以守其國. 險之時用大矣哉.

〈단전〉에 이르기를, '습감(習坎 : 거듭되는 역경)'이라고 했으니 이는 중험(重險)을 뜻한다. 수류불영(水流不盈 : 물이 흘러들어도 가득 차지 않음, '習坎'의 극한적인 水深을 상징)을 괘상으로 취했으니 행험(行險 : 구이효와 구오효가 험한 길을 감)할지라도 신실(信實)함을 잃지 않는 것을 말한다. '유심형(維心亨)'은 양강(陽剛)이 중도를 얻은 것을 뜻하고, '행유상(行有尙)'은 앞으로 나아가 공을 세우는 것을 뜻한다. 천험(天險 : 하늘의 險固)은 높고 멀어 오를 수 없고, 지험(地險 : 땅의 험고)은 산천구릉(山川丘陵)에 막혀 뛰어넘기가 어려우니 왕공설험(王公設險 : 왕공이 인위적으로 세운 험고)은 이를 본받아 수국(守國 : 나라를 지킴)코자 한 것이다. 험고(險固 : 험난한 역경)의 시용(時用 : 시기적 효용)이 참으로 크도다.

'왕공설험王公設險' 을 두고 정이천은 이같이 풀이했다. "왕공이 「감괘」의 괘상을 관찰한 후 험난하면 오를 수 없다는 것을 알고 성곽과 도랑을 험고하게 만들어 그들의 국토를 보호하고 백성들의 생명을 보존했다. 이는 험고를 사용해야 하는 때에 그것을 더욱 훌륭하게 활용한 것이다. 이에 '대의재大矣哉' 라고 찬탄한 것이다."

29-3

「象」曰, 水洊至, 習坎. 君子以常德行, 習教事.

初六, '習坎', 入于坎窞, 凶. 「象」曰 '習坎入坎', 失道凶也.

九二, 坎有險, 求小得. 「象」曰 '求小得', 未出中也.

六三, 來之坎坎, 險且枕, '入于坎窞', 勿用. 「象」曰 '來之坎坎', 終无功也.

六四, 樽酒簋貳, 用缶, 納約自牖, 終无咎. 「象」曰 '樽酒簋貳', 剛柔際也.

九五, 坎不盈, 祗既平, 无咎. 「象」曰 '坎不盈', 中未大也.

上六, 係用徽纆, 寘于叢棘, 3歲不得, 凶. 「象」曰, 上六, 失道凶, 3歲也.

〈상전〉에 이르기를, '수천지(水洊至 : 물이 연이어 흐름), 습감(習

坎)' 이라고 했다. 군자는 이를 본받아 덕행을 늘 행하며 교사(教事 : 정치와 교화의 일)를 숙련되게 익혀야 한다.

초육은 '습감(習坎)' 으로 감담(坎窞 : 깊은 웅덩이)에 들어가는 것이니 흉하다. 〈상전〉에 따르면 '습감입감(習坎入坎)' 은 도를 잃어 흉한 것을 뜻한다.

구이는 감유험(坎有險 : 웅덩이 가운데에 빠지는 위험에 직면함)이나 구소득(求小得 : 작은 것을 구하면 일정한 성과를 얻음)할 수 있다. 〈상전〉에 따르면 '구소득' 은 아직 중도에서 벗어나지 않았기 때문이다.

육삼은 내지감감(來之坎坎 : 오고 갈 때마다 매번 웅덩이를 만남)으로 험차침(險且枕 : 험하고 불안함)하여 감담(坎窞)에 빠져들 뿐이니 재주와 능력을 사용치 말아야 한다. 〈상전〉에 따르면 '내지감감' 은 끝내 험난한 길을 걷는 공적을 이루지 못한다는 뜻이다.

육사는 준주궤이(樽酒簋貳 : 술 한 동이와 밥 두 그릇)를 질그릇에 담아 올리자 납약자유(納約自牖 : 창문을 통해 바치는 지극히 검약한 봉헌을 군주인 구오효가 받아들임)하니 끝내 '무구' 하다. 〈상전〉에 따르면 '준주궤이' 는 강유제(剛柔際 : 육사효가 구오효와 교제함)를 뜻한다.

구오는 감불영(坎不盈 : 역경의 웅덩이가 아직 꽉 차지 않음)하나 기기평(祇旣平 : 꽉 차지 않은 상황에서 이미 평평하게 되었음, '祇' 는 語氣辭)하니 '무구' 하다. 〈상전〉에 따르면 '감불영(坎不盈)' 은 구오효가 중도를 지켜 나가나 아직 광대(光大 : 역경을 타개한 빛나는 공적)를 얻지 못했음을 뜻한다.

상육은 휘묵(徽纆 : 두세 겹으로 꼰 노끈)으로 묶어 총극(叢棘 : 가시덩굴로 둘러싸인 감옥)에 두었으나 3년이 지나도 벗어나지 못하고 있으니 흉하다. 그래서 〈상전〉에 이르기를, '상육이 정도를 실천하지 않은 까닭에 그 흉함이 3년 동안 지속되었다' 라고 한 것이다.

〈대상전〉의 '수천지水洊至'의 '천洊'은 『이아』「석언釋言」에 따르면 '재再'의 의미이다. '수천지'는 물이 연이어 흐르는 모습을 말한 것이다.

초육 효사 '감담坎窞'의 '담窞'은 『설문해자』에 따르면 '감坎' 속의 '감'을 뜻한다. 웅덩이 속의 깊은 웅덩이이니 더욱 험난한 역경을 상징하는 셈이다. 초육효는 음유의 품성으로 몸이 거듭되는 역경에 빠졌는데도 위에 있는 자로부터 아무런 도움도 받지 못하는 까닭에 매우 흉한 처지에 놓였다.

구이 효사 '감유험坎有險'은 구이효가 하괘의 가운데에 처하나 정도를 상실함으로써 역경에 걸려든 모습을 설명한 것이다. 그러나 양강의 품성으로 중덕을 얻은 까닭에 성신으로 행동하며 작은 것을 구하면 상하의 음효의 도움을 얻어 험난한 경지로부터 벗어날 수 있다.

구이효는 원래 수원水源에서 나온 물이 졸졸 흐르다가 웅덩이에 가득 찬 연후에 흘러나가듯이 성신을 가지고 일정한 노력을 기울여야만 역경을 헤치고 앞으로 나아갈 수 있다. 그래서 '구소득求小得'이라고 한 것이다. 여기의 '소小'는 '소사小事'와 '소처小處' 등을 의미한다.

육삼 효사 '내지감감來之坎坎'은 육삼효가 음효로서 양위陽位에 처하여 험난한 일을 행하고자 하나 상하에는 온통 웅덩이뿐으로 오고 가도 못하는 상황을 말한 것이다. 험차침險且枕의 '침枕'을 두고 왕필은 '나뭇가지를 베고 있는 것처럼 불안하다'의 뜻으로 풀이했다. 이는 곧 험난한 상황을 만나면 멈춰 잠시 쉬는 것이 낫다는 뜻으로 풀이할 수 있다. 더 이상 깊은 곳으로 빠지지 않기 위해서는 재주와 능력을 사용치 않은 채 아예 잠시 쉬는 게 차라리 나을 수 있다.

육사 효사 '준주궤이樽酒簋貳'의 '궤簋'는 『설문해자』에 따르면 '메기장과 차기장 밥을 담는 데 사용하는 죽제 제기祭器'를 말한다. '궤이簋貳'는 곧 죽제 제기에 담은 밥 두 그릇을 말한다. '준주궤이'는 지극히 검약한 봉헌奉獻을 상징한 말이다. '납약자유納約自牖'는 육사효가 창문을 통해 바치는 지극히 검약한 봉헌을 군주인 구오효가 받아들여 종묘에 바치는 것을 설명한 것이다. 이는 육사효와 구오효가 형식에 구애받지 않고 교제하고 있음을 뜻한다.

육사효는 상괘의 아래에서 유순한 품성으로 정도를 지키며 위로 육오효의 뜻을 받들고 있는 모습을 하고 있다. '준주궤이'는 바로 군위에 있는 육오효를 정성을 다해 섬기는 모습을 말한 것이다. 이는 육사효와 구오효가 공개적으로 교제하는 모습을 취함으로써 마치 연인이 밝은 창문에 대고 서로 약속을 맺는 듯한 모습으로 비춰지게 되었음을 뜻한다.

육사효가 육삼효와 마찬가지로 전후에 웅덩이가 놓여 있음에도 불구하고 '무구'하게 된 것은 육삼효는 정도를 잃어 호응하는 자가 없는 반면에 육사효는 정도를 얻어 양강의 구오효를 섬긴 데 따른 것이다. 육삼효가 '종무공終无功'인 데 반해 육사효가 '강유제剛柔際'로 표현된 이유가 여기에 있다.

구오 효사 '감불영坎不盈'은 재난이 아직 끝나지 않았음을 의미한다. '기기평祇既平'의 '기祇'는 일부 판본에 '지祗'로 되어 있으나 이는 잘못이다. 정현은 '지坻 : 작은 모래톱'와 통하는 것으로 보았으나 '기'는 뜻 없는 어기사語氣辭이다. '기기평'은 웅덩이에 아직 물이 꽉 차지 않은 상황에서 평평해진 것을 뜻하는 말로 험난한 역경이 이미 극에 달해 '무구'하게 되었음을 의미한다. '미대未大'는 재난이 아직 끝나지 않은 까닭에 역경을 타개한 공적이 크게 빛나지 못하고 있음을 뜻한다.

상육 효사 '휘묵徽纆'의 '휘徽'는 세 번 꼰 노끈, '묵纆'은 두 번 꼰 노끈을 말한다. '총극叢棘'을 두고 우번은 풀이하기를, '감옥 밖에 9겹으로 가시나무를 심은 데 따른 것이다'라고 했다. 이는 감옥을 지칭하는 말이다. '3세부득三歲不得'은 상육효가 음유의 품성으로 인해 험난한 역경에 빠져든 것을 마치 죄수가 결박되어 수감된 채 3년이 지나도록 벗어나지 못한 것에 비유한 것이다. 매우 흉한 모습을 설명한 것이다. 이를 두고 정이천은 이같이 풀이했다.

"음유의 품성으로 험난한 경지에 깊이 빠져들어 간 까닭에 그는 자력으로 빠져나올 수가 없다. 3년이라는 오랜 세월에 이르도록 재난을 면치 못하니 그 흉함을 가히 알 수 있다."

그러나 왕필은 정이천과 다르게 해석해 놓았다.

"죄수가 체포되어 잘못을 반성하는 곳에 갇혔다. 스스로 3년을 수양했으므로 바라는 만큼 회복된 것이다. 험난한 상황이 끝난 까닭에 곧장 돌아올 것이다."

상육효는 「감괘」의 감도坎道 : 험난한 역경의 이치가 극에 달한 상황에서 빚어진 일을 설명하고 있다. 왕필의 해석이 문맥상 순통한다.

「감괘」의 육효는 모두 '길吉'을 언급치 않고 있다. 이는 「감괘」

의 역경이 심각한 것임을 의미한다.「감괘」는 크게 두 가지 방향에서 역경을 설명하고 있다. 4개의 음효 중 정도를 얻어 양강을 받들며 공손한 태도를 견지해 '무구'한 육사효를 제외한 나머지 3개의 음효는 모두 흉한 상을 갖고 있다.

2개의 양효인 구이효와 구오효는 강건한 품성으로 중덕을 얻은 까닭에「감괘」의 험난함을 감쇄하는 역할을 하고 있다. 그럼에도 2개의 양효 역시 험난한 역경으로부터 완전히 탈피하지 못하고 있다. 이들 양효 역시 끊임없이 분발해야 역경을 완전히 벗어날 수 있다. 그러나 여기에 바로 인간의 무한한 가능성과 위대함이 있다.

『열자』「탕문湯問」편에 나오는 소위 '우공이산愚公移山'의 고사가 그 증거이다. 우공은 '자자손손무궁궤子子孫孫無窮匱 : 자자손손 끝없이 삼태기로 흙을 옮길 것임'를 외친 바 있다. 우공의 이런 천명 앞에서는 그 어떤 역경도 결코 역경이 될 수 없다. 그 어떤 역경에도 굴하지 않고 자신의 뜻을 관철시키고자 하는 소위 '견인불발堅忍不拔'의 자세에 인간의 무한한 가능성이 열려 있는 것이다. 〈대상전〉은 이를 '상덕행常德行, 습교사習教事'로 표현해 놓았다.「감괘」의 요체가 바로 여기에 있다고 해도 과언이 아니다.

제30장 중화리(重火離)

☲ 火

☲ 火

離下離上101,101

착괘 : 중수감重水坎 : 010,010

종괘 : 중화리重火離 : 101,101

30-1
離, 利貞, 亨. 畜牝牛, 吉.

이(離)는 수정(守貞)하면 이롭고 형통할 것이다. 빈우(牝牛 : 암소)를 기르면 길할 것이다.

'이離'는 통상 '별리別離'의 뜻으로 사용되고 있으나 「이괘離卦」에서는 '부착附著'을 뜻하는 '리麗 : 부착됨'의 의미로 사용되고 있다. 이는 상괘와 하괘 모두 '이괘離卦'로 이뤄진데 따른 것이다. '축빈우畜牝牛'는 마땅히 유순해야만 길할 것이라는 뜻으로 비유된 것이다. 이를 두고 왕필은 이같이 해석했다.

"유순한 품성으로 안에 처하며 중정의 도를 실천하는 것이 암소의 장점이다. 「이괘」의 본체는 유순한 것을 주인으로 삼고 있는 까닭에 암소를 양육하는 것이 길하다고 한 것이다."

30-2

「彖」曰, 離, 麗也. 日月麗乎天, 百穀草木麗乎土. 重明以麗乎正, 乃化成天下. 柔麗乎中正, 故亨. 是以 '畜牝牛吉' 也.

〈단전〉에 이르기를, '이(離)는 이(麗 : 부착)이다' 라고 했다. 일월은 이천(麗天 : 하늘에 붙어 빛을 발함), 백곡초목(百穀草木)은 이토(麗土 : 흙에 붙어 성장함)해 있다. 중명이정(重明麗正 : 이중으로 밝게 빛나며 정도에 붙음)하면 이내 화성천하(化成天下 : 천하에 덕화를 이룸)하게 된다. 유리중정(柔麗中正 : 陰柔가 중정에 붙음)한 까닭에 형통하다. 이에 '축빈우(畜牝牛), 길(吉)' 이라고 한 것이다.

'중명이정重明麗正' 의 '중명' 은 상괘와 하괘 모두 '이괘離卦' 로 되어 있어 두 곳의 밝은 빛이 서로 겹쳐 있음을 설명한 것이다. '이정麗正' 은 2개의 음효가 「이괘」 안에 있는 것을 말한다. 이를 두고 『주역정의』는 이같이 풀이했다.

"이미 이중으로 밝게 빛나는 덕을 가지고 있는데 또한 정도에 붙어 있으니 천하인으로 하여금 훌륭하게 살아가게 할 수 있다."

'유리중정柔麗中正' 은 2개의 음효인 육이효와 육오효가 유순한 품성으로 상괘 및 하괘의 가운데에 위치해 중덕을 얻은 가운데 정도를 실천하고 있음을 설명한 것이다. 그러나 사실 육오효는 중도를 얻기는 했으나 양위陽位에 위치한 까닭에 정덕正德을 얻지는 못하고 있다. 이를 두고 『주역정의』는 이같이 풀이했다. "비록 바른 위치에 처하지는 않았으나 사리를 바르게 분별해 실천하고 있으므로 정도에 붙어 있다고 한 것이다."

30-3

「象」曰, 明兩作, 離. 大人以繼明照于四方.

初九, 履錯然, 敬之, 无咎. 「象」曰, '履錯之敬', 以辟(=避)咎也.

六二, 黃離, 元吉. 「象」曰 '黃離元吉', 得中道也.

九三, 日昃之離, 不鼓缶而歌, 則大耋之嗟, 凶. 「象」曰 '日昃之離', 何可久也.

九四, 突如其來如, 焚如, 死如, 棄如. 「象」曰 '突如其來如', 无所容也.

六五, 出涕沱若, 戚嗟若, 吉. 「象」曰 '六五之吉', 離王公也.

上九, 王用出征, 有嘉折首, 獲匪其醜, 无咎. 「象」曰 '王用出征', 以正邦也.

〈상전〉에 이르기를, '명양작(明兩作 : 상괘 및 하괘의 밝은 빛이 연이어 일어남), 이(離)' 라고 했다. 대인은 이를 본받아 계명(繼明 : 「이괘」의 明德을 이어받음)하여 사방을 비춘다.

초구는 이착연(履錯然 : 행동이 정중하고 조심스러움)하니 공경스런 마음을 지니면 '무구' 할 것이다. 〈상전〉에 따르면 '이착지경(履錯之敬)' 은 피구(避咎 : 재난을 피함)를 뜻한다.

육이는 황리(黃離 : 중도를 얻은 離)하니 원길(元吉)하다. 〈상전〉에 따르면 '황리원길(黃離元吉)' 은 중도를 얻은 것을 뜻한다.

구삼은 일측지리(日昃之離 : 해가 갑자기 서산에 기운 것에 비유된 離道)하다. 고부이가(鼓缶而歌 : 질그릇 장구를 치며 노래함)를 하지도 않은 채 문득 대질지차(大耋之嗟 : 쉽게 팔십 노인의 쇠잔함에 이른 것을 차탄함)하는 것과 같으니 흉하다. 〈상전〉에 따르면 '일측지리'는 '어찌 오래 갈 수 있겠는가'라는 뜻이다.

구사는 돌여래여(突如來如 : 아침노을이 돌연히 솟아오름)하여 분여(焚如 : 맹렬히 타오름), 사여(死如 : 순식간에 사그라짐), 기여(棄如 : 완전히 버려짐)한 듯하다. 〈상전〉에 따르면 '돌여기래여(突如其來如)'는 무소용(无所容 : 구사효의 허세가 용납될 곳이 없음)을 뜻한다.

육오는 출체타약(出涕沱若 : 흐르는 눈물이 줄줄 쏟아짐)하고 척차약(戚嗟若 : 슬퍼하며 차탄함)하나 끝내 길할 것이다. 〈상전〉에 따르면 '육오지길(六五之吉)'은 육오효가 왕공의 군위에 붙어 밝은 빛을 발하게 된 것을 뜻한다.

상구는 왕용출정(王用出征 : 군왕이 용병하여 군사를 출정시킴)하여 유가절수(有嘉折首 : 괴수의 목을 베는 대공을 세움)하고 획비기추(獲匪其醜 : 복종을 거부하는 자신의 무리가 아닌 자들을 포로로 잡음)하니 '무구'하다. 〈상전〉에 따르면 '왕용출정'은 정방(正邦 : 왕명을 어기고 백성들을 해치는 자를 제거하여 당당히 치국함)키 위한 것이라는 뜻이다.

〈대상전〉의 '명양작明兩作'은 상괘와 하괘가 같은 괘로 되어 있는 소위 순괘純卦의 괘상을 설명한 것이다. 이를 두고 공영달은 이같이 풀이했다.

"「건괘」와 「곤괘」는 상괘와 하괘를 따로 논하지 않고 총괄하여 '천행건天行健', '지세곤地勢坤'으로 표현했다. 이는 천지의 큰 것으로 상괘와 하괘를 총칭한 것이다. 우레는 연속으로 흐르고 물은 끊이지 않고 흐른다. 그 의미는 모두 서로 기인하여 연속된다는 점에서 취했다. 이에 「진괘」를 '천뢰洊雷', 「감괘」를 '천지洊至'라고 한 것이다. 「손괘」는 바람이 흔들면서 서로 따라다니는 사물인 까닭에 '수풍隨風'이라고 했다. 산과 연못은 각각 하나의 몸체로 서로 끌어당기는 사물이 아니다. 그래서 「간괘」는 '겸산兼山', 「태괘」는 '이택麗澤'이라고 한 것이다. 이는 두 개의 사물이 각기 행동한다는 뜻이다. 「이괘」는 '명明'이 몸체가 되어 앞뒤에서 각각 비춰주는 까닭에 '명양작明兩作'이라고 했다. 이는 두 겹으로 쌓여 배로 밝은 까닭에 붙어서 일어난다는 뜻이다. 만일 하나가 밝다가 잠시 끊어지면 그 '명'은 오래가지 못할 것이다. 반드시 두 개가 앞뒤에서 서로 연이어 밝혀주어야 「이괘」의 아름다움이 일어날 수 있다."

초구 효사 '이착연履錯然'은 초구효가 양강의 품성으로 아래에 처하면서 정중하게 행동하고 있는 모습을 설명한 것이다. '착연錯然'은 공경하며 신중하게 행동한다는 뜻이다. 「이괘」의 처음에 처한 것은 태양이 떠오르는 모습에 비유할 수 있다. 일을 처음 시작할 때이므로 응당 공경하며 조심스런 태도로 임하면 '무구'할 것이라고 한 것이다.

육이 효사 '황리黃離'는 중도를 상징하는 황색을 원용해 육이효가 하괘의 가운데에 처해 유순한 중정의 도로 사물에 붙어 있는 모습을 설명한 것이다. 「이괘」는 불을 형상한 것이다. 불은 맹렬하게 타오르다가 쉽게 사그라져 버린다. 이는 지나치게 흥성하면 곧바로 쇠미해져 버린다는 뜻을 함축하고 있다. 그러나 육이효는 중정中正에 처해 있는 까닭에 〈대상전〉에서 말하는 '명양작明兩作'의 취지를 가장 잘 살려내고 있다.

구삼 효사 '일측지리日昃之離는 구삼효가 하괘의 마지막에 처한 모습을 마치 해가 높이 떴다가 갑자기 기울어지면 사물에 붙어 오래 갈 수 없는 것에 비유한 것이다. 이를 두고 왕필은 이같이 풀이했다.

"「이괘」의 마지막에 처한 것은 밝은 빛이 곧 사라지는 것이므로 '일측지리'로 표현한 것이다. 이를 사람에 비유하면 뜻만 키우고 실천은 하지 않다가 지극한 늙음에 이른 것을 탄식하는 것과 같다."

'대질지차大耋之嗟'는 바로 '고부이가鼓缶而歌'를 하지도 않은 채 뜻만 키우고 전혀 실천을 하지 않다가 문득 팔십 노인의 쇠잔함에 이른 것을 깨닫고 크게 차탄하는 모습을 지적한 것이다. 말만 앞세우는 자에 대한 경고가 아닐 수 없다. '일측지리'를 두고 순상은 이같이 풀이했다.

"초구효는 태양이 출현하고, 육이효는 태양이 한 가운데 있고, 육삼효는 태양이 서쪽으로 기울어진 것에 비유할 수 있다."

구사 효사 '돌여래여突如來如'와 '분여焚如', '사여死如', '기여棄如'는 태양이 떠오를 때의 아침노을이 돌연한 기세로 나타난 뒤 순식간에 사라져 버리는 모습을 순차적으로 그린 것이다. 원래 아침노을은 동쪽의 저공에 잠시 나타났다가 순식간에 사라지고 만다. 이는 상괘와 하괘 사이에 처해 있는 구사효가 서둘러 위로 올라가 육오효에 호응하려다가 정위正位를 상실함으로써 허무하게 사라진 것을 비유한 것이다. '무소용无所容'은 구사효가 애초부터 중정의 덕을 얻지 못한 상황에서 너무 서두른 까닭에 용납될 곳이 없게 된 것을 지적한 것이다. 이는 스스로 자초한 것인 까닭에 다른 사람이 그를 용납치 않은 게 아니라 자연스럽게 그리 된 것이다.

육오 효사 '출체타약出涕沱若'과 '척차약戚嗟若'은 육오효가 군위에 처하자 구사효가 다가와 압력을 가함으로써 근심과 슬픔의 눈물을 흘리게 된 상황을 설명한 것이다. 그러나 육오효는 군위에 처해 있는 까닭에 이내 군신들의 보필을 받아 '출체타약'의 상황에서 벗어나 길하게 된다. 이를 두고 명대 말기의 왕부지王夫之는 이같이 풀이했다.

"뒤가 밝은 것은 앞의 밝은 것을 계승해 일어나 유도柔道로서 군위에 처했기 때문이다. 은나라 고종은 상을 당하자 3년 동안 말을 하지 않았고, 주성왕은 정치에 나아가자 오랫동안 몸살을 했다."

상구 효사 '왕용출정王用出征'은 상구효가 「이괘」의 마지막에 처하여 이도離道가 성취된 것을 설명한 것으로 수많은 백성들이 모두 왕명을 좇아 기꺼이 출정한 상황에 비유된 것이다. '유가절수有嘉折首'와 '획비기추獲匪其醜'는 정벌에 나서 이내 적군의 괴수를 베고 수많은 포로를 잡게 되었음을 뜻한다. '비기추匪其醜'는 '비기류非其類 : 왕명을 추종하는 무리가 아닌 다른 무리'와 같은 뜻이다.

「이괘」의 육효 중 중정의 도를 얻은 육이효와 육오효는 길하고, 그렇지 못한 구삼효와 구사효는 모두 흉하게 되었다. 초구효는 '착연錯然'한 행보를 통해 '무구'하고, 상구효는 이도離道를 완성시킴으로써 '무구'하게 되었다.

「이괘」를 「감괘」와 비교하면 여러 면에서 대조된다. 「감괘」는 양효가 중도를 얻는 '강중剛中'을 핵심으로 삼았으나 「이괘」는 정반대로 음효가 중도를 얻는 '유중柔中'을 핵심으로 삼고 있다.

이를 두고 정이천은 이같이 풀이했다.

"천지 가운데 붙어 있지 않은 것이 없으니 사람은 마땅히 그가 붙어 있는 곳을 살펴야 한다. 응당 정도에 붙어야 형통할 수 있다. 군신 상하가 모두 명덕을 지니고 있고 중정에 처하면 교화와 문명한 풍속이 완성될 것이다."

「이괘」에서 '유중'의 이도離道를 충족시키고 있는 것은 오직 육이효 하나뿐이다. 육이효가 「이괘」의 진수로 평가되고 있는 이유가 여기에 있다. 『춘추좌전』「노희공 14년」조에 '이도'를 언급한 대목이 나온다. 이에 따르면 노희공 14년기원전 646 겨울에 진秦나라에 기근이 들자 진목공秦穆公이 사자를 진晉나라로 보내 곡식을 팔 것을 청했다. 그러나 진혜공晉惠公이 들어주지 않았다. 이때 진晉나라 대부 경정慶鄭이 이같이 간했다.

"베풀어 준 은혜를 저버리는 것은 친분을 없애는 일이고, 남의 재난을 즐기는 것은 어질지 못한 것이며, 자신의 물건을 지나치게 아끼는 것은 상서롭지 못하고, 이웃을 노하게 하는 것은 의롭지 못한 일입니다. 이들 4가지 덕을 잃고 무엇으로 나라를 지킬 것입니까."

그러자 곁에 있던 진혜공의 외숙인 대부 괵석虢射이 이같이 말했다.

"이는 '무피시모無皮施毛'에 불과할 뿐입니다."

이때 괵석이 말한 '무피시모'는 원래 '가죽이 없는데 털을 어디에 심을 것인가'라는 의미이다. 이는 이미 진나라의 원한을 샀는데 곡식을 보내봐야 소용이 없다는 뜻을 은유적으로 표현한 것이다. 이를 통해 알 수 있듯이 이도離道는 기본적으로 '부착'할 수 있는 대상이 존재해야 그 의미를 살릴 수 있다. '무피시모'의 비유에 따르면 「이괘」에 인용된 화火와 일日은 '모毛', 천天은 '피皮'에 해당하는 셈이다. 〈단전〉에서는 그 요체를 '유리중정柔麗中正', 〈상전〉에서는 육이 효사 '유중柔中'에서 찾고 있다. 이는 결국 같은 말로 중정의 도를 얻은 '유중'이 바로 '이도'의 요체임을 설명한 것이다.

제31장 택산함(澤山咸)

☱ 澤

☶ 山

艮下兌上001,110

착괘 : 산택손山澤損 : 110,001

종괘 : 뇌풍항雷風恒 : 011,100

31-1
咸, 亨, 利貞, 取女吉.

함(咸)은 형(亨)으로 수정(守貞)하면 이로울 것이다. 취녀(取女 : 정도로 아내를 얻음)하면 길할 것이다.

'함咸'은 '감感 : 교감'의 뜻이다. 이를 두고 『주역정의』는 이같이 풀이했다.

"「함괘」는 인륜의 시작을 밝힌 것이다. 부부의 원리는 반드시 남녀가 함께 서로 감응한 데서 시작된다. 그래야 비로소 부부의 도가 완성될 수 있다."

'취녀取女'는 남녀가 교감하여 정도로서 혼인하는 것을 말한다. 〈서괘전〉의 순서상 제1괘인 「건괘」에서 제30괘인 「이괘」까지를 통상 『주역』의 「상경上經」, 제31괘인 「함괘」부터 제64괘인 「미제괘」까지를 「하경下經」이라고 한다. 공영달은 「상경」과 「하경」이 나뉘게 된 이유를 이같이 주장했다.

"선유는 하나같이 말하기를, '「상경」은 천도를 밝힌 것이고, 「하경」은 인사를 밝힌 것이다' 라고 했다."

그러나 공영달의 이런 주장은 객관적인 분석에 따른 것은 아니다. 이에 대해 한강백韓康伯은 이같이 주장했다.

"무릇 『역』은 6개의 획으로 괘를 만들었다. 그 중에는 3재三才가 필수이다. 어찌 천도와 인사를 「상경」과 「하경」에 나누어 편중시켰겠는가."

「상경」과 「하경」을 나누는 것 자체가 별다른 의미가 없는 것임을 뒷받침하는 주장이 아닐 수 없다. 한강백의 주장이 타당한 것임은 말할 것도 없다.

31-2

「彖」曰, 咸, 感也. 柔上而剛下, 2氣感應以相與. 止而說, 男下女, 是以'亨, 利貞, 取女吉'也. 天地感而萬物化生, 聖人感人心而天下和平. 觀其所感, 而天地萬物之情可見矣.

〈단전〉에 이르기를, '함(咸)은 감(感)이다' 라고 했다. 유상강하(柔上剛下 : 상괘인 '태괘'와 하괘인 '간괘'를 지칭)인 까닭에 음양 2기(二氣)가 감응(感應)해 상여(相與 : 서로 친하게 화합함)케 된다. 지열(止

說 : 음양의 감응, '간괘'와 '태괘'의 괘덕을 지칭)하여 남하녀(男下女 : 남자가 여자 밑에 있음)의 모습으로 있는 까닭에 '형(亨), 이정(利貞), 취녀길(取女吉)' 이라고 한 것이다. 천지가 감응하면 만물이 화생(化生)하고, 성인이 인심을 감화하면 천하가 화평(和平)해진다. 그 감응하는 바를 살피면 가히 천지만물의 정(情)을 알 수 있다.

'유상강하柔上剛下'는 「함괘」가 '교감'의 뜻을 지니게 된 배경을 설명한 것이다. 만일 '강剛'인 '간괘'가 위에 처하고 '유柔'인 '태괘'가 아래에 처할 경우 이는 서로 통할 수 없게 된다. '강상유하剛上柔下'로 구성된 괘명이 「손괘損卦」인 것은 바로 이 때문이다. 이는 여러 면에서 「함괘」와 정반대이다.

「함괘」의 괘덕은 '지열止說'이다. 이는 교감이 바르게 이뤄져 사욕에 빠지지 않는 것을 의미한다. 이를 두고 『주역정의』는 이같이 풀이했다.

"'간괘'가 멈추게 하면 감感이 전일專一하게 되고, '태괘'가 기뻐하면 응應에 이르게 된다."

'유상강하柔上剛下'로 인한 '지열'은 곧 '감응感應'을 뜻하는 것이다. '남하녀男下女'는 '감응'을 남녀의 교합을 예로 들어 달리 표현한 것이다. 『의례儀禮』 등의 예전禮典에 규정된 혼례는 바로 '남하녀'의 이치를 좇아 구성돼 있다. 『의례儀禮』 「사혼례士婚禮」는 이같이 풀이해 놓았다.

"무릇 납채納采·문명問名·납징納徵·청기請期·친영親迎의 예는 모두 남자가 여자에게 청하는 일이다."

신랑이 신부집에 가서 신부를 직접 영접하는 '친영'이 바로

'남하녀'의 대표적인 사례가 아닐 수 없다. 이를 두고 『주역정의』는 '어륜삼주御輪三周 : 수레를 세 번 돌려 맞이함'로 표현했다. 이는 남자가 선하先下 : 먼저 아래를 자처함한 연후에 여자가 비로소 응하게 되는 것을 상징한 것이다.

31-3

「象」曰, 山上有澤, 咸. 君子以虛受人.

初六, 咸其拇.「象」曰 '咸其拇', 志在外也.

六二, 咸其腓, 凶. 居吉.「象」曰, 雖凶居吉, 順不害也.

九三, 咸其股, 執其隨, 往吝.「象」曰 '咸其股', 亦不處也. 志在隨人, 所執下也.

九四, 貞吉, 悔亡. 憧憧往來, 朋從爾思.「象」曰 '貞吉悔亡', 未感害也. '憧憧往來', 未光大也.

九五, 咸其脢, 无悔.「象」曰 '咸其脢', 志末也.

上六, 咸其輔頰舌.「象」曰 '咸其輔頰舌', 滕(=騰)口說也.

〈상전〉에 이르기를, '산상유택(山上有澤), 함(咸)'이라고 했다. 이에 군자는 이허수인(以虛受人 : 虛心으로 사람을 포용함)한다.

초육은 함무(咸拇 : 엄지발가락에 느껴지는 것과 같은 미미한 감응)하다. 〈상전〉에 따르면 '함기무(咸其拇)'는 지재외(志在外 : 초육효의 감응은 그 뜻이 밖으로 발전하는 데 있음)를 뜻한다.

육이는 함비(咸腓 : 장딴지에 느껴지는 것과 같은 조급한 감응)하니 흉하다. 그러나 거정(居靜 : 시세를 좇아 집안에 조용히 있음)하면 길할 것이다. 〈상전〉에 따르면 '수흉거길(雖凶居吉)'은 정도에 순종하면 해롭지 않다는 뜻이다.

구삼은 함고(咸股 : 넓적다리에 느껴지는 것과 같은 맹목적인 감응)하다. 집수(執隨 : 고집스럽게 맹종함)할 뿐이니 이같이 하여 앞으로 나아가면 반드시 인석(吝惜)한 일을 만날 것이다. 〈상전〉에 따르면 '함기고(咸其股)' 는 나아갈 때는 물론 물러설 때도 머무를 곳을 조절할 수 없음을 뜻한다. 지재수인(志在隨人 : 뜻을 맹목적으로 추종대상에게 둠)은 고집하는 바가 천박함을 뜻한다.

구사는 수정(守貞)하면 길하고 회망(悔亡 : 후회도 사라짐)할 것이다. 동동왕래(憧憧往來 : 마음이 정해지지 않은 채 빈번히 왕래함)하면 붕종이사(朋從爾思 : 호응하는 초육효가 구사효의 생각을 따름)할 것이다. 〈상전〉에 따르면 '정길회망(貞吉悔亡)' 은 바르지 않은 것과 교감하여 해를 입은 적이 없음을 뜻한다. '동동왕래' 는 아직 함도(咸道)가 광대(光大)치 못한 것을 뜻한다.

구오는 함매(咸脢 : 등살에 느껴지는 것과 같은 미미한 감응)하니 무회(无悔 : 후회하지 않을 뿐임)하다. 〈상전〉에 따르면 '함기매(咸其脢)' 는 교감하고자 하는 뜻이 지나치게 미미함을 뜻한다.

상육은 함보협설(咸輔頰舌 : 아래턱과 뺨과 혀에 느껴지는 감응)하다. 〈상전〉에 따르면 '함기보협설(咸其輔頰舌)' 은 등구설(滕口說 : 상육효가 誠信을 결여한 채 말로만 감응시키고자 함)을 뜻한다.

〈대상전〉의 '산상유택山上有澤' 을 두고 〈설괘전〉에서는 '산택기통山澤氣通' 으로 풀이했다. 이에 대해 『주역정의』는 이같이 풀이했다.

"택성澤性이 흘러 내려 아래를 적셔주고, 산체山體가 위를 받들므로 그 은혜를 받을 수 있다. 산이 택澤을 감응시킴으로 함咸이라고 했다."

'이허수인以虛受人' 은 허심虛心 : 마음을 비움으로 사람을 포용하는 것을 말한다. 사물을 받아들인다는 것은 곧 버리지 않는다는 뜻이다. 이는 마음을 비워야만 가능한 일이다. 『노자』에서는 이를 '허심실복虛心實腹 : 마음을 비워 실질을 뜻하는 배를 채움' 으로 표현했다. 이는 최고의 통치인 '무위지치無爲之治' 를 설명한 것으로 '이허수인' 의 취지와 일맥상통하는 말이다. 이들 두고 왕필은 이같이 풀이했다.

"비어 있는 곳으로 사람을 받아들이면 사물 역시 감응할 것이다."

초육 효사 '함무咸拇' 는 초육효가 위로 구사효와 호응하나 감응하는 바가 미미한 것을 두고 엄지발가락에 느껴지는 무감각으로 비유한 것이다. '지재외志在外' 는 초육효가 비록 미미하기는 하나 이미 감응된 까닭에 결국 움직이지 않을 수 없게 되었음을 의미한다. 이는 움직이는 방향에 따라 그 선악이 정해질 수 있음을 시사하는 것이다. 첫 출발인 만큼 신중히 움직일 필요가 있는 것이다.

육이 효사 '함비咸腓' 는 육이효가 하괘의 가운데에 처하면서 중정을 얻어 구오효와 호응하는 것이 마치 장딴지에 느껴지는 감응처럼 매우 빨리 진행되고 있음을 말한 것이다. 이는 조급하게 움직이면 안 되고 조용히 머물면서 정도를 지켜나갈 것을 권한 것이다. 사람이 발을 들어 앞으로 나아갈 때 발이 움직이기 전에 장딴지가 먼저 움직인다. 육이효의 감응을 '비腓' 에 비유한 것은 바로 지나치게 재빨리 반응하는 것을 경계하기 위한 것이다.

그러나 육이효는 중정의 덕을 얻고 있어 평안한 마음으로 안거하며 함부로 움직이지 않을 경우 이내 구오효의 도움을 얻을 수 있어 반드시 길하게 된다. 이는 음효로서 하괘에 처해 있으면서 상괘의 구오효와 호응하는 모습이 마치 장딴지의 재빠른 움직임과 비슷한 까닭에 '함비'라고 한 것이다. 이를 두고 왕필은 이같이 풀이했다.

"함도咸道가 돌아서 나아가면 '무拇'를 떠나 '비腓'로 올라간다. '비'는 움직임이 조급하다. 사물에 감응해 조급하게 움직이는 것은 흉하다. 그러나 강한 것을 올라타지 않았으므로 조용히 있으면 길할 것이다."

이에 대해 육이효의 위에 있는 양강의 구삼효와 구사효가 자신들을 배제한 육이효와 구오효의 호응을 시기하고 있는 까닭에 조급하게 움직이면 흉하게 된다고 풀이하는 견해가 있다. 육이효의 위에 3개의 양효가 겹쳐 있는 점을 감안할 때 참고할 만한 해석이 아닐 수 없다.

구삼 효사 '함고咸股'는 구삼효가 하괘의 마지막에 처해 있으면서 양강한 기운으로 상육효에 호응하고 있는 것을 종속적으로 움직이는 대퇴大腿 : 넓적다리에 비유한 것이다. 대퇴는 발과 호응하기는 하나 자기 마음대로 하지 못하고 수동적으로 발을 따라다닐 뿐이다. 이는 맹종盲從을 경계한 것이다. 이를 두고 왕필은 이같이 풀이했다.

"고股 : 대퇴는 발을 따라 움직이는 자이다. 나아갈 때는 움직이는 것을 조절할 수 없고, 물러설 때는 머무를 곳을 조절할 수 없다. 이는 뜻이 사람을 따르는 데 있다는 것으로 지키고자 하는 뜻 역시 미천함을 의미한다. 이런 방법을 사용해 앞으로 나아가면 애석한 일을 만날 수밖에 없다."

'지재수인志在隨人'은 근원적으로 그 뜻을 천박한 곳에 둔 데서 구삼효의 맹목적인 수종이 비롯되었음을 지적한 것이다. 구삼효는 양강하여 품성이 조급한 데다가 위로는 상육효와 호응하면서 아래로는 2개의 음효를 밟고 있는 모습을 하고 있다. 이는 두 곳을 향해 3가지 마음을 지니고 있음을 의미한다. 이로 인해 구삼효가 상하의 음효와 서로 감응은 하나 한 곳에 전념하지 못하는 까닭에 필경 인석한 일을 만날 수밖에 없다고 한 것이다.

구사 효사 '회망悔亡'은 한때 후회할 일을 한 적이 있으나 음위에 처하여 겸손히 물러나는 상을 하고 있는 까닭에 정도를 향해 수정守貞하면 장차 초육효의 호응을 얻어 후회도 사라지게 될 것임을 설명한 것이다. 이를 두고 왕필은 이같이 풀이했다.

"상괘의 처음에 처하면서 하괘의 초육효와 호응하고 있다. 두 몸체가 서로 교감하여 그 뜻이 통하고 마음의 신령함도 감응하는 곳에 처하고 있는 것이다. 사물이 처음 감응할 때 바르게 하지 않으면 재난에 이르게 되므로 반드시 수정守貞한 연후에 길할 것이라고 했다. 길한 연후에 그 후회도 사라질 것이다."

'동동왕래憧憧往來'의 '동동'은 『설문해자』에 따르면 뜻이 고정되지 않은 것을 말한다. 『시경』 「국풍 · 관저關雎」에 나오는 '전전반측輾轉反側 : 여러 생각으로 이리저리 몸을 뒤척임'과 유사한 뜻이다. '동동왕래'를 두고 왕숙은 풀이하기를, '왕래가 끊어지지 않은 모양이다'라고 했다.

'붕종이사朋從爾思'는 초육효가 육사효에 호응케 되었음을 설명한 것으로 초육효가 마침내 육사효의 끈질긴 접근에 감응케 되었음을 뜻한다. 이는 정성을 기울여 접근하면 천하만물이 감응케 되는 이치를 말한 것이다. 이를 두고 왕필은 이같이 풀이했다.

"처음 교감할 때는 감응이 극에 달하지 않은 까닭에 뜻을 이를 수 없다. '동동왕래' 한 연후에 비로소 그 친구가 자신의 생각에 순종할 것이다."

구오 효사 '함매咸脢'의 '매脢'에 대해 여러 해석이 있으나 대략 등뼈에 붙어 있는 살인 소위 '등심'으로 보면 될 것이다. '함매'는 등심에 느껴지는 것과 같은 극히 미미한 감응을 의미한다. 이는 구오효가 군위에 처해 중정의 덕을 얻기는 했으나 육이효와 크게 감응치 못하고 있는 것을 설명한 것으로 애초부터 교감하고자 하는 뜻이 극히 미미한 것을 지적한 것이다. 그러나 구오효가 육이효와의 호응을 포기한 것도 아니다. 이를 두고 왕필은 이같이 풀이했다.

"나아가도 크게 교감할 수 없고, 물러날지라도 뜻이 전혀 없는 것도 아니다. 그 뜻이 미미한 까닭에 '무회无悔'하다고 한 것이다."

육이 효사 '함비咸腓'가 '거길居吉'로 나타나는 이유가 바로 여기에 있다. 이는 호응하는 구오효의 뜻이 지극히 미미한 데 따른 것이다. 육이 효사 '함비'는 구오 효사 '함매'를 달리 표현한 것이라고 할 수 있다.

상육 효사 '함보협설咸輔頰舌'의 '보輔'를 두고 여러 해석이 있으나 마융은 '위턱 뼈'로 보았다. '보輔 · 협頰 · 설舌'은 곧 말하는 입의 모양을 나눠 설명한 것으로 '구두口頭 : 말'를 뜻한다. '등구설滕口說'은 입에서 나오자마자 날아가 버리는 허언虛言을 의미한다. 이는 상육효가 「함괘」의 마지막에 처해 오직 말로만 교감하고 있는 모습을 설명한 것이다. 이를 두고 왕필은 이같이 풀이했다.

"함도咸道가 마지막에 이르러 오직 입으로만 운위되고 있을 뿐이다."

이는 허위도 없지만 성신誠信도 없음을 설명한 것이다. 상육효에 길흉을 언급치 않은 이유가 여기에 있다. 상육효가 말로써 사람들을 감응시키고자 하는 것에 대해 길흉판단을 유보한 셈이다. 마음의 감응은 정성과 허위를 동시에 지니고 있는 까닭에 말로써는 그 길흉을 논하기가 쉽지 않다는 취지에서 나온 것이다.

「함괘」의 육효는 사물이 감응하는 함도咸道를 인체에 비유해 설명하고 있다. 초육효는 '무拇 : 엄지발가락', 육이효는 '비腓 : 장딴지', 구삼효는 '고股 : 넓적다리', 구사효는 '심心 : 심장', 구오효는 '매脢 : 등심', 상육효는 '보輔·협頰·설舌'로 비유해 놓았다. 이들 중 구사효의 감응이 '함도'에 가장 가깝다. 『시경』「국풍·관저」에 나오는 '요조숙녀窈窕淑女 : 정숙한 숙녀, 군자호구君子好逑 : 군자의 좋은 배필'는 남녀가 '호색불음好色不淫'의 차원에서 감응하는 것을 말한 것이다. 이는 「함괘」의 〈단전〉에서 말하는 '천지상감天地相感' 및 '성인감인聖人感人'과 그 취지를 같이 하는 것이다. 치도에 나타나는 '함도'의 요체는 바로 성신을 다해 백성의 마음을 감응시키고자 하는 소위 '이성감인以誠感人'에 있음을 뒷받침하는 대목이 아닐 수 없다.

제32장 뇌풍항(雷風恒)

☳ 雷

☴ 風

巽下震上011,100

착괘 : 풍뢰익風雷益 : 100,011

종괘 : 택산함澤山咸 : 001,110

32-1
恒, 亨, 无咎, 利貞. 利有攸往.

항(恒)은 형(亨)으로 '무구' 하니 수정(守貞)하면 이로울 것이다. 그 자세로 앞으로 나아가면 이로울 것이다.

'항恒' 은 '항구恒久' 의 뜻이다. 『주역정의』는 '항구지도恒久之道' 를 두고 풀이하기를, '변통變通을 귀하게 여긴다' 고 했다. 「항괘」에서 말하는 '항구지도' 는 불변의 원칙을 추종하는 것을 말한 게 아니라 때에 맞춰 변통하는 '수시변통隨時變通' 을 언급한 것이다. '수시변통'이 전제된 '장구지도'야말로 『주역』에서 말하는 '변역'의 취지가 정채精彩를 발하는 대목이 아닐 수 없다.

32-2

「彖」曰, 恒, 久也. 剛上而柔下, 雷風相與, 巽而動. 剛柔皆應, 恒. '恒亨无咎利貞', 久於其道也. 天地之道, 恒久而不已也. '利有攸往', 終則有始也. 日月得天而能久照, 四時變化而能久成, 聖人久於其道而天下化成. 觀其所恒, 而天地萬物之情可見矣.

〈단전〉에 이르기를, '항(恒)은 구(久)이다'라고 했다. 이는 강상유하(剛上柔下 : 상하질서를 상징)의 형태로 뇌풍(雷風)이 상여(相與 : 서로 도움, '與'는 '助'와 통함)하여 손동(巽動 : 겸손하게 순종하여 움직임)하는 것을 뜻한다. 강유(剛柔)가 모두 응하는 게 항(恒)하다. '항(恒), 형(亨), 무구(无咎), 이정(利貞)'은 그 도를 항구(恒久)히 지켜나간다는 뜻이다. 천지지도(天地之道 : 천지의 운행이치)는 항구불이(恒久不已 : 항구하여 그치지 않음)한다. '이유유왕(利有攸往)'은 사물의 발전이 극에 달하면 다시 시작한다는 뜻이다. 일월득천(日月得天 : 일월이 천도를 순조롭게 운행시킴)하여 능히 구조(久照 : 항구히 비춤)하고, 사시변화(四時變化 : 사시의 변화를 반복함)하여 능히 구성(久成 : 항구히 만물을 생장시킴)하고, 성인이 항구히 그 도를 행하여 천하화성(天下化成 : 천하인의 덕화가 완성됨)한다. 만물의 항구지도(恒久之道)를 살피면 천지만물의 정(情)을 가히 알 수 있다.

'손이동巽而動'은 '손괘巽卦'와 '진괘震卦'의 괘덕卦德을 말한 것이다. '동動'을 두고 왕필은 이같이 풀이했다.

"동動은 어긋난다는 뜻이 아니다."

'손이동'은 곧 우레가 움직이자 바람이 순종하는 것을 표현한 것으로 '항구지도'를 풀이한 것이기도 하다. 이를 두고 정이천은 이같이 해석했다.

"우레가 진동하면 곧 바람이 분다. 우레와 바람은 서로 기다리다가 그 형세를 돕는 것이다."

「항괘」는 특이하게도 상괘와 하괘에 배치되어 있는 육효의 음양이 모두 호응하고 있다. 『주역정의』는 그 의미를 이같이 풀이했다.

"육효의 강유가 모두 호응하니 외로운 자가 없다. 그래서 오래 갈 수 있는 것이다."

32-3

「象」曰, 雷風, 恒. 君子以立不易方.

初六, 浚恒, 貞凶, 无攸利. 「象」曰 '浚恒之凶', 始求深也.

九二, 悔亡. 「象」曰 '九二悔亡', 能久中也.

九三, 不恒其德, 或承之羞, 貞吝. 「象」曰 '不恒其德', 无所容也.

九四, 田, 无禽. 「象」曰, 久非其位, 安得禽也.

六五. 恒其德, 貞. 婦人吉, 夫子凶. 「象」曰, 婦人貞吉, 從一而終也. 夫子制義, 從婦凶也.

上六, 振恒, 凶. 「象」曰 '振恒在上', 大无功也.

〈상전〉에 이르기를, '뇌풍(雷風), 항(恒)'이라고 했다. 군자는 이를 본받아 입불역방(立不易方 : 恒久之道에 몸을 세움, '方'은 '道'와 통함)한다.

초육은 준항(浚恒 : 恒道를 지나치게 깊이 추구함)하여 정흉(貞凶 : 貞德이 凶害를 입음)하니 이로운 바가 없다. 〈상전〉에 따르면 '준항지흉(浚恒之凶)'은 시작 단계에서 지나치게 깊이 추구하는 것을 뜻한다.

구이는 회망(悔亡)하다. 〈상전〉에 따르면 '구이회망(九二悔亡)' 은 능히 오랫동안 중도를 지키게 되었음을 뜻한다.

구삼은 불항덕(不恒德 : 덕을 오랫동안 견지해 나가지 못함)한다. 혹여 승수(承羞 : 羞辱을 당함)가 있으니 정린(貞吝 : 이런 상황이 지속되면 貞德의 鄙賤함이 심하게 됨)할 것이다. 〈상전〉에 따르면 '불항기덕(不恒其德)' 은 구삼효가 나아가는 곳은 몸을 쉴 곳이 못 된다는 뜻이다.

구사는 전무금(田无禽 : 사냥을 나가 짐승을 잡지 못함)하다. 〈상전〉에 이르기를, '오랫동안 바른 자리에 처하지 못했으니 어찌 짐승을 잡을 수 있겠는가' 라고 했다.

육오는 항덕(恒德)으로 정(貞)하다. 부인(婦人)은 길하고, 부자(夫子 : 남편)는 흉하다. 〈상전〉에 따르면 '부인정길(婦人貞吉)' 은 종일이종(從一而終 : 남편에게 순종하며 평생 다른 마음을 갖지 않음)을 뜻한다. 부자(夫子)는 제의(制義 : 제도를 만들어 사물을 바르게 함)해야 하는 까닭에 종부(從婦 : 부인을 좇음, 大義를 좇지 않고 小義를 좇는 것을 의미)하면 흉하다.

상육은 진항(振恒 : 항구지도 내에서 불안하며 빠른 움직임이 일어남)하니 흉하다. 〈상전〉에 따르면 '진항재상(振恒在上 : 상육효의 진항을 지칭)' 은 크게 공이 없음을 뜻한다.

〈대상전〉의 '입불역방立不易方' 은 「항괘」의 취지를 본받아 한쪽에 치우치지 않는 상도常道를 견지해야 한다는 뜻을 담고 있다. 이를 두고 『주역정의』는 이같이 풀이했다.

"군자는 몸을 세워 '항구지도' 를 얻어야 한다. 이는 그의 올바른 생각을 바꿔서는 안 된다는 뜻이다."

초육 효사 '준항浚恒' 은 초육효가 음효로서 양위에 처하면서 상괘의 구사효와 급히 호응하고자 하는 잘못을 지적한 것이다. 초육효는 서둘러 항도恒道를 심도 있게 구하고자 하나 오히려 서두르는 까닭에 뜻을 이루지 못하게 된다. 다만 '항도'를 추구하는 것 자체를 허물할 수는 없는 까닭에 수정守貞하면 흉함을 면할 수 있다고 한 것이다. 그러나 만일 '준항'을 고집하면 이로운 바가 없게 된다.

'준항'의 효사는 학문과 정치에 그대로 적용될 수 있다. 학문과 정치는 반드시 오래 연마해야 일정한 경지에 들어갈 수 있다. 그런데도 초육효는 하괘의 맨 아래에 처해 학문을 시작하는 상황에서 곧바로 공자의 경지에 들어가고자 서두르고, 군신의 관계를 맺자마자 서둘러 왕도를 크게 실천하고자 하는 성급한 모습을 보이고 있는 것이다. '준항지흉浚恒之凶'은 바로 일을 시작하는 단계에서 심도 있는 상도常道를 추구하고자 서두르는 것을 경고한 것이다.

구이 효사 '회망悔亡'은 구이효가 음위에 처해 정덕正德을 얻지 못한 까닭에 당초 후회케 되었으나 하괘의 가운데에 처해 중덕中德을 얻은 까닭에 이내 편벽되지 않게 행동함으로써 결국 후회가 사라지게 되었음을 설명한 것이다. 『중용』에서 말하는 '중용'의 덕이 빛을 발하는 대목이 아닐 수 없다.

구삼 효사 '불항덕不恒德'은 구삼효가 하괘의 마지막에 처하여 상육효와 호응해 성급히 서둘러 나아감으로써 오랫동안 수덕守德하지 못하는 것을 지적한 것이다. '승수承羞'는 바로 이런 상황에서 간혹 수욕羞辱을 당하게 된 것을 지칭한 것이다. 『논어』「자로」편에 「항괘」의 구삼 효사 '승수'를 언급한 대목이 나온다.

"남쪽 사람들이 말하기를, '사람에게 항심恒心이 없으면 무당이나 의원도 될 수 없다'고 했다. 참으로 좋은 말이다. 『주역』「항괘」의 효사에 이르기를 '불항덕, 승수'라고 했다."

이 구절은 후대의 유가가 삽입시켜 놓은 위문僞文일 공산이 크다. 청대의 고증학자들은 이 구절에 강한 의문을 제기한 바 있다. 풍우란馮友蘭과 부사년傅斯年 등도 공자가 생전에 점술을 한 번도 행한 적이 없는 사실 등을 들어 유가 후학의 위문일 공산이 크다고 주장했다.

구삼효가 '승수'하는 이유는 비록 양위에 위치해 정덕正德을 얻고는 있으나 지나치게 양강하여 중덕을 얻지 못한 채 위를 쫓는 데 따른 것이다. 한곳에 오래 머물지 못한 까닭에 항덕恒德을 지닐 수가 없는 것이다. 이를 지속하면 정덕貞德이 비천하게 된다.

구사 효사 '전무금田无禽'은 일은 했으나 공적이 없다는 의미로 구사효가 양강의 품성으로 정도를 상실한 까닭에 힘만 들일 뿐 아무런 공적도 세우지 못한 것을 지적한 것이다. 이를 두고 왕필은 이같이 풀이했다.

"오랫동안 바른 지위에 처하지 못함으로써 비록 노력을 많이 기울이기는 했으나 얻는 게 없다."

육이효는 정덕을 얻지는 못했으나 중덕을 얻은 까닭에 '회망悔亡'의 결과를 얻었다. 그러나 구사효는 정덕뿐만 아니라 중덕 또한 얻지 못한 까닭에 힘만 들일 뿐 아무런 공적도 세우지 못하는 것이다.

육오 효사 '항덕恒德'은 유순한 덕으로 '부덕婦德'을 지칭한다. 육오효가 오랫동안 '부덕'을 지키는 것을 말한 것이다. 육오효는 음유의 품성으로 상괘의 가운데에 처해 정덕을 얻지 못하고 있으나 아래로 구이효와 호응함으로써 부인이 덕을 오랫동안 수정守貞하면서 남편을 좇는 모습을 하고 있다. 부인의 경우는 길하나 남편의 경우는 흉한 이유가 여기에 있다.

상육 효사 '진항振恒'은 상육효가 「항괘」 상괘의 마지막에 처해 정덕을 얻고 있으나 지나치게 활동적인 품성으로 인해 오랫동안 자신의 정덕을 견지하지 못하는 것을 뜻한다. 초육효는 가장 미천한 아래에서 '항도恒道'를 구하는 정도가 지나쳐 흉함을 면치 못하고 있는 데 반해 상육효는 마지막에 처해 '항도'를 지키지 못하고 있는 것이다. 이는 '항도'가 극에 달해 변화가 일어나고 우레가 마지막 시점에 이르러 지나치게 움직인 데 따른 것이다. '대무공大无功'은 바로 이를 설명한 것이다. 이를 두고 남송대의 여조겸呂祖謙은 이같이 풀이했다.

"천하에 대공을 세우자면 반드시 오랫동안 굳은 한 마음으로 실천한 연후라야 가능하다. 만일 빠른 속도로 움직이거나 조급히 서두르면 순간적으로 쉽게 멈춰버릴 것이다. 그러니 어찌 성공할 수 있겠는가."

「항괘」의 육효는 모두 '항도'를 말하고 있으나 하나도 완전하게 길한 것이 없다. 이는 '항도'를 지키기가 그만큼 어렵다는 것을 뜻한다. 한때 '항도'인 듯한 것도 시간이 지나면 그렇지 못한 것임을 쉽게 알 수 있다. 『논어』「자한」편의 다음 구절이 그 이유를 설명하고 있다.

"시절이 추워진 연후에야 송백松柏이 뒤늦게 시드는 것을 알 수 있다."

송백이 상징하는 것이 바로 '항도'이다. 이는 '세란식충신世亂識忠臣 : 세상이 어지러울 때 충신을 알 수 있음'으로 상징되는 난세의 충신에게도 그대로 적용될 수 있다. '사궁견절의士窮見節義 : 선비는 궁할 때 그 절의를 볼 수 있음'도 같은 의미이다. 그만큼 현상적인 '항도'와 실질적인 '항도'에 차이가 있는 것이다. 「항괘」의 육효가 하나도 완전하게 길한 게 없는 것도 이와 무관치 않을 것이다.

그럼에도 「항괘」의 육효는 사람들에게 '항심恒心'을 지닐 것을 요구하고 있다. 이는 「항괘」의 요체이기도 하다. 『순자』 「권학」편은 그 이유를 이같이 설명해 놓았다.

"학문은 그치지 않아야 한다. 청색青色은 남색藍色에서 취하나 남색보다 더 푸르다. 얼음은 물이 얼어 되는 것이나 물보다 더 차다. 군자가 널리 배우고 날마다 세 번씩 자신의 몸을 살피면 지식은 밝아지고 행동하는 데 허물이 없게 된다. 높은 산에 오르지 않으면 하늘이 높은 것을 알지 못하고, 깊은 계곡에 이르지 않으면 땅이 두터운 것을 알지 못한다. 학문은 어디서 시작하고 어디서 끝나는가. 끊임없이 오랫동안 노력해야 성인의 경지에 들어갈 수 있으니 학문이란 죽은 뒤에나 끝나는 것이다. 학문의 방법에는 끝이 있지만 그 뜻은 수유須臾라도 버려둘 수 없다. 학문을 하면 사람이 되고 학문을 버리면 짐승이 되는 것이다."

'학문'은 인간이 인간답게 될 수 있는 유일한 길이고, '항심'은 인간이 '학문'을 죽을 때까지 할 수 있도록 하는 길이고, '항도'는 인간이 '항심'을 지닐 수 있도록 하는 길인 것이다.

제33장 천산돈(天山遯)

☰ 天

☶ 山

艮下乾上001,111

착괘 : 지택림地澤臨 : 110,000

종괘 : 뇌천대장雷天大壯 : 111,100

33-1
遯, 亨, 小利貞.

돈(遯)은 형(亨)하다. 유소(柔小 : 하괘의 두 음효를 지칭)한 자가 수정(守貞)하면 이로울 것이다.

'돈遯'은 '둔遁'과 같은 글자로 현재의 음은 '둔'이나 「돈괘」에서는 원래의 음을 좇아 '돈'으로 읽는다. 이는 '은퇴도피隱退逃避'의 뜻을 지니고 있다. 이를 두고 『주역정의』는 이같이 풀이했다.

"소인이 바야흐로 등용되어 군자가 날로 소멸되는 양상을 설명한 것이다. 이러한 때에 만일 군자가 은돈피세隱遯避世하지 않을 경우 소인의 참소로 인해 해를 입게 된다. 반드시 '은돈피세' 한 연후에 득통得通할 수 있는 까닭에 '돈, 형亨' 이라고 한 것이다."

'소리정小利貞' 의 '소小' 는 하괘의 아래에 있는 2개의 음효를 가리키는 말로 '소인' 을 상징한다. '소리정' 은 몸을 감춰야 하는 돈세遯世에는 유소柔小한 자가 정도를 견고히 지켜나가면 이롭다는 뜻이다. 이는 음도陰道 : 邪道가 바야흐로 침장浸長 : 점차 길어짐하고 있으나 양도陽道 : 正道 역시 완전히 소멸되지 않은 상황을 언급한 것이다. 여기에는 강대剛大한 자가 은돈피세하는 것을 방해해서는 안 된다는 뜻이 내포되어 있다.

33-2

「彖」曰 '遯亨', 遯而亨也. 剛當位而應, 與時行也. '小利貞', 浸而長也. 遯之時義大矣哉.

〈단전〉에 이르기를, '돈(遯), 형(亨)' 이라고 했다. 이는 돈이형(遯而亨 : 물러나 피한 연후라야 형통할 수 있음)을 말한 것이다. 양강(陽剛 : 구오효를 지칭)이 당위이응(當位而應 : 군위에 앉아 아래의 육이효와 호응함)하다가 여시행(與時行 : 시세에 순응해 물러나 숨는 것을 실천함)한다. '소리정' 은 유소(柔小)가 침장(浸長)하고 있다는 뜻이다. '돈세(遯世)' 하면서 시세에 순응하는 행의(行義)가 참으로 크도다.

'여시행與時行' 은 '시세를 좇아 행동하다' 의 뜻으로 시기에 순응해 '은둔피세' 하는 것을 뜻한다. 이는 양강의 구오효가 비록 정당한 위치에서 아래의 육이효와 호응하고 있으나 소인들의 세력이 자라나는 때이므로 응당 의연히 물러나야 비로소 형통할 수 있음을 말한 것이다.

시기에 순응해 '은돈피세' 하는 일이 쉽지 않다. 자칫 물러나는 시기가 지나치게 빠르면 지나친 감정을 가졌다는 오해를 살 소지가 많기 때문이다. 대표적인 예로 후한 초기의 엄광嚴光 : 子陵을 들 수 있다. 그는 후한의 개국조인 광무제光武帝 유수劉秀와 어렸을 때 함께 공부했다. 이내 유수가 황제로 즉위하자 그는 이름을 바꾸고 부춘산富春山으로 들어갔다. 광무제가 그를 찾아내 간의대부諫議大夫를 제수했으나 그는 끝내 이를 사양하고 부춘산에 은거한 채 삶을 마감했다. 이로 인해 그는 지나치게 빨리 '은돈피세' 했다는 지적을 받았다.

이와 반대로 물러나는 시기를 놓치면 후세에 비루鄙陋하다는 오명을 뒤집어쓸 우려가 크다. 전한 말기의 유흠劉歆은 물러나는 시기를 놓침으로써 후세인의 지탄을 받은 경우에 해당한다. 그는 신新나라를 세운 왕망王莽을 섬겨 소위 고문학古文學을 일으켜 세우는 데 결정적인 공헌을 했다. 그러나 이내 왕망과 대립해 그를 제거하고자 했으나 뜻을 이루지 못하고 스스로 목숨을 끊고 말았다.

33-3

「象」曰, 天下有山, 遯. 君子以遠小人, 不惡而嚴.

初六, 遯尾, 厲, 勿用有攸往. 「象」曰 '遯尾之厲', 不往何災也.

六二, 執之用黃牛之革, 莫之勝說.「象」曰 '執用黃牛', 固志也.

九三, 係遯, 有疾厲, 畜臣妾, 吉.「象」曰 '係遯之厲', 有疾憊也. '畜臣妾吉', 不可大事也.

九四, 好遯, 君子吉, 小人否.「象」曰 '君子好遯', 小人否也.

九五, 嘉遯, 貞吉.「象」曰 '嘉遯, 貞吉', 以正志也.

上九, 肥遯, 无不利.「象」曰 '肥遯无不利', 无所疑也.

〈상전〉에 이르기를, '천하유산(天下有山 : 하늘이 멀리서 산을 피해 있는 것과 같음), 돈(遯)' 이라고 했다. 군자는 이를 본받아 소인을 멀리 하되 불오이엄(不惡而嚴 : 증오하는 감정을 드러내지 않은 채 엄정한 자세로 함부로 어울리지 않음)한다.

초육은 돈미(遯尾 : 은돈피세해야 하는데도 말단에 머물러 있음)하다. 위려(危厲 : 위태로운 상황에 놓여 있음)하니 앞으로 나아가지 말아야 할 것이다. 〈상전〉에서 이르기를, '돈지미려(遯尾之厲)라고 했으니 만일 계속 앞으로 나아가지 않는다면 또한 무슨 재난이 있겠는가' 라고 했다.

육이는 집용황우지혁(執用黃牛之革 : 황소의 가죽으로 잡아맨 것처럼 의지가 견고함)으로 막지승탈(莫之勝說 : 자신의 견고한 의지에서 결코 빠져나올 수 없음)하다. 〈상전〉에 따르면 '집용황우' 는 고지(固志 : 군주를 보좌하며 물러날 생각을 하지 않음)를 뜻한다.

구삼은 계돈(係遯 : 안타깝게 그리워하며 은돈피세하지 못함)하니 질병이 생기거나 위험에 처할 것이다. 만일 신첩(臣妾 : 臣僕과 婢妾)을 양육하면 길할 것이다. 〈상전〉에 따르면 '계돈지려(係遯之厲)' 는 구삼효가 질비(疾憊 : 질병에 걸려 쇠약하게 됨)하게 된 것을 뜻한다. '축신첩(畜臣妾), 길(吉)' 은 구삼효가 국가대사를 도모할 수 없는 인물이라는 뜻이다.

구사는 호돈(好遯 : 육이효와 호응하며 은둔피세함)하니 군자는 이내 초연히 불고(不顧 : 愛戀을 돌아보지 않음)하여 은돈피세함으로써 길하나 소인은 계련(係戀 : 애련에 얽매임)하여 부돈(否遯 : 不遯)한다. 〈상전〉에 따르면 '군자호돈(君子好遯)'은 소인은 계련하여 그리 할 수 없음을 뜻한다.

구오는 가돈(嘉遯 : 적당한 시기에 은돈피세할 뜻을 품고 있음)하니 수정(守貞)하면 길할 것이다. 〈상전〉에 따르면 '가돈, 정길'은 정지(正志 : 바르게 은돈피세하고자 하는 마음을 지니고 있음)를 뜻한다.

상구는 비돈(肥遯 : 높이 날아 먼 곳으로 은돈피세함)하니 이롭지 않은 게 없다. 〈상전〉에 따르면 '비돈무불리(肥遯无不利)'는 무소의(无所疑 : 의심과 근심, 미련을 남기지 않음)를 뜻한다.

〈대상전〉의 '천하유산天下有山'은 소인이 점차 성장하는 것을 산이 하늘을 침범하는 것에 비유한 것이다. 이는 「돈괘」의 상괘인 '건괘'를 군자, 하괘인 '간괘'를 소인으로 간주한 데 따른 것이다. '불오이엄不惡而嚴'은 군자가 소인을 피해 은돈피세할 때 취해야 할 자세를 언급한 것이다.

초육 효사 '돈미遯尾'는 초육효가 하괘의 아래에 처한 까닭에 마땅히 은돈피세해야 할 때인데도 물러나 숨지 않고 말단에 머물러 있어 극히 위험하다는 뜻이다. '여厲, 물용유유왕勿用有攸往' 구절을 두고 삼국시대 오나라의 육적陸績 : 公紀은 이같이 풀이했다.

"음기가 이미 육이효에 이르렀을 때 초육효는 그 뒤에 있는 까닭에 '돈미', 난은 당연히 앞에서 피해야 하나 뒤에서 피하는 까닭에 '여厲', 계속 앞으로 나아가면 재난이 모여드는 까닭에 '물용유유왕'이라고 한 것이다."

육이 효사 '집용황우지혁執用黃牛之革'은 하괘의 가운데에 처해 중정을 얻은 육이효가 군위인 구오효와 호응하면서 견고한 의지를 갖고 사군事君하는 모습을 설명한 것이다. 이는 육이효가 스스로 몸을 군주에게 얽맨 뒤 수정守貞하며 '사군'하는 의지가 마치 '황우지혁黃牛之革'과 같다는 뜻이다. '황우지혁'은 스스로 자처한 것인 까닭에 결코 벗어날 수 없음을 의미한다. '막지승탈莫之勝說'은 바로 이를 지적한 것이다.

'황우지혁'의 실례로 기자箕子를 들 수 있다. 은나라 마지막 군주인 주紂의 사부였던 그는 은나라가 망할 당시 은돈피세할 생각을 전혀 하지 않았다. 『서경』「상서 · 미자」편에 따르면 은둔을 권하는 미자微子의 요청에 그는 대답하기를, '불고행돈不顧行遯 : 은둔할 일을 생각지 않음'이라고 했다. 기자의 '불고행돈'은 바로 '황우지혁'의 의미가 어디에 있는지를 여실히 보여주고 있다. '고지固志'는 바로 이를 말한 것이다.

구삼 효사 '계돈係遯'은 구삼효가 하괘의 마지막에 처해 있으나 상구효와 호응치 않고 가까이 지낸 육이효에 대한 미련으로 인해 은돈피세하지 못하게 된 것을 설명한 것이다. '질려疾厲'는 바로 육이효가 구삼효와 가까이 지낼 수 있으나 호응할 수 있는 관계가 아님을 시사한다. '축신첩畜臣妾, 길吉'은 '신첩'으로 비유된 육이효와 가까이 지내는 구삼효의 한계를 지적한 것이다. 이를 두고 『주역정의』는 이같이 풀이했다.

"가까운 것과 친하고, 마음을 아랫사람에게 매이게 했다. 마음을 다른 사람에게 베푸나 신첩을 양육하기에 알맞을 뿐이니 대사를 맡으면 흉할 것이다."

구사 효사 '호돈好遯'은 구사효가 마음으로는 초육효와 호응하면서 몸은 은돈피세해야 하는 상황을 말한 것이다. 선택이 쉽지 않은 상황에서 군자는 능히 초연한 자세로 은돈피세할 수 있으나 소인은 미련으로 인해 그리 하지 못한다. 이를 두고 『주역정의』는 이같이 풀이했다.

"구사효는 상괘에 처하면서 하괘에 호응하고 있다. 상괘에 처한 것은 곧 멀리 은돈피세할 수 있다는 뜻이고, 하괘에 호응한다는 것은 미련을 버릴 수 없다는 뜻이다. 그러나 군자는 이를 초연超然히 불고不顧하여 은돈피세함으로써 길하게 되나 소인은 계련係戀하여 능히 은돈피세하지 못한다."

구오 효사 '가돈嘉遯'은 군위에 처해 중정의 덕을 얻은 구오효가 하괘의 육이효와 호응하며, 비록 현재는 은돈피세하지 않고 있으나 때가 되면 지기知幾 : 기미를 알아챔하여 물러날 뜻을 지니고 있음을 설명한 것이다. 구오효는 중정의 덕을 얻은 까닭에 반드시 은둔하지 않아도 되나 '지기'의 능력을 지니고 있는 까닭에 가기嘉期 : 적절한 시기가 오면 은돈피세할 뜻을 품고 있다.

그러나 구오효를 군주로 해석하는 것에 대한 반론이 적지 않다. 군주가 군위에 앉아 물러날 때를 생각하는 것 자체가 불합리하다는 것이 그 이유이다. 이에 일각에서는 구오효를 최고위직에 오른 신위臣位로 보는 게 타당하다고 주장하고 있다. 이들은 대표적인 예로 은왕조의 개국원훈인 이윤伊尹을 들고 있다. 이윤은 '공성신퇴功成身退'를 실천한 인물이다.

이밖에도 『한씨역전韓氏易傳』은 이와는 다른 차원에서 '가돈'을 '양위讓位'의 개념으로 간주해 이같이 풀이해 놓았다.

"보위를 현인에게 전수하고 집안을 아들에게 전수하는 것은 모두 '가돈'이다. 요堯가 늙자 순舜이 섭정한 것이 바로 '가돈'의 효의爻義이다. '정지正志'를 말하면서 '정위正位'를 말하지 않은 것은 그 뜻이 현인에게 양위하는 데 있음을 밝힌 것으로 결코 그 직위에 처한다는 뜻이 아니다. 대략 구오효가 장차 변할 것임을 말한 것이다."

이는 곧 '가돈'의 효의는 바로 현인에게 보위를 넘기는 '선위양현禪位讓賢'에 있다고 해석하는 것이나 다름없다. 대략 때가 되면 물러나 숨고 군위의 자리에 연연해하지 않는다는 뜻에서 볼 때 문맥상 큰 무리는 없다.

그러나 '선양설禪讓說'에 입각한 이런 해석은 '선양설' 자체가 전국시대에 맹자 등의 유가에 의해 만들어진 설화인 점을 감안할 때 약간 문제가 있다. '공성신퇴'를 이룩한 '이윤' 역시 전설상의 인물인 점을 감안할 때 구오효를 '신위'로 간주하는 것 역시 문제가 있다. 통상의 해석을 좇아 '가돈'은 은돈피세가 불가피한 시대의 군주의 모습을 설명한 것으로 해석하는 게 문맥상 자연스럽다.

상구 효사 '비돈肥遯'은 상구효가 「돈괘」의 가장 높은 곳에 처하여 초연히 절지絶志 : 모든 것에 대한 미련과 우환 등을 단절함한 것을 설명한 것이다. '비돈'의 '비肥'를 두고 『자하전子夏傳』은 글자 그대로 풀이해 '여유餘裕'로 간주했으나 예로부터 적잖은 사람들이 '비蜚'와 통하는 것으로 보았다. 이는 '비飛'의 뜻으로 문의에 부합한다. 왕필도 이같이 풀이했다.

이같이 풀이할 경우 '비돈'은 '날 듯이 은돈피세한다'는 뜻이 된다. 실제로 가까이 있는 구사효와 구오효는 비록 외괘에 속하고 있으나 모두 하괘와 호응하는 까닭에 가장 바깥쪽에 위치한 상구효는 호응할 상대가 없다. 은돈피세하기에 가장 좋은 상황에 놓여 있는 셈이다. '무불리无不利'는 바로 상구효가 먼 곳으로 초연히 날아가는 과정에 아무런 방해도 받지 않았음을 뜻하는 것이다. '무소의无所疑'는 상구효가 멀리 날아가 은돈피세하면서 의심과 근심, 연민을 모두 떨쳐버리고 초연한 입장에서 세상을 바라볼 수 있게 되었음을 의미한다.

「돈괘」의 육효는 모두 '은퇴도피隱退逃避'의 뜻을 지니고 있으나 결코 '현실도피'를 의미하는 것은 아니다. 소인들이 바야흐로 세를 펼치는 세상이 도래한 까닭에 잠시 물러나 다시 복귀할 수 있을 때를 기다리기 위한 잠정적인 '은퇴도피'일 뿐이다.

육효 중 하괘의 3개 효는 여러 이유로 은둔을 할 수 없는 상황에 처해 있는 까닭에 스스로 수정守貞하고 있다. 이는 '간괘'의 괘덕인 '지止'를 제일의로 삼고 있음을 의미한다. '불왕不往'과 '고지固志', '계돈係遯'이 이를 뒷받침한다. 이에 반해 상괘의 3괘효는 모두 기미를 알고 미리 은돈피세하고 있다. 이는 '건괘'의 괘덕인 '행行'을 제일의로 삼고 있음을 의미한다. '호돈好遯'과 '가돈嘉遯', '비돈肥遯'이 그 증거이다. 상괘에서 '돈遯'의 실천이 중시되고 있는 것은 이 때문이다.

이들 육효 중 「돈괘」의 요지를 가장 극명하게 보여주는 것은 상육괘의 '비돈'이다. 7언시의 효시로 평가받고 있는 「사현부思玄賦」에 다음과 같은 구절이 나온다.

"날을 듯이 은돈隱遯하면 명성을 보존하는 이로움을 얻을 것이다."

이는 후한제국 당시 현실에 불만을 품고 있던 장형張衡이 「돈괘」 상육효의 효사를 이용해 은돈피세하고자 하는 뜻을 밝힌 것이다. 왕필을 비롯해 수많은 주석가들이 「돈괘」 상육효의 효사인 '비돈肥遯' 을 '비돈飛遯' 으로 간주한 데에는 어지러운 난세를 피해 은돈피세코자 하는 심경이 반영된 것으로 볼 수 있다. 그러나 「돈괘」의 요체를 출세간出世間을 지향한 장자莊子의 '현실도피'에서 찾는 것은 잘못이다. 그보다는 오히려 〈대상전〉의 '불오이엄不惡而嚴' 이 「돈괘」의 기본취지에 부합한다. 여기의 '불오不惡'는 겉으로만 그런 것이 아니라 실제로 그럴 필요가 있다. 『논어』 「태백」편에 나오는 다음 구절이 그 증거이다.

"사람으로서 인仁하지 못한 것을 너무 심히 미워하는 것도 난을 일으키게 만든다."

이는 군자가 소인을 미워하는 마음이 지나치면 오히려 난을 초래하는 결과를 가져올 수 있는 점을 경고한 것이다. '불오' 는 미워하면 증오심이 생기나 증오하지 않으면 곧 미워하지 않게 된다는 뜻이다. 이는 군자가 먼저 멀리 물러나 숨어 있다가 다시 시기를 보아 교화를 도모한다는 뜻으로 「돈괘」의 기본취지에 부합한다.

제34장 뇌천대장(雷天大壯)

☳ 雷

☰ 天

乾下震上111,100

착괘 : 풍지관風地觀 : 000,011

종괘 : 천산돈天山遯 : 001,111

34-1
大壯, 利貞.

대장(大壯)은 수정(守貞)하면 이롭다.

'대장大壯'은 '큰 것이 강성하다'는 뜻으로 '양강陽剛과 통한다. 여기의 '장壯'은 정현의 주석에 따르면 힘이 점차 강해진다는 의미를 지니고 있다. 이를 두고 『주역정의』는 이같이 풀이했다.

"장壯은 강剛, 대大는 양陽을 뜻한다. '대장'은 혈기가 왕성해졌다는 뜻이다."

'이정利貞' 을 두고 정이천은 이같이 풀이했다.

"대장의 도는 정도를 견고히 지켜 나가는 데서 이로움을 얻게 된다. '대장' 하면서도 정도를 실천하지 않는다면 강하고 용맹할 뿐 군자의 도가 강성해진 것은 아니다."

34-2

「彖」曰, '大壯, 大者壯也.' 剛以動, 故壯. '大壯, 利貞', 大者正也, 正大而天地之情可見矣.

〈단전〉에 이르기를, '대장은 대자(大者 : 4개의 양효를 지칭)가 장(壯)한 것이다' 라고 했다. 강동(剛動)인 까닭에 장(壯)이라고 한 것이다. '대장, 이정(利貞)' 은 대자(大者)가 바른 것을 뜻한다. 정대(正大)하면 천지의 정(情)을 가히 알 수 있다.

'강동剛動' 을 두고 순상은 이같이 풀이했다.

"건乾은 강剛하고 진震은 동動한다. 양陽은 아래로부터 올라가고 양기가 크게 활동하는 까닭에 장壯이라고 한 것이다."

'정대正大' 와 '천지지정天地之情' 을 두고 왕필은 이같이 풀이했다.

"천지의 정情은 정대할 뿐이다. 바른 것을 넓히고 큰 것을 극대화하면 천지의 정이 자연히 보인다."

34-3

「象」曰, 雷在天上, 大壯. 君子以非禮弗履.

初九, 壯于趾, 征凶有孚.「象」曰 '壯于趾', 其孚窮也.

九二, 貞吉.「象」曰 '九二貞吉', 以中也.

九三, 小人用壯, 君子用罔, 貞厲. 羝羊觸藩,羸其角.「象」曰 '小人用壯', 君子罔也.

九四, 貞吉, 悔亡. 藩決不羸. 壯于大輿之輹.「象」曰 '藩決不羸', 尙往也.

六五, 喪羊于易, 无悔.「象」曰 '喪羊于易', 位不當也.

上六, 羝羊觸藩, 不能退, 不能遂. 无攸利, 艱則吉.「象」曰 '不能退, 不能遂', 不詳也. '艱則吉', 咎不長也.

〈상전〉에 이르기를, '뇌재천상(雷在天上), 대장(大壯)' 이라고 했다. 군자는 이를 본받아 비례불리(非禮弗履 : 예가 아니면 행하지 않음)한다.

초구는 장우지(壯于趾 : 기운이 발에 있음)로 정흉(征凶 : 그 자세로 앞으로 나아가면 흉함)하니 유부(有孚 : 誠信을 지님)해야 한다. 〈상전〉에 따르면 '장우지' 는 부궁(孚窮 : 곤궁한 상황에서 성신을 지킴)을 뜻한다.

구이는 수정(守貞)하여 길할 것이다. 〈상전〉에 따르면 '구이정길(九二貞吉)' 은 양강이 중도를 얻은 것을 뜻한다.

구삼은 소인용장(小人用壯 : 소인이 함부로 강성함을 이용함)하나 군자용망(君子用罔 : 군자는 비록 강성함을 갖고 있으나 이를 사용치 않음, '罔' 은 '無' 와 통함)한다. 수정(守貞)하면 위험을 면할 수 있다. 이는 저양(羝羊 : 큰 숫양)이 촉번리각(觸藩羸角 : 울타리를 들이받아 뿔이 걸려 진퇴유곡에 빠짐)하는 것과 같다는 뜻이다. 〈상전〉에 따르면 '소인용장' 은 군자가 강성함을 갖고도 이를 사용치 않는 것과 대비된다.

구사는 수정(守貞)하면 길하니 회망(悔亡)케 된다. 앞으로 나아갈 때 번결불리(藩決不羸 : 울타리가 터지게 되어 뿔이 걸리지 않음, '決'

은 '開'와 통함)하니 마치 대여지복(大輿之輹 : 큰 수레의 伏兎)이 장대(壯大)하여 아무도 이를 저지할 수 없는 것과 같다. 〈상전〉에 따르면 '번결불리'는 구사효가 앞으로 나아가는 데 아무런 장애가 될 수 없음을 뜻한다.

육오는 상양우역(喪羊于易 : 평시에 강대함을 버리고 호응하는 구이효에게 몸을 맡김, 易은 埸과 통함)하니 무회(无悔)하다. 〈상전〉에 따르면 '상양우역'은 위부당(位不當 : 육오효가 처한 자리가 적당치 않음)을 뜻한다.

상육은 저양촉번(羝羊觸藩 : 큰 양이 울타리를 들이받음)하여 불능퇴(不能退) · 불능수(不能遂 : 나아가지 못함, '遂'는 '進'과 통함)하니 이로운 바가 없다. 간즉길(艱則吉 : 어려운 상황에서도 정도로써 스스로를 지켜 나가면서 때가 오기를 기다리면 길하게 됨)하다. 〈상전〉에 따르면 '불능퇴, 불능수'는 상육효가 용의주도하게 처신하지 못했음을 뜻한다. '간즉길'은 재난이 오래가지 않을 것임을 뜻한다.

〈대상전〉의 '비례불리非禮弗履'는 군자가 강성할 때 반드시 수정守貞하고 순례順禮 : 예를 잘 따름해야 그 장함을 보존할 수 있다는 사실을 깨달았음을 의미한다. 이를 두고 왕필은 이같이 풀이했다.

"강성할 때 위례違禮 : 예를 지키지 않음하면 재난을 만나고, 재난을 만나면 강성함이 사라진다. 그래서 군자는 '대장'을 본받아 순례順禮한다."

초구 효사 '장우지壯于趾'는 초구효가 양강으로 '대장'의 시작에 처해 서둘러 앞으로 나아가는 모습을 설명한 것이다. 이러한 '장지壯趾'의 모습으로 앞으로 나아가는 것은 호응해 주는 자도 없고 비천한 위치에서 직위도 없는 까닭에 흉하다. 그러나 초구효는 양강의 정위正位에 처해 정덕正德을 지니고 있는 까닭에 이를 믿고 굳건히 자신을 지켜 나가면 흉함을 면할 수 있다. '부궁孚窮'은 바로 이를 말한 것이다.

구이 효사 '정길貞吉'은 수정守貞하면 길하다는 뜻이다. 원래 구이효는 '대장'의 시기에 정도를 상실해 재난을 맞이할 소지가 크다. 그럼에도 길하게 된 것은 구이효가 하괘의 가운데에 처해 중덕中德을 얻은 데 따른 것이다. 상괘 및 하괘의 중위中位는 '겸허謙虛'를 상징한다. '대장'의 시기에 중위에 처한 것은 특별한 의미가 있다.

원래 『주역』은 각 괘의 음양이 바른 위치를 얻는 것을 귀중하게 생각하고 있다. 그러나 「대장괘」는 양강이 지나치게 강한 까닭에 양강으로 음위에 처한 것도 높이 평가하고 있다. 구이효와 구사효가 수정守貞하면 길할 수 있는 것은 바로 이 때문이다.

구삼 효사 '소인용장小人用壯'은 구삼효가 하괘의 마지막에 처해 정덕을 얻은 상황에서 상육효와 호응해 지나치게 강성한 것을 말한 것이다. 이때 소인은 반드시 자신의 강성함만을 믿고 경거망동함으로써 재난을 만나게 되나 군자는 이를 간직만 할 뿐 사용치 않는다. '군자용망君子用罔'은 이를 말한 것이다. '망罔'을 두고 왕필은 '망網'으로 간주해 이같이 해석했다.

"군자는 이를 이용해 자신에게 그물을 칠 것이다."

왕필은 '용망'을 일종의 '극기克己'로 풀이한 셈이다. 그러나 왕필의 주석은 문맥상 자연스럽지 못하다. '망罔'은 원래 '무無'의 뜻을 갖고 있다. 이는 글자 그대로 '용무用無'로 해석해 '강성함을 지니고도 이를 사용치 않는다'의 뜻으로 해석하는 게 문맥상 순통한다.

'저양羝羊'의 '저羝'는 원래 3살 된 숫양을 뜻하는 말로 여기서는 '큰 양'을 의미한다. '촉번리각觸藩羸角'은 양이 울타리를 들이받아 뿔이 울타리에 겹겹이 휘감겨 곤경에 처한 것을 말한다. 이는 소인이 정도를 지키지 않고 자신의 힘만 믿고 함부로 행동하다가 진퇴유곡進退維谷의 곤경에 처하게 된 것을 비유한 것이다.

구사 효사 '회망悔亡'은 구사효가 상괘의 아래에 처해 있는 데다가 호응해 주는 자가 없어 후회하게 되었으나 양효로서 음위에 처해 있는 까닭에 이내 겸허한 모습을 취함으로써 후회가 점차 사라지게 되었음을 설명한 것이다. '번결불리藩決不羸'는 구사효가 겸허한 자세로 앞으로 나아가는 것을 설명한 것이다. 설령 음효가 이를 막고자 할지라도 마치 울타리에 구멍이 뚫어져 '저양'의 뿔이 걸리지 않고 커다란 수레의 장대한 복토伏兎를 이탈시킬 수 없는 것과 마찬가지로 그 무엇도 장애가 될 수 없다. 이를 두고 왕필은 이같이 풀이했다.

"구사효 자신은 강성함을 갖고 있고, 위에 있는 음효 또한 이를 저지할 수 없다. 이에 그 무엇도 장애가 될 수 없는 것이다."

육오 효사 '상양우역喪羊于易'의 '양羊'은 군주의 강대한 힘을 상징한다. '상양우역'은 육오효가 음유의 품성으로 군위에 처했을 때 강대한 무리가 밀려오게 되자 이내 군위의 강대함을 버리고 호응하는 구이효에게 몸을 맡긴 것을 설명한 것이다. 육오효는 '대장'의 시기에 양강으로 양위에 처해도 재난을 면키 어려운 상황에서 험난한 상황이 밀려오기 전에 미리 평시에 구이효에게 몸을 맡긴 까닭에 '무회无悔' 하게 된다. 이는 위난이 닥쳐오기 전에 미리 예방해야 한다는 뜻을 담고 있다. 삼국시대와 같이 군웅이 할거하는 난세에 '존왕양이尊王攘夷' 를 외치며 왕실 보호를 내건 군웅에게 미리 몸을 맡기는 상황이 '상양우역' 에 해당한다.

상육 효사 '저양촉번羝羊觸藩' 은 상육효가 '대장' 의 강성함이 막바지에 이른 시기에 앞으로 나아가고자 하는 마음이 간절하나 진퇴유곡에 빠진 것을 말한 것이다. 이는 구삼효가 '촉번리각觸藩羸角' 의 진퇴양난에 처한 것과 마찬가지로 울타리를 계속 들이받을 뿐 음유의 품성으로 인해 결단을 내리지 못하고 유예猶豫하는 모습을 지적한 것이다. '간즉길艱則吉' 은 상육효가 하괘의 구삼효와 호응하고 있어 수정守貞하며 때가 오기를 기다리면 결국 음양이 화합해 함께 앞으로 나아가는 시기가 올 것임을 말한 것이다.

「대장괘」의 육효는 '대장' 의 시기에 대처하는 방안을 다양하게 제시하고 있다. 구이효와 구사효는 유화柔和한 품성을 겸하고 있어 길할 수 있고, 초구효와 구삼효는 경거망동할 경우 흉하게 되고, 육오효와 상육효는 유화한 자세로 스스로를 지켜나가야만 한다. 이는 강성함을 함부로 사용해서는 안 되나 그 강성함을 두루 미치게 해야 한다는 취지를 밝히고 있는 것이다. 일부 주석가가 구삼 효사 '소인용장小人用壯' 을 「건괘」의 '항룡유회亢龍有悔', '군자용망君子用罔' 을 '잠룡물용潛龍勿用' 에 비유한 것도 이런 취지에서 나온 것으로 볼 수 있다.

『주역』에 나오는 대부분의 괘는 억음부양抑陰扶陽의 논리에 입각하고 있는 데 반해 「대장괘」와 「건괘」만큼은 정반대로 양강을 함부로 사용해서는 안 된다는 점을 강조하면서 '억양부음抑陽扶

陰'의 취지를 밝히고 있다. 이는 말할 것도 없이 지나치게 강장剛壯한 기운을 꺼린 데 따른 것이다. 『주역』은 기본적으로 변역變易 논리 이외에도 『중용』과 마찬가지로 '중화中和'의 논리 위에 서 있음을 뒷받침하는 대목이 아닐 수 없다.

이를 통해 짐작할 수 있듯이 「대장괘」의 요체는 '불용장不用壯'에 있다고 해도 과언이 아니다. 이는 용무용장用武用壯을 중시하는 병법에서 말하는 최고의 병도兵道이기도 하다. 이는 『설문해자』가 '無武'를 '지과止戈'로 풀이해 놓은 사실을 통해 쉽게 알 수 있다. 간과干戈 : 전쟁를 멈추게 하는 것이 바로 진정한 '無武'인 것이다. 「대장괘」의 '불용장'은 바로 '지과'를 달리 표현한 것이라고 할 수 있다.

제35장 화지진(火地晉)

☲ 火

☷ 地

坤下離上000,101

착괘 : 수천수水天需 : 111,010

종괘 : 지화명이地火明夷 : 101,000

35-1
晉, 康侯用錫馬蕃庶, 晝日3接.

진(晉)은 천자가 강후(康侯 : 승진한 公侯가 유순하게 앞으로 나오면 이를 찬미함, '康' 은 '美' 와 통함)하기 위한 석마(錫馬 : 말을 상으로 내림, '錫' 은 '賜' 와 통함)가 번서(蕃庶 : 자주하고 매우 많음, '蕃多' 와 '衆庶' 의 축약어임)하고 심지어 주일3접(晝日三接 : 하루에 세 번 접견함) 했음을 말한다.

'진晉' 은 '진進' 의 뜻이다. 여기서는 '승진' 의 뜻으로 사용되고 있다. 『주역정의』의 다음과 같은 해석이 그 증거이다.

"「진괘」는 신하의 승진을 밝힌 것이다."

대표적인 용례로 신하가 조정에 나아가 군주를 배견拜見하는 뜻으로 사용되는 '진현晉見'을 들 수 있다. 이는 '진현進見'의 뜻으로 사용된 것이다. 유사한 사례로 '진경晉京 : 入京'과 '진접晉接 : 영접', '진알晉謁 : 진현', '진작晉爵 : 進爵' 등을 들 수 있다. 모두 관원의 승진과 관련된 용어이다.

'강후康侯'는 천자가 공후를 찬미한다는 뜻이다. 이에 대해 20세기 초에 소위 고사변파古史辨派의 선봉인 고힐강顧頡剛은 색다른 주장을 펼쳤다. 그는 『주역 괘효사의 일화』에서 이같이 주장했다.

"「진괘」의 '강후'는 주무왕의 동생으로 위衛나라를 분봉받은 제후 강숙康叔을 말한 것이다. 「대장괘」의 '상양우역喪羊于易', 「여괘旅卦」의 '상우우역喪牛于易'은 상나라의 선조인 왕해王亥가 나라를 소홀히 한 일을 비유해 우양牛羊을 잃었다고 한 것이다. 「기제괘」의 '고종벌귀방高宗伐鬼方'과 「미제괘」의 '용벌귀방用伐鬼方'은 상나라 고종이 '귀방'을 정벌한 사실을 가리킨 것이다. 「태괘泰卦」와 「귀매괘」의 '제을귀매帝乙歸妹'는 은나라 '제을'이 주문왕에게 딸을 시집보낸 일을 가리킨 것이다. 「명이괘」의 '기자지명이箕子之明夷'는 '기자'의 일 등을 가리킨 것이다."

고힐강의 주장 중 「기제괘」의 '고종高宗'과 「미제괘」의 '귀방鬼方', 「태괘」 및 「귀매괘」의 '제을帝乙', 「명이괘」의 '기자箕子'는 모두 선진문헌에 나오고 있는 만큼 별다른 문제가 없다. 가장 큰 문제는 「진괘」의 '강후'이다. 과연 '강후'가 위나라의 시조인 강숙을 지칭하는 것일까.

당초 주무왕은 은왕조를 무너뜨린 뒤 첫 조치로 주紂의 아들 무경武庚을 은나라 고지에 봉해 그의 조상을 제사케 했다. 이어 자신의 동생인 관숙管叔 선鮮과 채숙蔡叔 도度 등을 주변에 배치해 무경과 은왕조 유민들을 감시케 했다. 이들 은왕조의 유민을 감시키 위해 세운 3사람을 흔히 '삼감三監'이라고 했다. 주무왕은 2년 만에 홀연히 죽자 주무왕의 뒤를 이어 나이 어린 아들 송誦이 보위에 올랐다. 그가 바로 주성왕周成王이다. 이때 주무왕의 동생인 주공 단旦이 섭정이 되어 주성왕을 보좌했다. 그러나 그의 섭정은 3감의 일원이었던 관숙과 채숙의 의심을 샀다.

무경은 내심 은왕조 부흥의 기회를 노리고 있던 중 주무왕이 급작스럽게 죽고 나이 어린 주성왕의 등극하자 곧 관숙과 채숙의 세력과 연합해 반기를 들었다. 주성왕이 즉시 태보太保로 있는 소강공召康公 석奭을 시켜 제나라의 여상呂尙 : 강태공에게 도움을 청했다. 주공 단도 동맹부족으로 이뤄진 원정대를 이끌고 토벌에 나섰다. 이 토벌전은 무려 3년이나 걸렸다. 주공은 이 토벌전에서 먼저 반란에 참여했던 관숙을 죽이고 채숙을 유배보내면서 강숙康叔을 위衛 땅에 봉해 은왕조의 옛 땅을 다스리게 했다. 이어 무경을 폐한 뒤 주紂의 서자인 미자微子를 송宋 땅에 봉해 은왕조의 제사를 받들게 했다.

이를 통해 알 수 있듯이 강숙은 주무왕의 동생 중 나이가 어린 까닭에 가장 늦게 제후에 봉해진 인물이다. '석마錫馬'와 '주일3접晝日3接'을 특별히 강숙에게 베풀 이유를 찾기 힘든 것이다. 고힐강이 '강후'를 '강숙'으로 추정한 것은 전적으로 '강康'자가 같다는 사실에 주목한 데 따른 것이다. 「대장괘」의 '상양우역喪羊于易'과 「여괘旅卦」의 '상우우역喪牛于易'을 은나라의 선조인 왕해王亥의 일화에서 나온 것으로 보는 것 역시 무슨 특별한 근거가 있는 것도 아니다. '강후'는 『주역정의』와 같이 전통적인 주석을 좇아 풀이하는 게 타당하다.

35-2

「彖」曰, 晉, 進也. 明出地上, 順而麗乎大明, 柔進而上行. 是以'康侯用錫馬蕃庶, 晝日3接'也.

〈단전〉에 이르기를, '진(晉)은 진(進)이다'라고 했다. 명출지상(明出地上 : 밝은 태양이 땅 위로 솟아오름)하자 순이리호대명(順而麗乎大明 : 하괘인 '곤괘'가 상괘인 '이괘'에 순종하여 붙어 있다는 뜻임)하고 유진상행(柔進上行 : 육오효가 柔順의 도를 통해 상위의 귀한 직위로 나아가 직무를 수행함)한다. 이에 '강후용석마번서(康侯用錫馬蕃庶), 주일3접'이라고 한 것이다.

'명출지상明出地上'은 밝은 태양이 이미 땅 위로 올라와 점진적으로 성장하는 모습을 '진晉'으로 풀이한 것이다. '순이리호대명順而麗乎大明'은 신하가 현명한 군주에게 순종하여 붙어 있는 모습을 '진장晉長 : 승진'에 비유한 것이다. 여기서 '순종'의 괘덕을 지닌 '곤괘坤卦'는 신도臣道, '대명'의 괘덕을 지닌 '이괘離卦'는 군덕君德을 상징한다.

35-3

「象」曰, '明出地上, 晉.' 君子以自昭明德.

初六, 晉如摧如, 貞吉. 罔孚, 裕, 无咎. 「象」曰 '晉如摧如', 獨行正也. '裕无咎', 未受命也.

六二, 晉如, 愁如, 貞吉. 受玆介福于其王母. 「象」曰 '受玆介福', 以中正也.

六三, 衆允, 悔亡. 「象」曰 '衆允之志', 上行也.

九四, 晉如鼫鼠, 貞厲. 「象」曰 '鼫鼠貞厲', 位不當也.

六五, 悔亡. 失得勿恤, 往, 吉, 无不利. 「象」曰 '失得勿恤', 往有慶也.

上九, 晉其角, 維用伐邑. 厲吉无咎, 貞吝. 「象」曰 '維用伐邑', 道未光也.

〈상전〉에 이르기를, '명출지상(明出地上), 진(晉)' 이라고 했다. 군자는 이를 본받아 자소명덕(自昭明德 : 스스로 수양해 명덕을 밝힘)한다.

초육은 진여최여(晉如摧如 : 앞으로 나아가고자 하나 위에 있는 2개의 음효의 억압으로 좌절을 겪음)하니 구사효의 호응을 기다리며 수정(守貞)하면 길할 것이다. 망부(罔孚 : 남으로부터 신임을 받지 못함)할지라도 관유(寬裕 : 느긋하고 부드러움)한 자세로 앞으로 나아가면 구사효의 호응을 받아 '무구' 할 것이다. 〈상전〉에 따르면 '진여최여'는 독행정(獨行正 : 홀로 정도를 행함)을 뜻한다. '유무구(裕无咎)' 는 미수명(未受命 : 관직의 명을 받지 못함)을 뜻한다.

육이는 진여수여(晉如愁如 : 앞으로 나아가고자 하나 두 음효의 방해로 곤경에 처해 수심에 잠김)하니 수정(守貞)하면 길할 것이다. 머지않아 군위에 있는 왕모(王母 : 祖母로 육오효를 지칭)의 호응으로 개복(介福 : 큰 복)을 받을 것이다. 〈상전〉에 따르면 '수자개복(受玆介福)'은 중정을 지킨 데 따른 것이다.

육삼은 중윤(衆允 : 여러 사람의 신임을 얻음)하니 회망(悔亡)하다. 〈상전〉에 따르면 '중윤지지(衆允之志)' 는 상행(上行 : 위를 향해 나아가고자 함)을 뜻한다.

구사는 진여석서(晉如鼫鼠 : 앞으로 나아가고자 하나 전문기술이 없는 날다람쥐와 같음)하니 수정(守貞)하면 위려(危厲)를 면할 수 있을 것이다. 〈상전〉에 따르면 '석서정려(鼫鼠貞厲)' 는 위부당(位不當)을 뜻한다.

육오는 회망(悔亡)하니 실득물휼(失得勿恤 : 일의 득실에 대해 다른 사람이 책임을 지는 까닭에 근심치 않음)한다. 이런 자세로 앞으로 나아가면 길할 것이고 이롭지 않은 게 없을 것이다. 〈상전〉에 따르면 '실득물휼(失得勿恤)' 은 앞으로 계속 나아가면 경사가 있을 것임을 뜻한다.

상구는 진각(晉角 : 뿔까지 나아간 것으로 승진이 절정에 이르렀음을 의미)하니 유용벌읍(維用伐邑 : 오직 自服하지 않는 邑國을 무력으로 공벌한 연후에 封邑을 복종시킴)한다. 그리 하면 여길(厲吉 : 위험에 처할지라도 길하게 됨)하고 '무구' 하게 될 것이나 정린(貞吝 : 이런 상황이 지속되면 貞德의 鄙賤함이 심하게 됨)하다. 〈상전〉에 따르면 '유용벌읍(維用伐邑)' 은 무력을 동원해 정벌하는 까닭에 아직 진도(晉道)가 크게 빛나지 못한 것을 뜻한다.

〈대상전〉의 '자소명덕自昭明德' 을 두고 정이천은 이같이 풀이했다.

"군자는 태양이 지상으로 올라와 점차 밝아지는 상을 관찰한 후 본래부터 가지고 있는 명덕明德을 스스로 밝도록 해야 할 것이다. 가려진 것을 제거해 양지良知를 회복해 자신에게 본래부터 있는 '명덕' 을 밝게 빛나도록 해야 한다는 뜻이다."

이는 '자소명덕'을 『대학』에서 말하는 '명명덕明明德'의 논리에 입각해 해석한 것으로 맹자의 '성선설'에 기초한 것이다. 『대학』의 '명명덕'은 천자에서 서민에 이르기까지 적용되는 '수신修身'의 기본논리이기도 하다. 「진괘」가 '신도臣道'를 언급하고 있는 점을 감안할 때 〈대상전〉의 '자소명덕' 역시 신하가 승진하는 과정에서 지켜야 할 '수신'의 덕목을 언급한 것으로 보아야 할 것이다.

초육 효사 '진여최여晉如摧如'는 초육효가 음유의 품성으로 아래에서 앞으로 나아가고자 하나 두 개의 음효가 막아서고 있는 까닭에 앞으로 나아가면 좌절될 수밖에 없음을 설명한 것이다. 북송대의 왕안석王安石은 공자와 맹자의 사례를 들어 '망부罔孚'를 이같이 풀이했다.

"공자가 『논어』 「자한」편에서 '아대고자야我待賈者也 : 나는 좋은 상인이 나타나기를 기다리는 사람이다'라고 언급한 것은 바로 '망부'의 상황에서 관유寬裕한 마음으로 앞으로 나아가라고 말한 것이다. 맹자는 제나라에서 오랫동안 '망부'의 상황에 처해 있었으나 관유한 마음으로 물러나 있었다."

이는 왕안석이 제나라에서 득지하지 못한 맹자를 미화한 것으로 역사적 사실과 동떨어져 있다. 당시 맹자는 제선왕齊宣王과 마찰을 빚고 이내 제나라를 떠날 때 제나라 땅을 벗어나지 못한 채 며칠 동안 머물며 혹여 제선왕이 자신을 다시 부르지나 않을까 하는 미련을 버리지 못했다. 그럼에도 왕안석은 맹자를 「진괘」의 효사를 원용해 미화하고 나선 것이다. 평소 『맹자』를 탐독한 왕안석이 『맹자』의 과거시험 과목 채택을 주장하며 정적인 사마광司

馬光과 갈등을 빚은 것도 이와 무관치 않다고 보아야 한다.

육이 효사 '진여수여晉如愁如'는 두 음효 사이에 끼어 있는 육이효가 상괘의 육오효에 호응할 수 없게 되어 수심에 차 있는 모습을 설명한 것이다. '왕모王母'는 육이효에 호응하는 육오효를 지칭한다. 두 음효는 비록 음양이 조화롭게 호응하는 것은 아니나 모두 음유의 품성으로 중덕中德을 얻고 있는 까닭에 조모祖母가 손자를 보살피는 것에 비유한 것이다. 이를 두고 정이천은 이같이 풀이했다.

"왕모는 음효로서 군위에 처한 육오효를 가리킨다. 육이효는 중정의 도로서 자신을 지켜나가니 비록 위로 호응하지 못하고 스스로 나아갈 길도 없으나 스스로 중정의 덕을 오랫동안 지켜나간다. 이에 반드시 이름을 날리게 되어 윗사람들이 스스로 그를 찾아올 것이다. 이에 그를 총애하여 많은 녹봉을 내리니 이는 곧 조모로부터 큰 복을 받는 것과 같다."

그러나 '왕모'를 '조모'로 해석한 정이천의 주석에 적잖은 이견이 존재한다. 왕필은 풀이하기를, '육이효가 내괘에 처하면서 덕성을 완성시킨 것을 가리킨다'고 했다. 일부에서는 풀이하기를, '이는 육이효를 가리킨다. 하괘인 곤괘坤卦는 어머니를 뜻하고, 하늘에 복종해 왕이 된 까닭에 왕모라고 한 것이다'라고 했다. 이는 육이효가 중정의 덕을 모두 취하고 있는 것을 높이 평가한 데 따른 것이다.

그러나 하괘의 육이효가 비록 중정의 덕을 얻었다고는 하나 주변의 도움도 없이 자력으로 왕이 되었다고 해석하는 것은 무리이다. 나아가 「진괘晉卦」가 신도를 설명하고 있는 점에 비춰볼지라도 적잖은 무리가 있다. 왕필의 주석은 나름대로 타당하나 '왕모'의 의미를 제대로 설명키가 쉽지 않다. 정이천의 해석을 좋는 게 타당하다.

육삼 효사 '중윤衆允'의 '윤允'을 우번은 '신信'으로 풀이했다. 대략 여러 사람의 신임을 얻은 것으로 풀이하면 무리가 없을 것이다. '중윤'은 육삼효가 동료들로부터 신임을 얻어 마침내 윗사람으로부터도 신임을 얻게 되었음을 의미한다. '회망悔亡'은 육삼효가 중정을 얻지 못해 정당한 직위를 상실한 까닭에 후회하나 이내 여러 사람의 신임을 얻어 육이효와 함께 앞으로 나아감으로써 후회가 사라지게 되었음을 말한 것이다. '상행上行'은 진도晉道의 시기에는 모든 사람이 앞으로 나아가고자 하고 본인 또한 위의 호응을 입어 위로 나아가고자 하는 까닭에 능히 무리들로부터 신임을 얻게 되었음을 의미한다. 이는 자신의 기반을 튼튼히 다진 후라야 비로소 위로 나아가는 뜻을 성취시킬 수 있고 군주로부터 신임도 얻을 수 있다는 뜻을 내포하고 있다.

구사 효사 '석서鼫鼠'는 흔히 '오서鼯鼠 : 梧鼠' 또는 '오기서五技鼠'로 불리는 날다람쥐를 뜻한다. 이를 두고 『주역정의』는 이같이 풀이해 놓았다.

"채옹蔡邕 : 후한 말기의 대학자의 「권학편」에 '날다람쥐는 5가지 재능을 가지고 있으나 한 가지 재능도 제대로 성공하는 것이 없다'고 했다. 날다람쥐는 날 수는 있으나 지붕을 넘을 수 없고, 기어오를 수는 있으나 나무꼭대기까지 오를 수 없고, 헤엄을 칠 수는 있으나 골짜기 개울물을 건널 수는 없고, 구멍을 팔 수는 있으나 자신의 몸을 가릴 수는 없고, 걸을 수는 있으나 남보다 앞서가

지는 못한다."

'석서'는 여러 재능을 갖추고 있음에도 불구하고 실제로 필요한 전문적인 재능을 갖추지 못하고 있는 것이다. 이는 구사효가 상괘의 아래에 처해 중정의 덕을 갖추지 못한 채 홀로 높은 지위에 앉아 다른 사람의 것을 탐하는 것을 지적한 것이다. 육삼효는 비록 중정의 덕을 갖추지 못하고 있으나 순종함으로써 자신의 뜻을 펼쳐 위를 향해 나아갔으나 구사효는 비록 위로 나아갔으나 유순의 도를 상실한 까닭에 날다람쥐와 같이 궁지에 처하게 된 것이다. 그러나 육사효는 육오효와 친밀하게 지내면서 초육효와 호응하며 양강으로 음위에 처해 있는 까닭에 수정守貞하면 위험한 상황을 면할 수 있다.

육오 효사 '회망悔亡'은 육오효가 음효로서 양위에 처해 바른 자리를 차지하지 못한 까닭에 후회하나 군위에 처해 밝은 덕으로 일을 사람들에게 위임하면서 아랫사람들의 신종信從을 얻어 이내 후회가 사라지게 되었음을 말한다. '실득물휼失得勿恤'은 일의 득실에 대해 다른 사람이 책임을 지는 까닭에 자신은 근심할 이유가 없게 되었다는 뜻이다.

그러나 마왕퇴馬王堆 3호분에서 출토된 소위 『백서주역帛書周易』에는 '실득물휼'의 '실失'이 '시矢'로 되어 있다. 마융과 정현, 우번, 왕숙의 본에도 '시'로 되어 있다. '시득무휼矢得勿恤'은 '육오효가 화살을 사용함으로써 근심할 필요가 없게 되었다'는 뜻이 된다. 이는 어려운 상황에서 금시金矢를 얻게 되어 곤경을 벗어나게 되었다는 뜻의 「서합괘」 구사 효사 '득금시得金矢'와 그 취지를 같이 하는 것이다. 대략 당초 '시득물휼'로 되어 있는 구절이 일부 판본에서 '실득무휼'로 바뀐 채 두 가지 판본이 병행하여 전승된 것으로 추정된다. 어느 쪽이든 해석상 큰 차이는 없다.

상구 효사 '진각晉角'은 상구효의 승진이 뿔로 상징되는 극점에 달해 다시 원점으로 돌아오게 되었음을 의미한다. 이런 상황에서는 평상시의 일을 게을리 해서는 안 된다. '벌읍伐邑'은 정도를 지키지 않는 자를 토벌하는 공을 세워 직무를 완수하는 것을 뜻한다. 이를 두고 왕필은 이같이 풀이했다.

"앞으로 나아가는 극점에 처한다는 것은 지나치게 밝은 가운데 있는 것과 같다. 밝음이 곧장 사라지는 곳에 처하게 된 것이다. 이미 뿔까지 와 있는데 더 나아가는 것이 어찌 지나친 일이 아니겠는가. 무릇 교화를 따르지 않는 자가 있으면 반드시 이를 먼저 공벌해야 봉읍封邑도 복종시킬 수 있다. 그리하면 위험에 처할지라도 길할 것이고 재난도 면할 것이다."

「진괘」는 사물의 성장과정을 인사人事의 한 축인 신도臣道의 관점에서 파악한 것이다. 육효 중 4개의 음효는 성장과 발전을 상징한다. 초육효는 비록 좌절을 당하나 관유한 마음으로 수정守貞하여 좋은 결과를 얻고, 육이효는 비록 근심은 있으나 수정하여 복을 얻고, 육삼효는 무리의 신임을 얻어 후회가 사라지게 되고, 육오효는 성패에 대한 근심 없이 길하게 되었다. 이는 모두 유순한 품성으로 인한 것이다. 특히 육오효는 군위에 처해 있는 까닭에 괘사에서 말한 '강후康侯'에 조응하고 있다.

나머지 2개의 양효는 정반대로 성장과 발전이 저지된 모습이다. 구사효는 중정을 잃음으로써 위험에 처하고, 상구효는 진도晉道가 극점에 달해 더 나아갈 수 없는 까닭에 정린貞吝하게 된다.

이는 모두 유순함을 갖추지 못해 승진에 문제가 생긴 데 따른 것이다.

「진괘」에서 말하는 진도晉道의 요체는 〈대상전〉의 '자소명덕自昭明德'에 있다. 이는 유순함을 갖추고 스스로 명덕을 밝히는 것을 뜻한다. 만일 '명명덕明明德'을 생략한 채 오직 유순함으로 치달을 경우 이는 군신들의 발호를 부추겨 오히려 '군혼신녕君昏臣佞 : 군주는 昏暗하고 신하들은 奸佞함'으로 상징되는 '명이明夷'의 세상을 자초하게 된다. 『주역』 64괘의 제6효에서 강조하는 '물극필반物極必反'의 이치가 '진도'에도 어김없이 적용되는 것이다.

제36장 지화명이(地火明夷)

☷ 地

☲ 火

離下坤上101,000

착괘 : 천수송天水訟 : 010,111

종괘 : 화지진火地晉 : 000,101

36-1
明夷, 利艱貞.

명이(明夷 : 밝은 빛이 손상됨)는 이간정(利艱貞 : 간난을 이겨내며 守貞하면 이로움)하다.

'명이明夷'의 '이夷'는 '상傷'과 통한다. '명이'는 곧 '밝은 빛이 손상된다'는 뜻이다. 이를 두고 『주역정의』는 이같이 풀이했다.

"「명이괘」는 태양이 땅 밑으로 들어가는 것에 비유된 것이다.

이를 인사에 비유하면 암주暗主 : 혼암한 군주가 위에 있고 명신明臣 : 밝은 신하이 아래에 있어 신하가 감히 자신의 밝은 지혜를 발양하지 못하고 있는 것과 같다."

'간정艱貞'은 간난艱難을 인내하며 수정守貞하는 것을 말한다. '이간정利艱貞'을 두고 정현은 이같이 풀이했다.

"태양의 밝은 빛이 손상된다는 것은 성인군자가 가지고 있는 명덕明德이 난세를 만나 아랫자리에서 억압당하는 것을 말한다. 이때는 스스로 괴로워하면서 정사를 주관하지 않고 소인배들의 해침을 피하는 것이 마땅하다."

36-2

「彖」曰, 明入地中, 明夷. 內文明而外柔順, 以蒙大難, 文王以之. '利艱貞', 晦其明也. 內難而能正其志, 箕子以之.

〈단전〉에 이르기를, '명입지중(明入地中 : 광명이 땅 속에서 가려짐), 명이(明夷)'라고 했다. 안으로 문명(文明)하고 밖으로 유순(柔順)하여 대난(大難)을 무릅쓰는 것을 뜻한다. 옛날에 문왕(文王)이 이를 이용했다. '이간정(利艱貞)'은 회명(晦明 : 밝은 덕을 은폐함)을 뜻한다. 이는 내난(內難 : 宗室 내에서 어려움을 겪음)일지라도 정지(正志 : 뜻을 바르게 함)하는 것을 뜻한다. 옛날에 기자(箕子)가 이를 이용했다.

'문왕이지文王以之'의 '이以'를 두고 왕숙은 '용用'으로 풀이했다. '문왕이지'는 주문왕이 은나라 주紂에 의해 유리羑里에 감금당해 어려움을 겪었던 일을 거론한 것이다. 주문왕이 이

때 『역경』을 저술했다고 한다. '회명晦明'은 바로 주문왕이 어려움을 겪었을 때의 자세를 언급한 것이다. 이를 두고 『주역정의』는 이같이 풀이했다.

"밝은 태양이 땅 밑에 있는 것이 '회명'이다. '명이'의 시기에 처하면 밖으로는 그 밝음을 감추고 사도邪道에 빠지는 것을 두려워해야 한다. '이간정利艱貞' 한 까닭에 '회명' 해야 하는 것이다."

'기자이지箕子以之'는 기자가 주紂에 의해 구금을 당하자 거짓으로 미친척하여 종노릇을 하며 재난을 면한 사실을 언급한 것이다. '내난정지內難正志'는 바로 이를 말한 것이다. 여기의 '내난'은 종실 내에서 일어난 난을 뜻하는 말로 기자가 '주'의 숙부이자 사부로 있었던 사실을 지칭한 것이다.

36-3

「象」曰, 明入地中, 明夷. 君子以莅衆, 用晦而明.

初九, 明夷于飛, 垂其翼. 君子于行, 3日不食. 有攸往, 主人有言. 「象」曰 '君子于行', 義不食也.

六二, 明夷, 夷于左股, 用拯馬壯, 吉. 「象」曰 '六二之吉', 順以則也.

九三, 明夷于南狩, 得其大首, 不可疾貞. 「象」曰 '南狩之志', 乃大得也.

六四, 入于左腹, 獲明夷之心, 于出門庭. 「象」曰 '入于左腹', 獲心意也.

六五, 箕子之明夷, 利貞. 「象」曰 '箕子之貞', 明不可息也.

上六, 不明晦, 初登于天, 後入于地. 「象」曰 '初登于天', 照四國也. '後入于地', 失則也.

〈상전〉에 이르기를, '명입지중(明入地中), 명이'라고 했다. 군자는 이를 본받아 이중(莅衆 : 무리를 다스림, '莅'는 '治'의 뜻을 지닌 '臨'과 통함)할 때 용회이명(用晦而明 : 스스로 밝은 지혜를 감춤으로써 명덕을 밝힘)해야 한다.

초구는 명이우비(明夷于飛 : 새가 어둠 속에서 날아감)에 수기익(垂其翼 : 날개를 축 늘어뜨림)하는 것과 같이 군자 또한 황급히 먼 곳으로 은밀히 떠날 때 3일불식(三日不食 : 사흘 동안 주린 배를 채울 길이 없음)한다. 그 자세로 앞으로 나아가면 주인유언(主人有言 : 주인으로부터 의심을 받아 책망을 들음)하게 된다. 〈상전〉에 따르면 '군자우행(君子于行)'은 의불식(義不食 : 은둔하고 있는 까닭에 당연히 의리상 식록을 얻지 못함)을 뜻한다.

육이는 명이(明夷)하다. 이우좌고(夷于左股 : 짐짓 왼쪽 허벅지에 상처를 입힘)한 연후에 용증마장(用拯馬壯 : 기회를 틈타 양마를 이용해 스스로를 구제하여 勇壯을 얻음)하니 길하다. 〈상전〉에 따르면 '육이지길(六二之吉)'은 순이칙(順而則 : 유순한 데다가 견고히 원칙을 지킴)을 뜻한다.

구삼은 명이우남수(明夷于南狩 : '명이'의 시기에 남쪽으로 원정하여 밝음을 드러냄)하여 득기대수(得其大首 : 암군의 주살을 의미)하나 질정(疾貞 : 밝음을 되찾는 일을 서두름)하는 것은 불가하다. 〈상전〉에 따르면 '남수지지(南狩之志)'는 대득(大得 : 대업을 이룸)을 뜻한다.

육사는 입우좌복(入于左腹 : 내부사정을 알 수 있는 要職으로 들어감)하여 명이지심(明夷之心 : '명이'가 초래된 연유)을 파악했으니 우출문정(于出門庭 : 때에 맞춰 피난할 생각으로 門庭에 머물러 있다가 아무런 의심도 받지 않고 태연히 문을 나서 몸을 숨김)한다. 〈상전〉에 따르면 '입우좌복(入于左腹)'은 획심의(獲心意 : '명이'가 초래된 속사정을 파악함)를 뜻한다.

육오는 기자지명이(箕子之明夷 : 기자가 시련을 겪던 시절의 명이)하니 수정(守貞)하면 이로울 것이다. 〈상전〉에 따르면 '기자지정(箕

子之貞)' 은 명불가식(明不可息 : 밝음이 사그라들지 않았음)을 뜻한다.

상육은 불명회(不明晦 : 광명을 잃어 캄캄함)하다. 처음에 등천(登天)하나 후에 입지(入地)한다. 〈상전〉에 따르면 '초등우천(初登于天)' 은 사국(四國 : 사방)을 비추는 것을 말하고, '후입우지(後入于地)' 는 실칙(失則 : 도를 잃음)을 뜻한다.

〈대상전〉의 '용회이명用晦而明' 을 두고 주희는 풀이하기를, '지나치게 환히 드러낸 상태로 최선을 다한다고 해서 넓은 도를 가졌다고 할 수 없다. 군자는 그 밝음이 드러나는 것이 지극하지 않을 때는 자신의 지혜를 감추는 방법을 구사해야 한다' 고 했다. 주희의 이런 해석은 나름대로 일리가 있으나 '명이' 의 의미를 제대로 파악치 못하고 있다. 이에 대해 『주역정의』는 이같이 풀이했다.

"면류冕旒 : 면류관의 앞뒤에 드리운 구슬을 드리운 술, 천자는 12줄이고 제후는 9줄로 눈을 가리고, 주광黈纊 : 귀막이 솜으로 귀를 막는다. 무위청정無爲淸靜해야 백성들이 속이지 않게 된다. 만일 총명으로 다스리고자 하여 그 지혜를 드러내면 백성들은 곧 밀망密网 : 은밀한 그물 속으로 피하고 간사奸詐가 더욱 늘어나게 된다. 그러니 '용회用晦' 하는 것이 오히려 더욱 밝은 것이 아니겠는가."

왕필도 풀이하기를, '백성을 다스릴 때 그 지혜를 환히 드러내는 것은 백성들을 거짓으로 가리는 것과 같다. 그래서 몽蒙으로 바른 것을 기르고 명이明夷로 백성을 다스려야 하는 것이다' 라고 했다. 이는 『노자』 제37장에서 말하는 '무위이무불위無爲而無不爲 : 도는 늘 무위하나 하지 않는 게 없음' 의 취지에 부합한다. '용회이명'

의 취지에 부합하는 해석이 아닐 수 없다.

초구 효사 '명이우비明夷于飛, 수기익垂其翼'은 '명이'의 어둠 속에서 새가 날개를 축 늘어뜨린 채 날고 있는 모습을 설명한 것이다. 이는 군자가 '명이'의 시기에 몸을 황급히 피하는 것을 비유한 것이다. '군자우행君子于行, 3일불식三日不食'은 바로 군자가 얼마나 급히 몸을 피하게 되었는지를 비유적으로 표현한 것이다. 이는 일찍 몸을 숨기면 난을 피할 수 있다는 뜻이다. 이를 두고 왕필은 이같이 풀이했다.

"초구효는 「명이괘」의 시작으로 재난으로부터 가장 먼 곳에 있다. 은둔하여 흔적이 완전히 사라진 것이 마치 수레가 다니는 길로 왕래하지 않는 것과 같으므로 '명이우비'라고 했다. 조심스럽게 행동하면 그 행동이 감히 드러나지 않으므로 '수기익'이라고 했다. 의리를 숭상하는 행동을 했으므로 '군자우행'이라고 했다. 마음이 행동보다 절박하게 급한 것이 배가 고파도 서둘러 음식을 먹지 않는 것과 같으므로 '3일불식'이라고 했다."

'주인유언主人有言'은 초구효가 가장 아래에 처하면서 재빨리 은둔에 들어가자 그 의미를 파악치 못한 사람들의 질책이 뒤따르게 되었음을 의미한다. 이를 두고 왕필은 이같이 풀이했다.

"지나치게 다르면 이로써 적이 되고, 사람들은 그를 의심한다."

육이 효사 '이우좌고夷于左股'는 육이효가 중정을 얻었으나 '명이'의 시기에 득지하기가 어려운 까닭에 짐짓 '좌고左股'에 상처를 입혀 스스로 밝은 지혜를 감추는 것을 설명한 것이다. '좌고'는 상처가 작은 것을 의미한다. '용증마장用拯馬壯'은 기회를 보아 다시 양마良馬의 도움을 얻어 굳건히 일어서는 것을 의미한다. 이를 두고 『주역정의』는 이같이 해석해 놓았다.

"왼쪽 허벅지를 다쳤으니 용장勇壯할 수 없다. 육이효는 음유로 중도에 처하여 '좌고'에 상처를 입히는 밝은 지혜로 재난은 피했으나 용장할 수는 없다. 혼용昏庸한 주인이 의심하지 않으니 능히 자리를 유지할 수 있다. 이후 조심스럽게 행동하면서 서서히 말을 사용해 스스로 증제拯濟 : 구제하여 그 '용장'을 얻게 되니 길하게 될 것이다."

구삼 효사 '명이우남수明夷于南狩'는 구삼효가 하괘인 '이괘'의 가장 윗자리에 처하여 이내 남쪽으로 내려가 그 밝음을 드러내는 것을 말한다. 남쪽은 '이괘'에 속하는 방위로 밝은 곳을 상징한다. '수狩'는 정벌을 의미한다. '득대수得大首'를 두고 『주역정의』는 '혼용한 군주에 대한 주살'로 간주해 이같이 풀이했다.

"남쪽으로 내려갈 때 처음에는 밝음을 감추고 떠나니 이는 수렵을 빙자해 가는 것이다. 남쪽으로 내려가 그 밝음을 드러낸다. 이는 구삼효가 상육효에 응하는 것으로 암군을 정벌하여 그 머리를 취하는 것을 말한다."

'불가질정不可疾貞'은 천하가 '명이'로 된지 이미 오래되어 백성들을 바르게 만드는 데에는 시간이 오래 걸리는 만큼 밝음을 되찾는 일을 서둘러서는 안 된다는 것을 설명하고 있다. '불가질정'을 두고 '불가질不可疾'과 '정貞'을 떼어서 해석하는 견해도 있으나 하나로 합쳐 해석하는 것이 문맥상 순통한다.

육사 효사 '입우좌복入于左腹'은 내부사정을 훤히 파악할 수 있는 자리로 나아가게 되었음을 뜻한다. 원래 일을 주관하는 '우

右'를 좇지 않고 '좌左'를 좇는다는 것은 곧 몸을 낮춰 순종하는 것을 상징한다. '복腹'은 『주역정의』에 따르면 '사정事情이 있는 곳'을 지칭한다. '좌복'은 육사효가 순종하는 자세로 상육효에게 접근한 까닭에 비록 가까이 다가갈지라도 위험하지 않게 되었음을 뜻한다. '획심의獲心意'는 '명이'가 초래된 까닭을 훤히 파악한 것을 말한다.

육오 효사 '기자지명이箕子之明夷'는 육오효가 혼용한 군주와 가장 가까이 있는 위태로운 모습을 마치 기자가 거짓으로 미친 척하며 자신의 뜻을 지켜나간 고사에 비유한 것이다. 이를 두고 『주역정의』는 이같이 풀이했다.

"육오효가 혼용한 군주를 가장 가까이 모시고 있는 것이 마치 기자가 주紂와 가까이 있는 것과 흡사한 까닭에 '기자지명이'라고 한 것이다. '이정利貞'은 기자가 자신의 굳은 뜻을 견지함으로써 '어두움도 사라지지 않고 밝음도 사그라지지 않고 있으니 위험을 염려치 않아도 된다'는 뜻이다."

상육 효사 '불명회不明晦'는 태양이 땅 속으로 들어가 밝은 빛을 비추지 않고 오히려 어두움을 일으키는 현상을 혼용한 암군에 비유한 것이다. 육사효와 육오효는 '명이'를 언급했으나 육오효는 '명이'를 언급하지 않은 채 '불명회'만을 언급해 놓았다. 이는 상육효가 밝은 빛을 비추지 않고 오히려 어두워진 까닭에 밝음이 모두 손상된 것을 의미한다. 이를 두고 왕필은 이같이 풀이했다.

"명이의 극점에 처했다는 것은 지극히 어두운 자라는 뜻이다. 본래 그는 밝은 곳에 있었으나 후에 어두운 곳에 이르더니 마침내 땅 밑으로 들어가 버렸다."

원래 「명이괘」의 하괘인 '이괘'는 명체明體, 상괘인 '곤괘'는 암체闇體를 상징한다. '이하곤상離下坤上'으로 구성된 「명이괘」의 육효는 '명이'가 초래된 이유를 밝히고 있다. 하괘의 3개 효는 어두움의 밖에서 빛을 밝히고 있으므로 원근고하遠近高下에 따라 처한 상황이 각기 다르다. 육사효는 음유의 품성으로 정덕正德을 얻고 있으나 신분이 낮은 어두운 곳에 처해 있는 까닭에 멀리 떠나면 뜻을 얻을 수 있다. 육오효는 중덕中德을 얻고는 있으나 어두움이 짙은 상황에 이른 까닭에 내부에서 바른 뜻을 실현키가 어려워 그 밝음이 감춰진 모습이다. 이들 5개 효는 모두 군자인데 반해 상육효만은 혼용한 군주로 간주되고 있다. 이는 '명이'가 극에 달한 상황에 처한 데 따른 해석이다.

이와 관련해 일부에서는 「명이괘」의 육효를 주왕조 개국당시의 인물에 비유하고 있다. 초구효는 백이伯夷, 육이효는 주문왕, 구삼효는 주무왕, 육사효는 미자微子, 육오효는 기자箕子, 상육효는 주왕紂王에 비유하고 있다. 「명이괘」 육효의 효사에 비춰 나름대로 일리 있는 비유이다.

「명이괘」는 정치적인 암흑상태를 말한 것이다. 「명이괘」의 육효 중 혼용한 군주를 상징한 상육효를 제외한 나머지 5개 효는 각각 다른 시각에서 군자가 '명이'의 시기에 처해 있을 때의 모습을 설명하고 있다. 이를 두고 소동파는 『동파역전』에서 이같이 분석한 바 있다.

"무릇 군자는 세상에 대해 책임을 져야 한다. 자신의 힘으로 구제할 수 있다면 곧 구제해야만 한다. 육이 효사 '용증用拯'이 그것이다. 자신의 힘으로 바르게 할 수 있다면 곧 바르게 해주어야 한다. 구삼 효사 '남수南狩'가 그것이다. 이미 구제할 수 없는 지경이 되었거나 바르게 할 수 없는 지경이 되었다면 군자는 모욕을 감히 사양하지 않으면서 자신의 본 모습을 숨겨야 한다. 육오 효사 '기자箕子'가 그것이다. 군자가 '명이'의 세상에 처했다면 책임감을 갖고 이를 막아야 하나 반드시 온몸을 사용해 정도를 지켜나갈 책임을 질 필요는 없다. 초구효와 육사효는 이 세상에 대한 책임감을 가지지 않은 까닭에 가까이 있었던 자는 좌복左腹으로 들어가 내부사정을 파악한 뒤 대문을 빠져나와 멀리 떠났고, 멀리 있었던 자는 황급히 더 먼 곳으로 남몰래 떠나는 바람에 불식不食하게 되었다."

이는 초구효와 육사효가 소극적인 반항의 태도로 '명이'에 임한 데 반해 육이효와 구삼효, 육오효는 적극적인 구세의 자세로 '명이'에 대처한 것을 지적한 것이다. 그러나 이들 5개 효 모두 정도를 굳건히 지켜나가야 이롭게 된다는 점에서는 동일하다. 그 취지가 육오 효사 '명불가식明不可息'에 요약돼 표현돼 있다. 이는 세상이 어둠에 빠져 있을지라도 정도를 사라지게 해서는 안 되고 자신의 몸만이라도 바르게 세워 위험이 닥치는 것을 두려워하지 않는 것을 말한다.

명말청초明末清初의 사상가 황종희黃宗羲가 자신의 저서명을 『명이대방록明夷待訪錄』으로 지은 것도 바로 군자의 '명불가식'을 언급하기 위한 것이었다. 군주론君主論과 신하론臣下論, 법제론法制論, 학교론學校論 등 총 13편으로 구성된 『명이대방록』의 골자는 '천하가 주인이고 군주는 손님이다'라는 언명에 집약돼 있다. 청대 말기의 개혁파들은 이를 높이 평가해 그를 '중국의 루

소'로 기리면서 『명이대방록』의 이런 내용들을 원용해 새로운 통치질서인 공화정의 당위성을 선전하기도 했다. 이를 통해 짐작할 수 있듯이 「명이괘」의 요체는 난세에 처한 군자의 바른 행보를 지적한 '명불가식'에 있다고 해도 과언이 아니다.

제37장 풍화가인(風火家人)

☴ 風

☲ 火

離下巽上101,011

착괘 : 뇌수해雷水解 : 010,100

종괘 : 화택규火澤睽 : 110,101

37-1
家人, 利女貞.

가인(家人)은 집안일을 여자가 중심이 되어 하는 까닭에 여정(女貞 : 여자가 守貞함)이 이롭다.

'가인家人'의 '가家'는 사람들이 거처하는 곳을 말한다. '가인'은 곧 집안을 밝게 하는 도는 한 가족을 바르게 하는 데 있다는 뜻이다. '이여정利女貞'을 두고 『주역정의』는 이같이 풀이했다.

"여인은 집안일을 바르게 다스리느라 집 밖에서 활동하는 사람의 일을 알 수가 없다. 남편이 바르지 않다 할지라도 오로지 여자가 정도를 지켜나가면 이롭다는 뜻이다."

37-2

「彖」曰, 家人, 女正位乎內, 男正位乎外. 男女正, 天地之大義也. 家人有嚴君焉, 父母之謂也. 父父 · 子子 · 兄兄 · 弟弟 · 夫夫 · 婦婦, 而家道正, 正家而天下定矣.

〈단전〉에 이르기를, '가인은 여인이 안에서 정위(正位 : 위치를 바로 함)하고 남자가 밖에서 정위(正位)하는 것이다' 라고 했다. 남녀가 바른 것은 천지의 대의(大義)이다. 가인에게 엄군(嚴君)이 있으니 이는 부모를 지칭하는 것이다. '부부(父父 : 아비가 아비다움) · 자자(子子) · 형형(兄兄) · 제제(弟弟) · 부부(夫夫) · 부부(婦婦)' 가 이뤄지면 가도(家道)가 바르게 된다. 정가(正家 : 집안을 바르게 함)가 이뤄지면 천하가 안정된다.

여기의 '여女' 와 '남男' 은 각각 육이효와 구오효를 가리킨다. '정위正位' 는 육이효와 구오효가 각각 내괘와 외괘에서 정도를 실천하고 있는 모습을 여자가 집안일을 관장하고 남자가 집 밖의 일을 관장하는 것에 비유한 것이다. '대의大義' 는 남녀의 정도가 바로 천지음양의 이치와 일치한다는 뜻이다.

37-3

「象」曰, 風自火出, 家人. 君子以言有物而行有恒.

初九, 閑有家, 悔亡. 「象」曰 '閑有家', 志未變也.

六二, 无攸遂, 在中饋, 貞吉.「象」曰 '六二之吉', 順以巽也.

九三, 家人嗃嗃, 悔厲, 吉. 婦子嘻嘻, 終吝.「象」曰 '家人嗃嗃', 未失也. '婦子嘻嘻', 失家節也.

六四, 富家, 大吉.「象」曰 '富家大吉', 順在位也.

九五, 王假有家, 勿恤, 吉.「象」曰 '王假有家', 交相愛也.

上九, 有孚, 威如, 終吉.「象」曰 '威如之吉', 反身之謂也.

〈상전〉에 이르기를, '풍자화출(風自火出 : 바람은 불이 타오르는 것으로부터 살아나옴), 가인' 이라고 했다. 군자는 이를 본받아 언유물(言有物 : 말을 실물과 같이 함) · 행유항(行有恒 : 행동에 일관성을 지켜나감)해야 한다.

초구는 한유가(閑有家 : 사악함을 막아 집안을 보전함, '閑' 은 '防' 과 통함)하니 회망(悔亡)하다. 〈상전〉에 따르면 '한유가' 는 지미변(志未變 : 가족의 뜻이 변하기 전에 미리 예방함)을 뜻한다.

육이는 무유수(无攸遂 : 이루는 바가 없음)하다. 재중궤(在中饋 : 집안에서 충실히 음식을 관장함)하니 수정(守貞)하면 길할 것이다. 〈상전〉에 따르면 '육이지길(六二之吉)' 은 순손(順巽 : 순종하여 공손함)한 데 따른 것이다.

구삼은 가인학학(家人嗃嗃 : 가족에게 냉엄하게 대함)하여 회려(悔厲: 酷厲한 태도를 원망함)하나 오히려 그것이 길할 것이다. 만일 관서(寬恕)의 태도로 나아가 부자희희(婦子嘻嘻 : 부녀와 아이들이 '희희' 거리며 떠들어댐)하게 되면 끝내 인석(吝惜)한 일을 만날 것이다. 〈상전〉에 따르면 '가인학학' 은 '미실(未失 : 家人의 도를 잃지 않음)' 을 뜻하고, '부자희희' 는 '실가절(失家節 : 집안의 예절을 잃음)' 을 뜻한다.

육사는 부가(富家 : 집안을 부유케 함)하니 크게 길할 것이다. 〈상전〉에 따르면 '부가대길(富家大吉)' 은 육사효가 유순하게 구오효를 받드는 것을 뜻한다.

구오는 왕격유가(王假有家 : 군주가 중정의 덕을 발휘하는 데 이르러야 家道를 보전할 수 있음, '假'는 '格'과 통함)하니 근심할 필요도 없고 장차 길할 것이다. 〈상전〉에 따르면 '왕격유가'는 교상애(交相愛 : 백성들이 서로 서로 사랑하며 화목하게 지냄)를 뜻한다.

상구는 유부(有孚 : 誠信을 지님)하여 위여(威如 : 위엄 있게 가족을 대함)하니 끝내 길할 것이다. 〈상전〉에 따르면 '위여지길(威如之吉)'은 반신(反身 : 상구효가 먼저 자신을 반성하며 바르게 함)을 말한 것이다.

〈대상전〉의 '풍자화출風自火出'은 상괘인 '손괘'의 바람과 하괘인 '이괘'의 불로 구성된 「가인괘」를 집안의 일이 안에서 밖으로 영향을 미치는 것에 비유한 것이다. 이를 두고 『주역정의』는 이같이 풀이했다.

"불이 일어나는 처음에는 바람으로 인해 비로소 타오르게 된다. 불이 이내 불꽃으로 타오르게 되었을지라도 여전히 바람이 불어주어야만 한다. 안팎이 서로 도와야 성공하는 것은 마치 가족의 경우와 같다. '풍자화출'은 집안일과 풍속교화의 관계를 말한 것이다."

'언유물言有物 · 행유항行有恒'은 실속 있는 말과 일관된 행동을 지칭한 것이다. 이를 두고 왕필은 이같이 풀이했다.

"가인지도家人之道는 가깝고 작은 것을 잘 다스려 거짓이 없게 하는 것이다. 군자가 말을 할 때는 반드시 실증實證이 있어야 하니 입으로는 무택언無擇言 : 상황에 따라 말을 바꾸지 않음하고, 행동은 반드시 변치 않아야 하고, 몸으로는 무택행無擇行 : 상황에 따라 행동을 바꾸지 않음해야 한다."

이는 가정을 잘 다스리는 데는 개인의 수양이 근본이고, 개인의 수양은 언행의 수양이 근본이라는 점을 밝힌 것이다.

초구 효사 '한유가閑有家'는 사악함을 방지해야 집안을 보전할 수 있다는 뜻이다. 이를 두고 왕필은 이같이 풀이했다.

"집안이 어지럽게 된 후에 엄격히 하고 뜻이 변한 후에 다스리면 곧 후회할 것이다. 「가인괘」의 처음에 처한 것은 '가인'의 시작이라는 뜻이다. 반드시 사악함을 방지한 연후에 집안을 보호할 수 있고 후회도 사라지게 될 것이다."

'지미변志未變'은 양강의 초구효가 가족의 마음이 변하기 전에 미리 사악함을 예방했다는 뜻이다. 이는 나쁜 것이 돋아나기 전에 미리 예방한다는 의미로 어린아이를 교육하기보다 어머니 교육을 먼저 하는 것이 이롭다는 이치와 같다.

육이 효사 '재중궤在中饋'의 '궤饋'는 『주례』「천관 · 선부膳夫」에 따르면 '왕이 음식을 권유하다'의 뜻이다. 정현은 '군주에게 물건을 바치다'의 뜻으로 풀이했다. '중궤中饋'는 '궤'를 대략 음식을 만든다는 뜻으로 간주해 '집안에서 음식을 충실히 관장하다'의 뜻으로 풀이하는 게 타당할 것이다. 이는 하괘의 가운데에 처해 중정을 얻은 육이효가 상괘의 구오효와 호응하는 것을 부인이 남편을 잘 따르며 부도婦道를 지키는 것에 비유한 것이다. 이를 두고 순상은 이같이 풀이했다.

"육이효가 화순하게 바른 위치에 앉은 까닭에 호응을 얻는 것이고, 호응을 얻는 것은 곧 실속이 있다는 뜻이다. 이는 음도陰道가 지극히 아름다운 것을 말한다. 집안에서 안주를 장만하고 술을 빚는 것을 의논하므로 '중궤'라고 한 것이고, 가운데에 처하면서 정도를 실천하고 오랫동안 그 뜻을 바르고 견고하게 지켜나가면 길하기에 '정길貞吉'이라고 한 것이다."

구삼 효사 '가인학학家人嗃嗃'의 '학학'은 냉엄한 모습을 뜻한다. 정이천은 이를 의성어인 '효효嗃嗃 : 성난 소리'로 간주해 '오오嗷嗷 : 근심스럽게 떠들어대는 소리'와 같은 뜻으로 보아 '부자희희婦子嘻嘻'의 '희희'와 반대되는 뜻으로 풀이했다. '희희'는 의성어로 마융은 '웃는 소리', 정현은 '애교를 떨면서 즐겁게 웃는 소리'로 풀이했다.

그러나 '학학'이 비록 문장구조상 '희희'와 대칭되어 있으나 문의文意에 비춰 구삼효가 가족들에게 냉엄하게 대하는 태도로 풀이하는 게 타당하다. 『주역정의』도 '희희'를 '희소지모喜笑之貌 : 기쁘게 웃는 모습'로 풀이한 데 반해 '학학'은 '엄려지의嚴厲之意 : 냉엄함'로 풀이했다.

'가인학학'은 구삼효가 하괘의 위에 처하여 극성한 양강의 품성으로 집안을 엄격하게 다스리는 모습을 설명한 것이다. '회려悔厲'는 가족들이 그 엄려한 모습을 매우 근심스럽게 생각하는 것을 뜻한다. 그러나 효사는 오히려 그것이 보길保吉하는 방법이라고 했다. '부자희희'는 만일 엄격한 모습을 일전시켜 관대한 모습으로 나아갈 경우 부녀자와 아이들이 방종하여 '희희'거리며 떠들어대 결국 집안의 절도를 잃어 끝내 후회하게 된다는 뜻이다. 이를 두고 왕필은 이같이 풀이했다.

"양강의 품성으로 양위에 처하니 강건하고 엄격한 모습이다. 하괘의 극에 처하니 한 가정의 가장이 되어 가족에게 엄혹嚴酷하게 대하는 것이 오히려 공손한 것보다 낫다. 가족들이 비록 '학학' 한 처사를 두고 그 엄혹한 처사에 근심스런 모습을 보일지라도 그것이 오히려 길할 것이다. 만일 부녀자와 아이들이 '희희' 거리며 웃고 떠들면 가정의 질서를 잃고 말 것이다."

육사 효사 '부가富家' 는 육사효가 상괘의 아래에 처해 음허陰虛로서 부유하지 않았으나 유순한 도를 실천해 아래로는 초구효와 호응하고 위로는 구오효의 뜻을 받들어 마침내 크게 부유하게 되었음을 설명한 것이다. 「가인괘」의 2개의 음효 중 육이효는 하괘에 있는 까닭에 사람을 섬기고, 육사효는 상괘에 있는 까닭에 사람을 양육한다는 뜻을 내포하고 있다. 육사효는 한 가족의 양육을 주관하는 부도婦道를 상징한다. 이는 『노자』 제20장에서 말하는 '사모食母 : 먹여주는 어미' 와 그 취지를 같이 하는 것이다.

구오 효사 '왕격유가王假有家' 의 '격假' 을 두고 왕필은 '격格' 과 같은 뜻의 '지至' 로 풀이했다. 이는 군위에 처한 구오효가 중정의 덕을 얻어 하괘의 육이효와 호응함으로써 가도家道를 밝힌 것을 설명한 것이다. 이를 두고 왕필은 이같이 풀이했다.

"정도를 실천하니 왕이 상괘의 가운데에 처해 중정의 덕을 얻는 도에 이르면 가정을 보전하게 될 것이다. 존위에 처하면서 '가도' 에 밝으니 아래에서 교화되지 않는 게 없다. 육친이 화목하여 서로 사랑하며 행복하게 지내는 것이 바로 '가도' 이다. 가정을 바르게 하면 천하가 안정되는 까닭에 '왕격유가' 라고 한 것이다."

이에 반해 육적은 '격假' 을 '대大' 로 간주해 주장하기를, "구오효가 군위에 처해 육사효의 육이효 호응을 근거로 천하를 한 가족으로 생각했으므로 '왕은 크게 가족을 갖고 있다' 로 해석해야 한다"고 했다. 문맥상 통하지 않는 것은 아니나 '격' 을 굳이 '대'

로 간주한 근거를 찾기가 힘들다.

'교상애交相愛'는 구오효가 육이효와 호응하는 것이 마치 가족이 화목하게 지내는 것과 같다는 뜻이다. 여기에는 '가도'가 제대로 이뤄져야 천하의 백성들이 서로 사랑하여 천하 또한 안정될 수 있다는 뜻이 내포되어 있다.

상구 효사 '유부有孚, 위여威如'는 상구효가 「가인괘」의 마지막에 처해 정성과 믿음을 지니고 위험 있게 가족을 다스림으로써 길하게 되었음을 말한 것이다. '반신反身'은 자신의 몸을 바르게 하는 것을 근본으로 삼는 것을 말한다. 이를 두고 왕필은 이같이 풀이했다.

"사랑을 근본으로 삼는다는 것은 위엄이 적을 경우 우환이 초래되기 때문이다. 그래서 '가인'의 도는 위엄을 숭상한다. 가도家道가 완성되려면 오히려 신의와 위엄이 있어야 한다. 자신의 몸에 위엄과 공경함을 지니고 이를 실천하면 능히 다른 사람에게도 실천할 수 있게 된다."

이는 '가도'의 실천을 확장시켜 '치도'를 이룰 것을 언급한 것이다. 「가인괘」는 비록 '가인'을 예로 들었으나 '치국평천하'의 이치를 언급한 것이기도 하다. 「가인괘」의 육효는 표면상 남녀의 도리를 말하고 있다. 초구효를 비롯해 구삼효와 상구효는 남자가 지켜야 할 도리, 육이효와 육사효는 부인이 지켜야 할 도리를 언급하고 있다. 구오효는 양강의 품성으로 중정의 덕을 얻어 엄격하되 너그럽고 침착해 '가인'의 도에 가장 부합하는 모습을 보이고 있다. 이는 부도夫道를 언급한 것이다.

「가인괘」의 육효는 결국 부도婦道 및 부도夫道를 천지음양의 이치로 간주해 양자의 조화가 바로 '가인지도家人之道' 임을 밝힌 것이라고 할 수 있다. 이는 곧 부도夫道는 엄정嚴正, 부도婦道는 유순柔順을 기본이치로 삼고 있음을 말한 것이다. 양자 사이에는 우열이 있을 수 없다. 그럼에도 성리학자들은 소위 '삼강오륜三綱五倫' 이라는 명목으로 '남존여비男尊女卑' 의 강상명교綱常名敎를 만들어내 양자 사이에 우열이 있는 것으로 풀이했다. 이러한 잘못된 논리가 끼친 피해는 이루 말할 수 없이 컸다. 이는 「가인괘」를 잘못 해석한 데 따른 것으로 볼 수 있다.

「가인괘」의 요체는 〈대상전〉에서 말한 '정가正家' 에 있다. '정가' 가 이뤄져야 '정천하定天下' 가 이뤄질 수 있음을 분명히 밝히고 있는 것이다. '정가' 의 요체는 '부도夫道' 보다 '부도婦道' 에 있다고 해도 과언이 아니다. 이는 왕필의 다음과 같은 주석이 뒷받침한다.

"여女와 남男은 육이효와 구오효를 말한 것이다. '가인' 의 의미에서 볼 때 안을 근본으로 삼는 까닭에 '여' 를 먼저 말한 것이다."

육이효와 구오효는 각각 부도婦道와 부도夫道를 상징하고 있다. 양자가 조화를 이뤄야만 '정천하' 가 이뤄질 수 있는 것이다. 이를 두고 육적陸績은 이같이 주장했다.

"성인은 먼저 가족으로부터 시작하라고 가르쳤다. 가족 간에 정도가 실천되어야 천하의 교화가 잘 되고, 자신을 수행해야 백성들을 평안하게 만들 수 있다는 뜻이다."

이는 『대학』에서 말하는 '수신제가修身齊家 · 치국평천하治國平天下' 의 관점에서 풀이한 것이라고 할 수 있다. 『대학』은 가장 기본이 되는 수신의 요체를 '격물치지格物致知 · 성의정심誠意正

心'에서 찾은 데 반해 「가인괘」는 집안을 다스리는 여인에게서 찾은 셈이다. 여기에 바로 「가인괘」의 기본취지가 있다. 『주역』은 '치국평천하'의 요체가 바로 '가인지도'에 있음을 역설하고 있다. 성리학의 '삼강오륜'은 『주역』의 기본취지를 정반대로 해석해 인도人道의 발전을 저지한 대표적인 왜곡사례가 아닐 수 없다.

제38장 화택규(火澤睽)

☲ 火

☱ 澤

兌下離上110,101

착괘 : 수산건水山蹇 : 001,010

종괘 : 풍화가인風火家人 : 101,011

38-1
睽, 小事吉.

규(睽)는 소사(小事 : 일을 조심스럽게 처리함)하면 길하다.

'규睽'는 서로 등지고 노려보는 모습을 뜻한다. 「규괘」에서는 '서로 배반하여 헤어지다'의 뜻으로 사용되고 있다. '소사小事'의 '소小'는 '조심하다'는 뜻의 동사로 쓰였다. 이는 사물이 서로 어긋났을 때 유순한 방법으로 조심스럽게 접근해야만 화합시킬 수 있다는 뜻을 내포하고 있다. 이를 두고 우번은 이같이 풀이했다.

"조심한다는 것은 육오효를 말한다. 육오효는 음효로서 조심하는 품성을 지니고 있다. 상괘의 가운데에 처해 양강의 구이효와 호응하므로 길할 것이라고 했다."

이에 대해 공영달은 '소사'를 말 그대로 '작은 일'로 간주해 이같이 풀이해 놓았다.

"사물의 상태가 서로 어긋난 것이 '큰일'이어서는 안 된다. '큰일'은 일을 하는 데 대중을 움직이는 것을 말한다. 이는 대동大同이 세상에서나 가능한 일이다. '작은 일'은 음식이나 의복과 같이 많은 사람들의 힘을 필요로 하지 않는 것을 말한다. 이는 비록 어긋날지라도 괜찮은 것을 의미한다."

'소사'를 '작은 일'로 풀이할지라도 문맥상 통하지 않는 것은 아니나 「규괘」의 괘효사가 보여주는 문맥 전체의 맥락에서 볼 때 '소'를 동사로 풀이하는 게 훨씬 자연스럽다.

38-2

「彖」曰, 睽, 火動而上, 澤動而下. 二女同居, 其志不同行. 說而麗乎明, 柔進而上行, 得中而應乎剛, 是以'小事吉'. 天地睽而其事同也, 男女睽而其志通也, 萬物睽而其事類也. 睽之時用大矣哉.

〈단전〉에 이르기를, '불이 동상(動上 : 위로 움직임)하고, 연못이 동하(動下)하는 것이다'라고 했다. 두 여인이 동거(同居)하나 그 뜻은 동행(同行)치 않는다. 열이이명(說而麗明 : 밝은 것에 기쁜 모습으로 붙음, 상괘와 하괘의 괘상을 지칭)하니 유진상행(柔進上行 : 육오효가 유순한 도를 사용해 君位로 나아감)하여 마침내 득중응강(得中應剛 : 육오효가 柔中을 상징하는 구이효의 만나 호응케 됨)한다. 이에 '소사길(小事吉)' 이라고 한 것이다. 천지는 표면상 규(睽 : 반대의 위치에 섬)하나 만물을 화육시키는 일은 같고, 남녀는 표면상 규(睽)하나 교감하여 뜻을 통하게 하고, 만물은 표면상 규(睽)하나 그 하는 일은 대략 비슷하다. 규(睽)의 시용(時用 : '睽'의 시기에 화합하는 작용을 넓게 시행하는 도리)이 참으로 크도다.

불과 연못의 '동상동하動上動下'를 두고 우번은 이같이 풀이했다.

"밝은 불은 위로 타오르고 연못의 물은 아래로 스며든다."

'이녀동거二女同居'의 '이녀二女'는 하괘인 '태괘兌卦'를 '소녀少女', 상괘인 '이괘離卦'를 '중녀中女'로 간주한 데 따른 것이다. 이는 상괘와 하괘의 상을 함께 살던 두 여인이 장성한 뒤 뜻이 맞지 않아 각기 다른 곳으로 떠나고자 하는 뜻을 갖고 있는 것에 비유한 것이다.

『주역』의 64괘 중에는 두 여인이 동거하는 모습으로 비유된 괘가 제법 많으나 「규괘」와 「혁괘革卦」에 나오는 두 여인은 장녀長女가 아니다. 이는 집안에 적장자가 없음을 의미한다. 집안을 통솔하는 적장자가 없을 경우 '소녀'와 '중녀' 모두 자신의 뜻만을 고집하여 쉽게 어긋날 수 있음을 시사한 것이다.

'규지시용睽之時用'을 두고 정이천은 이같이 풀이했다.

"하늘은 높고 땅은 낮으니 그 몸체는 서로 반대의 위치에 있다. 남녀는 각각 다른 본질을 갖고 있으니 서로 반대이다. 사물은 모두 각양각색으로 서로 다르다. 그러나 음양이 합치하는 이치는 같다. '규睽'의 시기에 다른 것을 화합시키는 작용이 지극히 광범위한 까닭에 그 '시용時用'이 참으로 크다고 찬탄한 것이다."

38-3

「象」曰, 上火下澤, 睽. 君子以同而異.

初九, 悔亡. 喪馬, 勿逐, 自復. 見惡人, 无咎. 「象」曰 '見惡人', 以辟咎也.

九二, 遇主于巷, 无咎. 「象」曰 '遇主于巷', 未失道也.

六三, 見輿曳, 其牛掣. 其人天(=髡)且劓, 无初有終. 「象」曰 '見輿曳', 位不當也. '无初有終', 遇剛也.

九四, 睽孤, 遇元夫. 交孚, 厲, 无咎. 「象」曰 '交孚无咎', 志行也.

六五, 悔亡. 厥宗噬膚, 往, 何咎. 「象」曰 '厥宗噬膚', 往有慶也.

上九, 睽孤. 見豕負塗, 載鬼一車, 先張之弧, 後說之弧. 匪寇婚媾, 往, 遇雨則吉. 「象」曰 '遇雨之吉', 群疑亡也.

〈상전〉에 이르기를, '상화하택(上火下澤), 규(睽)' 라고 했다. 군자는 이를 본받아 동이이(同而異 : 크게 같은 것을 추구하며 작게 다른 것의 존재를 인정함)한다.

초구는 회망(悔亡)하다. 상마(喪馬 : 말이 도주함)할지라도 뒤쫓지 말고 말 스스로 돌아오기를 기다려야 한다. 견악인(見惡人 : 악인을 만나 겸손히 대접함, '見'은 '遜接'의 뜻임)하면 '무구' 하다. 〈상전〉에 따르면 '견악인(見惡人)' 은 피구(辟咎 : 어긋나는 것이 격화되어 초래되는 재난을 피함)를 뜻한다.

구이는 우주우항(遇主于巷 : 군위에 있는 육오효를 閭巷에서 만나 화합함)하니 '무구' 하다. 〈상전〉에 따르면 '우주우항' 은 정도를 잃은 적이 없음을 뜻한다.

육삼은 견여예(見輿曳 : 수레가 뒤로 당겨짐) · 기우체(其牛掣 : 소의 전진이 제지당함)와 같은 상황에 처해 호응하는 상구효가 크게 의

심해 천차의(天且劓 : 수염을 깎고 코를 베는 형벌을 가함, '天'은 수염이 깎이는 형벌인 '耏'와 통함)하고자 한다. 그러나 이내 무초유종(无初有終 : 질투와 의심으로 처음에는 어긋나나 나중에는 서로 화합함)한다. 〈상전〉에 따르면 '견여예'는 위부당(位不當)을 말한다. '무초유종'은 우강(遇剛 : 陽剛의 상구효와 화합함)을 뜻한다.

구사는 규고(睽孤 : 반목으로 인해 고독해짐)하다. 원부(元夫 : 대장부로 초구효를 지칭)를 만나 교부(交孚 : 성신을 갖고 사귐)하니 비록 위태로운 상황에 처할지라도 '무구'하다. 〈상전〉에 따르면 '교부무구(交孚无咎)'는 지행(志行 : 어긋난 것을 바르게 하고자 하는 뜻을 실천함)을 뜻한다.

육오는 회망(悔亡)하다. 궐종서부(厥宗噬膚 : 도와주는 일족이 살을 씹듯이 응해옴)하니 수행하는 일에 무슨 허물이 있겠는가. 〈상전〉에 따르면 '궐종서부'는 하는 일에 경사가 있음을 뜻한다.

상구는 규고(睽孤)하다. 육삼효를 시기하여 마치 시부도(豕負塗 : 돼지가 진흙을 뒤집어씀)와 재귀일거(載鬼一車 : 유령이 수레에 가득 실려 있음)를 보듯 한다. 유령을 실은 수레가 달리는 것을 보고 먼저 장호(張弧 : 활시위를 당김)했으나 이내 탈호(說弧 : 활시위를 늦추고 활을 내려놓음)한다. 호응하는 육삼효는 원래 원수가 아니라 혼구(婚媾 : 배필)이다. 앞으로 나아가면 우우(遇雨 : 비를 만남, 음양의 교합을 의미)하니 길하다. 〈상전〉에 따르면 '우우지길(遇雨之吉)'은 군의(群疑 : 모든 의심)가 일거에 사라지게 되었음을 뜻한다.

〈대상전〉의 '상화하택上火下澤'은 「규괘」의 기본이치를 논한 것이다. 이를 두고 순상은 이같이 풀이했다.

"불의 본성은 위로 타 올라가고, 못의 본성은 아래로 스며든다. 이에 '규'라고 한 것이다."

'동이이同而異'는 크게 같은 것을 추구하면서도 작게 다른 것의 존재를 인정하는 소위 '구동존이求同存異'를 언급한 것이다. 이를 두고 순상은 이같이 풀이했다.

"크게 돌아가는 것은 비록 같을지라도 작은 일은 당연히 달라야 한다. 백관의 직책이 다르고, 사·농·공·상의 사업이 각기 다르다. 문인과 무인이 함께 활동하나 위엄과 덕은 서로 반대이다. 그러나 모두 치화治化에 귀결된다. 그래서 '동이이'라고 한 것이다."

이는 『중용』에서 말하는 '화이불류和而不流 : 조화롭게 어울리면서도 휩쓸리지 않음' 구절과 그 취지를 같이 하는 것이다. 『순자』「법행法行」편에도 유사한 구절이 나온다. 이에 따르면 하루는 남곽혜자南郭惠子가 자공에게 물었다.

"부자夫子의 문정門庭을 드나드는 사람은 왜 이토록 잡다한 것이오."

그러자 자공이 이같이 대답했다.

"군자는 자신의 품행을 단정히 한 뒤 남을 대하는 까닭에 내자불거來者不距 : 오는 사람을 거절하지 않음하고 거자부지去者不止 : 가는 사람을 잡지 않음하오. 무릇 양의지문良醫之門 : 양의의 문전에는 병자가 많고, 은괄지측檃栝之側 : 나무를 바로잡는 도지개 옆에는 왕목枉木 : 曲木이 많은 법이오. 그래서 이처럼 잡다한 것이오."

공자는 봉건질서가 무너지는 춘추시대 말기에 활동하면서 신분세습의 봉건질서를 대신해 학덕學德을 연마한 군자가 통치하는 세상의 도래를 고대했다. 그가 신분의 고하를 막론하고 자신을 찾아온 모든 사람을 받아들이는 소위 '유교무류有教無類'를 행하여 시詩·서書·예禮·악樂의 '군자학君子學'을 가르친 이유가 바로 여기에 있다. 공자의 '유교무류' 정신이 바로 『중용』의 '화이불류和而不流' 정신이고, 「규괘」의 〈대상전〉에서 말한 '동이이'의 정신이라고 할 수 있다.

초구 효사 '회망悔亡'은 초구효가 당초 다른 사람과 어긋나고, 직위도 낮아 호응하는 자도 없고, 따로 자립해 스스로 드러낼 수도 없어 후회하나 다른 사람과 넓게 사귀며 화합함으로써 후회가 사라지게 된 것을 설명한 것이다.

'물축자복勿逐自復'은 말이 달아났을지라도 말은 몸을 숨기기가 어려워 이내 돌아올 것이므로 결코 그 뒤를 쫓지 말라고 당부한 것이다. 본래 달아나는 말을 쫓아가면 말은 더욱 멀리 달아나기 마련이다. 이는 의견을 달리하는 사람과 대립했을 때 더 이상 추궁하지 말라는 뜻을 담고 있다. 견악인見惡人의 '견見'은 원래 '만나다'의 뜻이나 『주역정의』는 '손접遜接 : 겸손히 대접함'의 뜻으로 풀이했다. 문의에 부합하는 해석이다. '악인'은 자신과 대립되는 뜻을 지닌 사람을 의미한다. 달아나는 말을 쫓아가면 말이 더욱 멀리 달아나듯이 '악인'과 대립했을 때 자신의 주장만을 고집하면 더욱 어긋나기 마련이다. 이때는 말이 스스로 돌아오기를 기다리듯이 '악인'을 겸손히 대접해 스스로 깨닫기를 기다리느니만 못하다. '피구避咎'는 바로 이 경우를 말한 것이다. 이는 『노자』 제4장에서 말하는 '화광동진和光同塵 : 번쩍거리는 빛을 부드럽게 해 세속에 섞임'과 그 취지를 같이 하는 것이다.

구이 효사 '우주우항遇主于巷'의 '주主'는 육오효를 가리킨다. 이는 육오효가 군위에서 구이효와 호응하는 것을 지칭한다. 원래 구이효는 '규睽'의 시기에 직위를 상실한 채 불안한 상태인 까닭에 재난을 만나게 되어 있다. 그러나 음위에 처해 중덕을 얻어 겸손함을 지키며 때를 기다린 까닭에 육오효를 여항閭巷 : 마을 안의 거리에서 만나 화합함으로써 재난을 면하게 된 것이다. 이를 두고 왕필은 이같이 풀이했다.

"구이효와 육오효 모두 직위를 잃어버린 상태이다. 그들은 모두 자신과 같은 무리를 구하고자 하는 뜻을 갖고 대문을 나섰다. 기대하지 않았으나 만나게 되었으므로 '우주우항'이라고 한 것이다."

육삼 효사 '견여예見輿曳, 기우체其牛掣'는 육삼효가 하괘의 마지막에 처해 상구효와 호응하고자 하나 상구효의 의심을 받아 곤경에 처하게 된 것을 마치 수레가 뒤로 당겨지고 소의 전진이 제지당한 것에 비유한 것이다. 육삼효는 음효로서 양위에 처해 직위를 상실하고 있을 뿐만 아니라 상하의 두 개의 양효로부터 위협을 받고 있다. 육삼효에 호응하는 상구효는 외괘의 먼 곳에 처해 있어 오히려 극도로 의심을 하며 '천차의天且劓'의 징벌을 가하고자 한다.

'천차의'의 '천天'과 관련해 예로부터 여러 해석이 있었다. 우번은 '묵형墨刑'으로 풀이했으나 청대 말기의 유월兪樾은 『군경평의羣經平義』에서 발꿈치를 베는 '올형兀刑'으로 보았다. 그러나 여기의 '천'은 머리를 깎이는 형벌인 '이而'의 뜻으로 쓰인 것이다. '이'는 '이耏'와 같은 뜻으로 원래 평두平頭를 상징한다. 『설문해자』「이부而部」에 나오는 '이耏'는 머리를 모두 깎는 '곤형髡刑'의 아래 단계 형벌로 죄인의 귀 앞 머리털을 깎아 두발을 조금 남겨두는 체형體刑을 뜻한다. 구름의 상승을 뜻하는 금문金文의

'수雯' 자가 '수需'의 어원으로 간주되는 것은 바로 이 때문이다. '의劓'는 코를 베는 형벌을 말한다. '천차의'는 육삼효가 내괘에서 규도睽道의 극점에 처해 있음을 의미한다. '무초유종无初有終'은 육삼효가 처음에는 상구효의 의심을 사 어긋났으나 결국 상구효의 의심이 풀려 유종지미有終之美를 거두게 되었음을 의미한다.

구사 효사 '규고睽孤'는 구사효의 상하에 육삼효와 육오효의 음효가 있으나 두 음효 모두 마음대로 일을 주관하는 까닭에 구사효가 고독을 면을 면치 못하고 있음을 설명한 것이다. '규고'를 두고 왕필은 이같이 풀이했다.

"모시고자 하는 육오효가 자발적으로 구이효와 호응하고, 아래에 있는 육삼효는 구사효와 어긋나 있어 '규고'라고 한 것이다."

'교부交孚'는 구사효가 외로운 위치에 처해 있다가 이내 같은 양강인 초구효와 호응해 서로 동지애로 뭉치게 되었음을 말한 것이다. 이를 두고 왕필은 이같이 풀이했다.

"초구효와 구사효는 '규'의 시기에 상하괘의 아래에 처해 있는 동지이다. 구사효는 비록 육삼효 및 육오효와 가까이 있으나 모두 어긋나 있어 편안치 못한 곳에 처해 있는 것이다. 이때 동지를 구해 스스로 의탁함으로써 '우원부遇元夫'라고 한 것이다. 동지를 서로 믿어 의심치 않고 잘 지내므로 '교부'라고 한 것이다. 비록 헤어져 떨어져 있으나 뜻을 함께 하므로 '여무구厲无咎'라고 한 것이다."

구사효는 양강의 품성이기는 하나 음위에 처해 있는 까닭에 겸손할 수 있다. 초구효 역시 하괘의 맨 아래에 처해 뒤로 물러날 수 있다. 양자 모두 겸손하게 화합할 수 있는 조건을 갖추고 있는 것이다. 구사효와 초구효는 비록 음양의 교합을 통한 조화는 아니나 일종의 동지애를 발휘함으로써 소위 '구동존이求同存異'의 이상을 실현한 셈이다.

육오 효사 '궐종서부厥宗噬膚'는 떨어져 있는 구이효가 마침내 육오효에 호응하게 된 것을 종족宗族이 친하게 지내는 것에 비유한 것이다. 여기의 '서부噬膚'는 '부드러운 살을 깨물다'의 뜻으로 종족에 해당하는 구이효가 부드러운 자세로 응해오는 것을 의미한다. 〈대상전〉의 '득중응강得中應剛'은 바로 이를 지칭한 것이다.

상구 효사 '규고睽孤'는 상구효가 호응하는 육삼효를 시기하고 의심하여 고독한 처지에 빠지게 되었음을 의미한다. 상구효 역시 구사 효사 '규고'와 마찬가지로 반목으로 인해 고독해진 것이다. 상규효는 「규괘」의 극점에 처해 육삼효와 오랫동안 헤어져 있게 되자 초조해한 나머지 시기하고 의심하는 마음으로 인해 심사가 혼란스럽기 그지없다. '시부도豕負塗'와 '재귀일거載鬼一車'는 바로 의심이 극에 달한 상황에서 나타난 일종의 환상을 말한 것이다. 이를 두고 정이천은 이같이 풀이했다.

"상구효와 육삼효는 비록 서로 호응하나 규도睽道의 극점에 처해 있다. 이는 육삼효를 만나는 것을 마치 더러운 돼지가 등에 진흙을 묻히고 있는 것을 만나는 것처럼 매우 싫어함을 의미한다. 싫어하는 정도가 마치 수레에 가득 실려 있는 유령을 보는 것처럼 싫어하는 수준에 달했다. 유령은 본래 형체가 없다. 유령이 가득 찬 수레를 만나면 그는 없는 것을 있는 것처럼 말해야 하니 이는 거짓의 극치가 된다. 먼저 활시위를 당긴다는 것은 곧 의심하고 미워하기 때문이다. 그러나 그를 의심하는 것이 거짓인데 그 거짓이 어찌 오래 갈 수 있겠는가. 상구효는 사실 육삼효를 싫어하지 않는 까닭에 이내 활을 벗어버리고 화살을 겨냥치도 않게 된다."

문의에 부합하는 적절한 풀이가 아닐 수 없다. '비구匪寇, 혼구婚媾'는 바로 상구효가 육삼효에 대한 의심을 풀고 화합케 되었음을 설명한 것이다. '왕우往雨'의 '우雨'는 음양의 조화를 상징하는 말이다. '우우지길遇雨之吉'을 두고 정이천은 이같이 풀이했다.

"규睽의 상황이 극에 달하면 다시 돌아오게 되므로 육삼효를 원수로 삼지 않고 훌륭한 배필로 삼게 되었다. 음양이 합쳐지면 비가 되므로 '우우지길'이라고 한 것이다. 앞으로 나아가는 것은 '우우지길'의 위치에서 나아간다는 것으로 이미 화합했는데도 더욱 화합하면 크게 길할 것이라는 뜻이다."

특이하게도 「규괘」는 육효 중 '규睽'의 시기에 처해 있음에도 불구하고 오랫동안 어긋난 채 끝내 화합치 못하는 경우는 하나도 없다. 이는 내괘가 어긋난 상태로 기다리고 있고 외괘가 모두 돌아와 호흥하고 있는 데 따른 것이다.

초구효는 말이 달아나는 곤경에 처했으나 이내 그 뒤를 좇아가지 않고 스스로 돌아올 때를 기다림으로써 대장부인 구사효를 만나게 되었다. 육이효는 예기치 않게 여항에서 주인을 만남으로써 화합하게 되었다. 육삼효는 앞뒤로부터 견제를 받아 곤경에 처했으나 상구효가 의심을 풀고 다가옴으로써 길하게 되었다.

이는 천하의 모든 사물이 끝까지 어긋난 상태로 존재할 수 없다는 이치를 언급한 것이다. 「규괘」의 육효는 사물이 어긋나게 된 상황을 설명하면서 동시에 화합할 수 있는 이치를 제시하고 있다. 그것이 바로 '유도柔道'이다. 유순한 자세로 부드럽게 다가가 천천히 소통시키는 것이 바로 '유도'인 것이다.

「규괘」는 바로 '유도'를 통해 대립하는 모든 것이 상호 화합할 수 있다는 사실을 역설하고 있다. 이는 〈대상전〉에서 말한 '동이이同而異'를 전제로 한 것이다. '대립과 통합'을 뜻하는 '구동존이求同存異'처럼 만물의 존재 이치를 간명하게 설명한 것도 없다. 천지만물은 모두 외견상 대립된 모습을 하고 있다. 이는 '대립'을 뜻하는 '존이存異'를 말한 것이다. 그러나 천지만물은 필연적으로 음양의 교합을 통해 영허소장盈虛消長을 끝없이 반복한다. 이는 '통합'을 지향한 '구동求同'의 결과가 아닐 수 없다. 지극한 치도 역시 「규괘」에서 말하는 '구동존이'의 이치에 근거한 것임은 말할 것도 없다. 「노자」는 이를 '무위이무불위無爲而無不爲'로 표현해 놓았다.

제39장 수산건(水山蹇)

☵ 水

☶ 山

艮下坎上001,010

착괘 : 화택규火澤睽 : 110,101

종괘 : 뇌수해雷水解 : 010,100

39-1
蹇, 利西南, 不利東北. 利見大人. 貞吉.

건(蹇)은 서남(西南 : 평지를 상징)쪽이 이롭고 동북(東北 : 산악을 상징)쪽이 이롭지 못하다. 현대인(見大人 : 난국을 타개하기 위해 대인의 지도를 받음)이 이로우니 수정(守貞)하면 길할 것이다.

'건蹇' 은 원래 '다리를 절다' 의 뜻이나 〈서괘전〉에서는 '난難' 의 뜻으로 풀이해 놓았다. 이는 발이 나아가지 못해 행동하기가 어렵다는 뜻에서 나온 것이다.

'서남西南'과 '동북東北'은 각각 평지와 산악을 의미한다. 평지는 어려운 것을 쉽게 하는 것을 뜻하고, 산악은 나아가는 길이 막혔음을 뜻한다. 이를 두고 『주역정의』는 이같이 풀이해 놓았다.

"'서남'은 순한 자리이고 평이平易한 방향이다. '동북'은 험난한 자리이고 장애물이 있는 곳이다. 세도世道 : 세상의 이치가 다난多難할지라도 사물을 평이한 쪽으로 이끌 수 있다. 이에 절름발이 또한 능히 길을 걸을 때의 어려움을 해결할 수 있는 것이다. 그러나 만일 험난한 곳으로 들어가면 더욱 막혀버릴 것이다. 길을 가는 이치는 반드시 이와 같아야 할 것이다."

'현대인見大人'은 '건蹇'의 시기에 대인이 나타나 어려움을 해결해 주는 것을 뜻한다. 이는 군위에 있는 양강의 구오효가 중정을 얻은 것을 지칭한 것이다. 「건괘」는 초육효를 제외한 5개 효 모두 정위正位를 얻고 있다. '정길貞吉'은 바로 이를 말한 것이다.

39-2

「彖」曰, 蹇, 難也, 險在前也. 見險而能止, 知矣哉. '蹇利西南', 往得中也. '不利東北', 其道窮也. '利見大人', 往有功也. '當位貞吉', 以正邦也. 蹇之時用大矣哉.

〈단전〉에 이르기를, '건(蹇), 난(難)'이라고 했다. 이는 험한 게 앞에 있음을 뜻한다. 견험능지(見險能止 : 험한 것을 보고 능히 발걸음을 멈춤)하니 참으로 지혜로운 사람이라고 말할 수 있도다. '건리서남(蹇利西南)'은 앞으로 나아가는 것이 득중(得中 : 적중함을 얻음, 合當을 의미)한다는 뜻이다. '불리동북(不利東北)'은 나아가는 길이 이내 막힐 것이라는 뜻이다. '이현대인(利見大人)'은 앞으로 나아가면 어려움을 해결하고 반드시 공을 세울 수 있다는 뜻이다. '당위정길(當位貞吉 : 육효가 모두 正位를 얻어 守貞하면 길함)'은 정방(正邦 : 어려움에서 벗어나 나라를 바르게 함)을 뜻한다. 건(蹇)의 시용(時用)이 참으로 크도다.

'견험능지見險能止'를 두고 『주역정의』는 이같이 풀이해 놓았다.

"감坎이 외괘에 있다는 것은 험난함이 앞에 있다는 뜻이다. 만일 위험을 무릅쓰고 앞으로 나아가고자 한다면 다가올 피해를 근심해야 할 것이다. 간艮이 내괘에 있다는 것은 정지한 채 나아가지 않는다는 뜻이다. 시기를 선택해 움직이니 지혜롭다고 말하지 않을 수 없다."

'당위정길當位貞吉'은 「건괘」의 육효가 모두 정위正位를 얻고 있다는 뜻이다. 그러나 초육효는 나머지 5개 효와 달리 음효로서 양위에 처해 있다. 이는 '정위'를 얻었다고 할 수 없다. 그럼에도 육효 모두 '정위'를 얻었다고 풀이하는 것은 무슨 까닭일까. 정이천은 이같이 해석했다.

"「건괘」의 육효 중 초육효를 제외한 나머지 5개 효는 모두 정위를 얻었다. 이에 수정守貞하면 길할 것이다. 초육효는 비록 음효로서 양위에 처했으나 가장 아래에 처해 있는 까닭에 역시 음효의 정당함을 지니고 있다. 그래서 정방正邦할 수 있는 것이다."

39-3

「象」曰, 山上有水, 蹇. 君子以反身修德.

初六, 往蹇, 來譽.「象」曰 '往蹇來譽', 宜待也.

六二, 王臣蹇蹇, 匪躬之故.「象」曰 '王臣蹇蹇', 終无尤也.

九三, 往蹇, 來反.「象」曰 '往蹇來反', 內喜之也.

六四, 往蹇, 來連.「象」曰 '往蹇來連', 當位實也.

九五, 大蹇, 朋來.「象」曰 '大蹇朋來', 以中節也.

上六, 往蹇來碩, 吉. 利見大人.「象」曰 '往蹇來碩', 志在內也. '利見大人', 以從貴也.

〈상전〉에 이르기를, '산상유수(山上有水), 건(蹇)' 이라고 했다. 군자는 이를 본받아 반신수덕(反身修德 : 스스로 반성하여 덕을 닦음)한다.

초육은 왕건(往蹇 : 앞으로 나아가면 어려움에 처함)으로 내예(來譽 : 제자리로 물러나면 칭송을 받음)를 뜻한다. 〈상전〉에 따르면 '왕건내예' 는 의대(宜待 : 마땅한 때를 기다림)를 뜻한다.

육이는 왕신건건(王臣蹇蹇 : 군왕의 臣僕이 어려움에 처해서도 군주를 위해 분주히 노력함)하니 결코 자신의 사사로운 목적을 위한 것이 아니다. 〈상전〉에 따르면 '왕신건건' 은 종무우(終无尤 : 득실성패를 계산하지 않고 분투한 까닭에 마침내 재난을 면함)를 뜻한다.

구삼은 왕건(往蹇 : 나아가는 여정에 어려움이 있음)하자 내반(來反 : 돌아와 자신의 위치를 찾음)한 것을 말한다. 〈상전〉에 따르면 '왕건내반' 은 내희지(內喜之 : 내괘의 두 음효가 구삼 효사 '來反' 을 기뻐함, '之' 는 '來反' 을 지칭)를 뜻한다.

육사는 왕건(往蹇)하고 내련(來連 : 돌아왔지만 또한 어려움을 만남)한 것을 말한다. 〈상전〉에 따르면 '왕건내련' 은 육사효의 자리가 실(實 : 정당하고 바름)한 것을 뜻한다.

구오는 대건(大蹇 : 나아가는 여정에 큰 어려움이 있음)하자 붕래(朋來 : 많은 벗이 찾아와 협력함)한 것을 말한다. 〈상전〉에 따르면 '대건붕래' 는 중절(中節 : 중정의 氣節을 보유함)을 뜻한다.

상육은 왕건내석(往蹇來碩 : 어려움을 만나 되돌아와 큰 공을 세움, '碩'은 '大功'을 의미)하니 길하고 이현대인(利見大人)할 것이다. 〈상전〉에 따르면 '왕건내석'은 지재내(志在內 : 내괘인 육이효와 호응하는 구오효를 따르면서 내괘인 구삼효와 호응함)를 뜻한다. '이현대인'은 종귀(從貴 : 존귀한 군주인 구오효를 좇음)를 뜻한다.

〈대상전〉의 '산상유수山上有水'를 두고 『주역정의』는 이같이 풀이해 놓았다.

"산은 바위가 많아 험하다. 물은 가는 길을 저지하고 있는 까닭에 통행하기가 어렵다. 물이 산위에 고여 있다는 것은 갈수록 위험하고 어렵다는 뜻이다."

초육 효사 '왕건내예往蹇來譽'는 초육효가 '건蹇'의 시기에 음효로서 가장 아래에 처해 있으면서 위로 호응하는 자도 없는 상황에서 함부로 나아가면 어려움을 만나나 제자리로 돌아오면 칭송을 받게 된다는 뜻이다. '의대宜待'는 앞으로 나아가기에 적당한 때를 기다린다는 뜻이다. 초육효를 비롯해 구삼효와 육사효, 상육효 모두 '왕래往來'를 언급하면서 반드시 가는 길을 멈추고 적당한 시기를 기다려야 한다는 취지를 밝히고 있다.

육이 효사 '왕신건건王臣蹇蹇'의 '신臣'은 신복臣僕을 뜻한다. 『백서주역』에는 '복僕'으로 되어 있다. '건건'은 분주히 노력하면서 어려움을 헤쳐나가는 상황을 묘사한 것이다. 육이효는 비록 어려운 시기에 처해 있으나 유순한 품성으로 중도를 지키며 구오효에 호응하고 있다. 이를 '왕신王臣'이 최선의 노력을 기울여 자신의 직분을 다하고 있는 모습에 비유한 것이다.

구삼 효사 '왕건往蹇, 내반來反' 은 양효로서 하괘의 가장 높은 곳에 위치한 구삼효가 앞에 있는 '감괘坎卦' 가 상징하는 험난함을 무시하고 앞으로 나아가면 어려움을 겪게 되나 되돌아오면 자신의 자리를 찾을 수 있다는 뜻이다. '내희內喜' 는 내괘의 두 음효가 구삼 효사의 '내반' 을 기뻐한다는 뜻이다.

육사 효사 '왕건往蹇, 내련來連' 의 '연連' 은 '왕건' 의 '건蹇' 과 대응하는 말로 연속되는 어려움을 의미한다. 그러나 '연' 을 글자 그대로 '결結' 로 풀이하는 견해도 있다. 순상은 풀이하기를, '돌아와 구오효를 받들어 곧 군주와 서로 연결된 것이다' 라고 했다. 주희도 풀이하기를, '구삼효와 연결해 힘을 합쳐 어려움을 해결했다' 고 보았다. 양자 모두 '련' 을 구삼효 내지 구오효와의 연결로 해석한 셈이다.

그러나 여기의 '연' 은 육사효가 비록 정덕을 얻었으나 구삼효의 양강을 올라타고 앉아 있는 까닭에 하괘의 초육효와 호응치 못하고 자신 또한 '감괘' 의 험난함에 처해 있어 오고가는 것 모두 곤경에 처해 있음을 설명한 것이다. 왕필은 이같이 풀이했다.

"앞으로 나아가도 호응하는 자가 없고 돌아와도 양강을 올라타고 앉게 되니 오고가는 것 모두 어려움에 처할 것이다. 그래서 '왕건, 내련' 이라고 한 것이다."

왕필의 주석이 문맥상 순통한다.

'위당실位當實' 의 '실實' 은 맡은 자리가 바르다는 뜻이다. 이는 음효로서 음위에 처한 육사효가 위를 향해 나아가지 않고 아래로 내려와 하괘의 여러 효들과 뜻을 같이 하여 많은 무리를 얻게 되었다는 뜻을 담고 있다. 육사효가 아래로 내려와 여러 효들과 뜻을 같이 하게 된 것은 아래 효들이 모두 '실實'을 얻었기 때문에 가능했던 것이다. 초육효는 비록 정덕을 얻지 못했으나 하괘의 맨 아래에 처한 까닭에 나름대로 '실'을 얻었다고 할 수 있다.

구오 효사 '대건大蹇'은 구오효가 상괘의 가운데에 처해 중정의 덕성으로 하괘의 육이효와 호응하자 많은 친구들이 찾아와 협력케 된 것을 말한 것이다. 이를 두고 왕필은 이같이 풀이했다.

"어려운 때에 홀로 험난한 가운데 있으니 그 어려움이 큰 것은 말할 것도 없다. 그래서 '대건'이라고 한 것이다. 그러나 중정을 잃지 않고 그 절개를 바꾸지 않자 뜻을 같이 하는 동지들이 수 없이 몰려들었다. 그래서 '붕래'라고 한 것이다."

구오효와 육이효는 서로 도우면서 어려움을 해결하는 군신君臣에 비유되고 있다. 이를 주빈主賓의 관계로 볼지라도 내용상 큰 차이는 없다. 육이효가 유독 구오효와 호응하는 것은 진심으로 물러날 뜻을 지니고 있지 않기 때문이다. 육이효가 구오효의 호응을 얻는 것은 신하가 군주의 총임을 받은 것을 뜻하고, 구오효가 육이효의 호응을 얻는 것은 군주가 신하들의 충성스런 보필을 받게 되었음을 의미한다.

상육 효사 '왕건내석往蹇來碩'은 상육효가 「건괘」의 마지막에 처해 어려움이 극에 달하게 되었으나 이내 본래의 위치를 지킴으로서 이내 크게 통하게 되었음을 의미한다. '지재내志在內'는 상육효가 돌아와 구오효를 따르면서 구삼효와 호응하고, 구오효는 육이효와 호응하고 있음을 가리킨 것이다. 이는 상육효와 구오효 모두 내괘의 육이효와 구삼효와 연합해 어려움을 해결하고자 하는 데 그 뜻을 두고 있다는 뜻이다.

'이현대인利見大人'은 상육효가 앞으로 나아가면 더 큰 어려움에 직면케 되나 되돌아와 본래의 위치를 지키면서 군위에 있는 구오효를 따르면 크게 길할 것이라는 뜻이다. 여기의 '대인'은 구오효를 가리킨다. 「건괘」의 육효는 어려움에 처하게 된 상황을 설명하면서 이를 해결하는 방안을 크게 3가지로 요약해 제시하고 있다. 첫째, 반드시 나아가고 물러나는 것이 적당해야 한다. '서남'의 평지와 '동북'의 산악을 언급한 것은 앞으로 나아갈 수 있다면 즉시 앞으로 나아가고 그리 할 수 없으면 즉시 물러나야 한다는 뜻이다. 둘째, '대인'은 어려움을 해결하는 핵심 인자이다. '이현대인'은 상하의 뜻을 합치면 어려움을 헤쳐 나갈 수 있다는 취지이다. 셋째, 어려움을 해결하기 위해서는 반드시 정도를 견지해야 한다.

이를 종합해 보면 「건괘」는 어려움에 처했을 때 적절한 시기를 틈타 힘을 합쳐 헤쳐나갈 것을 주문하고 있는 것이다. 상육효에 이르러 비로소 길할 것이라고 말한 것은 바로 이런 취지에서 나온 것이다. 주희도 유사한 취지로 풀이했다.

"여러 개의 효 모두 '길할 것이다'라고 하지 않은 것은 대체로 어려운 상황을 벗어나지 못했기 때문이다. 그러나 상육효에 이르러 '왕건내석'을 운위한 것은 오히려 어려움이 극에 달해 문제를 쉽게 해결할 수 있게 되었음을 의미한다."

이는 곧 시련이 많을수록 오히려 더욱 한 단계 높이 도약하는 발전의 계기로 삼을 수 있음을 언급한 것이다. 맹자도 유사한 취지로 말한 바 있다. 『맹자』「고자 하」편의 다음 구절이 그것이다.

"하늘은 장차 큰 임무를 어떤 사람에게 내리려고 할 때는 반드시 먼저 그 심지心志를 괴롭게 하고, 그 근골筋骨을 힘들게 하고, 그의 체부體膚 : 몸를 굶주리게 하고, 그 신身 : 신분을 공핍空乏 : 빈궁하게 하고, 어떤 일을 행함에 그 소위所爲 : 행하고자 하는 바를 불란拂亂 : 어지럽힘한다. 이는 동심인성動心忍性 : 마음을 분발시키고 성질을 참게 함을 통해 그가 할 수 없었던 일을 마침내 해낼 수 있도록 도와주기 위한 것이다."

『맹자』 전편을 통해 가장 감동적인 구절을 꼽으라면 바로 「고자 하」편의 이 구절을 들 수 있다. 이는 〈대상전〉의 '당위정길當位貞吉'과 취지를 같이 하는 것이다. 중정의 덕을 얻어 수정守貞하는 것은 바로 '정방正邦'키 위한 것이다. 「건괘」의 요체는 바로 '당위정길'을 통한 '정방'에 있다고 해도 과언이 아니다.

제40장 뇌수해(雷水解)

☳ 雷

☵ 水

坎下震上010,100

착괘 : 풍화가인風火家人 : 101,011

종괘 : 수산건水山蹇 : 001,010

40-1

解, 利西南. 无所往, 其來復, 吉. 有攸往, 夙吉.

해(解)는 서남(西南 : 많은 사람들이 사는 곳을 의미)으로 가는 게 이로울 것이다. 어려움이 없을 때는 앞으로 나아가 해결할 필요가 없으니 내복(來復 : 돌아와 편히 거처함)이 길할 것이다. 유유왕(有攸往 : 어려움이 출현하면 나아감)하되 숙길(夙吉 : 빨리 행하는 게 길함)하다.

'해解'는 크게 '개'와 '해'의 두 가지 발음이 있었으나 현재는 '해'만 존재한다. 이는 '해난解難 : 어려움을 해결함'의 뜻이다.

〈서괘전〉에서는 '완緩 : 사물에 대한 감정이 서서히 부드러워짐'으로 보았다.

'서남西南'은 많은 사람들이 사는 곳을 의미한다. 이는 어려웠던 상황을 서서히 해결하자 여러 사람이 편안하게 되었음을 의미한다. 이는 「곤괘」의 괘사 '서남득붕西南得朋'에서 유래한 것이다. '서남'을 언급한 괘로는 「곤괘」 이외에 「해괘」와 「건괘蹇卦」를 들 수 있다. 이들 모두 '서남'이 이롭다고 말한 점에서 동일하나 그 내용은 각기 다르다. 「곤괘」의 '서남득붕'은 유순한 자는 마땅히 순종하며 겸손하게 물러설 것을 주문하고 있다. 이에 대해 「건괘」의 '이서남利西南'은 어려움을 해결해 마침내 바라던 것을 편안하고 쉽게 손에 넣어 이롭다는 뜻을 담고 있다. 「해괘」의 '이서남'은 어려운 상황을 서서히 해결해 많은 사람에게 혜택을 베풀 것을 주문하고 있다.

40-2

「彖」曰, 解, 險以動, 動而免乎險, 解. '解, 利西南', 往得中也, '其來復吉', 乃得中也. '有攸往, 夙吉', 往有功也. 天地解而雷雨作, 雷雨作而百果草木皆甲坼. 解之時大矣哉.

〈단전〉에 이르기를, '해(解)는 어려운 처지에 놓이면 분발해 움직여야 하고, 분발해 움직이면 위험한 경지를 벗어날 수 있으니 이것이 곧 해(解)이다'라고 했다. '해(解), 이서남(利西南)'은 앞으로 나아가 어려움을 해결하면 반드시 득중(得中 : 타당함을 얻음, 많은 무리의 지지를 의미)할 것임을 뜻한다. '기래복길(其來復吉)'은 이같이 하는 것이 득중하는 것임을 뜻한다. '유유왕(有攸往), 숙길(夙吉)'은 기회를 놓치지 않고 나아가 공을 세우는 것을 뜻한다. 천지가 해덕(解德 : 봄이 되어 만물이 움트는 것을 의미)하면 뇌우(雷雨)가 일어나고, 뇌우가 일어나면 백과초목(百果草木)이 모두 갑탁(甲坼 : 종자의 두꺼운 껍질을 터뜨림)한다. 해(解)의 시의(時義)가 참으로 크도다.

'험이동險以動'의 '험險'은 하괘인 '감괘坎卦', '동動'은 상괘인 '진괘震卦'의 괘덕을 의미한다. 이를 두고 왕필은 이같이 풀이했다.

"어려움이 밖에서 움직이므로 '면免', 어려움을 면하는 것이 곧 해결한다는 뜻이므로 '해解'라고 했다."

40-3

「象」曰, 雷雨作, 解. 君子以赦過宥罪.

初六, 无咎. 「象」曰, 剛柔之際, 義无咎也.

九二, 田獲3狐, 得黃矢, 貞吉. 「象」曰 '九二貞吉', 得中道也.

六三, 負且乘, 致寇至, 貞吝. 「象」曰 '負且乘', 亦可醜也. 自我致戎, 又誰咎也.

九四, 解而拇, 朋至斯孚. 「象」曰 '解而拇', 未當位也.

六五, 君子維有解, 吉. 有孚于小人. 「象」曰, 君子有解, 小人退也.

上六, 公用射隼于高墉之上, 獲之, 无不利. 「象」曰 '公用射隼', 以解悖也.

〈상전〉에 이르기를, '뇌우작(雷雨作), 해(解)'라고 했다. 군자는 이를 본받아 사과유죄(赦過宥罪 : 가벼운 잘못은 사면하고 고의로 저지른 죄는 너그러이 용서해 줌)한다.

초육은 '무구'하다. 그래서 〈상전〉에 '강유지제(剛柔之際 : 음유의 초육효가 양강의 구사효와 교제함)'는 어려움을 서서히 해결하는 의

(義 : 이치, 理와 통함)로 간주한 것이나 다름없으니 반드시 '무구' 할 것이다.

구이는 전획3호(田獲三狐 : 사냥에서 세 마리 여우를 잡음, 잠복한 우환을 미연에 방지함) · 득황시(得黃矢 : 강직하고 치우치지 않는 미덕을 얻음)하니 수정(守貞)하면 길할 것이다. 〈상전〉에 따르면 '구이정길(九二貞吉)' 은 득중도(得中道)를 뜻한다.

육삼은 부차승(負且乘 : 무거운 짐을 등에 지고 수레를 탐, 고관에게 붙어사는 것을 의미)으로 치구지(致寇至 : 도적의 침탈을 초치함)하니 정린(貞吝 : 이런 상황이 지속되면 貞德의 鄙賤함이 심하게 됨)할 것이다. 〈상전〉에 따르면 '부차승' 은 가추(可醜 : 그 행위가 추함, 군자에게는 부끄러운 일이라는 뜻임)를 뜻한다. 소인이 덕이 없어 직위를 사사롭게 이용해 치융(致戎 : 큰 재난을 초치함, '戎' 은 '大害' 를 의미)했으니 또한 누구의 허물로 돌릴 것인가.

구사는 해이무(解而拇 : 너의 엄지발가락의 남모르는 병을 서서히 낫게 함, '而' 는 '汝' 와 통함)하니 붕지사부(朋至斯孚 : 초육효인 벗과 만나 이내 성신으로 호응함, '斯' 는 '乃' 의미의 介詞)하다. 〈상전〉에 따르면 '해이무(解而拇)' 는 미당위(未當位 : 처한 자리가 정당치 못함)를 뜻한다.

육오는 군자유해(君子有解 : 어려움을 서서히 풀어나감, 본문의 '維' 는 語氣辭)하니 길하다. 성신으로 소인들까지 감화시킨다. 〈상전〉에 따르면 '군자유해' 는 소인들이 두려워하며 복종하거나 물러나는 것을 뜻한다.

상육은 고용지상(高墉之上 : 높은 성 위)을 근거지로 하여 공용석준(公用射隼 : 왕공이 활로 새매를 단 한 발에 적중시킴)하여 포획하니 이롭지 않은 게 없다. 〈상전〉에 따르면 '공용석준' 은 해패(解悖 : 정도를 거스른 소인배들이 조성한 어려움을 서서히 해결함)를 뜻한다.

〈대상전〉의 '뇌우작雷雨作, 해解'는 우레가 치다가 비가 오고, 비가 오다 우레가 치게 되면 천지는 이 우레와 비를 이용해 만물의 어려움을 해결해 준다는 뜻이다. 「해괘」의 상괘와 하괘를 바꿔 놓으면 「준괘屯卦」가 된다. 어려운 가운데서 활동하는 것이 「준괘」이고, 어려운 곳에서 빠져나오는 것이 「해괘」이다. '준屯'은 초목의 싹이 땅위로 움터 올라왔으나 여전히 피지 못하고 있는 것을 뜻하고, '해解'는 우레가 치고 비가 내리니 수많은 백과초목百果草木이 '갑탁甲坼' 하면서 성장해 가는 것을 뜻한다.

초육 효사 '무구无咎'는 초육효가 처음 출발할 때부터 이미 어려움이 해결되었음을 뜻한다. 이들 두고 『주역정의』는 이같이 풀이했다.

"어려움이 이미 해결되었다. 음유로 하괘의 가장 아래에 처해 위로 바르게 호응하니 어찌 재난이 있을 수 있겠는가."

'강유지제剛柔之際'는 음유의 초육효가 양강의 구사효와 호응하고 있는 것을 뜻한다. 이를 두고 정이천은 이같이 풀이했다.

"초육효와 구사효가 서로 호응한다는 것은 '강유'가 서로 친하게 교제한다는 뜻이다. 이는 그 의로움을 얻었다는 뜻이기도 하다. 어려움은 이미 해결되었고 처한 곳은 '강유'가 마땅함을 얻은 곳이니 재난을 면할 것이다."

「해괘」 초육효의 효사는 특이하게도 '무구'라는 단 두 글자로 되어 있다. 「항괘」 구이 효사 '회망悔亡'과 「대장괘」 구삼 효사 '정길貞吉' 역시 단 두 글자로 되어 있다. 이는 그 내용이 이미 괘효사 안에 나와 있는 까닭에 굳이 같은 말을 반복하지 않은 데 따른 것이다.

구이 효사 '전획삼호田獲三狐'의 '호狐'는 은둔한 채 잠복하고 있는 우환을 뜻한다. '전획삼호'는 구이효가 어려움이 해결된 상황에서 위로 군주인 육오효와 호응함으로써 마치 사냥을 나가 3마리 여우를 잡은 것과 같이 잠복한 우환을 미연에 방지했음을 뜻한다. '득황시得黃矢'는 구이효가 하괘의 가운데에 처해 있으면서 강직한 품성을 지니고 있음을 의미한다. 이는 구이효가 양강의 품성으로 중덕을 얻어 강유의 조화를 이룬 것을 중덕中德을 상징하는 '황시黃矢'에 비유한 것이다. 이를 두고 왕필은 이같이 풀이했다.

"여우는 숨어 사는 동물이다. 구이효는 강한 품성으로 가운데에 처해 육오효와 호응하고 있다. 이는 육이효를 위해 중임을 맡고 있음을 뜻한다. 어려운 정황을 잘 알아 사물을 파악하니 잠복해 있는 것도 능히 잡아낼 수 있다. 그래서 '전획삼호'라고 한 것이다. '황黃'은 이중理中 : 이치의 한가운데, '시矢'는 직直을 말한다. '전획삼호'하고 '득황시'했으니 정도를 견고히 지켜나가면 길할 것이다."

육삼 효사 '부차승負且乘'은 육삼효가 음효의 유한 품성으로 정덕正德을 상실한 채 양강의 구이효에 올라타고 앉아 구이효를 능멸하며 구사효에게 아부해 공명을 세우는 것을 말한 것이다. 이는 고관에게 아부해 살아가는 소인이 무거운 짐을 등에 지고 수레를 타고 가다가 강도를 맞아 물건을 빼앗기는 것에 비유되었다. '치구지致寇至'는 바로 이를 말한 것이다. 이를 두고 왕필은 이같이 해석했다.

"바른 위치에 처하지 않아 정도를 실천하지 못하고 아첨으로 구사효에게 붙은 자이다. 구이효에 올라앉아 구사효에 붙어 그 자신을 꾸며 나가니 강도를 당한 것은 스스로 불러들인 것이다."

〈계사전〉에 따르면 무거운 짐을 지는 것은 소인의 일이고 수레는 군자의 도구이다. 소인으로 군자의 도구에 올라앉았다는 것은 그것을 빼앗을 강도의 생각을 가지고 있다는 뜻이다. 위에 있을 때는 거만하고 아래에 있을 때는 난폭한 짓을 일삼는 것이 강도의 소행이다. '부차승'과 '치구지'는 바로 소인의 이런 행태를 지적한 것이다.

구사 효사 '해이무解而拇'는 구사효가 음위에 처해 아래로 육삼효와 가까이 지내면서 붙어 있는 것이 마치 엄지발가락의 병으로 초육효와의 호응이 방해받는 것과 같다는 의미이다. '붕지사부朋至斯孚'는 엄지발가락의 병이 낫게 된 연후에 비로소 초육효인 친구에게 다가가 서로 성신誠信으로 호응할 수 있다는 뜻이다. 이는 소인들에 의해 둘러싸인 육사효가 소인들 집단에서 벗어나야 진정으로 친구에게 다가갈 수 있음을 뜻한다.

육오 효사 '군자유유해君子維有解'는 군위에 처해 있는 육오효가 음유의 품성으로 중덕을 지키면서 구이효와 호응해 어려운 상황을 서서히 해결해 나가는 것을 군자의 모습에 비유해 설명한 것이다. 왕필은 이같이 풀이했다.

"존엄한 지위에 처하면서 중덕을 실천하며 양강한 자와 호응하니 역경을 헤쳐나갈 수 있다."

상육 효사 '공용석준公用射隼'은 상육효가 「해괘」의 마지막에 처해 진동이 극한 곳에 처했음에도 어려움을 서서히 해결해 나가는 것을 왕공의 모습에 비유해 설명한 것이다. 여기의 '준隼'은 직위를 사사롭게 남용하는 육삼효의 소인을 상징한다. 〈계사전〉은 '공용석준'을 이같이 풀이해 놓았다.

"준隼은 날짐승이다. 화살은 도구 내지 재능을 말한다. 이를 쏘는 자는 사람이다. 군자는 몸에 도구를 숨기고 때를 기다렸다가 움직인다. 그러니 어찌 이롭지 않은 게 있을 수 있겠는가."

'해패解悖'는 상육효가 「해괘」의 극한 상황에서 미리 감추어 두었던 무기를 꺼내 소인들을 일거에 소탕함으로써 어려운 상황을 점차 호전시키게 되었음을 의미한다. 이는 한 순간의 해결로 지난날의 어려움을 잊어서는 안 된다는 뜻을 내포하고 이다.

「해괘」의 요지는 어려움을 서서히 해결해 나가는 데 있다. 〈서괘전〉이 '해解'를 '완緩'으로 풀이한 이유가 여기에 있다. 어려움을 해결하고 환난을 제거하는 것은 궁극적으로 안녕을 되찾기 위한 것이다. 「해괘」의 6효는 소인을 제거하여 내환內患을 종식시킬 필요성을 반복적으로 역설하고 있다. 이는 어려움이 초래된 원인을 소인의 발호에서 찾은 데 따른 것이다. 육삼효는 어려움을 야기한 소인을 상징한다.

구이효가 여우를 잡은 것은 곧 육삼효의 포획을 의미한다. 구사효의 엄지발가락 치유는 육삼효의 제거를 상징한다. 상육효가 겨눈 화살의 표적은 육삼효이다. 육오효가 성신의 덕을 갖고 퇴출시킨 것도 바로 육삼효이다. 오로지 초육효만이 어려움이 해결되는 시점에 음유의 품성으로 낮은 위치에 처한 까닭에 어려움을 해결하는 소임을 떠맡지 않고도 재난을 면했을 뿐이다. 「해괘」는 모든 어려움의 근원으로 육삼효를 지목한 것이나 다름없다.

육삼효는 음효로서 하괘인 '감괘'의 험난한 상황의 극점에 위치해 있다. 이는 내부의 숨은 우환을 의미한다. 육삼효가 만난萬難의 근원으로 지목된 이유가 여기에 있다. 「해괘」의 요체는 성신誠信의 덕으로 소인배까지 감화시킨 육오 효사 '군자유해君子有解'에 있다.

제41장 산택손(山澤損)

☶ 山

☱ 澤

兌下艮上110,001

착괘 : 택산함澤山咸 : 001,110

종괘 : 풍뢰익風雷益 : 100,011

41-1

損, 有孚, 元吉, 无咎可貞, 利有攸往. 曷之用, 2簋可用享.

손(損)은 유부(有孚 : 마음 속에 誠信을 지님)하니 원길(元吉)하고, 무구가정(无咎可貞 : '무구' 하여 守貞할 수 있음)하다. 앞으로 나아가는 게 이롭다. 제사에 무엇을 사용하는가. 2궤(二簋 : 제사용 대그릇 2개, 적은 제물을 의미)만으로도 얼마든지 제향(祭享)할 수 있는 것이다.

'손損' 은 '감손減損 : 덜어냄' 의 의미로 〈단전〉에서는 '손하익상損下益上 : 아래를 덜어 위에 더해줌'으로 풀이했다. 그러나 이는 단순히 부족한 것을 메워준다는 뜻이 아니라 과불급過不及에 대한 처방을 말한 것이다. 이를 두고 왕필은 이같이 풀이했다.

"자연의 본질은 각각 그 분수가 정해져 있다. 짧은 것은 부족하다고 생각지 않고, 긴 것은 남는다고 생각지 않는다. 그렇다면 덜어내고 더하는 것이 어찌 있을 수 있겠는가. 도가 불변하지 않는 까닭에 반드시 때에 맞춰 자연스럽게 시행해야만 한다."

이는 '과불급'으로 인해 '손하익상'이 이뤄진다는 취지를 밝힌 것이다.「손괘」는 과불급의 원인을 성신誠信의 부재에서 찾고 있다. 인간이 성신만 갖추면 '원길元吉'과 '무구가정无咎可貞', '이유유왕利有攸往' 등의 3가지 괘덕卦德을 지닐 수 있다는 게 그 요지이다. 왕필의 다음과 같은 주석이 이를 뒷받침한다.

"덜어주었으나 길할 수 있는 것은 그가 오로지 마음 속에 성신을 지니고 있었기 때문이다. 덜어주면서도 성신을 지니고 있었기에 '원길'하고, '무구가정'하고, '이유유왕'하게 된 것이다."

'2궤가용향二簋可用享'의 '2궤二簋'는 지극히 간략한 제물을 뜻하는 말로「감괘」육사 효사 '궤이簋貳'와 같은 뜻이다. '2궤가용향'은 '2개의 작은 제기에 소박한 음식을 담아 제향祭享한다'는 뜻이다. 이를 두고『주역정의』는 이같이 풀이했다.

"2궤二簋는 지극히 검소하다는 뜻이다. 오직 덜어낼 때는 적당한 시기에 응하여 실천해야 하고 그렇지 않으면 하지 말아야 한다. 아래를 덜어 위에 더한다는 것은 아래가 감히 강항剛亢 : 강하고 굳셈하지 않음으로써 위에 봉헌하는 것을 귀하게 여긴다는 것으로 '강항'을 덜어 유순柔順한 것에 더한다는 뜻이다. '강항'을 덜어낸다는 것은 '태괘兌卦'의 양효를 덜어낸다는 뜻이고, '유순'에 더한다는 것은 '간괘艮卦'의 음효에 더해준다는 뜻이다."

41-2

「彖」曰, 損, 損下益上, 其道上行. 損而有孚, 元吉, 无咎可貞, 利有攸往. '曷之用, 2簋可用享.' 2簋應有時, 損剛益柔有時. 損益盈虛, 與時偕行.

〈단전〉에 이르기를, '손(損)은 손하익상(損下益上)하니 그 도는 상행(上行 : 위를 향해 봉헌함)한다'고 했다. 그래서 '손이유부(損而有孚 : 「손괘」의 3가지 괘덕은 有孚에서 비롯되었다는 의미로 而는 能의 뜻임), 원길, 무구가정, 이유유왕(利有攸往). 갈지용(曷之用), 2궤가용향(二簋可用享)'이라고 한 것이다. 2궤(二簋 : 2궤로 조촐하게 제사지냄)에도 때가 있고, 손강익유(損剛益柔 : 剛亢을 덜어 柔順에 더함)에도 때가 있다. 손익영허(損益盈虛 : 덜어내고, 더하고, 채우고, 비움)는 때에 맞춰 자연스럽게 시행되어야 한다.

'손하익상損下益上'은 「손괘」의 괘상을 풀이한 것으로 '아랫사람이 자신의 것을 덜어 윗사람에게 바치다'의 뜻을 지니고 있다. '태하간상兌下艮上'으로 구성된 「손괘」는 상괘인 '간괘'가 양陽으로 위에서 멈춰 있고, 하괘인 '태괘'가 음陰으로 기꺼이 '간괘'에 순응하는 형상을 하고 있어 '손하익상'의 뜻을 지니게 된 것이다. 이를 두고 왕필은 이같이 풀이했다.

"간艮은 양, 태兌는 음이다. 무릇 음은 양에게 순응하는 자이다. 양이 위에서 멈춰 있으면 음은 기꺼이 순응한다. 아래의 것을 덜어내어 위에 더해주는 것은 위에서 실천한다는 의미이다."

이는 마치 신하가 정성을 다해 군주를 섬기고, 백성들이 나라를 위해 전력을 다하는 모습에 비유할 수 있다. '기도상행其道上行'은 바로 이런 상황을 말한 것이다. 군주와 신하, 백성이 서로 교류하며 뜻을 같이 하는 까닭에 그 도가 위에서 실행된다는 뜻을 지니게 된 것이다.

'유시有時'는 '손강익유損剛益柔' 등에는 반드시 적당한 시기의 선택이 중요하다는 뜻을 담고 있다. 이를 두고 『주역정의』는 이같이 풀이했다.

"사람이 덕을 지니기 위해서는 반드시 강유剛柔가 겸비되어야 한다. '강유' 중 강剛은 덕이 자란다는 뜻이다. 이미 덕이 자랐다는 것은 오랫동안 감소하지 않는 것을 말한다. 그래서 '유시有時'라고 한 것이다. 원래 부족비단鳧足非短 : 물오리는 다리가 짧다고 생각지 않음 · 학경비장鶴脛非長 : 학은 목이 길다고 생각지 않음한다. 그런데도 어찌하여 나의 것을 덜어내어 남에게 더하라고 하는가. 과연 이것을 비워 저것을 채울 수 있는가. 이는 적당한 시기를 택해 행하라는 뜻으로 곧 응지이행應持而行 : 시기에 응하여 실천함을 의미한다. 그래서 '손강익유'라고 한 것이다."

41-3

「象」曰, 山下有澤, 損. 君子以懲忿窒欲.

初九, 已事遄往, 无咎, 酌損之.「象」曰 '已事遄往', 尙合志也.

九二, 利貞, 征凶. 弗損, 益之.「象」曰 '九二利貞', 中以爲志也.

六三, 3人行則損一人, 一人行則得其友.「象」曰 '一人行', 3則疑也.

六四, 損其疾, 使遄有喜, 无咎.「象」曰 '損其疾', 亦可喜也.

六五, 或益之, 十朋之龜, 弗克違, 元吉.「象」曰 '六五元吉', 自上祐也.

上九, 弗損, 益之, 无咎, 貞吉, 利有攸往. 得臣无家.「象」曰 '弗損益之', 大得志也.

〈상전〉에 이르기를, '산하유택(山下有澤), 손(損)' 이라고 했다. 군자는 이를 본받아 징분질욕(懲忿窒欲 : 분노를 다스리고 욕심을 막음)한다.

초구는 이사천왕(已事遄往 : 수양하는 일이 끝나는 즉시 속히 가서 호응하는 육사효를 보필함)하여 '무구' 하니 작손(酌損 : 잘 헤아려 자신의 陽剛을 덜어냄)한다. 〈상전〉에 따르면 '이사천왕' 은 상합지(尙合志 : 위의 육사효와 뜻을 합침)를 뜻한다.

구이는 이정(利貞)하니 정흉(征凶 : 서둘러 앞으로 나아가면 흉함)하다. 이때 불손익지(弗損益之 : 스스로 덜어내지 않고도 호응하는 육오효를 이롭게 함)할 수 있다. 〈상전〉에 따르면 '구이이정(九二利貞)' 은 수중(守中 : 중도를 견고히 지켜나감)을 자신의 뜻으로 삼았음을 뜻한다.

육삼은 3인행(三人行 : 상괘의 음효와 함께 나아가 양강인 상구효를 얻고자 함, '三' 은 '多' 의 의미)하면 손일인(損一人 : 양강한 상구효에게 해를 입힘)하나, 일인행(一人行 : 육삼효 홀로 나아가 뜻을 합하고자 함)하면 득우(得友 : 강건한 상구효를 친구로 얻음)할 것이다. 〈상전〉에 따르면 '일인행' 은 3즉의(三則疑 : 상괘의 음효와 함께 가면 안주인이 없다는 의심을 삼)를 뜻한다.

육사는 손기질(損其疾 : 相思疾을 덜어냄)하니 사천유희(使遄有喜 : 초구효로 하여금 신속히 다가오게 하여 기쁘게 받아들임)하고 '무구' 하다. 〈상전〉에 따르면 '손기질' 은 육사효가 초구효를 받아들이니 기쁠 것이라는 뜻이다.

육오는 혹익지(或益之 : 다투어 군주에게 더해주고자 하는 와중에 누군가가 나섬)하여 십붕지구(十朋之龜 : 돈 열 꾸러미의 값비싼 元龜를 의미)를 바치자 이를 불극위(弗克違 : 사양할 길이 없음)하니 원길(元吉)하다. 〈상전〉에 따르면 '육오원길(六五元吉)'은 자상우(自上祐 : 위에 있는 하늘로부터 큰 도움을 받음)를 뜻한다.

상구는 불손익지(弗損益之)하니 '무구'하고, 정길(貞吉)하고, 이유유왕(利有攸往)하고 마침내 득신무가(得臣无家 : 천하의 신민이 모두 귀복함으로써 천하가 하나로 통일되니 개인적인 私家 개념이 없게 됨)할 것이다. 〈상전〉에 따르면 '불손익지'는 대득지(大得志 : 천하인에게 博施하고자 하는 뜻을 실천함)를 뜻한다.

〈대상전〉의 '산하유택山下有澤'을 두고 『주역정의』는 이같이 풀이했다.

"연못이 산 아래 있으니 연못이 낮고 산이 높은 것이다. 이는 마치 연못이 스스로를 덜어내 산을 높여주는 것과 같다."

'징분질욕懲忿窒欲'은 성내는 것을 멈추고 하고자 하는 것을 막음으로써 불선不善을 덜어낸다는 뜻이다. 이를 두고 『주역정의』는 이같이 풀이했다.

"무릇 사람의 감정은 사물에 감응해 움직인다. 순응도 하고 반역도 하는 것은 감정이 분노와 욕망을 가지고 있기 때문이다. '징懲'은 그것이 이미 가고 있는 것을 그치게 한다는 뜻이다. '질窒'은 그것이 다가오는 것을 막는다는 뜻이다. 분노와 욕망은 모두 왕래하는 것이니 '징'과 '질'은 호문상족互文相足 : 서로 수식하며 도와줌한다."

초구 효사 '이사천왕已事遄往'은 초구효가 양강의 품성으로 아래에 처하면서 상괘의 육사효에 호응하게 되었으니 수양이 끝났으면 속히 가서 육사효를 보필해야 한다는 뜻을 담고 있다. 이를 두고 『주역정의』는 이같이 풀이했다.

"손하익상損下益上은 신하가 스스로를 덜어내 군주를 받드는 것과 같은 뜻이다. 그러나 각각 맡은 책임이 있으므로 수양하는 일도 하지 않고 받들면 재난이 막심하다. 만일 수양하는 일이 끝났는데도 가서 받들지 않는다면 오만한 신하가 될 것이다. 수양하는 일을 끝내고 속히 가서 받들면 재난을 면할 것이다."

'작손酌損'은 초구효가 육사효에 응하면서 자신의 양강陽剛을 덜어낸다는 뜻이다. 이때 함부로 덜어내서는 안 되고 잘 헤아려 덜어내야 한다. '상합지尙合志'의 '상尙'은 '상上'과 통한다. 이는 초구효가 상괘의 육사효와 뜻을 합친다는 의미이다. 이를 두고 『주역정의』는 이같이 풀이했다.

"강剛한 것은 뛰어나고 유柔한 것은 위태로우니 강한 품성으로 유한 품성을 받들면 처음에는 친밀함을 볼 수 없으므로 반드시 잘 헤아려 강한 품성을 덜어내야 한다. 그래야 뜻을 합칠 수 있다."

구이 효사 '불손익지弗損益之'는 자신의 양강을 덜지 않고도 호응하는 육오효에게 이로움을 주는 것을 말한다. 구이효는 양효로서 음위에 처해 강유의 조화를 이루고 있고, 육오효 또한 음효로서 양위에 처해 역시 강유의 조화를 이루고 있다. 양자 모두 여유가 있는 것이다. 그러나 구이효는 서둘러 앞으로 나아가서는 안 된다. 정도를 지켜나감으로써 스스로를 덜어내지 않고도 육오효를 이롭게 할 수 있다. 이는 구이효의 수정守貞이 결과적으로 군위에 있는 육오효를 이롭게 만든다는 뜻이다.

본래 손도損道는 지나친 것과 미치지 못하는 것이 있음으로 인해 하나를 덜면 하나가 더해져 중도를 얻게 된다. 구이효와 육오효는 양자 모두 이미 중도를 얻은 까닭에 과부족이 없다. 그런 까닭에 더하거나 덜어내는 것은 오히려 중도를 해치게 된다. '정흉征凶'은 바로 이를 말한 것이다.

육삼 효사 '3인행三人行, 즉손일인則損一人'은 하괘인 '태괘'의 맨 위에 처한 육삼효가 홀로 상구효에 호응하면 기꺼이 그를 친구로 얻을 수 있으나 만일 상괘의 여러 음효들과 함께 행동하면 오히려 상구효에게 해를 입힐 것이라는 뜻이다. 이를 두고 왕필은 이같이 풀이했다.

"「손괘」의 이치는 아래를 덜어 위에 더해줌으로써 그 도가 행해지는 것을 말한다. '3인'은 육삼효가 다른 음효가 함께 상구효를 받드는 것을 말한다. 이같이 하면 위로는 친구를 잃고 안으로는 주인이 없게 된다. 외견상 '익益'이라고 말하나 기실 '손損'이 되는 것이다. 천지가 서로 호응해야 만물의 생육이 이뤄지듯이 남녀가 짝을 지어야 새로운 자손이 태어난다. 음양이 맞지 않으면 생명을 얻을 수 없는 것이다. 육삼효는 홀로 행동해야 그 친구를 얻을 수 있다. 다른 음효와 함께 행동하면 반드시 의심을 받게 될 것이다."

육사 효사 '손질損疾'은 불선不善을 덜어낸다는 뜻으로 육사효가 초구효를 사모하여 병이 난 상황을 말한다. '사천유희使遄有喜'는 음유의 품성으로 바른 자리를 차지한 육사효가 초구효로 하여금 양강을 덜어내고 신속히 다가오게 하여 흔쾌히 받아들이는 상황을 설명한 것이다. '사천使遄'은 육사효가 초구효로 하여금 신속히 앞으로 나아오게 하여 호응한다는 뜻이다. 이를 두고 『주역정의』는 이같이 풀이했다.

"질疾은 '상사질相思疾'을 말한다. 초구효가 스스로 양강을 덜어내어 신속히 앞으로 나아가자 육사효도 정도正道로써 이를 신속히 받아들이니 음양이 서로 모여 동지가 되었다. 이에 다시는 '상사질'을 앓지 않게 되었으므로 '손질'이라고 한 것이다. 병을 어찌하여 오래 가도록 할 것인가. 병은 신속히 고쳐야 기쁨을 갖게 되고 재난을 면할 것이다. 그래서 '사천유희'라고 한 것이다."

육오 효사 '십붕지구十朋之龜'의 '붕朋'은 고대의 화폐단위로 '쌍패雙貝'를 의미한다. '십붕지구'는 곧 화폐 열 꾸러미에 해당하는 값비싼 원구元龜를 말한다. '원구'는 점을 치는 데 사용하는 귀한 거북등을 의미한다. 이는 육오효가 유순한 품성으로 군위에 앉아 중도를 실천하자 천하인이 다투어 그를 더해주던 와중에 어떤 자가 군주에게 '십붕지구'를 올리게 되었음을 의미한다. '불극위弗克違'는 이를 사양할 수 없게 되었음을 뜻한다.

상구 효사 '불손익지弗損益之'는 자신의 양강을 덜어내지 않고도 아랫사람들에게 이익을 더해주는 것을 말한다. 이는 상구효가 양강의 품성으로 「손괘」의 마지막에 처함으로써 '손하익상損下益上'이 이내 '손상익하損上益下'로 전환될 것이라는 뜻을 담고 있다. 이는 「손괘」가 「익괘益卦」로 넘어가는 것을 의미한다.

상구효는 '손하익상'이 극에 달한 상황에서 위로는 받들 것이 없고 오직 스스로 덜어내어 아랫사람에게 베푸는 일밖에 남지 않아 아무리 은혜를 베풀어도 낭비가 없게 된 것을 말한다. 이는 자신을 덜어내지 않고도 얼마든지 다른 사람에게 은혜를 베풀 수 있게 되었음을 의미한다.

'득신무가得臣无家'는 천하의 신민臣民들로부터 폭넓은 지지를 얻어 마침내 천하가 하나로 통일되었음을 뜻한다. 이를 두고 『주역정의』는 이같이 풀이했다.

"상구효는 「손괘」의 윗자리에 처하여 음유를 올라타고 앉아 있다. 손하익상損下益上의 극점에서 강덕剛德을 숭상하니 모든 것이 그에게 귀착한다. 그래서 '득신'이라고 한 것이다. 득신은 곧 천하가 하나로 통일되었음을 뜻한다. 그래서 '무가'라고 한 것이다."

'대득지大得志'는 바로 이런 상황을 언급한 것으로 이는 '불손익지弗損益之'의 결과이다. '불손익지'는 상구효뿐만 아니라 구이효의 괘덕이기도 하다. 그러나 그 의미는 다르다. 구이효는 아래 자리에서 군주를 보필하는 것을 뜻하나, 상구효는 군주의 자리에서 아랫사람들에게 베푸는 것을 말한다. 양자의 위치가 다른 까닭에 그 의미도 다르게 나타나는 것이다.

상구 효사 '불손익지'야말로 치도의 극의極意를 표현한 것이라고 할 수 있다. 이는 『논어』「요왈」편에 나오는 다음 구절과 그 맥이 통하는 것이기도 하다.

"각기 그 이로운 것으로써 백성 모두를 이롭게 해주면 그것이 혜이불비惠而不費 : 은혜로우면서도 허비하지 않음하는 게 아니겠는가. 때를 가려 백성을 동원하니 그 누가 원망할 리 있겠는가. 군자는 스스로 인을 행하고자 하여 인을 얻는 것이니 더 이상 무엇을 탐하겠는가."

「요왈」편 '혜이불비惠而不費' 구절의 '혜惠'와 '비費'는 각각 '불손익지' 구절의 '익益' 및 '손損'과 같은 개념이다. '혜이불비'는 바로 상구 효사 '불손익지' 구절을 도치시켜 표현한 것이라고 할 수 있다. 『논어』 20편 중 「요왈」편이 가장 늦게 편제되었다. 그 시기는 대략 전국시대 말기로 추정되고 있다. 「요왈」편의 '혜이불비' 구절은 치도의 극의로 표현된 『주역』 「손괘」의 '불손익지' 구절에 주목한 후대의 유가가 공자에 가탁해 삽입시킨 것일 공산이 크다.

이를 통해 알 수 있듯이 「손괘」는 단순히 '손하익상損下益上'의 손도損道만을 언급한 게 아니라 '손상익하損上益下'의 '손도'도 동시에 언급하고 있다. 치도의 극의를 표현한 '불손익지'는 '손상익하'의 이치를 표현한 것이다. 「손괘」는 '손도'의 이러한 이치를 언급하면서 '성신誠信'과 '유시有時'의 중요성을 역설하고 있다. 이는 함부로 가진 자의 것을 덜어내 부족한 자에 더해주거나 아랫사람의 것을 덜어내 윗사람에게 더해주어서는 안 된다는 뜻이다. 이는 '손도'에 어긋나는 것이다. 이를 두고 정이천은 담장을 쌓는 것에 비유해 이같이 풀이했다.

"함부로 덜어내거나 더하는 것은 흙을 쌓아올려 담장을 수축하는 것에 비유할 수 있다. 담장 아래서 빼어낸 흙과 돌을 사용해 담장을 높게 쌓아올릴 때는 반드시 사용하는 재료가 바르고 그 시기가 적당하지 않으면 안 된다. 그렇지 않으면 담장은 반드시 무너지고 말 것이다."

「손괘」의 육효는 상괘와 하괘를 나누어 '손익損益'의 의미를 풀이해 놓았다. 하괘의 3개 효는 아래에서 스스로 덜어내 호응하는 상괘를 더해주고, 상괘의 3개 효는 이에 호응해 하괘의 더해줌을 받는 모습을 하고 있다. 초구효는 양강의 품성으로 속히 육사효와 호응함으로써 육사효에게 기쁨을 주고 있다. 구이효는 스스로 함부로 덜어내지 않고 수정守貞하는 방법으로 군위에 있는 육오효에게 도움을 주고 있다. 육삼효는 하나에 전념하는 정성으로 상구효에 더해줌으로써 상구효가 '득신무가得臣無家'의 대업을 이루는 데 결정적인 도움을 주고 있다.

「손괘」의 상괘와 하괘에 배치된 양효와 음효는 상호 대응하는 효와 음양의 조화를 이루면서 '손익'의 관계로 맺어져 있다. 하괘의 3개 효는 덜어낼 것을 덜어내는 것을 미덕으로 삼고 있고, 상괘의 육사요와 육오효는 음효로서 허심虛心으로 자신을 겸허하게 낮추는 것으로 하괘의 더해줌을 받고 있다. 최상위에 처한 상구효는 손하익상損下益上이 극에 달한 상황에서 손상익하損上益下를 행함으로써 치도의 극의인 불손익지弗損益之를 행하고 있다.

이는 덜어내고 더해주는 '손損'과 '익益'의 관계가 상호 보완관계에 있음을 상징한다. '손하익상'은 아래를 덜어내어 위에 더해주는 것에 중점을 두고 있다. 이를 신도臣道의 관점에서 보면 사욕私欲을 덜어내 공의公義를 밝히는 데 주력하는 것에 비유할 수 있다. '손상익하'는 위를 덜어 아래를 더해주는 것에 중점을 두고 있다. 이를 군도君道의 입장에서 보면 사가私家를 덜어내 천하天下를 이롭게 하는 데 헌신하는 것에 비유할 수 있다. '손도'의 요체는 '손'과 '익'이 맞물려 있다는 취지를 밝힌 〈대상전〉의 '손익영허損益盈虛'에 있다고 해도 과언이 아니다.

제42장 풍뢰익(風雷益)

☴風

☳雷

震下巽上100,011

착괘 : 뇌풍항雷風恒 : 011,100

종괘 : 산택손山澤損 : 110,001

42-1
益, 利有攸往, 利涉大川.

익(益)은 이유유왕(利有攸往)하고, 이섭대천(利涉大川)하다.

'익益'은 '증增'과 '이利'의 뜻을 지니고 있다. 이는 「손괘」의 '손하익상損下益上'과 정반대로 '위에서 덜어내어 아래에 더해준다'는 '손상익하損上益下'의 의미를 내포하고 있다. '진하간상震下巽上'으로 구성된 「익괘」는 하괘인 '진괘震卦'에 중점을 두어 '익益'을 괘명으로 삼은 것이다. 이는 '태하간상兌下艮上'으로 구성된 「손괘」가 하괘인 '태괘兌卦'에 중점으로 두어 '손損'을 괘명으로 삼은 것과 같은 이치이다. 괘명은 통상 하괘의 의미에 주목해 만들어진다. 이를 두고 『주역정의』는 이같이 풀이했다.

"익益은 '증족增足 : 불려서 채워넣음'이다. 이는 '손상익하'를 말한다. 아래가 이미 가지고 있는데도 불구하고 위에서 그에게 더 해준다는 뜻이다. 성인이 사물을 이롭게 하는 것은 끝이 없다는 뜻이다."

'이유유왕利有攸往'과 '이섭대천利涉大川' 모두 「익괘」의 공능을 설명한 것이다. 이를 두고 『주역정의』는 이같이 풀이했다.

"이미 위에서 아래로 베푸는 도가 실천되어 만물을 유익하게 함으로써 움직여도 어긋남이 없는데 어찌하여 앞으로 나아간다고 이롭지 않겠는가. 그래서 '이유유왕'이라고 한 것이다. 더해줌으로써 험난함을 건너고자 하나 길이 험난해 두절되었으므로 '이섭대천'이라고 한 것이다."

42-2

「彖」曰, 益, 損上益下, 民說无疆. 自上下下, 其道大光. '利有攸往', 中正有慶. '利涉大川', 木道乃行. 益動而巽, 日進无疆. 天施地生, 其益无方. 凡益之道, 與時偕行.

〈단전〉에 이르기를, '익(益)은 손상익하(損上益下 : 위를 덜어 아래에 더해줌)로 민열무강(民說无疆 : 백성의 기쁨에 끝이 없음)이다'라고 했다. 자상하하(自上下下 : 위로부터 아래로 내려감)하니 그 도가 대광(大光 : 크게 빛남)하다. '이유유왕'은 중정을 얻어 경사가 있음을 뜻한다. '이섭대천'은 목도내행(木道乃行 : 木船을 타고 출항함, 출정의 순탄함을 의미)을 뜻한다. 더해줄 때 동이손(動而巽 : 아랫사람은 흥겹게 움직이고 윗사람은 겸손하게 순응함, 震卦와 巽卦의 괘덕을 지칭)하니 일진무강(日進无疆 : 날마다 진척되는 게 무한함)하다. 천시지생(天施地生 : 하늘은 은택을 베풀고 땅은 만물을 생육시킴)하니 기익무방(其益无方 : 그 더해줌이 사방으로 끝없이 펼쳐짐)하다. 무릇 익도(益道)는 모두 때에 맞춰 자연스럽게 시행되어야만 한다.

'손상익하損上益下'는 유순한 품성의 '손괘'가 위에 처해 있으면서 아래에 있는 강한 품성의 '진괘'를 거역하지 않는 것을 의미한다. 왕필은 이같이 풀이했다.

"진震은 양, 손巽은 음이다. '손괘'는 '진괘'를 거역하지 않는다. 위에 처한 것이 '손괘'이나 아래의 '진괘'를 거역하지 않는 까닭에 '손상익하'라고 한 것이다."

'목도내행木道乃行'의 '목木'은 상괘인 '손괘'를 지칭한다. 이는 더해줌으로써 험난한 고비를 넘기자 출정하는 길이 순탄하게 되었음을 의미한다. 이를 두고 우번은 이같이 풀이했다.

"육삼효가 움직이면 「환괘渙卦」가 된다. 「환괘」는 배와 노의 상이다. '손괘'의 목木이 물을 얻으면 곧 '목도木道 : 木船'를 타고 가게 된다는 뜻이다. '목도'는 곧 '주도舟道'를 말한다."

'기익무방其益无方'은 익도益道의 공능을 얘기한 것이다. 이를 두고 『주역정의』는 이같이 풀이했다.

"움직이고자 할 때 교영驕盈 : 교만이 가득 참하면 그 '손損'은 끝이 없을 것이다. 만일 비손卑巽 : 자신을 낮추고 겸손함하면 그 '익益'이 끝이 없을 것이다. 하늘이 땅에게 기氣를 베풀면 땅은 그 기를 받아 만물을 화육시키니 역시 위를 덜어내어 아래에 더해주는 것이다. 하늘의 기를 받아 만물이 화육되는 이로움은 정해진 방소方所가 없다."

42-3

「象」曰, 風雷, 益. 君子以見善則遷, 有過則改.

初九, 利用爲大作, 元吉, 无咎. 「象」曰 '元吉无咎', 下不厚事也.

六二, 或益之十朋之龜, 弗克違, 永貞吉. 王用享于帝, 吉. 「象」曰 '或益之', 自外來也.

六三, 益之用凶事, 无咎. 有孚中行, 告公用圭. 「象」曰 '益用凶事', 固有之也.

六四, 中行, 告公從, 利用爲依遷國. 「象」曰 '告公從', 以益志也.

九五, 有孚惠心, 勿問元吉. 有孚, 惠我德. 「象」曰 '有孚惠心', 勿問之矣. '惠我德', 大得志也.

上九, 莫益之, 或擊之, 立心勿恒, 凶. 「象」曰 '莫益之', 偏辭也. '或擊之', 自外來也.

〈상전〉에 이르기를, '풍뢰(風雷 : 상호 이익을 상징), 익(益)'이라고 했다. 군자는 이를 본받아 견선즉천(見善則遷 : 남의 선행을 보면 즉시 자신의 선행규범을 만듦)하고 유과즉개(有過則改 : 과실이 있으면 즉시 고침)한다.

초구는 이용위대작(利用爲大作 : 대사를 행하면 이로움)하니 '원길' 하고 '무구' 하다. 〈상전〉에 따르면 '원길무구(元吉无咎)' 는 하불후사(下不厚事 : 원래는 낮은 위치에 처해 대사를 행하는 데 어려움이 있음)를 뜻한다.

육이는 혹익지십붕지구(或益之十朋之龜 : 누군가가 나서 '십붕지구'를 더해줌)하여 이를 불극위(弗克違 : 사양할 길이 없음)하니 영정길(永貞吉 : 오랫동안 守貞하면 길함)하다. 이때 군왕이 상제에게 제사를 올리며 강복(降福)을 기원하니 길할 것이다. 〈상전〉에 따르면 '혹익지'는 자외래(自外來 : 더해진 것은 스스로 구한 것이 아니라 외부로부터 온 것임)를 뜻한다.

육삼은 익지용흉사(益之用凶事 : 더해줌을 받을 때 凶險한 일을 구제코자 하는 노력을 기울임)하니 '무구'하다. 유부중행(有孚中行 : 성신으로 守中함)하면서 고공용규(告公用圭 : 수시로 圭를 지니고 왕공에게 자신의 뜻을 밝힘, '圭'는 玉笏)하듯이 경신(敬愼)해야 한다. 〈상전〉에 따르면 '익용흉사(益用凶事)'는 고유지(固有之 : 더해진 것을 견고히 보존함)를 뜻한다.

육사는 중행고공종(中行告公從 : 중도를 행하며 왕공에게 뜻을 전하면 왕공이 이를 받아줌)하고 이용위의천국(利用爲依遷國 : 군주에게 의지해 국도를 옮기면 백성들을 이롭게 하는 데 유리함)한다. 〈상전〉에 따르면 '고공종(告公從)'은 이익지(以益志 : 백성을 이롭게 하기 위해 왕공에게 권유하고 충고함)를 뜻한다.

구오는 유부혜심(有孚惠心 : 군주가 성신의 자세로 베풀고자 하는 마음을 지님)하니 물문원길(勿問元吉 : 추호도 大吉을 의심치 않음)하다. 천하의 백성들이 성신의 자세로 혜아덕(惠我德 : 군주인 나의 덕에 보답함)하고자 할 것이다. 〈상전〉에 따르면 '유부혜심'은 물문(勿問 : 의심의 여지가 없음)을 뜻한다. '혜아덕'은 대득지(大得之 : 위를 덜어내어 아래에 博施코자 하는 취지를 성사시킴)를 뜻한다.

상구는 막익지(莫益之 : 욕심에 끝이 없어 더 이상 '익'을 할 수 없는 지경에 이르게 됨)하여 혹격지(或擊之 : 원망하는 자 중에 누군가가 쳐들어와 그를 공격함)할 것이다. 입심물항(立心勿恒 : 끝없는 욕심을 세워 늘 평안치 못함, '勿'은 '无'와 통함)하니 흉하다. 〈상전〉에 따르면 '막익지'는 편사(偏辭 : 일방적이고 사사로운 입장에서 '익'을 추구해 호응하는 자가 없음)를 뜻한다. '혹격지'는 자외래(自外來 : 원망하는 자의 공격이 외부로부터 절로 다가옴)를 뜻한다.

〈대상전〉의 '풍뢰風雷, 익益'을 두고 정이천은 이같이 풀이했다.

"바람이 세차면 우레가 빨라지고, 우레가 과격해지면 바람의 기세도 대단해진다. 바람과 우레는 서로 이로움을 주는 자들이다."

흔히 우레는 양기를 움직이고 바람은 음기를 흩어버리는 것으로 간주되고 있다. '풍뢰'의 협동은 곧 사악함을 제거해 사람의 마음을 깨끗하게 한다는 의미를 함축하고 있다. 이는 곧 '견선즉천見善則遷'과 '유과즉개有過則改'를 말한 것이다. 이를 두고 왕필은 이같이 풀이했다.

"잘못된 것을 고치고 선한 일을 실천하면 더해짐이 막대해질 것이다."

이는 '수신'을 언급한 것이다. 「손괘」의 〈대상전〉은 '징분질욕懲忿窒欲'을 언급하며 '감악減惡'에 중점을 두었으나 「익괘」의 〈대상전〉은 '견선즉천'을 강조하며 '적선積善'에 중점을 두고 있다. 이를 통해 「익괘」과 보다 적극적인 '수신'을 강조하고 있음을 알 수 있다.

초구 효사 '이용위대작利用爲大作'의 '대작大作'을 두고 우번은 '농사의 이로움'으로 풀이했다. 이는 하괘인 '진괘'를 농사의 의미로 풀이한 데 따른 것이다. 이에 대해 『주역정의』는 '흥작대사興作大事 : 큰일을 행함'로 풀이했다. '대작'이 '후사厚事'로 표현된 점에 비춰 『주역정의』의 해석이 문맥상 자연스럽다. 이는 초구효가 양강의 품성으로 육사효와 호응하는 것을 '흥작대사'에 비유한 것이다.

'하불후사下不厚事'는 초구효가 본래 가장 낮은 위치에 처한 까닭에 대사를 담당키에 부적당하다는 뜻이다. 그러나 초구효는 양강의 품성으로 인해 상괘의 육사효로부터 더해줌을 받음으로써 대사를 행하게 되었다. 육사효의 지원은 초구효가 대사를 능히 수행한 데 따른 것이다. '이용위대작'은 바로 이를 말한 것이다.

육이 효사 '십붕지구十朋之龜' 등은 「손괘」 육오효의 효사와 같다. 그러나 「익괘」의 '십붕지구'는 육이효가 신하의 위치에서 호응하는 구오효의 군명君命을 받아 요직에 앉게 된 것을 의미한다. '영정길永貞吉'은 육이효가 음효로서 음위에 처해 있는 까닭에 오랫동안 수정守貞해야 한다는 뜻을 담고 있다.

육삼 효사 '익지용흉사益之用凶事'는 육삼효가 음효로서 하괘의 위에 처하여 더해줌을 받는 것이 극심해짐으로써 위세가 더욱 굳어지게 되었음을 설명한 것이다. 이때 육삼효는 반드시 다른 사람에게 보다 넓게 더해주어야 한다. 이는 위험을 동반한 흉사凶事의 구제에 헌신하는 것을 의미한다. '무구无咎'를 두고 왕필은 이같이 해석했다.

"음효로서 하괘의 위에 처해 있으니 강건함이 지극한 상황이다. 쇠락하는 위험을 구제하니 사물이 그를 믿고 따른다. 그래서 '익지용흉사, 무구'라고 한 것이다."

'고공용규告公用圭'의 '규圭'는 왕후王侯가 제사를 지내거나, 제후가 천자를 조현하거나, 경대부가 사신으로 갈 때 사용하는 옥홀玉笏을 말한다. 옥홀은 '신의'를 상징한다. '고공용규'는 육삼효가 부당한 위치에 있으면서 더해줌을 받는 게 매우 많으니 응당 수시로 '규'를 잡고 왕공을 알현하듯이 매사에 경신敬愼의 자세로 임할 것을 주문한 것이다. 육삼효는 정도를 상실했고 흉한 일이 많은 위치에 처한 까닭에 반드시 '경신'의 자세로 임해야만 '무구'할 수 있다.

육사 효사 '중행고공종中行告公從'은 육사효가 중도를 행하면서 양강의 구오효에 의지해 아래 백성들에게 더해줌을 베푸는 것을 의미한다. '중행'을 두고 주희는 풀이하기를, '특별히 중도를 행할 것을 훈계한 것이다'라고 했다. 사실 주희의 지적대로 육삼효와 육사효는 중도를 얻지 못한 것으로 볼 수 있다. 그러나 육효 전체로 볼 때 육삼효와 육사효는 가운데에 처해 있는 까닭에 중도를 얻은 것으로 볼 수 있다. 이같이 해석하는 게 요직에 앉아 군주의 뜻을 받들면서 아래 백성들에게 더해준다는 뜻을 지닌 '중행고공종'의 의미에 부합한다.

'이용위의천국利用爲依遷國' 역시 구오효에 의지해 천도를 권함으로써 백성들을 이롭게 했다는 뜻이다. 주나라가 호경鎬京에서 낙읍雒邑으로 동천東遷할 때 진晉나라와 정鄭나라가 결정적인 역할을 수행한 것이 그 실례이다. 천도는 백성을 위해 이뤄지는 것으로 반드시 의지할 곳이 생긴 연후에 실천할 수 있는 국가대사이기도 하다. '익지益志'는 육사효가 신하의 자리에 있는 까닭에 감히 자신의 의지대로 움직일 수 없고 반드시 왕공과 의논해야만 왕공이 이를 따르게 될 것이라는 뜻을 내포하고 있다.

구오 효사 '유부혜심有孚惠心'은 구오효가 양강의 품성으로 중정의 덕으로 군위에 처하면서 육이효에 호응하는 것이 마치 성신의 자세로 백성들에게 박시博施코자 하는 군주의 모습을 닮았다는 뜻이다. '물문원길勿問元吉'은 바로 이를 말한 것이다. 이를 두고 정이천은 이같이 풀이했다.

"구오효의 덕성은 훌륭하고, 재주는 뛰어나고, 직위는 높고, 마음은 지극히 정성스러워 어떤 사물에게도 더해주는 혜택을 베푼다. 그의 지극히 선한 모습이 크게 길할 것이라는 것은 물을 필요도 없는 것이다. 그래서 '물문원길'이라고 한 것이다."

「손괘」와 「익괘」는 제5효의 효사가 모두 '원길'로 되어 있다. 그러나 그 내용은 다르다. 「손괘」는 아래가 더해준 것을 바탕으로 아래에 이로움을 베푼 것이다. 이는 한결같은 마음으로 스스로 덜어내 아래를 이롭게 하는 것을 말한다. 이에 대해 「익괘」는 구오효가 뛰어난 능력과 재주로 오로지 아래에 베푸는 것을 말한다. 이는 곧 요 · 순과 같은 전설적인 성군聖君의 시덕施德을 말한 것이다. 군주의 입장에서 볼 때 「손괘」의 구오효가 더욱 바람직한 이유가 여기에 있다.

상구 효사 '막익지莫益之'와 '혹격지或擊之'는 「익괘」의 극점에 처해 있는 상구효가 양강의 품성으로 인해 끝없는 탐욕을 부리는 것을 지적한 것이다. 이는 익도益道가 극에 달해 「익괘」의 '손상익하損上益下'가 「손괘」의 '손하익상損下益上'으로 바뀌게 되었음을 의미한다. 이를 두고 왕필은 이같이 풀이했다.

"상구가 익도益道의 극점에 처해 있으니 '익'이 지나친 것이다. 그래서 '막익지'라고 한 것이다. '익'을 추구하는 것에 끝이 없으니 이를 원망하는 자가 하나가 아닐 것이다. 어떤 사람이 그를 공격하게 될 것이므로 '혹격지'라고 한 것이다."

'입심물항立心勿恒'은 바로 이런 상황을 지적한 것이다. 이는 상구효가 '익'을 끊임없이 추구하는 까닭에 마음이 평안치 못한 것을 뜻한다. '편사偏辭'는 일방적으로 '익'을 추구하는 것을 의미한다. 상구효가 스스로 덜어내는 이치에 반대되게 사사로운 마음으로 '익'을 추구하는 까닭에 어떤 사람도 그에게 호응치 않게 되었음을 의미한다. 이를 두고 왕필은 이같이 풀이했다.

"홀로 소리 높여 부르짖었으나 화답하는 사람이 없다. 그래서 '편사'라고 한 것이다."

「익괘」의 상구효는 「손괘」의 상구효와 크게 대조된다. 「손괘」의 상구효는 자신의 것을 덜어내어 남에게 더해주고자 하는 생각을 갖고 있는 까닭에 신민의 지지를 받아 마침내 천하를 통일하는 대업을 이룬다. 이에 반해 「익괘」의 상구효는 다른 사람의 것을 덜어내어 자신에게 더하고자 하는 생각을 갖고 있는 까닭에 마침내 원망하는 자의 공격을 받는 흉한 지경에 이르게 된다. 이는 폭군의 말로를 지적한 것이기도 하다.

「익괘」는 「손괘」와 달리 '위에서 덜어내어 아래에 더해준다'는 뜻을 지니고 있다. 이를 두고 정이천은 「손괘」와 마찬가지로 마치 담장을 쌓는 것에 비유해 이같이 풀이했다.

"담장 위의 수많은 흙과 돌을 덜어내어 담장 아래의 기초를 쌓는 것에 더해주니 담장의 기초가 견고해질 수밖에 없다. '익'은 담장의 몸체가 안정적으로 단단하게 되었다는 뜻이다."

범중엄도 풀이하기를, '위를 덜어내어 아래에 더해주어야 그 근본이 견고해진다'고 했다. 양자 모두 「익괘」의 의미를 기초에 해당하는 백성들의 평안에서 찾은 셈이다. 「익괘」는 「손괘」와 정반대로 하괘의 3개 효는 '익'을 받는 중심이 되고, 상괘의 3개 효는 '손'을 행하는 중심이 된다.

이에 하괘의 초구효는 양강의 품성으로 낮은 곳에 처해 대사를 행하면 이롭게 되고, 육이효는 유순한 품성으로 중도를 얻어 '십붕지구'의 보물을 하사받은 까닭에 중정의 미덕을 오랫동안 지켜 나가면 길하게 되고, 육삼효는 정위를 차지하지는 못했으나 '익'을 지극히 많이 받아 흉사를 구제하는 데 헌신해야만 '무구'할 수 있다. 이들 하괘의 3개 효 모두 아래에 처하면서 '익'을 많이 받은 까닭에 다시 베풀기 위해서는 응당 무사안일하게 지내서는 안 되는 것이다.

상괘의 육사효는 유순한 품성으로 정도를 실천하면서 군위에 있는 구오효에 의지해 아래에 더 많은 것을 베풀기 위해 노력하고, 구오효는 양강의 품성으로 중도를 실천하며 군위에 처해 성신으로 천하의 백성을 위해 박시博施할 수 있다. 이 2개 효는 모두 자신을 덜어내어 남에게 더해주는 '손상익하'의 익도益道를 유감없이 실행하고 있다. 육사효는 신도臣道의 차원에서, 구오효는 군도君道의 차원에서 '익도'를 실현하고 있는 셈이다. 그러나 유독 상구효만은 지극히 높은 곳에 처해 스스로 덜어낼 수 없게 되자 도리어 남의 것을 덜어 사적으로 스스로를 이롭게 하고자 하는 뜻을 품고 끝없는 욕심을 내고 있다. 이로 인해 끝내 흉함을 면치 못하게 되었다.

「익괘」와 「손괘」는 서로 통할 뿐만 아니라 상호 보완관계에 있다. 아래에서 덜어 위에 더해주면 윗사람은 당연히 아랫사람에게 은덕을 베풀고자 하여 아랫사람은 더욱 많은 은덕을 입게 된다. 위에서 덜어내어 아래에 더해주면 아랫사람은 당연히 그 은덕을 보답코자 하여 위는 더욱 많은 것을 지니게 된다. '손'과

'익'이 맞물려 있는 것이다. 이는 '손도'가 극에 달하면 '익도'로 전환되고, '익도'가 극에 달하면 '손도'로 전환된다는 『주역』의 변역 이치를 반영한 것이기도 하다. 『설원』 「경신敬愼」편은 공자의 말을 인용해 '손도'와 '익도'의 의미를 이같이 풀이해 놓았다.

"공자가 『주역』의 「손괘」와 「익괘」를 읽고 개탄하기를, '스스로 덜어내는 자는 더해지게 될 것이고, 스스로 더하고자 하는 자는 부족하게 될 것이다'라고 했다."

이는 치도의 이치를 말한 것이기도 하다. 통치권력의 자산은 신민의 지지에서 나오는 것이고, 신민의 지지는 통치자의 박시제중博施濟衆에서 나오는 것이다. 이를 두고 〈대상전〉은 '기익무방其益无方'으로 표현해 놓았다. 「익괘」의 요체는 바로 '기익무방'에 있다고 해도 과언이 아니다. 『노자』는 제42장에서 그 이치를 이같이 설명해 놓았다.

"사물은 덜어내고자 하면 오히려 더해지고, 더하고자 하면 오히려 덜어지는 것이다."

제43장 택천쾌(澤天夬)

☱ 澤

☰ 天

乾下兌上111,110

착괘 : 산지박山地剝 : 000,001

종괘 : 천풍구天風姤 : 011,111

43-1

夬, 揚于王庭, 孚號有厲. 告自邑, 不利卽戎. 利有攸往.

쾌(夬)는 양우왕정(揚于王庭 : 왕의 조정에서 결단을 정정당당하게 선포함)하니 부호유려(孚號有厲 : 성신의 자세로 백성들에게 위험에 대비할 것을 명함)한다. 이때는 고자읍(告自邑 : 성안의 읍민에게 政令을 알려줌)해야 하고 즉융(卽戎 : 무력을 동원해 제재를 가함)은 이롭지 못하다. 이유유왕(利有攸往 : 강건한 자세로 앞으로 나아가는 것이 이로움)하다.

'쾌夬'는 '결決 : 결단'의 뜻이다. 이는 '건하태상乾下兌上'으로 구성된 「쾌괘」가 5개의 양효가 1개의 음효인 상육효를 압박하며 결단을 촉구한 괘상에서 나온 것이다. 이를 두고 『주역정의』는 이같이 풀이했다.

"쾌夬는 결단을 의미한다. 이는 음이 사라지고 양이 자라나는 괘로서 양의 성장이 구오효까지 이르러 마침내 5개의 양효가 1개의 음효에게 결단성 있는 제재를 가한 데서 나온 것이다."

결단은 '공정무사公正無私'를 전제한 것으로 '양우왕정揚于王庭'의 의미와 통한다. 이는 왕의 조정에서 정정당당하게 결단을 선포하는 것을 의미한다. '부호유려孚號有厲'는 군자가 소인에게 제재를 가할 때 많은 사람에게 위험에 대비할 것을 명한다는 뜻이다. 이를 두고 정이천은 이같이 풀이했다.

"부孚는 성신, 호號는 호령을 말한다. 군자의 도가 비록 장성할지라도 경계해야 한다는 것을 감히 잊어서는 안 된다. 지극한 정성으로 많은 사람들에게 명할 때는 그들로 하여금 오히려 위험한 도가 있다는 것을 알게 해주어야 한다. 비록 군자의 지극히 왕성한 도로 소인의 지극히 쇠락한 도에 제재를 가할지라도 쉽게 생각해 준비하지 않는다면 생각지도 않던 후회스런 일이 일어나게 될 것이다. 반드시 경계하고 두려워하는 마음을 갖고 조심해야 우환이 없을 것이다."

'이유유왕利有攸往'은 쾌도夬道를 말한 것이다. '쾌도'는 강건한 품성에는 유리하나 유순한 품성에는 불리하다는 뜻을 담고 있다. 이를 두고 왕필은 이같이 풀이했다.

"강건한 덕은 갈수록 성장할 것이나 유약한 사악邪惡은 갈수록 사라질 것이다. '이유유왕'은 도가 이미 완성되었다는 뜻이다."

43-2

「彖」曰, 夬, 決也, 剛決柔也. 健而說, 決而和. '揚于王庭', 柔乘五剛也. '孚號有厲', 其危乃光也. '告自邑, 不利卽戎', 所尙乃窮也. '利有攸往', 剛長乃終也.

〈단전〉에 이르기를, '쾌(夬), 결(決)'이라고 했다. 이는 양강(陽剛)이 음유(陰柔)를 처결하는 것이다. 건이열(健而說 : 과감한 결단으로 사람들로 하여금 기꺼이 따르게 함)로 결이화(決而和 : 결단의 여세를 몰아 사물의 협조와 조화를 이끌어냄)할 수 있다. '양우왕정(揚于王庭)'은 유승5강(柔乘五剛 : 陰柔의 상육효가 5개의 양효를 올라타고 업신여김)을 뜻한다. '부호유려(孚號有厲)'는 기위내광(其危乃光 : 사람들에게 위험을 주의시키고 이에 대비해야만 光大한 '쾌도'에 이를 수 있음)을 뜻한다. '고자읍(告自邑), 불리즉융(不利卽戎)'은 소상내궁(所尙乃窮 : 무력에 의존한 '쾌도'는 이내 궁해짐)을 뜻한다. '이유유왕'은 강장내종(剛長乃終 : 陽剛이 성장하면 이내 음유를 제압하게 됨)을 뜻한다.

'기위내광其危乃光'은 소인의 척결에 만반의 준비를 갖추어야 한다는 뜻이다. 이를 두고 정이천은 이같이 풀이했다.

"지극한 성신으로 많은 사람에게 명령하면 그들은 위험을 느끼고 두려워할 줄 알게 된다. 그리해야 군자의 도는 근심할 바가 없게 되어 광명정대光明正大하게 될 것이다."

'소상내궁所尙乃窮'은 무력사용에 대한 자세를 촉구한 것이다.

이를 두고 왕필은 이같이 풀이했다.

"위맹威猛 : 위엄과 용맹만을 사용하는 것은 상력취승尙力取勝 : 힘을 숭상해 승리를 얻음하는 것이다. 비록 과감한 결단력으로 제재를 가했다고는 하나 이내 불화를 초래해 그 도는 곤경에 처하게 될 것이다."

43-3

「象」曰, 澤上於天, 夬. 君子以施祿及下, 居德則忌.

初九, 壯于前趾, 往不勝, 爲咎.「象」曰, 不勝而往, 咎也.

九二, 惕號, 莫(=暮)夜有戎, 勿恤.「象」曰 '有戎勿恤', 得中道也.

九三, 壯于頄, 有凶. 君子夬夬, 獨行, 遇雨若濡. 有慍, 无咎.「象」曰 '君子夬夬', 終无咎也.

九四, 臀无膚, 其行次且. 牽羊悔亡, 聞言不信.「象」曰 '其行次且', 位不當也. '聞言不信', 聰不明也.

九五, 莧陸夬夬, 中行无咎.「象」曰, '中行无咎', 中未光也.

上六, 无號, 終有凶.「象」曰 '无號之凶', 終不可長也.

〈상전〉에 이르기를, '택상어천(澤上於天), 쾌(夬)' 라고 했다. 군자는 이를 본받아 시록급하(施祿及下 : 은덕을 베풀어 멀리 아래까지 퍼지게 함)하고 거덕즉기(居德則忌 : 덕을 베풀면서도 明法으로 결단해 禁令을 내림)한다.

초구는 장우전지(壯于前趾 : 勇壯이 발끝에 있음)하니 왕불승(往不勝 : 서둘러 나가면 이기지 못함)하고 오히려 재난을 만나게 될 것이다. 〈상전〉에 따르면 '불승이왕(不勝而往 : 승리할 수 없는데도 서둘러 돌진함)' 은 위구(爲咎 : 재난을 초래함)를 뜻한다.

구이는 척호(惕號 : 신중히 방비책을 세워 적의 습래 때 크게 외쳐 격퇴함)하니 모야유융(暮夜有戎 : 심야에 적의 습래로 싸움이 벌어짐)할 지라도 물휼(勿恤 : 근심할 필요가 없음)하다. 〈상전〉에 따르면 '유융 물휼(有戎勿恤)' 은 득중도(得中道 : 구이효가 중도를 얻어 신중히 행동 함)를 뜻한다.

구삼은 장우구(壯于頄 : 용장이 광대뼈 위로 나타나 노기가 서려 있음)하니 흉하다. 군자쾌쾌(君子夬夬 : 군자가 소인배 제거를 결단함)하여 독행(獨行 : 소인과 어울리던 중 마침내 소인 제거를 결행)한다. 이에 마치 우우약유(遇雨若濡 : 비를 맞고 흠뻑 젖음)하여 유온(有慍 : 소인배와 어울린 혐의를 받고 사람들의 분노를 삼)할지라도 끝내 '무구' 하다. 〈상전〉에 따르면 '군자쾌쾌' 는 마침내 소인배 제거를 결단하여 '무구' 하게 되었음을 뜻한다.

구사는 둔무부(臀无膚 : 볼기 부위의 피부가 벗겨져 있음)하여 행동을 차저(次且 : 머뭇머뭇함)한다. 견양(牽羊 : 양과 같이 강건한 구오효가 이끌어 줌)하면 회망(悔亡 : 후회가 사라짐)할 것이다. 그러나 구사효는 강양(剛陽)하여 문언불신(聞言不信 : '견양' 에 관한 충고를 듣고도 믿고 따르지 않음)한다. 〈상전〉에 따르면 '기행차저(其行次且)' 는 위부당(位不當)을 뜻한다. '문언불신' 은 총불명(聰不明 : 상세하게 밝지 못함)을 뜻한다.

구오는 현륙쾌쾌(莧陸夬夬 : 부드러운 莧陸草를 없애듯 소인을 과감히 제거함)하여 중행(中行)하니 '무구' 하다. 〈상전〉에 따르면 '중행무구' 는 중정의 도가 오히려 크게 빛나지 않았음을 뜻한다.

상육은 무호(无號 : 5개의 양효에 의해 일거에 제거되니 放聲大哭하며 후회해도 소용이 없음)하니 끝내 흉하다. 〈상전〉에 따르면 '무호지흉(无號之凶)' 은 상육효가 높은 곳에 오래 머물지 못할 것이라는 뜻이다.

〈대상전〉의 '택상어천澤上於天' 을 두고 육적은 이같이 풀이했다.

"수기水氣는 하늘을 향해 올라가 기필코 비가 되어 내려오므로 '쾌'라고 한 것이다."

이는 「쾌괘」의 택래윤하澤來潤下 : 은택을 베풀어 아랫사람을 윤택하게 함의 괘덕을 설명한 것이다. 그러나 「쾌괘」는 두 가지 상반된 괘덕을 지니고 있다. '거덕즉기居德則忌'가 바로 그것이다. 이는 비록 덕을 베풀지라도 동시에 법을 명백히 밝히면서 금령의 엄단을 내려야 한다는 뜻을 지니고 있다. 〈대상전〉의 취지에 비춰볼 때 「쾌괘」는 육적의 해석과 같이 '택래윤하'의 괘덕을 지니고 있다. 그러나 '결이화決而和'와 '기위내광其危乃光'을 언급한 〈단전〉의 취지에 비춰볼 때 「쾌괘」는 동시에 명법단엄明法斷嚴 : 법을 명백히 밝혀 단호한 금령을 결행함의 괘덕을 지니고 있음을 알 수 있다. '거덕즉기'는 곧 '택래윤하'를 행하면서 '기忌'에 해당하는 '명법단엄'을 시행하는 것을 뜻한다. '거덕즉기'를 '은덕을 베풀지 않으면 원망을 받게 된다' 내지 '과거의 덕에 안주하며 가만히 있는 것을 꺼린다'는 식으로 풀이해 '명법단엄'의 취지를 누락시키는 것은 〈대상전〉의 기본취지를 왜곡하는 것이다.

초구 효사 '장우전지壯于前趾'는 초구효가 양강으로 아래에 처해 그 용장勇壯이 발끝에 있는 것을 설명한 것이다. 결단을 내리기 위해서는 여유를 갖고 신중한 행보를 취할 필요가 있음을 지적한 것이다. 이를 두고 왕필은 이같이 풀이했다.

"강건의 시작에 처한다는 것은 결단을 내리기 시작할 때는 마땅히 그 계략을 자세히 살펴 그 일을 실천해야 한다는 뜻이다. 강성함이 발끝에 있으니 서둘러 나아가면 승리하지 못하고 도리어 재난을 만날 것이다."

구이 효사 '척호惕號'는 조심스럽게 만일의 사태에 대비하고 있는 것을 말한다. 이는 구이효가 양강의 품성으로 하괘의 가운데에 처해 과감한 결단을 내린 후 근신하여 깊은 밤의 습격에 대비한 완벽한 방어태세를 갖추고 있는 까닭에 근심할 필요가 없음을 뜻한다. '물휼勿恤'은 구이효의 신중한 행보와 대비책을 칭송한 것이다.

구삼 효사 '장우구壯于頄'는 소인에게 제재를 가할 때 얼굴에 서려 있는 노기를 지칭한 것이다. 구삼효가 하괘의 제일 윗자리에 처해 상육효와 호응던 중 결단을 지나쳐 서두른 탓에 상육효를 제거하려다가 오히려 흉하게 되었음을 뜻한다. 이는 강한 품성으로 인해 중도를 잃은 데 따른 것이다.

'군자쾌쾌君子夬夬'의 '쾌쾌'는 결단성 있는 모습의 의태어로 강인하고 굳세어 과감히 끊어버린다는 뜻을 지니고 있다. '독행獨行'은 구삼효가 홀로 상육효와 호응하는 것을 말한다. '우우약유遇雨若濡'는 구삼효의 양기가 상육효의 음기와 만나는 것을 일시 소인과 왕래하며 때를 기다렸다가 소인을 제거하는 결단에 비유한 것이다. 이는 마치 비를 맞아 옷이 조금씩 젖는 것과 같은 의심을 받아 사람들의 분노를 살지라도 결국 소인을 제거함으로써 재난을 면하게 되었음을 의미한다.

수많은 양효 중 유독 구삼효 홀로 상육효와 호응하며 그에 대한 제재를 과감하게 결단할 수 있는 것은 사사로운 애정에 얽매이지 않았기 때문에 가능한 것이다. 통상 구삼효와 같이 상육효의 소인과 호응함으로써 마치 홀로 가다가 비를 만나 옷이 젖는 형국에 처하게 되면 군자는 화를 낼 것이다. 그러나 구삼효는 결국 소인을 결연히 제거함으로써 재난을 면하게 된 셈이다. 이를 두고 주희는 이같이 풀이했다.

"군자가 소인배를 제거할 때 반드시 화난 모습을 드러낼 필요가 없다. 비를 맞고 옷이 흠뻑 젖기까지 분노를 감추면서 내심 소인배 제거의 결심을 굳히고 있으니 결국 소인은 제거될 것이다. 구삼효는 비록 상육효와 호응은 하나 강한 품성으로 양강의 자리에 앉아 있으므로 과감한 결단력을 지니고 있는 상이다. '장우구壯于頄'는 흉하다는 의미이다. 그러나 구삼효는 소인배를 제거하여 '무구'하게 되었다."

구사 효사 '둔무부臀无膚'는 구사효가 양효로서 음위에 처해 결단을 내리지 못하고 있는 모습을 마치 볼기 부위의 피부가 벗겨져 있는 것에 비유한 것이다. '차저次且'는 바로 이를 말한 것이다. '차저'는 '자저趑趄 : 뒤뚝거림'와 그 뜻이 통한다. 왕숙은 '자저'를 '행동에 방해를 받는 모습'으로 풀이했다. 이는 구사효가 아래에 있는 3개의 양효를 업신여기며 앞으로 나아감으로써 많은 어려움이 이어진 데 따른 것이다.

'견양회망牽羊悔亡'의 '견양'은 강건하고 굳센 동물로 비유된 양을 강력히 이끈다는 뜻으로 결단력이 부족한 구사효가 구오효의 뜻을 받들어 결행하는 것을 지칭한다. '문언불신聞言不信'은 구사효가 강건함을 상실한 까닭에 홀로 행동하여 화를 자초하는 것을 지적한 것이다. 이를 두고 왕필은 이같이 풀이했다.

"양은 이리와 맞붙어 싸우면 승부를 가리기 어려운 동물이다. 이를 구오효에 비유한 것이다. 구오효는 「쾌괘」의 주인으로 아래

효들의 침범을 용서치 않는다. 만일 구사효가 구오효에 이끌리면 '회망'케 될 것이다. 그러나 구사효는 강직하고 굳세어 '문언불신' 하는 까닭에 재난을 만나는 것이다."

구오 효사 '현륙쾌쾌莧陸夬夬'의 '현륙'은 풀이름으로 『자하전』에 따르면 뿌리는 나무 같고 줄기는 풀 같은 것으로 아랫부분은 강하고 윗부분은 부드러운 초목으로 알려져 있다. 정이천은 햇볕을 쏘여도 잘 마르지 않는 음기가 많은 식물인 '마치현馬齒莧'으로 보았다. 이는 구오효가 양강의 품성으로 중정의 덕을 얻어 존위에 처하여 가장 가까이 붙어 있는 소인을 친히 제재하면 그 덕이 크게 빛날 수 없으니 신중한 행보로 중도를 실천할 것을 주문한 것이다. 왕필은 이같이 풀이했다.

"현륙莧陸은 부드러워 잘 꺾이는 풀이다. 이를 꺾는 것은 지극히 쉬운 일이므로 '쾌쾌'라고 한 것이다. '쾌'의 의미는 강한 것이 유한 것을 과감히 자르는 것으로 군자가 소인을 제거하는 것을 뜻한다. 구오효는 군위에 처하면서 소인과 가장 가까이 인접해 있으므로 몸소 친히 제거해야 할 입장에 있다. 지극히 존엄한 자가 지극히 천박한 자를 적으로 삼고 있으니 비록 승리한다 할지라도 의미 있는 일이 될 수 없다. 중도를 실천하면 충분히 '무구'할 수 있다. 그러나 크게 영광스럽다고는 할 수 없다."

『춘추좌전』에도 구오효의 효사와 그 맥을 같이 하는 구절이 나온다. 『춘추좌전』「노은공 6년」조에 다음과 같은 구절이 나온다.

"위정자는 악을 보면 마치 농부가 잡초를 모두 뽑아 쌓아두듯이 그 뿌리를 절멸시켜 다시는 번식할 수 없게 만들어야만 한다. 그래야 선한 일이 더욱 신장될 수 있다."

상육 효사 '무호无號'는 상육효가 음효로서 쾌도夬道의 극점에 위치한 상황이 오래 지속할 수 없음을 뜻한다. 이는 소인이 높은 곳에 앉아 나쁜 짓을 하자 아래에 있는 5개의 양효가 이를 제거하니 이제 방성대곡放聲大哭하며 후회해도 소용이 없다는 뜻을 내포하고 있다. 소인이 군자의 자리에 올라 한때 권세를 누리다가 일거에 제거되는 상황을 연상시키는 대목이다.

「쾌괘」의 육효는 군자가 소인을 제거하는 몇 가지 이치를 제시하고 있다. 첫째, 공정무사해야 한다. 왕정王庭의 언급은 바로 공개적으로 소인의 죄상을 심판해야 한다는 취지에서 나온 것이다. 둘째, 사람들에게 소인에 대한 경각심을 불러 일으켜야 한다. 소인이 조성해 놓은 위험에 빠지지 않도록 주의를 당부하며 이에 대한 대책을 강구해야 한다. 셋째, 무력 대신 덕으로 제압해야 한다. 정령 공포를 통해 미덕을 선양하는 방식으로 제압해야만 사람들의 자발적인 복종을 견인해낼 수 있다.

「쾌괘」는 1개의 음효가 5개의 양효를 올라타고 앉아 업신여기는 모습을 하고 있다. 이는 소인이 군자를 누르고 높은 자리에 앉아 전횡하는 모습에 비유할 수 있다. 소인은 끝내 제거될 수밖에 없다. 그러나 5개의 양효는 비록 강건하기는 하나 경거망동해서는 안 된다. 초구효는 준비도 없이 맹목적으로 돌진할 경우 낭패를 볼 수밖에 없다. 구이효는 야습에 대비한 완벽한 방어태세를 갖추고 놓고 있어야만 한다. 구삼효는 강성함이 지나쳐 위험하다. 구사효는 결단력이 부족해 대사를 그르칠 수 있다. 구오효는 신중히 처신해야 비로소 '무구'할 수 있다.

이를 통해 비록 5개의 양효가 강성하다 할지라도 1개의 음효를 제거하는 일이 간단치 않음을 알 수 있다. 소인의 제거가 이처럼 어려운 것이다. 군자가 「쾌괘」를 보고 심사숙고해야 하는 이유가 바로 여기에 있다. 「쾌괘」의 요체는 구삼 효사 '군자쾌쾌君子夬夬'에 있다. 이는 음양의 모순이 격화되는 시점의 결단을 의미한다. 중국 전래소설 중 최고의 소설로 평가받고 있는 『홍루몽紅樓夢』의 제82회에 이와 관련된 구절이 나온다.

"무릇 가정의 일은 동풍이 서풍을 제압하지 못하면 즉시 서풍이 동풍을 제압케 될 것이다凡家庭之事, 不是東風壓了西風, 就是西風壓了東風."

이는 소인을 제압해야만 하는 결정적인 시기에 제압치 못할 경우 오히려 소인에게 제압당할 수밖에 없다는 '쾌도'의 이치를 설명한 것이다. 훗날 마오쩌둥毛澤東이 중소이념 분쟁 당시 이를 인용한 사실을 통해 알 수 있듯이 이는 비록 가정사에 한한 것이 아니다. 모든 사물의 대립적인 모순이 결정적인 시점에서는 해소될 수밖에 없는 것이다. '쾌도'는 바로 동풍으로 상징되는 군자가 양강陽剛을 기초로 결단을 발휘해 서풍으로 상징되는 음유陰柔의 소인을 제압해야 하는 결정적인 시점에 작동되어야만 그 빛을 발할 수 있다. 「쾌괘」는 소인이 득세하여 군자를 억압하는 난세의 개혁논리이기도 하다.

제44장 천풍구(天風姤)

☰ 天

☴ 風

巽下乾上011,111

착괘 : 지뢰복地雷復 : 100,000

종괘 : 택천쾌澤天夬 : 111,110

44-1
姤, 女壯, 勿用取女.

구(姤)는 여장(女壯 : 한 여인이 5명의 남자를 만나니 그 혈기가 지나치게 거셈)하니 물용취녀(勿用取女 : 아내로 맞아들이지 말아야 함, '用'은 '宜'와 통함)해야 한다.

'구姤'는 〈단전〉에서 '우遇'의 뜻으로 풀이했다. 〈서괘전〉과 〈잡괘전〉 또한 같은 뜻으로 풀이해 놓았다. 『주역정의』에 따르면 원래 '구'는 '우'의 뜻을 지닌 '구遘'에서 나왔다고 한다.

「구괘」는 1개의 유순한 음효가 5개의 강건한 양효를 만나는 모습을 하고 있다. '여장女壯'은 바로 여인의 혈기가 지나치게 거센 것을 지적한 것이다. 이를 두고 정현은 이같이 해석했다.

"한 개의 음효가 5개의 양효를 받들고 있는 것은 한 명의 여성이 5명의 남성을 감당하고 있는 것과 같다. 이같이 만나면 올바른 행위라고 할 수 없다. 그래서 '구姤 : 추함'라고 했다. 여성의 혈기가 이처럼 왕성하면 음탐淫貪이 넘친다는 것이므로 취하지 말아야 할 것이다."

44-2

「彖」曰, 姤, 遇也. 柔遇剛也. '勿用取女', 不可與長也. 天地相遇, 品物咸章也. 剛遇中正, 天下大行也. 姤之時義大矣哉.

〈단전〉에 이르기를, '구(姤), 우(遇)'라고 했다. 음유(陰柔)가 양강(陽剛)을 만나는 것을 뜻한다. '물용취녀(勿用取女)'는 함께 오래도록 가정을 꾸리지 못한다는 뜻이다. 천지가 서로 만나야 품물(品物 : 각종 사물)이 함장(咸章 : 모두 밝게 빛남)할 수 있다. 강우중정(剛遇中正 : 陽剛이 중정을 지키는 陰柔와 만남)해야 천하대행(天下大行 : 천하의 인륜이 잘 교화되어 크게 통함)할 수 있다. 구(姤)의 시의(時義)가 참으로 크도다.

'강우중정剛遇中正'을 두고 『주역정의』는 이같이 풀이했다.

"한 여성이 5명의 남성을 만나고 있으니 취하지 말아야 한다. 천지가 배필이 되어야 각종 사물이 완성될 수 있다. 이는 양강이 중정의 음유를 만나면 곧 남성이 정숙한 여인을 만나는 것과 같으게 되어 천하 인륜의 교화가 크게 행해진다는 뜻이다."

44-3

「象」曰, 天下有風, 姤. 后以施命誥四方.

初六, 繫于金柅, 貞吉, 有攸往, 見凶. 羸豕孚(=浮)蹢躅.「象」曰 '繫于金柅', 柔道牽也.

九二, 包(=庖)有魚, 无咎, 不利賓.「象」曰 '包有魚', 義不及賓也.

九三, 臀无膚, 其行次且, 厲, 无大咎.「象」曰 '其行次且', 行未牽也.

九四, 包无魚, 起凶.「象」曰 '无魚之凶', 遠民也.

九五, 以杞包瓜, 含章, 有隕自天.「象」曰 '九五含章', 中正也. '有隕自天', 志不舍命也.

上九, 姤其角, 吝, 无咎.「象」曰 '姤其角', 上窮吝也.

〈상전〉에 이르기를, '천하유풍(天下有風), 구(姤)' 라고 했다. 후(后 : 군주)는 이를 본받아 시명고사방(施命誥四方 : 왕명을 내려 사방의 천하 백성에게 선포함, '誥' 는 알아듣게 타이름)했다.

초육은 계우금니(繫于金柅 : 수레의 제어장치와 같은 것에 단단히 매어둠)와 같아야 정길(貞吉)할 수 있다. 유유왕(有攸往 : 성급히 앞으로 나아감)하면 흉하니 이는 이시(羸豕 : 야윈 돼지, 암퇘지를 지칭)가 부척촉(浮蹢躅 : 앞으로 성급히 나아가고자 하나 머뭇거리며 불안정하게 배회함)하는 것과 같다. 〈상전〉에 따르면 '계우금니' 는 초육효가 유도(柔道)를 지키기 위해서는 양강의 견제(牽制)가 필요하다는 것을 뜻한다.

구이는 포유어(包有魚 : 부엌에서 한 마리 물고기를 발견함, '魚' 는 초육효를 상징)하여 '무구' 하다. 그러나 이를 멋대로 빈객을 위한 잔치에 사용하는 것은 이롭지 못하다. 〈상전〉에 따르면 '포유어' 는 의

미상 구이효와 초육효가 서로 호응하지 않기에 빈객을 위한 잔치에 사용할 수 없다는 뜻이다.

구삼은 둔무부(臀无膚 : 볼기 부위의 피부가 벗겨져 있음)하여 행동을 차저(次且 : 머뭇머뭇함)한다. 위태롭기는 하나 '무대구(无大咎 : 큰 재난은 없음)' 하다. 〈상전〉에 따르면 '기행차저(其行次且)' 는 외부 사물의 견제를 받지 않지 않는 것을 뜻한다.

구사는 포무어(包无魚 : 부엌의 물고기가 도주함, 호응하는 초육효가 구이효의 부엌으로 들어간 것을 의미)하니 기흉(起凶 : 물고기로 상징된 백성의 도주로 다툼이 일어나 흉함)하다. 〈상전〉에 따르면 '무어지흉(无魚之凶)' 은 원민(遠民 : 백성들로부터 멀리 떠나 민심을 잃어버림)을 뜻한다.

구오는 이기포과(以杞包瓜 : 杞樹의 넓은 잎으로 나무 아래의 참외를 감싸는 것으로 求賢을 의미, '瓜' 는 '賢者' 를 상징)하는 것으로 함장(含章 : 속에 미덕을 품고 있음)하니 유운자천(有隕自天 : 이상적인 만남이 하늘로부터 내려옴, 得賢을 의미)한다. 〈상전〉에 따르면 '구오함장(九五含章)' 은 구오효가 중정을 지켜나가는 것을 뜻한다. '유운자천' 은 구오효의 뜻이 천명을 거역하지 않았음을 뜻한다.

상구는 구기각(姤其角 : 황량한 구석만 만남)하여 인석(吝惜)케 될지라도 '무구' 하다. 〈상전〉에 따르면 '구기각' 은 상궁린(上窮吝 : 가장 높은 곳에 올라가 누구도 만나지 못하는 애석함에 처함)을 뜻한다.

〈대상전〉의 '천하유풍天下有風' 을 두고 『주역정의』는 이같이 풀이했다.

"바람이 하늘 아래에서 불면 사물들이 만나지 않는 게 없다. 그래서 '구姤' 라고 한 것이다."

'시명고사방施命誥四方' 은 군왕이 「구괘」의 상을 본받아 사방에 정령을 시달하고 상하가 서로 만나도록 해야 한다는 뜻을 담고 있다. 이는 군왕의 명이 하달되는 과정을 '천하유풍'에 비유한 것이다.

초육 효사 '계우금니繫于金柅'의 '니柅'를 두고 마융은 풀이하기를, '수레의 아래에서 수레바퀴를 멈추게 하는 것'이라고 했다. 이는 수레바퀴의 회전을 멈추게 하는 장치를 말한다. '계우금니'는 초육효가 아래에 처하여 하괘인 '손괘'의 들뜨고 경솔한 움직임을 제지하고 있는 것을 말한다. 초육효는 반드시 구사효에 호응해야만 오랫동안 정도를 지킬 수 있다는 의미를 내포하고 있다. 이를 두고 왕필은 이같이 풀이했다.

"금金은 견강한 물건이다. 니柅는 움직이는 것을 제어하는 것으로 구사효를 지칭한다. 초육효가 음효로서 5개의 양효를 받들고 있다. 남자를 보면 성질이 급해져 만나면 통하나 헤어지면 의지할 주인이 없어 스스로 방자해질 뿐이다. 유柔한 사물은 견제하지 않으면 안 된다. 신첩臣妾의 도는 정절을 지키지 않을 수 없다. 바르게 호응할 수 있도록 매어두어야만 정도를 견고히 지켜나갈 수 있다."

'이시羸豕'는 야윈 암돼지를 뜻하는 말로 초육효가 5개의 양효 밑에 놓여 있는 까닭에 음기가 심히 허약한 것을 뜻한다. '부척촉浮蹢躅'의 '척촉蹢躅'은 '척촉躑躅'과 같은 말로 불안하게 배회하는 모습을 말한다. 이를 두고 왕필은 이같이 풀이했다.

"한 가지에 전념하지 않고 서둘러 앞으로 나아가면 오로지 흉한 상황을 만날 뿐이다. 이시羸豕는 '빈저牝豬 : 암돼지'를 말한다. 수돼지는 강하고 암돼지는 약하므로 '이시'라고 한 것이다. 부孚

는 참을성 없이 조급한 것을 말한다. 무릇 음의 기질로 성질이 조급하고 방자한 것으로는 암퇘지가 특히 심하다. 정도를 견고히 지켜나가지 않는 음陰이 그를 이끄는 끈을 놓치면 음란하고 추악하게 되어 마치 암퇘지가 경솔히 날뛰며 안정을 찾지 못하는 것과 같아진다."

구이 효사 '포유어包有魚'의 '포包'는 '포주庖廚 : 부엌', '어魚'는 초육효를 뜻한다. '포유어'는 초육가가 음효로서 양강의 성질로 중도를 얻고 있는 구이효를 받들고 있는 것을 부엌에 있는 생선에 비유한 것이다. 이는 어떤 때에도 구이효는 재난을 면할 것이라는 뜻이다. 그러나 초육효는 구사효와 호응해야 하는 까닭에 구이효가 함부로 사용할 수 있는 것이 아니다. 불리빈不利賓은 초육효로 상징되는 생선을 멋대로 사용해 빈객을 맞이하는 잔치를 벌여서는 안 된다는 뜻이다. 이를 두고 왕필은 이같이 풀이했다.

"초육효는 음효로서 가장 아래에 처해 있는 까닭에 '어魚'라고 했다. 정위를 차지하지 못했으나 가까이 있는 자를 거역할 수 없다. 초육효의 접근은 스스로 기꺼이 다가온 것이므로 잘못된 호응은 아니다. 그래서 '무구'하다고 한 것이다. 그러나 다른 사람의 물건을 자기 멋대로 사용하여 자신을 이롭게 하는 것은 의리가 아니다. 그래서 '불리빈'이라고 한 것이다."

구삼 효사 '둔무부臀无膚, 기행차저其行次且'는 「쾌괘」 구사효와 같다. 이는 구삼효가 지나치게 강한 나머지 중도를 얻지 못해 위로 상구효에 호응하지 못할 뿐만 아니라 아래로 초육효와 만나지도 못하고 있는 것을 의미한다. 그러나 구삼효는 비록 중도를 얻지는 못했으나 정위에 처한 까닭에 '무구'하다. '행미견行未牽'

은 구삼효가 초육효와 만나고자 할 때 외부사물의 견제를 받지 않는 것을 말한다. 이로 인해 구삼효는 비록 초육효를 만나지는 못할지라도 재난은 면하게 된다. 이를 두고 정이천은 이같이 풀이했다.

"구삼효가 처음에는 초육효와 만나고자 하는 뜻을 가졌으므로 그 행동이 침착하고 신중했다. '행미견'은 그 행동이 빠르지 않다는 뜻이다. 이미 위험한 상황이라는 것을 알면 곧 개선할 것이므로 '무구'하다고 한 것이다."

구사 효사 '포무어包无魚'는 구사효가 양강의 품성으로 정위를 상실하자 호응하는 초육효가 구사효를 배신하고 구이효의 뜻을 받들게 된 것을 자신의 생선이 달아나 구이효의 부엌에 들어간 것에 비유한 것이다. '원민遠民'은 '포무어'를 백성을 상실한 것에 비유해 곧 다툼이 일어나 더욱 고립되는 까닭에 흉하다는 뜻을 담고 있다. 이를 두고 왕필은 이같이 풀이했다.

"구이효가 구사효의 생선을 갖고 있으므로 '포무어'라고 했다. 백성 없이 활동하고 호응하는 자도 없어 다투게 되므로 흉하다고 한 것이다."

'기흉起凶'은 구사효가 정위를 얻지 못했을 뿐만 아니라 초육효를 잃어버림으로써 심한 다툼이 일어나 흉하게 되었다는 뜻이다. 그러나 '기흉'을 정반대로 해석하면 구사효 또한 초육효를 만날 수 있다는 뜻이 된다. 그것은 조용히 처하면서 다투지 않는 방안이다. 그리 하면 구이효도 생선을 마음대로 하지 못하고, 구삼효도 머뭇거리며 어려움을 겪게 되고, 초육효도 정도를 지키기 위해 '금니金柅'에 꼭 매여 있을 것이므로 마침내 초육효와의 해

후가 가능케 된다. '기흉'을 달리 표현하면 '무기무구無起無咎'로 표현할 수 있다.

구오 효사 '이기포과以杞包瓜'의 '기杞'는 '큰 나무'로 구오효를 비유한 것이고, '과瓜'는 나무 아래에 있는 참외를 지칭하는 것으로 '현자'를 상징한다. 구오효가 양강의 품성으로 중정을 지키면서 군위에 처하여 겸손한 자세로 현자를 찾아가고 있는 것을 '이기포과'에 비유해 설명한 것이다. 이를 두고 정이천은 이같이 풀이했다.

"무릇 상하가 만난다는 것은 서로를 필요로 하기 때문이다. '기杞'는 키가 크고 잎이 넓은 나무이다. 큰 몸체를 갖고 사물을 포용할 수 있는 것이 '기'이다. 아름다운 열매가 아래에 있다는 것은 참외를 말한다. 아름다우면서도 아래에 처해 있다는 것은 초야의 현자를 상징한다. 구오효는 군위에 처하여 초야의 현자를 구하니 지극히 높은 곳에서 지극히 낮은 곳에 있는 자를 구하는 것이다. 이는 마치 '기'가 넓은 잎으로 참외를 감싸고 있는 것과 같다. 스스로를 굽히고 낮출 수 있는 것이 이와 같다는 뜻이다."

이는 군주의 구현求賢을 설명한 것이다. '유운자천有隕自天'은 군주인 구오효가 현자와의 이상적인 만남을 기다리는 것을 의미한다. 구오효는 「구괘」의 주인으로 음효와 가까이 있지도 않고 호응도 하지 않지만 「구괘」의 주인이 되어 능히 음효를 제어할 수 있는 까닭에 초육효를 타이르면서 이상적인 만남을 기다릴 수 있다.

상구 효사 '구각姤角'은 상구효가 「구괘」의 마지막에 처한 것이 마치 황량한 구석에 처한 것과 같다는 뜻이다. 비록 사람을 만나지 못해 인석吝惜할지라도 편한 마음으로 다투지 않으면 '무구' 하게 된다. 이를 두고 왕필은 이같이 풀이했다.

"극점으로 나아가면 다시 만날 곳은 없게 되고 오직 '각角' 만 있을 뿐이다. 그래서 '구각' 이라고 한 것이다. 나아가나 만날 수 없다면 오로지 한만 남을 뿐이다. 그러나 사물과 다투지 않는다면 그 도에 손상이 가해지지 않을 것이므로 '무구' 하다고 한 것이다."

상구 효사 '무구无咎' 는 호응하는 구삼 효사 '무대구无大咎' 와 비교된다. 양자는 어떤 차이가 있는 것일까. 구삼효는 강한 품성으로 하괘의 위에 처해 있으면서 초육효와 만나지 않는 까닭에 비록 위험은 하나 '무대구' 하다. 이는 위험에 처할 가능성도 큰 까닭에 '무대구' 라고 한 것이다. 이에 대해 상구효는 강한 품성으로 상괘의 위에 처하면서 초육효와 만나지 않으므로 비록 인석할지라도 '무구' 하다. 이는 상대적으로 구삼효에 비해 그 위험의 정도가 낮은 까닭에 '무구' 라고 한 것이다. 양자의 '구咎' 는 만남이 본래 바르지 않으면 만나지 않은 것만 못한 까닭에 일어나는 것이다.

「구괘」는 유일한 음효인 초육효와 나머지 5개의 양효의 만남 관계를 통해 사물이 서로 만나는 이치를 설명하면서 예에 합당한 만남을 강조하고 있다. 초육효는 호응하는 구사효에 얽매여야만 정도를 지켜 길할 수 있다. 만일 경솔히 행동하면 흉하게 된다.

나머지 5개의 양효는 모두 음물陰物을 피하는 데 초점이 맞춰져 있다. 구이효는 중도를 지켜 경솔히 음물을 취하지 않는 까닭에 '무구' 하다. 구삼효는 지나치게 강한 품성으로 어려움을 겪고 있으나 만나는 게 없어 '무대구'하다. 구사효는 음물을 만날 수 있는 시기를 놓친 까닭에 다투지만 않으면 '무구'할 수 있다. 구오효는 양강의 품성으로 중정을 얻어 현자와의 만남을 기다리고 있다. 상구효는 가장 높은 곳에 처해 누구도 만날 수 없으나 음물 자체를 만나지 않는 까닭에 '무구'하다.

「구괘」가 말하는 구도姤道의 요체는 구오 효사 '유운자천有隕自天'에 있다. 이는 군주가 덕을 닦아 득현得賢하는 '군신지우君臣之遇'를 말한다. 대표적인 '군신지우'로 요堯와 순舜의 만남을 위시해 탕湯과 이윤伊尹, 은나라 고종高宗과 부열傅說, 주문왕周文王과 여상呂尙, 제환공齊桓公과 관중管仲, 당태종唐太宗과 위징魏徵의 만남 등을 열거할 수 있을 것이다. 이들의 만남은 모두 성공적인 창업創業과 수성守成을 이루는 데 결정적인 배경이 되었다. 군도와 신도의 출발이 바로 '군신지우'에 있다고 해도 과언이 아니다.

제45장 택지췌(澤地萃)

☱ 澤

☷ 地

坤下兌上000,110

착괘 : 산천대축山天大畜 : 111,001

종괘 : 지풍승地風升 : 011,000

45-1
萃, 亨. 王假有廟. 利見大人, 亨, 利貞. 用大牲, 吉. 利有攸往.

췌(萃)는 형통하다. 왕격유묘(王假有廟 : 군주가 종묘를 잘 받들게 됨)하다. 이현대인(利見大人)으로 형통하니 수정(守貞)하면 이로울 것이다. 대생(大牲 : 제사에 사용하는 큰 희생)을 쓰는 게 길하다. 이유유왕(利有攸往)하다.

'췌萃'는 '취聚'의 뜻이다. 사물을 취집聚集 : 끌어모음시킨다는 뜻을 지니고 있다. '형亨'을 두고 마융과 정현, 우번 모두 본래의 괘사에는 없는 것이었다고 주장했다. 이는 '형'이 반복하여 나타나고 있는 점을 주목한 데 따른 것이다. 일리 있는 지적이다.

'왕격유묘王假有廟'는 군주가 신민의 지지를 바탕으로 효덕孝德을 밝힘으로써 종묘를 잘 받들게 되었음을 뜻한다. 이현대인利見大人은 천하의 백성들이 모여들 때 대인이 출현하면 이롭다는 뜻이다. 대인은 구오효를 지칭한다. 이를 두고 『주역정의』는 이같이 풀이했다.

"모여들었으나 주인이 없을 경우 흩어지지 않으면 곧 혼란이 야기된다. 오로지 대덕을 지닌 자만이 정도를 펼칠 수 있고, 정도는 항상 통용되는 것이므로 '이정利正 : 利貞'이라고 한 것이다."

'대생大牲'은 제사에 사용하는 우牛를 지칭하는 말로 정성을 다한 회동을 의미한다. 이는 '대생'을 사용하는 것이 길하고 앞으로 나아가는 데에도 이롭다는 뜻을 내포하고 있다. 이를 두고 정현은 이같이 풀이했다.

"'대생'은 소를 가리킨 것이다. 대인이 경사스런 모임에서 일을 맡아 처리할 때 반드시 소를 잡아 변하지 않을 것을 맹서한다. 기왕에 맹서한 바대로 나아갈 수 있으므로 '이유유왕'이라고 한 것이다."

45-2

「彖」曰, 萃, 聚也. 順以說, 剛中而應, 故聚也. '王假有廟', 致孝享也. '利見大人, 享', 聚以正也. '用大牲, 吉, 利有攸往', 順天命也. 觀其所聚, 而天地萬物之情可見矣.

〈단전〉에 이르기를, '췌(萃), 취(聚)'라고 했다. 순열(順說)하니 양강중응(陽剛中應 : 육오효가 중도를 얻어 응함)한 까닭에 많은 사람들을 모을 수 있는 것이다. '왕격유묘'는 치효향(致孝享 : 극진한 정성으로 祭享함)을 뜻한다. '이현대인, 형'은 '취이정(聚以正 : 대인이 정도를 좇아 모임을 주관함)'을 뜻한다. '용대생(用大牲), 길(吉), 이유유왕(利有攸往)'은 순천명(順天命)을 뜻한다. 모이는 현상을 살피면 천지만물의 정(情)을 가히 알 수 있다.

'순천명順天命'을 두고 『주역정의』는 이같이 풀이했다.

"하늘의 덕성은 강중剛中하고, 순천順天하면 기뻐하니 이로써 강剛을 주인으로 삼는 것이다. 이것이 '순천명'이다."

'관기소취觀其所聚'는 사물이 모였을 때는 반드시 다양한 성정性情이 반영되는 까닭에 이를 관찰하면 천지만물의 정을 알 수 있다는 뜻을 담고 있다. 이를 두고 왕필은 이같이 풀이했다.

"사물은 같은 부류로 모이고 같은 무리로 나뉜다. 정情이 같은 연후에 부류가 되고, 기氣가 합치된 연후에 무리가 형성된다."

45-3

「象」曰, 澤上於地, 萃. 君子以除戎器, 戒不虞.

初六, 有孚不終, 乃亂乃萃. 若號, 一握爲笑, 勿恤, 往无咎. 「象」曰 '乃亂乃萃', 其志亂也.

六二, 引吉无咎, 孚乃利用禴. 「象」曰 '引吉无咎', 中未變也.

六三, 萃如嗟如, 无攸利. 往无咎, 小吝. 「象」曰 '往无咎', 上巽也.

九四, 大吉, 无咎. 「象」曰 '大吉无咎', 位不當也.

九五, 萃有位, 无咎, 匪孚. 元永貞, 悔亡. 「象」曰 '萃有位', 志未光也.

上六, 齎咨涕洟, 无咎. 「象」曰 '齎咨涕洟', 未安上也.

〈상전〉에 이르기를, '택상어지(澤上於地), 췌(萃)' 라고 했다. 군자는 이를 본받아 제융기(除戎器 : 병기를 손질함)하여 불우(不虞 : 예기치 못한 일)를 경계한다.

초육은 유부부종(有孚不終 : 誠信을 끝까지 견지하지 못함)하니 내란내췌(乃亂乃萃 : 행동이 난잡해지고 사람들과 함부로 어울림)한다. 만일 위를 향해 규호(叫號 : 소리쳐 부름)하면 일악위소(一握爲笑 : 양강한 구사효와 손을 잡는 즉시 叫號가 환한 미소로 바뀌게 됨)하게 되니 근심이 사라지고, 그대로 나아갈지라도 '무구' 하다. 〈상전〉에 따르면 '내란내췌' 는 기지란(其志亂 : 초육효가 구사효와 육삼효를 의심하는 까닭에 마음이 혼란스러움)을 뜻한다.

육이는 인길(引吉 : 사람에게 이끌려 서로 잘 화합함)하니 길하고 '무구' 할 것이다. 오로지 성신을 지니고 있으면 설령 약제(禴祭 : 조촐한 제사)를 올릴지라도 역시 신령에게 올리는 것이므로 이로울 것이다. 〈상전〉에 따르면 '인길무구' 는 중정의 도를 지켜나가는 마음이 변치 않았음을 뜻한다.

육삼은 췌여차여(萃如嗟如 : 모이려 하나 뜻을 이루지 못해 차탄함)하니 무유리(无攸利 : 이로운 바가 없음)하다. 왕무구(往无咎)이나 소린(小吝 : 약간의 吝惜함이 있음)하다. 〈상전〉에 따르면 '왕무구(往无咎)' 는 상손(上巽 : 육삼효가 위에 있는 구사효와 구오효의 양강에 순종함)을 뜻한다.

구사는 대길(大吉)하니 '무구' 하다. 〈상전〉에 따르면 '대길무구(大吉无咎)' 는 위부당(位不當)을 뜻한다.

구오는 췌유위(萃有位 : 모으는 데 군주의 자리를 이용함)하여 '무구' 하나 비부(匪孚 : 대중들로부터 신망을 얻지는 못함)한다. 원영정(元永貞 : 大德을 닦아 오랫동안 守貞함)하면 회망(悔亡)한다. 〈상전〉에 따르면 '췌유위' 는 천하인의 마음을 모으고자 하는 뜻이 여전히 광대(光大)하게 발현되지 못한 것을 뜻한다.

상육은 재자체이(齎咨涕洟 : 탄식하며 눈물을 흘림)하니 '무구' 하다. 〈상전〉에 따르면 '재자체이' 는 위가 미안(未安 : 아직 편치 못함)한 것을 뜻한다.

〈대상전〉의 '택상어지澤上於地' 를 두고 순상은 이같이 풀이했다.

"연못은 아래에 처함으로써 큰 비가 흘러 모여든다. 이곳은 만물이 생장하는 곳이다. 그래서 '췌' 라고 한 것이다."

'제융기除戎器' 의 '제除' 는 '치治' 의 의미인 '수제修除' 의 뜻으로 '수리하다' 의 의미로 쓰인 것이다. 이는 병기를 수리해 많은 사람들이 모여 있는 곳에서 일어날 수 있는 불가측의 변란에 대비해야 한다는 뜻을 담고 있다. 이를 두고 『주역정의』는 이같이 풀이했다.

"사람들이 이미 모여 있다면 방비를 하지 않으면 안 된다. 군자는 이때 병기를 수리해 예측할 수없는 상황을 경계하며 대비해야 할 것이다."

초육 효사 '유부부종有孚不終, 내란내췌乃亂乃萃' 는 초육효가 구사효와 호응하고자 하나 앞에서 2개의 음효가 가로막고 있고 육삼효 역시 구사효를 받들고 있어 구사효에 대한 성심을 끝까지 견지하지 못하고 문란해진 것을 가리킨다.

'일악위소一握爲笑' 는 만일 초육효가 구사효를 소리쳐 찾으면 구사효가 반드시 와서 호응하게 되어 이내 양자가 손을 맞잡으며 즐겁게 웃을 것이라는 뜻이다. 초육효와 구사효의 만남은 서로 믿는 마음이 있기 때문에 가능한 것이다. 초육효가 소리쳐 찾을 때 구사효가 즉시 응하는 것은 바로 이 때문이다.

육이 효사 '인길引吉'은 육이효가 음유의 품성으로 중정의 도를 지키며 위로 구오효와 호응하니 반드시 구오효에 이끌려 화합케 될 것이라는 뜻이다. 이를 두고 왕필은 이같이 풀이했다.

"음유의 체질로 당당한 위치에서 '곤괘'의 가운데에서 정도를 행하니 대중과 크게 다르다. 특이하게도 지조를 지키며 사람들과 어울리니 백성이 크게 편벽된 상황에서 홀로 바른 모습을 보이는 까닭에 위험하다. 스스로 자세를 바꿔 해를 면하기 어려운 까닭에 반드시 구오효가 이끈 연후에야 길하고 '무구'할 것이다."

'부내이용약孚乃利用禴'의 '약禴'은 원래 은나라 때의 춘제春祭로 조촐한 제사를 의미한다. 이는 육이효가 오로지 성신의 자세만 지닐 수 있다면 조촐한 약제禴祭를 올릴지라도 복을 받을 수 있다는 뜻이다. 이를 두고 왕필은 이같이 풀이했다.

"약제는 4계절의 제례 중 가장 절약하는 제사이다. 육이효는 중정에 처하면서 성신을 지니고 행동하니 귀신에게도 조촐한 제사를 올릴 수 있는 것이다."

육삼 효사 '췌여차여萃如嗟如'는 육삼효가 하괘의 마지막에 처하여 정위를 상실함으로써 상육효와 호응하지 못하고 모임을 실현하고자 하는 마음은 간절하나 동류를 찾지 못해 차탄하는 것을 말한다. 이는 「췌괘」의 육효 중 오직 육삼효와 상육효만이 모두 음효로 되어 있어 상호 호응하지 못한 데 따른 것이다. '왕무구往无咎, 소린小吝'은 상육효 역시 호응하는 자가 없어 겸손한 자세로 친구를 찾고 있는 까닭에 나아가 만나면 '무구'하게 되나 음효끼리의 만남인 까닭에 '소린'하다고 한 것이다.

구사 효사 '대길무구大吉无咎'는 구사효가 아래에 있는 육삼효를 타고 앉아 의지함으로써 '대길'하나 반드시 공적을 쌓은 연후에 재난을 면할 수 있다는 뜻이다. 구사효는 양강의 품성으로 정위를 상실하고 있으나 오히려 하괘에 있는 3개의 음효들을 모음으로써 '대길'한 연후에 '무구'하게 될 것이라는 뜻을 담고 있다. 이는 구사효가 비록 군위에 처하지는 못했으나 민심을 얻고 있는 것을 의미한다.

구오 효사 '췌유위萃有位'는 구오효가 백성들이 모이는 시점에 군위에 처해 있음을 뜻한다. '비부匪孚'는 구사효가 방자하게 3개의 음효를 모아놓고 있는 까닭에 덕을 널리 펴지 못하고 오로지 자신의 강정剛正만을 지킴으로써 대중의 지지를 받지 못하고 있는 것을 설명한 것이다. 이를 두고 왕필은 이같이 풀이했다.

"구오효는 오로지 웅거하고만 있을 뿐 덕을 실천하지 않고 스스로 지키고 있을 뿐이다. 그래서 '무구, 비부'라고 한 것이다."

'원영정元永貞'은 구오효가 양강의 품성으로 군위에 처해 오랫동안 수정守貞하여 '무구'하게 된 것을 설명한 것이다. 이를 두고 정이천은 이같이 풀이했다.

"'원영정'은 군주의 덕이자 민심이 돌아오는 곳이다. 천하의 도에 가까워지는 것과 천하의 도를 모으는 것 모두 '원영정'에 있다. '원元'은 존장자이다. 군주의 덕은 먼저 수많은 생명을 생육시키고 통솔하는 덕을 말한다. 오랫동안 정도를 견고히 지켜나가면 회망悔亡하게 된다."

『주자어류』에는 「췌괘」 구오효와 관련한 일화가 실려 있다. 이에 따르면 하루는 주희의 제자가 이같이 질문했다.

"「췌괘」의 구오효가 양강의 품성으로 군위에 처해 있는데 어찌하여 백성들로부터 성신을 얻지 못하는 것입니까."

주희가 대답했다.

"지위는 높으나 덕이 없으니 비록 백성들이 모여들기는 하나 그들을 믿음으로 부릴 수는 없다는 뜻이다. 백성들이 믿어주지 않는다면 마땅히 그 군주는 정도를 지키는 덕을 닦은 연후에 비로소 '회망' 하게 될 것이다."

상육 효사 '재자체이齎咨涕洟' 의 '재자齎咨' 는 비탄한 심정으로 탄식하는 소리, '체이涕洟' 는 슬픔과 원망으로 통곡하면서 코 눈물을 흘리는 모습을 말한다. 이는 췌도萃道가 극점에 달한 상황에서 상육효가 음효로서 구오효의 양강한 군주를 올라타고 앉아 사람들을 모으려고 했으나 뜻이 이뤄지지 않자 '재자체이' 하는 모습을 설명한 것이다. 다만 상육효는 '재자체이' 하면서 두려워할 줄 알기 때문에 '무구' 하다. 이를 두고 왕필은 이같이 풀이했다.

"상육효가 가장 윗자리에 홀로 처하니 멀고 가까이에서 도와주는 자들이 없어 크게 위험하다. 만일 위험이 지극하다는 것을 알고 병이 심해지는 것을 근심할 줄 알면 '재자체이' 하는 상황에 이를지라도 감히 안일하지 않을 것이고 많은 사람들이 해치지도 않을 것이다. 그래서 '무구' 하다고 한 것이다."

상육효는 지극히 높은 자리에 앉아 있으나 군주에게 소외당한 외로운 신하를 상징한다. 모이는 것이 극에 달하면 곧 흩어지기 마련이다. 이는 군주와 부모를 만나지 못한다는 뜻이다. '재자체이' 는 원망하면서 다시 모여주기를 간절히 바라는 정을 표현한 것이다. 이는 결국 모이게 됨으로써 '무구' 하게 된다는 뜻을 내포하고 있다.

「췌괘」의 육효 중 1개의 효에서도 '흉' 이 나타나지 않고 있다. 상육효로 하여금 모으지 못하게 한 것 역시 근심과 두려움을 사용해 위험을 깨닫게 하여 재난을 면해주고자 한 것이다. 그러나 어느 효도 순조롭게 발전하거나 모으고자 하는 희망을 살린 것은 없다. 비록 구오효가 양강의 품성으로 중정의 도를 실천했다고는 하나 역시 행보에 신중을 기해야만 한다. 육효 모두 '무구' 만을 언급하고 있는 것이 이를 뒷받침한다. 이를 두고 〈계사전〉은 이같이 풀이했다.

"'무구' 를 말한 것은 선한 것으로 잘못된 것을 보완해 준다는 의미이다."

'무구' 는 완벽하게 좋다는 뜻이 아니다. 이는 곧 정도를 실천하지 않으면 변란을 야기하게 되니 무릇 매사에 재난을 방지하는 조심스런 마음가짐을 당부하고 있는 것이다. 〈대상전〉에서 '제융기除戎器' 를 언급한 취지가 바로 여기에 있다. 이는 인간의 '군거群居' 를 전제로 한 것이다. 「췌괘」는 국가공동체가 인간의 '군거' 를 기초로 하여 성립된 이치를 설명하고 있다. '군거' 의 가장 원초적인 모습이 '종족宗族' 이다. 이를 두고 『백호통』「종족」편은 이같이 풀이해 놓았다.

"살아가는 것을 서로 사랑하며 죽어가는 것을 서로 애통해하는 것이 모임의 이치이다. 그래서 이를 '족族' 이라고 하는 것이다."

이는 '군거' 의 존재 이유를 종족 개념에서 찾은 것이라고 할 수 있다. 그러나 '군거' 는 단지 종족 개념에 그치는 것이 아니다.

이는 '통치'의 전제조건이기도 하다. 이를 통찰한 인물이 바로 순자였다. 순자는 인간의 가장 큰 특징 중 하나가 '군거'에 있다고 보았다. 이는 인간을 '정치적 동물'로 규정한 아리스토텔레스와 동일한 사유이기도 하다.

그러나 순자는 아리스토텔레스의 생각에서 한 걸음 더 나아가 인간의 군거를 조화롭게 유지하기 위한 구체적인 방안을 찾아냈다. 그것이 바로 예禮이다. 『순자』에 나오는 '예'는 '예의禮義' 내지 '예의禮儀'와 거의 같은 뜻으로 사용되고 있다. 순자는 「영욕」편에서 군거와 예의 관계를 다음과 같이 설명했다.

"무릇 귀하기가 천자와 같고, 부유하기가 천하를 차지할 정도가 되고자 하는 것은 인정人情이 똑같이 바라는 바이다. 그러나 그 욕망을 좇자면 형세가 이를 받아들일 수 없고, 물건 또한 넉넉할 수 없다. 그래서 선왕은 생각한 끝에 이를 위해 예의禮義를 제정하여 분수를 정하고, 귀천에 등급을 두고, 장유長幼에 차등을 두고, 지우知愚 : 지혜 있는 자와 어리석은 자 · 능불능能不能 : 능력 있는 자와 없는 자 사이에 구분을 두었다. 언제나 사람들로 하여금 일을 맡을 때 그 합당한 일을 갖게 한 뒤 곡록穀祿 : 녹으로 받은 곡식에 다소후박多少厚薄의 균형이 있게 했다. 이것이 곧 군거화일群居和一의 방도이다."

여기의 '군거화일'은 『예기』「예운禮運」편에서 말하는 '대동大同'과 거의 같은 의미로 사용되고 있다. 순자는 여럿이 모여 살면서 하나로 조화된다는 뜻을 지닌 '군거화일'로 이상국가의 모습을 요약한 뒤 그 요체가 바로 예의에 있음을 분명히 하고 있는 것이다. 그렇다면 '군거화일'의 사상적 연원은 어디에 있는 것일까.

그것은 바로 소위 예의염치禮義廉恥로 표현되는 관중의 4유四維에서 비롯된 것이다. 당초 관중은 국가를 세우는 데 없어서는 안 될 덕목으로 예의염치의 4가지 덕목을 제시한 바 있다. 그가 말한 4유는 곧 국가존립 및 국권확립의 근간이 되는 덕목이다. 관중이 4유의 덕성을 국가존립 및 국권확립의 기본전제로 내세운 것은 공자가 개인의 덕성훈련을 도덕국가 실현의 기본조건으로 내세운 것과 맥을 같이하고 있다.

관중이 내세운 4유는 개인적 덕목인 '염치'로 수렴할 수도 있다. 명말청초의 고염무顧炎武는 『일지록日知錄』에서 4유 중 유독 치恥 : 수치를 강조한 바 있다. 이는 불렴不廉과 패례悖禮, 범의犯義 모두 무치無恥에서 비롯된다는 생각에서 나온 것이었다. 고염무의 이런 입장은 수신문제를 개인 차원에서 출발해 통치 차원으로까지 확장시킨 데 따른 것으로 보아야 할 것이다.

공자는 예의염치에 입각한 정치를 소위 '군자정치君子政治'로 구체화했다. 공자가 14년간에 걸쳐 천하를 순회하며 역설한 것이 바로 '군자정치'였다. 그가 군자정치를 제안하고 나선 것은 바로 바람직한 정치는 제도 이전에 사람에 있다고 확신한 데 따른 것이었다. 이는 『예기』「중용」편에 나오는 그의 다음과 같은 언급이 뒷받침한다.

"정치는 사람에게 달려 있다. 사람을 취하는 데는 몸으로 하고, 몸을 닦는 데는 도로써 한다. 도는 '인仁'으로 하는 것이니 '인'이란 곧 사람을 뜻하는 것이다."

공자가 말한 군자정치는 바로 '위정재인爲政在人'의 구체적인 표현이라고 할 수 있다. '위정재인'의 요체는 '인인仁人'에 의한 통치, 즉 '인치仁治'에 있다는 게 공자의 기본입장이었다. 공자의 이런 입장이 보다 구체화되어 표현된 것이 바로 『예기』「대학」편에 나오는 '수신제가치국평천하修身齊家治國平天下' 사상이다.

여기의 '수신제가'와 '치국평천하'는 따로 떨어져 존재하는 개념이 아니다. 양자는 상호 내포內包와 외연外延이라는 밀접한 관계에서 출발하고 있다. 공자가 말한 군자정치는 수신제가를 이룬 군자가 치국평천하의 목표를 달성하는 데 그 궁극적인 목적이 있다고 할 수 있다.

순자가 말한 '군거화일' 역시 '수제치평修齊治平' 개념과 맥을 같이 하는 것이다. 이는 「췌괘」의 기본취지와 부합하는 것이기도 하다. 「췌괘」는 통치의 요체를 군신이 덕성과 정도를 통해 백성을 화목하게 다스리는 데 있다고 보고 있다. 〈대상전〉의 '취이정聚以正'과 '순천명順天命'이 바로 그 증거이다. 「췌괘」에서 말하는 인간의 '취집聚集'이 바로 '군거'이고, '군거'는 바로 국가공동체의 형성을 의미하고, 이는 곧 '군거화일' 내지 '수제치평'을 뜻한다. 〈대상전〉의 '취이정'과 '순천명'은 '군거화일'과 '수제치평'을 역리易理의 차원에서 해석해 놓은 것이라고 해도 과언이 아니다.

제46장 지풍승(地風升)

☷ 地

☴ 風

巽下坤上011,000

착괘 : 천뢰무망天雷无妄 : 100,111

종괘 : 택지췌澤地萃 : 000,110

46-1

升, 元亨, 用見大人, 勿恤. 南征吉.

승(升)은 원형(元亨)하다. 현대인(見大人)할 것이니 근심할 필요가 없고, 남정(南征 : 밝은 남쪽을 향해 나아감, '南'은 '光明'을 상징)하면 길할 것이다.

'승升'은 '등상登上 : 위로 올라감'의 의미이다. 이는 하괘인 '손괘'와 상괘인 '곤괘'를 말한 것으로 겸손하고 유순하게 상승함으로써 지극히 형통할 것이라는 뜻을 담고 있다. '용현대인用見

大人' 은 「승괘」의 양효가 군위에 처하지 못한 것이 근심이 된 까닭에 '대인大人' 이 출현해야만 비로소 강중剛中의 미덕을 오랫동안 보존할 수 있다는 뜻을 내포하고 있다. '대인' 은 양강의 신하를 상징하는 구이효를 지칭한다. 구이효는 비록 군위에 있지는 않으나 '강중' 의 미덕을 지니고 있는 까닭에 '대인' 에 비유된 것이다. 이를 두고 왕필은 이같이 풀이했다.

"손巽은 겸손함으로써 상승할 수 있다. 양효가 군위에 처하지 못해 엄강嚴剛의 바름을 갖추지 못했으니 근심을 면할 수 없게 되었다. 그래서 '용현대인, 물휼勿恤' 이라고 말한 것이다."

46-2

「彖」曰, 柔以時升. 巽而順, 剛中而應, 是以大亨. '用見大人, 勿恤', 有慶也. '南征吉', 志行也.

〈단전〉에 이르기를, '음유(陰柔)가 때를 얻어 승(升)한다' 고 했다. 손순(巽順 : 겸손하고 유순함, 상괘인 곤괘의 괘덕을 지칭)하니 강중(剛中 : 구이효의 양강이 중도를 얻음)하여 육오효와 응하는 까닭에 대형(大亨)한다. '용현대인, 물휼' 은 경사가 있음을 뜻한다. '남정길(南征吉)' 은 지행(志行 : 상승하고자 하는 뜻이 이뤄짐)을 뜻한다.

'대형大亨' 을 두고 왕필은 이같이 풀이했다.

"유柔할지라도 때를 잘 맞추면 상승할 수 있다. 순유純柔는 스스로 상승할 수 없고, 강항剛亢 : 지나치게 굳셈은 사물이 따르지 않는다. 이미 때에 맞춰 상승할 뿐만 아니라 손순巽順하며 '강중' 으로 호응하니 이로 인해 상승하는 까닭에 '대형' 이라고 한 것이다."

46-3

「象」曰, 地中生木, 升. 君子以順德, 積小以高大.

初六, 允升, 大吉.「象」曰 '允升大吉', 上合志也.

九二, 孚乃利用禴, 无咎.「象」曰 '九二之孚', 有喜也.

九三, 升虛邑.「象」曰 '升虛邑', 无所疑也.

六四, 王用亨于岐山, 吉, 无咎.「象」曰 '王用亨于岐山', 順事也.

六五, 貞吉, 升階.「象」曰 '貞吉升階', 大得志也.

上六, 冥升, 利于不息之貞.「象」曰 '冥升在上', 消不富也.

〈상전〉에 이르기를, '지중생목(地中生木), 승(升)' 이라고 했다. 군자는 이를 본받아 순덕(順德 : 아름다운 덕성을 좇음)하여 적소고대(積小高大 : 작은 선행을 쌓아 큰 사업을 성취시킴)한다.

초육은 윤승(允升 : 마땅히 상승함)하니 대길하다. 〈상전〉에 따르면 '윤승, 대길' 은 상합지(上合志 : 위로 2개의 양효의 뜻을 받들며 순종함)를 뜻한다.

구이는 부내이용약(孚乃利用禴 : 성신을 갖춰내 조촐한 禴祭로도 신의 감응이 있음)하니 '무구' 하다. 〈상전〉에 따르면 '구이지부(九二之孚)' 는 기쁨이 있다는 뜻이다.

구삼은 승허읍(升虛邑 : 텅 빈 읍과 같은 무인지경으로 곧장 들어감)하다. 〈상전〉에 따르면 '승허읍' 은 무소의(无所疑 : 구삼효의 상승을 의심할 여지가 없음)를 뜻한다.

육사는 왕용향우기산(王用亨于岐山 : 주문왕이 기산에 제사를 지냄)하니 길하고 '무구' 하다. 〈상전〉에 따르면 '왕용향우기산' 은 순사(順事 : 육사효가 군주에게 순종하며 공을 세워 사업을 일으킴)를 뜻한다.

육오는 정길(貞吉)하니 승계(升階 : 섬돌을 따라 위로 올라감, 卽位를 의미)를 뜻한다. 〈상전〉에 따르면 '정길승계' 는 대득지(大得志)를 뜻한다.

상육은 명승(冥升 : 어리석게도 계속 상승하고자 함)하니 불식지정(不息之貞 : 쉬지 않고 守貞하는 자세를 취함)이 이로울 것이다. 〈상전〉에 따르면 '명승재상(冥升在上 : 어리석게도 계속 상승하고자 하여 지극히 높은 곳에 처함)' 은 소불부(消不富 : 머지않아 쇠퇴해질 뿐 왕성해질 수 없음)를 뜻한다.

〈대상전〉의 '지중생목地中生木' 을 두고 순상은 이같이 풀이했다.

"땅은 곤坤, 나무는 손巽하다. 땅 속에 살아 있던 나무가 작은 싹으로 움터 큰 나무로 성장해 올라가니 상승하는 상이다."

'적소고대積小高大' 는 '지중생목' 의 이치와 같이 소선小善을 쌓아 대사를 성취하는 것을 뜻한다. 이를 두고 『주역정의』는 이같이 풀이했다.

"땅 속에 살아 있던 나무가 생장할 때 처음에는 여리고 작으나 결국에는 한 아름이 된다. 군자는 이를 본받아 그의 덕성을 따르면서 '소선' 을 쌓아올려 대명大名을 이뤄야 한다."

이를 두고 정이천은 풀이하기를, '선을 쌓지 않고는 이름을 성취할 수 없다. 학업에 충실함으로써 도덕이 높아질 수 있다. 이는 모두 하나하나 쌓아올림으로써 가능한 것이다' 라고 했다. 주희도 유사한 취지로 풀이하기를, '나무는 하루만 성장하지 않아도 금방 마르고 병들어 버린다. 학문하는 자는 학업을 하루에 조금이라도 게을리해서는 안 된다' 고 했다. 이들 모두 「승괘」가 유순한 품성으로 승도升道를 이루는 것을 '진덕수업進德修業 : 덕을 진전시켜 대업을 닦음' 에 비유한 것이다.

이는 초육효를 '손괘'의 주인으로 간주한 데 따른 것이다. 초육효는 '손괘'의 가장 아래에 처해 있는 까닭에 나무의 뿌리에 비유된다. '윤승允升'은 나무의 뿌리가 땅의 기운을 얻어 생장하는 이유를 겸손에서 찾은 것이다. 초육효가 겸손을 상징케 된 것은 하괘의 맨 아래에 처해 있기 때문이다.

구이 효사 '부내이용약孚乃利用禴'은 구이효가 강중의 덕성으로 육오효와 호응하는 것을 성신을 지니고 군주의 신임을 받고 있는 것에 비유한 것이다. 비록 조촐한 제물로 제사를 올리나 역시 신령에게 올리는 것인 까닭에 '무구'하게 된다는 뜻을 내포하고 있다. 이를 두고 『주역정의』는 이같이 풀이했다.

"구이효는 육오효와 호응하며 육오효의 신임을 얻는 있다. 구이효는 양강의 품성으로 중도를 실천하며 총애를 구하지 않으나 뜻은 대업大業에 두고 있다. 그래서 '부내이용약'이라고 한 것이다."

「승괘」 구이 효사 '부내이용약'은 「췌궤」 육이효의 효사와 같다. 양자는 효의 성역이 같지 않으나 「췌괘」의 경우는 유중柔中으로 군주의 신임을 얻은 경우이고, 「승괘」의 경우는 강중剛中으로 높은 자리에 오른 경우이다. 양자는 성신誠信을 지니고 있다는 공통점이 있는 까닭에 '부내이용약'이라는 동일한 결과를 낳은 것이다.

구삼 효사 '승허읍升虛邑'은 구삼효가 양강의 품성으로 하괘의 위에 처하면서 지위를 얻어 상육효에 호응하여 상괘에 이르게 된 것을 설명한 것이다. 상괘인 '곤괘'는 음허陰虛인 까닭에 '허읍虛邑'에 비유되었다. 이는 아무런 장애물도 없이 순조롭게 상승했음을 뜻한다. 이를 두고 정이천은 이같이 풀이했다.

"구삼효가 양강의 품성으로 정도를 실천할 뿐만 아니라 겸손함으로써 위에서도 모두 그에게 순응하며 거듭 호응을 보낸다. 상승하는 것이 마치 누구의 저지도 받지 않은 채 사람이 살지 않는 텅 빈 읍으로 곧장 진입하는 것과 같다."

이처럼 순조롭게 진행하는 '승허읍'의 공능을 두고 특이하게도 '길吉' 대신 '무소의无所疑'로 표현되어 있다. '무소의'는 '길'과 어떤 관련이 있는 것일까. 이를 두고 소동파는 이같이 풀이했다.

"양위에 양효를 사용했으므로 그가 상승하는 것은 당연하다. 그래서 '승허읍, 무소의'라고 한 것이다."

이는 '승허읍'의 공능인 '무소의'가 사실상 '길'보다 낫다는 뜻이다. 무인지경과 다름없는 비어 있는 읍으로 누구의 저지도 받지 않은 채 직입直入한다는 것은 곧 '대길大吉'의 취지를 언급한 것이라고 보아야 한다.

육사 효사 '왕용향우기산王用亨于岐山'의 '왕王'을 두고 은나라의 마지막 군주인 '주紂'를 지칭하는 것으로 보는 견해도 있으나 이는 전체 문맥에 비춰 타당하지 않다. 여기의 '왕'은 주왕조의 조상인 태왕太王 고공단보古公亶父를 말한는 것으로 보는 게 옳다. 『사기』의 기록에 따르면 고공단보古公亶父는 조상 대대로 10대에 걸쳐 빈豳 : 섬서성 순읍현 서남쪽 땅에 살았다. 그러던 중 서북쪽에 거주하는 융적의 위협을 받게 되자 고공단보는 할 수 없이 종족을 이끌고 기산岐山 : 섬서성 기산현 동북쪽 밑에 있는 주원周原 땅으로 이주했다. '주周'나라의 명칭은 여기서 나온 것이다.

당시 고공단보는 기산에 제단을 쌓아 천지에 제사를 올린 뒤 백성들로 하여금 혈거생활을 버리고 지상에 가옥을 짓게 하고, 적의 침공을 막기 위한 성곽을 쌓게 했다. 이어 백성들을 여러 단위로 나눠 조직하여 읍邑으로 불리는 지역에 살게 한 뒤 관원을 두어 이들을 다스리도록 했다. 고공단보 때 주원의 기름진 땅을 이용해 농사를 지으면서 비로소 주족周族이 흥기할 수 있는 기초가 마련되었다. 대략 이때부터 주족은 은나라와 관계를 맺게 되었다. 고공단보는 백성들을 어루만지면서 옛 관습을 개혁하고 관사를 설립해 규모를 갖춘 주왕조를 형성해 나갔다. 고공단보가 주왕조에서 높이 추앙받은 이유가 바로 여기에 있다.

'왕용향우기산'은 바로 이 고사를 언급한 것이다. 이는 육사효가 상괘의 아래에 처하면서 유순한 품성으로 정도를 실천하는 것을 신하의 도리를 잘 지켜나가는 모습에 비유한 것이다. 위로 군주에게 순종하고 아래로 백성들을 감싸면서 기산에서 백신百神에게 제사를 올리는 고공단보의 모습은 뛰어난 공을 세우고 사업事業을 일으키는 개국조의 모습을 상징한다.

육오 효사 '승계升階'는 육오효가 구이효와 호응하여 군위에 처하게 된 것을 말한다. 『주역정의』는 이를 '천조踐阼 : 동쪽 층계를 따라 보위에 오름'로 풀이했다. '정길貞吉'은 육오효가 음유의 품성으로 중도를 실천하며 스스로 전권專權하지 않는 것을 의미한다. '대득지大得志'는 상승하고자 하는 뜻을 마침내 성취했음을 뜻한다.

상육 효사 '명승冥升'은 상육효가 승도升道의 극점에 처하였음에도 불구하고 오히려 끝없이 상승하고자 하는 지극히 어리석은 모습을 지적한 것이다. 이를 두고 왕필은 이같이 풀이했다.

"상육효는 「승괘」의 극점에 처하였는데도 계속 나아가고자 하는 자이다. 쉬지 않고 도를 베푼다면 괜찮을 것이나 사물의 주인이 되어 영향을 미치고자 하면 재난을 만날 것이다."

상육효는 본래 '승도'의 극점에 처한 까닭에 '물극필반物極必反'의 이치에 의해 반드시 돌아오게 되는 시점에 처한 것이나 마찬가지이다. '소불부消不富'는 이를 말한 것이다. 그럼에도 '이불식지정利不息之貞'을 언급한 것은 상육효가 선한 방향으로 나아가는 퇴로를 제시해 준 것이다.

「승괘」의 육효는 '적소고대積小高大'로 상징되는 '승도'의 이치를 설명하고 있다. 초육효는 음유의 품성으로 2개의 양효를 받들어 음양의 조화를 이룸으로써 상승했다. 구이효는 양강의 품성으로 중도를 얻어 성신을 지니고 있는 까닭에 상승했다. 구삼효는 양강의 품성으로 겸손함으로써 순조롭게 수직 상승했다. 육사효는 음유의 품성으로 정도를 얻어 군주에게 순종함으로써 이내 상승하게 되었다. 육오효는 음유의 품성으로 중도를 얻어 구이효에 호응함으로써 군위에 오르게 되었다. 오직 상육효만이 어리석게도 계속 상승코자 하여 흉하나 쉬지 않고 수정守貞하면 길할 수 있는 여지가 남아 있다.

이를 통해 알 수 있듯이 「승괘」에서 말하는 '승도'의 요체는 곧 '순도順道'에 있다고 할 수 있다. 순리를 좇아 앞으로 나아가는 것이 곧 승진의 첩경임을 암시하고 있는 것이다. 이는 천지만물이 운행하는 소위 '자연지리自然之理'를 좇는 것을 말한다. 이를 두고 『노자』는 제65장에서 이같이 풀이해 놓았다.

"대덕은 심원深遠하여 사물과 함께 본원으로 돌아간 연후에 대순大順에 이르게 된다."

제47장 택수곤(澤水困)

☱ 澤

☵ 火

坎下兌上010,110

착괘 : 산화비山火賁 : 101,001

종괘 : 수풍정水風井 : 011,010

47-1
困, 亨. 貞, 大人吉, 无咎. 有言不信.

곤(困)은 형(亨 : 스스로 궁지를 빠져나오는 自通을 의미)을 뜻한다. 응당 수정(守貞)해야 하니 대인은 길하고 '무구' 하다. 그러나 이때 유언(有言 : 말을 많이 함)하면 다른 사람의 신임을 얻지 못한다.

'곤困' 은 '궁窮 : 窮厄' 의 뜻이다. 이를 두고 『주역정의』는 이같이 풀이해 놓았다.

"곤困은 궁액위돈窮厄委頓 : 어려움에 처해 힘이 빠짐을 말한다. 길도 막히고 힘도 다해 스스로 헤쳐나올 수 없는 것을 '곤'이라고 한다."

'곤'은 '궁액위돈'을 뜻하는 까닭에 오히려 형통할 수 있다. '궁즉통窮則通'이 바로 「곤괘」가 말하고자 하는 것이다. 『주역』의 변역 논리가 「곤괘」에서 유감없이 드러나고 있는 것이다. 이를 두고 왕필은 이같이 풀이했다.

"곤필통困必通 : 곤궁에 처하면 반드시 통하게 됨하다. 곤궁에 처했으나 자통自通 : 스스로 통함하지 못하는 자는 오직 소인뿐이다."

'대인길大人吉'을 두고 『주역정의』는 전제조건으로 '제우곤濟于困 : 곤경에서 빠져나옴'을 들었다. 일단 곤경에서 빠져나와야만 길할 수 있다는 것이다. 이는 곧 곤경에 처하게 되면 다른 사람의 신뢰를 얻을 수 없는 만큼 기왕에 해온 덕행을 견지하는 수덕守德에 매진할 것을 권한 것이다. '유언불신有言不信'은 바로 이를 말한 것이다. 곤궁에 처했을수록 말을 적게 하며 '수덕'의 실천을 통해 우선 궁지에서 벗어날 필요가 있음을 지적한 것이다.

47-2

「象」曰, '困, 剛揜也.' 險以說, 困而不失其所亨. 其唯君子乎. '貞, 大人吉', 以剛中也. '有言不信', 尙口乃窮也.

〈단전〉에 이르기를, '곤(困), 강엄(剛揜 : 양강이 음유에 가려져 있어 발전이 막힘)'이라고 했다. 험이열(險而說 : 험난한 상황을 기꺼이 받아들임)하니 곤경 속에서도 형통한 길을 잃지 않는다. 이는 오직 군자만이 할 수 있는 일이다. '정(貞), 대인길(大人吉)'은 양강(陽剛 : 구이효와 구오효를 지칭)이 중도를 얻은 것을 뜻한다. '유언불신(有言不

信)'은 상구내궁(尙口乃窮 : 말로 궁지를 면할 수 있다고 생각해 더욱 궁지에 몰림)을 뜻한다.

'강엄剛揜'은 양陽을 상징하는 하괘 '감괘'가 음陰을 상징하는 상괘 '태괘'의 아래에 있는 것은 곧 강한 품성이 가려져 있는 것과 같다는 뜻이다. 이를 두고 『주역정의』는 이같이 풀이했다.

"'감괘'가 '태괘' 아래에 있는 것은 곧 양강이 음유에 의해 가려졌음을 말한다. 양강은 마땅히 위를 향해 나아가야 하나 지금은 음유에 의해 가려진 채 다른 사람에 의지하고 있다. 이는 군자가 소인에게 가려져 곤궁한 처지에 있다는 뜻이다."

이는 구이효가 상하의 2개 음효에 의해 가려져 있고, 구사효와 구오효가 상육효에 의해 가려져 있는 모습을 설명한 것이다.

'험이열險而說'은 군자가 험난한 곤궁에 처했음에도 이를 개의치 않고 헤쳐나올 것을 모색하여 자통自通한 것을 말한다. 이를 두고 왕필은 이같이 풀이했다.

"험난함에 처했을지라도 불개기열不改其說 : 낙관적인 생각을 바꾸지 않음하니 곤궁할지라도 형통하는 바를 잃지 않을 것이다."

'상구내궁尙口乃窮'은 말을 많이 하면 오히려 궁지에 몰리게 되는 이치를 언급한 것으로 '유언불신有言不信'을 풀이한 것이다. 이를 두고 『주역정의』는 이같이 해석해 놓았다.

"곤궁에 처했을 때 통할 것을 모색하며 덕을 수양하고 말을 하지 않는다면 곤궁을 면할 수 있다. 단지 말만 숭상하면 더욱 곤궁에 빠져드는 까닭에 '상구내궁'이라고 한 것이다."

47-3

「象」曰, 澤无水, 困. 君子以致命遂志.

初六, 臀困于株木, 入于幽谷, 三歲不覿. 「象」曰 '入于幽谷', 幽不明也.

九二, 困于酒食, 朱紱方來, 利用享祀. 征凶, 无咎. 「象」曰 '困于酒食', 中有慶也.

六三, 困于石, 據于蒺藜, 入于其宮, 不見其妻, 凶. 「象」曰 '據于蒺藜', 乘剛也. '入于其宮, 不見其妻', 不祥也.

九四, 來徐徐, 困于金車. 吝, 有終. 「象」曰 '來徐徐', 志在下也. 雖不當位, 有與也.

九五, 劓刖, 困于赤紱, 乃徐有說, 利用祭祀. 「象」曰 '劓刖', 志未得也. '乃徐有說', 以中直也. '利用祭祀', 受福也.

上六, 困于葛藟, 于臲卼, 曰 '動悔 · 有悔', 征吉. 「象」曰 '困于葛藟', 未當也. '動悔 · 有悔', 吉行也.

〈상전〉에 이르기를, '택무수(澤无水), 곤(困)' 이라고 했다. 군자는 이를 본받아 치명수지(致命遂志 : 목숨을 버릴지라도 높은 뜻을 실현시키고자 함)한다.

초육은 둔곤우주목(臀困于株木 : 가지와 잎이 없는 나무 아래 처해 편안치지 못함)하니 입우유곡(入于幽谷 : 그윽한 골짜기로 들어감, 깊은 은둔을 의미)으로 들어가 삼세부적(三歲不覿 : 오랫동안 얼굴을 보이지 않음, '三' 은 '多' 와 통함)해야 한다. 〈상전〉에 따르면 '입우유곡' 은 유불명(幽不明 : 어두운 곳에 몸을 숨김)을 뜻한다.

구이는 곤우주식(困于酒食 : 먹고사는 것에 궁핍함)하나 주불방래(朱紱方來 : 높은 관직이 곧 내려짐)하고 향사(享祀 : 종묘향사의 대례를 주재함)하니 이로울 것이다. 정흉(征凶 : 그대로 나아가면 흉함)하나 '무구' 할 것이다. 〈상전〉에 따르면 '곤우주식(困于酒食)' 은 구이효가 중도를 얻어 경사를 만날 것이라는 뜻이다.

육삼은 곤우석(困于石 : 큰 돌 아래에 눌려 곤궁함, '石' 은 구사효를 지칭)하니 질려(蒺藜 : 열매에 가시가 있는 일년생 식물, 구이효를 지칭) 위에 앉아 있는 것과 같다. 입궁(入宮 : 자신의 집으로 돌아감)할지라도 배필을 만날 수 없으니 흉할 것이다. 〈상전〉에 따르면 '거우질려(據于蒺藜)' 는 승강(乘剛 : 음유의 육삼효가 양강을 올라탐)을 뜻한다. '입우기궁(入于其宮), 불견기처(不見其妻)' 는 불상(不祥 : 상서롭지 못함)을 뜻한다.

구사는 내서서(來徐徐 : 초육효에게 망설이며 다가섬)하니 곤우금거(困于金車 : 권위 있는 금수레의 방해로 초육효에게 다가가지 못함, '金車' 는 구이효를 지칭)로 인해 일시 인석(吝惜)하나 결국 배우자와 만나 화합할 것이다. 〈상전〉에 따르면 '내서서' 는 지재하(志在下 : 뜻이 아래 초육효와의 결합에 있음)를 뜻한다. 비록 자리가 부당하나 겸손하고 조심스럽게 행동하니 유여(有與 : 함께 함, 부부로의 결합을 의미)할 것이다.

구오는 의월(劓刖 : 코를 베고 발꿈치를 베는 혹형)로 백성들 다스리니 곤우적불(困于赤紱 : 군주가 곤경에 처함, '赤紱' 은 '尊位' 를 상징)한다. 내서유열(乃徐有說 : 군주가 반성하고 중정의 덕을 발휘하자 이내 백성들이 귀의함으로써 서서히 기쁨을 얻게 됨)하니 이용제사(利用祭祀 : 군주가 제사를 올림으로써 신령의 복을 받게 됨)한다. 〈상전〉에 따르면 '의월' 은 지미득(志未得 : 백성들을 귀부케 하려는 뜻이 실현되지 못했음)을 뜻한다. '내서유열' 은 이중직(以中直 : 중정의 도를 행하며 修德하여 기쁨을 얻음)을 뜻한다. '이용제사' 는 수복(受福 : 신령이 내려주는 복을 받음)을 뜻한다.

상육은 곤우갈류(困于葛藟 : 칡과 등나무 덩굴에 얽혀 곤궁에 처함) · 우얼올(于臲卼 : 동요의 위기로 인해 곤궁에 처함, '于' 앞에 '困' 이 생략돼 있음)할 것이다. 잘 고려하여 동회(動悔 : 움직일 때마다 후회가 되면 즉시 뉘우침)하고, 유회(有悔 : 뉘우칠 일이 있으면 즉시 뉘우침)해야 한다. 이같이 하여 앞으로 나아가면 길할 것이다. 〈상전〉에 따르면 '곤우갈류'는 미당(未當 : 상육효가 처한 위치가 타당치 않음)을 뜻한다. '동회 · 유회'는 길행(吉行 : 길한 방향으로 실천함)을 뜻한다.

〈대상전〉의 '택무수澤无水'를 두고 왕필은 이같이 풀이했다.

"연못에 물이 없다는 것은 곧 물이 연못 밑바닥에 있다는 것이다. 물이 연못 밑바닥에 있다는 것이 바로 곤궁한 상이다. 궁지에 처해 그 뜻을 굽히는 자는 소인이다."

이는 군자의 '치명수지致命遂志'를 설명한 것이기도 하다. '치명수지'는 『논어』「위령공」편에서 말하는 '살신성인殺身成仁'과 그 취지를 같이 하는 것이다. 목숨을 내던져 자신의 높은 이상을 관철시키는 것을 말한다. 이를 두고 『주역정의』는 이같이 풀이했다.

"군자는 도를 지키다가 죽는 자이다. 비록 곤궁한 세태를 만났을지라도 생명이 다해 죽을 때까지 반드시 높은 뜻을 이루기 위해 흔들리지 말아야 한다. 그래서 '치명수지'라고 한 것이다."

'치명수지'는 환난이 닥쳤을 때 일시적인 생사이해生死利害에 얽매여 만대에 오명을 남기는 일을 해서는 안 된다는 뜻을 담고 있다. 이는 역설적으로 환난이 밀어닥친 곤궁한 시기에 바로 만대에 이름을 남기는 일을 성취할 수 있다는 뜻이다. 몸이 곤궁에 처해야 바로 뜻이 형통할 수 있다는 취지를 밝힌 것이다.

그러나 '치명수지'는 말처럼 쉬운 일이 아니다. 가장 바람직한 것은 목숨을 보존하면서 불후지명不朽之名을 남기는 이른바 '보신성명保身成名'이다. 이에 관한 일화가 『사기』「범수채택열전」에 실려 있다. 이에 따르면 전국시대 말기에 연나라 사람 채택蔡澤이 진秦나라 수도 함양咸陽으로 가 사람을 시켜 이같이 떠들고 다니게 했다.

"연나라 사람 채택은 천하의 인재로 변론에 탁월한 재주를 지니고 있다. 그가 진왕을 한 번만 알현해도 진왕은 반드시 그 사람을 승상으로 앉히려 할 것이다."

이 얘기를 들은 승상 범수范雎가 곧 승상부의 사람들을 시켜 그를 불러들인 뒤 대뜸 큰소리로 나무라듯 물었다.

"네가 나를 대신해 진나라의 상국이 될 것이라고 떠들고 다녔다고 하는데 과연 그런 일이 있었는가."

"그러하오."

"네가 무슨 말로 우리 대왕을 설득해 나의 벼슬을 빼앗겠다는 것인가."

채택이 오히려 힐난했다.

"슬픈 일이오, 그대는 어찌하여 이토록 아둔한 것이오. 춘·하·추·동 사시절의 차례를 보시오. 무릇 공을 이루면 스스로 물러날 줄 알아야 하는 법이오. 사람으로 태어나면 수족이 멀쩡하고, 이목이 밝고, 마음이 극히 지혜로워야만 하오."

"그렇기는 하나 무슨 말을 하려는 것인가."

"선비는 어진 마음을 갖고 의를 바로 세우고, 인의의 도를 행하여 은혜를 베풀고, 천하인으로 하여금 기꺼이 경애하는 마음을 품게 하고, 모든 사람이 바라는 사람을 군왕으로 모셔야 하오. 이것이야말로 바로 분별력 있는 선비가 바라는 바가 아니겠소."

범수가 노기怒氣를 누그러뜨렸다.

"그야 그렇소."

그러자 채택이 이같이 말했다.

"진나라의 상앙商鞅과 초나라의 오기吳起, 월나라 대부 문종文種과 같은 사람은 비록 큰 공을 세웠으나 모두 명대로 살지 못하고 비참한 죽음을 당했소. 승상은 과연 이들이 성인이 언급한 길상사를 이룬 사람들이라고 보시오."

범수가 대답했다.

"왜 그렇지 않다고 하는 것이오. 무릇 상앙은 진효공秦孝公을 섬기면서 온 정성을 다해 일하고 두 마음을 품지 않았소. 공公을 바로 세우기 위해 사私를 돌보지 않았고, 상벌을 분명히 하여 바른 다스림을 이루었소. 또 자신의 지혜와 능력을 다해 충성심을 드러내 보였소. 불행히도 사람들의 원망과 참소를 입게 되고, 옛 친구인 위나라 공자 앙卬을 거짓으로 유인해 포로로 잡기는 했소. 그러나 그는 진나라를 위해 위나라와의 싸움에서 마침내 적장을 생포하고 적군을 격파하는 대공을 세워 진나라 땅을 1천 리나 확대했소. 오기 또한 초도왕楚悼王을 섬기면서 사사로운 일로 공적인 일을 손상시킨 일이 없고, 참언으로 남의 충절을 은폐하지 않았고, 말은 군왕에게 영합키 위해 구차스럽게 꾸미는 법이 없었고, 행동 또한 다른 사람의 행보를 염두에 두고 애매한 태도를 취한 적이 없소. 그는 의에 입각해 훼예毁譽를 돌아보는 일이 없었고, 군주를 패자로 만들고 나라를 강하게 만드는 일이라면 일신의 화흉禍凶은 개의치도 않았소. 대부 문종도 월왕 구천句踐을 섬기면서 군주가 궁지에 몰려 곤욕을 치를 때 충성을 다하면서 조금도 게으르지 않았고, 나라가 비록 사실상 망한 상황이 되었음에도 혼신의 재능을 발휘하며 군주의 곁을 떠나지 않았소. 그는 또 많은 공을 세웠음에도 교만하지 않았고, 부귀를 이루고도 교만하거나 나태하지 않았소. 이 세 사람은 의의 극치와 충성의 전범이 무엇인지를 보여준 것이오. 그래서 군자는 '살신성명殺身成名 : 일신을 희생시켜 이름을 이룸'하기 위해 의로운 것이라면 비록 몸이 죽더라도 조금도 후회하지 않는 것이오. 이로써 보면 그들이 성인이 언급한 길상사를 이루지 못했다고 단언할 수 있겠소."

그러자 채택이 이같이 반박했다.

"군주에게 성덕이 있고, 신하된 자가 어질다면 이는 곧 천하의 복이오. 또 아버지는 자애롭고 아들은 효도하며, 지아비는 미덥고 아내가 정숙하면 이는 곧 가정의 복이오. 그러나 상나라의 비간比干은 충성스럽기는 했으나 상왕조를 존속시키지 못했고, 오나라의 오자서伍子胥는 지혜롭기는 했으나 나라를 존속시키지 못했고, 진晉나라의 태자 신생申生은 효성스럽기는 했으나 나라는 끝내 혼란에 빠지고 말았소. 충신과 효자가 있었음에도 국가가 멸망하고 혼란에 빠진 것은 무슨 연고겠소. 이는 바로 충언에 귀를 기울이는 밝은 군주와 어진 부친이 없었기 때문이오. 그러기에 천하의 사람들은 그 군주나 부친이 어질지 못해 죽임을 당하면 그 신하나 아들을 가엾이 여기는 것이오. 충신 비간이 죽임을 당하자 미자微子는 상왕조를 떠났고, 제나라의 소홀召忽이 죽을 때 관중은 오히려 제나라로 가 큰 인물이 되었소. 살아남은 미자와 관중을 두고 어찌 죽은 비간과 소홀보다 못하다고 할 수 있겠소.

만일 죽음으로써 비로소 충성을 다하고 이름을 이루게 된다면 미자도 인인仁人이라 부르기에 부족하고, 공자도 성인聖人이라 하기에 부족하고, 관중도 대인大人이라 하기에 부족할 것이오."

범수가 이 얘기를 듣고 크게 놀랐다.

"참으로 옳은 말이오."

채택이 다시 말했다.

"상앙과 오기, 대부 문종이 남의 신하가 되어 충성을 다하고 공을 이루게 된 것은 실로 사람들이 기대하는 바를 이뤘다고 할 수 있소. 그러나 굉요閎夭가 주문왕을 섬기고 주공 단旦이 주성왕을 보좌한 것 또한 어찌 충성이 아니라고 할 수 있겠소. 군신 관계에서 볼 때 상앙과 오기, 대부 문종을 굉요와 주공 단에 비교할 때 과연 어느 쪽이 바람직하다고 보시오."

"비명에 죽은 상앙과 오기, 대부 문종이 어찌 굉요와 주공 단만 하겠소."

채택이 말했다.

"그렇다면 지금 진왕秦王 : 진소양왕이 충신을 신뢰하고, 함께 고생한 사람을 생각하는 정도가 진효공과 초도왕, 월왕 구천 등과 비교해 더 낫다고 보시오."

채택의 이 말에 할 말을 잃은 범수가 곧 채택을 안으로 안내해 윗자리로 모시고 상객에 대한 예로써 극진히 대접한 뒤 이내 입조하여 진소양왕에게 채택을 승상으로 천거했다. 이 고사를 통해 알 수 있듯이 '보신성명'이 '살신성명'보다 위에 있는 것이다. 역사상 '보신성명'을 이룬 사람으로는 전한제국 초기의 장량張良 : 張子房과 북송대의 소동파 등이 손꼽히고 있다. '살신성명'을 이룬 경우로는 은나라 말기의 비간比干과 남송대 말기의 문천상文天祥 등이 거론되고 있다.

초육 효사 '둔곤우주목臀困于株木'의 '주목株木'은 가지와 잎이 없는 나무를 말한다. 이는 초육효가 낮은 위치에서 비록 구사효와 호응하고자 하나 구사효는 직위를 상실한 자로 역시 곤궁에 처해 있어 이에 응답치 못하는 것을 설명한 것이다. '둔곤臀困'은 마치 둔부가 가지와 잎이 없는 나무 아래에 빠져 있는 것과 같이 거처가 편안치 못한 것을 뜻한다.

'입우유곡入于幽谷, 3세부적三歲不覿'은 초육효가 앞으로 나아가도 호응해 주는 자가 없고 조용히 있어도 편안치 않아 이내 깊숙한 계곡으로 들어가 여러 해 동안 숨어살면서 곤궁스런 상황이 해소되기를 기다리는 것을 설명한 것이다. 이를 두고 왕필은 이같이 풀이했다.

"앞으로 나가고도 구제될 수 없으니 반드시 은둔자가 되어야 할 것이다. 그래서 '입우유곡'이라고 한 것이다. 곤궁함에 처한 도는 몇 해를 넘기지 못할 것이니 곤궁함으로 인해 숨어살다 곤궁함이 해결되면 세상에 나올 수 있을 것이므로 '삼세부적'이라고 한 것이다."

구이 효사 '주불방래朱紱方來'의 '주불朱紱'은 자주색 인끈을 찬 붉은색 허리띠로 '고관'을 상징한다. 이는 머지않아 귀인이 하사하는 명을 받든다는 뜻이다. 구이효가 양강의 품성으로 중도를 얻어 안빈낙도安貧樂道하는 까닭에 이내 발탁되어 향사의 대례를 주관하는 요직을 맡는 것을 의미한다. 구이효가 곤궁을 벗어나 개인의 안위를 돌보지 않고 몸을 던지는 노력을 하여 뜻을 성취하게 된다는 뜻을 담고 있다.

일부 주석가는 이를 『삼국지』의 영웅 제갈량諸葛亮의 고사에 비유하기도 한다. '곤우주식困于酒食'은 제갈량이 남양南陽에서 쉬고 있을 때이고, '주불방래'는 유비가 제갈량을 찾아 삼고초려三顧草廬할 때에 해당한다는 것이다. 당시의 상황에 비춰 그럴 듯한 비유가 아닐 수 없다. 대개 초야에 묻혀 있다가 지우지은知遇之恩을 입어 출사케 될 경우 '곤우주식'과 '주불방래'의 과정을 순차적으로 밟는다고 보아도 대과는 없을 것이다.

육삼 효사 '곤우석困于石'은 육삼효가 음유의 품성으로 정도를 상실하고 강무剛武의 뜻을 지니고 있으나 호응해 주는 자가 없어 곤궁한 처지에 놓인 것을 의미한다. 육삼효가 가까이 있는 구사효에 접근해 배필이 되어줄 것을 청했으나 구사효가 이미 초육효에 호응하고 있는 까닭에 더 이상 나아가지 못하고 있는 것을 마치 돌 아래에 깔려 있거나 돌이 너무 단단해 진입할 수 없는 경우에 비유한 것이다. '거우질려據于蒺藜'는 육삼효가 구이효를 올라타고 앉아 배필이 될 것을 청했으나 강강剛强한 구이효가 이에 굴하지 않고 반발하는 모습을 질려蒺藜 위로 발을 잘못 디뎌 곤경에 처한 것에 비유한 것이다. '불견기처不見其妻'는 곤궁한 상황에 처한 육삼효가 이내 집으로 물러나 배필을 기다리나 끝내 뜻을 이루지 못한 것을 뜻한다. 이를 두고 왕필은 이같이 풀이했다.

"돌은 견고하여 들어갈 수 없어 구사효에 비유되었다. 육삼효는 음효로 양위에 처해 있으면서 무武에 뜻을 두고 있다. 구사효는 자연스럽게 호응하는 초육효를 받아들이면서 육삼효를 받아들이지 않았다. 구이효는 강한 품성으로 업신여김을 당하지도 않는다. 위로 돌을 가까이 하고 아래로 질려 위에 앉아 있는 까닭에 아무런 호응도 없어 진입할 수 없는데 어찌 배필을 만날 수 있겠는가. 곤궁이 이와 같으니 흉한 것은 당연하다."

구사 효사 '내서서來徐徐'는 구사효가 의심으로 인해 망설이면서 초육효에게 다가와 호응하는 것을 말한다. '곤우금거困于金車'는 구사효가 양강의 품성으로 초육효와 호응하고자 하나 구이효의 방해로 뜻을 이루지 못하는 것을 '금거'에 의해 저지당하는 것에 비유된 것이다. '유종有終'은 구사효가 비록 일시 어려움을 당해 유감이기는 하나 겸손하고 조심스럽게 행동하면 결국 초육효와 만나 '유종지미有終之美'를 거두게 된다는 뜻이다. 이를 두고 왕필은 이같이 풀이했다.

"구사효는 뜻을 초육효에 두고 있다. 그러나 구이효가 막고 있어 일을 하고자 해도 지위가 마땅치 않아 위엄 있는 명도 실행할 수 없고, 그를 포기할 수도 없어 이내 가고자 해도 구이효가 두려울 뿐이다. 이에 '내서서, 곤우금고'라고 한 것이다. 그러나 강양으로 음위에 있으므로 겸손한 도를 실천해 최선을 다하며 구이효와 다투지 않는다면 비록 정위에 있지 않을지라도 사물은 결국 그와 함께 할 것이므로 '유종'이라고 한 것이다."

구오 효사 '의월劓刖'은 코를 베는 '의형劓刑'과 발꿈치를 베는 '월형刖刑'을 말한다. '월형'은 '비형剕刑'이라고도 한다. 이는 구오효가 멋대로 장맹壯猛을 드러내 사람들이 가까이 하지 않자 마침내 위형威刑을 구사하게 된 것을 말한다. 군위에 있는 구오효가 위형을 가할수록 사람들은 더욱 멀어진다. '곤우적불困于赤紱'의 '적불'은 제복祭服의 장식품으로 군위에 있는 구오효를 지칭한다. 이는 군주가 곤경에 처했음을 의미한다.

'내서유열乃徐有說'은 구오효가 마침내 '위형'을 버리고 중정의 덕을 발휘하자 사물이 드디어 서서히 귀의하게 되었음을 뜻한다. '열說'을 '탈脫'로 보아 곤경으로부터 빠져나오는 것으로 해석하는 견해도 있으나 문맥상 자연스럽지 못하다. '이용제사利用祭祀'는 구오효가 곤경에 처하자 능히 반성하여 제사를 이용해 신령들의 복을 받게 되었음을 뜻한다.

상육 효사 '곤우갈류困于葛藟'의 '갈류'는 칡과 등나무 덩굴을 말한다. '곤우얼올困于臲卼'의 '얼올'은 '얼올臬兀'과 통하는 것으로 『주역정의』에 따르면 '동요하며 불안해하는 상황'을 지칭한다. 양자 모두 상육효가 음유의 품성으로 곤도困道의 극에 처해 구사효 및 구오효의 양강을 올라타고 있으나 아래의 호응이 없어 이내 곤경에 처하게 된 것을 마치 '갈류'에 얽히고 '얼올'에 몰린 것에 비유한 것이다. 이를 두고 왕필은 이같이 풀이했다.

"곤궁의 극에 처하여 양강을 올라타고 앉아 있고 아래에서는 호응하지 않으니 행동을 하면 할수록 얽혀들 뿐이고, 거처하기가 편안치 못한 까닭에 '곤우갈류, 우얼올'이라고 한 것이다."

「곤괘」의 육효 중 오직 상육효만 '길吉'을 언급하고 있다. 이는 곤궁이 극에 달하면 반드시 통한다는 이른바 '곤필통困必通'의 곤도困道의 취지를 극명하게 드러내기 위한 것이다. 본래 양강은 끝가지 곤궁에 처하지 않는다. 구이효와 구사효, 구오효 모두 '길'을 언급하지 않은 이유가 여기에 있다. 그러나 음유는 양강과 달리 곤궁함을 면할 수 없는 까닭에 특별히 '길'을 언급해 '곤필통'의 이치를 선명히 밝힌 것이다. 이는 마치 「비괘否卦」가 「태괘

泰卦」의 요소를 가지고 있는 까닭에 비도否道의 극한인 상구효에서 결국 구제되는 이치와 같다.

「곤괘」의 육효는 다양한 상황의 '곤도'를 언급하고 있다. 3개의 음효는 유나柔懦하여 극심한 곤궁에 처해 있다. 초육효는 곤궁한 상황에 주저앉은 채 스스로 빠져나오지 못하고, 육삼효는 곤궁으로 인해 자리를 잡지 못하고 있다. 오직 상육효만이 곤궁의 극에 처해 반성을 통해 궁지를 빠져나올 가능성을 보유하고 있다.

이에 반해 3개의 양효는 비록 곤궁한 처지에 놓여 있기는 하나 모두 양강의 기질을 발휘해 守貞하면서 궁지를 벗어나고 있다. 구이효와 구오효는 강중의 미덕으로 '무구'하고 구사효는 겸손하고 조심스런 태도로 자신의 뜻을 성취시킨다.

이를 통해 알 수 있듯이 「곤괘」는 여러 측면에서 '곤도'의 이치를 설명하고 있다. 정도를 지켜나가는 '대인'은 곤경에 처해 오히려 길하고 '무구'할 것이라는 점을 밝히고, 곤경에 처했을 때 말을 많이 하면 사람들의 신임을 얻기 어려우므로 깊이 몸을 숨겨 수덕할 것을 조언한 것 등이 그것이다.

곤경이 나타난 배경은 크게 2가지로 대별할 수 있다. 만일 자신의 유암柔暗으로 인해 초래된 것이라면 응당 자신의 행위를 고쳐야 궁지에서 벗어날 수 있다. 이때의 '곤도'는 말할 것도 없이 상육효에서 말한 '동회動悔'와 '유회有悔'이다. 그러나 외부로부터 초래된 것일 경우는 때를 기다리며 자강불식自彊不息해야 한다. 이때의 '곤도'는 말할 것도 없이 소위 '곤필통'의 변역 이치에 있다.

이들 두 경우는 비록 곤경이 조성되는 배경이 다르기는 하나 궁지를 벗어나기 위해서는 정도를 지켜나가면서 수덕修德해야 한다는 점에서는 하등의 차이가 없다. 『서경』「상서 · 태갑」편에 이를 뒷받침하는 내용이 나온다.

"하늘이 만든 얼孼 : 재앙은 오히려 피할 수 있으나, 스스로 만든 '얼'은 피하여 살아날 길이 없다."

「태갑」편의 '얼'을 「곤괘」의 '곤困'으로 바꿔 놓으면 바로 '곤도'에 관한 얘기가 된다. 이는 '곤도'의 요체가 부단한 '자성수덕自省修德'에 있음을 말한 것이나 다름없다.

제48장 수풍정(水風井)

☵ 火

☴ 風

巽下坎上011,010

착괘 : 화뢰서합火雷噬嗑 : 100,101

종괘 : 택수곤澤水困 : 010,110

48-1

井, 改邑不改井, 无喪无得, 往來井井. 汔至亦未繘井, 羸其甁, 凶.

정(井)은 **개읍불개정**(改邑不改井 : 주거지는 옮겨도 우물은 못 옮김)을 뜻한다. '정' 은 **무상무득**(无喪无得 : 아무리 퍼내어도 없어지지 않고 불어나도 넘치지 않음) · **왕래정정**(往來井井 : 오가는 자가 모두 우물물을 길어 먹으나 늘 맑고 고요함)**한다. 흘지**(汔至 : 두레박을 거의 우물 입구까지 끌어올림, '汔' 은 '幾' 와 통함)**하여 미율정**(未繘井 : 두레박줄이 아직 우물 밖으로 나오지 않았음, '繘' 은 '綆' 과 통함)**한 상태에서 끌어당기다가 이병**(羸甁 : 물을 담은 두레박을 뒤집음, '羸' 는 '覆' 과 통함)하는 것은 흉하다.

'정井'은 명사로 우물을 뜻하나 동사로는 '급수汲水 : 물을 길음'를 뜻한다. 이는 곧 군자가 덕을 닦아 백성을 양육하는 것에 비유된 것이다. 끝없이 사물을 양육하는 것으로 우물보다 더한 것이 없다는 취지에서 나온 것이다. '개읍불개정改邑不改井'이 바로 그 취지를 밝힌 것이다.

'왕래정정往來井井'의 '정정'에 대해 '우물이 우물다워야 한다'와 '끊임없이 우물을 사용하다' 등 여러 해석이 있으나 공영달은 '결정지모潔靜之貌 : 맑고 고요한 모습'로 보았다. 오고가는 사람이 아무리 우물을 많이 사용할지라도 늘 아무런 일이 없는 듯 늘 맑고 고요한 모습으로 존재한다는 뜻으로 사용되었다는 것이다. 공영달의 해석이 문맥상 타당하다.

'흘지汔至'와 '미율정未繘井', '이병羸瓶'은 물을 긷는 이치를 말한 것으로 두레박이 바야흐로 우물 밖으로 나오려고 할 때 이를 엎어버리면 결국 긷지 않는 것과 같은 까닭에 흉하다는 뜻을 설명한 것이다. 이를 두고 왕필은 이같이 해석했다.

"우물의 이치는 이미 흘러나온 것을 업적으로 삼는다. 거의 다 퍼 올렸다고는 하나 두레박을 엎으면 물을 긷지 않은 것과 같다."

이는 사람의 덕행이 한결같아야 한다는 소위 '신종여시愼終如始'의 취지를 드러낸 것이다.

48-2

「象」曰, 巽乎水而上水, 井. 井養而不窮也, '改邑不改井', 乃以剛中也. '汔至亦未繘井', 未有功也. '羸其甁', 是以凶也.

〈단전〉에 이르기를, '손호수(巽乎水 : 우물의 틀을 구성하는 나무가 물속으로 들어가 있음, 巽은 木을 상징)하여 상수(上水 : 물을 길어 올림)하는 게 정(井)이다' 라고 했다. 정(井)은 양이불궁(養而不窮 : 사람을 양육하는 공덕이 무궁함)하다. '개읍불개정' 은 강중(剛中 : 구이효와 구오효가 陽剛의 품성으로 中正을 얻음)을 뜻한다. '흘지역미율정(汔至亦未繘井)' 은 아직 사람들을 양육하는 공을 세우지 못했음 뜻한다. '이기병(羸其甁)' 은 반드시 흉할 것이라는 뜻이다.

'양이불궁養而不窮' 을 두고 『주역정의』는 이같이 풀이했다.

"좋은 우물은 퍼올릴수록 물길이 솟아나 사람들을 끝없이 양육하는 덕성을 지니고 있다."

「정괘」의 주인은 강중剛中을 상징하는 구이효와 구오효이다. 이에 대해 비록 중덕中德은 얻지 못하고 있으나 정덕正德을 얻고 있는 또 하나의 양효인 구삼효도 「정괘」의 주인으로 보아야 한다는 주장이 있다. 그러나 구이 효사 '옹폐루甕敝漏' 효사에 비춰볼 때 중덕을 얻지 못한 구이효를 「정괘」의 주인으로 보는 것은 전체 문맥에 비춰볼 때 타당치 않다.

48-3

「象」曰, 木上有水, 井, 君子以勞民勸相.

初六, 井泥不食, 舊井无禽. 「象」曰 '井泥不食', 下也. '舊井无禽', 時舍也.

九二, 井谷射鮒, 甕敝漏. 「象」曰 '井谷射鮒', 无與也.

九三, 井渫不食, 爲我心惻, 可用汲. 王明, 幷受其福. 「象」曰 '井渫不食', 行惻也. 求'王明', 受福也.

六四, 井甃, 无咎. 「象」曰 '井甃无咎', 修井也.

九五, 井洌寒泉, 食. 「象」曰 '寒泉之食', 中正也.

上六, 井收. 勿幕(=冪) 有孚, 元吉. 「象」曰 '元吉在上', 大成也.

〈상전〉에 이르기를, '목상유수(木上有水 : 수분이 나무의 뿌리를 통해 위로 운행함), 정(井)' 이라고 했다. 군자는 이를 본받아 노민권상(勞民勸相 : 백성을 위해 노고를 아끼지 않고 백성들로 하여금 서로 돕고 살도록 권함)한다.

초육은 정니불식(井泥不食 : 우물 밑에 진흙이 쌓여 먹을 수 없음)하니 구정무금(舊井无禽 : 진흙이 쌓여 버려진 지 오래된 우물에 새들이 오지 않음)하다. 〈상전〉에 따르면 '정니불식' 은 초육효가 어둡고 낮은 위치에 있음을 뜻한다. '구정무금' 은 시사(時舍 : 초육효가 일시적으로 버림을 받음)를 뜻한다.

구이는 정곡석부(井谷射鮒 : 샘물이 위로 솟아나지 않고 계곡물처럼 아래로 흐름, '鮒' 는 '初' 의 의미)하니 옹폐루(甕敝漏 : 독이 깨져 새는 것처럼 샘물이 아래로 흐름)와 같다. 〈상전〉에 따르면 '정곡석부' 는 무여(无與 : 사람에게 사용될 수 없음)를 뜻한다.

구삼은 정설불식(井渫不食 : 우물을 준설해 맑은 물이 고였으나 마시로 오는 사람이 없음)하여 내 마음을 아프게 했으나 가용급(可用汲 : 가히 길어 쓸 만함, 은둔한 인재를 의미)하다. 왕이 현명하면 군신(君臣)이 함께 그 복을 받을 것이다. 〈상전〉에 따르면 '정설불식' 은 행측(行惻 : 구삼효를 이해해 주지 않는 것을 지나가는 사람이 슬퍼함)을 뜻한다. '구왕명(求王明 : 왕의 현명함을 기대함)' 은 수복(受福 : 군신이 함께 복락을 누림)을 뜻한다.

육사는 정추(井甃 : 우물을 벽돌로 수축함)하니 '무구' 하다. 〈상전〉에 따르면 '정추무구' 는 수정(修井 : 단지 우물을 수리하며 때를 기다림)을 뜻한다.

구오는 정렬한천(井洌寒泉 : 우물물이 크게 맑으니 찬 샘물이라고 할 만함)하니 식수로 제공할 수 있다. 〈상전〉에 따르면 '한천지식(寒泉之食)' 은 구오효가 중정의 미덕을 갖추고 있음을 뜻한다.

상육은 정수(井收 : 우물물이 밖으로 나와 사람에게 제공되어 '井德'이 완성됨)한 것으로 물막유부(勿幕有孚 : 성신을 갖고 여러 사람에게 우물물을 나눠줌, 博施濟衆의 덕정을 의미)하니 원길하다. 〈상전〉에 따르면 '원길재상(元吉在上)' 은 대성(大成)을 뜻한다.

〈대상전〉의 '목상유수木上有水' 는 우물의 틀을 구성하는 나무가 우물 속으로 들어가 있는 모습을 예로 들어 나무가 수분을 뿌리로부터 줄기를 통해 위로 운행시키는 이치를 마치 우물물을 끌어올려 사람들을 양육시키는 것에 비유한 것이다. '노민권상勞民勸相' 은 이를 구체화한 것이다.

초육 효사 '정니불식井泥不食' 은 초육효가 음유의 품성으로 낮은 위치에 처해 위로 호응을 받지 못하는 모습이 마치 우물 밑에 진흙이 쌓여 있는 것과 같다는 뜻이다. '시사時舍' 는 바로 초육효가 처한 상황을 말한 것이다. 이를 두고 왕필은 이같이 풀이했다.

"우물의 가장 밑바닥에 있으면 위로 역시 호응할 수 없으니 이는 가라앉은 찌꺼기이다. 그래서 '정니불식' 이라고 한 것이다. 우물에 진흙이 있어 그 물을 마실 수 없다는 것은 오랫동안 우물 밑의 진흙을 쳐내는 자를 보지 못했다는 뜻이다. 이에 나는 새들도 먹으러 오지 않는데 하물며 사람들이 오겠는가. 이는 한때 모두로부터 버림을 받은 것을 말한다."

구이 효사 '정곡석부井谷射鮒' 는 구이효가 정덕正德을 얻지 못해 구오효의 호응을 받지 못하고 있는 것을 샘물이 위로 솟아나지 않고 계곡물처럼 아래로 흘러내려 제구실을 하지 못하는 것에 비유한 것이다. 이는 '정도井道'를 잃은 것을 의미한다. '정도'는 기본적으로 우물물을 아래에서 위로 긷는 것과 같이 위의 호응이 있어야만 한다. '석부射鮒'는 바로 위의 호응을 받지 못하고 오히려 아래쪽이 물을 긷는 첫 단계가 된 것을 뜻한다. 여기의 '석射'은 샘물이 출수出水하는 것을 뜻하고, '부鮒'는 '초初'의 의미를 지니고 있다. '옹폐루甕敝漏'는 샘물이 위로 솟지 않고 아래로 흐르는 것을 마치 깨진 독에서 물이 아래로 줄줄 새어나가는 것에 비유한 것이다.

이에 대해 일부 주석가는 '부鮒'를 '초初'로 해석하는 것에 이의를 제기하며 원래의 뜻대로 풀이할 것을 주장하고 있다. 이들은 '정곡석부'의 '정곡井谷'을 샘물이 나오는 오목한 곳, '부鮒'를 작은 물고기로 간주해 풀이하기를, '맑은 물이 솟아나는 곳이 물을 길러 오는 자가 없어 작은 물고기가 노니는 곳이 되어 오히려 작은 물고기를 잡는 용도로 이용되고 있다'고 했다. 참고할 만한 견해가 아닐 수 없다. 어느 쪽으로 해석하든 이는 구이효가 위의 호응을 얻지 못해 제구실을 하지 못하고 있음을 지적한 것이다.

구삼 효사 '정설불식井渫不食'은 구삼효가 하괘의 가장 위에 처하여 양강의 품성으로 정도를 실천하나 아래에 있는 음효에 기대지 못해 외면받고 있는 것을 우물이 준설되어 물이 맑아졌는데도 아무도 마시지 않는 것에 비유한 것이다. 이를 두고 순상은 이같이 풀이했다.

"설渫은 오염되어 혼탁해진 것을 제거해 맑게 했다는 뜻이다.

구삼효는 정도를 실천하므로 '정설'이라고 한 것이다. 음효에 의지하지 못한다는 것은 사용되지 않고 있다는 뜻이다. 그래서 '불식'이라고 한 것이다. 우물이 해야 할 도리가 이미 실행되지 않는 까닭에 '아심측我心惻'이라고 한 것이다."

'가용급可用汲'은 구삼효가 비록 아래 음효의 지지를 얻지 못해 외면받고 있으나 위로 상육효와 호응하고 있으므로 언젠가는 지지자가 나타날 것이라는 뜻이다. 이를 두고 『주역정의』는 이같이 풀이했다.

"위와 호응한다는 것은 '가급可汲'을 의미한다. 우물물을 긷는다는 것은 사람들이 사용하게 된다는 뜻이다. 명왕을 만나지 못하면 가지고 있는 재능을 엄체淹滯 : 묵힘할 것이나 만일 현주賢主를 만나면 그 재능을 능히 펼 수 있으니 현군은 이내 이를 가상히 여겨 벼슬을 내릴 것이다. 그래서 '가용급, 왕명王明, 병수기복幷受其福'이라고 한 것이다."

육사 효사 '정추무구井甃无咎'는 육사효가 음유의 품성으로 정도를 얻었으나 아래에서 호응하지 않자 덕을 닦으며 때를 기다리는 것을 설명한 것이다. '수정修井'은 육사효가 단지 우물을 수리하며 때를 기다려야 한다는 뜻을 밝힌 것으로 서둘러 사람들에게 우물물을 마시지 말게 해야 한다는 뜻을 내포하고 있다.

구오 효사 '정렬한천井冽寒泉'은 구오효가 양강의 품성으로 중정의 덕을 얻어 군위에 처하며 상육효와 친밀하게 지내는 것을 한천寒泉에서 나오는 맑은 물을 식수로 제공하는 것에 비유한 것이다. 이는 현군의 덕정을 상징한 것이다.

상육 효사 '정수井收'는 상육효가 상괘의 마지막에 처하여 아래의 구삼효와 호응하는 것이 마치 우물물이 밖으로 나와 목마른 사람에게 제공됨으로써 정덕井德을 완성시킨 것과 같다는 뜻이다. '물막유부勿幕有孚'의 '물막勿幕'은 우물에 뚜껑을 덮지 말라는 뜻으로 '정덕'을 전유專有하지 않고 많은 사람들에게 두루 베풀어야 한다는 뜻을 내포하고 있다. '대성大成'은 우물의 수위가 높이 올라갈수록 많은 사람들에게 물을 마시게 할 수 있는 것과 같이 '정덕'의 공은 베풀수록 무궁무진함을 의미한다. 이를 두고 공영달은 이같이 풀이했다.

"사물을 양육하는 것이 한이 없는 것은 우물보다 더한 것이 없다."

이는 군주가 베푸는 '박시제중博施濟衆'의 덕을 '정덕'에 비유해 표현한 것이다. 「정괘」의 육효는 한 곳에서 이동하지 않은 채 사람들에게 식수를 제공하는 '불영불갈不盈不竭'의 '정덕'을 원용해 군주에게 널리 덕정을 베풀 것을 권하고 있다.

「정괘」의 육효 중 3개의 양효는 '천泉 : 우물물', 3개의 음효는 '정井 : 우물 자체'을 상징하고 있다. 초육효와 육사효는 우물 자체인 까닭에 허물어지면 응당 수리를 해야 한다. 밑에 진흙이 있으면 사람들로부터 버림을 받는 까닭에 신속히 준설해야만 재난을 면할 수 있다. 상육효는 수많은 사람들에게 식수를 제공하는 공덕을 이룬다. 구이효와 구삼효는 물을 길러 오는 사람이 없을지라도 언젠가는 지혜로운 자가 나타나 마침내 물을 길러 와 크게 복을 누릴 것이므로 서두르지 말고 기다릴 것을 주문하고 있다. 구오효는 물이 맑고 시원해 많은 사람들로 하여금 이를 마시는 복을 누리도록 만든다.

「정괘」의 요지는 크게 스스로 덕을 배양하는 '수덕修德'과 사람들에게 덕을 베푸는 '시덕施德'으로 요약돼 있다. 구오 효사 '정렬한천井冽寒泉'은 바로 '수덕'과 '시덕'을 절묘하게 결합시킨 현군의 덕정을 의미하는 것으로 중정을 지키며 '박시제중'하는 군덕君德을 뜻한다. 「정괘」는 바로 군주가 '불영불갈'의 '정덕'을 본받아 덕정을 베풀 경우 그 공덕이 얼마나 무궁무진하게 나타날 수 있는지를 상징적으로 보여주고 있다.

제49장 택화혁(澤火革)

☱ 澤

☲ 火

離下兌上101,110

착괘 : 산수몽山水蒙 : 010,001

종괘 : 화풍정火風鼎 : 011,101

49-1
革, 已日乃孚, 元亨利貞, 悔亡.

혁(革)은 이일내부(已日乃孚 : 여건이 무르익었을 때 변혁을 추진하고 대중의 신임을 얻음)하니 원형리정(元亨利貞)하고 회망(悔亡)한다.

'혁革'은 『주역정의』에 따르면 '개변改變 : 고치고 바꿈'의 뜻이다. '개변'의 대상이 기존의 통치체제가 될 경우 이는 천명天命의 개변에 해당한다. 그것이 바로 『주역』에서 말하는 '혁명革命'이다. 주희는 '혁'의 의미를 이같이 풀이했다.

"완전히 뒤집어 다시 한 번 바꾸는 것을 말한다. 갈라진 틈을 수리하는 데 그치는 것이 아니라 철저하게 새롭게 만든다는 뜻이다."

동양의 '혁명'은 크게 '역성혁명易姓革命'과 '동성혁명同姓革命'으로 대별할 수 있으나 대부분 '역성혁명'의 형태로 나타났다. '역성혁명'의 이론을 최초로 제공한 사람은 맹자였다. 맹자는 은나라를 세운 탕왕湯王과 주나라 무왕의 업적을 하나로 묶어 '탕무혁명湯武革命'으로 규정했다. 맹자는 부덕한 폭군은 이미 하늘이 버렸기 때문에 인의로써 백성들의 신망을 얻고 있는 성군이 나서 이들을 무력으로 제거하는 것은 하늘의 뜻을 받드는 것이라고 강조했다. 천명이 고정불변한 것이 아니라 상황에 따라 바뀔 수 있다는 것을 공식화하고 나선 것이다.

'이일내부已日乃孚'의 '이일已日'은 판본에 따라 '기일己日' 또는 '사일巳日'로 되어 있기도 하다. '기일'을 주장하는 견해는 천간天干의 '기己'가 앞의 5수數와 뒤의 5수가 서로 돌아가며 변하는 까닭에 '전변轉變'을 의미하고, 뒤이어 나오는 천간인 '경庚'이 '이경已更'의 의미를 지니고 있다는 점 등을 논거로 들고 있다.

'사일'을 주장하는 견해는 『서경』에 나오는 내용을 근거로 주 무왕이 은나라 정벌에 나선 계사일癸巳日을 의미한다는 주장을 펴고 있다. 명말청초의 고염무顧炎武가 바로 이런 입장에 서 있다. 그는 『일지록日知錄』에서 이같이 주장했다.

"천지의 덕은 중中을 넘으면 곧 변화한다. 태양이 중천에 이르면 곧 기울고, 달도 차면 곧 기운다. 그래서 『역』이 '중'을 귀하게 여기는 것이다. 십간은 곧 '무사戊巳'를 '중'으로 삼는다. '사巳'에 이르면 즉시 '중'을 넘게 되어 변화의 시점이 된다. 그래서 '경庚'으로써 이를 잇게 했다. '경'은 '경更'이다. 천하의 일은 당연히 '중'을 지나면 곧장 변화의 시기가 오고 그런 연후에 바뀐다."

'이일'과 '기일', '사일' 모두 '혁명일'을 뜻한다는 점에서 하등 차이가 없다.

49-2

「彖」曰, 革, 水火相息, 2女同居, 其志不相得, 曰革. '巳日乃孚', 革而信之. 文明以說, 大亨以正, 革而當, 其悔乃亡. 天地革而四時成, 湯武革命, 順乎天而應乎人, 革之時大矣哉.

〈단전〉에 이르기를, '혁(革)은 수화상식(水火相息 : 물과 불이 서로 변화시킴)하는 것이다. 2녀(二女 : 하괘를 中女, 상괘를 少女로 간주한 것임)가 동거하면서 그 뜻이 서로 맞지 않으니 이를 혁(革)이라 한다'고 했다. '이일내부(巳日乃孚)'는 혁명이 적시에 백성들의 지지를 얻어 일어나면 반드시 사람들은 이를 믿고 따를 것이다. 문명(文明 : 아름다운 덕)으로 사람들에게 기쁨을 주고, 정도를 견지해 대형(大亨)하다. 혁당(革當 : 고치는 것을 합당하게 함)하면 회망(悔亡)하게 된다. 천지가 바뀌어 사시(四時)가 이뤄지니 탕무혁명(湯武革命)은 순천응인(順天應人 : 하늘을 좇고 사람에게 응함)했기 때문이다. 혁(革)의 시의(時義)가 참으로 크도다.

'수화상식水火相息'은 상괘인 '태괘'가 물, 하괘인 '이괘'가 불을 상징한 것을 설명한 것이다. 여기의 '식息'은 상괘와 하괘가 서로 도와가며 변화시켜 나가는 것을 뜻한다. '2녀동거二女

同居'를 두고 『주역정의』는 이같이 풀이했다.

"중녀中女와 소녀少女가 하나의 괘가 되었다. 이는 비록 모양은 같으나 뜻은 변할 것이라는 의미이다. 일남일녀一男一女여야 서로 감응할 수 있다. 2녀가 비록 다시 동거할지라도 뜻이 합일하지 못할 것이다. 이는 변화가 반드시 일어날 것이라는 뜻이다."

'탕무혁명湯武革命'은 상나라 탕湯이 하나라 걸桀을 멸망시키고, 주무왕이 은나라 주紂를 멸망시킨 것을 말한다. '순천응인順天應人'을 두고 『주역정의』는 이같이 풀이했다.

"태양과 흙의 이치는 음과 양이 오르내리는 이치이다. 온서량한溫暑涼寒이 교대로 바뀌어야 사계의 순서가 완성된다. 하나라 '걸'과 은나라 '주'는 헤아릴 수 없을 만큼 흉포했던 까닭에 하늘이 진노하고 백성이 군주를 배반했다. '탕'과 '무'는 총명예지聰明睿智하여 위로 천명에 순응하고 아래로 백성들 마음에 감응했다. 그래서 명조鳴條의 들판에서 '걸'을 내치고 목야牧野의 들판에서 '주'를 주살한 뒤 그들의 왕명을 바꾸고 그 악습을 고쳤다. 이에 '탕무혁명, 순천응인'이라고 한 것이다."

49-3

「象」曰, 澤中有火, 革. 君子以治歷明時.

初九, 鞏用黃牛之革. 「象」曰 '鞏用黃牛', 不可以有爲也.

六二, 已日乃革之, 征吉, 无咎. 「象」曰 '已日革之', 行有嘉也.

九三, 征凶, 貞厲. 革言三就, 有孚. 「象」曰 '革言3就', 又何之矣.

九四, 悔亡, 有孚改命, 吉. 「象」曰 '改命之吉', 信志也.

九五, 大人虎變, 未占有孚. 「象」曰 '大人虎變', 其文炳也.

上六, 君子豹變, 小人革面. 征凶, 居貞吉. 「象」曰 '君子豹變', 其文蔚也. '小人革面', 順以從君也.

〈상전〉에 이르기를, '택중유화(澤中有火), 혁(革)' 이라고 했다. 군자는 이를 본받아 치력명시(治歷明時 : 曆法을 만들어 사계의 변화이치를 밝힘)한다.

초구는 공용황우지혁(鞏用黃牛之革 : 소가죽으로 단단히 묶어둠, 기존 규율의 견지를 의미)하듯 해야 한다. 〈상전〉에 따르면 '공용황우(鞏用黃牛)' 는 불가이유위(不可以有爲 : 함부로 변혁을 감행해서는 안 됨)를 뜻한다.

육이는 이일내혁지(已日乃革之 : 시기가 무르익어 변혁을 추진함)하니 정길(征吉)하고 '무구' 하다. 〈상전〉에 따르면 '이일혁지(已日革之)' 는 행유가(行有嘉 : 노력하며 앞으로 나아가면 변혁을 훌륭하게 성사시킴)를 뜻한다.

구삼은 정흉(征凶)하나 정려(貞厲 : 守貞하여 위험을 방지함)할 수 있다. 혁언삼취(革言三就 : 변혁의 효과가 보일지라도 여러 번 숙고해야 인심이 안정됨, '言' 은 語氣辭)하니 반드시 성신을 지녀야 한다. 〈상전〉에 따르면 '혁언삼취' 는 구삼효가 서둘러 나아가고자 하는 취지를 밝힌 것이다.

구사는 회망(悔亡)하니 성신을 지니고 개명(改命 : 옛 정령을 변혁함)하면 길하다. 〈상전〉에 따르면 '개명지길(改命之吉)' 은 신지(信志 : 백성들의 믿음을 바탕으로 변혁의 뜻을 펼침)를 뜻한다.

구오는 대인호변(大人虎變 : 대인이 이룩한 개혁이 장려하게 털갈이를 한 호랑이처럼 아름다움)하니 점을 치지 않아도 백성들이 믿고 따른다. 〈상전〉에 따르면 '대인호변' 은 문병(文炳 : 아름다운 무늬가 광채를 발함)을 뜻한다.

상육은 군자표변(君子豹變 : 군자가 대인을 도와 성사시킨 변혁이 섬세한 털갈이를 한 표범처럼 아름다움)하니 소인혁면(小人革面 : 소인들이 문득 얼굴색을 바꾸며 따름)한다. 정흉(征凶)하니 거정(居貞 : 조용히 머물며 守貞함)하는 것이 길하다. 〈상전〉에 따르면 '군자표변'

은 문위(文蔚 : 무늬가 빛남, 대인의 변혁을 의미)를 말하고, '소인혁면'은 순이종군(順以從君 : 군주의 변혁에 순종함)을 뜻한다.

〈대상전〉의 '택중유화澤中有火'는 물을 상징하는 연못과 불이 화합할 수 없음을 말한 것이다. 불은 건조함을 조성하고 연못은 본래 습한 까닭에 서로 화합할 수 없다. 이는 변혁을 의미한다. '치력명시治歷明時'는 역법을 만들어 사계의 변화이치를 밝혔다는 뜻이다.

초구 효사 '공용황우지혁鞏用黃牛之革'은 초구효가 양강의 품성으로 비천한 곳에 처해 위로 도움을 주지 못하고 변화에도 호응을 주지 못한 것을 지칭한 것이다. 이는 '황우지혁'을 예로 들어 일반적인 규정을 견고히 지켜나갈 것을 권고한 것이다. '황우지혁'은 이미 「돈괘」 육이효의 효사에 나온 바 있다. 이는 초구효가 변혁을 감당할 능력이 없을 뿐만 아니라 변혁의 시기도 도래하지 않은 까닭에 경거망동해서는 안 된다는 뜻을 담고 있다.

육이 효사 '이일내혁已日乃革'은 육이효가 음유의 품성으로 중도를 얻어 구오효와 호응하고 있는 것을 해가 중천에서 곧장 기울어지는 시점에 처한 것에 비유해 변혁의 시점이 무르익었음을 설명한 것이다. '행유가行有嘉'는 변혁의 성공 가능성을 언급한 것이다. 다만 육이효는 군위에 있는 양강한 구오효와 짝을 지어 변혁을 추진해야만 성공을 기할 수 있다.

구삼 효사 '혁언삼취革言三就'는 혁도革道가 처음으로 성공했을 당시를 설명한 것이다. 이때는 민심이 안정되지 못한 까닭에 응당 잠시 물러나 구제도에 대해 여러 번 숙고하면서 개혁을 추진하는 조심스런 행보를 보여야만 한다. '삼취三就'는 이를 말한 것이다. 그럼에도 구삼효는 양강의 품성으로 양위에 처한 까닭에 조급히 행동할 소지가 크다. 만일 이같이 하면 그간의 모든 공이 사라지는 위험에 처하게 된다. '정려貞厲'는 바로 이를 지적한 것이다.

구사 효사 '유부개명有孚改命'은 성신의 자세로 옛 정령의 개혁을 추진한다는 뜻이다. '개명'은 '혁제구명革除舊命'을 뜻한다. 이는 구사효가 음위에 처해 정도를 상실함으로써 원래 후회하게 되어 있으나 전체의 괘위卦位의 측면에서 볼 때 상괘의 물과 하괘의 불이 바뀌는 시점에 처하여 강유剛柔를 조절할 수 있는 까닭에 마침내 회망悔亡케 되었음을 뜻한다. 그러나 구사효가 '혁제구명'을 완수하기 위해서는 반드시 성신의 자세를 견지해야 한다. '유부有孚'는 이를 지적한 것이다. '신지信志'는 백성들의 믿음을 바탕으로 변혁의 뜻을 행한다는 뜻이나 '신信'을 '신伸'과 통하는 것으로 보아 '변혁의 뜻을 펼치다'의 뜻으로 풀이하기도 한다. 내용상 차이는 없다.

구오 효사 '대인호변大人虎變'은 구오효가 양강의 품성으로 중정의 덕을 얻어 군위에 높이 처하여 전면적으로 개혁을 추진하는 기세를 호랑이 같은 위엄을 떨치고 있는 모습에 비유한 것이다. '미점未占'은 점을 치지 않을지라도 육오효가 추진하는 일련의 개혁이 털갈이를 한 호랑이 가죽처럼 절로 광채를 발하는 까닭에 백성들이 믿고 따른다는 뜻이다. 혁명을 완수한 창업군주의 행보를 설명한 것으로 '혁도'의 진수를 드러내고 있다.

상육 효사 '군자표변君子豹變'은 상육효가 「혁괘」의 마지막에 처해 '혁도'를 크게 완성한 것을 표범의 무늬에 비유해 설명한 것이다. 이는 혁명 후에 천자를 도와 공훈을 세운 자들이 모두 제후에 봉해져 부귀를 누리게 된 것을 말한다. '소인혁면小人革面'은 혁명이 완성되어 모든 국면이 안정되자 소인들이 몰려와 순종하게 된 것을 말한다. 이를 두고 『주역정의』는 이같이 풀이했다.

"군자가 상육효에 처하게 되면 비록 구오효의 혁명창제革命創制와 같다고 할 수는 없으나 국가의 큰 사업을 빛내고 표범의 가죽무늬가 아름답게 빛나는 것처럼 훌륭하게 될 것이다."

'정흉征凶'은 이미 혁명을 성사시킨 상황에서 그 성과를 안정되게 지켜나가지 않고 다시 변혁을 생각한다면 '혁도'가 지나쳐 미치지 못한 것과 같은 결과를 낳아 이내 흉하게 된다는 뜻이다. '거정居貞'은 바로 이를 지적한 것이다.

「혁괘」의 육효는 모두 사물의 변화과정의 설명을 통해 '혁도'의 의미를 풀이하고 있다. 초구효는 미천하고 지위가 낮아 시기적으로 변혁할 수 없으니 응당 평소의 제도를 잘 지켜나가야 하고, 육이효는 중정의 덕을 얻었으니 시기가 무르익으면 응당 결연히 변혁을 추진해야 하고, 구삼효는 작은 성과를 이루기는 했으나 과격하게 앞으로 나아가서는 안 되고, 구사효는 변혁의 국면이 도래할 때 옛 정령을 변혁하는 데 노력해야 하고, 구오효는 중정의 덕을 얻었으니 새로운 제도를 만들어 혁명을 완성시켜야 하고, 상육효는 혁명의 성과를 안정되게 지켜나가 혁명을 잘 매듭지어야만 한다는 뜻을 담고 있다. 「혁괘」의 육효는 바로 혁명의 과정을 기승전결起承轉結의 과정으로 풀이해 놓은 셈이다.

구오 효사 '대인호변大人虎變'과 상육 효사 '군자표변君子豹變

은 혁명을 통해 사물의 모습이 철저하게 바뀌는 질적 변화가 이뤄졌음을 의미한다. 『주역』에서 말하는 변역의 이론이 「혁괘」에서 그 진면목을 드러내고 있는 셈이다. 「혁괘」에서 말하는 '혁도'의 요체는 괘사에서 말하는 '이일내부已日乃孚'에 있다.

이는 변혁해야 할 시기가 이미 무르익었을 때는 응당 변혁을 추진하고 동시에 백성들의 지지를 얻어내야 한다는 뜻이다. '혁도'가 외적인 요소인 '적시適時'와 내적인 요소인 '성신誠信'에 근거하고 있음을 말한 것이다. '회망悔亡'은 바로 이 2가지 조건이 갖춰져야만 비로소 '후회 없는 혁명'이 이뤄질 수 있음을 지적한 것이다. 흔히 '혁명은 개혁보다 어렵다'는 얘기가 나온 것도 바로 이 때문이라고 할 수 있다. 혁명 당사자들의 '성신'이 바로 '후회 없는 혁명'의 관건이라고 해도 과언이 아닌 것이다.

제50장 화풍정(火風鼎)

☲ 火

☴ 風

巽下離上011,101

착괘 : 수뢰준水雷屯 : 100,010

종괘 : 택화혁澤火革 : 101,110

50-1
鼎, 元吉, 亨.

정(鼎)은 원길(元吉)하고 형통하다.

'정鼎'은 원래 제향祭享 등에 사용된 발이 셋 달린 청동솥을 말한다. '정'은 세 개의 발이 한 몸을 지탱하는 까닭에 음양의 조화를 상징하는 3공三公이 천자를 받드는 것에 비유되어 통치권력의 근거인 법기法器 : 새로운 통치를 위한 법제와 통치도구를 의미한다. 전설적인 왕조인 하나라를 개국한 우禹가 만들었다는

'구정九鼎'이 천하통치를 상징케 된 것은 바로 이 때문이다.

또한 '정'은 마치 우물물이 사람들에게 식수를 제공하여 양인養人하듯이 음식을 만들어 사람들을 양육하는 공덕을 지니고 있다. 이는 날 것을 익혀 새로운 음식을 만든다는 차원에서 '창신創新'을 의미한다. 이를 두고 『주역정의』는 이같이 풀이했다.

"정鼎은 원래 불에 쇠붙이를 녹인 후 그릇을 만들어 음식을 익히는 용도로 사용했다. 음식을 익히는 도구를 뜻하는 동시에 사물형상의 법칙을 의미하는 것이다. 「정괘」는 성인이 혁명을 밝히면서 사물형상의 법칙을 보여준 것으로 제도를 새롭게 하는 것을 의미한다. 나무를 사용해 불을 피우는 것으로 '정'을 상징했다."

이는 '정'이 '혁革'의 의미를 지니고 있음을 설명한 것이다. '혁명'을 흔히 '정혁鼎革'으로 부르는 것은 바로 이 때문이다. '혁'은 '거고去故 : 옛 것을 제거함'를 뜻하는 데 반해 '정'은 '취신取新 : 새 것을 취함'을 의미한다. '정혁'은 바로 '혁고정신革故鼎新'을 뜻하는 말로 '혁'을 통해 질적인 변화를 일으킨 뒤 '정'을 통해 법기法器를 완성시킨다는 뜻을 지니고 있다. 흔히 초육효를 '정족鼎足 : 솥발', 구이효 · 구삼효 · 구사효를 '정복鼎腹 : 솥배', 육오효를 '정이鼎耳 : 솥귀', 상구효를 '정이환鼎耳環 : 솥귀고리'에 비유하고 있다.

50-2

「彖」曰, 鼎, 象也. 以木巽火, 亨(=烹)飪也. 聖人亨, 以享上帝, 以大亨以養聖賢. 巽而耳目聰明. 柔進而上行, 得中而應乎剛, 是以元亨.

〈단전〉에 이르기를, '정(鼎), 상(象 : 솥을 형상했다는 뜻임)' 이라고 했다. 이목손화(以木巽火 : 나무로 불을 지핌)하여 팽임(亨飪 : 음식을 삶아 익힘)한다. 성인은 팽이향상제(亨以享上帝 : 익힌 음식으로 상제를 제사지냄)하고 대팽이양성현(大亨以養聖賢 : 엄청나게 많이 익힌 음식으로 성현을 봉양함)한다. 현인이 겸손하게 군주를 돕자 군주의 이목이 총명하다. 유진상행(柔進上行 : 육오효가 위로 올라가 군위에 처함)하고 득중응강(得中應剛 : 육오효가 中德을 얻어 양강의 구이효에 응함)한 까닭에 원형(元亨 : 大通)한다.

'이목손화以木巽火' 는 나무가 불에 순종하여 타오르는 것을 원용해 '팽임亨飪' 을 풀이한 것이다. '팽임' 은 위로 음양을 조화시키고 아래로 백성을 어루만진다는 뜻을 지니고 있다. 이는 솥이 사물을 익혀 사람들을 양육하는 뜻을 취한 것이다.

'팽이향상제亨以享上帝' 와 '대팽이양성현大亨以養聖賢' 을 두고 『주역정의』는 이같이 풀이했다.

"이는 솥의 아름다움을 밝힌 것이다. 팽임亨飪은 2가지 역할에서 벗어나지 않는다. 하나는 제사를 올리는 것이고 다른 하나는 손님을 접대하는 것이다. 제사를 올리는 것은 천신天神의 위대함을 기리는 것이고, 손님을 접대하는 것은 성현을 소중히 여기는 것이다. 천제에게 제사를 올리는 것을 '향享', 백성을 양육하는 것을 '대팽大亨' 이라고 했다. 천제에게 제사를 올릴 때는 본질을 숭상하여 소 한 마리로도 근본을 주재할 수 있는 까닭에 '향' 이라고 한 것이다. 성현은 자못 숫자가 많고 봉양할 때는 반드시 배불리 먹이는 것이 중요한 까닭에 '팽' 앞에 '대大' 자를 붙여 '대팽' 이라고 한 것이다."

50-3

「象」曰, 木上有火, 鼎. 君子以正位凝命.

初六, 鼎顚趾, 利出否. 得妾以其子, 无咎. 「象」曰 '鼎顚趾', 未悖也. '利出否', 以從貴也.

九二, 鼎有實, 我仇有疾, 不我能卽, 吉. 「象」曰 '鼎有實', 愼所之也. '我仇有疾', 終无尤也.

九三, 鼎耳革, 其行塞, 雉膏不食. 方雨虧悔, 終吉. 「象」曰 '鼎耳革', 失其義也.

九四, 鼎折足, 覆公餗, 其形渥, 凶. 「象」曰 '覆公餗', 信如何也.

六五, 鼎黃耳金鉉, 利貞. 「象」曰 '鼎黃耳', 中以爲實也.

上九, 鼎玉鉉, 大吉, 无不利. 「象」曰, 玉鉉在上, 剛柔節也.

〈상전〉에 이르기를, '목상유화(木上有火), 정(鼎)' 이라고 했다. 군자는 이를 본받아 정위응명(正位凝命 : 자리를 단정히 하여 사명을 엄히 준수함, '凝'은 '嚴整'을 의미)한다.

초육은 정전지(鼎顚趾 : 솥의 발을 거꾸로 하여 솥 밑의 음식 찌꺼기를 쏟아냄, '趾'는 '足'과 통함)하는 것이니 이출부(利出否 : 음식 찌꺼기를 쏟아내는 것이 이로움)하다. 그러나 득첩이기자(得妾以其子 : 첩을 얻어 뛰어난 자식을 얻음)하면 계실(繼室 : 뒤를 이어 正室이 됨)하게 되어 '무구' 하다. 〈상전〉에 따르면 '정전지' 는 미패(未悖 : 반드시 의리에 어긋나는 것은 아님)를 뜻한다. '이출부(利出否)' 는 종귀(從貴 : 초육효가 양강의 구사효를 좇음)를 뜻한다.

구이는 정유실(鼎有實 : 솥 안에 사물이 가득 담겨 있음)한 것이다. 아구유질(我仇有疾 : 나의 배필에게 질병이 있음)하여 불아능즉(不我能卽 : 나에게 가까이 오지 못함, 부담을 덜어주었음을 의미)하니 길하다. 〈상전〉에 따르면 '정유실' 은 신소지(愼所之 : 함부로 나아가는 것을 삼감)를 뜻한다. '아구유질(我仇有疾)' 은 종무우(終无尤 : 결국 지나친 허물은 면함)를 뜻한다.

구삼은 정이혁(鼎耳革 : 솥귀에 괴이한 변혁이 일어남)으로 행색(行塞 : 솥을 옮기지 못하게 됨)하니 치고불식(雉膏不食 : 솥 안의 꿩국과 같은 맛있는 음식을 먹지 못함)하게 되었다. 그러나 방우휴회(方雨虧悔 : 바야흐로 육오효와 만나 음양조화를 이룸으로써 이내 후회가 사라짐)하니 마침내 길하게 될 것이다. 〈상전〉에 따르면 '정이혁'은 실의(失義 : 솥 안을 비워 사물을 받아들이는 기본취지를 잃음)를 뜻한다.

구사는 정절족(鼎折足 : 솥의 발이 부러짐)하여 복공속(覆公餗 : 왕공이 먹을 솥 안의 음식물이 쏟아져 내림)하니 기형악(其形渥 : 죽을 흠뻑 뒤집어 쓴 모습이 됨)하여 흉하다. 〈상전〉에 따르면 '복공속(覆公餗)'은 신여하(信如何 : 역량을 헤아리지 못해 재난을 초래했으니 어떻게 그를 믿을 수 있는가)의 뜻이다.

육오는 정황이금현(鼎黃耳金鉉 : 솥에 황색의 귀를 붙이고 견강한 고리를 끼워넣음)하니 수정(守貞)하면 이로울 것이다. 〈상전〉에 따르면 '정황이(鼎黃耳)'는 중이위실(中以爲實 : 중도로써 구이효의 陽實의 이로움을 취함)을 뜻한다.

상구는 정옥현(鼎玉鉉 : 솥에 옥고리를 부착함)하니 대길하여 무불리(无不利 : 이롭지 않은 게 없음)하다. 〈상전〉에 따르면 '옥현재상(玉鉉在上 : 옥현이 솥의 높은 곳에 있음)'은 강유절(剛柔節 : 양강의 상구효가 음유를 사용해 절제를 이룸)을 뜻한다.

〈대상전〉의 '목상유화木上有火'는 나무 위에 불이 붙어 타오르는 모습을 지칭한 것이다. 이는 하괘인 '손괘'가 나무, 상괘인 '이괘離卦'가 불을 상징한데 따른 것으로 〈단전〉의 '이목손화以木巽火'와 같은 뜻이다.

초육 효사 '정전지鼎顚趾'는 사물이 뒤집혀져 있는 것을 상징한다. '이출부利出否'는 바로 이를 말한 것이다. '이출부'의 '부

否'는 '예물穢物 : 더러운 물건'로 '불선不善'을 의미한다. 솥은 사물을 넣고 익히는 그릇인 까닭에 응당 먼저 뒤엎어 '예물'을 쏟아내는 것이 이롭다는 뜻이다. 이를 두고 왕필은 이같이 풀이했다.

"양은 실實, 음은 허虛이다. 솥은 아래는 '실'하고 위는 '허'하다. 지금 음이 아래에 있으니 이는 엎어져 있는 솥이고, 엎어진 솥은 발이 거꾸로 있다는 뜻이다. '부否'는 '불선지물不善之物'을 뜻한다."

'득첩이기자得妾以其子'는 초육효가 비천한 위치에 처해 위로 구사효와 호응하므로 응당 새로운 물품을 넣어 익히는 것이 옳다는 뜻으로 자식이 귀한 집에서 아들을 낳은 첩을 정실正室로 삼은 것에 비유한 것이다. 이를 두고 『주역정의』는 이같이 풀이했다.

"첩은 정실이 아니다. 정실이 비록 죽었을지라도 첩은 실주室主 : 안주인가 될 수 없다. 첩이 '실주'가 되는 것은 솥의 발이 뒤집힌 것과 같다. 그러나 첩이 현자賢子 : 현명한 자식를 낳게 되면 어미는 자식으로 인해 귀해지는 까닭에 계실繼室이 되어 '무구'하게 된다. 그래서 '득첩이기자, 무구'라고 한 것이다."

'미패未悖'는 '득첩이기자'를 설명한 것으로 첩을 계실로 삼는 것이 비록 통상의 규율에 어긋난 것이기는 하나 그 내용으로 보면 오히려 실질에 부합하는 까닭에 의리에 어긋난 게 아니라는 뜻이다.

구이 효사 '정유실鼎有實'은 구이효가 양강의 품성으로 중덕을 얻은 것을 솥에 물건이 가득 찬 것에 비유한 것이다. 솥에 물건이 가득 찬 까닭에 더 이상 채워넣을 수가 없다. 그 경우 물건이 넘치게 되어 오히려 실질을 훼손케 된다. '아구유질我仇有疾'의

'구仇'는 '수讐'가 아닌 '필匹'의 뜻으로 호응하는 육오효를 지칭한다. 이는 구이효가 육오효에 호응하고자 하나 육오효가 양강의 구사효를 올라타고 앉아 있는 까닭에 마치 병이 난 사람처럼 구이효 앞으로 다가올 수 없음을 설명한 것이다. '불아능즉不我能卽'은 육오효가 다가오지 못하는 것이 오히려 '정유실鼎有實'의 상태에 처해 있는 구이효에게 실질을 훼손시키는 부담을 덜어준 것과 같다는 뜻이다. 이를 두고 『주역정의』는 이같이 풀이했다.

"이는 육오효가 이미 양강을 올라타고 앉은 질병을 지니고 있는 까닭에 나에게 더 채워넣어 오히려 실질을 훼상하는 일이 없게 되었음을 뜻한다."

구삼 효사 '정이혁鼎耳革'은 솥귀가 불에 달아오르는 등의 괴이한 변혁으로 인해 옮길 수 없게 되었음을 말한다. 이는 맛있는 음식이 가득 찬 솥을 옮겨서 먹는 일이 불가능하게 되었음을 뜻한다. '치고불식雉膏不食'은 바로 이런 상황을 먹지 못하게 된 솥 안의 꿩국에 비유해 말한 것이다. 이는 구삼효가 양강의 품성으로 하괘의 위에 처해 군위에 있는 육오효의 지우知遇를 기다리고 있으나 구삼효와 육오효는 서로 호응하는 관계가 아닌 까닭에 양자가 쉽게 통하지 못하고 있음을 언급한 것이다.

그러나 육오효는 「정괘」의 주인으로 본래 문덕文德을 지닌 군주를 상징한다. '방우휴회方雨虧悔'는 구삼효가 위로 문덕을 지닌 군주를 받들면서 정도를 지켜나가자 마침내 육오효가 구삼효를 찾게 되어 후회가 사라지게 되었음을 뜻한다. 여기의 '우雨'는 구삼효와 육오호의 호응으로 인한 음양의 조화를 비에 비유한 것이다. 이를 두고 왕필은 이같이 풀이했다.

“비는 음양의 교화交和 : 교접을 통합 조화를 상징한 것으로 편항偏亢 : 한쪽으로 치우침되지 않았음을 뜻한다. 구삼효는 비록 양효이기는 하나 크게 음괘인 ‘손괘巽卦’에 속해 있는 만큼 만일 전적으로 강항剛亢에 의지하지 않고 화통和通 : 조화로운 교통에 힘을 쏟으면 후회가 사라지고 끝내 길하게 될 것이다. 그래서 ‘방우휴회’라고 한 것이다.”

이는 양강으로 정덕을 얻어 세상을 구하는 인재의 의미로 풀이되는 「정괘井卦」 구삼효의 효사와 그 취지를 같이 하는 것이기도 하다. 「정괘鼎卦」의 구삼효 역시 양강으로 ‘손괘’의 위에 처함으로써 강하나 능히 부드러울 수 있는 까닭에 사업을 성취하는 인재의 의미로 풀이되고 있다. 그러나 「정괘鼎卦」의 구삼효 역시 맑은 샘물로 비유된 「정괘井卦」 구삼효가 사람들이 알아줄 때까지 기다려야 하듯이 육오효의 지우知遇가 있을 때까지 기다려야만 한다.

구사 효사 ‘정절족鼎折足’은 구사효가 육오효의 뜻을 받드는 자신의 소임이 중요하다는 것을 인식하고는 있으나 아래로 초육효와 호응하며 중정을 상실한 까닭에 자력으로 일을 감당할 수 없음을 설명한 것이다. 이를 무거운 물건을 채워넣은 솥이 마침내 발이 부러진 것에 비유한 것이다. ‘복공속覆公餗’의 ‘속餗’은 ‘삼糝 : 국에 쌀가루를 넣어 만든 죽’과 통한다. 솥의 발이 부러져 솥 안에 있던 죽이 쏟아져내린 것을 뜻한다. ‘기형악其形渥’은 죽을 뒤집어쓴 형상을 언급한 것이다. 이를 두고 동중서董仲舒는 『춘추번로春秋繁露』에서 이같이 풀이한 바 있다.

“정鼎을 성현에게 맡기는 것은 주인은 존경받고 국가는 편안해지기 때문이다. 『역』에서 말하기를, '정절족, 복공속'이라고 했다. 솥의 다리가 부러진 것은 그 인품이 그릇된 자에게 일을 맡겼기 때문이다. 삼공이 먹을 귀한 음식이 쏟아졌다는 것은 국가가 엎어졌다는 뜻이다. 그릇된 자에게 일을 맡기고도 국가가 엎어지지 않았다는 애기를 고금을 통해 들어본 적이 없다."

'정도鼎道'는 결코 소인을 통해 이룰 수 없음을 지적한 것이다. '정절족'은 소인의 지소모대知小謀大 : 작은 지혜로 큰 계책을 세움를 상징하고, '복공속'은 소인이 역박임중力薄任重 : 능력이 작은데도 커다란 임무를 맡음한 데 따른 재앙을 상징한다. 이를 두고 왕필은 이같이 풀이했다.

"구사효가 상괘의 아래에 처하면서 초육효와 호응하는 것은 육오효를 받들면서 초육효에게도 베푸는 것을 뜻한다. 이는 혼자서 감당할 수 없는 것이다. 그래서 '정절족'이라고 한 것이다. 초육효에서 이미 '출부出否 : 穢物을 쏟아냄'했고, 구사효에 이르러 꽉 채워졌던 것이 이미 깨끗이 비워졌으므로 '복공속'이라고 한 것이다. '악渥'은 첨유沾濡 : 흠뻑 젖음의 뜻이다. 삼공三公이 먹는 귀한 음식이 이미 쏟아졌으니 몸이 물에 젖게 된 것이다. '지소모대'하려다가 그 임무를 감당할 수 없어 지욕至辱 : 커다란 치욕을 당하게 되었을 뿐만 아니라 재난이 자신에게 미치게 되었음을 뜻한다. 그래서 '기형악, 흉凶'이라고 한 것이다."

육오 효사 '정황이금현鼎黃耳金鉉'의 '황黃'은 육오효가 음유의 품성으로 중도를 얻은 것을 뜻한다. '금金'은 견강한 사물을 뜻하는 것으로 육오효가 양위에 처해 정도를 얻었을 뿐만 아니라 양강의 구이효와 호응해 강유의 조화를 이룬 것을 말한다. '정황이금현'은 솥에 황색의 귀를 붙인 뒤 견강한 고리를 끼워넣음으로써 솥을 능히 옮겨 익힌 요리를 제공할 수 있게 되었음을 뜻한다. 이를 두고 『주역정의』는 이같이 풀이했다.

"육오효가 중위에 처한 까닭에 '황이'라고 한 것이다. 구이효와 호응하니 이는 음유로서 양강을 용납한 것이다. 그래서 '금현'이라고 한 것이다."

상구 효사 '정옥현鼎玉鉉'은 상구효가 양효로서 「정괘」의 마지막에 처한 것을 온화한 옥고리를 사용해 만든 솥을 들어올리는 것에 비유한 것이다. 이는 상구효가 호응하는 구삼효에 얽매이지 않고 있는 것을 지칭한 것으로 팽물양인烹物養人 : 사물을 익혀 사람을 양육함의 정도鼎道가 완성되었음을 상징한다. 이는 「정괘井卦」 상육효의 효사와 취지를 같이 하는 것이다. 우물물은 우물 밖으로 끌어내야 사람에게 식수로 제공할 수 있는 것과 같이 음식 역시 솥에 익혀야만 사람들에게 비로소 제공할 수 있는 것이다. 이를 두고 『주역정의』는 이같이 풀이했다.

"옥은 견강하고 윤기 나는 물건이다. 상구효는 「정괘」의 마지막에 처하므로 정도鼎道가 성취되는 위치이다. 몸체는 강건하나 위치는 유순하다. 옥고리를 사용해 스스로 들어 올릴 수 있는 까닭에 '정옥현'이라고 한 것이다. 오직 구삼효에만 호응하는 게 아니라는 것은 솥을 들어올리는 데 기여하지 않는 다른 효에도 응한다는 뜻이다. 그래서 '대길, 무불리无不利'라고 한 것이다."

「정괘」의 육효는 솥의 한 부위에 비유해 다양한 조건 하에서 발동되는 통치권력의 이치를 설명하고 있다. 초육효는 음유로서 가장 아래에 처해 솥이 발을 거꾸로 하여 예물穢物을 깨끗이 쏟아버리기에 '무구'하고, 구이효는 솥이 사물을 가득 담고 있는 까닭에 넘치는 것을 조심해야 하고, 구삼효는 정이鼎耳에 나타난 괴이한 변혁으로 문제가 생겼으나 음양의 조화를 통해 이를 극복할 수 있고, 육오효는 「정괘」의 주인으로 정도를 지켜 이롭게 되고, 상구효는 정도鼎道가 완성된 까닭에 이롭지 않은 게 없게 되었다. 오직 구사효만이 솥의 다리가 부러지는 바람에 매우 흉하게 되어 있다. 이는 소인에게 통치권력을 맡긴 데 따른 것이다.

이를 통해 알 수 있듯이 「정괘」에서 말하는 '정도'의 요체는 바로 학덕學德을 연마한 군자에게 통치권력을 맡기는 데 있다. 〈대상전〉에서 '정위응명正位凝命'을 강조한 이유가 바로 여기에 있다. 이는 군자가 자신의 위치를 바르게 지켜나가면서 천명에 의한 '치평治平'의 사명을 엄숙히 준수하는 것을 의미한다. 이것이 '치국평천하'의 기본법도이기도 하다.

원래 「정괘」는 「혁괘」를 계승하여 새로운 법기法器를 만들어 천하를 다스린다는 뜻을 지니고 있다. 이는 '정鼎'이 날 것을 익혀 새로운 음식을 만들어내는 공능을 취한 것이다. 정도鼎道의 요체는 한마디로 '창신양인創新養人'에 있다고 해도 과언이 아니다.

제51장 중뢰진(重雷震)

☳ 雷

☳ 雷

震下震上100,100

착괘 : 중풍손重風巽 : 011,011

종괘 : 중산간重山艮 : 001,001

51-1

震, 亨, 震來虩虩, 笑言啞啞. 震驚百里, 不喪匕鬯.

진(震)은 형통하니 진래혁혁(震來虩虩 : 우렛소리에 크게 놀람)한 연후에 소언액액(笑言啞啞 : 우렛소리가 멎고 복을 받게 되자 웃음꽃이 만발함)한다. 군주의 교령(敎令)은 진경백리(震驚百里 : 우렛소리가 1백 리 사방을 놀라게 함, '百里'는 천하의 제후국을 의미)하니 불상비창(不喪匕鬯 : 종묘제사를 잊지 않게 함, 사직의 보전을 의미)할 것이다.

'진震'은 '뇌雷 : 우레'의 뜻으로 '동動'을 상징한다. 이는 우레가 무섭게 진동震動하는 뜻을 취한 것이다. 이를 두고 정현은 이같이 풀이했다.

"우레는 사물을 움직이는 기운이다. 우레가 소리를 내는 것이 마치 군주가 정령을 발포하면서 백성들이 움직이기 시작하는 것과 같으므로 '진'이라고 한 것이다."

'진'은 바로 하늘의 위엄 있는 움직임을 상징하는 것이다. 우레가 위엄 있게 움직이면 놀라고 두려워하지 않는 게 없는 법이다. 놀라고 두려워한다는 것은 위엄으로 인해 사물이 질서정연해진다는 뜻을 지니고 있다.

'진래혁혁震來虩虩'의 '혁혁'은 호랑이조차 놀라 두려워하며 벌벌 떠는 모습을 그린 의태어이다. 이는 우레가 진동할 때 천하의 만물이 두려워서 떠는 모습을 표현한 것으로 우레의 진동에 놀란 만물이 크게 조심하며 감히 함부로 행동하지 못하는 것을 뜻한다. '소언액액笑言啞啞'의 '액액'은 웃음소리를 뜻하는 의성어이다. 이는 만물이 질서정연해진 뒤 복을 받게 되어 기뻐하며 웃는 모습을 설명한 것이다.

'불상비창不喪匕鬯'의 '비창'은 종묘제사를 지낼 때 사용하는 국자와 울창주鬱鬯酒 : 일종의 香酒를 말한다. 이는 종묘제사를 잊지 않는다는 뜻으로 사직의 보전을 의미한다. 이를 두고 정현은 이같이 풀이했다.

"'불상비창'은 종묘사직을 지키기 위해 군주의 장자를 제주祭主로 삼아 종묘에 제사 올리는 일을 잊지 않게 했다는 뜻이다."

51-2

「象」曰, '震, 亨.' '震來虩虩', 恐致福也. '笑言啞啞', 後有則也. '震驚百里', 驚遠而懼邇也. 出, 可以守宗廟社稷, 以爲祭主也.

〈단전〉에 이르기를, '진(震), 형(亨)' 이라고 했다. '진래혁혁' 은 공치복(恐致福 : 두려워한 결과 이내 복을 받게 됨), '소언액액' 은 후유칙(後有則 : 두려워한 결과 법도를 준수함)을 말한 것이다. '진경백리(震驚百里)' 는 경원구이(驚遠懼邇 : 원근의 사람을 놀라게 하고 두렵게 만듦)를 뜻한다. 이때 군주가 수렵 등으로 외출하면 장자가 경사(京師 : 도성)에 남아 종묘사직을 지키면서 제주(祭主)의 역할을 대신할 것이다.

'공치복恐致福' 과 '후유칙後有則' 은 우레의 진동을 크게 두려워한 결과 복을 받고 법도를 준수하게 되었다는 뜻이다. 우레의 진동이 어떻게 하여 이런 결과를 낳게 된 것일까. 『주역정의』는 이같이 분석해 놓았다.

"우레가 크게 진동하자 처음에는 비록 두렵게 생각되었으나 이 두려움으로 인해 자신을 잘 수양하여 복에 이르게 된 까닭에 '공치복' 이라고 한 것이다. '공치복' 한 연후에 바야흐로 웃으면서 말할 수 있다. 두려움을 체험하게 되면 감히 법칙을 준수하지 않을 수 없다."

51-3

「象」曰, 洊雷, 震. 君子以恐懼修省.

初九, '震來虩虩', 後'笑言啞啞', 吉. 「象」曰, '震來虩虩, 恐致福

也. 笑言啞啞, 後有則也.'

六二, 震來厲, 億喪貝. 躋于九陵, 勿逐, 七日得.「象」曰 '震來厲', 乘剛也.

六三, 震蘇蘇, 震行无眚.「象」曰 '震蘇蘇', 位不當也.

九四, 震遂泥.「象」曰 '震遂(=墜)泥', 未光也.

六五, 震往來厲, 億无喪, 有事.「象」曰 '震往來厲', 危行也. 其事在中, 大无喪也.

上六, 震索索, 視矍, 征凶. 震不于其躬, 于其鄰, 无咎. 婚媾有言.「象」曰 '震索索', 中未得也. 雖凶无咎, 畏鄰戒也.

〈상전〉에 이르기를, '천뢰(洊雷 : 거듭되는 우레), 진(震)' 이라고 했다. 군자는 이를 본받아 공구수성(恐懼修省 : 하늘의 권위를 두려워하며 스스로 수양하며 반성함)한다.

초구는 진래혁혁(震來虩虩)한 연후에 소언악악(笑言啞啞)하니 길할 것이다. 그래서 〈상전〉에서 이르기를, '진래혁혁, 공치복야(恐致福也). 소언악악, 후유칙야(後有則也)' 라고 한 것이다.

육이는 진래려(震來厲 : 우레가 진동하자 위태롭게 됨)하여 억상패(億喪貝 : 재물의 상실을 받아들임, '億' 은 語氣辭)한다. 제우구릉(躋于九陵 : 구릉에 오름)한 뒤 물축(勿逐 : 잃은 재물을 뒤쫓지 않음)하면 7일을 넘기지 않고 반드시 잃었던 것이 절로 되돌아올 것이다. 〈상전〉에 따르면 '진래려' 는 승강(乘剛 : 양강의 초구효를 올라탐)을 뜻한다.

육삼은 진소소(震蘇蘇 : 우레가 진동하자 두려워하며 불안해함)하나 이내 진행무생(震行无眚 : 우레의 진동으로 오히려 수신하며 반성하자 재앙을 만나지 않게 됨)한다. 〈상전〉에 따르면 '진소소' 는 위부당(位不當)을 뜻한다.

구사는 진추니(震墜泥 : 우레가 진동하자 두려운 나머지 처세를 잘못해 진창에 떨어짐)하다. 〈상전〉에 따르면 '진수니' 는 미광(未光 : 구사효의 陽德이 크게 빛나지 못함)을 뜻한다.

육오는 진왕래려(震往來厲 : 우레가 진동할 때 위로 나아가거나 아래로 돌아오는 것은 모두 위태로움)하나 억무상(億无喪 : '왕래'를 두려워하지 않고 큰 공을 세워 사직을 보전함)하니 이는 유사(有事 : 공을 세움)를 뜻한다. 〈상전〉에 따르면 '진왕래려'는 위행(危行 : '왕래'를 두려워하는 것은 위험한 행보임)을 뜻한다. 기사재중(其事在中 : 큰 공을 세우는 일은 군위에 처한 육오효에게 달려 있음)하니 대무상(大无喪 : 큰 공을 세우는 일을 잃지 않음)해야 할 것이다.

상육은 진삭삭(震索索 : 우레가 진동하자 두려움으로 마음이 두근거림)·시확확(視矍矍 : 두려움으로 눈을 두리번거림)하니 정흉(征凶)하다. 우레가 진동하여 아직 자신의 몸에 미치지 않고 가까운 곳에 이르렀을 때 먼저 경계하고 대비하면 '무구'하다. 그러나 혼구유언(婚媾有言 : 혼인을 도모하면 말다툼을 초래함)한다. 〈상전〉에 따르면 '진삭삭'은 중도를 얻지 못한 것을 뜻한다. 비록 흉할지라도 '무구'하다고 한 것은 외린계(畏鄰戒 : 진동이 가까운 곳에 이렀을 때 크게 두려워하여 미리 경계하고 대비함)를 뜻한다.

〈대상전〉의 '천뢰洊雷'을 두고 『주역정의』는 이같이 풀이했다.

"천洊은 거듭 이어진다는 뜻이다. 우레가 연이어짐으로써 위엄 있는 진동이라고 했다. '진괘震卦'가 중첩된 까닭에 '천뢰'라고 한 것이다."

초구 효사 '후소언악악後笑言啞啞'의 '후後'의 의미를 두고 왕필은 이같이 풀이했다.

"초구효는 강덕剛德으로 「진괘」의 가장 앞에 있으나 두려워할 줄 아는 까닭에 자신의 덕을 잘 닦을 수 있을 것이다."

본래 초구효는 양강의 덕을 지니고 「진괘」의 맨 아래에 처하고 있는 까닭에 시작할 때는 조심하고 두려워하는 상을 지니고 있다. 공자의 평소 모습을 묘사한 『논어』「향당」편의 '신뢰풍렬迅雷風烈 : 빠른 우레가 치거나 바람이 사납게 휘몰아침, 필변必變 : 반드시 안색을 바꿈' 구절은 바로 이 경우를 말한 것이라고 할 수 있다. 범중엄도 이를 군자의 조심스런 행보에 비유해 이같이 풀이했다.

"군자의 두려움이 마음에 있다는 것은 반드시 그 처음을 조심해야 한다는 뜻이니 여러 뜻이 도에 어긋나지 않는다는 것을 말한다. 두려움이 몸에 있다는 것은 진퇴할 때 위험한 일을 하지 않는다는 뜻이니 여러 행동이 화란에 걸려들지 않는다는 것을 말한다."

육이 효사 '진래려震來厲'는 육이효가 음유로서 양강을 타고 앉아 있으므로 장차 우레가 몰려와 위험에 처한다는 뜻이다. '억상패億喪貝'의 '패貝'는 고대의 화폐로 '재화財貨'를 뜻한다. 이는 재물을 잃는 것을 아까워하지 않고 재빨리 몸을 피하는 것을 의미한다. '제우구릉躋于九陵'은 높은 언덕으로 올라가 재난을 피한다는 뜻이다. '구릉九陵'의 '구九'는 가장 높은 양수陽數로 높은 곳을 암시한다.

그러나 육이효는 구오효와 마찬가지로 유중柔中의 덕을 지니고 있는 까닭에 비록 위험을 만날지라도 재물을 돌보지 않고 '구릉'으로 피하기만 하면 능히 재난을 면할 수 있다. '물축勿逐, 7일득七日得'은 잃은 재물을 뒤쫓지만 않으면 적당한 시기에 잃은 재물을 되찾을 수 있음을 말한 것이다. 여기의 '물축'은 육이효가 중정의 도를 지키는 것을 뜻하고, '7일득'은 자연의 주기에 따라 잃은 물건이 저절로 되돌아오는 것을 뜻한다. 이는 두려움을 지닌 채 수양하면서 지난 과오를 반성하면 이내 복을 받게 된다는 '공치복恐致福'의 의미를 풀이한 것이다.「기제괘旣濟卦」육이효에 나오는 '7일득' 효사와 그 취지가 같다.

육삼 효사 '진소소震蘇蘇'의 '소소'는 우레가 몰려오자 불안해하며 안절부절 못 하는 모습을 그린 의태어이다. '진행무생震行无眚'은 육삼효가 비록 정덕을 얻지 못해 불안해하기는 하나 양강을 올라타는 실수를 하지 않은 까닭에 이내 조심스럽게 행동하여 환난을 면하게 되었음을 뜻한다. 이를 두고 왕필은 이같이 풀이했다.

"처한 위치가 바르지 않아 불안해한다. 그러나 양강을 올라타고 앉는 거역행위는 하지 않은 까닭에 두려워하며 행동하니 이내 환난은 만나지 않게 된다."

구사 효사 '진추니震墜泥'는 구사효가 비록 양강의 품성이기는 하나 정위正位를 상실한 채 4개 음효 사이에 처해 강덕剛德이 부족한 상황에서 위기에 처하게 된 것을 말한다. 이는 양강이 줄어든 구사효가 우레의 진동에 놀라 이내 크게 두려워한 나머지 처세를 잘못하여 진창에 떨어져 스스로 빠져나오지 못하게 되었음을 의미한다.

육오 효사 '진왕래려震往來厲'는 육오효가 위로 나아가면 음효의 적수를 만날 뿐 호응하는 자가 없고 아래로 후퇴하면 양강을 타고 앉게 되어 '왕래' 모두 위험한 것을 설명한 것이다. 이는 육오효가 비록 군위에 처해 있기는 하나 음유의 품성으로 인해 안팎으로 커다란 위기에 처하게 되었음을 뜻한다.

그러나 '억무상億无喪'에 대해서는 두 가지 견해가 대립하고 있다. 하나는 육오효가 두려운 마음으로 중도를 지켜나가면 비록 어려운 상황일지라도 한 가지도 잃지 않게 된다고 풀이하고 있다. 사직의 보전을 뜻하는 '유사有事'는 바로 이를 지칭한 것으로 괘사에 나오는 '불상비창不喪匕鬯'과 같은 뜻이라는 것이다.

이에 대해 『주역정의』는 육오효는 유중柔中의 미덕을 지니고 군위에 처해 있는 까닭에 비록 안팎으로 어려움에 처해 있으나 이는 오히려 큰 공을 이룰 수 있는 절호의 기회에 해당하는 만큼 '왕래'를 두려워하면 오히려 재난을 면하기 어렵다는 뜻으로 풀이해 놓았다. '억무상'은 바로 유중의 미덕을 최대한 발휘해 대공을 세우는 것을 뜻하는 까닭에 '유사'는 응당 '건대공建大功 : 대공을 세움'을 의미하는 것으로 해석해야 한다고 주장하고 있다.

전자는 육오효가 비록 중덕中德을 얻어 군위에 처해 있기는 하나 정덕正德을 얻지 못한 음유陰柔인 점을 중시한 데 반해 후자는 비록 '정덕'을 얻지는 못했으나 '중덕'을 얻어 군위에 처해 있는 점을 중시한 것이라고 할 수 있다. 전자가 '억무상'의 의미를 공구수성恐懼修省에서 찾은 데 반해 후자는 '공구수성'의 궁극적 목적이 '건공치평建功治平'에 있다는 점을 중시해 그 의미를 적극적인 입장에서 찾아낸 셈이다. 설령 전자와 같이 '유사有事'를 '사직의 보전'으로 해석할지라도 이 또한 군주가 두려움을 떨쳐버리고 과감히 일어나 큰 공을 세워야 비로소 가능할 수 있다는 점 등을 감안할 때 후자의 해석이 문맥상 순통한다.

상육 효사 '진삭삭震索索 · 시확확視矍矍'은 상육효가 음유의 품성으로 진도震道의 극점에 처해 놀라움과 두려움을 이기지 못해 크게 불안해하는 모습을 설명한 것이다. '정흉征凶'은 이런 상황에서 앞으로 나아가면 반드시 흉하게 될 것이라는 뜻이다. 이를 두고 왕필은 이같이 풀이했다.

"「진괘」의 극점에 처한 것은 지극히 진동한다는 뜻이다. 진동이 극심한 곳에 처하면 중도를 구할지라도 얻을 수 없는 까닭에 '진삭삭 · 시확확' 하게 된다. 이미 처한 곳에서 진동이 극에 달했는데도 다시 앞으로 나아간다면 흉할 것은 빤한 일이다."

다만 상육효는 우레의 진동이 가까운 곳에 이르렀을 때 미리 경계하여 대비하면 '무구' 할 수 있다. 이는 말할 것도 없이 공구수성恐懼修省한 데 따른 것이다.

'혼구유언婚媾有言' 은 상육효가 지극히 두려운 상황에서 반드시 많은 의심과 염려로 인해 외부와 교합交合하기 어렵게 되었음을 설명한 것이다. 여기의 '혼구婚媾' 는 음양의 화합을 뜻하는 말로 외부와의 교합을 의미한다. 이를 두고 왕필은 이같이 풀이했다.

"극히 두려워하면서 서로를 의심한다는 뜻이다. 비록 '혼인' 을 한다고 할지라도 말다툼을 면하기 어려울 것이다."

「진괘」의 육효는 우레가 진동하는 두려운 상황에서 어떻게 대처하는 게 좋은지를 다양한 비유를 통해 설명해 놓고 있다. 초구효는 양강으로 가장 아래에 처해 두려워할 줄 모르므로 복을 얻게 되고, 육이효는 중도를 지켜나가는 방법으로 잃었던 재물을 다시 찾고, 육삼효는 조심스런 행보를 재난을 면하고, 육오효는 두려움에 굴하지 않고 큰 공을 세워 군위를 보전하고, 상육효는 두려움이 극에 달해 흉하나 미리 경계하여 대비함으로써 재난을 면하고 있다. 다만 구사효는 음효 사이에 처해 양덕陽德이 쇠한 까닭에 진창에 떨어져 빠져나오지 못하고 있다.

이를 통해 알 수 있듯이 「진괘」는 우레가 진동하는 두려운 상황일지라도 공구수성恐懼修省하며 상황에 따라 과감히 떨쳐 일어나면 대공을 세워 길할 수 있다는 이치를 말하고 있다. 이는 내우외환의 혼란한 상황에서 어떻게 처신해야 하는 게 좋은지를 설명한 것이다. 「진괘」에서 말하는 '진도震道'의 요체는 바로 '공구수성'과 '건공치평建功治平'에 있는 셈이다.

제52장 중산간(重山艮)

☶ 山

☶ 山

艮下艮上001,001

착괘 : 중택태重澤兌 : 110,110

종괘 : 중뢰진重雷震 : 100,100

52-1

艮, 其背, 不獲其身, 行其庭 · 不見其人, 无咎.

간(艮)은 '기배(其背 : 등을 볼 수 없음, 눈을 통한 物欲의 억제를 의미)'를 뜻한다. 불획기신(不獲其身 : 그 몸을 보지 못함, 目見을 통한 물욕이 없음을 의미)하고 행기정(行其庭 : 사람들이 뜰을 거닐음) · 불견기인(不見其人 : 옆 사람과 相見하지 않음)하니 '무구' 할 것이다.

'간艮'은 산山이 상징하는 '지止'의 뜻을 지닌 것으로 정지하면 재난을 면할 수 있다는 뜻을 내포하고 있다. 그러나 「간괘」는 모든 경우의 '지'를 재난의 면탈로 해석한 것은 아니다. 재난을 면탈하는 '지'의 요체는 '기배其背'에 있다. 이는 사욕私欲이 합당한 곳에서 멈춘 것을 뜻한다.

그렇다면 하필 '지'의 요체를 '배背'에 비유한 이유는 무엇일까. 이는 '배'가 사람의 몸에서 유일하게 정지된 채 움직이지 않는 부위인 동시에 자신의 눈으로 볼 수 없는 곳에 있는 점을 취한 것이다. 본래 「간괘」는 2개의 음효가 1개의 양효 밑에 처해 있다. 음양 모두 상호 교류를 하지 않은 채 서로 '배'를 보지 못하고 있는 형상을 하고 있는 것이다. 이는 인간의 사욕私欲이 억제된 상황을 상징한다.

「비괘否卦」에서 말하는 '비도否道'는 사물이 서로 얼굴을 마주보고 대치하면서 상통相通하지 않는 것을 뜻한다. 이에 반해 「간괘」에서 말하는 '지도止道'는 서로 멈춰선 채 교통하지 않는 것을 뜻한다. 이를 두고 『주역정의』는 이같이 풀이해 놓았다.

"멈춰서 얻는 바가 있다는 것은 곧 '지도'가 쉽게 성취되었다는 뜻이다. 멈춰도 얻는 게 없다는 것은 곧 공을 이루기가 어렵다는 뜻이다. 그래서 『노자』는 이르기를, '욕심낼 만한 것을 보여주지 않아 민심을 어지럽지 않게 한다'고 한 것이다."

이는 곧 '지도'의 요체가 눈을 통한 소위 '견욕見欲'의 회피에 있음을 밝힌 것이다. 왕필은 이를 '목무환目无患'으로 표현해 놓았다. 눈에 띄는 것이 없어야 이내 물욕物欲이 생기지 않게 되고, 물욕이 생기지 않아야 이내 걱정이 없게 된다는 뜻이다. 이는 소위 '견물생심見物生心'의 의미를 소극적인 차원에서 달리 표현해 놓은 것이라고 할 수 있다. '불획기신不獲其身'과 '행기정行其

庭 · 불견기인不見其人' 은 '목무환' 에 대한 해석에 해당한다. 왕필은 이같이 풀이해 놓았다.

"「간괘」는 멈춘 채 서로 내왕하지 않는 괘이다. 멈춘 채 서로 함께 하지 않는 것이 어찌하여 '무구' 한 것일까. 이는 오로지 상견相見하지 않아야 가능한 것이다. 등 뒤에 멈춰 있다는 것은 목견目見을 통한 물욕으로부터 강제로 떨어져야 한다는 의미가 아니라 사욕이 멈출 곳에 멈춰 있다는 뜻이다. '배背' 는 보이지 않는 신체부위이다. 보이지 않으면 자연히 정지靜止할 수 있고 '정지' 하면 보이지 않게 된다. 그래서 '불획기신' 이라고 한 것이다. 서로 등을 돌리고 있는 자들은 비록 가까이 있을지라도 서로 볼 수 없다. 그래서 '행기정 · 불견기인' 이라고 한 것이다."

52-2

「彖」曰, 艮, 止也. 時止則止, 時行則行, 動靜不失其時, 其道光明. 艮其止, 止其所也. 上下敵應, 不相與也. 是以 '不獲其身, 行其庭 · 不見其人, 无咎' 也.

〈단전〉에 이르기를, '간(艮), 지(止)' 라고 했다. 시지즉지(時止則止 : 멈출 때가 되면 이내 멈춤) · 시행즉행(時行則行 : 행할 때가 되면 이내 행함)하니 동정(動靜)은 부실기시(不失其時 : 그 때를 잃음)하고, 그 도는 광명(光明)하다. 간기지(艮其止 : 등에 멈춤, '止' 는 '背' 를 의미)는 그쳐야 할 곳에서 그친다는 뜻이다. 상하적응(上下敵應 : 상하가 敵對함) · 불상여(不相與 : 함께 하지 않음)하는 까닭에 '불획기신, 행기정 · 불견기인, 무구' 라고 한 것이다.

'상하적응上下敵應 · 불상여不相與' 는 「간괘」의 육효가 모두 서로 적대시하고 있음을 설명한 것이다. 이를 두고 『주역정의』는 이같이 풀이해 놓았다.

"이는 「간괘」의 육효가 서로 호응하지 않는다는 뜻으로 '불획기신' 이하의 괘사를 풀이한 것이다. 무릇 호응한다는 것은 일음일양一陰一陽이거나 상괘와 하괘가 적대시하지 않는 경우를 말한다. 지금 상괘와 하괘가 겹쳐서 서로 짝을 이루고 있으나 효위爻位가 모두 대치한 채 교류하지 않고 있다. 그래서 '상하적응 · 불상여'라고 한 것이다. 그러나 「간괘」를 위시해 8개의 순괘純卦 모두 육효가 호응하지 않고 있는데 왜 유독 「간괘」에서만 이런 말을 한 것일까. 이는 「간괘」 자체가 이미 정지되어 교제가 이뤄지지 않고 있는 데다 효 역시 대치된 채 호응하지 않고 있기 때문이다. 이는 지止의 의미와 맞아떨어지는 것이다. 그래서 이곳에서 이를 겸하여 밝힌 것이다."

52-3

「象」曰, 兼山, 艮, 君子以思, 不出其位.
初六, 艮其趾, 无咎, 利永貞. 「象」曰 '艮其趾', 未失正也.
六二, 艮其腓, 不拯其隨, 其心不快. 「象」曰 '不拯其隨', 未退聽也.
九三, 艮其限, 列其夤, 厲薰心. 「象」曰 '艮其限', 危薰心也.
六四, 艮其身, 无咎. 「象」曰 '艮其身', 止諸躬也.
六五, 艮其輔, 言有序, 悔亡. 「象」曰 '艮其輔', 以中正也.
上九, 敦艮, 吉. 「象」曰 '敦艮之吉', 以厚終也.

〈상전〉에 이르기를, '겸산(兼山 : 산이 겹쳐 있음), 간(艮)'이라고 했다. 군자는 이를 본받아 불출기위(不出其位 : 생각하는 바가 본분을 넘어서지 않음)한다.

초육은 간기지(艮其趾 : 발이 앞으로 나아가기 전에 발꿈치에서 멈춤)하여 재난을 면하니 이영정(利永貞 : 오랫동안 守貞하면 이로움)하다. 〈상전〉에 따르면 '간기지'는 정도를 잃지 않았음을 뜻한다.

육이는 간기비(艮其腓 : 장딴지에서 멈춤)하여 부증기수(不拯其隨 : 장딴지를 隨從하는 발이 앞으로 나아가도록 위로 들지 못함, '拯'은 '擧'와 통함)하니 그 마음이 불쾌하다. 〈상전〉에 따르면 '부증기수'는 미퇴청(未退聽 : 물러나 멈추라는 명을 聽從하지 않아 안정되지 못함)을 뜻한다.

구삼은 간기한(艮其限 : 허리에서 멈춤)하여 열인(列夤 : 등살이 끊어지는 지경에 이르게 함)하니 여훈심(厲薰心 : 위험이 맹렬한 불꽃처럼 그 마음을 태움)한다. 〈상전〉에 따르면 '간기한'은 위훈심(危薰心 : 위험이 마음을 태워 안정되지 못함)을 뜻한다.

육사는 간기신(艮其身 : 윗몸 아랫부분에서 멈춤)하니 '무구'하다. 〈상전〉에 따르면 '간기신'은 지저궁(止諸躬 : 스스로 자신의 몸을 정지시킴, '諸'는 '之於'의 뜻임)을 뜻한다.

육오는 간기보(艮其輔 : 볼에서 멈춤, '輔'는 '頰'과 통함)하여 언유서(言有序 : 말에 조리가 있음)하니 회망(悔亡)한다. 〈상전〉에 따르면 '간기보'는 이중정(以中正 : 중도를 얻어 정도를 지켜나감)을 뜻한다.

상구는 돈간(敦艮 : 돈후한 품성으로 물욕에서 벗어나 멈춤)하니 길하다. 〈상전〉에 따르면 '돈간지길(敦艮之吉)'은 이후종(以厚終 : 두터운 유종지미를 거둠)을 뜻한다.

〈대상전〉의 '겸산兼山'은 두 개의 산이 겹쳐 있어 크게 정지되어 있다는 뜻이다. 이를 두고 『주역정의』는 이같이 풀이했다.

"두 개의 산의 의미가 중첩되어 있어 '겸산'이라고 한 것이다. 한 개의 산만 있어도 이미 무겁게 멈춘 상태인데 두 개의 산이 중첩되어 있으니 이는 멈춤의 의미가 더욱 큰 것이다."

초육 효사 '간기지艮其趾'는 초육효가 음효로서 「간괘」의 가장 아래에 처해 좋은 결과가 없을 것을 두려워하여 멈춰 있는 모습이 발이 막 움직이기 직전과 같다는 뜻이다. 이는 싹이 움트기 전에 사악함을 정지시킨다는 뜻을 지니고 있다. 행동하기 전에 멈추면 일을 쉽게 마무리할 수 있으나 일단 행동에 들어간 뒤에는 멈추기 어려운 상황이 전개될 것이라는 경고를 담고 있는 것이다.

육이 효사 '간기비艮其腓'는 육이효가 음유의 품성으로 하괘의 가운데에 처해 중정의 덕을 얻었으나 위로 육오효와 호응하지 못하고 가까이 있는 구삼효의 제약으로 인해 강제로 멈추게 되었음을 설명한 것이다. 장딴지가 자유자재로 굴신屈伸하며 움직임을 조절하는 까닭에 발이 이를 좇는다. '부증기수不拯其隨, 기심불쾌其心不快'는 육이효가 구삼효에 의해 강제로 멈추게 된 것을 마치 장딴지가 강제로 멈춰선 채 자신을 좇는 발이 앞으로 나아가고자 하는 것을 돕지 못해 앙앙불락怏怏不樂하는 모습에 비유한 것이다. '미퇴청未退聽'은 육이효가 진퇴를 주관하지 못하고 있는 모습을 마치 장딴지가 '부증기수'하는 상황에서 조용히 뒤로 물러나 멈춰서라는 명을 받들지도 못하는 모습에 비유한 것이다. 이를 두고 공영달은 이같이 풀이했다.

"이는 멈춰 설 수 있는 마땅한 장소가 아니기 때문이다."

구삼 효사 '간기한艮其限'의 '한限'은 '경境'의 뜻으로 몸의 상하가 교차하는 경계인 허리를 의미한다. 이는 상체와 하체가 서로 종속되지도 않고 통하지도 않는다는 것을 의미한다. '열인列夤'의 '인夤'은 '연連'의 뜻으로 척추를 잇는 '배근背筋 : 등살'을 의미한다. 이는 구삼효가 양강의 품성으로 하괘의 마지막에 처해 중도를 얻지 못함으로써 시간과 장소를 가려 멈추는 지도止道를 행하지 못하고 있는 것을 '배근'이 끊어진 것에 비유한 것이다.

이는 구삼효가 지나치게 양강한 품성으로 중도를 얻지 못한 까닭에 '지도'의 문제를 절대적이고 확정적인 것으로 파악한 데 따른 부작용이 아닐 수 없다. '여훈심厲薰心'은 바로 그 후유증을 설명한 것으로 위험이 맹렬한 불꽃처럼 그 마음을 태우게 되었다는 뜻이다. 이는 구삼효의 고집스런 행보로 '동정행지動靜行止'가 시간의 변화에 따라 자연스럽게 이뤄지지 못한 결과 그 마음이 불안하게 되었음을 의미한다.

육사 효사 '간기신艮其身'은 육사효가 비록 중도를 얻지는 못했으나 정도를 얻어 '동정행지'의 지도止道를 행함으로써 '무구'하게 되었음을 설명한 것이다. '간기신'의 '신身'은 육사효가 하괘와 상괘의 가운데에 처해 있는 것을 복부 위와 흉부 아랫부분에 비유한 것이다. 구삼효는 육사효와 마찬가지로 인체의 중간 부분에 처해 있으나 지나치게 양강하여 '지도'를 행하지 못한 데 반해 육사효는 음유의 품성으로 음위에 처해 스스로 멈춤으로써 사실상 중도의 효과를 얻은 셈이다. '지저궁止諸躬'은 바로 이를 설명한 것으로 신체의 어떤 부위를 가리지 않고 스스로 그 몸을 정지시키는 것을 말한다. 이는 스스로 정지하여 수분守分하는 것을 의미한다. 이를 두고 『주역정의』는 이같이 풀이했다.

"그 몸을 조용히 멈춰 세울 수 있다면 성급히 행동하지 않을 것이다."

육오 효사 '간기보艮其輔'는 육오효가 음유의 품성으로 군위에 처해 중도를 지키는 모습을 말을 조리 있게 하는 것에 비유한 것이다. '보輔'는 '협頰'과 같은 뜻으로 '구口'를 상징한 것이다. 원래 육오효는 음효로서 양위에 처해 정도를 얻지 못한 까닭에 후회하게 되어 있으나 말을 조리 있게 함으로써 이내 회망悔亡하게 되었다. '언유서言有序'는 바로 이를 말한 것이다. 이를 통해 알 수 있듯이 육오 효사 '회망'은 '언유서'를 전제로 한 것이다. '이중정以中正'은 육오효가 중덕中德을 발휘해 사실상 정덕正德의 효과를 얻어낸 것을 설명한 것이다.

상구 효사 '돈간敦艮'은 상구효가 비록 양강하기는 하나 「간괘」의 마지막에 처해 이내 멈춰섬으로써 그 돈후함이 매우 지극하게 되었다는 뜻이다. 이를 두고 왕필은 이같이 풀이했다.

"가장 높은 자리에서 돈후한 인품을 가지고 있으니 함정에 빠지지도 않고 함부로 행동하지도 않는다. 그래서 응당 '길'한 것이다."

이는 상구효가 돈후한 품성으로 인해 목견目見을 통한 물욕이 일어나는 것을 넘어섰음을 의미한다. '이후종以厚終'은 바로 이를 설명한 것이다. 이를 두고 정이천은 이같이 풀이했다.

"천하의 일들은 끝까지 지켜나가기가 어렵다. 끝에서 돈후할 수 있다는 것은 곧 유종지미有終之美를 거둔다는 뜻이다. 마지막이 길한 것은 끝까지 돈후했기 때문이다."

「간괘」의 육효는 물욕이 일어나는 수준을 인체의 각 부위에 비유해 설명하면서 각 수준에 상응하는 지도止道를 제시하고 있다. 초육효는 발이 나아가기 직전에 정지시킨 이유를 설명하고, 육이효는 장딴지가 당연히 움직여야 하는데도 움직일 수 없는 배경을 언급하고, 구삼효는 허리가 움직일 수 없게 된 이치를 설명하고,

육사효는 스스로 몸을 정지시킨 이유를 말하고, 육오효는 신중하게 입을 다물게 된 배경을 언급하고, 상구효는 군자의 돈후한 멈춤을 풀이해 놓고 있다.

이를 통해 알 수 있듯이 「간괘」에서 강조하는 '지도'의 요체는 바로 때와 장소를 가려 멈출 때 멈출 줄 아는 소위 '시지즉지時止則止'에 있다. 이는 동動과 정靜, 행行과 지止가 상대적인 것임을 밝힌 것이다. '지도'를 가장 잘 발휘하고 있는 육오효에서 '정지靜止'를 뜻하는 '간기보艮其輔'와 '동행動行'을 뜻하는 '언유서言有序'를 동시에 언급한 이유가 바로 여기에 있다. 이는 '정지'의 궁극적인 목적이 '동행'에 있음을 밝힌 것이다. 소위 '2보 전진을 위한 1보 후퇴'의 개념도 이와 무관치 않다고 보아야 한다. 「간괘」에서 말하는 '지도'는 바로 '동행'이 '정지'에서 시작하는 것임을 깨닫는 데 있다고 해도 과언이 아니다. 이는 『노자』 제36장의 다음 구절과 맥을 같이 하는 것이기도 하다.

"취하고자 하면 반드시 먼저 주어야 한다."

제53장 풍산점(風山漸)

☴ 風

☶ 山

艮下巽上001,011

착괘 : 뇌택귀매雷澤歸妹 : 110,100

종괘 : 뇌택귀매雷澤歸妹 : 110,100

53-1
漸, 女歸吉, 利貞.

점(漸)은 여귀(女歸 : 여자가 시집감)하여 길하다. 수정(守貞)하면 이로울 것이다.

'점漸'은 서서히 앞으로 나아가는 '점진漸進'의 뜻이다. 이는 점진적인 변화를 의미한다. 『주역정의』도 유사한 의미로 풀이했다.

"'점'은 불속不速 : 빠르지 않다의 뜻이다. 무릇 사물의 변화는 서서히 이뤄지는 것으로 빠르게 되는 게 아니다. 이를 '점'이라고 한다."

'여귀길女歸吉'의 '귀歸'는 '가嫁'와 통한다. 이는 여인이 순차적으로 예를 지켜 시집을 가는 것이 길하다는 뜻이다. 이를 두고 『주역정의』는 이같이 풀이해 놓았다.

"가嫁는 여인이 태어난 뒤 밖에서 이룬다는 뜻이다. 남편을 '가家 : 집'로 삼는 까닭에 '가嫁 : 시집 감'를 '귀歸 : 집으로 돌아감'로 표현한 것이다. 부인이 시집을 갈 때 예를 갖춰 움직이는 것이 마치 '점漸'이 진행되는 것과 같기에 '여귀길'이라고 한 것이다. 이는 서서히 예를 밟아 시집을 가면 길하다는 뜻이다."

여인이 시집을 갈 때 통상 문명問名과 납채納采, 청기請期, 친영親迎의 절차를 밟는다. 이는 군자가 아무리 비천한 곳에 처할지라도 아무 때나 군주를 맞이해 서둘러 앞으로 나아가서는 안 된다는 뜻을 내포하고 있다.

53-2

「彖」曰, 漸, 之進也. '女歸吉'也. 進得位, 往有功也. 進以正, 可以正邦也. 其位, 剛得中也. 止而巽, 動不窮也.

〈단전〉에 이르기를, '점(漸), 지진(之進 : 전진하는 방향으로 서서히 나아감)'이라고 했다. 이는 '여귀길(女歸吉)'을 설명한 것이다. 앞으로 나아가 득위(得位 : 자리를 얻음)하는 것은 곧 앞으로 나아가서 유공(有功 : 공을 세움)한다는 뜻이다. 정도로 나아가니 가히 정방(正邦 : 나라를 바르게 함)할 수 있다. 구오효의 자리는 양강(陽剛)이 득중(得中)했음을 뜻한다. 지이손(止而巽 : 그칠 때 그치고 공손함)하니 그 움직임이 불궁(不窮 : 무궁)하다.

〈단전〉은 「점괘」의 괘덕으로 '득위得位' 와 '유공有功', '정방正邦' 등 3가지를 들고 있다. 이는 구오효가 양강의 품성으로 중정의 덕을 발휘함으로써 고귀한 자리에 올라 공을 세우고 나라를 바르게 다스리게 되었음을 설명한 것이다.

'지이손止而巽' 은 상괘인 '손괘' 와 하괘인 '간괘' 의 괘덕을 말한 것이다. 이를 두고 『주역정의』는 이같이 풀이해 놓았다.

"이는 두 몸이 점진적으로 앞으로 나아가는 아름다움을 널리 밝힌다는 의미이다. '지止' 는 난폭하지 않고, '손巽' 은 겸손하다는 뜻이다. 이런 자세로 앞으로 나아가면 사물이 불위거不違拒 : 이치를 어기지 않고 저항하지 않음하므로 앞으로 나아갈지라도 곤궁하지 않게 된다."

53-3

「象」曰, 山上有木, 漸, 君子以居賢德善俗.

初六, 鴻漸于干, 小子厲, 有言, 无咎. 「象」曰 '小子之厲', 義无咎也.

六二, 鴻漸于磐, 飮食衎衎, 吉. 「象」曰 '飮食衎衎', 不素飽也.

九三, 鴻漸于陸. 夫征不復, 婦孕不育, 凶. 利禦寇. 「象」曰 '夫征不復', 離羣醜也. '婦孕不育', 失其道也. '利用禦寇', 順相保也.

六四, 鴻漸于木. 或得其桷, 无咎. 「象」曰 '或得其桷', 順以巽也.

九五, 鴻漸于陵. 婦三歲不孕, 終莫之勝, 吉. 「象」曰 '終莫之勝, 吉', 得所願也.

上九, 鴻漸于陸. 其羽可用爲儀, 吉. 「象」曰 '其羽可用爲儀, 吉', 不可亂也.

〈상전〉에 이르기를, '산상유목(山上有木), 점(漸)' 이라고 했다. 군자는 이를 본받아 거현덕선속(居賢德善俗 : 賢德한 자를 얻은 뒤 높은 자리에 올라 풍속을 선하게 만들도록 함)했다.

초육은 홍점우간(鴻漸于干 : 기러기가 물가로 나아감)하여 마치 소자려(小子厲 : 어린아이가 위험에 처함) · 유언(有言 : 사람들의 중상모략을 받음)한 것과 같으나 점진적으로 나아가면서 서두르지 않으면 '무구' 할 것이다. 〈상전〉에 따르면 '소자지려(小子之厲)' 는 의리상 '무구' 할 것이라는 뜻이다.

육이는 홍점우반(鴻漸于磐 : 기러기가 반석 위로 나아감)하니 음식간간(飮食衎衎 : 음식을 편히 먹으면서 희희낙락함, '衎衎' 은 '樂樂' 과 통함)하니 길하다. 〈상전〉에 따르면 '음식간간(飮食衎衎)' 은 불소포(不素飽 : 무위도식하지 않음)을 뜻한다.

구삼은 홍점우륙(鴻漸于陸 : 기러기가 육지로 나아감)하다. 부정불복(夫征不復 : 남편이 먼 길을 떠나 돌아오지 않음)하자 부잉불육(婦孕不育 : 부인이 외간남자와 만나 임신했으나 아이를 키울 면목이 없음)하니 흉하다. 그러니 어구(禦寇 : 육사효와 화합해 서로 따름으로써 남이 둘 사이를 이간하지 못하게 함)가 이로울 것이다. 〈상전〉에 따르면 '부정불복' 은 이군추(離羣醜 : 무리들로부터 멀리 떠남, '醜' 는 '類' 와 통함)를 뜻한다. '부잉불육' 은 실기도(失其道 : 부부 모두 서로 아끼는 도리를 잃음)를 뜻한다. '이용어구(利用禦寇)' 는 순상보(順相保 : 육사효와 화순하게 지내며 서로 보호함)을 뜻한다.

육사는 홍점우목(鴻漸于木 : 기러기가 나무로 날아감, 구오효를 받드는 것을 의미)하니 혹득기각(或得其桷 : 혹여 평평한 나뭇가지를 찾아 앉음, 구삼효와 화합하는 것을 의미)하면 '무구' 할 것이다. 〈상전〉에 따르면 '혹득기각' 은 순이손(順以巽 : 육사효가 온순하고 겸손함)을 뜻한다.

구오는 홍점우릉(鴻漸于陵 : 기러기가 높은 언덕 위로 날아감, 군위에 처한 것을 의미)하여 부삼세불잉(婦三歲不孕 : 구삼효와 육사효의 방해로 구이효가 여러 해 동안 임신하지 못함)하나 종막지승(終莫之勝 : 끝내 구오효와 육이효 사이를 떼어놓지 못함)하니 길하다. 〈상전〉에 따르면 '종막지승, 길(吉)'은 바라던 바를 이룬 것을 뜻한다.

상구는 홍점우륙(鴻漸于陸 : 기러기가 가장 높은 정상으로 날아감, 자리에 얽매이지 않음을 의미)하여 기우가용위의(其羽可用爲儀 : 그 날개를 접고 있는 모습이 고결해 가히 儀表로 삼을 만함)하니 길하다. 〈상전〉에 따르면 '기우가용위의, 길(吉)'은 불가란(不可亂 : 고결하여 그 뜻을 어지럽힐 수 없음)을 뜻한다.

〈대상전〉의 '산상유목山上有木'은 상괘인 '손괘'와 하괘인 '간괘'의 괘덕을 말한 것이다. 이는 땅 속에서 살아 있던 나무가 적당한 시기에 맞춰 위로 올라와 자라나기 시작하더니 하루가 다르게 성장해 이내 우람한 산 위의 나무가 되었다는 뜻을 내포하고 있다.

초육 효사 '홍점우간鴻漸于干'은 초육효가 비천한 아래 자리에 처해 위로 호응하는 상대도 없어 편안치 못한 것을 기러기가 점진적으로 날아오르는 모습에 비유한 것이다. 이를 두고 『주역정의』는 이같이 풀이했다.

"점진적으로 나아가는 이치는 아래로부터 위로 올라가는 것이므로 기러기가 아래로부터 위를 향해 나는 것에 비유한 것이다. 처음 나아가기 시작할 때는 직위를 얻지 못하고, 위에서 호응해주는 자도 없고, 몸 또한 가장 아랫자리에 처해 있다. 이는 마치 기러기가 물가로 나아갈지라도 편치 못한 것과 같다는 뜻이다."

원래 「점괘」는 여성이 시집가는 상을 본뜬 것으로 육효 모두

'홍鴻'에 비유해 점도漸道를 설명하고 있다. 기러기는 태양을 따라 날아오르는 새로 인식된 까닭에 오랫동안 여성이 남성을 따르는 것에 비유되어 왔다. 혼례에서 기러기를 사용하는 것은 바로 이 때문이다. 이는 다시는 다른 짝을 얻지 않겠다는 뜻을 내포하고 있다.

'소자려小子厲, 유언有言'은 초육효가 음유의 품성으로 하괘의 아래에 처해 적잖은 곤경을 겪게 된 것을 설명한 것이다. 이를 두고 『주역정의』는 이같이 풀이했다.

"나아가기 시작할 때는 현저한 지위를 얻지 못해 쉽게 능욕을 당할 수 있다. 이는 마치 어린아이가 위험한 상황에 놓여 있고 헐뜯는 말에 상처를 입는 것과 같다. 그래서 '소자려, 유언'이라고 한 것이다. 그러나 소인의 말은 군자의 뜻을 해칠 수 없으므로 결국 '무구'하다고 한 것이다."

육이 효사 '홍점우반鴻漸于磐'은 육이효가 점진적으로 나아가 자리를 얻고 중도를 발휘해 위로 구오효와 호응하고 있는 것을 기러기가 견고하면서도 넓고 평평한 큰 돌 위로 나아가게 된 것에 비유한 것이다. '음식간간飮食衎衎'은 바로 이를 달리 표현한 것이다. '불소포不素飽'의 '소포素飽'는 '소찬素餐'과 같은 뜻으로 공적과 재능이 없는데도 높은 지위에 앉아 녹을 타먹는 소위 '시위소찬尸位素餐'을 뜻한다. '불소포'는 이와 정반대로 육이효가 가까이 있는 구삼효를 잘 받들면서 멀리 있는 구오효와 호응하고 있는 것이 마치 신하가 군주를 잘 섬겨 녹을 받아먹고 사는 것과 같다는 취지에서 나온 것이다.

구삼 효사 '홍점우륙鴻漸于陸'의 '육陸'은 『이아』에 따르면

'고평高平 : 산 위의 평평한 지점'을 뜻하는 말로 여기서는 '소산륙小山陸'을 의미한다. 이는 하괘인 '간괘'의 맨 위에 처해 있는 구삼효가 위로 올라가 육사효와 호응한 것을 기러기가 점진적으로 날아올라 산꼭대기에 이른 모습에 비유한 것이다. '부정불복夫征不復, 부잉불육婦孕不育'은 구삼효가 지나치게 강한 기질을 지닌 채 나아가지 않아야 할 때 나아가 흉하게 된 모습을 남편이 먼 길을 떠난 후 돌아오지 않자 부인이 정조를 잃고 임신을 한 것에 비유한 것이다. 이를 두고 왕필은 이같이 풀이했다.

"육陸은 높은 곳의 정상을 뜻하는 말로 구삼효가 하괘에 있으면서 위로 올라간 것을 의미한다. 구삼효는 높은 곳으로 올라갔으나 육사효와 어울리느라 다시 돌아올 줄 모른다. '부정불복'은 바르지 않은 배필과 즐긴다는 뜻이다. 이로 인해 부인 역시 정절을 지키지 못하게 되었다. 부인이 남편이 아닌 자와 아이를 가졌으므로 '불육不育'이라고 한 것이다. 구삼효는 하괘에 속해 있는 동료를 버리고 육사효와 어울리면서 끝까지 돌아오지 않음으로써 결국 부인으로 하여금 정조를 잃고 임신을 하여 '불육'하게 만들고 말았다. 견리망의見利忘義 : 이익에 눈이 어두워 의리를 잊음와 탐진망구貪進忘舊 : 앞으로 나아가는 것에 매달려 옛 것을 잊음를 행하는 것은 흉한 일이다."

육사 효사 '홍점우목鴻漸于木'은 육사효가 위로 구오효를 받들고 점진적으로 나아가는 모습을 기러기가 나무로 날아가 평평한 나무줄기에 앉은 모습에 비유한 것이다. 본래 기러기는 나무에 보금자리를 틀지 않는 새이다. 나무를 향해 날아가는 것은 평평하게 뻗은 가지를 찾아 잠시 쉬기 위한 것이다. '혹득기각或得其桷'

은 바로 이를 설명한 것이다. 왕필도 유사한 뜻으로 풀이했다.

"새가 나무로 날아가는 것은 편의便宜를 구한 것이다. 만일 평평한 나뭇가지를 만나면 편히 휴식할 수 있을 것이다. 육사효는 비록 승강乘剛 : 구삼효를 올라타고 앉아 있음하나 뜻을 합쳐 서로 도움을 얻을 수 있다."

구오 효사 '홍점우릉鴻漸于陵'의 '릉陵'은 '륙陸'보다 더 높은 소위 '산릉山陵'을 뜻하는 말로 군위를 상징한다. 군왕의 죽음을 '산릉붕山陵崩 : 산릉이 무너짐', 장례식을 '인산因山 : 산릉붕으로 인한 행사'이라는 아어雅語로 표현하는 것도 이와 무관치 않을 것이다. '부삼세불잉婦三歲不孕'은 구오효가 아래로 육이효와 호응하고자 하나 구삼효와 육사효의 방해로 육이효에게 여러 해 동안 임신을 시키지 못함을 의미한다. '종막지승終莫之勝'은 결국 외부의 방해도 구삼효와 육사효 사이를 떼어놓을 수 없음을 말한 것이다. 이는 육이효와 구오효 모두 중도를 행하며 경솔하게 방종하지 않은데 따른 것이다. 이를 두고 왕필은 이같이 풀이했다.

"구오효가 점진적으로 나아가 중위는 얻었으나 구삼효와 육사효에게 가려져 육이효와 만나지 못했다. 이에 '부삼세불잉'이라고 한 것이다. 각각 정도를 실천하며 중도에 처하니 구삼효와 육사효도 오랫동안 그들의 길을 막을 수 없다. 몇 해가 지나지 않아 그들이 원하는 바가 이뤄질 것이다."

상구 효사 '홍점우륙鴻漸于陸'의 '륙陸'은 구삼 효사 '륙'은 말할 것도 없고 구오효의 '릉'보다 더 높은 이른바 '대산릉大山陵'을 말한다. '기우가용위의其羽可用爲儀'는 상구효가 자신의 공적에 마음도 쓰지 않는 초연한 모습을 하고 있는 것을 산의 정상에 앉아 있는 기러기의 날개가 위의威儀를 갖춘 모습에 비유한 것이다. 이는 상구효가 고결한 모습을 보임으로써 백성의 의표가 된 것을 상징한다. 이를 두고 왕필은 이같이 풀이했다.

"나아가 고결함에 처하며 지위에 얽매이지 않고, 사물로 인해 그 마음을 굽혀 뜻을 어지럽게 하지 않는다. 아아청원峨峨淸遠 : 늠름하며 맑고 심원함하니 그 위의가 가히 귀하다고 할 만하다. 그래서 '기우가용위의'라고 한 것이다."

「점괘」의 육효는 사물이 발전해 나아가는 점도漸道의 이치를 기러기의 날아가는 역정歷程에 비유해 설명해 놓고 있다. 수애水涯 : 물가와 반석磐石, 소산륙小山陸, 산목山木, 산릉山陵, 대산릉大山陵이 그것이다. 육효는 기러기가 낮은 곳부터 점진적으로 높이 올라가는 역정을 따라 '점도'가 다양하게 전개되고 있음을 설명하고 있다.

「점괘」의 육효에서 말하는 '점도'는 모두 점진적으로 실천해 나가는 것을 중시하고 있는 까닭에 대부분 길하거나 '무구'하게 되었다. 다만 구삼효의 경우는 지나치게 양강한 까닭에 일시 흉하기는 하나 '점도'를 신중히 실천하면 이내 '회망悔亡'할 수 있다.

「점괘」에서 강조하는 '점도'의 궁극적인 목적은 〈단전〉에서 말한 '정진정방正進正邦 : 정도로 나아가며 나라를 바르게 다스림'에 있다. 이는 상구효에서 말하는 '우가위의羽可爲儀'와 취지를 같이 하는 것이다.「점괘」의 상구효가 '점도'의 극한에 처해 있음에도 불구하고 능히 위정자의 의표가 될 수 있는 것은 말할 것도 없이 정도를 지키며 점진적으로 나아간 데 있다. 그렇다면 '정진정방'

의 요체는 무엇일까. 이는 '구현求賢'과 '용현用賢'을 뜻하는 〈대상전〉의 '거현덕居賢德'에 있다고 보아야 한다.

제54장 뇌택귀매(雷澤歸妹)

☳ 雷

☱ 澤

兌下震上110,100

착괘 : 풍산점風山漸 : 001,011

종괘 : 풍산점風山漸 : 001,011

54-1
歸妹, 征凶, 无攸利.

귀매(歸妹)는 바르지 않은 행동으로 나아가면 흉하고 무유리(无攸利 : 이로운 바가 없음)할 것이다.

'귀매歸妹'의 '귀歸'는 '가嫁', '매妹'는 '소녀少女'와 통한다. 이는 '가매嫁妹 : 젊은 누이를 시집보냄'와 같은 뜻이다. 「귀매괘」의 하괘인 '태괘兌卦'는 '소녀'와 '기쁨', 상괘인 '진괘震卦'는 '장남'과 '활동'을 상징한다. 이를 두고 왕필은 이같이 풀이했다.

"매妹는 소녀, 태兌는 소음少陰, 진震은 장양長陽이다. '소음'이 '장양'을 받들며 즐겁게 움직이므로 '귀매'라고 한 것이다."

'정흉征凶'은 구이효에서 육오효에 이르기까지 모든 효가 정위正位를 상실하고 있는 데다가 특히 육삼효가 음효로서 양강을 올라타고 앉아 있는 것을 지적한 것이다. 우번도 유사하게 풀이했다.

"무유리无攸利는 육삼효를 말한다. 이는 육삼효가 정도를 상실해 호응하는 대상도 없고 음유로서 양강을 타고 앉아 있다는 의미이다."

이에 대해 '정흉'의 원인을 육삼효 대신 구사효에서 찾는 견해도 있다. 〈단전〉에서 말하는 '유승강柔乘剛'이 육삼효를 지칭한 것인 점에 비춰 '정흉'의 원인을 육삼효에서 찾는 게 타당하다. 그러나 원래 「귀매괘」의 괘사에서 '흉'을 언급한 취지는 '귀매' 자체를 지목한 것이 아니라 바르지 않은 방향으로 나아가는 것을 지적하려는데 있다. '귀매건기歸妹愆期'의 구사효 효사에 비춰볼 때 구사효에서 '정흉'의 원인을 찾는 견해도 전혀 틀린 것은 아니다.

54-2

「彖」曰, 歸妹, 天地之大義也. 天地不交, 而萬物不興. 歸妹, 人之終始也. 說以動, 所歸妹也. '征凶', 位不當也. '无攸利', 柔乘剛也.

〈단전〉에 이르기를, '귀매, 천지지대의(天地之大義)'라고 했다. 천지가 교합하지 않으면 만물이 불흥(不興)한다는 뜻이다. 귀매는 사람의 종시(終始 : 끝없는 생식활동을 의미)를 뜻한다. 열이동(說以動 : 즐거위하며 행동함)은 곧 소녀를 시집보낼 수 있다는 뜻이다. '정흉(征凶)'은 위부당(位不當)을 뜻한다. '무유리(无攸利)'는 음유(陰柔 : 육삼효를 지칭)가 승강(乘剛)한 것을 뜻한다.

'위부당位不當'은 구이효와 육삼효, 구사효, 육오효 모두 양효로서 음위에 처하거나 음효로서 양위에 처함으로써 정위正位를 잃고 있음을 지적한 것이다. 괘사에 나오는 '무유리无攸利'를 풀이한 '유승강柔乘剛'은 육삼효가 하괘의 윗자리에서 2개의 양효를 올라타고 앉아 양강을 업신여기는 모습을 지적한 것이다.

54-3

「象」曰, 澤上有雷, 歸妹. 君子以永終知敝.

初九, 歸妹以娣, 跛能履, 征吉. 「象」曰 '歸妹以娣', 以恒也. '跛能履', 吉上承也.

九二, 眇能視, 利幽人之貞. 「象」曰 '利幽人之貞', 未變常也.

六三, 歸妹以須, 反歸以娣. 「象」曰 '歸妹以須', 未當也.

九四, 歸妹愆期, 遲歸有時. 「象」曰 '愆期之志', 有待而行也.

六五, 帝乙歸妹, 其君之袂, 不如其娣之袂良. 月幾望, 吉. 「象」曰 '帝乙歸妹, 不如其娣之袂良' 也. 其位在中, 以貴行也.

上六, 女承筐无實, 士刲羊無血, 无攸利. 「象」曰 '上六无實', 承虛筐也.

〈상전〉에 이르기를, '택상유뢰(澤上有雷), 귀매'라고 했다. 군자는 이를 본받아 영종지폐(永終知敝 : 오랫동안 죽을 때까지 방종으로 부부의 도를 해쳐서는 안 된다는 것을 깨달음)해야 한다.

초구는 귀매이제(歸妹以娣 : 그 동생을 시집보내 측실이 되게 함)하여 파능리(跛能履 : 절름발이가 능히 걸음)하니 정길(征吉)하다. 〈상전〉에 따르면 '귀매이제' 는 혼인의 항구한 도리를 뜻한다. '파능리' 는 길상승(吉相承 : 초구효의 길함은 측실이 정실을 도우며 남편을 받드는 데 있음)을 뜻한다.

구이는 묘능시(眇能視 : 한쪽 눈이 보이지 않으나 노력하면 억지로 볼 수는 있음)하니 유인지정(幽人之貞 : 조용하고 편한 곳에 숨어 사는 사람이 정도를 지켜나감)하면 이로울 것이다. 〈상전〉에 따르면 '이유인지정(利幽人之貞)' 은 미변상(未變常 : 떳떳한 부녀의 도를 바꾸지 않았음)을 뜻한다.

육삼은 귀매이수(歸妹以須 : 소녀가 정실이 될 생각으로 욕심을 내며 때를 기다림)하나 반귀이제(反歸以娣 : 본가로 돌아가 때를 기다려 시집을 갈지라도 다시 측실로 가게 됨)한다. 〈상전〉에 따르면 '귀매이수' 는 미당(未當 : 육삼효의 행위가 타당치 않음)을 뜻한다.

구사는 귀매건기(歸妹愆期 : 소녀가 좋은 배필이 나오기를 기다리며 혼기를 넘김)하니 지귀유시(遲歸有時 : 때를 끝까지 늦추다가 할 수 없이 시집을 가는 시기가 찾아옴)한다. 〈상전〉에 따르면 '건기지지(愆期之志)' 는 유대이행(有待而行 : 때를 기다려 혼례를 올리고자 함)을 뜻한다.

육오는 제을귀매(帝乙歸妹 : 은나라 군주 제을이 어진 신하에게 딸을 출가시킴)하니 군몌불여제몌량(君袂不如娣袂良 : 시집가는 小君의 소매장식이 측실보다 못함. '君' 은 '夫人' 을 뜻하는 '小君', '袂' 는 '婚需' 를 의미)하다. 월기망(月幾望 : 달이 보름달 직전의 상태처럼 가득 차지 않은 상황에 처함)하면 길할 것이다. 〈상전〉에 따르면 '제을귀매, 불여기제지몌량(不如其娣之袂良)' 은 기위재중(其位在中 : 존위에 처해 중도를 발휘함) · 이귀행(以貴行 : 지극히 귀하게 되어 謙道를 행함)을 뜻한다.

상육은 여승광무실(女承筐无實 : 여인이 광주리를 받들고 있으나 담긴 게 없음)하고 사규양무혈(士刲羊无血 : 남자가 양을 칼로 죽였으나 신선한 피를 받을 수 없음)하니 이로운 바가 없다. 〈상전〉에 따르면 '상육무실(上六无實)'은 승허광(承虛筐 : 빈 광주리를 받들고 있음)을 뜻한다.

〈대상전〉의 '택상유뢰澤上有雷'를 두고 정이천은 이같이 풀이했다.

"위에서 우레가 진동하니 연못의 물결도 이에 따라 움직인다. 양陽 : '진괘'를 지칭이 위에서 움직이니 음陰 : '태괘'를 지칭이 기뻐하며 기꺼이 순종한다. 여성이 남성을 따르는 상이므로 '귀매'라고 한 것이다."

'영종지폐永終知敝'는 부부의 도를 오랫동안 이어가면서 방종으로 부부의 도를 해쳐서는 안 된다는 뜻이다. 여기의 '폐敝'는 남녀가 음란하고 방종된 행위를 하는 것을 말한다.

초구 효사 '귀매이제歸妹以娣'는 고대 제후의 결혼에는 매妹 : 여동생, '妹'는 '娣'와 통함가 자姊 : 언니를 따라 잉첩媵妾으로 갔다. '귀매이제'는 초구효가 가장 낮은 위치에 처해 있으면서 위로 호응할 상대가 없는 것을 '측실'이 되는 여동생의 처지에 비유한 것이다. '파능리跛能履'는 「이괘履卦」 육삼효와 마찬가지로 '절름발이라 할지라도 걸을 수 있다'는 뜻이다. 이는 양강의 초구효가 어진 모습을 하고 있는 것을 '측실'이 되어 '정실'인 언니를 돕는 여동생의 모습에 비유한 것으로 후사를 낳아 가통을 잇는다는 뜻을 내포하고 있다. '정길征吉'을 두고 『주역정의』는 이같이 풀이해 놓았다.

"여동생은 언니를 이어 측실이 된 자이다. 비록 정식 배필은 아니나 떳떳함을 잃어서는 안 될 것이다. 절름발이의 발이 그러하듯이 비록 바르지는 않지만 걸음을 걷지 못하는 것은 아니므로 '파행리'라고 한 것이다. '정길'은 어린 자와 늙은 자는 배필이 될 수 없으므로 정식 아내로 활동하면 흉하나 측실로 활동하면 길할 것이라는 뜻이다."

구이 효사 '묘능시眇能視'는 양강으로 중도를 얻은 구이효가 육오효와 호응하고 있는 것을 행실이 좋지 않은 남편에게 시집을 가 내조의 공을 크게 성취시킬 수 없는 것에 비유한 것이다. 이는 「이괘履卦」 육삼효에 나오는 '묘능시'와 그 취지가 같다. 여기의 구이효는 양강으로 중도를 얻은 까닭에 현숙한 여성, 육오효는 음유의 품성으로 양위에 처해 있는 까닭에 행실이 바르지 못한 자에 비유되어 있다. '이유인지정利幽人之貞'의 '유인幽人'은 정도를 지켜나가나 바른 배필을 만나지 못한 자를 뜻하는 말로 현군을 만나지 못한 현자를 상징한다. 이는 어지러운 세상을 피해 조용하고 편한 곳에 숨어 살면서 수정守貞 : 동정을 지킴하면 이롭다는 뜻을 담고 있다.

육삼 효사 '귀매이수歸妹以須'는 육삼효가 하괘의 윗자리에 처해 정도를 상실한 채 양강을 올라타고 앉아 있는 것을 정실이 살아 있는데도 측실이 정실이 되고자 욕심을 내며 때를 기다리는 것에 비유한 것이다. 주희는 여기의 '수須'를 '천녀賤女'로 풀이했다. 그러나 문맥에 비춰 『주역정의』 등과 같이 '대待'의 뜻으로 풀이하는 게 타당하다. '반귀이제反歸以娣'는 측실이 정실의 자리에 오르는 게 여의치 않아 본가로 돌아가 때를 기다렸다가 시집을 갈지라도 여전히 측실을 면치 못하게 될 것이라는 뜻이다.

구사 효사 '귀매건기歸妹愆期, 지귀유시遲歸有時'는 혼기를 넘기면서 좋은 배필이 나타나기를 기다렸으나 결국 마지막에 이르러 부득이 시집을 가게 되었음을 뜻한다. 이는 구사효가 양강의 품성으로 상괘의 하위에 처해 있어 호응하는 자가 없는 것을 현숙한 여인이 쉽게 남자를 따라가지 않고 혼기를 넘기며 좋은 배필이 나타나기를 기다린 것에 비유한 것이다.

육오 효사 '제을귀매帝乙歸妹'는 육오효가 군위에 처하여 구이효와 호응하는 것을 은나라 군주 제을이 딸을 신하에게 하가下嫁시킨 것에 비유한 것이다. '군몌불여제몌량君袂不如娣袂良'은 제을의 딸이 겸손하여 정실임에도 불구하고 혼수婚需가 측실의 것만도 못할 정도로 검박했다는 뜻이다. 이는 육오효가 유중柔中으로 군위에 처해 구이효와 호응하며 덕을 숭상하는 모습을 상징한 것이다.

'기망幾望'은 육오효의 겸덕謙德을 칭송한 것으로 마치 달이 차기 직전의 모습처럼 영원히 채워지지 않을 정도로 충만해 있다는 뜻이다. 이를 두고 정이천은 이같이 풀이했다.

"월망月望은 음陰이 가득 찼다는 뜻이다. '음'이 가득 차면 곧 '양'에 대적하게 된다. 그러나 '기망'은 가득 차지 않은 상태를 뜻한다. 육오효의 존귀함은 항상 가득 차지 않은 상태에 있다는 뜻이다. 이는 그 남편과 겨루지 않으니 길하다는 뜻으로 여성이 존귀한 곳에 처하는 도이기도 하다."

보름달 직전의 상태처럼 좋은 상황에 처했다는 뜻이다. 〈상전〉에 따르면 '제을귀매, 불여기제지몌량不如其娣之袂良'은 내심 중도를 지켜 귀행貴行 : 귀한 신분으로 낮은 곳으로 시집감하는 것을 뜻한다.

상육 효사 '여승광무실女承筐无實'과 '사규양무혈士刲羊无血'은 부부가 함께 제사의 예를 갖추기 어렵게 되었음을 뜻한다. '승광承筐'과 '규양刲羊'은 부부가 사당에 제사를 올리는 일을 말한다. 고대의 예제에 따르면 통상 부인은 시집을 간 지 3달이 지나면 사당에 제례를 올린다. 정현은 '승광'을 두고 '사당에 예를 올릴 때 대나무 광주리에 쌀을 담아 봉헌한다'고 풀이했다.

'무실无實'과 '무혈无血'은 제사를 올리기가 어렵게 되었다는 뜻으로 인륜을 행할 수 없어 후사가 끊어지게 되었다는 의미를 내포하고 있다. 이는 상육효가 「귀매괘」의 마지막에 처해 더 이상 나아가지 못하고 아래로도 육삼효와 호응할 수 없는 것을 설명한 것으로 소녀가 시집갈 곳이 없게 되었음을 의미하는 것이기도 하다. 「귀매괘」 상육효 역시 '물극필반物極必反'의 이치를 어김없이 보여주고 있는 셈이다.

「귀매괘」는 비록 소녀가 시집을 가는 경우만을 예로 들어 '귀매도歸妹道'를 설명하고 있으나 여기의 '귀매'에는 사실 '남혼여가男婚女嫁'의 뜻이 모두 포함되어 있다고 보아야 한다. 이는 인류가 자손을 무성하게 번식하는 이치를 설명한 것이다. 『예기』 「교특생郊特牲」편은 '남혼여가'의 의미를 이같이 풀이해 놓았다.

"천지가 화합한 후 만물이 융성하게 번식한다. 무릇 혼례는 만세萬世의 시작이다."

「귀매괘」의 육효는 '여가女嫁'의 다양한 모습을 통해 '귀매도'를 설명하고 있다. 초육효는 편히 분수를 지키면서 낮은 신분의 측실에 머물러 있고, 구이효는 남편의 품행이 바르지 않음에도 정도를 견지하고 있고, 구사효는 혼기를 넘기면서까지 좋은 배필을 기다리고 있고, 육오효는 귀한 신분의 여인이 아래 신분의 남자에게 하가下嫁하고 있다. 이 4개의 효는 다양한 신분의 여인이 어떻게 '부덕婦德'을 지키고 있는지를 설명하고 있다. 이에 대해 육삼효는 분수에 맞지 않는 생각을 하고 있는 까닭에 측실의 신분을 벗어나지 못하고, 상육효는 가장 높은 곳에 처해 있는 까닭에 시집을 가지 못하는 상황에 처하게 되었다.

이를 통해 알 수 있듯이 「귀매괘」는 '여가'의 비유를 통해 만물이 무궁히 번식하는 이치를 설명하고 있는 것이다. 이는 단순히 '남혼여가男婚女嫁'만을 풀이한 게 아니라 〈단전〉에서 말한 '천지대의天地大義'를 설명한 것이다. '천지대의'는 천지간의 음양교합을 통한 만물의 흥기를 말한다. '귀매도'의 요체는 바로 '교합물흥交合物興'에 있다고 해도 과언이 아니다. 『순자』「예론」편은 '교합물흥'의 의미를 치도의 관점에서 이같이 풀이해 놓았다.

"천지가 교합해 만물이 생기고, 음양이 교접해 변화가 일어나고, 성위性僞 : 자연의 본성과 인위적인 작위가 화합해 천하가 다스려진다."

제55장 뇌화풍(雷火豊)

☳ 雷

☲ 火

離下震上101,100

착괘 : 풍수환風水渙 : 010,011

종괘 : 화산려火山旅 : 001,101

55-1
豊, 亨, 王假之. 勿憂, 宜日中.

풍(豊)은 형통하니 왕격지(王假之 : 군왕의 博施濟衆의 덕이 성대한 상황에 이름)를 뜻한다. 물우(勿憂 : 덕을 지닌 군주는 걱정할 필요가 없음)하니 이는 의일중(宜日中 : 의당 해는 중천에 떠올라 중정의 도를 얻게 되어 있음, 당연히 '박시제중' 할 것임을 의미)과 같기 때문이다.

'풍豊'은 '다대多大'의 뜻으로 여기에서는 '성대하다'는 의미로 사용되고 있다. '왕격지王假之'는 오직 덕을 지닌 군주만이 풍도豊道를 이룰 수 있음을 지적한 것이다. 이를 두고 『주역정의』는 이같이 풀이했다.

"덕이 크면 포용하지 않는 게 없고, 재물이 많으면 이뤄지지 않는 게 없다. 매사에 막힘이 없어 '형亨'이라고 한 것이다. '격假'은 '도달하다'의 뜻이다. '풍도'는 군주가 숭상하는 것으로 군주의 덕이 아니고는 여기에 이를 수가 없다. 이에 '왕격지'라고 한 것이다."

'의일중宜日中'은 '풍도'가 이뤄지는 당연한 이치를 언급한 것이다. 이를 두고 『주역정의』는 이같이 풀이해 놓았다.

"군주가 '풍형豊亨'하다고 한 것은 다시는 걱정할 필요가 없다는 뜻이다. 그래서 '물우勿憂'라고 했다. 무릇 '풍형'의 덕이 이뤄진 연후에 군주는 백성 앞에 나설 수 있고, 그 은덕 또한 두루 사방에 퍼지게 된다. 이는 마치 해가 '일중'할 때 온 천하를 두루 비출 수 있는 것과 같다. 그래서 '의일중'이라고 한 것이다."

55-2

「彖」曰, 豊, 大也. 明以動, 故豊. 王假之, 尙大也. '勿憂, 宜日中', 宜照天下也. 日中則昃, 月盈則食, 天地盈虛, 與時消息, 而況於人乎, 況於鬼神乎.

〈단전〉에 이르기를, '풍(豊), 대(大)'라고 했다. 명이동(明以動 : 도덕이 밝게 빛난 후 실천에 옮김)한 까닭에 풍(豊)이 되는 것이다. '왕격지'는 상대(尙大 : 군왕은 光大한 덕을 숭상하는 까닭에 능히 이룰 수 있음)를 뜻한다. '물우(勿憂), 의일중(宜日中)'은 의당 풍요로운 덕으로 천하를 두루 비추는 것을 뜻한다. 일중즉측(日中則昃 : 해가 중천에

뜬 뒤 곧 기울어짐)·월영즉식(月盈則食 : 달이 꽉 찬 뒤 곧 이지러짐) 하는 법이다. 천지영허(天地盈虛)도 이처럼 여시소식(與時消息 : 때와 더불어 消長함)하는데 하물며 사람이나 귀신이 어찌 그 영성(盈盛 : 꽉 차서 극성함)을 오랫동안 보전할 수 있겠는가.

'명이동明以動'을 두고 『주역정의』는 이같이 풀이했다.

"움직이나 밝지 않으면 크게 빛날 수 없다. 밝음을 재질로 삼아 움직이면 '풍'에 이를 수 있을 것이다."

'일중즉측日中則昃, 월영즉식月盈則食'은 '풍도'가 극에 달하면 쇠퇴하게 된다는 뜻으로 '물극필반物極必反'의 이치를 설명한 것이다. 이를 두고 『주역정의』는 이같이 풀이해 놓았다.

"성해지면 반드시 쇠퇴하는 것이 자연의 상리常理이다. '일중'하면 극성하나 중천을 지나면 곧 기울고, '월만月滿'하면 꽉 차나 보름이 지나면 곧 기울기 마련이다. 하늘의 한서寒暑도 왕래往來하고, 땅의 능곡陵谷 : 언덕과 골짜기도 천무遷貿 : 교대로 바꿈한다. 꽉 찼다는 것은 때와 더불어 증식했다는 뜻이고, 텅 비었다는 것은 때와 더불어 소멸했다는 뜻이다. 천지일월도 오히려 오래갈 수 없는데 하물며 인간과 귀신이 어찌 능히 그 영성盈盛을 오랫동안 보전할 수 있겠는가."

55-3

「象」曰, 雷電皆至, 豊. 君子以折獄致刑.

初九, 遇其配主, 雖旬(=均)无咎, 往有尙. 「象」曰 '雖旬无咎', 過旬災也.

六二, 豊其蔀, 日中見斗. 往得疑疾, 有孚發若, 吉. 「象」曰 '有孚發若', 信以發志也.

九三, 豊其沛, 日中見沫. 折其右肱, 无咎.「象」曰 '豊其沛', 不可大事也. '折其右肱', 終不可用也.

九四, 豊其蔀, 日中見斗. 遇其夷主, 吉.「象」曰 '豊其蔀', 位不當也. '日中見斗', 幽不明也. '遇其夷主', 吉行也.

六五, 來章有慶譽, 吉.「象」曰 '六五之吉', 有慶也.

上六, 豊其屋, 蔀其家, 闚其戶, 闃其无人. 3歲不覿, 凶.「象」曰 '豊其屋', 天際翔也. '闚其戶, 闃其无人', 自藏也.

〈상전〉에 이르기를, '뇌전개지(雷電皆至 : 우레와 번개가 모두 갖춰짐), 풍(豊)' 이라고 했다. 군자는 이를 본받아 절옥치형(折獄致刑 : 옥사를 처결할 때 형벌을 사용함, 私情의 배제를 의미)한다.

초구는 우기배주(遇其配主 : 의지하며 짝이 될 수 있는 구사효를 만남)하니 비록 초구효와 구사효 모두 양덕(陽德)을 순등(旬等 : 균등, '旬'은 '均'과 통함)하게 지니고 있으나 '무구' 할 것이고, 계속 앞으로 나아가면 유상(有尙 : 숭상을 받음)할 것이다. 〈상전〉에 따르면 '수순무구(雖旬无咎)'는 과순재(過旬災 : 양덕이 균등하지 않으면 경쟁으로 인한 재난이 초래됨)를 뜻한다.

육이는 풍기부(豊其蔀 : 밝은 빛을 크게 가림, '蔀'는 '覆'과 통함)하니 마치 일중견두(日中見斗 : '일중'에 오히려 한 밤중의 북두성을 보듯 캄캄함을 의미)하는 것과 같다. 앞으로 나아가면 의질(疑疾 : 의심을 받아 재난이 초래됨)이 있을 것이나 유부발약(有孚發若 : 성신의 자세로 豊道를 발휘하고자 노력함)하면 길할 것이다. 〈상전〉에 따르면 '유부발약'은 신이발지(信以發志 : 성신의 자세로 광대한 뜻을 성대하게 드러냄)를 뜻한다.

구삼은 풍기패(豊其沛 : 나부끼는 큰 깃발이 밝은 빛을 가림, '沛'는 '幡幔'을 의미)하니 마치 일중견매(日中見沫 : '일중'에 오히려 한밤중에 나타난 작은 별을 보듯 어두움을 의미, '沫'는 '昧'와 통함)하는 것과 같다. '절기우굉(折其右肱 : 오른쪽 팔꿈치가 부러짐, 가장 유용한 것을 지칭)' 한 듯이 자신을 굽히고 정도를 지켜나가면 '무구' 할 것이다. 〈상전〉에 따르면 '풍기패' 는 큰일을 할 수 없다는 뜻이다. '절기우굉(折其右肱)' 은 종불가용(終不可用 : 끝까지 재능을 발휘하지 못함)을 뜻한다.

구사는 풍기부(豊其蔀)하니 마치 일중견두(日中見斗)하는 것과 같다. 우기이주(遇其夷主 : 구사효와 초구효의 두 陽德이 서로 동등한 주인을 만남, '夷' 는 '平' 과 통함)하면 길할 것이다. 〈상전〉에 따르면 '풍기부' 는 위부당(位不當)을 뜻한다. '일중견두' 는 유불명(幽不明 : 어두워서 밝은 빛이 보이지 않음)을 뜻한다. '우기이주' 는 길행(吉行 : 구사효가 앞으로 나아가면 길함, '行' 자 앞에 '志' 자가 탈락했다는 견해가 있음)을 뜻한다.

육오는 내장유경예(來章有慶譽 : 빛나는 인재인 육이효를 불러들이는 柔中의 덕을 발휘해 경사와 칭송을 얻게 됨)하니 길하다. 〈상전〉에 따르면 '육오지길(六五之吉)' 은 유경(有慶 : 반드시 경사가 있음)을 뜻한다.

상육은 풍기옥부기가(豊其屋蔀其家 : 집이 성대하게 꾸며져 있으나 거처하는 방은 가려져 있음)하여 규기호(闚其戶 : 집을 엿봄)하면 격기무인(闃其无人 : 고요할 뿐 인기척도 없음)하고, 삼세부독(三歲不覿 : 오랫동안 얼굴을 보지 못함)하니 흉할 것이다. 〈상전〉에 따르면 '풍기옥' 은 천제상(天際翔 : 육오효가 처한 모습이 마치 새가 하늘 끝에서 빙빙 날고 있을 때와 같음)을 뜻한다. '규기호, 격기무인' 은 자장(自藏 : 상육효가 스스로 깊은 곳에 은둔하고 있음)을 뜻한다.

〈대상전〉의 '뇌전개지雷電皆至' 는 「풍괘」의 상괘인 '진괘震卦' 와 하괘인 '이괘離卦' 의 괘상을 설명한 것이다. 이를 두고 『주역정의』는 이같이 풀이했다.

"우레는 하늘의 위엄스런 움직임이다. 번개는 하늘의 빛이다. 우레와 번개가 모두 갖춰지면 위엄과 밝음이 모두 충족되는 것이다. 그래서 '풍'이라고 한 것이다."

'절옥치형折獄致刑'은 '뇌전개지'의 의미를 확대해 풀이해 놓은 것으로 대략 「풍괘」의 상괘와 하괘가 뒤집혀 구성된 「서합괘」의 '명벌칙법明罰飭法'과 그 취지를 같이 하는 것이다. 주희는 양자의 미세한 차이를 이같이 분석해 놓았다.

"「서합괘」는 위에서 밝게 비추면 아래에서 움직인다는 뜻이다. 이는 사리를 밝게 터득해 먼저 세우면 이를 본받아 죄인이 없게 되고, 죄를 범하는 자가 나타나는 다른 때를 기다렸다가 이를 사용하는 것을 말한다. 그래서 '명벌칙법'이라고 한 것이다. 「풍괘」는 위에서 위엄이 있으면 아래가 절로 밝게 된다는 뜻이다. 이는 법을 사용할 때는 반드시 아래 사람이 처한 사정의 곡절을 명철하게 알아야 하는 것을 말한다. 그리하지 않고 위에서만 위엄 있게 행동하면 반드시 잘못을 범하게 된다. 그래서 '절옥치형'이라고 한 것이다."

주희는 '명벌칙법'과 '절옥치형'에 적잖은 차이가 있는 것처럼 해석해 놓았으나 사실 양자 간에는 별 차이가 없다고 보아야 한다. 다만 '명벌칙법'은 범죄의 사전예방에 주목한 데 반해 '절옥치형'은 일종의 사후처리인 옥사의 공정한 처결을 중시한 것이 다른 점이라고 할 수 있다.

초구 효사 '우기배주遇其配主'는 초구효가 짝이 되는 구사효와 호응하는 것을 말한다. 일부에서는 음양의 배합이 이뤄져야 '무구'할 수 있다는 판단 하에 초구 효사 '배주配主'를 구사효가 아닌 육이효로 보아야 한다고 주장하고 있으나 그리 되면 '과순재過旬災'를 제대로 해석하기가 어렵다. '우기배주'는 초구효와 구사효 모두 양강이기는 하나 서로 밝게 움직이는 까닭에 의지할 만한 짝이 되었다고 풀이하는 게 타당하다. 왕필도 유사하게 풀이했다.

"초구효가 「풍괘」의 시작에 처하니 그의 배필은 구사효이다. 양강이 양강에게 나아가 밝게 움직이니 서로 광대光大할 수 있다. '순旬'은 '균均'의 뜻이다. 비록 균등한 양강의 덕을 지니고 있기는 하나 서로 광대한 까닭에 똑같이 재난을 면하고 앞으로 나아가면 숭상을 받을 수 있다."

이에 대해 정현과 우번은 '순'을 글자 그대로 '10일'로 간주해 '성대한 시기'를 상징한 것으로 풀이했다. 이는 '10'이 만수滿數를 뜻하는 점에 주목한 것이다. 이들 모두 풀이하기를, '초구효와 구사효 모두 서로 그 덕이 부합하므로 비록 충만하고 성대한 때에 처했을지라도 무구할 수 있다'고 했다. 나름대로 일리가 있기는 하나 왕필의 주석을 좇는 것이 문맥상 순통한다.

'과순재過旬災'는 초구효와 구사효가 갈등을 일으킨 상황을 설명한 것이다. 이를 두고 『주역정의』는 이같이 풀이했다.

"과순過旬은 불균不均과 같다. 세력이 같지 않으면 서로 빼앗으려 할 것이다. 그리 되면 다툼이 일어나 이내 서로 뜻이 어긋나 재난이 이르게 된다. 그래서 '과순재'라고 한 것이다."

육이 효사 '풍기부豊其蔀, 일중견두日中見斗'는 육이효가 음유의 품성으로 음위에 처해 있는 것이 마치 태양이 중천에 떠 있는데도 거적으로 밝은 빛을 가림으로써 도리어 한밤중에 북두성을 보는 것처럼 캄캄하다는 뜻이다. 이는 광명한 세상에서 극히 암우한 행동을 하는 것을 뜻한다. '의질疑疾'은 이런 상황에서 육이효가 호응하는 육오효를 만나러 갈 경우 반드시 의심을 받게 될 것임을 지적한 것이다. 이를 두고 왕필은 이같이 풀이했다.

"밝게 움직여야 할 때에 처하여 광대한 덕을 스스로 풍요롭게 하지 못하는 것은 안에 처해 있기 때문이다. 음효로서 음위에 처해 있는 까닭에 그 가려진 바가 심각해 아무 것도 볼 수 없다. 이에 '풍기부, 일중견두'라고 한 것이다. 스스로 가려진 바를 제거하지 못하는 까닭에 앞으로 나아가면 의심을 받게 된다."

'유부발약有孚發若'은 육이효가 비록 어둠 속에 갇혀 있기는 하나 중정의 도를 얻고 있는 까닭에 성신의 자세로 정도를 지켜 나갈 경우 결국 어둠으로부터 벗어날 수 있음을 말한 것이다. 『주역정의』는 그 의미를 사행邪行을 하지 않는 것으로 새겼다. '유부발약'이 '신이발지信以發志'의 뜻으로 풀이된 점에 비춰 문의에 부합한다.

구삼 효사 '풍기패豊其沛, 일중견매日中見沫'는 구삼효에 호응하는 상육효가 구삼효를 가리고 있는 것을 한낮에 겨우 작은 별을 볼 수 있는 것과 같이 희미하기 짝이 없는 밝음만이 존재하는 상황에 비유한 것이다. '절기우굉折其右肱'은 구삼효가 어두운 곳을 상징하는 상육효로 나아가는 것을 '우굉右肱 : 오른쪽 팔꿈치'이 부러진 것에 비유한 것이다. 이는 결국 구삼효가 내내 큰일을 담당할 수 없다는 것을 의미한다. 이를 두고 『주역정의』는 이같이 풀이했다.

"큰일을 하는데 결국 구삼효는 크게 등용되지 못함으로써 오른쪽 팔꿈치가 부러진 것에 비유했다. 만일 '우굉'이 부러지면 겨우 자신만 지킬 수 있을 뿐이다. 그래서 '무구'하다고 한 것이다."

구사 효사 '풍기부豊其蔀, 일중견두日中見斗'는 구사효가 양효로 음위에 처한 것을 설명한 것으로 육이효의 효사와 그 뜻이 같다. 육이효는 중정의 덕을 얻고 있어 성신을 발휘하기만 하면 길하다. 구사효가 중정의 덕이 없는데도 육이효와 마찬가지로 성신을 발휘할 경우 길한 것은 전적으로 동등한 자격의 양덕을 지닌 초구효를 만나기 때문이다. '우기이주遇其夷主'는 바로 이를 설명한 것이다. 이는 구사효와 초구효가 서로 대등하다는 뜻이다. 이를 두고 『주역정의』는 이같이 풀이했다.

"구사효는 초구효와 호응한다. 다 같이 양효로서 서로를 현저하게 드러내 주는 까닭에 '우기이주, 길'이라고 한 것이다. 구사효와 초구효가 서로 교제하면서 주인이 된다는 것은 서로 손님과 주인이 된다는 뜻이다. 예컨대 초구효가 구사효에게 가면 구사효가 주인이 된다. 그래서 '우기배주遇其配主'라고 한 것이다. 구사효가 초구효에게 갈 경우는 초구효가 주인이 된다. 그래서 '우기이주'라고 한 것이다. 두 양효는 서로 필적하면서 주인이 되어 균평均平하다. 그래서 초구효는 구사효를 '순旬 : 均', 구사효는 초구효를 '이夷 : 平'라고 칭하는 것이다."

육오 효사 '내장유경예來章有慶譽'는 육오효가 음효로서 군위에 처해 있는 것을 설명한 것이다. 몸은 비록 음유이나 군위에 처한 까닭에 양강의 덕을 지니고 있어 천하의 인재를 상징하는 육이효를 발탁하여 결국 경예慶譽가 있게 되었다는 뜻이다. 이는 〈단전〉에서 말하는 '왕격지王假之'를 설명한 것으로 육오효가 비록 밝은 몸체는 아니나라 아래에 있는 육이효와 호응해 문명文明의 덕이 갖춰진 현자를 상징하는 육이효의 주인이 되었음을 뜻한다. 육오효는 유중柔中의 덕을 지니고 있어 밝은 재능을 바탕으로 스스로 도울 수 있다. 괘사에 나오는 '물우勿憂, 의일중宜日中'은 바로 이를 말한 것이다.

상육 효사 '풍기옥부기가豐其屋蔀其家'는 상육효가 음효로서 「풍괘」의 극점에 처한 것이 비록 몸은 높은 곳에 처해 있을지라도 사실 깊은 곳에 숨어 있는 것과 다름없다는 뜻이다. '격기무인闃其无人'과 '삼세부독三歲不覿'은 이를 설명한 것으로 상육효가 재난을 만나게 된 이유를 밝힌 것이기도 하다. 이를 두고 정이천은 이같이 풀이했다.

"집이 성대하다는 것은 매우 높은 곳에 있다는 뜻이다. 그가 거처하는 방이 가려져 있다는 것은 사는 게 밝지 못하다는 뜻이다. 음유로서 풍성한 곳에 처했으나 지위가 없는 곳에 있다는 것은 가장 높은 곳에서 어두운 생활을 한다는 뜻이다. 이는 스스로 사람들과 인연을 끊었다는 것이니 어떤 사람이 그와 함께 하고자 하겠는가. 그래서 '격기무인'이라고 한 것이다. '삼세부독'하였으니 그가 재난을 만난 것은 당연하다. '부독不覿'은 사람을 만나지 않았다는 것으로 대체로 변화가 없었음을 뜻한다. 상육효가 「풍괘」의 마지막에 처하므로 변화의 의리를 가지고 있으나 그리되지 않았다는 것은 그의 재능으로는 할 수 없었다는 뜻이다."

'천제상天際翔'은 「풍괘」의 마지막에 처한 육오효의 행보를 설명한 것이다. 이를 두고 정이천은 이같이 풀이했다.

"이는 상육효가 풍요와 성대함의 극점에 처해 있으면서 위에서 스스로를 높이는 것이 마치 새가 하늘 끝에서 빙빙 날고 있는 것과 같다는 뜻이다."

「풍괘」의 육효는 비록 '풍대豊大'에서 괘명을 취하기는 했으나 '풍대'를 추구하는 것이 쉽지도 않고 이를 보전하는 것은 더욱 어렵다는 점을 지적하고 있다. 초구효는 미미한 양기로 아래에 처한 까닭에 조심스럽게 행보하면 '무구'할 수 있고, 육이효는 중음重陰이나 유중柔中의 미덕을 발휘하면 길할 수 있다. 구삼효는 하괘의 마지막에 처하여 지나치게 '풍대'한 까닭에 우굉右肱이 부러지는 것에서 비로소 '무구'할 수 있고, 구사효는 양효로서 음위에 처해 밝은 빛을 가리고 있으나 아래의 초구효와 만나 도움을 주고받아 길할 수 있다. 육오효는 음유의 품성으로 군위에 처한 까닭에 잠재한 양강의 미덕을 발휘해 축복받는 경사와 아름다운 명예를 얻을 수 있다. 상육효는 풍도豊道의 극점에 처해 스스로 사람들과 인연을 끊고 깊은 곳에 은둔하고 있어 흉하다.

「풍괘」의 육효 중 상괘와 하괘의 가장 높은 곳에 처해 있는 구삼효와 상육효만 지나치게 '풍대'한 까닭에 덕을 손상시키고 있다. 구삼효와 상육효는 서로 음양의 조화를 이루고 있음에도 흉함을 면치 못하고 있는 것이다. 이에 반해 초구효와 육이효, 구사효, 육오효는 음양이 호응치 않고 있는데도 불구하고 오히려 길하게 되었다. '풍대'한 시기에 처했을 때는 음양의 호응보다는 같은 덕성을 지닌 자끼리 서로 돕는 것이 훨씬 낫다는 사실을 시사하는 대목이 아닐 수 없다.

그러나 사물의 발전하는 전 과정에서 볼 때 '풍대'한 시기는 상대적으로 짧을 수밖에 없다. 〈단전〉의 '일중즉측日中則昃'과

'월영즉식月盈則食'은 바로 이를 말한 것이다. 만영滿盈하면 이내 측식昃食하는 것이 천지만물의 이치이다. 「풍괘」에서 말하는 '풍도豊道'의 요체는 육오효에 나오는 '내장유경예來章有慶譽'에 있다고 해도 과언이 아니다. 이는 유중柔中의 미덕을 발휘한 데 따른 것으로 괘사에 나오는 '왕격지王假之'와 같은 뜻이다. 천하의 인재를 발탁해 덕을 베푸는 군주만이 '풍도'를 이룰 수 있다는 것은 고금동서의 역사가 증명하는 바와 같다.

제56장 화산려(火山旅)

☲ 火

☶ 山

艮下離上001,101

착괘 : 수택절水澤節 : 110,010

종괘 : 뇌화풍雷火豊 : 101,100

56-1
旅, 小亨, 旅貞吉.

여(旅)는 소형(小亨 : 겸손한 자세로 조심하며 순종하면 형통함)하니 여행할 때 수정(守貞)하면 길할 것이다.

'여旅'는 '기려羈旅 : 나그네'의 뜻이다. 이를 두고 『주역정의』는 이같이 풀이해 놓았다.

"여旅는 나의 집에서 기식寄食하는 식객을 뜻하는 말로 객지에 기류寄留하는 것을 칭한다. 본래 거주하던 곳을 잃고 다른 곳에서 몸을 의탁하기 위해 먼 길을 떠났다는 뜻이다."

'소형小亨'의 '소小'는 구구근존苟求僅存 : 구차하게 구하여 겨우 생존함하는 것을 말한다. 이는 매사에 조심하여 겸손한 자세를 취하는 것을 지칭한 것으로 「규괘睽卦」의 괘사 '소사길小事吉'과 그 취지가 같다. 만일 '기려'의 입장에서 '강대剛大'한 모습을 취하면 형통할 수 없을 뿐만 아니라 재난을 면하기 어렵다. 이를 두고 우번은 이같이 풀이했다.

"소小는 유柔를 말한다. 귀한 직위를 얻었으나 강剛에 순종하며 대명大明에 붙어 있으므로 '소형'이라고 한 것이다."

'기려' 출신으로 타향에서 입신한 자를 흔히 '기려지신羈旅之臣'이라고 한다. '기려지신'의 처신이 '소형'의 취지에 입각해야 하는 것은 말할 것도 없다.

56-2

「彖」曰 '旅, 小亨', 柔得中乎外, 而順乎剛, 止而麗乎明, 是以'小亨, 旅貞吉'也. 旅之時義大矣哉.

〈단전〉에 이르기를, '여(旅), 소형(小亨)'이라고 했다. 음유(陰柔 : 육오효)가 득중호외(得中乎外 : 외괘의 가운데에 처하여 중도를 얻음)하면서도 순호강(順乎剛 : 상구효인 陽剛에 순종함)하고 지이리명(止而麗明 : 조용히 멈춰 있으면서 밝음에 붙어 있음)하고 있다. 이에 '소형, 여정길(旅貞吉)'이라고 한 것이다. 여(旅)의 시의(時義)가 참으로 크도다.

'지이리명止而麗明'은 「여괘」의 하괘인 '간괘艮卦'와 상괘인 '이괘離卦'의 괘덕을 말한 것이다. '간괘'가 '지止', '이괘'가 '명화明火'를 뜻하는 까닭에 '지이리명'이라고 한 것이다. 먼길을 갈 때는 '강剛' 대신 '유柔'를 사용하는 게 나으나 '유'가 지나쳐서는 안 된다. '수중守中'보다 더 좋은 게 없다. '지이리명'은 바로 이를 말한 것으로 「여괘」에서 말하는 여도旅道의 요체에 해당한다.

육오효가 음효로서 군위에 처한 것은 바로 2개의 양강 속에서 유중의 덕을 얻은 것에 해당한다. '득중호외得中乎外, 순호강順乎剛'은 바로 이를 말한 것으로 「여괘」의 괘덕은 바로 육오효에 있음을 뜻한다.

56-3

「象」曰, 山上有火, 旅. 君子以明, 愼用刑而不留獄.

初六, 旅瑣瑣, 斯其所取災. 「象」曰 '旅瑣瑣', 志窮災也.

六二, 旅卽次, 懷其資, 得童僕貞. 「象」曰 '得童僕貞', 終无尤也.

九三, 旅焚其次, 喪其童僕, 貞厲. 「象」曰 '旅焚其次', 亦以傷矣. 以旅與下, 其義喪也.

九四, 旅于處, 得其資斧, 我心不快. 「象」曰 '旅于處', 未得位也. '得其資斧', 心未快也.

六五, 射雉一矢, 亡. 終以譽命. 「象」曰 '終以譽命', 上逮也.

上九, 鳥焚其巢, 旅人先笑後號咷. 喪牛于易, 凶. 「象」曰 '以旅在上', 其義焚也. '喪牛于易', 終莫之聞也.

〈상전〉에 이르기를, '산상유화(山上有火), 여(旅)'라고 했다. 군자는 이를 본받아 명신용형(明愼用刑 : 밝고 신중한 자세로 형벌을 사용함) · 불류옥(不留獄 : 옥사를 계류시키지 않음)한다.

초육은 여쇄쇄(旅瑣瑣 : 여행 초기에 거동이 細小하고 비천함)하니 이는 취재(取災 : 재난을 자초함)의 원인이 된다. 〈상전〉에 따르면 '여쇄쇄'는 지궁재(志窮災 : 뜻이 비루해 재난을 자초함)를 뜻한다.

육이는 여즉차(旅卽次 : 여행 도중에 객사에 머물며 편히 쉼)하니 마치 회기자(懷其資 : 재물을 넉넉히 지님)하고 득동복정(得童僕貞 : 시동의 바른 시중을 얻음)한 것과 같다. 〈상전〉에 따르면 '득동복정'은 종무우(終无尤 : 크게 나무랄 데가 없음)를 뜻한다.

구삼은 여기분차(旅其焚次 : 여행 도중에 객사가 불에 탐)·상기동복(喪其童僕 : 시동이 도주함)하니 정려(貞厲 : 守貞하면 위험을 면함)할 것이다. 〈상전〉에 따르면 '여분기차'는 구삼효 역시 이로 인해 손상을 입을 것이라는 뜻이다. 먼 길을 가는 사람이 여하(與下 : 아랫사람에게 마음대로 베풂)하는 것은 이치상 반드시 상실을 초래할 것이라는 뜻이다.

구사는 여우처(旅于處 : 여행 도중에 잠시 쉴 곳을 찾음)하여 득기자부(得其資斧 : 가시덤불을 제거하는 데 쓰이는 날카로운 도끼를 얻음)했으나 자신의 마음은 유쾌하지 못하다. 〈상전〉에 따르면 '여우처'는 구사효가 아직 적당한 지위를 얻지 못한 것을 뜻한다. '득기자부'는 마음이 심히 유쾌하지 못한 것을 뜻한다.

육오는 사치일시(射雉一矢 : 꿩을 향해 마지막 남은 화살 하나로 날림)하면 망(亡 : 화살도 잃고 꿩도 놓침)하게 될 것이다. 그러나 겸손한 자세로 수정(守貞)하면 종이예명(終以譽命 : 끝내 명예와 벼슬을 보전함)할 수 있다. 〈상전〉에 따르면 '종이예명'은 상체(上逮 : 군주를 잘 따르며 받듦)한 데 따른 것이다.

상구는 조분기소(鳥焚其巢 : 새의 둥지가 불에 탐)하니 여인선소후호도(先笑後號咷 : 나그네가 처음에 높은 지위를 얻어 기뻐하며 웃다가 나중에 흉하게 되어 울부짖음)한다. 상우우역(喪牛于易 : 소가 울타리 밖으로 달아남, '易'은 '埸'과 통함)하니 흉하다. 〈상전〉에 따르면 '이려재상(以旅在上 : 나그네의 신분으로 높은 자리에 오름)'은 기의분(其

義焚 : 그 이치상 새 집을 불태우는 재난을 초래하는 이치와 같음)을 뜻한다. '상우우역'은 끝내 소가 간 곳을 아는 사람을 만나지 못했다는 뜻이다.

〈대상전〉의 '산상유화山上有火'는 불이 산에 있으나 그 기세가 오래 가지 못할 것이라는 뜻이다. 이는 먼 길을 갈 때는 '강剛'보다 '유柔'를 취하는 것이 낫다는 의미를 내포하고 있다. '명신용형明愼用刑 · 불류옥不留獄'은 「여괘」의 괘의를 형옥에 비유해 설명한 것이다. 이를 두고 정이천은 이같이 풀이했다.

"불이 밝은 곳에 있으면 밝게 비춰지지 않는 곳이 없다. 이는 군자가 밝게 비춰지는 상을 관찰 한 뒤 '명신용형'하는 것을 깨달았다는 뜻으로 신중할 것을 훈계한 것이다. 밝으면서도 멈춰져 있는 것 역시 신중한 모습이다. 불이 머무르지 않고 번져나가는 모습은 '불류옥'을 의미한다."

초육 효사 '여쇄쇄旅瑣瑣'는 초육효가 음효로서 「여괘」의 처음에 처해 그 지위가 낮은 것을 먼 길을 가는 사람의 세소細小하면서도 천박한 행위에 비유한 것이다. '취재取災'는 초육효가 비록 구사효와 호응은 하나 일을 성취하지 못하고 재난을 자초한다는 뜻이다. 이를 두고 정이천은 이같이 풀이했다.

"초육효는 음효로서 천한 자리에 있다. 이는 유약한 사람이 먼 길을 가면서 천박한 모습을 보이는 것과 같다. 뜻이 천박한 사람은 먼 길을 갈 때 피곤해지면 이내 비루해져 그 비천함이 미치지 않는 곳이 없게 된다. 이로 인해 그는 업신여김과 재난을 만나게 된다. '쇄쇄瑣瑣'는 세소하고 비천한 형상을 말한다. 먼 길을 떠나 피곤할 때 재질이 이와 같다면 비록 위에서 도움을 주고자 할지라도 어찌할 도리가 없는 것이다."

육이 효사 '여즉차旅卽次'의 '즉卽'은 '취就 : 나아감', '차次'는 '편히 쉴 만한 곳'을 뜻한다. 이는 육이효가 유중柔中을 얻은 것을 먼 길을 가던 중 객사客舍에 머물며 편히 쉬는 것에 비유한 것으로 바른 자리에 처해 있음을 뜻한다.

'회기자懷其資'는 육이효가 위로 상구효를 받드는 모습이 마치 재물을 축적하는 것과 같다는 뜻이다. 이는 육이효가 상구효를 받드는 것을 실질을 가지고 있는 것에 비유한 것이다. '득동복정得童僕貞'은 육이효가 '유중'의 덕을 발휘해 아래의 초육효를 타고 앉아 있는 것을 나그네가 동복童僕 : 侍童의 바른 시중을 받게 된 것에 비유한 것이다. 이는 육이효가 음유의 품성으로 중정의 덕을 얻고 있는 까닭에 안으로는 자신을 버리지 않아 불안하지 않고, 밖으로는 사람들을 잃지 않아 사람들의 추종을 받게 되었음을 뜻한다.

구삼 효사 '여분기차旅焚其次, 상기동복喪其童僕'은 구삼효가 강항剛亢의 품성으로 중도를 얻지 못하고 서둘러 움직여 아래의 육이효와 가깝게 지내다가 재난을 만난 것을 설명한 것이다. 이는 구삼효가 '소형小亨'의 이치를 어기고 육이효에게 멋대로 은혜를 베풀다가 상구효의 의심과 미움을 받은 데 따른 것이다. 구삼효의 재난은 하괘의 가장 높은 곳에 처해 있으면서 중도를 얻지 못한 채 강항剛亢의 품성을 그대로 드러낸 데서 비롯되었다고 해도 과언이 아니다. 이를 두고 왕필은 이같이 풀이했다.

"이는 하괘의 위치에 있으면서 육이효와 마음을 합한 것을 말한다. 먼 길을 갈 때 몸으로 아랫사람에게 베푼다는 것은 곧 침권侵權의 싹을 키우는 것으로 주인인 상구효의 의심을 받게 될 것이다. 이에 숙소는 불타고 시동이 도주하는 재난을 당하고 마침내 자신의 몸까지 위험한 지경에 이르게 되는 것이다."

여기의 '침권侵權'은 권신權臣이 발호하여 마침내 군권君權마저 탈취하는 지경에 이르게 된 것을 지적한 것이다. 『주역정의』는 전국시대 초기에 전씨田氏가 강씨姜氏의 제나라를 탈취한 사건을 대표적인 사례로 거론했다. 그러나 사실 역사에 등장하는 무수한 왕조의 개창은 바로 '침권'에서 비롯되었다고 해도 과언이 아니다. 조선조 개국 역시 '침권'의 사례에서 벗어날 수 없다.

구사 효사 '여우처旅于處'의 '처處'는 잠시 머무는 곳을 뜻하는 말로 안정적으로 휴식을 취할 곳이 아님을 뜻한다. 이는 육이효 효사인 '여즉차旅卽次'의 '차次'와는 질적인 차이가 있다. 구사효는 양강의 품성으로 음위에 처함으로써 마치 지위를 상실한 채 산 위에 홀로 앉아 있는 모습을 하고 있다. '득기자부得其資斧'의 '자부資斧'는 일부 판본에 '제부齊斧'로 되어 있다. 『주역정의』는 '자부'의 용도를 '참절위단斬決威斷 : 가차 없이 자름'으로 표현했다. '자부'는 날카롭기 그지없는 도끼를 말한다. 이를 두고 왕필은 이같이 풀이했다.

"부斧는 형극荊棘 : 가시덤불을 찍어낸 뒤 임시 숙소를 만들어 편히 쉬려는 뜻을 담고 있다. 구사효는 상괘의 아래에 처해 있으나 남보다 앞서지 못해 그 지위를 얻지 못하니 평탄한 땅을 구하지 못하게 되었다. 나그네가 거처할 곳을 찾지 못해 도끼를 구해 잠시 머물 곳을 만들었으니 그 마음이 유쾌할 수 없는 것이다."

육오 효사 '사치일시射雉一矢, 망亡'을 두고 '사射 : 화살을 쏨'를 '석射 : 쏘아맞춤'으로 간주해 '석치射雉, 일시망一矢亡 : 꿩은 잡았으나 화살 하나는 잃어버림'으로 끊어 해석하는 견해가 있으나 문맥이 순통하지 않는다. 여기의 '치雉'는 상괘인 '이괘'의 주인으로 문명文明을 상징한다. 전체 문맥에 비춰 이 구절은 꿩을 잡지 못한 사실에 중심을 두고 있다. 문맥상 화살도 잃고 꿩도 잡지 못할 가능성을 지적한 '사치일시, 망'으로 풀이하는 게 타당하다.

육오효는 비록 군위에 처해 있기는 하나 군도君道를 말한 것이 아니라 고귀한 지위에 오른 신하가 취해야 할 신도臣道를 설명한 것이다. '사치일시'는 육오효가 유순한 자세로 중도를 얻어 위로 상구효를 받들어 귀하게 되었으나 이를 오랫동안 보유할 수 없음을 지적한 것이다. '망亡'은 꿩을 마지막 남은 화살 한 개로 쏘아 맞추고자 했으나 이내 화살도 잃고 꿩도 취할 수 없게 되는 경우를 언급한 것이다. 이는 마치 '기려지신'이 오랫동안 고귀한 자리에 머물 수 없는 이치와 같다. '종이예명終以譽命'은 육오효가 유중柔中의 덕을 발휘해 침권侵權하지 않고 군명을 잘 받들면 끝내 예명譽命을 보전할 수 있다는 뜻이다.

'상체上逮'는 바로 '종이예명'이 이뤄진 배경을 설명한 것으로 군명을 잘 받드는 것을 의미한다. 이는 '체逮'를 '종從'으로 해석한 데 따른 것이다. 이에 대해 육오효가 유중의 덕을 수덕守德함으로써 군왕의 귀에 그 소문이 들어가 '예명'을 얻게 되었다고 해석하는 견해가 있다. 이는 '체'를 '급及'의 의미로 풀이한 데 따른 것이다. 어느 쪽으로 해석하든 내용상 큰 차이는 없다.

상구 효사 '조분기소鳥焚其巢'는 상구효가 양강의 품성으로 지극히 높은 곳에 처해 있는 까닭에 이내 재난을 만나게 된 것을 새의 둥지가 불에 타버린 것에 비유한 것이다. '여인선소후호도旅人先笑後號咷'는 '기려지신'이 남보다 먼저 높은 지위에 올라 크게 웃으면 나중에 흉한 꼴을 당해 큰 소리로 울부짖게 된다는 뜻이다. 이를 두고 왕필은 이같이 풀이했다.

"높고 위태로운 곳에 머물며 그곳을 집으로 삼은 까닭에 '소巢'라고 했다. 길을 가는 나그네가 높은 지위를 얻은 까닭에 '선소先笑'라고 했다. 나그네가 지극히 높은 위치에 처하면 많은 사람들의 질투를 받게 된다. 이에 가까이 하는 사람이 없는 몸이 되어 마침내 피해를 입어 흉한 까닭에 '후호도後號咷'라고 한 것이다."

「여괘」 상구 효사 '선소후호도先笑後號咷'는 「동인괘」 구오 효사 '선호도후소先號咷後笑'와 전혀 정반대의 의미를 지니고 있다. 이는 「동인괘」 상구효가 군도君道를 말한 것인 데 반해 「여괘」 상구효는 신도臣道를 말한 것과 무관치 않다. 이를 두고 서진시대의 완적阮籍은 이같이 풀이했다.

"「동인괘」에서 '선호도'한 것은 그 결말을 생각했기 때문이다. 「여괘」에서 '선소'한 것은 그 막힘을 즐겼기 때문이다."

본래 '기려지신'은 뿌리가 없기 때문에 전적으로 군주의 총애에 기댈 수밖에 없다. 총애를 많이 받으면 받을수록 자연히 수많은 사람의 질시를 받기 마련이다. 자신을 총애하는 군주가 죽게 되면 이내 위험에 처할 수밖에 없다. '여인선소후호도'는 바로 이 경우를 말한 것이다. 전국시대에 뛰어난 공을 세워 이름을 떨치고도 '여인선소후호도'의 화난을 당한 대표적인 인물로 진秦나라의 상앙商鞅과 초나라의 오기吳起 등을 들 수 있다. 이들이 끝내 비참한 최후를 맞이한 것도 따지고 보면 '여인선소후호도'의 이치를 망각한 데 따른 것으로 볼 수 있다.

'상우우역喪牛于易'의 '우牛'는 가색稼穡 : 농사의 밑천을 의미하고, '역易'은 '역埸'과 같은 말로 밭두둑을 뜻한다. 이는 넓은 들판의 밭두둑에서 소를 잃어버렸는데도 누구 하나 도와주는 사람이 없다는 뜻으로 상구효가 극도의 곤경에 처해 있음을 의미한다. '상우우역'의 화난은 상구효가 「여괘」에 나오는 3개의 양효 중 가장 강항剛亢한 데 따른 것이다.

「여괘」는 특이하게도 여타 괘에서는 양강이 음유보다 나은 것으로 풀이하고 있는 데 반해 이와 정반대로 해석하고 있다. 「여괘」의 육효를 보면 우선 육이효와 육오효 모두 유순한 모습을 취해 길하게 되었으나 구삼효와 구사효, 상구효 모두 양강으로 인해 재난을 초래했다. 육효 중 좋은 것으로는 육오효가 가장 좋고, 육이효가 그 다음으로 좋다. 흉한 것으로는 상구효가 가장 흉하고, 구삼효는 그 다음으로 흉하다. 구사효는 비록 머물 곳을 찾았다고는 하나 임시 휴식처를 찾은 것에 불과할 뿐이다. 다만 초육효는 비록 음효이기는 하나 그 뜻이 천박한 까닭에 「여괘」에서는 예외적으로 음효인데도 흉하게 되어 있다.

이를 통해 알 수 있듯이 「여괘」의 육효는 크게 3가지 부류로 나눌 수 있다. 첫째 육이효 및 육오효와 같이 유중柔中의 덕을 지닌 경우는 모두 길하다. 둘째 구삼효와 구사효, 상구효와 같이 강항剛亢한 자는 모두 위험하다. 셋째 초육효와 같이 비루한 자는 남의 업신여김을 당해 재난을 자초한다. 이를 두고 범중엄은 이같이 풀이했다.

"무릇 먼 길을 가는 사람의 마음이 비루하면 스스로를 욕되게 하고, 거만하면 사람들의 미움을 받게 된다. 오직 중도를 견지하는 사람만이 지혜롭다고 할 수 있다. 이런 까닭에 초육효는 소세하고 비천한 자이고, 구사효는 유쾌하지 못한 자이다. 이들은 모두 하괘와 상괘의 아래에 처한 자들로 비천하여 스스로를 욕되게 하는 자들이다. 구삼효는 객사가 불에 타버리고, 상구효도 둥지가 불에 타버린 자이다. 이들은 모두 하괘와 상괘의 가장 높은 곳에 처하여 거만한 모습을 보임으로써 미움을 받은 자들이다. 그러나 육이효는 재물을 보유하고 육오효는 '예명譽命'을 얻게 되었으니 이들은 모두 유중柔中의 덕을 잃어버리지 않은 자들이다."

「여괘」는 비록 나그네의 여정旅情을 예로 들어 길흉을 언급하고 있으나 이는 단순한 '여도旅道'를 언급한 것이 아니다. 인생을 하나의 머나먼 여정旅程으로 간주해 삶 자체를 언급한 것으로 볼 수 있다. 일찍이 이백李白은 「춘야연도리원서春夜宴桃李園序」에서 이같이 읊은 바 있다.

"천지자天地者 : 하늘과 땅 사이, 만물지역려萬物之逆旅 : 만물이 머무는 객사임."

이는 사람뿐만 아니라 천지만물 모두 천지를 '역려'로 삼아 생멸한다는 뜻이다. 내용 면에서 볼 때 「여괘」는 '기려지신'을 포함한 모든 신료들이 취해야할 '신도臣道'를 언급한 것으로 보는 게 옳다. '신도'를 '여정'에 비유한 것은 신료들의 파란만장한 삶을 온갖 어려움과 고독을 무릅쓰고 먼 길을 가는 나그네와 유사하다고 판단한 데 따른 것이다.

본래 먼 길을 떠나는 나그네가 늘 겸손하며 순종하는 자세를 지녀야 하듯이 신료들 역시 늘 겸손하며 순종하는 자세를 지녀야만 한다. 그래야만 다른 사람의 질시를 벗어나 '예명譽命'을 보전할 수 있는 것이다. 「여괘」에서 말하는 '여도', 즉 '신도'의 요체는 신료가 겸손한 자세로 군명을 받드는 것을 뜻하는 〈단전〉의 '지이리명止而麗明'에 있다고 해도 과언이 아니다.

제57장 중풍손(重風巽)

☴ 風

☴ 風

巽下巽上011,011

착괘 : 중뢰진重雷震 : 100,100

종괘 : 중택태重澤兌 : 110,110

57-1
巽, 小亨. 利有攸往, 利見大人.

손(巽)은 소형(小亨 : 겸손한 자세로 순종하면 형통함)하니 이유유왕(利有攸往)하고 이현대인(利見大人)하다.

'손巽'은 '비순卑順 : 몸을 낮춰 순종함'의 뜻을 지니고 있다. 〈서괘전〉에서는 '입入'으로 풀이했다. 이는 '용입容入 : 용납'의 뜻이다. 이를 두고 『주역정의』는 이같이 풀이했다.

"손巽은 바람을 뜻하는 괘이다. 바람은 불어서 들어가지 않는 곳이 없다. 그래서 '입入'이라고 한 것이다. 이를 인사에 적용하면 자신을 낮추는 겸손한 자에 비유할 수 있어 그를 받아들이지 않는 자가 없다는 뜻이 된다. '손'은 비순卑順을 체體, 용입容入을 용用으로 삼은 것이다."

'소형小亨'은 「여괘」의 괘사에 나온 것과 그 취지가 같다. 「손괘」 역시 「여괘」와 마찬가지로 2개의 음효를 괘의 주인으로 삼아 '신도'의 이치를 언급하고 있다. 「손괘」에 나오는 2개의 음효는 모두 양효를 받들고 있는 모습을 하고 있다. '소형'은 바로 그 이치를 설명한 것이다. '이유유왕利有攸往'을 두고 왕필은 이같이 풀이했다.

"손제巽悌 : 겸손하고 공경스러움의 자세로 행동하면 그 어떤 사물도 이를 거부하지 않을 것이다."

'이현대인利見大人'은 구오효의 상하에 있는 여러 효들이 군위에 있는 구오에게 순종하는 것을 설명한 것이다. 여기의 '대인'은 말할 것도 없이 구오효이다. 이를 두고 왕필은 이같이 풀이했다.

"대인이 손도巽道를 활용하니 그 도가 더욱 융성하게 된다."

57-2

「彖」曰, 重巽以申命. 剛巽乎中正而志行. 柔皆順乎剛. 是以 '小亨, 利有攸往, 利見大人'.

〈단전〉에 이르기를, '중손(重巽 : 거듭 겸손한 마음, 상괘와 하괘 모두 巽卦임을 의미)으로 신명(申命 : 거듭 君命을 폄)한다'고 했다. 양강(陽剛 : 구오효를 지칭)이 손호중정(巽乎中正 : 중정의 덕을 발휘해 사람들로 하여금 순종케 함)하니 그 뜻이 실천될 것이다. 음유(陰柔 : 초육효와 육사효를 지칭)는 모두 순호강(順乎剛 : 위에 있는 양강에 순종함)한다. 이에 '소형, 이유유왕, 이현대인'이라고 한 것이다.

'손호중정巽乎中正'의 '손巽'은 주어가 양강의 구오효를 지칭하는 까닭에 사동사의 의미로 해석해야 한다. '순호강順乎剛'의 주어는 '음유'로 초육효와 육사효를 지칭한다. 양자 모두 상괘와 하괘의 아래에 처하여 유순한 자세로 위에 있는 양강을 받드는 모습을 하고 있다.

57-3

「象」曰, 隨風, 巽. 君子以申命行事.

初六, 進退, 利武人之貞. 「象」曰 '進退', 志疑也. '利武人之貞', 志治也.

九二, 巽在牀下, 用史巫紛若, 吉, 无咎. 「象」曰 '紛若之吉', 得中也.

九三, 頻巽, 吝. 「象」曰 '頻巽之吝', 志窮也.

六四, 悔亡, 田獲三品. 「象」曰 '田獲三品', 有功也.

九五, 貞吉, 悔亡, 无不利. 无初有終. 先庚三日, 後庚三日, 吉. 「象」曰 '九五之吉', 位正中也.

上九, 巽在牀下, 喪其資斧, 貞凶. 「象」曰 '巽在牀下', 上窮也. '喪其資斧', 正乎凶也.

〈상전〉에 이르기를, '수풍(隨風 : 서로 따라다니며 부는 바람), 손(巽)'이라고 했다. 군자는 이를 본받아 신명행사(申命行事 : 명을 잘 내려 정사가 잘 시행되게 함)한다.

초육은 진퇴(進退 : 의심으로 인해 나아갔다 물러섬)하니 이무인지정(利武人之貞 : 용감한 무인처럼 守貞하면 이로움)하다. 〈상전〉에 따르면 '진퇴'는 지의(志疑 : 의지가 유약하고 의심이 많음)를 뜻한다. '이무인지정'은 지치(志治 : 의지를 견고하게 세우면 자신의 뜻을 잘 다스릴 수 있음)를 뜻한다.

구이는 손재상하(巽在牀下 : 절개를 굽히고 침상 아래에 처함, 지나치게 겸손함을 의미)하니 용사무분약(用史巫紛若 : 祝史와 巫覡이 귀신을 받드는 자세를 취해 하는 일이 盛多하게 됨)하면 길하고 '무구'할 것이다. 〈상전〉에 따르면 '분약지길(紛若之吉)'은 득중(得中 : 육이효가 중도를 지킴)을 뜻한다.

구삼은 빈손(頻巽 : 찡그리며 억지로 겸손해함)하니 인석(吝惜)하다. 〈상전〉에 따르면 '빈손지린(頻巽之吝)'은 지궁(志窮 : 마음이 위축되어 있음)을 뜻한다.

육사는 회망(悔亡)하니 전획삼품(田獲三品 : 사냥을 나가 3가지 종류의 물품을 얻음)한다. 〈상전〉에 따르면 '전획삼품'은 유공(有功 : 군명을 받들어 공을 세움)을 뜻한다.

구오는 정길(貞吉)하니 회망(悔亡)하고 무불리(无不利)하다. 무초유종(无初有終 : 새로운 명을 발포하면 처음에는 순조롭지 않으나 결국 유종지미를 거둠)하다. 선경삼일(先庚三日 : 更張을 뜻하는 庚日보다 사흘 앞서 명을 발포함)·후경삼일(後庚三日 : 경일보다 사흘 뒤에 명을 실천함)하면 길할 것이다. 〈상전〉에 따르면 '구오지길(九五之吉)'은 위정중(位正中 : 바른 위치에서 중도를 행함)을 뜻한다.

상구는 손재상하(巽在牀下 : 지나치게 겸손함)하여 상기자부(喪其資斧 : 날카로운 도끼를 잃음)한 것과 같으니 정흉(貞凶 : 貞德이 흉해를 입음)하다. 〈상전〉에 따르면 '손재상하'는 상궁(上窮 : 상구효가 곤궁한 처지에 놓여 있음)을 뜻한다. '상기자부(喪其資斧)'는 정호흉(正乎凶 : 바른 이치를 지키기 위해 필요한 威斷을 상실함)을 뜻한다.

〈대상전〉의 '수풍隨風'은 상괘와 하괘 모두 '손괘'로 이뤄졌다는 뜻으로 서로 따라다니면서 부는 바람을 의미한다. 그러나 '수풍'을 바람이 사물의 형상에 순응하는 이치를 취한 것으로 간주해 '바람이 사물의 모든 곳으로 불어 들어가다'의 뜻으로 해석해도 무리가 없다. 원래 「손괘」는 아래에서 순종하는 것에 기초해 위에서 명을 내리는 것으로 끝을 맺고 있다. 이는 상하 모두 '순종'과 '겸손'을 바탕으로 서로 도우며 뜻을 받든다는 의미이다. 군주의 통치행태를 설명한 '신명행사申命行事'가 겸손한 자세를 전제로 하고 있는 것이 이를 뒷받침한다.

초육 효사 '진퇴進退'는 초육효가 음효로서 「손괘」의 시작에 처하여 겸손하고 순종하는 자세가 지나친 나머지 마땅히 나아가야 할 때 나아가지 못하는 모습을 설명한 것이다. 이는 초육효의 품성이 유약하고 지위가 낮은 데 따른 것이다. '무인지정武人之貞'은 초육효에게 용감한 무인의 자세가 절실히 필요함을 지적한 것이다. '지치志治'의 '치治'는 자신의 뜻을 바르게 다스린다는 뜻을 지니고 있다. 이를 두고 정이천은 이같이 풀이했다.

"용감한 사람의 강剛함과 정도를 견고히 지켜나가는 것을 이용해 그의 뜻을 세운다는 것은 곧 그의 뜻이 잘 다스려진다는 뜻이다."

구이 효사 '손재상하巽在牀下'는 구이효가 양효로서 음위에 처해 지나치게 겸손한 모습을 취한 것을 지적한 것이다. '용사무분약用史巫紛若'의 '사무'는 귀신을 섬기는 '축사祝史'와 '무격巫覡 : 무당'을 말한다. 여기의 '분약紛若'은 성다盛多한 모습을 뜻한다. 이는 중도를 지키면서 겸손한 자세로 임하는 것을 의미한다. 이를 두고 왕필은 이같이 풀이했다.

"겸손함이 지나치면 정도를 잃어버리게 되어 구과咎過 : 재난과 허물로 빠져들게 된다. 중도를 취하면서 신기神祇 : 천지의 신령를 받들듯이 지극히 겸손함을 취하고 위세를 부리지 않는다면 크게 길하고 허물도 없을 것이다. 그래서 '용사무분약, 길, 무구'라고 한 것이다."

이는 구이효가 양중陽中의 덕을 지니고 있는 정도로써 윗사람에게 순종하면서 권세에 아부하지 않는 모습을 취하면 크게 길할 것이라는 뜻을 담고 있다. '무축'이 '신기'를 섬기는 자세가 바로 이와 같다는 취지로 언급돼 있다.

구삼 효사 '빈손頻巽'은 구삼효가 하괘의 마지막에 처해 있으나 위로 육사효가 올라타고 앉아 억누르는 모습을 하고 있는 까닭에 찡그리며 마지못해 순종하는 모습을 설명한 것이다. 이를 두고 왕필은 이같이 풀이했다.

"구삼효는 강정剛正하나 육사효가 올라타고 앉아 있는 까닭에 뜻이 궁한 나머지 억지로 겸손해한다. 이에 인석하다고 한 것이다."

'지궁志窮'은 구삼효가 비록 정위에 처해 있기는 하나 아래로 음효를 타고 앉을 수 없고 오히려 음유에게 능멸을 당하고 있는 까닭에 굴욕을 참으며 순종하는 모습을 설명한 것이다. 이는 구삼효가 심적으로 크게 위축되어 있음을 의미한다.

육사 효사 '회망悔亡'은 육사효가 양강을 올라타고 앉아 있어 후회하게 되나 정위를 얻고 있고 구오효의 뜻을 받들고 있는 까닭에 이내 후회가 사라질 것이라는 뜻이다. '전획삼품田獲三品'은 육사효가 군명을 받들어 큰 공을 세우는 것을 말한다. '삼품三品'

은 사냥으로 얻은 물품을 3가지로 분류해 사용하는 것을 말한다. 이를 두고 왕필은 이같이 풀이했다.

"육사효는 양강을 타고 앉아 후회할 것이다. 그러나 정위를 얻어 구오효의 뜻을 받들면서 겸손하게 봉행하는 까닭에 정도를 실천한다. 그가 군명을 시행할 때는 반드시 강포強暴한 자를 제압하고 불인자不仁者를 멀리할 것이다. 이로써 얻는 것이 갈수록 많아지니 '삼품'보다 좋은 것은 없다. 그래서 '전획삼품'이라고 한 것이다. '삼품'은 첫째 건두乾豆 : 祭器로 제사용 乾肉을 상징, 둘째 빈객賓客 : 접대용 고기를 상징, 셋째 충군지포充君之庖 : 군주에게 바치는 요리를 상징를 말한다."

'건두'와 '빈객', '충군지포'는 『예기』「왕제王制」의 내용과 부합하는 것이다. 본래 「손괘」의 육사효는 지극히 온유한 자인 까닭에 '전획삼품'에 적합하지 않다. 그럼에도 그가 공을 세울 수 있는 것은 군주인 구오효에 순종했기 때문이다. 이를 통해 '겸손'이 결코 유약柔弱을 뜻하는 것이 아님을 알 수 있다.

구오 효사 '정길貞吉, 회망悔亡, 무불리无不利'는 외견상 구오효가 양효로서 양위에 처하여 겸손함을 잃고 후회하는 듯하나 중정의 덕을 지니고 군위에 앉아 있는 까닭에 이내 후회가 사라지고 길하게 될 것이라는 뜻이다. 이를 두고 왕필은 이같이 풀이했다.

"양효가 양위에 처한 까닭에 겸손함을 해쳤다. 그러나 중정의 자리를 지키면서 명을 선포하는 까닭에 누구도 이를 거역하지 못한다. 이에 '정길, 회망, 무불리'라고 한 것이다."

'무초유종无初有終'은 구오효가 강직하게 명을 발호하는 까닭에 처음에는 백성들이 복종하지 않아 애로가 있었으나 결국 정도로 사악함을 제거함으로써 명이 순조롭게 시행되는 것을 뜻한다. '선경삼일先庚三日'은 경장更張을 뜻하는 경일庚日보다 사흘 앞선 날에 먼저 새로운 명을 발포하고, '후경삼일後庚三日'은 경일보다 사흘 뒤에 새로운 명을 신중히 실천한다는 뜻이다. 이를 두고 정이천은 이같이 풀이했다.

"'선경삼일, 후경삼일, 길'이라고 한 것은 명령을 변경하는 이치는 마땅히 이같이 해야 한다는 뜻이다. 갑甲은 일의 시작이고, 경庚은 변경의 시작이다. 십간十干 중 '무기戊己'는 중中이고, '중'을 지나는 것은 곧 변화를 의미하므로 '경'이라고 한 것이다."

'선경삼일, 후경삼일'은 「고괘蠱卦」에 나오는 '선갑삼일先甲三日, 후갑삼일後甲三日'과 그 취지를 같이 한다. 양자 모두 새로운 명을 발포할 때는 처음에도 신중하고 나중에도 신중해야 한다는 뜻을 담고 있다. 다만 「고괘」의 '갑일'은 새로움을 중시한 데 반해 「손괘」의 '경일'은 변경을 중시하고 있는 점이 약간 다르다.

상구 효사 '손재상하巽在牀下'는 구이효의 효사와 같은 뜻으로 지나치게 순종하는 것을 말한다. '상기자부喪其資斧'는 「여괘」 구사 효사 '득기자부得其資斧'와 정반대의 뜻으로 상구효가 양강의 특질을 상실한 채 지나치게 순종하는 모습을 '자부'를 잃은 것에 비유한 것이다. 이를 두고 왕필은 이같이 풀이했다.

"상구효가 「손괘」의 마지막에 처해 겸손함이 지나치므로 '손재상하'라고 한 것이다. 도끼는 결단력 있게 단절하는 물건이다. 지나치게 겸손하여 정도를 잃음으로써 결단력을 상실한 것을 말한다. 그래서 '상기자부, 정흉貞凶'이라고 한 것이다."

이를 통해 알 수 있듯이 「손괘」의 육효는 오히려 행동해야 할 때 행동하는 것이 '손도巽道'의 요체임을 극명하게 보여주고 있다. 초육효가 용감한 무인처럼 정도를 견지해 나갈 때 길할 수 있고, 육사효가 유약한 품성에도 불구하고 '전획삼품田獲三品'의 공을 세우는 것 등이 그 실례이다. 이는 초육효와 육사효가 부드러우면서 때에 따라 강한 면모를 보이는 강유剛柔의 덕을 겸비한 데 따른 것이다.

구삼효가 양강의 품성으로 유약한 자에게 굴복한 것을 두고 인석하다고 표현하고, 상구효가 양강의 품성에도 불구하고 지나치게 순종하고 있는 까닭에 흉하다고 한 것도 같은 맥락에서 이해할 수 있다. 이는 구삼효와 상구효 모두 강덕剛德을 상실한 까닭에 위험하다고 지적한 것이다.

「손괘」에서 말하는 '손도'를 가장 잘 구현한 것으로는 구이효와 구오효를 들 수 있다. 구이효는 강중剛中의 덕을 발휘해 중도를 지키면서 겸손함으로써 길하게 되었고, 구오효는 중정의 덕을 발휘함으로써 결국 새로운 명을 널리 반포할 수 있게 되었다. 이는 구이효와 구오효 모두 양강의 강덕剛德을 유감없이 발휘한데 따른 것이다.

물론 '손도'의 이치는 기본적으로 겸손하게 몸을 굽히고 순종하는 데 있다. 그러나 '손도'에서 말하는 '순종'은 결코 무조건적인 순종이 아니다. 육사효에 나오는 '전획삼품'의 예를 통해 알 수 있듯이 강건剛健한 덕의 발현을 전제로 한 순종이 바로 「손괘」에서 말하고자 하는 것이라고 할 수 있다. 치도의 관점에서 볼 때 '손도'의 요체는 중정의 도를 지키며 순종하는 '중정손제中正巽悌'에 있다고 해도 과언이 아니다.

제58장 중택태(重澤兌)

☱ 澤

☱ 澤

兌下兌上110,110

착괘 : 중산간重山艮 : 001,001

종괘 : 중풍손重風巽 : 011,011

58-1
兌, 亨, 利貞.

태(兌)는 형통하니 수정(守貞)하면 이로울 것이다.

'태兌'는 '열說 : 悅'과 통한다. 이를 두고 『주역정의』는 이같이 풀이해 놓았다.

"연못은 만물을 윤택하게 살아가게 하는 까닭에 만물이 모두 기뻐한다. 인사로 말하면 군주가 은혜를 베풀어 백성들을 양육하자 백성들 중 기뻐하지 않는 자가 없는 것과 같다. 백성들이 기쁘도록 은혜를 베푸는 까닭에 '형亨'이라고 한 것이다. 만물을 기쁘게 하는 것을 기뻐하는 것은 첨사諂邪 : 아첨과 사악에 빠지는 것을 두려워한다는 뜻이다. 정도를 견지하면 이로운 까닭에 '태兌, 형亨, 이정利貞'이라고 한 것이다."

58-2

「彖」曰, 兌, 說也. 剛中而柔外, 說以利貞, 是以順乎天而應乎人. 說以先民, 民忘其勞. 說以犯難, 民忘其死. 說之大, 民勸矣哉.

〈단전〉에 이르기를, '태(兌), 열(說 : 기뻐함)'이라고 했다. 강중유외(剛中柔外 : 구이효와 구오효가 양강으로 가운데에 처해 있고 육삼효와 상육효가 음유로 밖에 처해 있음)하니 열이이정(說以利貞 : 物情을 기뻐하게 하고, 守貞하는 게 이롭게 됨)한다. 이에 순천응인(順天應人 : 하늘의 이치에 순응하고 인정에 부응함)하는 것이다. 군자가 열이선민(說以先民 : 기꺼이 백성보다 앞장서 고생을 마다하지 않음)해야 백성들도 망로(忘勞 : 수고로움을 잊음)하고, 열이범난(說以犯難 : 기꺼이 위난을 마다하지 않고 나아감)해야 백성들도 망사(忘死 : 죽는 것을 두려워하지 않음)한다. '열(說)'의 의미가 이토록 광대하니, 백성들로 하여금 스스로 힘쓰게 해야 할 것이로다.

'강중유외剛中柔外'는 내외강유內外剛柔가 겸비되어 기쁨에 처하게 되었음을 의미한다. 이를 두고 왕필은 이같이 풀이했다.

"기뻐하면서 강剛을 피하면 아첨이 되고, 강하나 열說을 피하면 포악하게 된다. '강중유외剛中柔外 : 안으로는 剛하고 밖으로 柔함한 까닭에 '열이이정說以利貞'이라고 했다. 강중剛中하여 '이정利

貞' 하고, 유외柔外하여 '열형說亨 : 형통함을 기뻐함' 할 것이다."

'순천응인順天應人'을 두고 『주역정의』는 이같이 풀이했다.

"천은 강덕剛德으로 부드럽게 극복하는 힘을 지니고 있어 강하면서 기쁨을 잃어버리지 않는다. '열이이정說以利貞'은 위로 하늘에 순응한다는 뜻이다. 사람의 마음은 혜택에 기뻐하는 법이다. 능히 혜택을 베푸는 것으로 사람을 기쁘게 할 수 있다는 것은 곧 아래로 사람들에게 호응한다는 뜻이다."

백성들의 '망로망사忘勞忘死'를 두고 여조겸呂祖謙은 이같이 풀이했다.

"뜻에 맞을 때 기뻐하고 평안할 때 기뻐하는 것은 충분히 고통스럽지 않다는 뜻이다. 오로지 힘들고 어려운 상황에 처했을 때 기뻐할 수 있어야 비로소 진정한 기쁨을 맛볼 수 있다. 이에 성인은 백성들보다 먼저 하므로 백성들로 하여금 힘들고 고통스러운 것도 사양하지 않게 하고 위난危難으로 나아갈지라도 두려워하지 않게 된다."

58-3

「象」曰, 麗澤, 兌. 君子以朋友講習.

初九, 和兌, 吉. 「象」曰 '和兌之吉', 行未疑也.

九二, 孚兌, 吉, 悔亡. 「象」曰 '孚兌之吉', 信志也.

六三, 來兌, 凶. 「象」曰 '來兌之凶', 位不當也.

九四, 商兌未寧, 介疾有喜. 「象」曰 '九四之喜', 有慶也.

九五, 孚于剝, 有厲. 「象」曰 '孚于剝', 位正當也.

上六, 引兌. 「象」曰 '上六引兌', 未光也.

〈상전〉에 이르기를, '이택(麗澤 : 2개의 연못에 연이어 있음), 태

(兌)' 라고 했다. 군자는 이를 본받아 붕우강습(朋友講習 : 벗끼리 모여 강론하고 익힘)한다.

초구는 화태(和兌 : 화평과 기쁨을 갖고 사람을 접대함)하니 길하다. 〈상전〉에 따르면 '화태지길(和兌之吉)' 은 행미의(行未疑 : 화평하고 기쁜 마음으로 단정하게 행동하자 사람들이 의심치 않음)를 뜻한다.

구이는 부태(孚兌 : 성신과 기쁨을 갖고 사람을 접대함)하니 길하고 회망(悔亡)한다. 〈상전〉에 따르면 '부태지길(孚兌之吉)' 은 신지(信志 : 구이효의 뜻에 성신이 담겨 있음)를 뜻한다.

육삼은 내태(來兌 : 음효의 자질로 陽位로 찾아와 기쁨을 추구함)하니 흉하다. 〈상전〉에 따르면 '내태지흉(來兌之凶)' 은 위부당(位不當)을 뜻한다.

구사는 상태미녕(商兌未寧 : 剛德으로 邪佞을 차단하여 안팎을 바르게 하는 일로 인해 평안치 못함)하나 개질유희(介疾有喜 : 육삼효의 구오효 접근을 차단해 邪佞으로부터 격리시키면 喜事가 있음, '介' 는 '隔' 과 통함)한다. 〈상전〉에 따르면 '구사지희(九四之喜)' 는 유경(有慶 : 慶事가 있음)을 뜻한다.

구오는 부우박(孚于剝 : 내심 소인을 신뢰함)하니 유려(有厲 : 危難이 있음)하다. 〈상전〉에 따르면 '부우박' 은 위정당(位正當 : 자리만큼은 정당했음, 자리가 아깝다는 뜻임)을 뜻한다.

상육은 인태(引兌 : 남을 끌어들여 기쁨을 함께 나눔)한다. 〈상전〉에 따르면 '상육인태(上六引兌)' 는 미광(未光 : '兌道' 가 광대할 수 없음)을 뜻한다.

〈대상전〉의 '이택麗澤' 을 두고 정이천은 이같이 풀이했다. "이택麗澤은 2개의 연못이 서로 연이어 붙어 있다는 뜻이다. 2개의 연못이 연이어 붙어 있으면 서로에게 스며들어 이로움을 증가시키게 된다."

'붕우강습朋友講習'의 '강講'은 밝혀지지 않은 것을 밝힌다는 뜻이고, '습習'은 익히지 못한 것을 익힌다는 뜻이다. 이는 「태괘」의 두 연못이 서로 연이어 붙어 기뻐하는 모습을 붕우 간의 '강습'에 비유해 설명한 것이다. '붕우강습'은 학문의 도를 가리킨 것이다.

초구 효사 '화태和兌'는 초구효가 하괘의 아래에 처해 있으면서도 구사효와도 호응하지 않고 화평하고 기쁜 마음으로 사람을 대접하는 것을 설명한 것이다. 이를 두고 왕필은 이같이 풀이했다.

"태兌의 처음에 처해 여타 효와 호응하지 않고 함께 하는 무리도 없는 까닭에 '화태'라고 했다. 기쁨은 아첨에 있는 것이 아니다. 이를 실천함으로써 사람들의 의심을 받지 않으니 길한 것은 당연한 일이다."

구이 효사 '부태孚兌'는 구이효가 정도를 잃어 후회는 할지라도 중도를 행해 성신과 기쁨을 갖고 사람을 접대하는 것을 말한다. 이를 두고 『주역정의』는 이같이 풀이했다.

"구이효는 중도를 상실하지 않은데다 성신을 지니고 있다. 기뻐하며 성신을 지니고 있는 까닭에 '부태, 길'이라고 한 것이다. 구이효는 정당한 자리를 잃기는 했으나 성신을 지니고 있어 길할 것이고, 후회도 사라지게 될 것이다. 그래서 '회망'이라고 한 것이다."

육삼 효사 '내태來兌'는 하괘의 맨 위에 있는 육삼효가 음유의 자질로 양위에 처해 그 위치가 바르지 못한데다 상육효와도 호응하지 못하는 것을 설명한 것이다. 이는 육삼효가 바른 자리에 앉지 못한 상황에서 사녕邪佞한 방법으로 기쁨을 추구하는 것을 지적한 것이다. 이를 두고 왕필은 이같이 풀이했다.

"음유의 자질로 그 위치가 바르지 않자 찾아와 기쁨을 구하고자 하는 자이다. 바르지 않으면서 기쁨을 찾으니 '사녕'한 자이다."

구사 효사 '상태미녕商兌未寧'는 구사효가 육삼 효사 '사녕'한 아첨을 차단하는 일을 상량商量하는 일로 인해 마음이 미녕未寧 : 편치 못함한 것을 설명한 것이다. '개질유희介疾有喜'는 구사효가 양덕陽德을 발휘해 아첨과 사행邪行을 일삼아 나라의 질환이 된 육삼효의 구오효 접근을 차단하면 희사喜事가 있다는 뜻이다.

구오 효사 '부우박孚于剝'의 '박剝'은 소인의 도가 날로 커지고 군자의 도가 날로 사라지는 것을 의미한다. 이는 구오효가 비록 중정을 얻기는 했으나 가까이 있는 상육효의 유혹에 넘어가 소인과 기쁨을 함께 함으로써 위험에 처하게 된 것을 지적한 것이다. '위정당位正當'은 중정의 도를 얻은 군자가 소인을 신뢰하고 있는 모습을 책망한 것으로 '구오효의 정당한 자리가 아깝다'는 차탄의 의미를 지니고 있다.

상육 효사 '인태引兌'는 상육효가 기쁨의 극에 달한 나머지 구오효와 구사효 등의 양효를 유인해 기쁨을 함께 나누는 것을 설명한 것이다. 상육효의 길흉에 대해서는 구체적인 언급을 하지는 않았으나 군위에 처해 있는 구오효에게 응당 상육효의 유인을 경계해야 한다는 메시지를 담고 있다.

「태괘」의 육효는 2개의 음효가 모두 아첨으로 기쁨을 누리는 소인으로 규정돼 있다. 2개의 양효는 처한 상황에 따라 평가가 다르게 나타나고 있다. 초구효는 정위를 얻어 화평과 기쁨을 누리는 가장 길한 상황에 놓여 있다. 구이효는 내심 성신을 지니고 기쁨을 누리는 까닭에 길하게 되었다. 구사효는 소인들의 '사녕'을 방지하는 까닭에 기쁨을 누릴 수 있다. 그러나 구오효는 군위에 처해 소인을 믿고 따르는 까닭에 위험에 처하게 되었다.

이를 통해 알 수 있듯이 「태괘」는 사군자士君子를 상징하는 양효에게 음유의 유혹에 넘어가지 않고 정도를 지켜야 비로소 '태도兌道'를 성취할 수 있다고 충고하고 있다. 이를 어길 경우 일시 기쁨을 누릴지 모르나 결국 재난을 만나게 된다는 게 「태괘」의 기본요지이다. '태도'를 치도의 차원에서 해석할 경우 그 요체는 〈대상전〉에서 언급한 '붕우강습朋友講習'에 있다. 이를 두고 『주역정의』는 이같이 풀이해 놓았다.

"동문同門을 붕朋, 동지同志를 우友라고 한다. '붕우'는 함께 기거하면서 도의를 강습하는 관계를 말한다. 상열相說 : 서로 기뻐함로 이보다 더한 것이 없다."

이는 학문의 도를 언급한 것으로 군자의 학덕學德 연마를 강조한 『논어』의 주장과 기본취지를 같이 하는 것이다. 일찍이 공자는 군자의 다스리는 통치를 가장 바람직한 통치로 간주하면서 그 전제로 군자의 '학덕' 연마를 강조한 바 있다. 『논어』의 첫 편이 학문을 강조하는 「학이學而」편으로 구성된 것도 결코 우연이 아니었던 것이다. 「학이」편의 첫머리에 나오는 다음 구절은 바로 '붕우강습'의 의미를 설명한 것이라고 할 수 있다.

"배우고 때때로 익히면 또한 기쁘지 않겠는가. 붕우가 먼 곳에서 찾아오면 또한 즐겁지 않겠는가. 남이 알아주지 않을지라도 성내지 않으면 또한 군자가 아니겠는가."

청대의 황식삼黃式三은 『논어후안論語後案』에서 '열說'을 두고 풀이하기를, '철저하게 이해할 때 우러나오는 기쁨이다'라고 했다. 이는 공문孔門의 목표가 학자적 군자의 형성에 있음을 언급한 것이다. 「태괘」의 '붕우강습'이 곧 「학이」편의 첫 구절과 그 취지를 같이 하고 있음을 시사하는 대목이 아닐 수 없다. '설說'이 '열說'의 뜻으로 통용되는 이치를 감안할 때 '태도兌道'는 곧 '열도悅道'이고, '열도'는 곧 '설도說道'임을 알 수 있다. '학설學說 : 학문을 통해 천하통치의 이치를 애기함'이 곧 '학열學悅 : 학문을 통해 천하통치의 이치를 깨닫고 기쁨을 얻음'인 셈이다.

제59장 풍수환(風水渙)

☴風

☵水

坎下巽上010,011

착괘 : 뇌화풍雷火豊 : 101,100

종괘 : 수택절水澤節 : 110,010

59-1
渙, 亨. 王假有廟, 利涉大川, 利貞.

환(渙)은 형통하다. 왕격유묘(王假有廟 : 군주가 신령을 감격케 만들어 불러들이면 종묘제사를 보전할 수 있음)하고, 이섭대천(利涉大川)하고, 이정(利貞)하다.

'환渙'은 '이산離散'의 뜻이다. 이는 감하손상坎下巽上으로 구성된 「환괘」의 괘상에서 나온 것으로 상괘인 '손괘'가 상징하는 바람이 하괘인 '감괘'가 상징하는 물 위에서 흩날려 분산되는 모습을 취한 것이다. 「환괘」에 나오는 '환'의 진정한 의미는 '환복渙福 : 복을 흩어지게 함'에 있는 게 아니라 '환난渙難 : 危難을 흩어지게 하여 해소함'에 있다.

'왕격유묘王假有廟'가 바로 '환난'의 취지를 밝힌 것이다. 이는 군주가 종묘제사를 보전하게 되었다는 뜻으로 조난을 당했을 때 소인은 사방으로 흩어지나 군자는 오히려 위난을 전화위복의 계기로 삼아 대공을 세우는 방법으로 '환난'한다는 뜻을 밝힌 것이다. '이섭대천利涉大川' 역시 같은 취지에서 나온 것이다.

59-2

「彖」曰, '渙, 亨.' 剛來而不窮, 柔得位乎外而上同. '王假有廟', 王乃在中也. '利涉大川', 乘木有功也.

〈단전〉에 이르기를, '환(渙), 형(亨)'이라고 했다. 강래불궁(剛來不窮 : 양강의 구이효가 앞서와 음유 사이에 처하니 궁하지 않음)하고, 음유(陰柔 : 육사효를 지칭)가 득위호외(得位乎外 : 밖에서 正位를 얻음, 외괘의 아래 음위에 처해 있음을 의미)하여 상동(上同 : 상괘에 처하여 위에 있는 양효와 뜻을 같이 함)한다. '왕격유묘'는 왕공이 중정의 도를 얻은 것을 뜻한다. '이섭대천'은 승목유공(乘木有功 : 사람들이 木船을 타고 힘을 합쳐 노를 저어 나아가면 능히 도하할 수 있음)을 뜻한다.

'강래불궁剛來不窮'은 구이효가 하괘의 가운데에 처해 중도를 얻고, 초육효를 비롯해 육삼효와 육사효 등의 음효와 끝없이 교왕하여 조화를 이루게 되었음을 의미한다. '상동上同'은 육사효가 상괘의 맨 아래에 처해 정위를 얻고, 위에 있는 구오효와 상구효의 뜻을 받들며 성심으로 협력하는 것을 설명한 것이다. '승목유공乘木有功'은 「환괘」의 상괘인 '손괘'가 목木, 하괘인 '감괘'가 수水를 뜻하고 있는 점에 주목해 「환괘」의 괘덕을 사람들의 합력合力으로 배가 물 위에서 쾌주快走케 된 것에 비유한 것이다.

59-3

「象」曰, 風行水上, 渙. 先王以享于帝, 立廟.

初六, 用拯馬壯, 吉. 「象」曰 '初六之吉', 順也.

九二, 渙奔其机, 悔亡. 「象」曰 '渙奔其机', 得願也.

六三, 渙其躬, 无悔. 「象」曰 '渙其躬', 志在外也.

六四, 渙其羣, 元吉. 渙有丘, 匪夷所思. 「象」曰 '渙其羣, 元吉', 光大也.

九五, 渙汗其大號. 渙, 王居无咎. 「象」曰 '王居无咎', 正位也.

上九, 渙其血(=恤), 去逖出, 无咎. 「象」曰 '渙其血', 遠害也.

〈상전〉에 이르기를, '풍행수상(風行水上), 환(渙)'이라고 했다. 선왕은 이를 본받아 향제입묘(享帝立廟 : 상제에게 제사를 올리고 종묘를 세움)했다.

초육은 용증마장(用拯馬壯 : 良馬를 이용해 스스로를 구제하여 勇壯을 얻음)하니 길하다. 〈상전〉에 따르면 '초육지길(初六之吉)'은 구이효의 뜻에 순응한 데 따른 것이다.

구이는 환분기궤(渙奔其机 : 흩어지는 시점에 의지할 수 있는 机로 달려감)하니 회망(悔亡)한다. 〈상전〉에 따르면 '환분기궤'는 득원(得願 : 원하는 것을 성취시킴)을 뜻한다.

육삼은 환기궁(渙其躬 : 자신의 몸을 부서지게 하면서 상구효를 따름)하니 무회(无悔)하다. 〈상전〉에 따르면 '환기궁'은 지재외(志在外 :

육사효의 뜻이 밖으로 발전하는 데 있음)를 뜻한다.

육사는 환기군(渙其羣 : 붕당을 해산시킴)하니 원길(元吉)하다. 또한 환유구(渙有丘 : 치천하의 기치를 내세워 흩어졌던 무리를 山丘처럼 다시 크게 모음)하니 이는 비이소사(匪夷所思 : 凡人이 생각할 수 있는 게 아님)라고 할 수 있다. 〈상전〉에 따르면 '환기군, 원길'은 광대(光大 : 육사효의 품덕이 광명정대함)를 뜻한다.

구오는 환한대호(渙汗大號 : 渙散의 시기에 大號令을 발동해 백성들의 '환산'을 막음)하는 것이다. '환(渙 : 환산)'의 상황이 닥칠지라도 왕거무구(王居无咎 : 군주가 대호령을 발동해 '환산'을 막으면 '무구' 함)하게 된다. 〈상전〉에 따르면 '왕거무구'는 정위(正位 : 군주가 중정의 도를 행함)를 뜻한다.

상구는 환기휼(渙其恤 : 근심을 환산시킴)·거적출(去逖出 : 근심으로부터 멀리 달아남, '逖'은 '遠'과 통함)하니 '무구' 하다. 〈상전〉에 따르면 '환기휼'은 원해(遠害 : 재난으로부터 멀리 떨어짐)를 뜻한다.

〈대상전〉의 '풍행수상風行水上'은 바람이 물 위로 흩날리며 불자 수면 위에 잔물결이 이는 모습을 형상한 것으로 천하만물의 '집산集散' 원리를 설명한 것이다. 후대의 문인들이 소위 '자연성문설自然成文說 : 文體 또한 수면 위의 물결무늬와 같이 신묘한 경지에서 이뤄짐'을 주장케 된 것은 「환괘」의 '풍행수상'에서 영감을 얻은 것이다. 이는 사물이 흩어질 때 신묘한 문채文采를 지니고 있다는 '환연유문渙然有文'의 미학적 관점에서 나온 것이다.

'향제입묘享帝立廟'는 선왕이 '환난渙難'이 이뤄졌을 때 천제에게 제사를 올리고 종묘를 세우자 천하백성들이 귀심歸心하게 되었다는 뜻이다. 이를 두고 정이천은 이같이 풀이했다.

"백성들의 마음을 거두는 데에는 종묘만한 것이 없다. '향제입묘' 하면 백성들의 마음이 돌아온다. 백성들의 마음을 동여매고 흩어지는 것을 화합시키는 것으로 이보다 나은 것은 없다."

초육 효사 '용증마장用拯馬壯'은 「명이괘」 육이효의 효사와 그 취지가 같다. 이는 초육효가 음효로서 「환괘」의 처음에 처해 위로 구이효를 받들고 있는 모습을 건장한 말의 도움을 얻어 자신의 유약함을 구하는 것에 비유한 것이다. 여기의 '마馬'는 구이효를 지칭한다. 초육효는 환산渙散을 막을 재주는 갖고 있지 않으나 구이효에게 순응하여 자신의 유약함을 보완한 것이다. 「환괘」에서 초육효를 제외한 나머지 5개 효는 모두 '환渙'이 언급되어 있다. 유독 초육효에 '환'이 언급되지 않은 것은 '환'의 상황이 일찍 수습되어 '환'의 상황에 이르지 않았음을 의미한다. '초육지길初六之吉'은 바로 이를 말한 것이다.

구이 효사 '환분기궤渙奔其机, 회망悔亡'은 구이효가 험난한 상황에 처해 후회케 되었으나 중도를 발휘하며 가까이 있는 초육효에게 달려가 의지함으로써 이내 '회망'하게 되었음을 의미한다. 이는 초육 효사 '용증마장用拯馬壯'을 구이효의 관점에서 풀이한 것이기도 하다. 이를 두고 정이천은 이같이 풀이했다.

"흩어지는 시점에서 험난한 가운데 처해 있으니 후회케 된 것이다. 만일 편히 쉴 수 있는 곳으로 달려가면 이내 '회망'할 것이다. 궤机는 누우면 편안하게 해주는 물건이다. 분奔은 서둘러 가는 것이다. 구이효와 초육효가 비록 바르게 호응하는 관계는 아니나 '환'의 상황에서 양자 모두 함께 할 짝이 없는 까닭에 서로 친하게 지내며 구제해 주니 곧 서로 의지하는 관계가 된다. 그래서 구이효는 초육효를 '궤'로 보고, 초육효는 구이효를 '마馬'로 본 것이다."

육삼 효사 '환기궁渙其躬'은 육삼효가 하괘의 마지막에 처해 상구효와 호응하면서 분골쇄신粉骨碎身의 자세로 헌신하는 것을 설명한 것이다. 육삼효가 이토록 헌신적인 모습을 보이게 된 것은 그 시기가 '환'의 시점인 사실과 무관치 않다. 『주역』 64괘 중 육삼효가 상구효와 호응하여 길한 경우는 그리 많지 않다. 「환괘」의 육삼효는 '환'의 시점에 당면해 자신의 몸을 잊은 채 오로지 상구효를 추종함으로써 '환산渙散'의 시점에 오히려 더욱 강력한 '취집聚集'이 이뤄지는 '환도渙道'의 이치를 여실히 보여주고 있다.

육사 효사 '환기군渙其羣'의 '군群'에 대한 해석을 둘러싸고 크게 두 가지 견해가 대립하고 있다. 하나는 '군'을 '군험群險 : 여러 가지 험난함'으로 파악하는 견해이고, 다른 하나는 '붕당朋黨' 내지 '사당私黨'으로 파악하는 견해이다. 전자는 왕필과 공영달 등이 주장했고, 후자는 소동파와 주희 등이 주장했다.

왕필은 '군'을 '군험'으로 간주해 '환유구渙有丘'는 '군험을 흩뜨리는 와중에 아직 평정하지 못한 험난함', '비이소사匪夷所思'는 '아직 평정하지 못해 늘 생각하며 잊어서는 안 될 사안'으로 풀이했다. 이에 그는 육사효의 역할을 이같이 분석해 놓았다.

"육사효는 '손괘'에 있는 까닭에 이미 위험은 넘어서 있다. 이에 정위正位를 얻어 상괘의 밑에 처해 있으면서 위로 육오효의 뜻을 받들어 안으로 기밀機密을 관장하고 밖으로 군명을 선포하는 역할을 맡게 된 것이다. 그래서 능히 '군험'을 흩뜨리고 그 도를 밝게 드러낼 수 있는 것이다. 그러나 육사효는 비순卑順한 위치에 처해 있어 자전自專 : 스스로 專決함할 수 없는 데다가 '군험'

을 흩뜨리는 임무까지 맡고 있다. 이는 마치 '군험'을 흩뜨리는 도정에서 아직 평정하지 못한 곳이 있을까 염려하는 것과 같다. 비록 '원길'하다고 하나 잊지 못하고 계속 평정을 생각해야 하는 일이 남아 있는 것이다."

당제국의 공영달은 왕필의 주석을 그대로 좇았다. 이에 대해 북송대의 소동파는 '군'을 '군험'으로 해석하는 것에 반대하면서 '붕당'으로 해석하는 타당하다고 주장했다. 그는 '환기군'과 '환유구' 등을 두고 이같이 풀이했다.

"작은 것을 합쳐 크게 만들고, 큰 것을 합쳐 하나로 만든다는 뜻이다. 이는 태조太祖 : 송태조 趙匡胤을 지칭가 촉蜀을 취하고 강남江南을 취한 것과 같다. 이들 모두 '환기군'과 '환유구'의 구체적인 사례에 해당한다. 다만 육사효가 어떻게 해서 이런 뜻을 지니게 되었는지는 자세히 파악하기 어렵다."

소동파는 역사적 사실을 예로 들어 '군'을 붕당으로 해석하는 단초를 열어 놓으면서 육사효가 어떻게 해서 이런 역할을 하게 되었는지 증명하기가 쉽지 않다고 토로한 것이다. 주희는 소동파의 주석을 그대로 받아들이면서 소동파가 제기한 의문에 대해 이런 해답을 제시했다.

"「환괘」의 육사효에서 '환기군, 원길'이라고 했다. 무릇 붕당을 성인이 해체시키고자 하는 것은 붕당은 하나로 통일할 수 있기 때문이다. 대개 인심이 흩어질 때는 각각 서로 붕당을 만드는 까닭에 하나로 통일시킬 수가 없다. 오로지 육사효만이 소인들의 사당을 해체시켜 천하의 공도를 성취시킬 수 있는 까닭에 '원길'이라고 한 것이다."

주희의 해답이 나온 뒤 현재까지 이 견해가 주류를 이루고 있다. 주희의 주석을 추종하는 자들은 육사효가 구오효의 뜻을 받들면서 아래로 호응하지 않고 사사로움도 없는 까닭에 이내 붕당을 해산케 된 것으로 보고 있다. 육사효가 음효로서 구오효와 가까운 자리에서 정위正位를 얻음으로써 붕당의 이합집산을 좌우할 수 있는 중요한 위치에 처한 데 따른 것으로 보고 있는 것이다.

이들은 '환유구'에 대해 소동파의 해석을 그대로 받아들여 육사효가 붕당을 해체시키는 데 그치지 않고 작은 붕당을 큰 붕당으로 만들어 천하를 하나로 만든 대공을 세웠음을 뜻하는 것으로 풀이하고 있다. 붕당을 해체시킨 후 천하통일의 커다란 기치를 내걸고 흩어진 자들을 다시 크게 끌어 모아 산악처럼 큰 세력을 형성했다는 뜻으로 파악한 것이다. 이는 '환유구'의 '구丘'를 '산구山丘'의 의미로 파악한 것으로 왕필이 '구허丘墟 : 아직 남아 있는 험난함'의 의미로 파악한 것과 대조를 이루고 있다. 이들은 '비이소사匪夷所思'에 대해서도 '이는 평범한 사람이 생각할 수 있는 게 아니다'라는 식으로 풀이하고 있다. 이는 '이夷'를 '범인凡人'으로 간주한 데 따른 해석으로 왕필이 '열悅'의 의미로 파악한 것과 대조되고 있다.

과연 어느 쪽 해석이 타당한 것일까. 왕필이 생존했던 삼국시대만 할지라도 '붕당'의 개념이 존재하지 않았다. 그러나 소동파가 활약했던 북송대는 사마광司馬光이 이끄는 구법당舊法黨과 왕안석王安石이 이끄는 신법당新法黨이 격심한 당쟁을 전개했다. 소동파는 구법당에 속해 있다가 당쟁에 패해 유배를 가기도 했다. 소동파는 당시의 시대상을 반영해 육사효의 역할을 보다 적극적으로 해석했던 것이다.

그러나 '환기군'의 '군'을 붕당으로 해석할 경우 과연 신하의 위치에 처해 있는 육사효가 붕당을 해체하고 천하통일을 준비하는 새로운 붕당을 만드는 일이 가능한 것일까. 물론 소동파는 송 태조 조광윤趙匡胤이 후주後周의 대장군으로 있으면서 이런 역할을 수행해 천하통일의 주역으로 등장한 것을 그 예로 들었다. 황제조차 붕당으로 끌어들여야 한다고 주장한 남송대의 주희는 여기서 한발 더 나아가 조광윤과 같은 개국조가 아닌 일반 신료일지라도 능히 기존의 정당을 허물고 새로운 붕당을 만들 수 있다고 해석한 것이다.

주희의 이런 주장은 신권臣權을 군권君權보다 우위에 둔 그의 지론에서 나온 것이다. 남송대와 같이 신권을 군권보다 우위에 두고 황제조차 사대부士大夫의 일원에 불과하다고 간주하는 상황에서는 주희의 견해가 타당할 수 있다. 현대국가에 적용할 경우 왕권을 상징하는 대통령제 하에서는 왕필의 견해가 보다 타당하나 신권에 해당하는 의회의 우위를 주장하는 의원내각제 하에서는 주희의 견해가 보다 적실성이 있다. 대략 모든 나라가 정당정치를 제도화하고 있는 점에 비춰 절충적인 입장에 서 있는 소동파의 견해를 좇는 게 타당할 것이다.

구오 효사 '환한대호渙汗大號'는 군위에 있는 구오효가 중정의 덕을 발휘해 백성들이 '환산'하는 위기의 상황에서 위엄을 지닌 '대호령大號令'을 발하여 '환산'을 막는 것을 설명한 것이다. 여기의 '한汗'은 백성들이 험액險阨을 만나 크게 놀란 나머지 고생하는 것을 몸에서 땀이 비 오듯 흘러내리는 것에 비유한 것이다.

'왕거무구王居无咎'는 오직 구오효만이 '대호령'을 발동해 '환산'을 막을 수 있는 존위尊位에 있는 만큼 이를 시행하면 '무구'하게 될 것이라는 뜻이다.

상구 효사 '환기혈渙其血 · 거적출去逖出'은 상구효가 「환괘」의 맨 위에 처해 위험에 가장 가까이 근접해 있으나 환도渙道가 극에 달해 다시 취집聚集이 시작되는 까닭에 근심으로부터 벗어나게 되었음을 뜻한다. '원해遠害'는 환산으로 인한 재난으로부터 벗어났음을 설명한 것으로 '물극필반物極必反'의 이치가 적용된 결과이기도 하다.

「환괘」의 육효는 천하만물이 '이합집산離合集散'하는 여러 예를 통해 치도를 설명하고 있다. 육효 모두 비록 환산의 시점에 처해 있기는 하나 음양강유陰陽剛柔가 서로 호응하는 까닭에 '취집'의 기상氣象을 이미 내포하고 있다.

초육효는 비록 음효로서 맨 아래에 처해 있으나 구이효와 호응함으로써 길하게 되었고, 구이효는 호육효로 상징된 '궤机'에 의지함으로써 '회망'케 되었다. 육삼효와 상구효는 음양강유의 호응을 통해 '회망'하거나 '무구'하게 되었고, 육사효와 구오효 역시 음양강유의 조화를 이뤄 치천하를 위한 큰 붕당을 만들거나 민심을 다시 끌어 모아 환도渙道를 성대하게 만들었다.

이를 통해 알 수 있듯이 「환괘」에서 말하는 '환도'는 바로 환산의 시기에 사물이 흩어질지라도 결코 문란하지 않고, 이내 다시 중정의 도를 발휘해 흩어진 것을 끌어모아 더욱 성대하게 만든다는 이치를 밝히고 있다. 이는 〈대상전〉에서 말한 '풍행수상風行水上'의 취지를 밝힌 것이기도 하다. '환도'를 치도의 관점에서 풀이한 대표적인 효사는 구오 효사 '환한대호渙汗大號'이다. 커다란 위난으로 인해 백성들이 궤산하는 시점에서 군주가 중정의 도로 대호령을 발해 더욱 성대한 '취집'의 공업을 이루는 것이야말로 군도君道가 정채精彩를 발하는 결정적인 대목이 아닐 수 없다.

제60장 수택절(水澤節)

☵ 水

☱ 澤

兌下坎上110,010

착괘 : 화산려火山旅 : 001,101

종괘 : 풍수환風水渙 : 010,011

60-1
節, 亨, 苦節不可貞.

절(節)은 형통하나 고절불가정(苦節不可貞 : 고통스러울 정도의 절제를 가하면 다시 바르게 되지 못함)하다.

'절節'은 '절제節制'의 뜻이다. '고절불가정苦節不可貞'은 절제가 중도를 얻지 못하고 고통이 수반될 정도로 지나치게 진행될 경우 오히려 크게 각박해지고, 사물이 감당할 수 없게 되면 다시는 바른 상태를 회복할 수 없게 된다는 뜻이다. '불가정不可貞'

을 '불가, 정'으로 끊어서 해석하는 견해도 있으나 이는 지나치게 정덕貞德을 강조한 것으로 '고절苦節'을 언급한 취지와 어긋난다.

60-2

「彖」曰 '節亨', 剛柔分而剛得中. '苦節不可貞', 其道窮也. 說以行險, 當位以節, 中正以通. 天地節而四時成, 節以制度, 不傷, 不害民.

〈단전〉에서 이르기를, '절(節), 형(亨)'이라고 했으니 이는 강유분(剛柔分 : 상괘인 '감괘'와 하괘인 '태괘'가 상하로 나뉨)·강득중(剛得中 : 구이효와 구오효가 中德을 얻음)을 말한다. '고절불가정(苦節不可貞)'은 기도궁(其道窮 : 그같이 하지 않을 경우 '節道'가 궁해짐, 구오효를 지칭)을 말한다. 물정(物情)이 기쁨에 넘치면 행험(行險 : 험난한 일을 극복함, '險'은 상괘인 '감괘'를 상징)할 수 있고, 당위(當位 : 타당한 자리에 처함)하면 절제할 수 있게 되니 이는 중정(中正 : 중도에 처하면서 정도를 행함, 구오효를 지칭)으로 통하는 것이다. 천지가 절제해야 사시(四時)가 제때 이뤄지듯이 군주도 제도(制度)로 절제해야 비로소 불상(不傷 : 재물을 낭비하지 않음)·불해민(不害民 : 백성을 해치지 않음)할 수 있다.

'강유분剛柔分·강득중剛得中'을 두고 왕필은 이같이 풀이했다.

"'감괘'는 양陽, '태괘'는 음陰이다. 「절괘」는 '양'이 위에 있고 '음'이 아래에 있는 까닭에 강유剛柔가 나뉘어 있다. '강유'가 나뉘어졌으나 혼란스럽지 않고, 강剛은 중中을 얻어 절제의 주재자가 되었다. 절제가 훌륭하게 이뤄진 것으로 '강유분·남녀별男女別 : 남녀구별'보다 더 좋은 게 없다."

'기도궁其道窮'은 절제에 중정을 지키지 않을 경우 이내 '절도節道'를 해치게 된다는 뜻으로 군위에 있는 상구효를 경계한 것이다. 이를 두고 우번은 이같이 풀이했다.

"가장 높은 곳에 처하면서 양강의 구오효를 올라타고 앉아 있으므로 곤궁할 것이라고 한 것이다."

60-3

「象」曰, 澤上有水, 節. 君子以制數度, 議德行.

初九, 不出戶庭, 无咎.「象」曰 '不出戶庭', 知通塞也.

九二, 不出門庭, 凶.「象」曰 '不出門庭, 凶', 失時極也.

六三, 不節若, 則嗟若, 无咎.「象」曰 '不節之嗟', 又誰咎也.

六四, 安節, 亨.「象」曰 '安節之亨', 承上道也.

九五, 甘節, 吉. 往有尙.「象」曰 '甘節之吉', 居位中也.

上六, 苦節, 貞凶, 悔亡.「象」曰 '苦節貞凶', 其道窮也.

〈상전〉에 이르기를, '택상유수(澤上有水), 절(節)'이라고 했다. 군자는 이를 본받아 제수도(制數度 : 治理와 법도를 제정함)·의덕행(議德行 : 인재의 덕행을 논해 임용함)한다.

초구는 불출호정(不出戶庭 : 집 마당 밖으로 나가지 않음)하니 '무구'하다. 〈상전〉에 따르면 '불출호정'은 지통색(知通塞 : 길이 통하고 막혀 있는지를 앎)을 뜻한다.

구이는 불출문정(不出門庭 : 대문 밖으로 나가지 않음)하니 흉하다. 〈상전〉에 따르면 '불출문정, 흉(凶)'은 실시극(失時極 : 시기가 맞아떨어진 것을 놓침, '時極'은 '時中'을 의미)을 뜻한다.

육삼은 부절약(不節若 : 절제하는 못하는 모습을 보임, '若'은 '如'와 같은 뜻의 語氣辭)하나 차약(嗟若 : 탄식하며 스스로 반성하는 모습을 보임)하면 '무구'하게 될 것이다. 〈상전〉에 따르면 '부절지차(不節

之嗟 : 스스로 不節하여 초치한 재난으로 인해 차탄함)' 는 '우수구(又誰咎 : 자초한 재난을 두고 누구를 원망할 것인가)' 의 뜻이다.

육사는 안절(安節 : 安穩하게 절제하며 구오효를 섬김)하니 형통하다. 〈상전〉에 따르면 '안절지형(安節之亨)' 은 승상도(承上道 : 구오효를 섬기며 節道를 지킴)를 뜻한다.

구오는 감절(甘節 : 節道를 지키며 중정의 도를 행하니 전혀 고통스럽지 않고 즐거움)하니 길하고, 왕유상(往有尙 : 앞으로 나아가면 사람들의 숭상을 받음)할 것이다. 〈상전〉에 따르면 '감절지길(甘節之吉)' 은 위거중(位居中 : 자리가 정중의 위치인 군위에 있음)을 뜻한다.

상육은 고절(苦節 : 절제가 지나쳐 고통을 감당키 어렵게 됨)하여 정흉(貞凶)하나 회망(悔亡)한다. 〈상전〉에 따르면 '고절, 정흉' 은 기도궁(其道窮)을 뜻한다.

〈대상전〉의 '택상유수澤上有水' 는 '태하감상兌下坎上' 으로 이뤄진 「절괘」의 괘상을 풀이한 것으로 '연못 위의 물은 제방堤防 등을 사용해 조절해야 한다' 는 뜻을 담고 있다. '제수도制數度, 의덕행議德行' 은 바로 이를 풀이한 것으로 절제의 준칙을 언급한 것이다. '제수도' 의 '수도數度' 를 두고 『주역정의』는 '존비예명지다소尊卑禮命之多少 : 존비와 관련된 예제의 많고 적음' 로 풀이했으나 '수數' 를 '이理' 의 뜻으로 보아 '이도理度 : 다스리는 이치와 법도' 로 해석하는 게 문맥상 순통한다.

초구 효사 '불출호정不出戶庭' 의 '호정戶庭' 은 집 마당을 뜻한다. 이는 초구효가 「절괘」의 시작에 처하면서 위로 육사효와 호응하고 있는 상황을 설명한 것이다. 앞에 구이효가 가로 막고 있는 까닭에 신중한 자세로 절제하며 멈춰서야만 '무구' 할 수 있다는 뜻을 담고 있다. 「절괘」의 '절節'이 '지止'의 뜻으로 해석되는 이유가 바로 여기에 있다. 이를 두고 〈계사전〉은 이같이 풀이해 놓았다.

"군주가 기밀을 지키지 않으면 신하를 잃고, 신하가 기밀을 지키지 않으면 몸을 잃게 된다. 일의 낌새가 비밀로 지켜지지 않는다면 화를 면할 수 없다. 군자는 이를 본받아 비밀을 신중히 지켜 누설되지 않게 해야 한다."

구이 효사 '불출문정不出門庭'의 '문정門庭'은 대문 안에 있는 마당을 뜻한다. 구이효는 앞에 있는 2개의 음효와 가까이 지내면서 음양이 크게 통해 앞으로 나아가면 크게 이로운 상황에 처해 있다. 이는 앞길이 막혀 있는 초구효와 정반대로 앞길이 훤히 트여 있는 것을 말한다. 그럼에도 양강으로 음위에 처한 구이효는 정위를 상실하여 절제에 지나치게 구속된 나머지 혹여 구오효와 호응치 못할까 내심 근심하며 머뭇거리는 사이에 때를 놓칠 우려가 크다.

'실시극失時極'은 바로 이를 지적한 것이다. 여기의 '극極'은 '중中'과 통한다. '극極'은 집의 용마루를 뜻한다. 용마루는 집의 척추에 해당하는 까닭에 '중'의 의미로 원용된 것이다. '시극時極'을 잃었다는 것은 곧 '시중時中'을 잃었다는 뜻으로 적당한 시기가 찾아왔는데도 불구하고 머뭇거리며 나아가지 않아 실기하게 되었음을 뜻한다. 구이효는 초구효와 달리 길이 통했을 때 절제하여 나아가지 않음으로써 화를 자초한 셈이다.

육삼 효사 '부절약不節若'은 음효로서 양위에 처해 정위를 상실한 육삼효가 2개의 양효를 올라타고 앉은 오만한 모습을 지적한 것이다. 그러나 육삼효가 스스로 반성할 경우 '무구' 하게 될 수 있다. '차약嗟若, 무구' 는 바로 이를 말한 것이다. '우수구又誰咎' 는 '자초한 재난을 두고 누구를 원망할 수 있겠는가' 의 뜻으로 '누가 그와 더불어 잘못을 범하겠는가' 의 뜻으로 쓰인 「동인괘」 초구 효사 '우수구' 와 그 의미가 다르다.

육사 효사 '안절安節' 은 육사효가 음유의 품성으로 정위를 얻어 육오효에 순종하며 안온安穩한 마음으로 절제하는 것을 말한 것이다. '승상도承上道' 는 이를 풀이한 것으로 위로 군주의 뜻을 이어받아 군명을 행함으로써 신하로서의 절도節道를 잃지 않았음을 의미한다. 이는 육삼효가 하괘인 '태괘' 의 극에 처해 있으면서 '절도' 를 잃은 것과 대비된다. 육사효는 음효로서 음위에 처해 정덕貞德을 얻은 까닭에 '승상도' 할 수 있게 된 것이다.

구오 효사 '감절甘節' 은 육오효가 양강의 품성으로 아래 2개의 음효를 타고 앉아 중정의 도를 발휘함으로써 발전하는 모습을 설명한 것이다 '왕유상往有尙' 은 '절도' 를 발휘하는 모습을 유지한 채 그대로 앞으로 나아가면 사람들의 숭상을 받게 될 것이라는 뜻이다. 이를 두고 왕필은 이같이 풀이했다.

"중도의 위치에 머물며 「절괘」의 주인이 되어 중도를 잃지 않으니 '불상재不傷財, 불해민不害民' 이라고 한 것이다. '절도' 를 이뤄 고통스럽지 않으니 그것이 바로 즐거운 게 아니고 무엇이겠는가."

상육 효사 '고절苦節' 은 상육효가 「절괘」의 가장 높은 곳에 처해 절제를 지나치게 행함으로써 감당키 어려울 정도의 고통을 수반케 되었음을 지적한 것이다. '정흉貞凶, 회망悔亡' 은 '고절' 로 인해 후회하게 되었으나 수신修身하여 바르게 행동하면 이내 '회망'할 수 있음을 말한 것이다.

'고절'은 '물극필반物極必反'의 이치를 선명히 보여주고 있는 것이다. 이는 『예기』「곡례 상」의 다음 구절과 그 취지를 같이 하는 것이다.

"예는 절제를 넘어서지 않는 것이다."

이를 통해 알 수 있듯이 「절괘」의 육효가 제시하고 있는 '절도節道'는 결코 단순한 의미의 절제를 뜻하는 게 아니다. 때와 장소에 알맞는 절도가 바로 「절괘」에서 말하는 '절도'인 것이다. 「절괘」의 육효는 3개의 효가 정正, 나머지 3개의 효는 반反의 모습을 취하고 있다.

초구효는 집 마당을 넘지 않는 까닭에 '무구'한 데 반해 구이효는 오히려 문 밖으로 나서지 않는 까닭에 흉하게 되어 있다. 서로 정·반의 모습을 취하고 있는 것이다. 육삼효는 정위를 얻지 못해 절제하지 못하는 상항에 처해 있으나 육사효는 정위를 얻어 안온한 자세로 '절도'를 행하고 있다. 양자 또한 정·반의 모습을 취하고 있는 것이다. 육오효는 중도를 행하여 '절도'의 묘리를 체득한 모습을 보이고 있으나 상육효는 지나친 절제로 인해 중도를 상실함으로써 오히려 절제가 고통스럽게 되어버렸다.

이를 통해 알 수 있듯이 「절괘」에서 말하고자 하는 '절도'의 요체는 바로 구오 효사 '감절甘節'에 있다. 이는 『논어』「선진」의 '과유불급過猶不及'과 그 취지를 같이 하는 것이다. '감절'은 바로 과불급過不及이 없는 절제야말로 '진정한 절도'임을 드러낸 것이라고 할 수 있다. '절도'의 요체가 바로 여기에 있다고 해도 과언이 아니다.

순자는 일찍이 『순자』「왕제」편에서 '칙동이례飭動以禮 : 예의로서 행동을 절제함'를 언급하면서 '절도'의 중요성을 역설한 바 있다. 그가 말하는 '절도' 역시 과불급이 없는 '진정한 절도'를 의미하는 것임은 말할 것도 없다. 그는 맹자가 주장하는 '과욕설寡欲說'을 두고 '과욕'을 지나치게 강조할 경우 사실상 육오 효사 '고절'에 가까울 수 있다고 비판한 바 있다. 『순자』「정명」편의 다음 구절이 그 증거이다.

"치도를 말하면서 과욕寡欲을 주장하는 자는 절욕節欲 : 욕망을 절제함의 방법을 모르는 자이다."

순자가 말한 '절욕'은 인간의 무한한 욕망 자체를 인정한 가운데 때와 장소에 따른 절제를 강조한 것인 데 반해 맹자가 말한 '과욕'은 욕망 자체의 억압 내지 부분적인 제거를 강조하고 있다는 점에서 큰 차이가 있다. 순자의 이런 비판은 맹자가 말한 '과욕'이 자칫 「절괘」 상육 효사 '고절'로 흐를까 우려한 데 따른 것으로 볼 수 있다.

순자가 말한 '절욕'은 상육 효사 '고절苦節'을 통해 알 수 있듯이 '절도' 자체가 절제되어야만 가능한 것이다. 중도를 벗어난 지나친 절제는 '절도'의 기본취지를 해칠 수밖에 없다. 성리학에서 말하는 천리인욕天理人欲의 '멸욕설滅欲說'이 바로 이 경우에 해당한다. 성리학은 맹자의 '과욕'을 '고절'에 가까운 '절욕' 내지 '거욕去欲'으로 풀이했다. 이것이 중정을 강조한 『주역』의 입장과 정면으로 배치되는 것임은 말할 것도 없다.

성리학의 이런 입장이 단순히 개인의 수양 차원에 머물 경우는 그런대로 용인할 수 있으나 만일 이것이 치도의 논리로 확장돼 적용될 경우 커다란 문제를 야기할 수밖에 없다. 성리학을 숭봉했던 조선과 중국이 19세기 말에 제국주의자들의 침탈대상이 된 것도 이와 무관치 않다고 보아야 한다.

〈단전〉에서 말한 '불상不傷, 불해민不害民'은 '절도'를 치도의 입장에서 풀이한 것으로 볼 수 있다. 이는 현군이 취해야 할 기본 입장을 언급한 것으로 군도君道의 요체를 설명한 것이기도 하다. 이를 두고 『주역정의』는 이같이 해석한 바 있다.

"천지는 기서氣序 : 천기의 순서로 절제한다. 이에 한서寒暑로 하여금 왕래하며 그 차례를 따르게 함으로써 사시四時의 공을 성취케 하는 것이다. 왕자王者 또한 제도制度를 이용해 절제해야 한다. 그래야만 '절도'를 얻어 백성을 동원하면서 때에 맞출 수 있다. 이것이 곧 '불상, 불해민'의 뜻이다."

이는 공자가 『논어』에서 강조하고 있는 '절용節用'과 '애민愛民', '사민이시使民以時'와 그 취지를 같이 하는 것이다. 공자는 『논어』「학이」편에서 치평의 요체를 이같이 제시한 바 있다.

"절용節用 : 재정을 절약함하고, 애민愛民 : 백성을 사랑함하고, 사민이시使民以時 : 백성의 노역동원을 때에 맞게 함해야 한다."

이는 「절괘」에서 말하는 '절도'를 치도에 적용할 경우 '절용'과 '애민', '사민이시'로 요약할 수 있음을 말한 것이다. 이는 결코 성리학에서 말하는 '멸욕설' 내지 '거욕설'로는 이룰 수 없는 것이다. 「절괘」에서 말하고자 하는 '절도'는 바로 과불급이 없는 절도를 뜻하고, 이는 구오 효사 '감절'에서 그 취의趣意를 선명히 드러내고 있다고 해도 과언이 아니다.

제61장 풍택중부(風澤中孚)

☴ 風

☱ 澤

兌下巽上110,011

착괘 : 뇌산소과雷山小過 : 001,100

종괘 : 풍택중부風澤中孚 : 110,011

61-1
中孚, 豚魚吉. 利涉大川, 利貞.

중부(中孚)는 돈어길(豚魚吉 : 誠信으로 돼지와 물고기까지 감화시켜 길함)하다. 이섭대천(利涉大川)하고, 이정(利貞 : 守貞하면 이로움)하다.

'중부中孚'를 두고 『주역정의』는 '신발우중信發于中 : 心中에서 믿음이 발함'으로 풀이했다. 대략 '마음 속에 성신誠信을 지니고 있다'의 뜻으로 풀이할 수 있을 것이다. '돈어길豚魚吉'의

'돈豚'은 비천한 동물, '어魚'는 은밀하게 숨어 사는 동물에 비유되어 있다. 이는 하찮은 동물에게까지 성신誠信이 미쳐 길하게 되었다는 뜻으로 지극히 광대한 군덕君德을 의미한다. 이를 두고 주희는 정이천의 말을 인용해 이같이 풀이했다.

"정이천은 말하기를, '가운데 있는 것을 부孚라고 한다. 이는 일을 할 때 성신으로 한다는 뜻으로 크게 좋은 말이다'라고 했다. 정이천은 또 『자설字說』을 인용해 말하기를, '부孚가 조爪 : 손톱와 자子 : 卵로 구성된 것은 새가 알을 품고 있는 모습과 같다. 지금 유乳자의 한 변은 부孚로 되어 있다. 대개 가운데에 품고 있다는 것은 실제로 물건이 있다는 뜻이다. 이는 사람이 스스로를 믿는다는 뜻이다'라고 했다."

문의에 부합하는 해석이다.

61–2

「彖」曰, 中孚, 柔在內而剛得中, 說而巽, 孚, 乃化邦也. '豚魚吉', 信及豚魚也. '利涉大川', 乘木舟虛也. 中孚以利貞, 乃應乎天也.

〈단전〉에 이르기를, '중부(中孚)는 유재내(柔在內 : 육삼효와 육사효가 가운데에 처함)·강득중(剛得中 : 구이효와 구오효가 중덕을 얻음)하고 열이손(說而巽 : 아래에 있는 자가 기뻐하고 위에 있는 자는 화순함)하니 이것이 부덕(孚德)하다. 믿음이 선 이후에야 이내 화방(化邦 : 나라를 교화시킴)할 수 있다'고 했다. '돈어길(豚魚吉)'은 성심이 돈어(豚魚)에까지 미친 것을 뜻한다. '이섭대천'은 승목주허(乘木舟虛 : 강을 건너는 배 안의 비어 있는 곳에서 다시 나무를 타고 있음)를 뜻한다. '이정(利貞)하여 중부(中孚)한다'는 응천(應天 : 천도에 부응함)을 뜻한다.

'유재내柔在內, 강득중剛得中'을 두고 정이천은 이같이 풀이했다.

"2개의 음유가 「중부괘」의 가운데에 처한 것은 마음 속에 사심을 비운 채 정성만을 담고 있는 모습이다. 2개의 양강이 상괘와 하괘의 가운데에 처한 것은 가운데에 실물이 있어 믿음을 지닐 수 있는 모습이다. 이것이 '중부'가 된 이유이다."

이는 '중부'의 근거를 '허심虛心'에서 찾은 것이다. 마음을 비웠다는 것은 곧 사심을 없앴다는 뜻이고, 이는 곧 남을 속이지 않게 되었다는 뜻이다. 이를 두고 청대 말기의 증국번曾國藩은 이같이 풀이했다.

"사람이 남을 속이는 것은 곧 자신을 속이는 것이다. 남을 속이지 않는 자는 사심이 없는 자이다. 천하에서 지극한 정성을 다할 수 있는 자는 곧 천하에서 마음을 지극히 비울 수 있는 자이다. 어떤 것도 마음에 끼어 있지 않은 상황에서 사물이 다가오는 대로 순응할 수 있는 것을 '허虛'라고 한다. 이는 곧 '성誠'이기도 하다."

'열이손說而巽'은 「중부괘」의 괘덕을 말한 것이고, '화방化邦'은 군주가 성신의 자세로 임해 백성을 교화시킨다는 뜻이다. 이를 두고 정이천은 이같이 풀이했다.

"상괘인 '손괘'와 하괘인 '태괘'는 곧 위는 지극한 정성으로 아래에 순응하며 겸손하고, 아래는 마음 속으로 성신을 갖고 기꺼이 위에 순종하고 있는 모습이다. 이같이 하면 그들이 갖고 있는 마음 속의 성신으로 이내 나라를 변화 · 발전시킬 수 있다."

'승목주허乘木舟虛'는 배를 타고 강을 건널 때 배 안의 비어 있는 곳에서 다시 나무를 타고 있는 모습을 상징한 것으로 어떤 일이 있어도 결코 물에 빠지는 일은 일어날 수 없음을 의미한다. 이는 어떠한 위난이 닥칠지라도 이내 제난濟難 : 위난을 구제함할 수 있다는 뜻이다.

'응천應天'은 '이정利貞'을 풀이한 것이다. 이를 두고 『주역정의』는 이같이 풀이했다.

"천덕은 강정剛正하여 기서氣序 : 천기의 순서에 차질이 없다. 이것이 정신正信 : 바르고 믿음이 있음이다. 지금 '정신'하다는 것은 '응천'한다는 뜻으로 '중부中孚'의 흥성을 의미한다. 그러니 '이정'은 반드시 이뤄질 것이다."

61-3

「象」曰, 澤上有風, 中孚. 君子以議獄緩死.

初九, 虞吉, 有它不燕. 「象」曰 '初九虞吉', 志未變也.

九二, 鳴鶴在陰, 其子和之. 我有好爵, 吾與爾靡之. 「象」曰 '其子和之', 中心願也.

六三, 得敵, 或鼓或罷, 或泣或歌. 「象」曰 '或鼓或罷', 位不當也.

六四, 月幾望, 馬匹亡, 无咎. 「象」曰 '馬匹亡', 絶類上也.

九五, 有孚攣如, 无咎. 「象」曰 '有孚攣如', 位正當也.

上九, 翰音登于天, 貞凶. 「象」曰 '翰音登于天', 何可長也.

〈상전〉에 이르기를, '택상유풍(澤上有風), 중부(中孚)'라고 했다. 군자는 이를 본받아 의옥완사(議獄緩死 : 성신을 갖고 형옥을 신중히 다뤄 사형을 관대히 처리함)한다.

초구는 우길(虞吉 : 호응하는 구사효에게 專一해야 길함, '虞'는 '專'과 통함)하니 유타불연(有它不燕 : 다른 곳에서 호응하는 자를 구하면 마음이 편안치 못함, '燕'은 '安'과 통함)할 것이다. 〈상전〉에 따르면 '초구, 우길'은 지미변(志未變 : 육사효에게 전일하는 뜻이 변하지 않음)을 뜻한다.

구이는 명학재음(鳴鶴在陰 : 어미 학이 산그늘에서 새끼를 부름)하자 기자화지(其子和之 : 새끼 학이 이에 화답함)하는 것과 같다. 이는 '나에게 호작(好爵 : 좋은 술)이 있다면 여이미지(與爾靡之 : 그대와 같은 현자와 나눠 마심, 靡는 散과 통함)할 것이다'라고 말하는 것과 같다. 〈상전〉에 따르면 '기자화지'는 중심원(中心願 : 마음 속에서 우러나오는 성신으로 원하고 있음)을 뜻한다.

육삼은 득적(得敵 : 앞으로 나아가고자 하나 이내 육사효를 만남)하여 혹고혹파(或鼓或罷 : 때로 북을 울려 공격하고, 때로 공격을 그침)·혹읍혹가(或泣或歌 : 때로 패퇴하여 눈물을 흘리고, 때로 해를 당하지 않아 노래를 부름)한다. 〈상전〉에 따르면 '혹고혹파'는 위부당(位不當)을 뜻한다.

육사는 월기망(月幾望 : 만월에 가까움, 陰德이 극성함을 의미)하니 마필망(馬匹亡 : 말이 짝을 떠나보냄, 육삼효와의 절연을 의미)하면 '무구'하다. 〈상전〉에 따르면 '마필망'은 절류상(絶類上 : 동류인 육삼효와의 관계를 끊고 구오효를 섬김)을 뜻한다.

구오는 유부연여(有孚攣如 : 성신으로 천하의 민심을 끌어당겨 동여맴)하니 '무구'하다. 〈상전〉에 따르면 '유부연여'는 위정당(位正當)을 뜻한다.

상구는 한음등우천(翰音登于天 : 성신을 가장한 소리가 마치 높이 나는 새의 울음소리처럼 하늘 높이 날아올라 감)하니 정흉(貞凶 : 貞德에 해를 끼침)하다. 〈상전〉에서 이르기를, '한음등우천'이라고 했다. 그러니 가장된 성신이 어찌 오래 갈 수 있겠는가.

〈대상전〉의 '택상유풍澤上有風'은 '태하손상兌下巽上'으로 이뤄진 「중부괘」의 괘상을 풀이한 것이다. 이를 두고 『주역정의』는 이같이 풀이했다.

"연못 위에서 바람이 불면 두루 미치지 않는 곳이 없다. 이는 믿음이 사물에 미치면 이르지 않는 곳이 없는 것과 같다. 그래서 '택상유풍, 중부'라고 한 것이다."

'의옥완사議獄緩死'는 중부도中孚道를 널리 베풀어 형옥刑獄을 관대히 처결하는 것을 의미한다. 이를 두고 정이천은 이같이 풀이했다.

"군자가 형옥을 의논할 때는 오직 정성을 다할 뿐이다. 사형을 결정할 때는 오직 동정심을 다 발휘할 뿐이다. 성의는 늘 관대함에서 찾는다. 완緩은 관대하다는 뜻이다. 천하의 일은 정성을 다하지 않으면 안 된다. 형옥을 신중히 의논해 사형에 관대한 것이 가장 훌륭한 일이다."

초구 효사 '우길虞吉'은 오직 호응하는 구사효에게 전일專一해야 길할 수 있다는 뜻이다. 이는 초구효가 「중부괘」의 시작에 처해 성신을 지켜야 길하다는 뜻으로 설령 구이효가 육사효와의 만남을 막고 있을지라도 다른 쪽으로 가서 호응하는 자를 찾아서는 안 된다는 뜻을 내포하고 있다. '유타불연有它不燕'은 바로 이를 설명한 것이다. 이는 초구효가 구사효에게 전일적으로 매어 있음에도 불구하고 다른 곳에서 호응하는 자를 찾는 까닭에 마음이 편안하지 못할 것이라는 뜻이다. '지미변志未變'은 구이효의 방해에도 불구하고 구사효에게 '전일'코자 하는 의지가 바뀌지 않았음을 뜻한다. 이를 두고 순상은 이같이 풀이했다.

"초구효의 위치상 엎드려 은신하고 있는 상태이다. 육사효에 호응하고자 하는 뜻이 변치 않았다는 뜻이다."

구이 효사 '명학재음鳴鶴在陰'의 '음陰'은 산음山陰 : 산그늘을 뜻하는 말로 구이효가 2개의 음효 밑에 있음을 뜻한다. 이는 구이효가 구오효와 호응하는 것을 어미 학이 산그늘에서 새끼 학을 부르는 것에 비유한 것이다. '기자화지其子和之'는 새끼 학으로 상징된 구오효 역시 구이효와 마찬가지로 중정의 덕을 얻고 있어 구이효의 부름에 즉시 화답하며 호응하고 있는 것을 설명한 것이다.

'아유호작我有好爵'의 '작爵'은『설문해자』에 따르면 '음기飮器 : 술잔'를 뜻한다. 여기의 '호작好爵'은 좋은 술을 상징한다. '여이미지與爾靡之'의 '이爾'는 구오효를 지칭하는 것으로 현자를 상징한다. '미靡'는 '산散'의 뜻으로 일부 판본에 '미縻'로 되어 있으나 그 뜻은 같다.『주역정의』는 '산이공음散而共飮 : 좋은 술을 나눠 함께 마심'으로 풀이했다.

육삼 효사 '득적得敵'은 육삼효와 육사효가 서로 어울리지 않은 채 대립하고 있음을 뜻한다. '혹고혹파或鼓或罷'와 '혹읍혹가或泣或歌'는 마음 속에 성신을 지니지 못한 육삼효의 어지러운 모습을 설명한 것이다. '혹파或罷'의 '파罷'를 두고 왕숙은 '피疲 : 피로에 지침'와 같은 뜻으로 간주해 '피'로 읽었다. 그러나 문맥상 '파'는 공격을 뜻하는 '고鼓'와 대조되는 개념으로 사용된 것으로 '파공罷攻 : 공격을 그침' 내지 '파병罷兵 : 군사를 해산함'의 뜻을 지니고 있다. '파'로 읽는 게 타당하다. 이를 두고 왕필은 이같이 풀이했다.

"육삼효는 음효로서 양위에 처한 까닭에 앞으로 나아가고자 하나 적과 마주치는 까닭에 '혹고或鼓 : 때로 북을 울리며 공격함' 한다. 육사효는 정위에 처해 구오효의 뜻을 받들고 있어 육삼효가 이길 수 있는 상대가 아니다. 이에 육삼효는 '혹파或罷 : 때로 공격을 그침' 한다. 육삼효는 승리하지 못하고 물러서며 적의 침공을 받을까 두려워하는 까닭에 '혹읍或泣 : 때로 눈물을 흘림' 한다. 육사효는 순종하여 실천하는 자로 다른 자와 다투려 하지 않는다. 이에 육삼효는 물러날지라도 해를 입지 않는 까닭에 '혹가或歌 : 때로 노래를 부르며 즐거워함' 한다. 자신의 역량을 헤아리지 못하고 진퇴가 무상無常하니 그 피곤함을 가히 할 수 있다."

육사 효사 '월기망月幾望' 은 육사효가 음유의 품성으로 정위에 처해 위로 구오효를 성신으로 받드는 모습을 보름달이 되기 직전의 모습에 비유한 것이다. 이는 육사효가 안으로 내조하며 이를 드러내지 않고 밖으로 덕화를 행하는 음덕陰德을 행한 데 따른 것이다. '마필망馬匹亡' 은 육사효가 자신을 공격하는 육삼효와 다투기를 거부하며 절류상絶類上 : 무리와 관계를 끊고 위의 뜻을 받듦한 것을 말이 짝을 떠나보낸 것에 비유한 것이다.

구오 효사 '유부연여有孚攣如' 는 구오효가 양강의 품성으로 중정의 덕을 얻어 성신으로 천하의 민심을 끌어당기는 것을 뜻한다. 이는 군주가 성신의 자세로 치평에 임하는 군도君道를 설명한 것으로 〈단전〉의 '화방化邦' 과 같은 뜻이다. 「중부괘」의 육효 중 구오효만이 유일하게 '부孚' 를 언급하고 있다. 이는 구오효가 중부도中孚道의 요체임을 의미한다.

상구 효사 '한음등우천翰音登于天' 의 '한음翰音' 은 원래 높이

나는 새의 울음소리를 뜻하는 말로 여기서는 헛되고 과장된 성신을 의미한다. 이는 상구효가 「중부괘」의 가장 높은 곳에 처해 성신을 가장하는 모습을 '한음'이 하늘 높이 올라가 이내 허무하게 사라지는 것에 비유한 것이다. 이를 두고 왕필은 이같이 풀이했다.

"한翰은 고비高飛의 뜻이다. 비음飛音은 음비音飛 : 소리가 날아다님와 같은 말로 사실 그를 따르지 않는다는 뜻이다. 상구효가 「중부괘」의 가장 높은 곳에 처한 것은 믿음의 마지막에 처했다는 뜻이다. 이는 믿음이 쇠퇴해 충독忠篤 : 忠信과 敦篤이 마음 속에서 없어지고, 화려하게 포장해 밖으로 크게 내세운다는 뜻이다. 그래서 '한음등우천'이라고 한 것이다."

가장된 성신을 뜻하는 상구 효사 '한음등우천'은 진실된 성신을 의미하는 구이 효사 '학명재음鶴鳴在陰'과 정반대되는 모습이다. 이를 두고 소동파는 이같이 풀이했다.

"구이효가 산의 북쪽에서 부르짖자 구오효가 이에 화답했다. 그러나 상구효는 하늘을 나는 새의 울음소리로 천공天空을 뚫고 나가버리니 그 도는 정반대되는 것이다."

「중부괘」의 육효는 여러 예를 통해 '중부도中孚道'를 다양한 각도에서 조명하고 있다. 이는 크게 2가지 종류로 대별할 수 있다. 초구효는 아래에서 성신을 편히 지켜나가고, 구이효는 마음 속의 성신으로 사물을 감화시키고, 육사효는 한 마음으로 음덕을 쌓아 무구하고, 구오효는 군위의 위치에서 성신으로 천하의 민심을 거두고 있다. 이들 4개의 효는 비록 처한 위치는 다르나 '중부도'의 긍정적인 측면을 여러 각도에서 보여주고 있다.

이에 반해 육삼효는 마음에 성신을 지니고 있지 않아 언행이 무상하고, 상구효는 겉으로만 화려하게 치장한 거짓된 성신의 모습을 보이나 이내 그 본모습이 드러나게 되어 있다. 이들 2개의 효는 '중부도'를 해치는 대표적인 사례에 속한다.

이들 6효중 '중부도'를 가장 잘 설명하고 있는 것은 구이 효사 '학명재음鶴鳴在陰'과 구오 효사 '유부연여有孚攣如'이다. 양자 모두 서로 호응하며 '중부도'를 상승시키는 역할을 하고 있다. 이를 두고 전한제국 초기의 가의賈誼는 『신서新書』「춘추春秋」편에서 이같이 풀이했다.

"사랑을 베푸는 자에게는 그 사랑이 다시 돌아오고, 복을 나눠주는 자에게는 그 복이 다시 돌아온다."

'중부도'를 치도의 관점에서 볼 때 가장 바람직한 것은 구오 효사 '유부연여'이다. 이는 성신의 자세로 천하의 민심을 끌어모으는 것을 말한다. 군도와 치평의 출발이 '민신民信'에 있음을 요약해 표현한 대목이 아닐 수 없다. 전한제국 말기의 유향劉向도 『신서新序』「잡사雜事」편에서 지적하기를, "군주가 지극한 정성으로 움직이면 천하의 백성이 반드시 감응해 다가올 것이다. 「중부괘」에서 말하는 '돈어길豚魚吉'이 바로 이를 뜻한다"고 했다. 이는 '중부도'의 요체가 바로 '민신'에 있음을 설명한 것이다. 『논어』「안연」편에 나오는 공자의 다음과 같은 언급은 '중부도'의 요체가 어디에 있는지를 한마디로 요약해 놓고 있다.

"자고로 먹지 못하면 죽을 수밖에 없으나 사람은 누구나 죽기 마련이다. 그러나 '민신'이 없으면 나라가 설 수조차 없게 된다."

제62장 뇌산소과(雷山小過)

☳ 雷

☶ 山

艮下震上001,100

착괘 : 풍택중부風澤中孚 : 110,011

종괘 : 뇌산소과雷山小過 : 001,100

62-1

小過, 亨, 利貞. 可小事, 不可大事. 飛鳥遺之音, 不宜上, 宜下, 大吉.

소과(小過)는 형통하니 수정(守貞)하면 이로울 것이다. 가소사(可小事 : 일상의 작을 일을 지나치게 하는 것은 가함)하나 불가대사(不可大事 : 국가대사에 관한 일을 지나치게 하는 것은 불가함)하다. 비조유음(飛鳥遺音 : 새가 높이 날아올라 그 모습은 보이지 않고 소리만 남음) 하나 더 높이 올라가서는 의당 머물 곳을 찾을 수 없으니 의당 내려와야만 머물 곳을 찾을 수 있어 대길하다.

'소과小過'는 '작은 것이 지나치다'는 뜻으로 '간하진상艮下震上'으로 이뤄진 「소과괘」가 「중부괘」와는 정반대로 4개의 음효와 2개의 양효로 구성되어 있는 것을 지적한 것이다.

'가소사可小事, 불가대사不可大事'는 소과도小過道가 통용되는 시기에는 작은 일을 지나치게 하는 것은 가하나 큰일을 지나치게 하는 것은 불가하다는 뜻이다. '소사'는 일상에서 행하는 일을 지칭하는 것으로 '가소사'의 사례로는 행실의 과공過恭과 상사喪事의 과애過哀 등을 들 수 있다. '대사'는 천하국가와 관련된 일을 가리키는 말로 '불가대사'의 사례로는 '원정遠征'과 '변법變法' 등을 들 수 있다.

'비조유지음飛鳥遺之音'은 시류에 반하는 모습을 새가 기류를 거역해 하늘 높이 올라가는 것에 비유한 것이다. 이는 새가 바람의 저항으로 이내 더 이상 올라갈 수 없듯이 속히 아래로 내려와 겸손한 자세를 취해야 한다는 뜻을 내포하고 있다. 이를 두고 왕필은 이같이 풀이했다.

"나는 새가 소리를 남기며 애처롭게 머물 곳을 찾아 헤매나 위로 높이 올라갈수록 머물 곳은 없게 되니 아래로 내려와야만 비로소 머물 곳을 찾게 된다. 위로 올라갈수록 더욱 궁해지는 것으로 비조飛鳥보다 더한 게 없다."

62-2

「彖」曰, 小過, 小者過而亨也. 過以利貞, 與時行也. 柔得中, 是以小事吉也. 剛失位而不中, 是以不可大事也. 有飛鳥之象焉. '飛鳥遺之音, 不宜上, 宜下, 大吉', 上逆而下順也.

〈단전〉에 이르기를, '소과(小過), 소자과이형(小者過而亨 : 작은 게 지나쳤으나 이내 중도로 돌아올 수 있어 형통함)' 이라고 했다. 지나침이 있을 때 이정(利貞)할 수 있는 것은 여시행(與時行 : 때와 더불어 행함)하기 때문이다. 음유(陰柔 : 육이효와 육오효)가 득중(得中)한 까닭에 '소사길(小事吉)', 양강(陽剛 : 구삼효와 구사효)이 실위부중(失位不中 : 정위를 잃고 중도를 얻지 못함)한 까닭에 '불가대사(不可大事)' 라고 한 것이다. 「소과괘」는 비조(飛鳥)의 상(象)을 취한 것이다. 괘사 '비조유지음, 불의상, 의하, 대길' 은 상역하순(上逆下順 : 육오효가 구사효를 타고 앉아 있고, 육이효가 구삼효의 뜻을 받들고 있음)을 뜻한다.

'소자과이형小者過而亨' 은 작은 것이 일시 지나쳤으나 이내 중도를 찾을 수 있어 형통하다는 뜻이다. 이는 작은 것이 지나치기를 기다렸다가 그 잘못을 교정하면 쉽게 중도를 찾을 수 있다는 뜻으로 대개의 사물은 좌우의 어느 한쪽으로 치우쳐 있는 게 보편적이라는 의미를 담고 있다. 「소과괘」에서 '대사' 가 지나친 것은 불가하나 '소사' 가 지나친 것은 가하다고 말한 근본취지가 바로 여기에 있다.

'득중得中' 과 '실위부중失位不中' 은 2개의 음효는 중덕을 얻었으나 구삼효와 구사효 등 2개의 양효는 중덕을 얻지 못했음을 지적한 것이다. 이를 두고 『주역정의』는 이같이 풀이했다.

"육이효와 육오효는 음유로 중위에 처했으나 구사효는 정위를 상실한 채 중위에 처하지도 못했고, 구삼효는 자리를 얻었으나 역시 중도를 얻지 못했다. 유순한 사람은 오직 작은 일만 행할 수 있다. 유순하면서 중도를 얻은 자가 작은 일을 행하면서 때를 맞춘 까닭에 '소사길'이라고 한 것이다. 강건한 사람은 큰일을 행할 수 있다. 정위를 상실한 채 중도를 얻지 못한 것은 큰일을 행하면서 때를 맞추지 못했다는 뜻이다. 이에 '불가대사'라고 한 것이다."

'상역하순上逆下順'의 '상역'은 육오효가 군위에 처해 구사효를 타고 앉아 있는 모습을 설명한 것이고, '하순'은 육이효가 아래에 처하며 구삼효의 뜻을 받들고 있는 모습을 설명한 것이다. 이는 위를 향해 큰 뜻을 펼치는 것은 흉하고, 아래로 작은 일을 행하는 것이 사리에 부응한다는 뜻을 내포하고 있다.

62-3

「象」曰, 山上有雷, 小過. 君子以行過乎恭, 喪過乎哀, 用過乎儉.

初六, 飛鳥以凶.「象」曰 '飛鳥以凶', 不可如何也.

六二, 過其祖, 遇其妣, 不及其君. 遇其臣, 无咎.「象」曰 '不及其君', 臣不可過也.

九三, 弗過防之, 從或戕之, 凶.「象」曰 '從或戕之', 凶如何也.

九四, 无咎, 弗過遇之, 往厲必戒, 勿用永貞.「象」曰 '弗過遇之', 位不當也. '往厲必戒', 終不可長也.

六五, 密雲不雨, 自我西郊, 公弋取彼在穴.「象」曰 '密雲不雨', 已上也.

上六, 弗遇過之, 飛鳥離之, 凶, 是謂災眚.「象」曰 '弗遇過之', 已亢也.

〈상전〉에 이르기를, '산상유뢰(山上有雷), 소과(小過)'라고 했다. 군자는 이를 본받아 행실에서 과공(過恭 : 약간 지나치게 공손함)하고, 초상에서 과애(過哀 : 약간 지나치게 애통해함)하고, 일용에서 과검(過儉 : 약간 지나치게 검소함)한 태도를 지닌다.

초육은 비조이흉(飛鳥以凶 : 기류를 거스르는 비조의 기세로 위로 날아가니 흉함)하다. 〈상전〉에 따르면 '비조이흉'은 흉함을 자초하니 어찌할 수 없다는 뜻이다.

육이는 과기조(過其祖 : 조부를 건너뜀, '조부'는 구사효를 지칭)·우기비(遇其妣 : 조모를 만남, '조모'는 육오효를 지칭)하고, 불급기군(不及其君 : 군주에게 직접 나아가지 않음, '군주'는 육오효를 지칭)·우기신(遇其臣 : 군주가 신하를 얻음, '신하'는 육이효를 지칭)하니 '무구'하다. 〈상전〉에 따르면 '불급기군'은 신불가과(臣不可過 : 신하가 군주를 뛰어넘어서는 안 됨)를 뜻한다.

구삼은 불과방지(弗過防之 : 약간 지나치게 해야 타당한 방어를 하지 않음)하여 종혹장지(從或戕之 : 상육효의 소인이 구삼효를 추종하며 장차 살해코자 함, '或'은 語氣辭)하니 흉하다. 〈상전〉에서 이르기를, '종혹장지'라고 했다. 그러니 그 흉함이 얼마나 심하겠는가.

구사는 '무구(无咎 : 正位를 잃어 无咎함)'하니 불과우지(弗過遇之 : 지나친 행동을 하지 않아 '무구'의 타당함을 얻음, '之'는 '无咎'를 의미)를 뜻한다. 왕려필계(往厲必戒 : 앞으로 나아가면 위험하니 반드시 경계해야 함)하니 물용영정(勿用永貞 : 오랫동안 정도를 행하는 직임을 맡길 수 없음)한다. 〈상전〉에 따르면 '불과우지'는 위부당(位不當 : '무구'할 수 있는 것은 정위를 잃어 책임질 일이 없었기 때문임)을 뜻한다. '왕려필계'는 종불가장(終不可長 : '어찌 정도를 행하는 직임을 맡길 수 있는가'의 의미)을 뜻한다.

육오는 밀운불우(密雲不雨 : 구름이 가득 끼어 있으나 비가 오지 않음)하고 있으니 운기(雲氣)는 내가 있는 서교(西郊 : 서쪽 교외)로부터 시작되었다. 공익취피재혈(公弋取彼在穴 : 왕공이 굴 속에 숨어 있는 '소과'를 포획함)할 것이다. 〈상전〉에 따르면 '밀운불우'는 이상(已上 : 육오효의 음기가 왕성한 채 이미 높은 곳에 있음)을 뜻한다.

상육은 불우과지(弗遇過之 : 교만함이 지나쳐 만날 수 없어 지나쳐

버림)하니 마치 비조이지(飛鳥離之 : 나는 새가 쉬지 않고 날다가 재앙을 입음)한 것과 같아 흉하다. 이를 재생(災眚 : 외부로부터 초래된 재앙)이라고 한다. 〈상전〉에 따르면 '불우과지' 는 이항(已亢 : 상육효가 이미 극한에 처함)을 뜻한다.

〈대상전〉의 '산상유뢰山上有雷' 는 하괘인 '간괘' 과 상괘인 '진괘' 의 괘상을 설명한 것이다. 이를 두고 정이천은 이같이 풀이했다.

"산 위에서 우레가 진동하니 그 소리가 보통을 넘는다. 그래서 '소과' 라고 한 것이다."

'과공過恭' 과 '과애過哀', '과검過儉' 은 약간 지나침으로써 오히려 형통할 수 있는 '소사小事' 의 실례로 거론된 것이다. 이를 두고 『주역정의』는 이같이 풀이했다.

"소인은 약간 지나치면 만이慢易 : 태만와 사치에 빠진다. 이에 군자는 '과공, 과애, 과검' 을 통해 이를 바로 잡는다."

여기의 '과공' 과 '과애', '과검' 은 모두 소과小過의 구체적인 예로 '대과大過' 와 대비되는 것이다. 이를 두고 주희는 이같이 풀이했다.

" '소과' 는 자혜慈惠에서 지나친 것을 뜻하나, '대과' 는 강엄과의剛嚴果毅의 기상을 말한다. '소과' 는 작은 것에서 지나친 것을 의미한다. '과공' 과 '과애', '과검' 등이 그것이다. 이는 한 발 물러서서 스스로를 낮추라는 뜻이다."

초육 효사 '비조이흉飛鳥以凶' 은 초육효가 「소과괘」의 시작에 처하여 아래로 내려가는 것이 당연한데도 불구하고 기세를 거꾸로 하여 위로 올라가는 것을 마치 새가 하늘로 올라간 것에 비유한 것이다. 이는 중정에 처하지 못한 초육효가 앞에서 육이효가 가로막고 있는 상황에서 아래에 처해야만 편할 수 있는데도 불구하고 오히려 위로 호응하고자 시류를 거스른 것을 뜻한다. 이를 두고 왕필은 이같이 풀이했다.

"'소과'는 위로 올라가면 거역이 되고, 아래로 내려오면 순종이 된다. 상괘에 호응하고자 위로 날아오르면 거역하는 것이 되어 발붙일 곳이 없게 된다. 그래서 '비조이흉'이라고 한 것이다."

육이 효사 '과기조過其祖 · 우기비遇其妣'는 육이효가 유순한 품성으로 중정을 얻은 뒤 구삼효는 말할 것도 없고 '조부'를 상징하는 구사효까지 뛰어넘어 '조모'를 상징하는 육오효를 만난다는 뜻이다. 이는 육이효가 2개의 양강을 뛰어넘어 동류인 음유를 만난 것으로 약간 지나쳤음을 의미한다. '불급기군不及其君 · 우기신遇其臣'은 육이효가 '군주'를 상징하는 육오효에게 감히 다가서지 못하고 신하의 자세로 섬기자 육오효가 그 신하를 얻게 되었다는 뜻이다. 이는 육이효가 스스로 분수를 지킨 결과이다.

전자의 경우는 육이효가 '소과'의 시기에 처해 약간 지나친 경우에 해당하고, 후자는 '소과'의 시기에 오히려 '무과无過'함으로써 '무구'하게 된 경우에 해당한다. 이는 육이효가 약간 지나친 것과 지나치지 않은 것 중 적당히 주선하는 장점을 지녔음을 뜻한다. 육이효는 상황에 따라 분수에 맞게 행동함으로써 중도를 벗어나지 않은 셈이다.

구삼 효사 '불과방지弗過防之'는 구삼효가 양강의 품성으로 하괘의 마지막에 처해 정위를 얻게 되자 스스로 강성함을 믿고 과방過防 : 약간 지나친 방어을 해야 함에도 이를 하지 않아 해를 당하게 된 것을 설명한 것이다. '소과'의 시기에는 매사가 적당함에서 약간 지나쳐야 오히려 중도를 얻게 된다. 구삼효가 흉하게 된 것은 자신의 강성함만 믿고 '소사'를 소홀히 한 채 '과방'을 하지 않은 데 있다.

본래 '소과'는 작은 일을 지나치게 한다는 뜻이다. 작은 일을 지나치게 한다는 것은 작은 것도 공경하고 신중히 생각하라는 뜻을 내포하고 있다. 구삼효는 지나치게 강한 나머지 이를 고려하지 않은 까닭에 해를 입은 경우에 해당한다. '종혹장지從或戕之'는 가장 높은 곳에 있는 상육효의 소인이 구삼효를 좇게 되자 이내 살해당하는 흉함이 눈 앞에 당도하게 되었다는 뜻이다. 『춘추좌전』에 따르면 '장戕'은 외부세력에 의해 죽임을 당하는 것을 말한다. 내부세력에 의해 죽임을 당하는 것은 '시弑'라고 한다.

구사 효사 '무구无咎'는 구사효가 양강의 품성으로 상괘의 아랫자리에 처해 지위를 잃고 책임질 위치에 있지 않는 까닭에 오히려 재난을 면하게 되었음을 설명한 것이다. '불과우지弗過遇之'도 같은 뜻으로 구사효가 자리를 잃어 지나친 행동을 할 이유가 없는 까닭에 '무구'할 수 있는 마땅함을 만났다는 뜻이다. '왕려필계往厲必戒'는 다른 사람과 교제가 없어 위난이 닥칠지라도 도움을 청할 곳이 없는 상황에서 앞으로 나아가면 위험한 까닭에 응당 행보를 신중히 할 것을 경계한 것이다. '물용영정勿用永貞'은 겁약怯弱하여 자신을 구하기에 급급한 구사효에게 오랫동안 정도를 행하는 직임을 맡길 수 없다는 뜻이다.

육오 효사 '밀운불우密雲不雨, 자아서교自我西郊'는 육오효가 음효로서 군위에 처해 아래의 양효와 호응하지 못하는 것을 서쪽 교외에 몰려 있는 구름이 비로 변화하지 못한 채 짙게 드리우고 있는 현상에 비유한 것이다. '자아서교'는 서쪽이 음의 방향을 상징한데서 나온 것으로 여기의 '아我'는 음효를 뜻한다. 이는 작은 것이 지나쳐 큰일을 할 수 없다는 뜻으로 「소축괘小畜卦」의 '밀운불우'와 그 취지를 같이 한다. 이를 두고 왕필은 이같이 풀이했다.

"'소과'는 작은 것이 큰 것보다 지나치다는 뜻이다. 육오효가 군위를 얻었으니 음기가 성한 기세이다. 그래서 '밀운불우'라고 한 것이다. 음과 양이 통하지 않게 되면 더운 기운이 위로 올라가 비가 된다. 지금 '간괘'가 아래에 있어 교류가 되지 않는 까닭에 '불우不雨'라고 한 것이다. 「소축괘」에서는 여전히 더 올라가야 비가 내려 형통할 것이라고 했다. 이에 반해 「소과괘」는 양기가 위로 교류하지 못하는 까닭에 비가 내리지 못하고 있다. 「소과괘」에서는 음기가 위에서 성한 기세를 하고 있음에도 전혀 베풀지 못하고 있는 것이다."

이는 「소과괘」와 「소축괘」의 '밀운불우' 현상은 동일하나 그 원인은 정반대라는 점을 지적한 것이다. 「소과괘」에서 말하는 '이상已上'은 육오효의 음기가 왕성한 채 이미 높은 곳에 있다는 뜻으로 「소축괘」 〈단전〉의 '상왕尙往'과 그 취지는 같으나 그 내용은 적잖은 차이가 있다. 「소축괘」의 '상왕'은 음陰이 양陽을 축적하기에 힘이 부족한 까닭에 '양'이 오히려 위를 향해 떠나버렸다는 뜻이다. 이에 대해 「소과괘」의 '이상'은 '음'이 '양'을 넘어서서 그 위에 있다는 뜻이다. 「소축괘」는 '양'이 과한 까닭에 음양의 부조화가 초래된 데 반해 「소과괘」는 '음'이 과한 까닭에 음양이 조화를 이루지 못한 것이다.

'공익취피재혈公弋取彼在穴'은 육오효가 비록 천하를 통치하지는 못하나 신하의 최고 자리인 '왕공王公'이 되어 있는 힘을 다해 '소과小過 : 폐단'를 바로 잡는 것을 화살로 굴 속에 있는 짐승을 포획하는 것에 비유한 것이다. 이를 두고 왕필은 이같이 풀이했다.

"공公은 신하의 최고 위치이다. 육오효는 음기가 극성한 자리이다. 그래서 '공'이라고 한 것이다. '익弋'은 '사射'를 뜻한다. '재혈在穴'은 엎드려 숨어 있는 것으로 '소과'를 뜻한다. 음유의 기질로 '소과'를 다스릴 수 있는 까닭에 육오효는 능히 엎드려 숨어 있는 '소과'를 포획할 수 있다. 그래서 '공익취피재혈'이라고 한 것이다."

상육 효사 '불우과지弗遇過之'는 상육효가 음효로서 「소과괘」의 마지막에 처해 '소과도小過道'를 넘어선 것을 소인의 지나침이 극한에 달해 흉하게 된 것에 비유한 것이다. 이를 두고 왕필은 이같이 풀이했다.

"소인의 지나침이 결국 극한에 이르렀는데도 그 지나침의 한계를 몰라 오만함의 극에 달하게 되었다. 오만함이 극에 달했으니 어찌 만날 수 있겠는가. 날기를 그치지 않는다면 어디에 몸을 의탁할 것인가. 재앙은 자신이 초치한 것이니 다시 무슨 말을 할 수 있겠는가."

'비조이지飛鳥離之'는 나는 새가 그물에 걸리거나 화살을 맞는 등의 재앙을 만나게 되었다는 뜻이다. 소인으로 상징되는 상육효가 '소과도'를 넘어선 나머지 스스로 재앙을 자초한 셈이다. 이를 두고 『주역정의』는 이같이 풀이했다.

"소인의 신분으로 지나친 행위를 하여 만날 수 없으니 반드시 그물에 걸린 새와 같은 신세가 될 것이다. 상육효는 나는 새와 같으니 만일 계속 날기만 하면 의탁할 곳을 찾지 못해 이내 화살을 맞는 것과 같은 재앙을 만날 것이다."

'재생災眚'은 안팎으로 야기된 모든 재앙을 말한다. 이는 「복괘復卦」 상육 효사 '재생'과 그 취지는 같으나 그 배경은 사뭇 다르다. 「복괘」의 '재생'은 마음으로는 돌아가고 싶으나 길을 잃어 돌아갈 방법을 모르는 까닭에 야기된 것이다. 이에 반해 「소과괘」의 '재생'은 '소과도小過道'의 극한에 처했음에도 이를 무시한 채 끊임없이 전진한 까닭에 생긴 것이다.

「소과괘」는 기본적으로 사물의 편향적인 모습을 전제로 하여 나온 것이다. 4개의 음효 중 초육효와 상육효는 음효로서 '소과'의 시기에 응당 아래로 내려가야 함에도 이를 어긴 까닭에 흉하게 되었다. 이에 반해 육이효와 육오효 등 2개의 음효는 음유로서 중도에 처해 '소과도'의 이치를 가장 잘 터득한 모습을 보여주고 있다. 구삼효와 구사효 등 2개의 양효 중 구삼효는 지나치게 강한 모습을 보임으로써 흉하게 되었으나 구사효는 아래로 내려감으로써 '무구'하게 되었다.

이는 '소과'가 형통하기 위해서는 스스로 중도에 처하거나 아래로 내려가는 겸손을 발휘해야만 가능할 수 있다는 사실을 보여주는 것이다. 〈대상전〉에서 '과공'과 '과애', '과검'을 언급한 이유가 바로 여기에 있다. 아무리 지나침이 허용되는 '소과'의 시기일지라도 '중정'이 '소과'보다 바람직한 것은 말할 것도 없다. 장차 중도에 처하거나 겸손함을 발휘할 수 있다는 가능성을 전제로 '소과'의 허용이 이뤄진 점을 감안할 때 '소과도'는 한시적인 개념이라고 할 수 있다.

『춘추좌전』「노환공 4년」조에 '소과도'가 한시적으로 통용되는 개념임을 확인해 주는 일화가 실려 있다. 이에 따르면 당시 주환왕周桓王이 정장공鄭莊公의 왕실 집정 자리를 박탈하자 정장공이 대노해 주환왕을 조근朝覲하지 않았다. 노환공 4년기원전 798 가을에 주환왕이 진陳 · 채蔡 · 위衛 · 괵虢나라 군사들을 이끌고 정나라를 쳤다. 그러나 천자의 군사가 크게 패해 도주하게 되었을 때 정나라 대부 축담祝聃이 주환왕에게 활을 쏘아 어깨를 맞혔다. 천자의 군사가 퇴각하자 축담이 천자의 군사를 추격할 것을 청했다. 정장공이 이같이 반대했다.

"군자는 윗사람을 능멸하지 않는 법이오. 하물며 내 어찌 감히 천자를 능멸할 수 있겠소. 자신을 구하고 나라를 잃지 않으면 그것으로 다행인 것이오."

원론적으로 볼 때 천자에게 화살을 쏜 것은 대불경大不敬에 해당한다. 그러나 이러한 대불경의 원인을 제공한 사람은 주환왕이었다. 후세의 유자들 사이에 이 문제를 놓고 적잖은 논란이 벌어졌으나 대체로 주환왕이 화를 자초한 까닭에 정장공은 잘못이 없다는 쪽으로 결론이 났다. 이러한 결론을 이끄는 데 결정적인 역할을 한 사람은 서진西晉의 두예杜預였다.

원래「소과괘」는 '소과도'에 대해 2가지 기본원칙을 언급하고 있다. 하나는 '소과'의 시기에는 반드시 '소사'의 지나침만이 허용되고, 다른 하나는 '소과'가 허용되기 위해서는 이내 중도를 취하거나 스스로를 낮춰 겸손한 자세를 취해야 한다는 점이다.

두예의 주장을 좇을 경우 주환왕에게 활을 쏜 것은 일종의 '소과'에 해당한다. 주환왕이 정장공에게 아무런 예고도 하지 않은 채 집정의 자리를 박탈하고 이내 군사를 이끌고 침공한 것은 스스로 화를 자초한 것인 만큼 천자의 군사에 대한 정장공의 반격은 정당하다고 할 수 있다. 정장공은 '소과'가 통용되는 시기에 '소사'의 '소과'를 범한 셈이다. 축담이 추격을 청했을 때 정장공이 이를 거절한 것은 스스로를 낮춰 겸손을 취한 경우에 해당한다. 결국 정장공은 「소과괘」에서 언급한 '소과도'의 2가지 기본 원칙을 충실히 지킨 셈이다. '소과도'가 한시적으로 통용되는 개념임을 뒷받침해 주는 일화가 아닐 수 없다.

제63장 수화기제(水火旣濟)

☵ 水

☲ 火

離下坎上101,010

착괘 : 화수미제火水未濟 : 010,101

종괘 : 화수미제火水未濟 : 010,101

63-1

旣濟, 亨小, 利貞, 初吉終亂.

기제(旣濟)는 형소(亨小 : 柔小한 것도 형통함)하니 수정(守貞)하면 이로울 것이다. 초길종란(初吉終亂 : 성공한 초기의 길함을 지켜나가지 않으면 마지막에는 어지럽게 됨)하다.

'기제旣濟'의 '기旣'는 '개진皆盡 : 모두 끝남', '제濟'는 '제도濟渡 : 물을 건넘'의 뜻을 지니고 있다. 이는 이미 물을 건너갔다는 뜻으로 모든 일이 완성되었다는 뜻을 내포하고 있다. '형소亨

小' 는 '소형小亨' 과 같은 뜻이다. 이를 두고 『주역정의』는 이같이 풀이했다.

"만사가 모두 성취된 까닭에 '기제' 라고 한 것이다. 만일 작은 것이 불통되었다면 미제未濟가 있는 셈이 된다. 그래서 '기제, 형소' 라고 한 것이다. 작은 것조차 오히려 형통되었는데 하물며 큰 것이야 말할 게 있겠는가. 대소강유大小剛柔가 각기 바른 자리에 앉아 그 타당함을 얻고 있다. 이러한 때에 올바르지 않으면 이롭지 않게 된다. 그래서 '이정利貞' 이라고 한 것이다."

'초길종란初吉終亂' 은 일이 완성된 후에는 응당 완성된 것을 신중히 지켜나가야 하고, 그리 하지 않을 경우 곧바로 위란危亂이 닥치게 된다는 뜻이다. 이를 두고 『주역정의』는 이같이 풀이했다.

"사람은 모두 거안사위居安思危 : 편히 처할 때 위험을 생각함하지 못한다. 신종여시愼終如始 : 처음 할 때처럼 마무리를 신중히 함하지 않으면 안 되는 까닭에 경계하고 나선 것이다. '기제' 의 시작에 처하여 비록 모두 길함을 얻었으나 만일 진덕수업進德修業 : 덕업을 쌓음하지 않으면 종극終極에 이르러 위란이 닥치게 된다. 그래서 '초길종란' 이라고 한 것이다."

63-2

「彖」曰 '旣濟, 亨', 小者亨也. 利貞, 剛柔正而位當也. '初吉', 柔得中也. '終止則亂', 其道窮也.

〈단전〉에 이르기를, '기제(旣濟), 형(亨)' 이라고 했다. 이는 소자(小者 : 작은 것)조차 형통했다는 뜻이다. '이정(利貞)' 은 강유(剛柔)가 각기 제 자리에 있다는 뜻이다. '초길(初吉)' 은 음유(陰柔)가 득중

(得中 : 중도를 얻음, 육이효를 지칭)한 것을 뜻한다. '종지즉란(終止則亂 : 더 나아갈 수 없어 멈추면 위란이 닥침)' 은 기제도(旣濟道)가 다해 곤궁해졌다는 뜻이다.

'이정利貞' 을 두고 왕필은 이같이 풀이했다.

"강유가 바르다는 것은 앉은 자리가 정당하다는 것으로 나쁜 것은 행하지 않는다는 뜻이다. 오로지 정당하다는 것은 곧 '이정' 을 뜻한다."

이는 3개의 양효와 3개의 음효가 모두 정위를 얻게 된 것을 말한 것이다. 『주역』에 나오는 64괘 중 오직 「기제괘」만이 6효 모두 정위를 얻고 있다.

'종지즉란終止則亂' 은 더 나아갈 수 없어 도중에 종지終止 : 막혀서 멈춤하면 반드시 위란이 닥치게 된다는 뜻이다. 이는 정제正濟 : 바른 것과 건너는 것에도 그침이 있는 까닭에 일이 완성된 이치가 이미 다해 이내 곤경에 처하게 되었음을 의미한다. 일의 성취에 만족해한 나머지 게으름을 피우며 분발하지 않는 것을 경계한 것이다.

63-3

「象」曰, 水在火上, 旣濟. 君子以思患而豫防之.

初九, 曳其輪, 濡其尾, 无咎. 「象」曰 '曳其輪', 義无咎也.

六二, 婦喪其茀, 勿逐, 七日得. 「象」曰 '七日得', 以中道也.

九三, 高宗伐鬼方, 三年克之, 小人勿用. 「象」曰 '三年克之', 憊也.

六四, 繻有衣袽, 終日戒. 「象」曰 '終日戒', 有所疑也.

九五, 東鄰殺牛, 不如西鄰之禴祭, 實受其福. 「象」曰 '東鄰殺牛',

不如西鄰之時也. '實受其福', 吉大來也.

上六, 濡其首, 厲.「象」曰 '濡其首厲', 何可久也.

〈상전〉에 이르기를, '수재화상(水在火上), 기제(旣濟)' 라고 했다. 군자는 이를 본받아 사환예방(思患豫防 : '기제' 가 이뤄진 후 우환이 닥쳐올 것을 생각해 미리 예방함)한다.

초구는 예륜유미(曳輪濡尾 : 수레바퀴를 뒤에서 당기고 여우의 꼬리를 물에 젖게 함)하니 '무구' 하다. 〈상전〉에 따르면 '예기륜(曳其輪)' 은 의무구(義无咎 : 사리에 비춰 '무구' 하게 됨)를 뜻한다.

육이는 부상불(婦喪茀 : 부인이 가리개 장식을 잃음, 외출하기 어렵게 되었음을 의미)하니 쫓아가 찾지 않을지라도 7일득(七日得 : 7일을 넘기지 않고 다시 찾게 됨)할 것이다. 〈상전〉에 따르면 '7일득' 은 이중도(以中道 : 육이효가 중도를 지켜나감)를 뜻한다.

구삼은 고종벌귀방(高宗伐鬼方 : 은나라 고종이 이민족인 귀방을 정벌함)할 때 3년극지(三年克之 : 3년에 걸쳐 평정함)했으니 소인물용(小人勿用 : 소인을 쓰지 않음)해야 한다. 〈상전〉에 따르면 '3년극지' 는 비(憊 : 困憊의 상황에 이를 정도로 끈질긴 노력을 기울임)를 뜻한다.

육사는 수유의여(繻有衣袽 : 오늘 비단옷을 입었을지라도 내일 누더기를 걸칠 수 있음)하니 종일계(終日戒 : 종일토록 신중한 행보로 위란을 경계함)해야 한다. 〈상전〉에 따르면 '종일계' 는 유소계(有所戒 : 육사효가 혹여 있을지도 모를 위란에 대비해 경계함)를 뜻한다.

구오는 동린살우(東鄰殺牛 : 동쪽 국가가 희생용 소를 잡아 성대한 제사를 치름)하나 서린약제(西鄰禴祭 : 서쪽 국가의 정성어린 간략한 제사)만 못하니 실제로 '서린' 이 더 크게 수복(受福 : 신령이 내리는 복을 받음)할 것이다. 〈상전〉에 따르면 '동린살우' 는 '서린' 의 시운만 못하다는 뜻이다. '실수기복(實受其福)' 은 길대래(吉大來 : 길함이 크게 찾아옴)를 뜻한다.

상육은 유기수(濡其首 : 여우가 강을 건너면서 머리를 적심)하니 위태롭다. 〈상전〉에서 이르기를, '유기수, 려(厲)' 하고 했다. 그러니 어찌 '기제' 의 상황을 오래 유지할 수 있겠는가.

〈대상전〉의 '수재화상水在火上' 은 '이하감상離下坎上' 으로 이뤄진 「기제괘」의 괘상을 설명한 것이다. 이를 두고 『주역정의』는 이같이 풀이했다.

"물이 불 위에 있는 것은 곧 취찬炊爨 : 밥을 지음의 모습을 취한 것이다. 음식이 이런 과정을 통해 만들어지듯이 성명性命 : 생명도 이렇게 완성된다. 그래서 '수재화상, 기제' 라고 한 것이다."

'사환예방思患豫防' 은 '기제' 의 시기에 후환이 있을 것을 생각해 미리 예방해 나간다는 뜻이다. 이는 곧 '기제' 는 우환이 없는 상태를 말하고, 우환은 '기제' 가 이뤄진 뒤 찾아온다는 뜻을 내포하고 있다. '기제' 와 '미제' 가 끊임없이 반복하듯이 질서와 혼란이 끝없이 순환하는 이치를 설명한 것이다. 이를 두고 왕필은 이같이 풀이했다.

"존불망망存不忘亡 : 있을 때 없어질 것을 잊지 않음해야 한다. 이는 '기제' 의 시기에 '미제未濟' 의 시기를 잊지 말아야 한다는 뜻이다."

초구 효사 '예륜유미曳輪濡尾' 는 초구효가 「기제괘」의 시작에 처하여 위로 육사효와 신중히 호응하면서 완성된 것을 지켜나가는 모습을 마치 수레바퀴를 끌어당기고 여우의 꼬리를 물에 젖게 하는 일에 비유한 것이다. 수레바퀴와 여우 꼬리는 각각 아래와 뒤에 붙어 있는 까닭에 사물의 시작에 비유된 것이다. 이는 바퀴를 뒤로 끌어당겨 수레가 앞으로 맹렬히 나아가지 못하게 하고, 꼬리를 젖게 해 여우가 신속하게 황하를 건너지 못하게 해야 한다는 뜻으로 '기제'의 초기에 신중을 기해야만 '무구'할 수 있는 이치를 설명한 것이다.

초구효에 나오는 '유미濡尾'는 상육 효사 '유기수濡其首' 및 「미제괘」의 '소호유미小狐濡尾'와 그 취지를 같이 한다. 이는 모두 여우가 황하를 건너는 모습에서 그 뜻을 취한 것이다. 본래 여우는 강을 건널 때 반드시 꼬리를 번쩍 들어 물에 젖지 않게 해야만 빠른 속도로 강을 건널 수 있다. 꼬리가 물에 젖으면 조타操舵의 역할이 불가능한 까닭에 빠른 속도로 나아갈 수 없는 것이다.

여기의 '유미'는 급히 앞으로 나아가고자 하는 마음을 스스로 저지해야 '무구'할 수 있다는 이치를 말한 것이다. 초구효가 '무구'할 수 있는 것은 신중한 행보로 완성된 상태를 지켜나가기 때문이다. 이는 양강이 정위를 얻어 행동을 경솔히 하지 않는다는 뜻이다.

육이 효사 '부상불婦喪茀'의 '불茀'은 원래 2가지 의미로 사용된다. 수레를 꿩의 깃으로 장식하는 '적불翟茀'과 부인의 '수식首飾 : 머리장식'이 그것이다. 『주역정의』는 후자의 의미로 해석했다. 일부 판본에 '불髴 : 머리장식'로 되어 있는 점에 비춰 후자의 의미로 새기는 것이 타당할 것이다.

'물축勿逐, 7일득七日得'의 '7일'은 매우 빠른 시간을 의미한다. 육이효는 유중柔中의 덕을 얻어 위로 강중剛中의 덕을 얻어 군위에 처한 구오효와 호응하며 광명중정光明中正한 품성을 지니고 있다. 잃어버린 머리장식이 빠른 시일 내에 돌아오게 된 것도 바로 이 때문이다.

구삼 효사 '고종벌귀방高宗伐鬼方'은 구삼효가 남은 우환을 제거키 위해 애쓰는 모습을 은나라의 중흥조인 고종 무정武丁이 서북쪽에 사는 험윤玁狁 : 이민족의 일종을 정벌한 고사에 비유한 것이다. 무정은 막강한 무력을 지니고 있었음에도 불구하고 신중을 기해 3년이라는 오랜 세월에 걸쳐 귀방을 정벌했다. '소인물용小人勿用'은 바로 이를 설명한 것이다. 이는 '기제'가 이뤄진 이후의 여환餘患을 제거할 때 성급히 앞으로 나아가고자 하는 소인을 써서는 안 된다는 뜻이다. 본래 소인은 나라가 융성할 때는 쇠망을 염려하지 하지 않고, 작은 성공을 거두면 이에 만족해 어려움이 닥칠 것을 고려치 않는다. '소인물용'은 처음의 길한 상황을 유지해 나가지 못하고 이내 혼란을 초래할까 두려워한 나머지 이같이 경계한 것이다.

육사 효사 '수유의여繻有衣袽'의 '수繻'는 고운 명주 비단옷을 뜻하고, '의여衣袽'는 해진 옷을 입는다는 뜻이다. 여기의 '의衣'는 동사로 쓰인 것이다. 이를 두고 '비단옷도 언젠가는 누더기가 된다'의 뜻으로 새기는 견해가 있으나 이는 잘못이다. 그같이 해석할 경우 '의衣'의 의미가 완전히 사라질 뿐만 아니라 문맥상 자연스럽지도 못하다. 이 구절은 '수' 앞에 '의衣'가 생략되어 있다고 보아 '비단옷을 입는 자도 언젠가는 누더기 옷을 입게 된다'는 뜻으로 해석하는 게 타당하다. 그것이 『주역』에서 말하는 변역變易의 이치에도 부합한다.

이에 대해 왕필은 '수繻'를 '유濡'의 가차로 보아야 하고, '의여衣袽'는 헝겊으로 배의 새는 구멍을 막는다는 뜻으로 보아야 한다고 주장했다. 정이천과 주희도 이를 좇았다. 이들의 주장을 좇을 경우 이는 '배 밑으로 들어오는 물을 헝겊으로 막는다'는 뜻이 된다.

그러나 '수繻'를 '유濡'의 가차로 보는 이유를 찾기가 힘들다. 특히 왕필이 '의여衣袽'를 '색주루塞舟漏 : 배의 새는 구멍을 막음'로 간주한 근거가 무엇인지 알 길이 없다. 문장구조상 여기의 '수'는 '여袽'와 대칭되는 의미로 사용된 것으로 보는 게 옳다. 원문 그대로 해석하는 게 타당하다.

'수유의여'는 '기제'가 있으면 이내 '미제'가 뒤따를 것이라는 것을 지적한 것이다. 이는 늘 경계하며 신중한 행보를 취하지 않을 경우 오늘 금의錦衣를 입었다가 내일 여의袽衣 : 누더기를 입을지도 모른다는 뜻을 담고 있는 것이다. '종일계終日戒'는 바로 이를 지적한 것이다.

구오 효사 '동린살우東鄰殺牛'와 '서린약제西鄰禴祭'의 '동린'과 '서린'은 특정 방향의 나라와 고을을 지적한 것이 아니라 '차방此方 : 이쪽'과 '피방彼方 : 저쪽'을 대조해 설명하기 위해 인용된 것이다. 당연한 결과로 '살우殺牛'와 '약제禴祭' 역시 '동린' 및 '서린'과 마찬가지로 대조적인 의미로 사용된 것이다. '살우'는 희생용 소를 잡아 외견상 제사를 성대하게 올리는 것을 뜻하고, '약제'는 조촐한 제물을 차려 정성껏 제사를 올리는 것을 말한다.

이는 구오효가 양강의 품성으로 「기제괘」의 존위에 처해 있는 까닭에 만일 '동린살우'의 자세를 취할 경우 이내 흉하게 되나 중정의 덕을 발휘해 '서린약제'의 자세를 취하면 재난도 면할 뿐만 아니라 크게 복을 받게 되리라는 것을 설명한 것이다. 완성을 뜻하는 '기제'가 가장 극성한 시기에 존위에 처한 구오효가 물품이 성대한 것만 믿고 자칫 내실보다 외양으로 흐를까 우려한 나머지 이같이 경계하고 나선 것이다. 이를 두고 '동東'은 양陽, '서西'는 음陰을 가리키는 것으로 간주해 구오효가 육이효만 못하다는 식으로 해석하는 견해도 있으나 이는 잘못이다. 여기의 '서린'은 결코 육이효를 지칭한 것이 아니라 비근한 사례를 예로 들어 구오효를 경계하기 위해 '동린'과 대비시켜 인용한 것에 불과하다.

상육 효사 '유기수濡其首'는 상육효가 음효로서 「기제괘」의 마지막에 처해 있는 모습을 여우가 강을 건널 때 물이 머리를 적시는 모습에 비유해 경계하고 나선 것이다. 이를 두고 왕필은 이같이 풀이했다.

"「기제괘」의 극한에 처한 것은 이미 '기제도旣濟道'가 궁하게 되었다는 뜻이다. 이는 곧 '미제'의 방향으로 나아갈 것임을 예고한 것이다. '미제'로 나아간다는 것은 곧 머리부터 시작해 이내 몸 전체가 위험해진다는 뜻이다. 그래서 '유기수'라고 한 것이다."

원래 「기제괘」의 상괘인 '감괘坎卦'는 '험險'을 상징한다. 상육효가 음유의 품성으로 「기제괘」의 가장 윗자리에 처한 것은 곧 위험이 박두했음을 의미한다. '여厲 : 위태로움'는 바로 이를 지적한 것이다. 상육효가 처한 위험한 상황을 '흉'이라고 하지 않고 '여'라고 표현한 것은 장차 사람들이 그 위태로움을 알고 서둘러 고쳐나가면 능히 완성된 상태를 지켜나갈 수 있다는 취지에서 나온 것이다.

이를 통해 알 수 있듯이 「기제괘」의 육효는 완성을 뜻하는 '기제'의 상태를 지켜나가기가 매우 어렵다는 사실을 여러 비근한 예를 통해 거듭 역설하고 있다. 초구효는 맹렬하게 앞으로 나아가지 않아야 하고, 육이효는 유중의 미덕을 발휘해 잃어버린 물건을 뒤쫓지 말아야 하고, 구삼효는 소인을 등용하지 말아야 하고, 육사효는 종일토록 위란이 닥쳐올까 경계해야 하고, 구오효는 성신의 자세로 외양보다 내실을 가꿔야 하고, 상육효는 앞으로 닥쳐올 '미제'에 대비해야 한다고 충고하고 있는 것이 그 증거이다.

「기제괘」는 비록 '기제'의 상황이 대소사를 막론하고 모두 형통하게 되었음을 뜻하기는 하나 자칫 '기제'의 성과에 만족해 한 나머지 나태에 빠질 경우 이내 위란이 닥쳐오게 된다는 이치를 설명하고 있다. 괘사에 나오는 '초길종란初吉終亂'과 〈단전〉에 나오는 '종지즉란終止則亂'은 바로 이를 지적한 것으로 '기제'의 상황을 유지시켜 나가는 것이 얼마나 어려운 일인지를 극명하게 보여주고 있다. 이를 두고 당송8대가唐宋八大家의 한 사람인 구양수歐陽修는 이같이 해석했다.

"사람은 위태로운 상황에 처하면 사려 깊게 생각한다. 그러나 편한 국면에 처하면 위태로운 생각을 하게 된다. 우환은 항상 태만에서 비롯되는 것이다. 그래서 군자는 '기제'의 시기에 우환이 일어날 것을 생각해 미리 예방해 나가는 것이다."

이는 일종의 '유비무환有備無患'의 취지를 밝힌 것이라고 할 수 있다. 〈대상전〉은 이를 '사환예방思患豫防'으로 표현해 놓았다. '사환예방'은 '기제'와 '미제'가 영원히 반복될 수밖에 없는 천지만물의 기본이치임을 깨닫고 미리 '미제'를 준비하는 것을 뜻한다. 「기제괘」에서 말하는 '기제도'는 바로 '사환예방'에 있다고 해도 과언이 아니다. 『노자』는 제52장에서 '사환예방'이 필요한 이유를 이같이 설명해 놓았다.

"욕심의 출구를 열어둔 채 제사濟事 : 일을 '기제'로 이끌고자 함하려고 하면 종신토록 문제를 해결하지 못할 것이다."

『노자』는 바로 '사환예방'의 요체를 사적인 이욕利欲을 버리는 데서 찾은 셈이다. 이를 치도 차원에서 해석하면 곧 개인의 경우는 '사리사욕私利私欲'을 버린 채 '공리공의公利公義'를 추구하고, 붕당의 경우는 '당리당략黨利黨略'을 버린 채 '국리대계國利大計'를 추구하는 것을 말한다. 아무리 입으로 '공리공의'와 '국리대계'를 내세우며 '사환예방'을 떠들지라도 내심 '사리사욕'과 '당리당략'을 버리지 못할 경우 이는 현실로 드러나는 나태함보다 더 큰 위란을 초래할 수밖에 없다. 대표적인 실례가 바로 조선조의 왜란이다.

당시 집권세력인 동인東人은 일본의 수상한 움직임을 알고도 이를 애써 무시하는 모습을 보였다. 왜란 발발 2년 전에 일본의 내정을 정탐하는 사명을 띠고 통신사通信使 부사副使의 자격으로 일본으로 건너간 동인의 김성일金誠一은 도요토미 히데요시豊臣秀吉를 만나보고도 왜란의 발발 가능성을 극구 부인했다. 그는 민폐를 이유로 왜란에 대비한 축성築城조차 반대하고 나섰다. 동인의 영수 유성룡柳成龍은 이를 적극 지지하고 나섰다. 이는 무인들이 대거 참여하고 있는 서인西人의 집권을 우려한 데 따른 것이었다. 이로 인해 조선의 전역이 쑥밭이 되고 백성들이 전란의 와

중에 어육魚肉이 된 것은 말할 것도 없다. '당리당략'에 매몰된 말뿐인 '사환예방'이 얼마나 위험한 것인지를 극명하게 보여준 사례가 아닐 수 없다. '사환예방'으로 상징되는 '기제도'의 요체는 바로 『노자』가 지적한 바와 같이 '거사유비去私有備'에 있다고 해도 과언이 아니다.

제64장 화수미제(火水未濟)

☲ 火

☵ 水

坎下離上010,101

착괘 : 수화기제水火旣濟 : 101,010

종괘 : 수화기제水火旣濟 : 101,010

64-1

未濟, 亨, 小狐汔濟, 濡其尾, 无攸利.

미제(未濟)는 형통하다. 소호흘제(小狐汔濟 : 작은 여우가 거의 강을 다 건넘)하여 유기미(濡其尾 : 꼬리를 물에 젖게 함, 일을 완성시키지 못함을 의미)하니 이로운 바가 없다.

'미제未濟' 는 '기제旣濟' 와는 정반대로 '아직 제도濟渡하지 못했다' 는 뜻을 지니고 있다. 일이 완성되지 못했음을 의미한다. 이는 「미제괘」의 6효가 『주역』의 64괘 중 유일하게 모두 정위

正位를 상실한 데 따른 것이다. 그럼에도 '형亨'으로 표현한 이유는 무엇일까. 이를 두고 『주역정의』는 이같이 풀이해 놓았다.

"미제未濟의 시기에는 소인이 오히려 높은 지위에 앉아 있어 건공입덕建功立德 : 공덕을 세움과 발난제험撥難濟險 : 난을 평정하고 위험을 구제함이 불가능하다. 그러나 능히 유중柔中을 구사해 현철賢哲한 자에게 일을 맡기게 되면 이는 곧 '미제' 속에 '가제可濟'의 이치가 담겨 있는 까닭에 이내 통할 수 있게 된다. 그래서 '미제, 형'이라고 한 것이다."

'소호흘제小狐汔濟, 유기미濡其尾'는 끝내 일을 완성시키지 못한 것을 작은 여우가 도강하면서 거의 다 건널 즈음에 꼬리가 물에 젖어 완전히 도강하지 못한 것에 비유한 것이다. 여우가 도강을 완수하지 못한 것은 공경심과 신중함을 상실했기 때문이다.

「기제괘」의 혼란은 마지막 효인 상육효에 있는 데 반해 「미제괘」의 어려움은 초육효에 있는 셈이다. '유기미'는 바로 '시작이 반'이라는 속언이 의미하듯이 '미제'의 시기에는 시작하는 것 자체가 사실상 성사成事를 의미한다는 취지를 선명히 보여주고 있다. 이는 시작 단계에서 견지한 공경심과 신중함을 계속 유지할 수만 있다면 이내 일을 성사시킬 수 있음을 시사하는 것이다.

64-2

「彖」曰, '未濟, 亨.' 柔得中也. '小狐汔濟', 未出中也. '濡其尾, 无攸利', 不續終也. 雖不當位, 剛柔應也.

〈단전〉에 이르기를, '미제(未濟), 형(亨)'이라고 했다. 이는 유득중(柔得中 : 육오효가 중도를 얻음)을 뜻한다. '소호흘제(小狐汔濟)'는 미출중(未出中 : 구이효가 하괘인 '감괘'의 가운데에 처하여 위기에서 벗어나지 못함)을 뜻한다. '유기미(濡其尾), 무유리(无攸利)'는 불속종(不續終 : 초육효가 力竭하여 뒤를 이어 도강하는 구이효를 도울 여력이 없음)을 뜻한다. 비록 부당위(不當位 : 육효 모두 正位를 얻지 못하고 있음)하나 강유응(剛柔應 : 육효 모두 호응하는 효와 음양의 조화를 이루고 있음)하고 있다.

'유득중柔得中'은 육오효가 음유의 품성으로 상괘의 가운데에 처해 양강을 거역하지 않고 능히 받아들이고 있는 모습을 설명한 것이다. 이를 두고 『주역정의』는 이같이 풀이했다.

"육오효가 음유의 품성으로 중위中位에 처해 아래에 있는 구이효와 호응한다는 뜻이다. 이는 '미제'가 형통할 수 있는 이유를 설명한 것이다. 구이효와 호응하는 것은 강건함을 받아들여 자신을 보완한다는 뜻이다. 그래서 '미제'의 시기에 마침내 형통할 수 있는 것이다."

'불속종不續終, 무유리无攸利'는 초육효가 도강에 힘을 소진해 자신의 뒤를 따르는 구이효의 도강을 끝내 돕지 못함으로써 설령 대안對岸에 오를지라도 이로운 게 없다는 뜻이다. 이를 두고 왕필은 이같이 풀이했다.

"작은 여우는 비록 능히 도강할 수 있을지라도 여력이 남아 있지 않다. 도강하면서 꼬리를 물에 적신 까닭에 힘이 다한 것이다. 그래서 '불속종'이라고 한 것이다. '미제未濟 : 아직 도강하지 못한 자를 지칭'를 구하려면 반드시 여력이 남아 있어야만 한다."

'부당위不當位, 강유응剛柔應'은 「미제괘」의 육효 모두 정위正位를 차지하지 못하고 있으나 호응하는 효와 음양의 조화를 이루고 있는 까닭에 능히 형통할 수 있다는 뜻이다. 이를 두고 『주역정의』는 이같이 풀이했다.

"이는 오늘 비록 '미제'일지라도 '가제지리可濟之理 : 위험으로부터 구제할 수 있는 이치'를 지니고 있다는 뜻이다. 지금 제자리를 찾지 못해 '미제'이나 강유가 서로 호응하며 돕고 있다. 이는 '가제지리'를 지니고 있다는 뜻이다. 그래서 '부제不濟 : 구제할 수 없음'라고 말하지 않고, '미제未濟 : 아직 구제하지 못하고 있음'라고 한 것이다."

64-3

「象」曰, 火在水上, 未濟. 君子以愼辨物居方.

初六, 濡其尾, 吝. 「象」曰 '濡其尾', 亦不知極也.

九二, 曳其輪, 貞吉. 「象」曰 '九二貞吉', 中以行正也.

六三, 未濟, 征凶. 利涉大川. 「象」曰 '未濟, 征凶', 位不當也.

九四, 貞吉, 悔亡. 震用伐鬼方, 三年有賞于大國. 「象」曰 '貞吉, 悔亡', 志行也.

六五, 貞吉, 无悔. 君子之光, 有孚, 吉. 「象」曰 '君子之光', 其暉吉也.

上九, 有孚于飮酒, 无咎. 濡其首, 有孚, 失是. 「象」曰 '飮酒濡首', 亦不知節也.

〈상전〉에 이르기를, '화재수상(火在水上), 미제(未濟)'라고 했다. 군자는 이를 본받아 신중을 기해 변물거방(辨物居方 : 사물을 분별해 제자리에 있게 함)한다.

초육은 유기미(濡其尾 : 여우가 꼬리를 물에 젖게 함)하니 인석(吝惜)함을 남길 것이다. 〈상전〉에 따르면 '유기미(濡其尾)'는 역부지극(亦不知極 : 초육효 역시 조심하여 중도를 지켜나가야 한다는 사실을 몰

랐음, '極'은 '中'과 통함)을 뜻한다.

구이는 예기륜(曳其輪 : 수레바퀴를 뒤에서 끌어당김)하니 수정(守貞)하면 길할 것이다. 〈상전〉에 따르면 '구이정길(九二貞吉)'은 중이행정(中以行正 : 중도를 지켜 일을 치우치지 않게 단정히 처리함)을 뜻한다.

육삼은 미제(未濟)의 시점에 처해 있어 정흉(征凶 : 스스로 구제할 힘도 없는 상황에서 앞으로 나아가면 흉함)하나 이섭대천(利涉大川 : 가까이 지내는 구이효와 함께 강을 건넘으로써 곤경에서 빠져나오게 됨)하다. 〈상전〉에 따르면 '미제, 정흉'은 위부당(位不當)을 뜻한다.

구사는 정길(貞吉 : 守貞하면 길함)하니 회망(悔亡 : 후회가 이내 사라짐)할 것이다. 진용벌귀방(震用伐鬼方 : 은나라 고종이 무위를 떨치며 귀방을 정벌함)할 때 삼년유상우대국(三年有賞于大國 : 3년이 지나 승리를 거둔 뒤 공을 높이 사 대국의 제후에 봉함)했다. 〈상전〉에 따르면 '정길, 회망'은 지행(志行 : 구사효가 완성을 도모코자 한 뜻이 마침내 실천됨)을 뜻한다.

육오는 정길(貞吉 : 군위에 앉아 정도를 행하니 길함)하고 무회(无悔 : 후회할 일이 없음)하다. 이는 군자지광(君子之光 : 군자의 빛나는 덕)으로 유부(有孚 : 신하에게 전폭적인 신뢰를 보내 공을 세우게 함)하여 길함을 얻은 데 따른 것이다. 〈상전〉에 따르면 '군자지광'은 기휘길(其暉吉 : 육오효의 빛나는 덕성이 실천되어 길함)을 뜻한다.

상구는 유부우음주(有孚于飮酒 : 아랫사람을 신임해 국사를 맡긴 채 한가롭게 음주하며 즐김)하니 '무구'하다. 그러나 계속 그같이 하면 유기수(濡其首 : 머리부터 시작해 온몸이 젖듯이 위험에 처하게 됨)할 것이니 이는 유부(有孚 : 아랫사람을 신임하여 계속 일을 맡긴 채 국사를 돌보지 않음)로 인해 오히려 실시(失是 : 타당함을 잃음)한 것이다. 〈상전〉에 따르면 '음주(飮酒)'와 '유수(濡首)'는 역부지절(亦不知節 : 상구효 역시 절제하는 방도를 모르고 있음)을 뜻한다.

〈대상전〉의 '화재수상火在水上'은 '감하이상坎下離上'으로 구성된 「미제괘」의 괘상을 설명한 것이다. 이를 두고 왕필은 이같이 풀이했다.

"불이 물 위에 있으니 음식을 익힐 수 없다. 이는 사물을 완성할 수 없음을 뜻한다. 그래서 '화재수상, 미제'라고 한 것이다."

'변물거방辨物居方'은 군자가 '미제'의 시점에서 사물을 신중히 판단해 적재적소에 배치한다는 뜻이다. 이는 같은 사물을 같은 장소에 있도록 조치해 혼란을 미연에 방지하는 것을 의미한다. 「미제괘」는 육효 모두 본래의 품성과 반대되는 자리에 위치한 까닭에 이를 바르게 해주어야만 '기제旣濟'로 전환될 수 있다는 뜻이다. 그러나 '변물거방'은 '미제'를 '기제'로 전환시키는 것인 까닭에 반드시 신중을 기해야만 한다. 물과 불은 서로 교류하기 힘든 까닭에 신중을 기해 제자리에 처하도록 조치하지 못할 경우 오히려 더 큰 위험에 직면케 만들 소지가 크기 때문이다.

초육 효사 '유기미濡其尾'는 초육효가 음유의 품성으로 험난함을 상징하는 하괘인 '감괘'의 아래에 처하여 서둘러 구사효와 호응하는 모습을 여우가 꼬리를 물에 젖게 만든 것에 비유한 것이다. 왕필은 이를 두고 이같이 풀이했다.

"「미제괘」의 시작에 처했다는 것은 가장 험한 상황에 처해 있다는 뜻으로 구제될 수 없는 상황을 의미한다. 그럼에도 구사효와 호응키 위해 앞으로 나아간다면 나아가는 즉시 곧바로 물에 빠지고 말 것이다."

이는 「기제괘」 초구효와 그 취지를 같이 하는 것이나 내용 면에서 보면 커다란 차이가 있다. 「기제괘」는 '무구'로 되어 있는 데 반해 「미제괘」는 '인吝'으로 되어 있다. 「기제괘」의 초구효는 양강의 품성으로 정위를 얻은 까닭에 '기제'의 시점에서 가볍게 몸을 움직이지 않는 까닭에 '무구'하게 된 것이다. '무구'는 도강이 이뤄질 것을 전제로 하여 충고한 것이다. 그러나 「미제괘」의 초육효는 음유의 품성으로 정위를 얻지 못한 것은 물론 험난함을 상징하는 '감괘'의 맨 아래에 처한 가운데 '미제'의 시점에서 모험을 무릅쓰고 앞으로 나아간 것이다. 이는 「기제괘」 초구효의 경우와 달리 도강이 이뤄지지 못할 것을 전제로 하여 충고한 것이다.

구이 효사 '예기륜曳其輪'은 구이효가 '미제'의 시점에서 육오효와 신중히 호응하고자 하는 모습을 수레바퀴를 끌어당겨 속도를 조절하는 것에 비유한 것이다. 구이효가 신중한 모습을 취할 수 있는 것은 중덕中德을 발휘했기 때문이다. 구이효는 강건한 까닭에 능히 도강할 여력을 지니고 있으나 몸이 험난한 상황을 벗어나지 못하고 있는 까닭에 때를 기다리며 신중한 모습을 취한 것이다. 이는 비록 험난한 상황에 처했을지라도 신중을 기하기만 하면 능히 성공할 수 있음을 의미한다. 구이효는 '미제'의 시기에도 불구하고 신중함을 잃지만 않으면 얼마든지 성공할 수 있는 잠재력을 지니고 있는 셈이다.

육삼 효사 '미제未濟, 정흉征凶'는 육삼효가 음유의 품성으로 험난함을 상징하는 '감괘'의 맨 위에 처해 힘도 약하고 정위도 상실한 까닭에 '미제'의 시점에서 앞으로 나아가면 흉하다는 뜻이다. 이를 두고 왕필은 이같이 풀이했다.

"음유의 체질로 정위를 잃고 험난함에 처해 있으니 스스로 구제할 수 없는 자이다. 부정한 몸과 스스로 구제할 수도 없는 미약한 힘으로 앞으로 나아갈 것을 도모하면 반드시 자신의 몸을 잃고 말 것이다. 그래서 '정흉'이라고 한 것이다."

'이섭대천利涉大川'은 육삼효가 가까이 지내는 구이효의 도움으로 함께 배를 타고 강을 건너면 곤경을 빠져나와 일을 성취할 수 있다는 뜻이다. 이를 두고 왕필은 이같이 풀이했다.

"구이효는 어려움을 구제할 수 있는 자이다. 육삼효가 구이효와 가까이 있으므로 자신의 고집을 버리고 구이효에게 몸을 의탁한 뒤 구이효와 함께 배를 타고 가면 물에 빠지는 일이 있을 수 있겠는가. 어찌 건너지 못할 것을 근심할 필요가 있겠는가. 그래서 '이섭대천'이라고 한 것이다."

이는 '미제'의 시기에 중정을 잃은 육삼효가 스스로를 구제할 힘도 없는 상황에서 가까이 지내는 구이효에 올라타 곤경을 벗어나는 것을 설명한 것이다. 육삼효에게는 성급히 앞으로 나아가 흉함을 만나는 잘못된 선택과 이웃의 힘을 빌려 곤경을 벗어나는 올바른 선택이 동시에 존재하는 셈이다. 성패를 결정짓는 당사자가 육삼효인 것은 말할 것도 없다. 「미제괘」의 6효 모두 정위를 얻지 못하고 있는데도 불구하고 유독 육삼효에게만 '위부당位不當'을 언급한 이유가 바로 여기에 있다. 이는 육삼효가 음유의 품성으로 그 힘이 미약한데도 불구하고 험난을 상징하는 '감괘'의 최상위에 처한 데 따른 것이다.

구사 효사 '정길貞吉, 회망悔亡'은 구사효가 양강의 품성으로 상괘인 '이괘'의 시작에 처해 비록 정위를 상실해 후회할 일이 생길지라도 스스로 노력하면 이내 길하고 '회망'하게 된다는 뜻이다. '진용벌귀방震用伐鬼方'은 「기제괘」 구삼효의 효사와 그 취지가 같다. '삼년유상우대국三年有賞于大國'은 3년간에 걸친 정벌전이 끝난 뒤 포상으로 대국의 제후에 봉했다는 뜻이다. 이는 구사효가 끈기 있게 노력해 일을 성취한 것을 두고 은나라 고종의 고사를 인용해 칭송한 것이다. 이를 두고 『주역정의』는 이같이 풀이했다.

"구사효는 '미제'의 시기에 정위를 잃고 후회했으나 험난함을 벗어나 문명文明의 개시를 알리는 상괘인 이괘離卦의 시작에 처해 강건한 기질로 군위에 있는 육오효에 접근함으로써 '회망'케 되었다. 뜻을 바르게 하여 행동하면서 그 위엄을 드러냄으로써 '진용벌귀방'과 같은 임무를 맡게 되었다. 그러나 문명의 개시기에 비록 위험을 벗어나기는 했으나 그 덕이 아직 성하지 못하다. 이에 곧바로 승리를 거둘 수 없는 까닭에 '삼년'이라고 한 것이다. 육오효는 유순한 품성으로 문명하면서도 존위에 앉아 있는 까닭에 다른 사람의 공을 빼앗지 않는다. 이에 구사효가 마침내 승리를 거두고 돌아오면 틀림없이 1백 리 대국을 포상으로 얻게 될 것이다. 그래서 '유상우대국'이라고 한 것이다."

육오 효사 '정길貞吉, 무회无悔'는 육오효가 문명이 성대한 시기에 군위에 앉아 정도를 행함으로써 길하고 후회할 일이 없게 되었다는 뜻이다. 육오효의 덕정을 상징하는 '군자지광君子之光'은 육오효가 중덕을 발휘해 아래의 구이효와 호응하고 구사효와 가까이 지낸 데 따른 것이다. '유부有孚, 길吉'은 각자 능력을 최대한 발휘토록 전폭적인 신뢰를 보내는 것을 말한다. 이를 두고 『주역정의』는 이같이 풀이했다.

"유순한 품성과 문명한 자질로 존위에 앉아 구이효에 호응하니 인재를 적재적소에 배치한 채 자신이 직접 나서 일하지 않는다. 이는 군자의 덕이 환하게 빛나는 것과 같다. 그래서 '군자지광'이라고 한 것이다. 인재를 적재적소에 배치한 뒤 의심치 않으면서 각자 그 충성을 다하게 하여 공을 이루게 한다. 그래서 '유부, 길'이라고 한 것이다."

'기휘길其暉吉'의 '휘暉'는 빛이 왕성한 것을 뜻하는 말로 군자의 극성한 명덕明德을 의미한다. 이를 두고 정이천은 이같이 풀이했다.

"휘暉는 빛이 사방으로 널리 흩어진 상태를 말한다. 군자가 덕을 가득 쌓으면 그 덕의 빛이 왕성해서 결국 사방팔방으로 흩어지는 경지에 이르게 된다. 이는 선善이 지극한 경지에 이르게 되었음을 뜻한다. 그래서 '기휘길'이라고 한 것이다."

이는 육오효가 문명을 상징하는 상괘인 '이괘'의 가운데에 처해 군덕君德을 널리 펼침으로써 마침내 '미제'가 '기제'로 변화하는 과정에 들어서게 되었음을 암시하는 것이다. 마치 여름날의 태양이 구름이 낀 날에 더욱 뜨거운 열기를 발산하고, 불빛이 밤에 더욱 빛나는 것에 비유할 수 있다. '미제'와 '기제'가 영원히 순환하는 관계에 있음을 뒷받침하는 효사가 아닐 수 없다.

상구 효사 '유부우음주有孚于飮酒'는 상구효가 양강의 품성으로 「미제괘」의 극한에 처해 모든 일을 아랫사람에게 맡긴 채 자신은 음주하며 편히 즐기는 모습을 설명한 것이다. 이는 '미제도'가 극에 달해 '기제'의 시기로 전환되었음을 의미한다. 이를 두고 왕필은 이같이 풀이했다.

"'미제'가 극에 달하면 이내 '기제'로 돌아오게 된다. 그러니 '기제'로 돌아온 상황에서 일을 다른 사람에게 맡기는 것은 당연한 일이다. 맡기는 것이 당연하다는 것은 믿음에 의심이 없다는 것으로 자신은 편히 즐긴다는 뜻이다. 그래서 '유부우음주'라고 한 것이다."

'유기수濡其首'는 머리부터 시작해 이내 몸 전체가 위험해진다는 뜻으로 「기제괘」 상구효의 효사와 그 취지가 같다. 이는 상구효가 국사를 전혀 돌보지 않은 채 지나치게 음주하며 안일安逸에 빠져 절제를 잃으면 마치 여우가 도강하면서 머리를 물에 적신 이후 온몸이 물에 젖는 것과 같이 커다란 위험에 처할 수 있음을 경고한 것이다. 이를 두고 왕필은 이같이 풀이했다.

"상구효는 능히 사물을 신임할 수 있는 까닭에 일예逸豫 : 안일무사하게 즐김하며 일이 잘못될까 전혀 근심도 하지 않는다. 실로 일이 잘못될까 근심도 하지 않은 채 지나치게 환락에 빠지면 곧 절제를 잃게 된다. 유부有孚로 인해 실시失是 : 타당함을 잃음하는 까닭에 '유기수, 유부, 실시'라고 한 것이다."

이는 '미제도未濟道'가 극한에 이르러 이미 '기제도旣濟道'로 전환되었음을 뜻한다. '유부우음주有孚于飮酒'가 바로 이를 상징한다. 그러나 만일 '유부우음주' 상황이 지속되면 곧바로 다시 '기제'에서 '미제'로 돌아가게 된다.

이를 통해 알 수 있듯이 「미제괘」의 육효는 일이 완성되지 않은 '미제'의 시기에 나타나는 다양한 변역의 이치를 설명해 놓고 있다. 육효 중 하괘인 '감괘'에 속에 있는 3개효는 '미제'의 상황에 처한 까닭에 강을 건널 수 없는 만큼 신중히 대처할 것을 당부하고 있다. 초육효는 '유기미濡其尾'로 인해 애석한 상황에 처해 있고, 구이효는 성급한 마음을 자제하며 정도를 지켜야만 하고, 육삼효는 앞으로 나아가면 흉하게 되어 있다. 이는 '감괘'가 험난함을 상징한데 따른 것이다.

이에 반해 상괘인 '이괘'에 속해 있는 3개 효는 이미 '기제'로의 전환조심이 나타난 만큼 성신의 자세로 일을 추진해 나갈 것을 당부하고 있다. 구사효는 강건한 기질을 발휘해 큰 공을 세우고, 육오효는 유중의 미덕을 발휘해 덕정을 널리 펼치고, 상구효는 사람을 신뢰하는 마음을 발휘해 성세를 구가하게 되었다. 이는 '이괘'가 밝은 문명을 상징한 데 따른 것이다.

이들 육효 중 주목할 것은 상구효이다. 상구효는 성패成敗의 2지 가능성을 동시에 지니고 있다. 성세를 상징하는 '유부우음주有孚于飮酒'는 '미제'의 시기가 이미 '기제'로 전환되었음을 의미한다. 그러나 이런 상황이 지속될 경우 이내 다시 '미제'로 복귀할 가능성이 높아진다. 효사에서 '유부우음주有孚于飮酒'가 '무구'하다고 전제하면서 동시에 '유부실시有孚失是'를 언급한 이유가 여기에 있다. 이는 사물의 화복禍福이 상대적인 개념에 불과한 것임을 보여주는 것이다. 『노자』는 그 이치를 제58장에서 이같이 설명해 놓았다.

"화禍여, 복福이 '화'에 의지하고 있구나. '복'이여, '화'가 그 밑에 숨어 있구나. 누가 그 끝을 알 수 있겠는가."

〈서괘전〉이 「미제괘」에서 64괘가 끝난 것을 두고 '사물은 끝이 없는 것이다'라고 언급한 것도 같은 맥락에서 이해할 수 있다. 이는 「기제괘」와 「미제괘」의 효사에도 그대로 드러나 있다. 「기제괘」의 초구효와 「미제괘」의 초육효가 똑같이 '유기미濡其尾'로 되어 있고, 「기제괘」의 상육효와 「미제괘」의 상구효가 공히 '유기수濡其首'로 표현되어 있는 것이 그 실례이다. 이는 '기제'와 '미제'가 상호 순환하는 관계에 있는 동시에 순식간에 서로 뒤바뀌는 관계에 있음을 시사한다.

천지만물의 변역은 바로 '기제'와 '미제' 사이를 끊임없이 반복하는 모습으로 진행되고 있다고 해도 과언이 아니다. 이는 곧 「기제괘」와 「미제괘」의 요체가 일의 완성과 미완성을 뜻하는 '기제'와 '미제'에 있는 것이 아니라 '기제'에서 '미제' 또는 '미제'에서 '기제'로의 전환 가능성을 뜻하는 '가제可濟'에 있음을 뜻한다. 『주역』이 64괘 384효를 통해 끊임없이 언급하고 있는 '무구无咎'와 '회망悔亡', '길흉吉凶' 등의 괘효사는 바로 인간이 '가제'의 상황에서 어떻게 대처하는 것이 좋은지를 다양한 예를 통해 미리 충고한 것이라고 할 수 있다.

'미제'가 형통할 수 있는 것은 왕필이 지적한 바와 같이 '가제'의 이치를 내재하고 있기 때문이다. '가제'의 잠재된 가능성을 최대한 발휘시켜 '미제'를 '기제'로 만들기 위해서는 주어진 상황을 감안한 신중한 행보가 요구되고 있다. 이러한 신중한 행보는 '미제'가 '기제'로 변환된 이후에도 지속적으로 필요하다. 그래야만 완성된 상태를 계속 유지할 수 있기 때문이다. 이는 곧 인간에게 끊임없이 노력할 것을 주문한 것이나 다름없다.

그러나 인간이 아무리 노력할지라도 '기제'의 상황을 계속 유지하는 것은 불가능하다. '미제'의 시기가 극한에 달한 상황에서 빚어지는 '유부우음주有孚于飮酒' 현상이 바로 그 증거이다. 천지만물 모두 가득 차면 기울 수밖에 없는 것이다. 인간이 '기제'의 시기에 기존의 성취를 즐기며 일예逸豫하고, '미제'의 시기에 일의 성취를 위해 발분發奮하는 것 자체가 인간의 본성에 가까운 것이다.

치도의 관점에서 볼 때 '기제'와 '미제'의 끊임없는 상호 순환관계는 치란治亂과 흥폐興廢의 끊임없는 순환관계로 해석할 수 있다. 역사상 존재했던 수많은 왕조의 '흥폐'와 수많은 군왕들의 '치란' 역시 '기제'와 '미제'의 끊임없는 순환관계에서 한치도 벗어나지 않았다. 삼국시대의 중장통仲長統은 『창언昌言』에서 이같이 설파한 바 있다.

"천명을 받은 호걸이 처음부터 천하의 명분을 갖고 시작하는 것은 아니기 때문에 자연 쟁천하爭天下하려는 인물이 분분히 일어나게 된다. 드디어 한 명의 지존만이 남게 되면 후계자가 설령 하우下愚의 인물일지라도 능히 은덕을 베풀 수 있게 된다. 이때에는 설령 수천 명의 공자가 나오더라도 그와 덕을 겨룰 수 없게 된다. 그러나 보위를 이은 어리석은 군주들은 천하에 감히 자신과 대항할 자가 없어 자신의 보위는 영원히 망하지 않을 것으로 착각하게 된다. 이에 멋대로 방종하게 되고 자신의 욕심을 끝없이 키워 마침내는 천하 고혈을 모두 태워버리고 만민의 골수까지 빼먹게 된다. 끝내 원성이 길에 들끓으면서 재난과 전란이 어지러이 동시에 일어나 대세가 순식간에 기울어지게 되면 이미 시운이 바뀐 것이다. 이로써 존망存亡은 부단히 다시 바뀌게 되고 천하의 치란治亂은 다시 돌기 시작하는 것이다. 이는 천도天道가 늘 그러한 이치이기도 한 것이다."

이는 '치란'과 '흥폐' 역시 '기제'와 '미제' 사이의 반복적인 움직임에 불과하다는 사실을 지적한 것이다. 이를 군도의 관점에서 파악하면 현군賢君과 암군暗君의 출현이 곧 '치란'과 '흥폐'의 관건임을 언급한 것이라고 할 수 있다. 그러나 역사적으로 볼 때 요堯·순舜 등의 성군聖君과 걸桀·주紂 등의 폭군暴君은 전설 속의 인물에 불과할 뿐 대다수의 군주는 범군凡君에 가까웠다. 역대 군주 중 탁월한 통치력을 발휘한 '현군'과 암우한 행보를 보인 '암군'은 상대적으로 희소했다.

이는 곧 동서고금의 군주가 다스린 천하는 늘 '가제可濟'의 상태로 존재했음을 의미한다. 이를 '기제'의 치세治世로 만들거나, '미제'의 용세庸世로 방치하거나, 사물이 불통하는 '부제不濟'의 난세亂世로 만든 것은 전적으로 군주를 비롯한 통치자들의 몫이었던 것이다.

일찍이 관중管仲과 순자荀子는 오직 덕치를 기초로 한 왕도王道만을 강조한 맹자와 달리 힘을 바탕으로 한 통치를 추구한 패도覇道를 왕도 못지않게 높이 평가한 바 있다. 이들은 전설적인 성군인 요·순을 본받는 것만으로도 능히 천하를 다스릴 수 있다는 맹자의 주장이 비현실적이라는 점을 직시했던 것이다. 관중과 순자의 입장에서 보면 통상의 통치현실을 '미제'의 '용세'로 간주하고 이를 '기제'의 치세로 전환시키는 통치력을 발휘한 군주가 바로 왕자王者에 버금하는 패자覇者가 되는 셈이다. 『순자』「왕패」편은 패자의 의미를 이같이 풀이해 놓았다.

"덕은 비록 미지未至 : 지극하지 못함하고 예의 또한 비록 미제未濟 : 완성되지 못함하나 천하의 도리가 대략 구비되어 있는 경우가 있다. 형상刑賞이 천하인의 신뢰를 얻고 있고, 신하들 모두 이런 일들이 믿을 만하다는 사실을 명백히 알고 있고, 정령이 이미 반포된 뒤 비록 이익으로 간주한 사실이 손해로 나타날지라도 백성을 속이지 않고, 맹약이 이미 맺어진 뒤 비록 손해를 볼지라도 동맹국을 속이지 않는다. 이같이 하면 병경성고兵勁城固 : 군사는 강하고 성은 견고함하여 적국이 두려워하게 된다. 상하가 일치하여 약속을 지키면 동맹국이 이를 신뢰케 되어 비록 벽지의 소국일지라도 천하를 위동威動 : 위엄으로 진동시킴할 수 있다. '패자'가 바로 그들이다."

이는 '미제'의 시기에 현실적으로 이룰 수 있는 뛰어난 통치의 모습을 설명한 것이다. 「왕패」편에 묘사된 '패자'야말로 '가제'의 상태로 존재하는 '미제'의 현실세계에서 이상과 현실의 조화를 통해 이상적인 통치를 추구하며 끊임없이 노력하는 현군의 모습이 아닐 수 없다. 동서고금을 막론하고 뛰어난 현군으로 칭송받은 모든 군주는 「왕패」편에 묘사된 패자의 모습을 벗어나지 않았다. 이들 모두 천하만물의 끊임없는 순환이치를 언급한 「기제괘」와 「미제괘」의 요체를 구현한 셈이다.

제2편 괘효전卦爻傳

『주역』의 경문에 대한 해석을 '역전易傳'이라고 한다. '역전'은 모두 10편이다. 이를 통상 '십익十翼'이라고 한다. '십익'은 새의 날개가 새의 비상을 돕는 것처럼 경문의 뜻을 보완한다는 의미를 지니고 있다. '십익'은 오랫동안 공자가 찬술한 것으로 알려져 왔으나 유가 후학들이 공자를 가탁한 것으로 보는 게 옳다. 〈단전彖傳〉과 〈상전象傳〉, 〈문언전文言傳〉은 『주역』의 경문에 나뉘어 배치되었으나 나머지 〈계사전繫辭傳〉와 〈설괘전說卦傳〉, 〈서괘전序卦傳〉, 〈잡괘전雜卦傳〉은 경문 뒤에 독립적으로 배열돼 있다. 왕필에 의해 이러한 편제가 확정된 이후 2천 년 넘게 지속되고 있다.

'십익'은 기본적으로 『주역』을 체계적으로 파악하기 위해 나온 것이다. 특히 〈계사전〉은 『주역』을 단순한 '복서卜筮'에 관한 기록이 아니라 64괘라는 상징적 부호를 통해 '치평'의 이치를 설명한 유가경전으로 인식하게 만드는 데 결정적인 역할을 수행했다.

〈계사전〉은 전국시대의 제자백가의 사상을 집대성한 느낌을 주고 있다. 일찍이 북송대의 구양수歐陽修가 『역동자문易童子問』에서 언급한 바와 같이 대략 여러 사람의 작품을 모은 뒤 이를 이론적으로 체계화한 것으로 보는 게 타당할 것이다.

〈계사전〉은 내용상 『주역』 전반에 걸친 총론의 성격을 지니고 있다. 〈계사전〉은 크게 상편과 하편으로 나뉜다. 이는 당제국의 공영달孔穎達이 '오경정의'를 만드는 과정에서 『주역정의』를 크게 상편 12장, 하편 9장으로 나눈 데서 비롯된 것이다. 이를 두고 상편은 '무無'와 '대리大理', 하편은 '무'가 '유有'로 진행되는 과정과 '소리小理'에 관한 내용을 다룬 것으로 파악하는 견해도 있으나 정확한 얘기는 아니다. 상편은 하편에 비해 상대적으로 체계적이면서도 주로 팔괘에 관해 언급하고 있는 데 반해 하편은 주로 육효에 관해 언급하고 있는 게 약간 다르다고 할 수 있다.

〈계사전〉의 장절章節에 관해서는 일치된 견해가 없다. 원래 상편과 하편의 구별 자체도 편제상의 편의를 위해 만들어 놓은 것이다. 상편과 하편의 모든 장절이 하나의 〈전傳〉을 이루고 있는 까닭에 장절의 구별에 크게 구애받을 필요가 없다. 본서는 내용을 기준으로 하여 상편과 하편을 공히 12개 장으로 나눴다.

제1장 계사전(繫辭傳)

제1절 상편(上篇)

1-1

天尊地卑, 乾坤定矣. 卑高以陳, 貴賤位矣. 動靜有常, 剛柔斷矣. 方以類聚, 物以羣分, 吉凶生矣. 在天成象, 在地成形, 變化見矣. 是故剛柔相摩, 八卦相盪. 鼓之以雷霆, 潤之以風雨, 日月運行, 一寒一暑. 乾道成男, 坤道成女, 乾知大始, 坤作成物. 乾以易知, 坤以簡能. 易則易知, 簡則易從. 易知則有親, 易從則有功. 有親則可久, 有功則可大. 可久則賢人之德, 可大則賢人之業. 易簡而天下之理得矣, 天下之理得, 而成位乎其中矣.

천존지비天尊地卑로 건곤乾坤이 정해졌다. 만물은 비고卑高에 따라 진열되어 귀천貴賤에 따라 자리를 얻었다. 동정動靜에 상도常道가 있어 강유剛柔가 결정되었다. 방향方向에 따라 유취類聚 : 유형끼리 모임하고, 물상物象에 따라 군분羣分 : 무리로 나뉘어 생활함하니 여기서 길흉吉凶이 나타났다. 하늘에 상象이 이뤄지고, 땅에 형形이 이뤄지자 변화變化가 나타났다. 이에 강유가 상마相摩 : 서로 교착함하자 팔괘八卦가 상탕相盪 : 상호 推移함했다. 뇌정雷

霆이 만물을 고동鼓動시키고, 풍우風雨가 만물을 윤습潤濕하게 만들자 일월이 운행하여 일한일서一寒一暑의 사계가 나타났다. 건도乾道가 남자를 이루고, 곤도坤道가 여자를 이루니 건乾은 대시大始 : 만물의 창조를 알고, 곤坤은 만물을 작성作成한다. 이를 본받아 건은 이약易略한 방법으로 알고, 곤은 간명簡明한 방법으로 능히 행한다. 이약하면 이지易知하고, 간명하면 이종易從한다. 이지하면 유친有親하고, 이종하면 유공有功한다. 유친하면 가구可久하고, 유공하면 가대可大한다. 가구는 현인의 덕德이고, 가대는 현인의 업業이다. 이간易簡으로 천하의 이치를 터득할 수 있고, 천하의 이치를 터득할 수 있어야 그 사이에 있는 인간의 바른 위치를 이룰 수 있는 것이다.

1-2

聖人設卦, 觀象, 繫辭焉, 而明吉凶. 剛柔相推而生變化. 是故吉凶者, 失得之象也. 悔吝者, 憂虞之象也. 變化者, 進退之象也. 剛柔者, 晝夜之象也. 6爻之動, 3極之道也. 是故, 君子所居而安者, 易之序也. 所樂而玩者, 爻之辭也. 是故君子居則觀其象而玩其辭, 動則觀其變而玩其占. 是以自天祐之. 吉无不利.

성인이 설괘設卦하고, 관상觀象하고, 계사繫辭 : 卦辭와 爻辭를 붙임하여 길흉을 밝혔다. 강유剛柔가 서로 추이推移하면서 변화를 낳으니 길흉은 득실失得의 상象이다. 회린悔吝 : 후회하고 한탄함은 우우憂虞 : 우려, 변화變化는 진퇴進退, 강유는 주야晝夜의 상이다. 6효六爻의 움직임은 천 · 지 · 인 3극三極의 도를 나타낸다. 군자가 편히 거처하는 것은 변역變易의 질서를 알기 때문이고, 괘를 낙완樂玩하는 것은 괘에 나타나는 효사爻辭를 알기 때문이다. 이에 군자는 집 안에 거처할 때에는 관상완사觀象玩辭하고, 밖에 나가 행동할 때에는 관변완점觀變玩占한다. 이런 군자는 하늘이 보호하는 까닭에 하는 일마다 모두 길하여 이롭지 않은 게 없다.

1-3

象者, 言乎象者也. 爻者, 言乎變者也. 吉凶者, 言乎其失得也. 悔吝者, 言乎其小疵也. 无咎者, 善補過也. 是故列貴賤者存乎位, 齊小大者存乎卦, 辯吉凶者存乎辭, 憂悔吝者存乎介, 震无咎者存乎悔. 是故卦有小大, 辭有險易. 辭也者, 各指其所之.

단사彖辭는 괘상卦象을 설명한 것이다. 효사爻辭는 괘변卦變을 설명한 것이다. 길흉은 득실을 설명한 것이다. 회린悔吝은 소자小疵 : 작은 허물, '무구'는 선보과善補過 : 개과천선를 두고 한 말이다. 귀천의 배열은 효의 위치, 소대小大의 분별은 괘, 길흉의 판단은 사辭, 회린을 걱정하는 것은 개介 : 사소한 일의 발단, 진무구震无咎 : 움직여 재난을 면함는 회悔 : 반성에 달려 있다. 이에 괘에는 소대小大, 사辭에는 험이險易가 있는 것이다. 사辭는 사람들이 각기 나아갈 바를 가리키는 것이다.

1-4

易與天地準, 故能彌綸天地之道. 仰以觀於天文, 俯以察於地理, 是故知幽明之故. 原始反終, 故知死生之說. 精氣爲物, 遊魂爲變, 是故知鬼神之情狀. 與天地相似, 故不違. 知周乎萬物而道濟天下, 故不過. 旁行而不流, 樂天知命, 故不憂. 安土敦乎仁, 故能愛. 範圍天地之化而不過, 曲成萬物而不遺, 通乎晝夜之道而知, 故神无方而易无體.

역易은 천지지도天地之道에 준거한 것이다. 이에 '역'은 능히 천지지도를 미륜彌綸 : 속으로 수렴함할 수 있다. 위로는 천문天文, 아래로는 지리地理를 관찰하니 이에 유명幽明의 곡절을 알 수 있다. 원시반종原始反終 : 사물의 근원에 바탕을 두고 그 종말을 내다봄으로 사생死生의 이유를 안다. 정기精氣가 모여 만물을 빚고, 유혼遊魂이 만물의 변화를 낳는 까닭에 귀신의 정상情狀을 알 수 있다. 성인의 지혜는 천지지도와 닮아 있기에 어긋남이 없다. 지혜는 만물에 두루 미치고, 그 도는 천하인을 구할 만하기에 과오가 없다. 방행불류旁行不流 : 옆으로 가도 한편으로 치우치지 않음하고, 낙천지명樂天知命 : 천도를 즐기며 천명을 앎하기에 근심하지 않는다. 안토돈인安土敦仁 : 주어진 상황에 안정하고 인에 돈독함하기에 능히 만물을 사랑할 수 있다. 천지의 화육化育을 범위範圍 : 포괄해 처리함해도 과오를 범하지 않고, 만물을 곡성曲成 : 미세한 부분까지 만들어냄하면서도 빠뜨림이 없고, 주야의 도에도 모두 통해 빠짐없이 안다. 이에 신역神易은 무방무체无方无體 : 끝이 없고 형체가 없음한 것이다.

1-5

一陰一陽之謂道. 繼之者善也, 成之者性也, 仁者見之謂之仁, 知者見之謂之知, 百姓日用而不知, 故君子之道鮮矣. 顯諸仁, 藏諸用, 鼓萬物而不與聖人同憂, 盛德大業至矣哉. 富有之謂大業, 日新之謂盛德. 生生之謂易, 成象之謂乾, 效法之謂坤. 極數知來之謂占, 通變之謂事, 陰陽不測之謂神.

일음일양一陰一陽을 일러 도道라고 한다. 이를 이어받은 게 인간의 선善이고, 이를 이룬 게 성性이다. 인자仁者는 이 도를 보고 인仁이라 하고, 지자知者는 지知라고 한다. 백성들은 일용日用하면서도 모르는 까닭에 군자之道君子之道를 갖춘 자가 드물다. 천지지도는 인仁으로 나타나지만 감춰진 상태로 작용하여 만물의 생동을 고무한다. 그러나 성인이 중생을 대하는 것처럼 우려하지도 않으니 성덕대업盛德大業이 참으로 크도다. 만물을 부유富有 : 크게 보유함하는 것을 대업, 일신日新하는 것을 성덕이라고 한다. 만물을 생생生生 : 낳고 또 낳음하는 것을 역易, 성상成象 : 상을 이룸을 건乾, 효법效法 : 성상의 법칙을 본받음을 곤坤, '역'의 수리를 터득해 미래를 아는 것을 점占, 통변通變 : 사물의 변화에 통달함을 사事, 음양조화의 불측지변不測之變까지 통달한 것을 신神이라고 한다.

1-6

夫易廣矣大矣, 以言乎遠則不禦, 以言乎邇則靜而正, 以言乎天地之間則備矣. 夫乾, 其靜也專, 其動也直, 是以大生焉. 夫坤, 其靜也翕, 其動也闢, 是以廣生焉. 廣大配天地, 變通配四時, 陰陽之義配日月, 易簡之善配至德.

무릇 역易은 광대廣大하다. 멀리 있는 것으로 말하면 불어不禦 : 막히는 한계가 없음, 가까이 있는 것으로 말하면 정정靜正 : 고요하고 바름, 천지 사이에 있는 것으로 말하면 비備 : 모든 것을 갖춤하다. 무릇 건乾은 고요히 있을 때에는 전專 : 하나에 몰입함, 움직일 때에는 직直 : 곧고 바름하다. 그래서 천지만물이 생성되는 것이다. 무릇 곤坤은 고요히 있을 때에는 흡翕 : 굳게 닫혀 있음, 움직일 때에는 벽闢 : 활짝 열림하다. 그래서 만물이 널리 생육되는 것이다. '역'

의 광대廣大는 천지, 그 변화는 사시四時, 음양의 이치는 일월, 이간易簡의 선성善性은 지덕至德에 짝할 만하다.

1–7

子曰, "易其至矣乎. 夫易, 聖人所以崇德而廣業也. 知崇禮卑, 崇效天, 卑法地. 天地設位, 而易行乎其中矣. 成性存存, 道義之門."

공자가 말했다.

"역易은 참으로 완전하구나. 무릇 '역'은 성인도 이를 거울삼아 숭덕광업崇德廣業 : 덕을 높이고 업적을 넓힘한 것이다. 지숭예비知崇禮卑 : 知는 崇高하고 禮는 謙卑함하니 숭崇은 효천效天 : 하늘을 본받음하고, 비卑는 법지法地 : 땅을 본받음한 것이다. 천지가 설위設位 : 만물의 위치를 정함하고 '역'이 그 가운데에서 행해진다. 성성존존成性存存 : 본성을 잃지 않고 길이 보전함이 바로 도의지문道義之門이다."

1–8

聖人有以見天下之賾, 而擬諸其形容, 象其物宜, 是故謂之象. 聖人有以見天下之動, 而觀其會通, 以行其典禮. 繫辭焉以斷其吉凶, 是故謂之爻. 言天下之至賾而不可惡也, 言天下之至動而不可亂也, 擬之而後言, 議之而後動, 擬議以成其變化. 鳴鶴在陰, 其子和之. 我有好爵, 吾與爾靡之. 子曰, "君子居其室, 出其言善, 則千里之外應之, 況其邇者乎. 居其室, 出其言不善, 則千里之外違之, 況其邇者乎. 言出乎身加乎民, 行發乎邇見乎遠, 言行, 君子之樞機, 樞機之發, 榮辱之主也. 言行, 君子之所以動天地也, 可不愼乎." "同人先號咷而後笑." 子曰, "君子之道, 或出或處, 或默或語, 2人同心, 其利斷金." 同心之言, 其臭如蘭. "初六, 藉用白茅, 无咎." 子曰, "苟錯諸地而可矣, 藉之用茅, 何咎之有. 愼之至也. 夫茅之爲物薄, 而用可重也. 愼斯術也以往, 其无所失矣." "勞謙, 君子有終, 吉." 子曰, "勞而不伐, 有功而不德, 厚之至也, 語以其功下人者也. 德言盛, 禮言恭, 謙也者, 致恭以存其位者也." "亢龍有悔." 子曰, "貴而无位, 高而无民, 賢人在下, 位而无輔, 是以動而有悔也." "不出戶庭, 无咎." 子曰, "亂之所生也, 則言語以爲階, 君不密則失身, 臣不密則失身, 幾事不密則害成. 是以君子愼密而不出也." 子曰, "作『易』者, 其知盜乎. 『易』曰, '負且乘, 致寇至.' 負也者, 小人之事也. 乘也者, 君子之器也. 小人而乘君子之器, 盜思奪之矣. 上慢下暴, 盜思伐之矣. 慢藏誨盜, 冶容誨淫. 『易』曰, '負且乘, 致寇至.' 盜之招也."

성인은 천하지색天下之賾 : 천하의 온갖 사물을 보고 각기 다른 형용形容을 모의模擬하여 그 물의物宜 : 物性를 형상화形象化했다. 이를 괘상卦象이라고 한다. 성인은 천하지동天下之動을 보고 그 회합통변會合通變을 관찰해 전례典禮를 시행했다. 이어 여기에 계사繫辭 : 설명을 가함하여 그 길흉을 판단했다. 이를 괘효卦爻라고 한다. 이를 본받아 천하의 지색至賾에 관해 말해도 싫어할 수 없고, 천하의 지동至動을 말해도 어지럽힐 수 없게 되었다. 성인은 상법常法에 비춰 의제擬制한 뒤 말하고, 논의論議한 뒤 행동했다. 이처럼 사물에 대한 의의擬議를 통해 사辭의 변화를 이룰 수 있었다.

중부괘中孚卦의 구이九二 효사爻辭에 이르기를, '명학재음鳴鶴在陰, 기자화지其子和之. 아유호작我有好爵, 오여이미지吾與爾靡之'라고 했다. 이를 두고 공자가 말하기를, "군자는 거실居室 : 자신의 방에 거처함하며 말을 할 때 그 말이 선하면 천 리 밖에서까지 그에 호응한다. 하물며 그 가까운 곳에 있는 사람이야 더 말할 게 있겠는가. 거실居室하며 말을 할 때 그 말이 불선不善하면 천 리

밖에서까지 그를 어긴다. 하물며 가까운 곳에 있는 사람이야 더 말할 게 있겠는가. 말은 한몸에서 나와 만민에게 영향을 주고, 행실은 가까운 곳에서 나와 먼 곳에까지 드러난다. 언행은 군자의 추기樞機이니 추기의 작용이 영욕榮辱의 주된 요소가 된다. 언행은 군자가 천지를 움직이는 수단이니 어찌 조심하지 않을 수 있겠는가"라고 했다.

동인괘同人卦의 구오九五 효사에 이르기를, '선호도이후소先號咷而後笑'라고 했다. 이를 두고 공자가 말하기를, "군자지도는 혹출혹처或出或處하고 혹묵혹어或默或語한다. 두 사람이 동심同心이면 그 날카로움은 단금斷金할 정도이다"라고 했다. 사실 동심지언同心之言은 그 향내가 난초와 같은 법이다.

대과괘大過卦의 초육初六 효사에 이르기를, '자용백모藉用白茅, 무구无咎'라고 했다. 이를 두고 공자가 말하기를, "물건은 실로 땅 위에 놓아두어도 가한데 띠풀을 사용해 물건을 놓아둘 자리를 깔았으니 무슨 허물이 있겠는가. 조심하는 마음이 지극한 것이다. 무릇 띠풀이라는 것은 대수롭지 않으나 그 쓰임새는 막중한 것이다. 이런 이치를 삼가 명심해 일을 해나가면 실패하는 일이 없을 것이다"라고 했다.

겸괘謙卦의 구삼九三 효사에 이르기를, '노겸勞謙, 군자유종君子有終, 길吉'이라고 했다. 이를 두고 공자가 말하기를, "노고하고도 자랑하지 않고, 공을 세우고도 자신의 덕으로 여기지 않는 것은 지극히 돈후한 마음에서 나온 것으로 이는 자신의 공을 남 앞에서 낮추는 것을 말한 것이다. 덕은 마음의 성대함을 말하고, 예는 태도의 공손함을 뜻한다. 겸허는 공손한 행동으로 그 자리를 보존하는 것이다"라고 했다.

건괘乾卦의 상구上九 효사에 이르기를, '항룡유회亢龍有悔' 라고 했다. 이를 두고 공자가 말하기를, "지극히 존귀하여 그 이상의 자리가 없고, 지극히 높아 견줄 만한 사람이 없다. 현인은 너무 아래에 있어 그 자리가 보필하기에 마땅치 않다. 이에 움직여 극한에 이르면 후회하게 된다"고 했다.

절괘節卦의 초구初九 효사에 이르기를, '불출호정不出戶庭, 무구' 라고 했다. 이를 두고 공자가 말하기를, "난亂이 일어나는 것은 말이 재앙의 단서가 되었기 때문이다. 군주가 함부로 말을 하여 비밀을 지키지 않으면 실신失身케 된다. 신하가 그러해도 실신케 된다. 기사幾事 : 기밀사항는 비밀을 지키지 않으면 해가 된다. 이에 군자는 삼가 비밀을 지켜 경솔히 말하지 않는 것이다"라고 했다.

공자는 이어 이같이 말했다.

"『역易』을 지은 사람은 도적이 어떤 자인지를 아는 사람이다. 『역』의 「해괘解卦」 육삼六三 효사에 이르기를, '부차승負且乘, 치구지致寇至' 라고 했다. 부負 : 負荷는 소인의 일이고, 승乘 : 수레은 군자의 용기用器이니 이는 소인이 군자의 용기를 빼앗고자 한 것이다. '상만하포上慢下暴 : 윗사람이 태만하고 아랫사람이 난폭함' 는 도둑으로 하여금 침벌侵伐을 적극 고려토록 부추기는 원인이 된다. 이는 '만장회도慢藏誨盜 : 간직해 둔 물건을 허술히 하는 것은 도둑에게 도둑질을 가르치는 것임' · '야용회음冶容誨淫 : 여인이 얼굴을 지나치게 꾸미는 것은 남자들에게 음심을 품도록 만드는 것임' 과 같은 이치이다. 『역』에서 말하는 '부차승, 치구지' 는 도둑을 스스로 불러들인다는 뜻이다."

1-9

天一地2, 天3地4, 天5地6, 天7地8, 天9地10. 天數5, 地數5, 5位相得而各有合. 天數25, 地數30, 凡天地之數55, 此所以成變化而行鬼神也. 大衍之數50, 其用49, 分而爲2以象兩, 掛一以象3, 揲之以4, 以象四時, 歸奇於扐以象閏, 5歲再閏, 故再扐而後掛. 乾之策2百16, 坤之策百44, 凡3百60, 當期之日. 2篇之策, 萬有1千5百20, 當萬物之數也. 是故4營而成易, 18變而成卦. 八卦而小成, 引而伸之, 觸類而長之, 天下之能事畢矣. 顯道神德行, 是故可與酬酌, 可與祐神矣. 子曰, "知變化之道者, 其知神之所爲乎."

만물의 근원인 하늘의 수는 1, 이를 본받아 형상을 이루는 땅의 수는 2이다. 형상이 있는 것을 많게 하는 하늘의 수는 3, 이를 사방으로 전개하는 땅의 수는 4이다. 개개의 사물을 성립시키는 하늘의 수는 5, 이를 결실케 하는 땅의 수는 6이다. 결실을 거두는 하늘의 수는 7, 수확을 쌓아두는 땅의 수는 8이다. 쌓아둔 것을 간직하는 하늘의 수는 9, 간직하는 것을 완비하는 땅의 수는 10이다.

이같이 하늘의 수도 5단계, 땅의 수도 5단계이다. 하늘과 땅의 5단계가 서로 대응하여 각각 합하니 하늘의 수는 1 · 3 · 5 · 7 · 9로 이를 합치면 25, 땅의 수는 2 · 4 · 6 · 8 · 10으로 이를 합치면 30이 된다. 천지의 수를 모두 합치면 55이다. 이 55가 천지간의 모든 변화를 이루고, 귀신의 모든 조화를 행하는 것이 된다.

대연大衍의 수는 50책策이니 이를 사용하는 것은 49책이다. 서법筮法을 사용할 경우 49책을 둘로 나눠 음양을 본뜨고, 둘로 나눈 한쪽에서 1책을 뽑아 왼손 작은 손가락 사이에 끼워 3재三才를 본뜨고, 섭지이사揲之以四 : 둘로 나눈 한쪽을 4책씩 계산함하여 사시四時를 본뜨고, 귀기어륵歸奇於扐 : 4책씩 계산한 나머지를 왼손의 둘째 손가락과 셋째 손가락 사이에 끼움하여 윤월閏月을 본뜬다. 5년마다 두 번 윤월이 오는 까닭에 재륵후괘再扐後掛 : 다시 둘로 나눈 다른 한쪽을 전과 같이 4책씩 계산해 그 나머지를 오른손의 둘째 손가락과 가운데 손가락 사이에 끼움한다.

이같이 하여 얻어진 건乾의 책수策數는 216, 곤坤의 책수는 144가 된다. 건곤의 두 책수는 모두 360이니 이는 1년의 일수에 해당한다. 또 『주역』의 상 · 하 두 편의 책수는 11,520이니 이는 만물의 수에 해당한다. 이에 49책을 둘로 나누는 것부터 시작해 네 번 운영해 역易이 성립하니 네 번 운영하는 변화를 18번 하면 이내 하나의 괘卦가 성립된다.

팔괘八卦가 되는 것은 천 · 지 · 인 · 뇌雷 · 풍 · 일월 · 산 · 택澤을 상징하는 소성괘小成卦이다. 이를 64괘로 확대하고 유추하여 성장시키면 천하의 일을 무엇이나 다 할 수 있게 된다. 『주역』은 천지의 도를 드러내고 덕행을 신령스럽게 한다. 이에 어떤 사물이든 가히 수작酬酌 : 응대할 수 있고 신령을 도울 수 있다. 그래서 공자는 말하기를, "천지만물의 변화 이치를 아는 자는 신령의 조화를 알 것이다"라고 한 것이다.

1-10

易有聖人之道4焉. 以言者尙其辭, 以動者尙其變, 以制器者尙其象, 以卜筮者尙其占. 是以君子將有爲也, 將有行也, 問焉而以言, 其受命也如嚮. 无有遠近幽深, 遂知來物, 非天下之至精, 其孰能與於此. 參伍以變, 錯綜其數, 通其變, 遂成天地之文. 極其數, 遂定天下之象. 非天下之至變, 其孰能與於此. 易无思也, 无爲也, 寂然不動, 感而遂通天下之故. 非天下之至神, 其孰能與於此. 夫易, 聖人之所以極深而硏幾也. 唯深也, 故能通天下之志. 唯幾也, 故能成天下之務. 唯神也, 故不疾而速, 不行而至. 子曰 '易有聖人之道4焉' 者, 此之謂也.

역易에는 성인지도聖人之道 4가지가 담겨 있다. 말을 하려는 사람은 사辭, 행동하려는 자는 변變, 기물을 만들려는 자는 상象, 복서卜筮를 하려는 자는 점占을 숭상한다. 이에 군자는 장차 할 일이 있거나 행할 일이 있으면 '역'에 물어 말한다. 그러면 '역'은 그 명을 받아 반향反響처럼 신속히 응답해 준다. 이에 원근유심遠近幽深과 상관없이 드디어 내물來物 : 미래의 일까지 알게 된다. 천하의 지정至精 : 지극히 정묘한 존재이 아니면 그 누가 능히 여기에 참여할 수 있겠는가.

책策을 이리저리 나누어 바꾸고 종합하여 변화를 일으키고, 그 수를 착종錯綜하고, 다시 그 변화를 통해 끝내 천지만물의 다양한 무늬를 이루고, 그 수의 이치를 다하여 천지만물의 상象을 정한다. 천하의 지변至變 : 천변만화하는 지극한 변화이 아니면 그 누가 능히 여기에 참여할 수 있겠는가.

'역'은 무엇을 생각하거나 하는 일이 없다. 적연부동寂然不動 : 고요하여 움직이지 않음하나 끝내 천하지고天下之故 : 천진만물의 연유에 감통感通 : 감응하여 통달함한다. 천하의 지신至神 : 지극히 신령한 존재이 아니면 그 누가 능히 여기에 참여할 수 있겠는가.

무릇 '역'은 성인이 극심연기極深硏幾 : 사물의 심오한 이치를 깊이 연구해 그 기밀을 파헤침한 것이다. 오직 성인만이 그 이치를 깊이 연구했기 때문에 능히 천하지지天下之志에 통하고, 오직 성인만이 그 기밀을 연구했기 때문에 능히 천하지무天下之務에 능할 수 있고, 오직 성인만이 신묘한 경지에 올랐기 때문에 부질이속不疾而速 : 빨리 하지 않아도 신속함하고 불행이지不行而至 : 힘써 가지 않아도 저절로 이르게 됨한다. 공자가 '역易에는 성인지도聖人之道 4가지가 담겨 있다' 고 말한 것은 바로 이를 두고 한 것이다.

1-11

子曰, "夫易, 何爲者也. 夫易, 開物成務, 冒天下之道, 如斯而已者也." 是故聖人以通天下之志, 以定天下之業, 以斷天下之疑. 是故蓍之德圓而神, 卦之德方以知, 6爻之義易以貢, 聖人以此洗心, 退藏於密, 吉凶與民同患. 神以知來, 知以藏往, 其孰能與於此哉. 古之聰明叡知神武而不殺者夫. 是以明於天之道, 而察於民之故, 是興神物以前民用. 聖人以此齋戒, 以神明其德夫. 是故闔戶謂之坤, 闢戶謂之乾, 一闔一闢謂之變, 往來不窮謂之通, 見乃謂之象. 形乃謂之器, 制而用之謂之法. 利用出入, 民咸用之謂之神. 是故易有太極, 是生兩儀, 兩儀生四象, 四象生八卦, 八卦定吉凶, 吉凶生大業. 是故法象莫大乎天地, 變通莫大乎四時, 懸象著明莫大乎日月. 崇高莫大乎富貴. 備物致用, 立成器以爲天下利, 莫大乎聖人. 探賾索隱, 鉤深致遠, 以定天下之吉凶, 成天下之亹亹者, 莫大乎蓍龜. 是故天生神物, 聖人則之. 天地變化, 聖人效之. 天垂象, 見吉凶, 聖人象之. 河出圖, 洛出書, 聖人則之. 易有四象, 所以示也. 繫辭焉, 所以告也. 定之以吉凶, 所以斷也.

공자가 말했다.

"무릇 '역' 은 무엇을 말하는 것인가. '역' 이란 개물성무開物成務 : 일을 시작해 이룸하고, 천하지도天下之道를 덮을 만한 것이다. '역' 의 체용體用은 오직 이것뿐이다."

그래서 성인은 이를 본받아 천하지지天下之志에 통하고, 천하지업天下之業을 정하고, 천하지의天下之疑를 판단한다. 이에 시초蓍草와 책策의 덕은 원만하며 신비하고, 괘의 덕은 방정하며 지혜롭고, 6효六爻의 의義는 여러 가지로 변화해 길흉을 일러준다.

성인은 이를 본받아 세심洗心하여 은밀한 곳에 퇴장退藏하고, 길흉에 임해서는 여민동환與民同患했다. '역'의 신묘함으로 지래知來 : 미래를 앎하고, 밝은 지혜로 장왕藏往 : 지난 일을 마음 속에 감춤하니 그 누가 능히 여기에 참여할 수 있겠는가. 대략 옛날의 복희伏犧와 같이 총명聰明 · 예지叡知 · 신무神武하며 사람을 죽이지 않는 자가 그러했을 것이다.

이에 그런 사람은 천도에 밝고, 백성의 일을 잘 살피고, 신물神物 : '역'을 지칭을 일으켜 백성의 업무에 앞장선다. 성인도 이런 생각으로 재계齋戒하여 자신의 덕을 신명神明하게 한다. 그래서 합호闔戶 : 문을 굳게 닫음를 곤坤, 벽호闢戶 : 문을 활짝 열어젖힘를 건乾, 일합일벽一闔一闢을 변變, 왕래불궁往來不窮을 통通, 현見 : 이내 그 조짐이 드러남을 상象, 형形 : 이내 그 모습이 갖춰짐을 기器, 제용制用 : 만들어 사용함을 법法, 기물을 이용해 출입하자 이내 백성이 모두 이를 활용하는 것을 신神이라고 한다.

그래서 '역'에는 태극太極이 있는 것이다. 태극은 양의兩儀 : 음양를 낳고, 양의는 4상四象 : 태양 · 태양 · 소양 · 소음을 낳고, 4상은 팔괘八卦를 낳고, 팔괘는 길흉을 정하고, 길흉은 대업大業을 낳는다. 이에 법상法象 : 법칙과 현상은 천지보다 더한 게 없고, 변통變通은 사시四時보다 더한 게 없고, 현상저명懸象著明 : 천체의 현상이 드러나고 밝음은 일월보다 더한 게 없고, 숭고는 군주의 부귀보다 더한 게 없고, 비밀치용備物致用 : 모든 것을 갖춰 사람들이 사용케 함하고 인재를 내세워 천하를 이롭게 하는 것은 성인보다 더한 게 없고, 탐색색은探賾索隱 : 복잡하고 은밀한 것을 탐색함과 구심치원鉤深致遠 : 깊은 데 있는 것을 끌어내고 먼 데 이르게 함으로 천하의 길흉을 정하고 천하의 미미亹亹 : 힘써야 할 일를 이루는 것은 시구蓍龜 : 시초점과 거북점보다 더한 게 없다.

이에 하늘이 신물神物인 시구蓍龜를 내놓자 성인이 이를 이용하는 법을 만들고, 천지가 변화하자 성인이 그 이치를 본받고, 하늘이 수상垂象 : 현상을 나타냄하여 길흉을 보이자 성인이 이를 본받았다. 황하에서 그림이 나오고, 낙수洛水에서 신서神書가 나오자 이를 법칙으로 삼았다. '역'에 4상四象이 있는 것은 사람에게 드러내 보이기 위한 것이고, 계사繫辭하는 것은 사람에게 일러주기 위한 것이고, 길흉을 정해두는 것은 사람에게 현명히 판단토록 하기 위한 것이다.

1-12

易曰, "自天祐之, 吉无不利." 子曰, "祐者, 助也. 天之所助者, 順也. 人之所助者, 信也. 履信思乎順, 又以尙賢也. 是以自天祐之, 吉无不利也." 子曰, "書不盡言, 言不盡意." 然則聖人之意, 其不可見乎. 子曰, "聖人立象以盡意, 設卦以盡情僞, 繫辭焉以盡其言, 變而通之以盡利, 鼓之舞之以盡神. 乾坤其易之縕邪. 乾坤成列, 而易立乎其中矣. 乾坤毁, 則无以見易. 易不可見, 則乾坤或幾乎息矣." 是故形而上者謂之道, 形而下者謂之器. 化而裁之謂之變, 推而行之謂之通. 擧而錯之天下之民, 謂之事業. 是故夫象, 聖人有以見天下之賾, 而擬諸其形容. 象其物宜, 是故謂之象. 聖人有以見天下之動, 而觀其會通, 以行其典禮. 繫辭焉以斷其吉凶, 是故謂之爻. 極天下之賾者, 存乎卦. 鼓天下之動者, 存乎辭.

化而裁之存乎變. 推而行之存乎通. 神而明之存乎其人. 默而成之, 不言而信, 存乎德行.

'역'의 「대유괘大有卦」 상구 효사에 이르기를, '자천우지自天祐之, 길무불리吉无不利'라고 했다. 이를 두고 공자가 말하기를, "우祐는 조助의 뜻이다. 하늘이 돕는 것은 사람이 천도에 순응하기 때문이고, 사람이 돕는 것은 신의가 있기 때문이다. 이신사순履信思順 : 신의를 이행하고 천도 순응을 생각함으로 상현尙賢하는 까닭에 '자천우지, 길무불리'라고 한 것이다"라고 했다. 공자가 또 말하기를, "서부진언書不盡言 : 글은 하고자 하는 말을 다 표현하지 못함하고 언부진의言不盡意 : 말은 가지고 있는 뜻을 다 표현하지 못함한다"고 했다. 그래서 성인의 뜻은 알 수 없는 것인가. 이에 대해 공자가 말하기를, "성인은 입상立象으로 진의盡意하고, 설괘設卦로 진정위盡情僞 : 眞情과 거짓을 모두 드러냄하고, 계사繫辭로 진언盡言하고, 변통變通으로 진리盡利 : 사물의 이로운 점을 모두 표현함하고, 고무鼓舞 : 사람을 고무시킴로 진신盡神 : 신묘함을 모두 발휘함한다. 건곤乾坤은 역지온易之縕 : '역'의 근원이다. 건곤이 갈라지자 '역'이 그 가운데 세워진 것이다. 건곤이 무너지면 '역'을 볼 수 없고, '역'을 볼 수 없으면 건곤은 아마 거의 작용을 멈출 것이다"라고 했다. 그래서 형이상자形而上者 : 형상이 있기 이전의 것를 도道, 형이하자形而下者 : 형상이 갖춰진 이후의 것를 기器라고 한다. 화재化裁 : 형이상이 형이하를 만들고 제재함를 변變, 추행推行 : 변화를 추진시켜 운행함을 통通이라고 한다. 이러한 변통을 천하지민天下之民에게 거조擧錯 : 적용하는 것을 사업事業이라고 한다. 상象은 성인이 천하지

색天下之賾을 보고 그 형용形容에 의제해 물의物宜 : 사물의 적의함를 본뜬 것이다. 그래서 상象이라고 한 것이다. 성인은 천하지동天下之動을 보고 그 회통會通을 관찰해 전례典禮를 시행하면서 계사繫辭하여 그 길흉을 판단했다. 그래서 효爻라고 한 것이다.

천하지색天下之賾의 구극究極은 괘卦, 천하지동天下之動의 고취는 사辭에 있다. 또한 화재化裁는 변變, 추행推行은 통通, 신명神明 : 변통을 신묘하고 명백히 함은 인人, 묵이성지默而成之 : 묵묵히 일을 이룸와 불언이신不言而信 : 말하지 않아도 신의가 있음은 덕행德行에 달려있다.

제2절 하편

1-13

八卦成列, 象在其中矣. 因而重之, 爻在其中矣. 剛柔相推, 變在其中矣. 繫辭焉而命之, 動在其中矣. 吉凶悔吝者, 生乎動者也. 剛柔者, 立本者也. 變通者, 趣時者也. 吉凶者, 貞勝者也. 天地之道, 貞觀者也. 日月之道, 貞明者也. 天下之動, 貞夫一者也. 夫乾, 確然示人易矣. 夫坤, 隤然示人簡矣. 爻也者, 效此者也. 象也者, 像此者也. 爻象動乎內, 吉凶見乎外, 功業見乎變, 聖人之情見乎辭. 天地之大德曰生, 聖人之大寶曰位. 何以守位曰仁, 何以聚人曰財, 理財正辭, 禁民爲非曰義.

팔괘가 벌여 있으니 상象은 그 안에 있다. 8개의 소성괘小成卦에 2괘씩 겹치는 64괘가 있으니 효爻는 그 안에 있다. 강유剛柔가 상추相推 : 상호 推移하니 변變이 그 안에 있다. 계사繫辭하여 길흉판단의 명을 내리니 동動이 그 안에 있다. 길흉회린吉凶悔吝

은 동動에서 생긴다. 강유剛柔는 입본立本 : 움직임의 근본을 세움, 변통變通은 취시趣時 : 시의를 좇아 행함, 길흉吉凶은 정승貞勝 : 貞固가 우위를 점함을 뜻한다. 천지지도天地之道는 정관貞觀 : 守貞하는 자세로 관찰함, 일월之道日月之道는 정명貞明 : 守貞하는 자세로 밝힘, 천하지동天下之動은 정부일貞夫一 : 守貞하는 자세로 일관함을 뜻한다. 무릇 건乾은 확연確然 : 강건함하여 사람에게 이약易略하게 보여주고, 곤坤은 퇴연隤然 : 유연함하여 사람에게 간명簡明하게 보여준다. 효爻는 이러한 법칙을 본받은 것이고, 상象은 이러한 모습을 본뜬 것이다. 효상爻象은 괘 안에서 작용하고, 길흉은 괘의 밖인 괘사와 효사에 나타나고, 공업功業은 효상의 변화에 나타나고, 성인지정聖人之情 : 길흉에 대응하는 성인의 심정은 사辭 : 괘사와 효사에 나타난다. 천지의 대덕大德을 생生, 성인의 대보大寶를 위位 : 보위라고 한다. 어떻게 수위守位 : 보위를 지킴할까 하는 것을 인仁, 어떻게 취인聚人 : 만민을 모음할까 하는 것을 재財, 이재정사理財正辭 : 재물을 처리하고 말을 바르게 함와 금민위비禁民爲非 : 백성이 그른 일을 못 하게 함를 의義라고 한다.

1-14

古者包犧氏之王天下也, 仰則觀象於天, 俯則觀法於地, 觀鳥獸之文與地之宜, 近取諸身, 遠取諸物, 於是始作八卦, 以通神明之德, 以類萬物之情. 作結繩而爲網罟, 以佃以漁, 蓋取諸離. 包犧氏沒, 神農氏作, 斲木爲耜, 揉木爲耒, 耒耨之利, 以教天下, 蓋取諸益. 日中爲市, 致天下之民, 聚天下之貨, 交易而退, 各得其所, 蓋取諸噬嗑. 神農氏沒, 黃帝堯舜氏作, 通其變, 使民不倦, 神而化之, 使民宜之. 易, 窮則變, 變則通, 通則久, 是以自天祐之, 吉无不利. 黃帝堯舜垂衣裳而天下治, 蓋取諸乾坤. 刳木爲舟, 剡木爲楫, 舟楫之利, 以濟不通, 致遠以利天下, 蓋取諸渙. 服牛乘馬, 引重致遠, 以利天下, 蓋取諸隨. 重門擊柝, 以待暴客, 蓋取諸豫. 斷木爲杵, 掘地爲臼, 臼杵之利, 萬民以濟, 蓋取諸小過. 弦木爲弧, 剡木爲矢, 弧矢之利, 以威天下, 蓋取諸睽. 上古穴居而野處, 後世聖人易之以宮室, 上棟下宇, 以待風雨, 蓋取諸大壯. 古之葬者, 厚衣之以薪, 葬之中野, 不封不樹, 喪期无數. 後世聖人易之以棺槨, 蓋取諸大過. 上古結繩而治, 後世聖人易之以書契, 百官以治, 萬民以察, 蓋取諸夬.

옛날 포희씨包犧氏 : 伏犧氏는 왕천하王天下 : 천하를 왕도로 다스림할 때 위로는 천문天文을 관상觀象하고, 아래로는 지리地理를 관법觀法하고, 조수지문鳥獸之文 : 조수의 여러 모습과 지지의地之宜 : 땅의 적의성를 관찰하고, 가까이는 자신의 몸의 생리에서 취하고, 멀리는 사물의 물리에서 취했다. 이에 비로소 팔괘를 만든 뒤 이를 본받아 신명지덕神明之德에 통달하고, 만물지정萬物之情을 유추하게 되었다. 그는 또 결승結繩 : 노끈을 엮음과 망고網罟 : 그물를 만들어 백성에게 전어佃漁 : 漁獵하게 했다. 이는 대략 「이괘離卦」에서 취했을 것이다.

포희씨가 죽고 신농씨神農氏가 나타나 착목斲木 : 나무를 깎음으로 사耜 : 보습를 만들고, 유목揉木 : 나무를 휨으로 뇌耒 : 쟁기를 만든 뒤 뇌누지리耒耨之利 : 논밭을 갈고 김매는 편리함를 천하 만민에게 가르쳤다. 이는 대략 「익괘益卦」에서 취했을 것이다. 또한 일중日中 : 낮에 시장을 열어 천하지민天下之民을 오게 하고, 천하지화天下之貨를 모은 뒤 교역이퇴交易而退 : 물물교환을 한 뒤 물러감하여 각기 필요한 것을 얻게 했다. 이는 대략 「서합괘噬嗑卦」에서 취했을 것이다.

신농씨가 죽고 황제黃帝·요堯·순舜이 나타나 천지변화의 이치에 통달한 이치로 백성으로 하여금 게으르지 않게 하고, 신묘하게 교화하고, 적의하게 행동케 했다. '역'의 이치는 궁즉변窮則變과 변즉통變則通, 통즉구通則久 : 통하면 오래 감에 있다. 그래서 하늘의 도움을 받아 길하고 이롭지 않은 게 없는 것이다. 황제·요·순은 의상衣裳을 드리우고 앉아 있어도 천하가 잘 다스려졌다. 이는 대략 「건괘乾卦」와 「곤괘坤卦」에서 찾았을 것이다. 고목刳木 : 나무를 쪼갬으로 배를 만들고, 염목剡木 : 나무를 깎음으로 노를 만들고, 주즙지리舟楫之利 : 배와 노의 편리함로 불통不通하던 곳을 건너게 하고, 먼 데 있는 것을 가져오게 하여 만민을 이롭게 했다. 이는 대략 「환괘渙卦」에서 취했을 것이다. 복우승마服牛乘馬 : 소를 길들이고 말을 탐로 인중치원引重致遠 : 무거운 짐을 끌어 멀리까지 감하여 천하를 이롭게 했다. 이는 대략 「수괘隨卦」에서 취했을 것이다. 중문격탁重門擊柝 : 문을 겹으로 달고 목탁으로 야경을 함으로 폭객暴客 : 사나운 도적을 대비했다. 이는 대략 예괘豫卦에서 취했을 것이다. 나무를 잘라 절구 공이를 만들고 땅을 파 절구를 만들어 구저지리臼杵之利 : 절구와 절구 공이의 편리함로 만민을 거친 식생활에서 구제했다. 이는 대략 「소과괘小過卦」에서 취했을 것이다. 현목弦木 : 나무를 휨으로 활을 만들고 염목剡木으로 화살을 만들어 호시지리弧矢之利 : 활과 화살의 편리함로 천하를 위압했다. 이는 대략 「규괘睽卦」에서 취했을 것이다. 상고 때에는 혈거야처穴居野處 : 굴에서 머물고 들에서 생활함했다. 후세에 성인이 이를 궁실宮室 : 여기서는 통상적인 房屋로 바꾸고 상동하우上棟下宇 : 위에 지붕 마루를 올리고 서까래를 아래로 깔음하여 풍우風雨를 피하게 했다. 이는 대략 「대장괘大壯卦」에서 취했을 것이다. 옛날에는 장사지낼 때 후의이신厚衣以薪 : 섶으로 두텁게 쌈하여 중야中野 : 들판 한가운데에 묻었다. 불봉불수不封不樹 : 봉분도 만들지 않고 나무도 심지 않음하고 상기喪期도 정해지지 않았다. 후세에 성인이 이를 관곽棺槨으로 바꿨다. 이는 대략 「대과괘大過卦」에서 취했을 것이다. 상고 때에는 결승結繩으로 다스렸다. 후세에 성인이 이를 서계書契로 바꾸자 백관이 서계로 다스리고 만민은 이를 살펴 알았다. 이는 대략 「쾌괘夬卦」에서 취했을 것이다.

1-15

是故, 易者, 象也. 象也者, 像也. 彖者, 材也. 爻也者, 效天下之動者也. 是故吉凶生而悔吝著也.

그러므로 '역'은 천지만물의 상象이라고 할 수 있다. 상象은 상像 : 천지만물에서 그 모습을 본뜸이다. 단彖은 재材 : 괘의 작용이다. 효爻는 천하지동天下之動을 본뜬 것이다. 이에 길흉이 나타나고 회린悔吝 : 후회하고 한탄함이 드러나는 것이다.

1-16

陽卦多陰, 陰卦多陽. 其故何也. 陽卦奇, 陰卦耦. 其德行何也. 陽一君而2民, 君子之道也. 陰2君而一民, 小人之道也.

양괘陽卦에는 음효陰爻가 많고, 음괘陰卦에는 양효陽爻가 많다. 그 까닭은 무엇일까. 양괘는 기수奇數 : 홀수, 음괘는 우수耦數 : 짝수로 되어 있기 때문이다. 양괘와 음괘은 덕행은 어떠할까.

양괘는 1군2민一君二民 : 군주를 상징하는 양효가 하나이고 백성을 상징하는 음효가 둘임이다. 이는 군자之道君子之道이다. 음괘는 2군1민二君一民이다. 이는 소인之道小人之道이다.

1-17

『易』曰, ‘憧憧往來, 朋從爾思.’ 子曰, “天下何思何慮. 天下同歸而殊塗. 一致一百慮, 天下何思何慮. 日往則月來, 月往則日來, 日月相推而明生焉. 寒往則暑來, 暑往則寒來, 寒暑相推而歲成焉. 往者屈也, 來者信也, 屈信相感而利生焉. 尺蠖之屈, 以求信也. 龍蛇之蟄, 以存身也. 精義入神, 以致用也. 利用安身, 以崇德也. 過此以往, 未之或知也, 窮神知化, 德之盛也.” 『易』曰, ‘困于石, 據于蒺藜, 入于其宮, 不見其妻, 凶.’ 子曰, “非所困而困焉, 名必辱. 非所據而據焉, 身必危. 旣辱且危, 死期將至, 妻其可得見邪.” 『易』曰, ‘公用射隼于高墉之上, 獲之, 无不利.’ 子曰, “隼者, 禽也. 弓矢者, 器也. 射之者, 人也. 君子藏器於身, 待時而動, 何不利之有. 動而不括, 是以出而有獲, 語成器而動者也.” 子曰, “小人不恥不仁, 不畏不義, 不見利不勸, 不威不懲. 小懲而大誡, 此小人之福也. 『易』曰, ‘屨校滅趾, 无咎.’ 此之謂也. 善不積, 不足以成名, 惡不積, 不足以滅身. 小人以小善爲无益而弗爲也, 以小惡爲无傷而弗去也. 故惡積而不可掩, 罪大而不可解.” 『易』曰, ‘何校滅耳, 凶.’ 子曰, “危者, 安其位者也. 亡者, 保其存者也. 亂者, 有其治者也. 是故君子安而不忘危, 存而不忘亡, 治而不忘亂, 是以身安而國家可保也.” 『易』曰, ‘其亡其亡, 繫于包桑.’ 子曰, “德薄而位尊, 知小而謀大, 力小而任重, 鮮不及矣.” 『易』曰, ‘鼎折足, 覆公餗, 其形渥, 凶.’ 言不勝其任也. 子曰, “知幾其神乎. 君子上交不諂, 下交不瀆, 其知幾乎. 幾者, 動之微, 吉之先見者也. 君子見幾而作, 不俟終日. 『易』曰, ‘介于石, 不終日. 貞吉.’ 介如石焉, 寧用終日. 斷可識矣 君子知微知彰, 知柔知剛, 萬夫之望.” 子曰, “顔氏之子, 其殆庶幾乎. 有不善, 未嘗不知, 知之未嘗復行也. 『易』曰, ‘不遠復, 无祇悔, 元吉.’ 天地絪縕, 萬物化醇. 男女構精, 萬物化生.” 『易』曰, ‘3人行, 則損一人, 一人行, 則得其友.’ 言致一也. 子曰, “君子安其身而後動, 易其心而後語, 定其交而後求. 君子修此3者, 故全也. 危以動, 則民不與也. 懼以語, 則民不應也. 无交而求, 則民不與也. 莫之與, 則傷之者至矣. 『易』曰, '莫益之, 或擊之, 立心勿恒, 凶.'"

『주역』「함괘咸卦」 구사 효사에 이르기를, '동동왕래憧憧往來, 붕종이사朋從爾思' 라고 했다. 이를 두고 공자가 말하기를, "천하인은 무엇을 생각하고 무엇을 염려하는가. 천하인은 동귀수도同歸殊塗 : 돌아가는 곳은 같되 가는 길은 다름와 일치일백려一致一百慮 : 취지는 하나인데 이해하는 생각은 여러 가지임를 행한다. 그러니 천하인이 무엇을 생각하고 무엇을 염려하겠는가. 일왕월래日往月來 : 해가 지면 달이 뜸하고 월왕일래月往日來한다. 이에 일월이 상추相推 : 서로 推移함하여 밝음이 생긴다. 한왕서래寒往暑來하고 서왕한래暑往寒來한다. 이에 한서寒暑가 상추相推하여 한 해가 이뤄진다. 가는 것은 굽히는 것이고, 오는 것은 펴는 것이다. 이에 굴신屈信이 상감相感 : 서로 감응함하여 이익이 생겨난다. 척확지굴尺蠖之屈 : 자벌레가 몸을 움추려 굽힘은 펴서 나가기 위한 것이고, 용사지칩龍蛇之蟄 : 용과 뱀이 땅 속에 엎드림은 몸을 보존하기 위한 것이다. 정의입신精義入神 : 사물의 이치를 정밀하게 탐구해 신묘한 경지에 들어감은 치용致用 : 사물을 활용함하려는 것이다. 이용안신利用安身 : 사물을 이용해 몸을 편히 함은 숭덕崇德하려는 것이다. 이보다 앞서 나아가는 것은 미지혹지未之或知 : 혹여 알 수 있는 차원이 아님이다. 궁신지화窮神知化 : 신묘한 이치를 깨닫고 변화를 앎는 덕의 성대함이다"라고 했다.

『주역』「곤괘困卦」 육삼 효사에 이르기를, '곤우석困于石, 거우질려據于蒺藜, 입우기궁入于其宮, 불견기처不見其妻, 흉凶' 이라고 했다. 이를 두고 공자가 말하기를, "곤경이 아닌데 곤경으로 생각하니 명예가 반드시 욕되고, 의지할 곳이 아닌데 의지하니 몸이 반드시 위태롭게 되는 것이다. 이미 욕된 위에 또 위태로우니 죽을 날이 곧 닥치게 된다. 그러니 어찌 아내를 만나 볼 수 있겠는가"라고 했다.

『주역』「해괘解卦」 상육효사에 이르기를, '공용석준우고당지상公用射隼于高墉之上, 획지獲之, 무불리无不利'라고 했다. 이를 두고 공자가 말하기를, "준隼 : 새매은 금禽이다. 궁시弓矢는 기구이다. 쏘는 것은 사람이다. 군자가 몸에 기구를 간직하고 때를 기다려 움직이면 어찌 이롭지 않은 게 있겠는가. 움직임에 방해를 받지 않는 까닭에 밖에 나가면 얻는 게 있게 된다. 이는 성기이동成器而動 : 材器를 이룬 뒤 움직임의 뜻이다"라고 했다.

공자가 또 말하기를, "소인은 불치불인不恥不仁 : 불인을 부끄러워하지 않음과 불외불의不畏不義 : 불의를 무서워하지 않음, 불견리불권不見利不勸 : 이익을 보지 않으면 일하지 않음을 행하니 불위부징不威不懲 : 위압하지 않으면 징계되지 않음하다. 소징대계小懲大誡 : 작은 잘못을 징계하여 큰 잘못을 저지르지 않도록 경계함하는 게 소인을 복되게 하는 것이다. 『주역』「서합괘噬嗑卦」 초구 효사의 '구교멸지屨校滅趾, 무구'는 바로 이를 말한 것이다. 선행이 쌓이지 않으면 족히 성명成名 : 명성을 이룸할 수 없고, 악행이 쌓이지 않으면 멸신滅身 : 몸을 망침하기에 부족하다. 소인은 소선小善을 무익无益하다고 하여 행하지 않고, 소악小惡이 무상无傷하다고 하여 버리지 않는다. 그래서 끝내 악적불가엄惡積不可揜 : 악이 쌓여 가리지 못함과 죄대불가해罪大不可解 : 죄가 커서 풀려나지 못함의 처지에 떨어지는 것이다.

그래서 『주역』「서합괘」 상구 효사에 이르기를, '하교멸이何校滅耳, 흉凶'이라고 한 것이다"라고 했다.

공자가 또 말하기를, "위자危者 : 늘 위태롭지 않을까 염려하는 사람는 그 자리를 안전하게 하는 사람이고, 망자亡者 : 늘 망하지 않을까 염려하는 사람는 그 몸을 보전하는 사람이고, 난자亂者 : 늘 문란해지지 않을까 염려하는 사람는 다스리는 대책이 마련된 사람이다. 이에 군자는 안불망위安不忘危 : 안전하면서도 위태로움을 잊지 않음와 존불망망存不忘亡, 치불망란治不忘亂을 행한다. 그래서 몸을 안전하게 하고 나라를 보전하는 것이다"라고 했다.

『주역』「비괘否卦」 구오 효사에 이르기를, '기망기망其亡其亡, 계우포상繫于包桑'이라고 했다. 이를 두고 공자가 말하기를, "덕박위존德薄位尊 : 덕이 박한데도 자리가 높음과 지소모대知小謀大 : 아는 게 협소한데도 꾀하는 일이 원대함, 역소임중力小任重 : 능력이 없는데도 임무가 무거움인데도 화가 미치지 않은 경우는 드물다"고 했다.

『주역』「정괘鼎卦」 구사 효사에 이르기를, '정절족鼎折足, 복공속覆公餗, 기형악其形渥, 흉凶'이라고 했다. 이는 그 임무를 감당치 못함을 말한 것이다. 이를 두고 공자가 말하기를, "지기知幾 : 기미를 앎는 신묘한 일이다. 군자가 상교불첨上交不諂 : 윗사람과 사귀며 아첨하지 않음과 하교부독下交不瀆 : 아랫사람과 사귀며 오염되지 않음을 행하는 것은 '지기知幾' 때문이다. 기미幾微는 움직임의 미묘한 징조로 길흉이 드러나기에 앞서 나타난다. 군자는 그 기미를 보고 행동하나 불사종일不俟終日 : 결심하기 위해 하루 종일 소비함하지 않는다. 『주역』「예괘豫卦」 육이 효사에 이르기를, '개우석介于石, 부종일不終日. 정길貞吉'이라고 했다. 개介 : 지조가 돌과 같이 단단한데 어찌 하루를 소비하겠는가. 이를 본받아 그 과단성을 알 수 있다. 군자는 미창微彰 : 기미와 드러난 것과 유강柔剛을 알고 있으니 만부지망萬夫之望 : 모든 사람의 선망대상이 될 만하다"고 했다.

공자는 또 말하기를, "안씨지자顔氏之子 : 顔回를 지칭는 거의 성인의 경지에 도달했다고 할 만하다. 불선不善이 있으면 미상부지未嘗不知 : 일찍이 알지 못한 적이 없음했고, 불선을 알면 미상복행未嘗復行 : 일찍이 두번 다시 행한 적이 없음했다. 그래서 『주역』「복괘復卦」 초구 효사에 이르기를, '불원복不遠復, 무지회无祇悔, 원길元吉'이라고 한 것이다. 천지의 기운이 인온絪縕 : 감응해 합일함하여 만물이 화순化醇 : 생겨나고 길러짐하는 까닭에 남녀가 구정構精 : 정기를 교합함하고 만물이 화생化生 : 변화생성하는 것이다"라고 했다.

『주역』「손괘損卦」 육삼 효사에 이르기를, '3인행三人行, 즉손일인則損一人, 일인행一人行, 즉득기우則得其友'라고 했다. 이는 언치일야言致一也 : 짝이 맞으면 하나로 합해짐를 말한 것이다. 이를 두고 공자가 말하기를, "군자는 안신후동安身後動 : 몸을 안전히 한 뒤 움직임과 이심후어易心後語 : 마음을 편히 한 뒤 말함, 정교후구定交後求 : 교제의 도를 정한 뒤 대상을 찾음를 행한다. 군자는 이 세 가지를 수양하기 때문에 몸을 온전히 한다. 위이동危以動 : 위태로운데 움직임하면 백성이 협력하지 않고, 구이어懼以語 : 두려워하면서 말함하면 백성이 불응하고, 무교이구无交而求 : 사귀는 도가 없으면서 대상을 찾음하면 백성이 참여하지 않는다. 참여할 사람이 없으면 해칠 사람이 이르게 된다. 그래서 『주역』「익괘益卦」 상구 효사에 이르기를, '막익지莫益之, 혹격지或擊之, 입심물항立心勿恒, 흉凶'이라고 한 것이다"라고 했다.

1-18

子曰, "乾坤, 其易之門邪." 乾, 陽物也. 坤, 陰物也. 陰陽合德而剛柔有體, 以體天地之撰, 以通神明之德. 其稱名也, 雜而不越. 於稽其類, 其衰世之意邪. 夫易彰往而察來, 而微顯闡幽. 開而當名, 辨物正言, 斷辭則備矣. 其稱名也小, 其取類也大. 其旨遠, 其辭文, 其言曲而中. 其事肆而隱. 因貳以濟民行, 以明失得之報.

공자가 말하기를, "건곤乾坤은 '역'의 문이다"라고 했다. 건乾은 양물陽物 : 양기가 모인 것이다. 곤坤은 음물陰物이다. 음양이 합덕合德하여 강유剛柔가 유체有體 : 형체를 이룸한다. 이를 본받아 천지지찬天地之撰 : 천지의 일을 체득하고, 심명지덕神明之德을 통달할 수 있다. 괘효의 명칭은 잡다하지만 음양의 이치에서 벗어나지 않는다. 계류稽類 : 종류를 잘 고찰함하면 쇠세衰世의 뜻이 드러난다. 무릇 '역'은 창왕찰래彰往察來 : 지난 일을 드러내 앞일을 살핌와 미현천유微顯闡幽 : 기미를 분석해 깊숙한 일을 밝힘, 개이당명開而當名 : 드러내어 명분에 맞게 함, 변물정언辨物正言 : 사물을 가려 표현할 말을 바르게 함을 통해 단사斷辭 : 괘사와 효사를 판단함하여 대비하는 것이다. 그 명칭은 작지만 그 취류取類 : 유추해 비유할 수 있는 대상는 막대하다. 괘의 뜻은 심원하고, 괘사와 효사는 문식文飾이 뛰어나고, 그 표현은 완곡하면서도 사리에 부합한다. '역'이 설명하는 일은 널리 벌여져 있으나 그 뜻은 숨어 있다. '역'은 건과 곤 두 가지를 통해 백성들의 행위를 구제하고 실득지보失得之報 : 성패의 응보를 밝힌 것이다.

1-19

『易』之興也, 其於中古乎. 作『易』者, 其有憂患乎. 是故履, 德之基也. 謙, 德之柄也. 復, 德之本也. 恒, 德之固也. 損, 德之修也. 益, 德之裕也. 困, 德之辨也. 井, 德之地也. 巽, 德之制也. 履, 和而至. 謙, 尊而光. 復, 小而辨於物. 恒, 雜而不厭. 損, 先難而後易. 益, 長裕而不設. 困, 窮而通. 井, 居其所而遷. 巽, 稱而隱. 履以和行, 謙以制禮, 復以自知, 恒以一德, 損以遠害, 益以興利, 困以寡怨, 井以辨義, 巽以行權.

『주역』이 발흥한 것은 중고中古 : 殷末周初 때일 것이다. 『주역』을 만든 사람은 어지러운 세상을 우환憂患한 듯하다. 그러기에 「이괘履卦」는 덕지기德之基 : 덕의 바탕, 「겸괘謙卦」는 덕지병德之柄 : 덕을 집행하는 중추, 「복괘復卦」는 덕지기德之本 : 덕의 줄기, 「항괘恒卦」는 덕지고德之固 : 덕의 견고함, 「손괘損卦」는 덕지수德之修 : 덕의 수련, 「익괘益卦」는 덕지유德之裕 : 덕의 裕足, 「곤괘困卦」는 덕지변德之辨 : 덕의 분별, 「정괘井卦」는 덕지지德之地 : 덕의 터전, 「손괘巽卦」는 덕지제德之制 : 덕의 제어가 되었을 것이다.

「이괘」는 화이지和而至 : 화합하여 실천에 이름, 「겸괘」는 존이광尊而光 : 존귀하고 빛남, 「복괘」는 소이변물小而辨物 : 작지만 사물의 길흉을 가려냄, 「항괘」는 잡이불염雜而不厭 : 섞이면서도 현혹되지 않음, 「손괘損卦」는 선잡후이先難後易 : 먼저 어려운 일을 하고 후에 쉬운 일을 함, 익괘는 장유부설長裕不設 : 덕이 자라 넉넉하나 억지로 베풀지 않음, 「곤괘」는 궁이통窮而通 : 처음에 궁하나 나중에 통함, 「정괘井卦」는 거소이천居所而遷 : 자신의 위치를 지켜 남을 감화시킴, 「손괘巽卦」는 칭이은稱而隱 : 남의 공을 칭송하며 자신의 공을 숨김의 덕을 드러낸다.

「이괘」로 화행和行 : 화합하여 행동함, 「겸괘」로 제례制禮 : 예를 좇아 행함, 「복괘」로 자지自知 : 반성하여 스스로 앎, 「항괘」로 일덕一德 : 덕을 하나같이 함, 「손괘損卦」로 원해遠害 : 해를 멀리 함, 「익괘」로 흥리興利 : 이익을 일으킴, 「곤괘」로 과원寡怨 : 원망을 줄임, 「정괘井卦」로 변의辨義 : 의를 분별함, 「손괘巽卦」로 행권行權 : 임기응변을 행함할 수 있다.

1-20

『易』之爲書也. 不可遠. 爲道也屢遷, 變動不居, 周流六虛. 上下无常, 剛柔相易. 不可爲典要, 唯變所適. 其出入以度, 外內使知懼. 又明于憂患與故. 无有師保, 如臨父母. 初率其辭而揆其方, 旣有典常, 苟非其人, 道不虛行.

『주역』이라는 책은 멀리 할 수 없다. 그 도는 누천屢遷 : 자주 변함하는 까닭에 변동불거變動不居 : 변동하여 한 곳에 머물지 않음하고, 주류육허周流六虛 : 음양이 六爻의 자리 사이를 두루 돌아다님한다. 상하무상上下无常하고 강유상역剛柔相易하는 까닭에 전요典要 : 일정한 법칙를 세울 수 없다. 유변소적唯變所適 : 오직 변하는 것만이 적당할 뿐임이다. 그 출입出入 : 변화에는 법도가 있어 외내外內에서 사람들로 하여금 두려워할 일을 알게 한다. 또한 우환과 연고緣故를 밝혀주는 까닭에 사보師保 : 스승가 없어도 마치 부모 앞에 있는 것과 같다. 당초 솔사규방率辭揆方 : 괘사를 좇아 방도를 헤아림하면 거기에는 이미 전상典常 : 일정한 법칙이 있음을 알 수 있다. 실로 그것을 깨닫는 사람이 없다면, 역도易道가 그러한 사람도 없는데 저절로 행해지는 일은 없을 것이다.

1-21

『易』之爲書也, 原始要終, 以爲質也. 6爻相雜, 唯其時物也, 其初難知, 其上易知, 本末也. 初辭擬之, 卒成之終. 若夫雜物撰德, 辨是與非, 則非其中爻不備. 噫, 亦要存亡吉凶, 則居可知矣. 知者觀其彖辭, 則思過半矣. 2與4同功而異位, 其善不同. 2多譽, 4多懼, 近也. 柔之爲道, 不利遠者, 其要无咎, 其用柔中也. 3與5同功而異位, 3多凶, 5多功, 貴賤之等也. 其柔危, 其剛勝邪.

『주역』이라는 책은 원시요종原始要終 : 사물의 시초를 근거로 하여 그 끝을 통찰함하는 것을 본질로 삼고 있다. 육효6爻의 상잡相雜은 시물時物 : 시의에 맞는 사물을 보여주는 것이다. 초효初爻의 뜻은 알기 어려우나 상효上爻의 뜻은 알기 쉽다. 이는 초효와 상효가 본말本末을 이루고 있기 때문이다. 처음에는 초효의 효사가 사물의 시초인 근본을 의제한 까닭에 알기 어려우나 나중에는 상효의 효사가 사물 성취의 끝을 보여주는 까닭에 알기가 쉽다.

한 괘 안에서 양효와 음효가 뒤섞여 괘의 덕을 이루고 있기에 시비를 가리는 일은 괘의 중효中爻가 아니면 갖출 수 없다. 아, 그럴지라도 존망길흉存亡吉凶을 알고자 하면 앉아서도 알 수 있다. 이를 아는 사람은 그 단사彖辭를 관찰하면 괘의 뜻을 과반過半 생각해낼 수 있다.

한 괘 안에 제2효와 제4효는 동공이위同功異位 : 작용은 같고 위치는 다름하기에 그 선공善功이 같지 않다. 제2효는 다예多譽 : 칭송하는 말이 많음하나 제4효는 다구多懼 : 두려워 경계하는 말이 많음하다. 이는 제4효가 제5효의 자리에 가깝기 때문이다.

음유陰柔한 음효의 덕은 제5효로부터 멀리 떨어져 있는 게 이롭지 못하나 총체적으로 보면 '무구'하다. 이는 부드러움으로 중도를 지키기 때문이다. 제3효는 제5효와 동공이위同功異位하다. 제3효는 다흉多凶하나 제5효는 다공多功하다. 이는 귀천의 등급이 있기 때문이다. 제3효와 제5효의 자리에 음효가 있으면 위태롭고, 양강陽剛한 양효가 있으면 일을 감당할 수 있을 것이다.

1-22

『易』之爲書也, 廣大悉備. 有天道焉, 有人道焉, 有地道焉. 兼3材而兩之, 故6. 6者非他也, 3材之道也. 道有變動, 故曰爻. 爻有等, 故曰物. 物相雜, 故曰文. 文不當, 故吉凶生焉.

『주역』이라는 책은 광대실비廣大悉備 : 넓고 커 그 안에 모든 도를 갖추고 있음하다. 거기에는 천도天道와 인도人道, 지도地道가 있다. 이들 천 · 지 · 인 3재三才를 합한 뒤 각각 2효씩 나누어 6효를 만들었다. 6효는 다른 게 아니라 3재의 도를 표현한 것이다. 도에는 변동變動 : 변화와 움직임이 있다. 그래서 이를 본받아 나타낸 것을 효爻라고 한 것이다. 효에는 상하 · 귀천 등의 등급이 있다. 그래서 물物이라고 한 것이다. '물'은 상잡相雜한다. 그래서 문文 : 무늬이라고 한 것이다. '문'에는 부당不當 : 도에 합치하지 않음도 있다. 그래서 길흉이 나타나는 것이다.

1-23

易之興也, 其當殷之末世 · 周之盛德邪. 當文王與紂之事邪. 是故其辭危, 危者使平, 易者使傾. 其道甚大, 百物不廢, 懼以終始. 其要无咎, 此之謂易之道也.

'역' 이 발흥한 시기는 은殷의 말세末世와 주周의 성덕기盛德期 사이에 해당할 것이다. 『주역』에 언급된 일은 주나라 문왕과 은나라 주紂의 일에 해당할 것이다. 그래서 『주역』의 괘사와 효사는 위태로운 정황을 드러내 위자危者 : 위태롭다고 조심하는 자는 평안을 얻고, 이자易者 : 안이한 자세로 임하는 자는 기울어지게 해 놓았다. 그 도가 심대甚大하여 백물百物이 모두 포함돼 있는 까닭에 두려운 마음으로 일을 종시終始하게 만든다. 『주역』의 요체는 그로 하여금 '무구' 하게 만드는 데 있다. 이는 역도易道를 말한 것이다.

1-24

夫乾, 天下之至健也, 德行恒易以知險. 夫坤, 天下之至順也, 德行恒簡以知阻. 能說諸心, 能硏諸侯之慮, 定天下之吉凶, 成天下之亹亹者. 是故變化云爲, 吉事有祥, 象事知器, 占事知來. 天地設位, 聖人成能, 人謀鬼謀, 百姓與能. 八卦以象告, 爻彖以情言. 剛柔雜居, 而吉凶可見矣. 變動以利言, 吉凶以情遷. 是故愛惡相攻而吉凶生, 遠近相取而悔吝生, 情僞相感而利害生. 凡易之情, 近而不相得則凶. 或害之, 悔且吝. 將叛者其辭慚, 中心疑者其辭枝, 吉人之辭寡, 躁人之辭多, 誣善之人其辭游, 失其守者其辭屈.

무릇 건乾은 천하의 지건至健이다. 그 덕행은 항상 이약易略한 방법으로 험애險隘 : 큰 위난에 대처할 수 있게 해준다. 무릇 곤坤은 천하의 지순至順이다. 그 덕행은 간명簡明한 방법으로 조애阻碍 : 작은 위난에 대처하게 해준다.

험조險阻를 일러주어 능히 만물의 마음을 기쁘게 만들고, 제후들의 생각을 연정硏精 : 깊이 있게 연마시킴하여 천하의 길흉을 정하게 하고, 천하의 미미자亹亹者 : 勸勉해야 할 일를 성취토록 만든다. 변화운위變化云爲 : 변화와 관련돼 일어나는 모든 것을 지칭로 인해 길사유상吉事有祥 : 좋은 일에 祥瑞가 나타남과 상사지기象事知器 : 사물의 본질을 본떠 기물을 제작함, 점사지래占事知來 : 일을 점쳐 앞일의 길흉을 앎가 가능한 것이다.

천지가 각기 그 자리를 만들고, 성인이 그 재능을 발휘해 팔괘를 만들고, 사람과 귀신이 도모하고, 백성이 각기 그 능력을 발휘해 참여한다. 팔괘는 천지의 현상을 일러주고, 효사爻辭와 단사彖辭는 사물의 정상情狀을 말해준다. 강유剛柔가 섞여 있는 속에서 길흉을 알 수 있다.

괘효의 변동을 보고 이로움을 말해주고, 괘상卦象의 변동을 보고 사람의 정상을 일러준다. 이에 애오愛惡하는 마음이 상공相攻 : 서로 공격함해 길흉이 생기고, 원근遠近의 효爻가 상취相取 : 서로 취함해 회린悔吝이 생기고, 정위情僞 : 진정과 거짓가 상감相感해 이해利害가 생긴다.

모든 '역'의 정상情狀은 효爻에 가까이 있으면서 서로 맞지 않으면 흉하거나, 해롭거나, 후회하거나, 한탄하거나 한다. 장차 배반하려는 사람은 그 말에 부끄러운 기색이 나타나고, 마음 속으로 의심하는 자는 그 말에 갈래가 생겨 일정하지 않다. 길인吉人은 말이 적고, 조인躁人 : 조바심을 내는 사람은 말이 많다. 선인善人을 무함誣陷하는 자의 말은 사실과 유리되어 있고, 지조를 지키지 못하는 자의 말은 비굴하다.

제2장 설괘전(設卦傳)

〈설괘전〉은 크게 『주역』의 구성 원리를 설명한 총론부분과 8괘가 상징하는 물상을 언급한 각론부분으로 대별할 수 있다. 역대 주석가 중 〈설괘전〉을 가장 중시한 사람으로 다산茶山을 들 수 있다. 다산은 『춘추좌전』과 『국어』 등을 토대로 〈설괘전〉에서 언급하고 있는 물상을 대폭 확충시킨 소위 '물상론物象論'을 전개한 바 있다.

〈설괘전〉의 총론부분은 〈계사전〉을 집약해 놓은 느낌을 주고 있다. 대략 〈대상전〉과 거의 같은 시기에 만들어진 것으로 추정되고 있다. 각론부분에는 경문과 동떨어진 내용도 들어 있다. 점서占筮의 공능을 과신하는 유가 후학에 의해 편제과정에서 삽입된 것일 공산이 크다. 〈설괘전〉은 기본적으로 사람을 포함한 삼라만상의 모든 변화가 64괘 384효에 들어 있다는 전제에서 출발하고 있다.

2-1

昔者, 聖人之作『易』也, 幽贊於神明而生蓍, 參天兩地而倚數, 觀變於陰陽而立卦. 發揮於剛柔而生爻, 和順於道德而理於義, 窮理盡性, 以至於命.

옛날 성인이 『주역』을 지을 때 신명神明 : 천지의 신묘한 작용을 유찬幽贊 : 깊이 밝힘, 贊은 纂과 통함하여 생시生蓍 : 점치는 筮竹을 만들어 냄했다. 참천양지參天兩地 : 여러 설이 있으나 하늘의 작용을 홀수, 땅의 작용을 짝수로 했다는 설이 타당함하여 천지를 수로 나타냈다. 천지음양에 나타나는 변화현상을 관찰해 입괘立卦 : 괘를 정함하고, 각 괘가 강유剛柔로 발휘되는 것을 토대로 생효生爻했다. 이에 사람들은 『주역』에 따라 도덕에 화순和順하고, 의義에 입각해 일을 처리하고, 궁리진성窮理盡性 : 事理를 窮究하고 人性을 통찰함하여 하늘이 내린 수명을 누릴 수 있게 되었다.

2-2

昔者, 聖人之作『易』也, 將以順性命之理, 是以立天之道曰陰與陽, 立地之道曰柔與剛, 立人之道曰仁與義. 兼3才而兩之, 故易6劃而成卦. 分陰分陽, 迭用柔剛, 故易6位而成章.

옛날 성인이 『주역』을 지은 것은 장차 성명지리性命之理 : 인성과 천명의 이치에 순응하기 위한 것이었다. 이에 천도天道를 세워 음양陰陽, 지도地道를 세워 유강柔剛, 인도人道를 세워 인의仁義라고 불렀다. 이들 3재三才를 합해 두 효爻로 나눈 뒤 이들 6획六劃 : 육효을 기본으로 하여 성괘成卦 : 괘를 이룸했다. 이들 6획을 양효와 음효로 나눠 강유剛柔를 질용迭用 : 번갈아 사용함한 뒤 이들 6

위六位 : 2 · 4는 陰, 3 · 5는 陽, 初 · 上은 无陰无陽를 기본으로 하여 성장成章 : 괘효의 문장을 이룸, 章을 文彩로 보기도 함했다.

2-3

天地定位, 山澤通氣, 雷風相薄, 水火不相射, 八卦相錯, 數往者順, 知來者逆, 是故易逆數也.

천지天地 : 乾坤는 정위定位 : 위아래로 자리를 정했으나 合德함하고, 산택山澤 : 艮兌은 통기通氣 : 異體이나 서로 기운을 통함하고, 뇌풍雷風 : 震巽은 상박相薄 : 각기 움직이면서도 서로 영향을 주어 한데 모임하고, 수화水火 : 坎離는 불상역不相射 : 서로 꺼리지 않으면서 의존함하고, 팔괘八卦는 상착相錯 : 서로 섞임한다. 수왕자數往者 : 지난 일을 헤아림는 순지順知 : 차례를 따라 내려가 앎하고, 지래자知來者 : 다가올 일을 앎는 역수逆數 : 거슬러 올라가 미리 헤아림한다. 그래서 '역易'은 역수逆數라고 할 수 있다.

2-4

雷以動之, 風以散之. 雨以潤之, 日以晅之. 艮以止之, 兌以說之. 乾以君之, 坤以藏之.

우레로 만물을 동動 : 움직임하고, 바람으로 만물을 산散 : 분산시킴하고, 비로 만물을 윤潤 : 윤택케 함하고, 해로 만물을 훤晅 : 말림하고, 산으로 만물을 지止 : 멈추게 함하고, 못으로 만물을 열說 : 기쁘게 함하고, 하늘로 만물을 군君 : 다스리게 함하고, 땅으로 만물을 장藏 : 간직하게 함한다.

2-5

帝出乎震, 齊乎巽, 相見乎離, 致役乎坤, 說言乎兌, 戰乎乾, 勞乎坎, 成言乎艮. 萬物出乎震, 震, 東方也. 齊乎巽, 巽, 東南也. 齊也者, 言萬物之潔齊也. 離也者, 明也. 萬物皆相見, 南方之卦也. 聖人南面而聽天下, 嚮明而治, 蓋取諸此也. 坤也者, 地也, 萬物皆致養焉, 故曰致役乎坤. 兌, 正秋也, 萬物之所說也, 故曰說言乎兌. 戰乎乾. 乾, 西北之卦也, 言陰陽相薄也. 坎者, 水也, 正北方之卦也, 勞卦也, 萬物之所歸也, 故曰勞乎坎. 艮, 東北之卦也, 萬物之所成終而所成始也, 故曰成言乎艮.

제帝 : 상제로 만물의 생장소멸을 의미는 진震에서 나오고, 손巽에서 가다듬고, 이離에서 상견相見하고, 곤坤에서 치역致役 : 일을 함하고, 태兌에서 열언說言 : 즐겁게 말함하고, 건乾에서 싸우고, 감坎에서 노고하고, 간艮에서 성언成言 : 능히 만물을 이루고 정함한다.

만물은 진震에서 나오니 '진'은 동방의 괘이다. 손巽에서 가다듬으니 '손'은 동남의 괘로 만물의 결제潔齊 : 깨끗이 가다듬음를 뜻한다. 이離는 밝은 것으로 만물이 모두 이를 통해 상견한다. '이'는 남방의 괘이다. 성인은 남면하여 청천하聽天下 : 천하의 정무를 봄하고, 향명嚮明 : 밝은 데로 향함하여 다스린다. 이들 모두 대략 여기서 취했을 것이다. 곤坤은 땅으로 만물이 모두 여기서 길러진다. 그래서 '치역호곤致役乎坤'이라고 한 것이다. 태兌는 정추正秋 : 가을 8월로 만물이 모두 그 결실을 기뻐한다. 그래서 '열언호태說言乎兌'라고 한 것이다. 건乾에서 싸우니 건乾은 서북의 괘이다. 이는 음양의 상박相薄을 뜻한다. 감坎은 물이니 정북방의 괘로 노고하는 괘이다. 만물이 귀장歸藏하는 곳인 까닭에 '노호감勞乎坎' 이라고 한 것이다. 간艮은 동북의 괘로 만물이 성종成終 : 끝을 이룸하는 동시에 성시成始 : 시작을 이룸하는 곳이다. 그래서 '성언호간成言乎艮'이라고 한 것이다.

2-6

神也者, 妙萬物而爲言者也. 動萬物者, 莫疾乎雷. 撓萬物者, 莫疾乎風. 燥萬物者, 莫熯乎火. 說萬物者, 莫說乎澤. 潤萬物者, 莫潤乎水. 終萬物始萬物者, 莫盛乎艮. 故水火相逮, 雷風不相悖, 山澤通氣, 然後能變化, 旣成萬物也.

신神 : 천지변화의 이치를 의미이라는 것은 형체도 없이 묘만물妙萬物 : 만물을 신묘하게 함하는 것을 뜻한다. 만물을 움직이게 하는 것으로 우레보다 빠른 게 없고, 만물을 요동치게 하는 것으로 바람보다 빠른 게 없고, 만물을 건조하는 것으로 불보다 더 한熯 : 마르게 함한 게 없고, 만물을 젖게 하는 것으로 물보다 더 윤潤 : 潤濕한 것도 없고, 만물을 종시終始케 하는 것으로 산보다 더 성한 것도 없다. 그래서 수화水火는 상체相逮 : 효용이 서로 미침하고, 풍뢰雷風는 불상패不相悖 : 서로 거스르지 않음하고, 산택山澤은 통기通氣하는 것이다. 이러한 연후에 능히 만물을 변화시키니 신神이 만물을 기성旣成한 것도 이 때문이다.

2-7

乾, 健也. 坤, 順也. 震, 動也. 巽, 入也. 坎, 陷也. 離, 麗也. 艮, 止也. 兌, 說也.

건乾은 건健이다. 곤坤은 순順이다. 진震은 동動이다. 손巽은 입入이다. 감坎은 함陷이다. 이離는 이麗 : 附着이다. 간艮은 지止이다. 태兌는 열說 : 悅이다.

2-8
乾爲馬, 坤爲牛, 震爲龍, 巽爲雞, 坎爲豕, 離爲雉, 艮爲狗, 兌爲羊.

건乾은 말, 곤坤은 소, 진震은 용, 손巽은 닭, 감坎은 돼지, 이離는 꿩, 간艮은 개, 태兌는 양을 나타낸다.

2-9
乾爲首, 坤爲腹, 震爲足, 巽爲股, 坎爲耳, 離爲目, 艮爲手, 兌爲口.

건乾은 머리, 곤坤은 배, 진震은 발, 손巽은 다리, 감坎은 귀, 이離는 눈, 간艮은 손, 태兌는 입을 나타낸다.

2-10
乾, 天也, 故稱乎父. 坤, 地也, 故稱乎母. 震, 一索而得男, 故謂之長男. 巽, 一索而得女, 故謂之長女. 坎, 再索而得男, 故謂之中男. 離, 再索而得女, 故謂之中女. 艮, 三索而得男, 故謂之少男. 兌, 三索而得女, 故謂之少女.

건乾은 하늘이니 한 집안에 비유하면 부父로 칭할 수 있다. 곤坤은 땅이니 모母로 칭할 수 있다. 진震은 일삭一索 : 첫 번째로 구함으로 득남得男한 것이니 장남長男이라고 말할 수 있다. 손

巽도 일삭一索으로 득녀得女한 것이니 장녀長女라고 할 수 있다. 감坎은 재삭再索하여 득남한 것이니 중남中男이라고 할 수 있다. 이離도 재삭하여 득녀한 것이니 중녀中女라고 할 수 있다. 간艮은 삼삭三索하여 득남한 것이니 소남少男이라고 할 수 있다. 태兌도 삼삭하여 득녀한 것이니 소녀少女라고 할 수 있다.

2-11

乾爲天, 爲圜, 爲君, 爲父, 爲玉, 爲金, 爲寒, 爲冰, 爲大赤, 爲良馬, 爲老馬, 爲瘠馬, 爲駁馬, 爲木果. 坤爲地, 爲母, 爲布, 爲釜, 爲吝嗇, 爲均, 爲子, 母牛, 爲大輿, 爲文, 爲衆, 爲柄. 其於地也爲黑. 震爲雷, 爲龍, 爲玄黃, 爲旉, 爲大塗, 爲長子, 爲決躁, 爲蒼筤竹, 爲萑葦. 其於馬也爲善鳴, 爲馵足, 爲作足, 爲的顙. 其於稼也爲反生. 其究爲健, 爲蕃鮮. 巽爲木, 爲風, 爲長女, 爲繩直, 爲工, 爲白, 爲長, 爲高, 爲進退, 爲不果, 爲臭. 其於人也爲寡髮, 爲廣顙, 爲多白眼, 爲近利市3倍, 其究爲躁卦. 坎爲水, 爲溝瀆, 爲隱伏, 爲矯輮, 爲弓輪. 其於人也, 爲加憂, 爲心病, 爲耳痛, 爲血卦, 爲赤. 其於馬也, 爲美脊, 爲亟心, 爲下首, 爲薄蹄, 爲曳. 其於輿也, 爲多眚, 爲通, 爲月, 爲盜. 其於木也, 爲堅多心. 離爲火, 爲日, 爲電, 爲中女, 爲甲胄, 爲戈兵. 其於人也, 爲大腹. 爲乾卦, 爲鱉, 爲蟹, 爲蠃, 爲蚌, 爲龜, 其於木也, 爲科上稿. 艮爲山, 爲徑路, 爲小石, 爲門闕, 爲果蓏, 爲閽寺, 爲指, 爲狗, 爲鼠, 爲黔喙之屬. 其於木也, 爲堅多節. 兌爲澤, 爲少女, 爲巫, 爲口舌, 爲毀折, 爲附決. 其於地也, 爲剛鹵, 爲妾, 爲羊.

건乾은 천天과 환圜 : 둥근 것으로 천체의 원운동을 상징, 군君, 부父, 옥玉, 금金, 한寒, 빙冰, 대적大赤 : 크게 붉은 것으로 盛陽을 상징, 양마良馬, 노마老馬 : 건장함이 오래된 것을 상징, 척마瘠馬 : 건장함을 심히 소진한 것을 상징, 박마駁馬 : 虎豹를 먹을 정도의 건장함을 상징, 목과

木果 : 별이 하늘에 달린 것을 상징에 해당한다.

坤곤은 지地와 모母, 포布 : 널리 감싸는 것을 상징, 부釜 : 숙성시키는 것을 상징, 인색吝嗇 : 그 땅에서 자란 것을 다른 곳으로 옮기지 않는 것을 상징, 균均, 자子, 모우母牛, 대여大輿 : 만물을 싣는 것을 상징, 문文 : 만물의 색을 물들이는 것을 상징, 중衆, 병柄 : 생물의 근본을 상징에 해당한다. 그 땅에서 나는 것은 결국 흑색黑色 : 極陰을 상징이 된다.

진震은 뇌雷와 용龍, 현황玄黃 : 서로 섞여 푸른색을 내는 것을 상징, 부旉 : 봄날의 생기를 상징, 대도大塗 : 큰길, 장자長子, 결조決躁 : 돌진, 창랑죽蒼筤竹 : 푸른 대나무, 환위萑葦 : 갈대에 해당한다. 말로 치면 선명마善鳴馬 : 잘 우는 말와 주족馵足 : 왼쪽 뒷발이 흰 것, 작족作足 : 잘 달리는 것, 적상的顙 : 흰 이마를 가진 것 등이 이에 해당한다. 심은 곡식으로 치면 반생反生 : 밑에서 위로 돋아나는 새싹을 의미이 이에 해당한다. 요컨대 건장하고 번선蕃鮮 : 번성하여 싱싱함한 것이 이에 해당한다.

손巽은 목木과 풍風, 장녀長女, 승직繩直 : 줄처럼 사용되는 直木과 같이 호령하여 바르게 만드는 것을 상징, 공工 : 바르게 하는 것을 상징, 백白, 장長, 고高, 진퇴進退, 불과不果 : 과감치 못함을 지칭, 취臭 : 향내에 해당한다. 사람으로 치면 과발寡髮 : 모발이 적은 사람과 광상廣顙 : 넓은 이마, 다백안多白眼 : 흰자위가 많은 눈, 근리시3배近利市三倍 : 이익을 가까이 하여 3배로 장사하는 사람가 이에 해당한다. 요컨대 이는 조괘躁卦 : 조급함을 나타내는 괘에 해당한다.

감坎은 수水와 구독溝瀆 : 개천과 도랑, 은복隱伏 : 숨어 엎드리는 것을 지칭, 교유矯輮 : '교'는 굽은 것을 바로잡는 것, '유'는 곧은 것을 굽게 하는 것을 의미, 궁륜弓輪에 해당한다. 사람으로 치면 가우加憂 : 근심을 더함와 심병心病 : 마음에 드는 병, 이통耳痛 등이 이에 해당한다. 이는 혈괘血卦 : 피를 나타내는 괘로 적색赤色이다. 말로 치면 미척美脊 : 보기 좋은 등뼈과 극심亟心 : 조급한 마음, 하수下首 : 머리를 숙임, 박제薄蹄 : 엷은 말굽, 예曳 : 질질 끄는 것 등이 여기에 해당한다. 수레로 치면 다생多眚 : 사고가 많음과 통通 : 구멍을 통과하는 것을 상징, 월月 : 물의 精華를 상징, 도盜가 이에 해당한다. 나무로 치면 견다심堅多心 : 단단하고 심이 많은 나무를 지칭이 이에 해당한다.

이離는 화火와 일日, 전電, 중녀中女, 갑주甲冑 : 강함이 밖에 있음을 상징, 과병戈兵 : 스스로 막아내는 것을 상징에 해당한다. 사람으로 치면 대복大腹 : 음기를 품고 있음을 상징이 이에 해당한다. 이는 동시에 건괘乾卦 : 빛나는 것을 상징와 별鱉 : 자라, 해蟹 : 게, 나蠃 : 소라, 방蚌 : 조개, 구龜 : 거북에 해당한다. 나무로 치면 과상고科上稿 : '科'는 '空'으로 속이 비어 있어 위가 말라드는 것을 상징가 이에 해당한다.

간艮은 산山과 경로徑路 : 지름길, 소석小石, 문궐門闕 : 숭고함을 상징, 과라果蓏 : '과'는 나무열매, '라'는 풀열매, 혼시閽寺 : 대궐의 내시로 사람의 출입금지를 상징, 지指 : 손가락, 구狗, 서鼠, 검훼지속黔喙之屬 : 검은 부리의 무리에 해당한다. 나무로 치면 견다절堅多節 : 단단하고 마디가 많은 것이 이에 해당한다.

태兌는 택澤과 소녀少女, 무巫 : 口舌의 관장을 상징, 구설口舌 : 말을 잘하는 것을 상징, 훼절毁折 : 패하여 꺾임, 부결附決 : 붙었다 떨어짐에 해당한다. 땅으로 치면 강로剛鹵 : 매우 짠 것을 의미에 해당하고 첩妾과 양羊 : 순종을 상징 등이 이에 속한다.

제3장 서괘전(序卦傳)

〈서괘전〉은 글자 그대로 64괘의 배열 순서를 서술한 것이다. 64괘를 만물생성의 원리에 입각해 합리적으로 배열한데서 그 특징을 찾을 수 있다. 그러나 일부 대목은 견강부회한 느낌을 주고 있어 이를 그대로 인용하는 것은 적잖은 문제가 있다. 한무제 이후에 만들어진 것으로 보는 견해도 있으나 〈서괘전〉의 내용이 『회남자』에 인용된 점에 비춰 대략 전한제국 초기에 이뤄진 것으로 보는 게 타당할 것이다.

3-1

有天地, 然後萬物生焉. 盈天地之間者唯萬物, 故受之以『屯』, 屯者, 盈也. 屯者, 物之始生也. 物生必蒙, 故受之以『蒙』. 蒙者, 蒙也, 物之穉也. 物穉不可不養也, 故受之以『需』. 需者, 飮食之道也. 飮食必有訟, 故受之以『訟』. 訟必有衆起, 故受之以『師』. 師者, 衆也. 衆必有所比, 故受之以『比』. 比者, 比也. 比必有所畜, 故受之以『小畜』. 物畜然後有禮, 故受之以『履』. 履而泰然後安, 故受之以『泰』, 泰者, 通也. 物不可以終通, 故受之以『否』. 物不可以終否, 故受之以『同人』. 與人同者, 物必歸焉, 故受之以『大有』. 有大者, 不可以盈, 故受之以『謙』. 有大而能謙必豫, 故受之以『豫』. 豫必有隨, 故受之以『隨』. 以喜隨人者, 必有事, 故受之以『蠱』. 蠱者, 事也. 有事而後可大, 故受之以『臨』. 臨者, 大也. 物大然後可觀, 故受之以『觀』. 可觀而後有所合, 故受之以『噬嗑』. 嗑者, 合也. 物不可以苟合而已, 故受之以『賁』. 賁者, 飾也. 致飾然後亨則盡矣, 故受之以『剝』. 剝者, 剝也. 物不可以終盡剝, 窮上反下, 故受之以『復』. 復則不妄矣, 故受之以『无妄』. 有无妄然後可畜, 故受之以『大畜』. 物畜然後可養, 故受之以『頤』. 頤者, 養也. 不養則不可動, 故受之以『大過』. 物不可以終過, 故受之以『坎』. 坎者, 陷也. 陷必有所麗, 故受之以『離』. 離者, 麗也.

천지가 있은 연후에 만물이 생겨났다. 천지 사이에 차 있는 것은 오직 만물뿐이다. 그래서 「건괘乾卦」와 「곤괘坤卦」의 다음을 「준괘屯卦」로 받는다. 준屯은 차 있다는 것이니 곧 만물의 시생始生을 뜻한다. 만물은 생겨날 때 반드시 어리다. 그래서 그 다음을 「몽괘蒙卦」로 받는다. 몽蒙은 어리다는 것이니 곧 물건이 치穉 : 幼稚함을 뜻한다. 물건이 유치하니 기르지 않을 수 없다. 그래서 그 다음을 「수괘需卦」로 받는다. 수需는 음식飮食을 말하니 음식에는 반드시 송사가 뒤따른다. 그래서 그 다음을 「송괘訟卦」로 받는다. 송사는 반드시 여러 사람이 일어난다. 그래서 그 다음을 「사괘師卦」로 받는 것이다.

사師는 무리를 뜻한다. 무리는 반드시 어울리기 마련이다. 그래서 그 다음을 「비괘比卦」로 받는다. 비比는 친비親比한다는 뜻이다. 친비에는 반드시 서로 쌓아둔 것을 갚는 바가 있다. 그래서 그 다음을 「소축괘小畜卦」로 받는다. 물건이 쌓인 연후에 예禮가 있게 된다. 그래서 그 다음을 「이괘履卦」로 받는다. 이履 : 禮가 통한 후에 편안하다. 그래서 그 다음을 「태괘泰卦」로 받는다. 태泰는 통한다는 뜻이다. 물건이 끝까지 형통할 수는 없는 것이다.

그래서 그 다음을 「비괘否卦」로 받는다. 물건이 끝까지 비색否塞할 수는 없다. 그래서 그 다음을 「동인괘同人卦」로 받는다. 남과 어울려 협동하는 자에게는 물건이 반드시 돌아온다. 그래서 그 다음을 「대유괘大有卦」로 받는다. 큰 것을 지닌 자는 그것으로 만족치 않는다. 그래서 그 다음을 「겸괘謙卦」로 받는다. 큰 것을 지니고도 겸양할 수 있는 자는 반드시 기뻐한다. 그래서 그 다음을 「예괘豫卦」로 받는다. 예豫에는 반드시 수종하는 게 있다. 그래서 그 다음을 「수괘隨卦」로 받는다. 기쁨으로 수종하는 자는 반드시 일이 있다. 그래서 그 다음을 「고괘蠱卦」로 받는다. 고蠱는 일을 뜻한다. 사람은 일이 있은 연후에 가히 커질 수 있다.

그래서 그 다음을 「임괘臨卦」로 받는다. 임臨은 크다는 뜻이다. 물건이 큰 연후에 가히 볼 수 있다. 그래서 그 다음을 「관괘觀卦」로 받는다. 가히 볼 수 있는 연후에 합해지는 바가 있다. 그래서 그 다음을 「서합괘噬嗑卦」로 받는다. 합嗑은 합친다는 뜻이다. 물건은 구차하게 합쳐지기만 할 수는 없다. 그래서 그 다음을 「비괘賁卦」로 받는다. 비賁는 꾸민다는 뜻이다. 물건이 문식을 한 연후에 형통하면 그 이상 더 할 수는 없다. 그래서 그 다음을 「박괘剝卦」로 받는다. 박剝은 박락剝落을 뜻한다. 물건은 박락으로 모두 없어질 수는 없으니 궁상반하窮上反下 : 박락이 위에서 다 이뤄지면 다시 근본으로 돌아옴하게 된다.

그래서 그 다음을 「복괘復卦」로 받는다. 복復은 곧 불망不妄 : 거짓되지 않음을 뜻한다. 그래서 그 다음을 「무망괘无妄卦」로 받는다. 망령된 마음이 없어야 가히 저축할 수 있다. 그래서 그 다음을

「대축괘大畜卦」로 받는다. 물건이 저축된 연후에 가히 사람을 기를 수 있다. 그래서 그 다음을 「이괘頤卦」로 받는다. 이頤는 기른다는 뜻이다. 기르지 않으면 활동할 수 없다. 그래서 그 다음을 「대과괘大過卦」로 받는다. 물건은 끝까지 지나치게 기를 수만은 없다. 그래서 그 다음을 「감괘坎卦」로 받는다. 감坎은 함몰한다는 뜻이다. 함몰에는 반드시 부딪치는 바가 있다. 그래서 그 다음을 「이괘離卦」로 받는다. 이離는 부딪친다는 뜻이다.

3-2

有天地然後有萬物, 有萬物然後有男女, 有男女然後有夫婦, 有夫婦然後有父子, 有父子然後有君臣, 有君臣然後有上下, 有上下然後禮義有所錯. 夫婦之道不可以不久也, 故受之以『恒』. 恒者, 久也. 物不可以久居其所, 故受之以『遯』. 遯者, 退也. 物不可以終遯, 故受之以『大壯』. 物不可以終壯, 故受之以『晉』. 晉者, 進也. 晉必有所傷, 故受之以『明夷』. 夷者, 傷也. 傷於外者, 必反其家, 故受之以『家人』. 家道窮必乖, 故受之以『睽』. 睽者, 乖也. 乖必有難, 故受之以『蹇』. 蹇者, 難也. 物不可以終難, 故受之以『解』. 解者, 緩也. 緩必有所失, 故受之以『損』. 損而不已必益, 故受之以『益』. 益而不已必決, 故受之以『夬』. 夬者, 決也. 決必有所遇, 故受之以『姤』. 姤者, 遇也. 物相遇而後聚, 故受之以『萃』. 萃者, 聚也. 聚而上者謂之升, 故受之以『升』. 升而不已必困, 故受之以『困』. 困乎上者必反下, 故受之以『井』. 井道不可不革, 故受之以『革』. 革物者莫若鼎, 故受之以『鼎』. 主器者莫若長子, 故受之以『震』. 震者, 動也. 物不可以終動, 止之, 故受之以『艮』. 艮者, 止也. 物不可以終止, 故受之以『漸』. 漸者, 進也. 進必有所歸, 故受之以『歸妹』. 得其所歸者必大, 故受之以『豊』. 豊者, 大也. 窮大者必失其居, 故受之以『旅』. 旅而无所容, 故受之以『巽』. 巽者, 入也. 入而後說之, 故受之以『兌』. 兌者, 說也. 說而後散之, 故受之以『渙』. 渙者, 離也. 物不可以終離, 故受之以『節』. 節而信之, 故受之以『中孚』. 有其信者必行之, 故受之以『小過』. 有過物者必濟, 故受之以『旣濟』. 物不可窮也, 故受之以『未濟』. 終焉.

천지가 있은 연후에 만물이 있다. 만물이 있은 연후에 남녀가 있고, 남녀가 있은 연후에 부부가 있고, 부부가 있은 연후에 부자父子가 있고, 부자가 있은 연후에 군신君臣이 있고, 군신이 있은 연후에 상하上下가 있고, 상하가 있은 연후에 예의禮義가 행해지는 것이다.

부부의 도는 오래 지속되지 않으면 안 된다. 그래서 부부의 도를 설명한 「함괘咸卦」의 다음을 「항괘恒卦」로 받는다. 항恒은 오래 간다는 뜻이다. 물건은 오래도록 제자리에 있을 수만은 없다. 그래서 그 다음을 「돈괘遯卦」로 받는다. 돈遯은 은둔한다는 뜻이다. 물건은 끝까지 은둔할 수만은 없다. 그래서 그 다음을 「대장괘大壯卦」로 받는다. 물건은 끝까지 크게 장성할 수만은 없다. 그래서 그 다음을 「진괘晉卦」로 받는다. 진晉은 나아간다는 뜻이다.

그러나 앞으로만 나아가면 반드시 상하기 마련이다. 그래서 그 다음을 「명이괘明夷卦」로 받는다. 이夷는 다친다는 뜻이다. 밖에서 다친 사람은 반드시 자기 집으로 돌아온다. 그래서 그 다음을 「가인괘家人卦」로 받는다. 가도家道는 오래되면 반드시 어그러지기 마련이다. 그래서 그 다음을 「규괘睽卦」로 받는다. 규睽는 어그러진다는 뜻이다. 어그러지면 반드시 난처해진다. 그래서 그 다음을 「건괘蹇卦」로 받는다. 건蹇은 간난艱難을 뜻한다. 물건은 끝가지 간난에 처할 수는 없다. 그래서 그 다음을 「해괘解卦」로 받는다. 해解는 완만을 뜻한다. 완만해지면 반드시 잃는 바가 있다. 그래서 그 다음을 「손괘損卦」로 받는다. 손해는 끝까지 볼 수 없기에 반드시 이익을 보게 된다. 그래서 그 다음을 「익괘益卦」로 받는다.

이익은 끝까지 볼 수 없기에 반드시 시비를 결단하게 된다. 그래서 그 다음을 「쾌괘夬卦」로 받는다. 쾌夬는 결단을 뜻한다. 결단하면 반드시 뜻을 같이 하는 자를 만나게 된다. 그래서 그 다음을 「구괘姤卦」로 받는다. 구姤는 만남을 뜻한다. 물건은 서로 만난 후에 모인다. 그래서 그 다음을 「췌괘萃卦」로 받는다. 췌萃는 모인다는 뜻이다. 모여서 위로 가는 것을 승升이라고 한다. 그래서 그 다음을 「승괘升卦」로 받는다. 위로 계속 가면 반드시 곤궁해진다. 그래서 그 다음을 「곤괘困卦」로 받는다. 위에서 곤궁한 사람은 반드시 아래로 돌아온다. 그래서 그 다음을 「정괘井卦」로 받는다. 우물은 오래 되면 탁하게 되니 혁신하지 않을 수 없다. 그래서 그 다음을 「혁괘革卦」로 받는다.

물건을 혁신하는 것으로는 새 것을 놓고 끓이는 솥과 같은 게 없다. 그래서 그 다음을 「정괘鼎卦」로 받는다. 기물을 주관하는 사람으로는 장자長子만한 사람이 없다. 그래서 그 다음을 「진괘震卦」로 받는다. 진震은 움직인다는 뜻이다. 물건은 끝까지 움직일 수는 없고 결국 멈추기 마련이다. 그래서 그 다음을 「간괘艮卦」로 받는다. 간艮은 멈춘다는 뜻이다. 물건은 끝까지 멈춰 있을 수는 없다. 그래서 그 다음을 「점괘漸卦」로 받는다. 점漸은 앞으로 나아간다는 뜻이다.

앞으로 나아가면 반드시 돌아가는 데가 있다. 그래서 그 다음을 「귀매괘歸妹卦」로 받는다. 돌아갈 데를 찾은 사람은 반드시 커진다. 그래서 그 다음을 「풍괘豊卦」로 받는다. 풍豊은 크다는 뜻이다. 극도로 커지면 반드시 거처를 잃게 된다. 그래서 그 다음을

「여괘旅卦」로 받는다. 여행하는 나그네가 되었으나 받아주는 곳이 없다. 그래서 그 다음을 「손괘巽卦」가 받는다. 손巽은 들어간다는 뜻이다. 들어간 연후에 기뻐하게 된다. 그래서 그 다음을 「태괘兌卦」로 받는다. 태兌는 기뻐한다는 뜻이다.

기뻐한 뒤에는 싫어져 흩어지게 된다. 그래서 그 다음을 「환괘渙卦」로 받는다. 환渙은 떠난다는 뜻이다. 물건은 끝까지 떠나 있을 수는 없다. 그래서 그 다음을 「절괘節卦」로 받는다. 절제하는 자는 신념이 있다. 그래서 그 다음을 「중부괘中孚卦」로 받는다. 신념이 있는 자는 반드시 행동으로 옮겨 약간 지나친 바가 있게 된다. 그래서 그 다음을 「소과괘小過卦」로 받는다. 예의와 행동에 지나친 바가 있는 자는 반드시 세속의 나쁜 풍속을 교정하는 바가 있다. 그래서 그 다음을 「기제괘旣濟卦」로 받는다. 물건은 끝까지 구제할 수는 없고 궁극에 이르면 어그러지기 마련이다. 그래서 그 다음을 「미제괘未濟卦」로 받는다. 이를 본받아 서괘序卦의 순환이 끝나고 다시 시작하는 것이다.

제4장 잡괘전(雜卦傳)

〈잡괘전〉은 괘의 순서에 구애되지 않고 내용상 상반되는 두 괘를 쌍으로 묶어 서로 비교하면서 그 특징을 설명해 놓았다. 이는 사상事象의 특징을 드러내기 위한 것으로 보인다. 운문의 구조를 띠고 있는 점에 비춰 기송記誦의 편의를 위해 만들어진 것으로 추정되고 있다. 학계에서는 〈설괘전〉과 더불어 대략 전한제국 초기에 만들어진 것으로 보고 있다.

4-1

乾剛坤柔, 比樂師憂. 臨觀之義, 或與或求. 屯見而不失其居. 蒙雜而著. 震, 起也. 艮, 止也. 損益, 盛衰之始也. 大畜, 時也. 无妄, 災也. 萃聚而升不來也. 謙輕而豫怠也. 噬嗑, 食也. 賁, 无色也. 兌見而巽伏也. 隨, 无故也. 蠱, 則飭也. 剝, 爛也. 復, 反也. 晉, 晝也. 明夷, 誅也. 井通而困相遇也. 咸, 速也. 恒, 久也. 渙, 離也. 節, 止也. 解, 緩也. 蹇, 難也. 睽, 外也. 家人, 內也. 否泰, 反其類也. 大壯則止, 遯則退也. 大有, 衆也. 同人, 親也. 革, 去故也. 鼎, 取新也. 小過, 過也. 中孚, 信也. 豊, 多故也. 親寡, 旅也. 離上而坎下也. 小畜, 寡也. 履, 不處也. 需, 不進也. 訟, 不親也. 大過, 顚也. 姤, 遇也, 柔遇剛也. 漸, 女歸待男行也. 頤, 養正也. 旣濟, 定也. 歸妹, 女之終也. 未濟, 男之窮也. 夬, 決也, 剛決柔也, 君子道長, 小人道憂也.

「건괘乾卦」는 양강陽剛한 것이고, 「곤괘坤卦」는 음유陰柔한 것이다. 「비괘比卦」는 상하가 친화해 즐거운 것이고, 「사괘師卦」는 군사를 동원해 싸우므로 근심스러운 것이다. 「임괘臨卦」와 「관괘觀卦」는 상하가 서로 혜택을 주기도 하고, 받기도 한다는 뜻이다. 「준괘屯卦」는 밖으로 드러나지만 그 지위를 잃지 않고, 「몽괘蒙卦」는 다른 것과 섞여 있지만 현저히 드러난다. 「진괘震卦」는 일어나는 것이고, 「간괘艮卦」는 멈추는 것이다. 「손괘損卦」와 「익괘益卦」는 성쇠盛衰 : 손해가 극에 달해 이익이 되어 성장하고, 이익에 극에 달해 손해가 되어 쇠퇴함의 시초이다.

「대축괘大畜卦」는 때에 맞춰 축적하는 것고, 「무망괘无妄卦」는 경계해야 할 재앙이다. 「췌괘萃卦」는 사물을 모으는 것이고, 「승괘升卦」는 위로 올라가 돌아오지 않는 것이다. 「겸괘謙卦」는 신중하지 않은 채 경솔한 것이고, 「예괘豫卦」는 만족하여 태만한 것이다. 「서합괘噬嗑卦」는 먹는 것이고, 「비괘賁卦」는 꾸미는 것이나 여러 색을 합하므로 정해진 색이 없는 것이다. 「태괘兌卦」는 밖으로 나타나 보이는 것이고, 「손괘巽卦」는 안으로 숨어 엎드리는 것이다.

「수괘隨卦」는 사고가 없는 것이고, 「고괘蠱卦」는 신칙申飭 : 整齊하는 것이다. 「박괘剝卦」는 난숙爛熟하다는 것이고, 「복괘復卦는 근본으로 돌아오는 것이다. 「진괘晉卦」는 낮을 뜻하는 것이고, 「명이괘明夷卦」는 손상을 입는 것이다. 「정괘井卦」는 통하는 것이고, 「곤괘困卦」는 서로 만나는 것이다. 「함괘咸卦」는 빠른 것이고, 「항괘恒卦」는 오래가는 것이다. 「환괘渙卦」는 떠나는 것이고, 「절괘節卦」는 멈추는 것이다.

「해괘解卦」는 늦추는 것이고, 「건괘蹇卦」는 곤란한 것이다. 「규괘睽卦」는 집 밖의 일이고, 「가인괘家人卦」는 집 안의 일이다. 「비괘否卦」와 「태괘泰卦」는 비색이 다하면 형통하고 형통이 다하면 비색하니 서로 돌아가는 것이다. 「대장괘大壯卦」는 곧 멈추는 것이고, 「돈괘遯卦」는 곧 물러나는 것이다. 「대유괘大有卦」는 여러 무리를 이끄는 것이고, 「동인괘同人卦」는 무리와 친화하는 것이다. 「혁괘革卦」는 옛 것을 버리는 것이고, 「정괘鼎卦」는 새 것을 취하는 것이다.

「소과괘小過卦」는 뛰어나다는 것이고, 「중부괘中孚卦」는 미더운 것이다. 「풍괘豊卦」는 사고가 많은 것이고, 친근한 사람이 적은 것은 「여괘旅卦」이다. 「이괘離卦」는 올라가는 것이고, 「감괘坎卦」는 내려오는 것이다. 「소축괘小畜卦」는 공효가 적은 것이고, 「이괘履卦」는 한 곳에 처해 있지 않은 것이다. 「수괘需卦」는 앞으로 나아가지 않는 것이고, 「송괘訟卦」는 서로 친하지 않은 것이다.

「대과괘大過卦」는 뒤집혀 엎어지는 것이고, 「구괘姤卦」는 만나는 것이니 부드러운 게 강한 것을 만난다는 뜻이다. 「점괘漸卦」는 여자가 시집간다는 것이니 남자를 기다려 좇아서 행하는 것이다. 「이괘頤卦」는 양정養正하는 것이고, 「기제괘旣濟卦」는 자리가 정해진 것이다. 「귀매괘歸妹卦」는 여자가 출가하여 마치는 것이고, 「미제괘未濟卦」는 남자가 일을 하다 곤궁해지는 것이다. 「쾌괘夬卦」는 결단하는 것으로 양강陽剛으로 음유陰柔를 결단하니 군자의 도는 중도를 얻어 장구하고, 소인의 도는 중도를 잃어 근심에 빠지게 된다.

저자 후기

니담은 『중국의 과학과 문명』에서 종합을 지향하는 중국문화의 특징을 중국어 자체에서 찾은 바 있다. 이는 중국어가 논리적이며 분석적인 산문散文보다는 정서적이며 통합적인 운문韻文구조에 적합한 사실을 통찰한 데 따른 것으로 보인다. 사실 중국인은 매우 오래 전부터 사물의 실체보다는 사물 간의 상호관계에 비상한 관심을 기울였다.

수신修身에서 출발한 수덕修德의 논리가 개인 차원의 제가齊家는 말할 것도 없고 국가공동체 차원의 치국治國과 만국 차원의 억조창생億兆蒼生에 대한 평천하平天下 논리로 확장된 것도 바로 이 때문이라고 할 수 있다. 공자사상으로 상징되는 중국의 통치사상은 일체의 형이상학을 단호히 배격하며 개인과 국가공동체의 유기적인 결합에 비상한 관심을 기울인 데서 그 진가를 드러내고 있다. 니담이 인용한 바와 같이 서양인이 '그것은 본질적으로 무엇인가' 라고 묻자 중국인이 오히려 '그 기원과 결말에서 그것은 다른 일체의 사물과 어떤 관련이 있고 그것에 어떻게 반응해야 좋은 것인가' 라고 되물었다는 일화는 바로 이를 웅변적으로 설명하고 있다.

『주역』은 바로 64괘라는 상징부호 체계를 동원해 우주만물의 상호관계를 인간과 국가공동체의 상호관계를 다루는 통치에 적용시킨 대표적인 통치사상서라고 할 수 있다. 『주역』은 공자가 만년에 십익十翼이라는 역전易傳을 만들었다는 확신으로 인해 늘 가장 어려우면서도 최고 수준의 유가경전으로 대접받았다. 『주역』의 이러한 위치는 수천 년 동안 한번도 바뀌지 않았다. 이는 『주역』이 전한제국 초기에 유가경전으로 채택되면서 이미 예고된 일이기도 했다. 수많은 유가경전의 위서緯書가 조기에 사라졌음에도 불구하고 청대 말기까지 『주역』의 위서인 수종의 '역위易緯'가 그 명맥을 유지한 것은 바로 이 때문이었다.

이는 '역위'에 근거를 둔 참위설讖緯說이 전한과 후한을 통틀어 총 4백 년 동안 모든 유가경전의 주석을 지배한 사실과 무관치 않다. 군주의 통치를 천재지변의 재이災異와 연결시켜 해석한 참위설의 위력은 가공할 만했다. 전한제국의 멸망과 신新나라의 건국, 뒤이은 후한제국의 부흥이 모두 '참위설'에 근거한 것이었다. 중국의 전 역사를 통틀어 참위설이 이토록 맹위를 떨친 적은 전무후무했다. 이후 왕조교체기 때마다 '참위설'은 왕조전복 내지 신왕조 건국을 정당화하는 이론적 도구로 활용되었다.

이는 '참위설'이 『주역』의 쌍둥이격인 '역위'에 근거하고 있는 데다가 난세에 천하를 거머쥐고자 하는 야심가들이 도교에 깊이 빠져 있는 백성들을 『노자』와 『주역』 등을 이용해 혹세무민한 데 따른 것이었다. 위정자들조차 『주역』을 '복서卜筮'의 지침서로 활용하고 있는 상황에서 일반 백성들이 난해하기 짝이 없는 『주역』과 『노자』를 치인治人이 아닌 치기治己의 비서秘書로 인식한 것은 당연한 일이었다. 수많은 '역위'가 등장한 것은 바로 이 때문이었다. '참위설'과 '역위'는 마치 동전의 앞뒷면과 같은 관계를 맺고 있었던 셈이다.

『주역』이 '복서'의 지침서 내지 '참위설'의 근거로 이용되고 『노자』가 양생술養生術의 비서로 인식되고 있는 상황에서 통치사상서로 출발한 『주역』과 『노자』의 본래 모습을 되찾고자 한 사람이 바로 왕필王弼이었다. 왕필이 비록 노학老學과 장학莊學을 구별하지 않은 채 『주역』과 『노자』를 관통하는 요체를 '무위無爲'가 아닌 '무無'로 정리한 잘못이 있기는 하나 그 주장만큼은 『주역』과 『노자』를 통일적으로 해석코자 하는 당시의 시대적 조류를 반영한 것이었다.

이로써 동중서董仲舒의 『춘추번로春秋繁露』를 계기로 극성케 된 '참위설'이 서서히 잦아들고 '복서'에 침잠한 '상서역象數易'을 대신해 '의리역義理易'이 각광을 받기 시작했다. 그러나 『주역』과 『노자』를 통일적으로 해석코자 하는 노력은 더 이상 경주되지 못했다. 이는 『노자』에 대한 왕필의 주석이 나온 이후 이를 능가하는 주석서가 전혀 나오지 못한 것은 물론 『노자』가 이단서로 몰린 데 따른 것이었다.

21세기에 들어와 왕필의 전례를 좇아 다시 『주역』과 『노자』, 『논어』를 일이관지一以貫之하여 해석코자 하는 노력이 경주되고 있으나 아직 만족할 만한 성과가 나오지 못하고 있는 실정이다. 필자가 『논어론』과 『공자의 군자학』, 『노자론』에 뒤이어 본서를 펴내게 된 것도 바로 이런 흐름에 도움을 주고자 하는 충정에서 나온 것이다. 이는 말할 것도 없이 필자가 시종 강조해 온 '통치학' 의 외연을 확충하는 작업이기도 하다.

현재 학계의 전반적인 분위기를 보면 『주역』과 『노자』, 『논어』 모두 난세를 치세로 전환시키기 위한 노력의 일환으로 나온 뛰어난 통치사상서라는 사실 자체가 제대로 평가받지 못하고 있다. 통치사상 연구의 본령이라고 할 수 있는 정치학계에서 『주역』과 『노자』는 말할 것도 없고 『논어』에 대한 논문조차 찾아보기 힘든 사실이 이를 뒷받침한다. 『주역』과 『노자』에 관한 연구논문이 거의 철학계통에서만 쏟아져 나오고 있고 『논어』 강독이 주로 각 대학의 중문과에만 개설돼 있는 것도 이와 무관치 않다고 보아야 한다. 『주역』과 『노자』, 『논어』를 관통하고 있는 요체가 바로 군자의 치평治平에 있다는 사실 자체가 아예 무시되고 있는 것이다.

이는 전한제국 초기에 미신적인 형이상 이론인 음양오행설이 『주역』과 『노자』의 주석에 깊은 영향을 미친 사실과 무관치 않다. 사마천이 『사기』를 집필할 당시 잡가雜家의 일원인 음양가陰陽家 집단은 이미 소멸되어 있었으나 그들의 이론은 도가는 물론 유가 등 제자백가의 공유재산이 되어 있었다. 음양론에서 출발한 『주역』이 음양론과 오행설을 교묘히 결합시킨 음양가의 논리에 의해 '복서' 의 지침서로 전락케 된 것도 바로 이 때문이었다.

서양에서 『주역』에 대한 최고의 번역가로 평가받고 있는 리히하르트 빌헬름R. Wilhelm이 『주역』을 알 수 없는 자연현상의 길흉조짐에 대한 해석서로 간주한 것도 이와 무관치 않을 것이다. 그의 아들 헬무트 빌헬름H. Wilhelm의 번역서 역시 여기서 크게 벗어나지 않고 있다. 제자백가를 연구한 웨일리Waley 역시 『주역』을 고대 중국 농민의 '복서' 해설서로 보고 있다.

이는 『주역』에서 말하는 변역變易의 이치를 제대로 파악치 못한 데 따른 것으로 볼 수 있다. 절대자의 존재를 신봉하는 기독교 사상에 기반하고 있는 서양의 지식인들이 『주역』에서 말하는 변역의 이치를 제대로 파악키가 쉽지 않은 게 사실이다. 매사를 선악善惡 및 진위眞僞의 차원에서 접근하는 이분법적 사유의 한계가 서양문명의 한계이기도 하다.

서양의 이분법적 논리에서 가장 당혹스러워하는 것은 '자기모순'의 패러독스이다. 대표적인 예로 기원전 6세기의 크레타 섬 출신의 뛰어난 시인이자 예언가인 에피메니데스Epimenides가 언급한 '크레타 섬 사람의 거짓말' 패러독스를 들 수 있다. 그는 '크레타 섬 사람이 하는 말은 모두 거짓말이다'라는 유명한 말로 논리학 역사에 그 이름을 남겼다. 이 말의 가장 큰 패러독스는 이 말을 한 사람 자체가 크레타 섬 사람이라는 데 있다. 크레타 섬 사람이 스스로 크레타 섬 사람이 하는 말은 모두 거짓말이라고 할 경우 이는 그 말의 진위를 판별할 수 없게 만든다. 만일 그의 말이 참말이면 그는 거짓말을 한 셈이고, 그의 말이 거짓말이면 그는 참말을 하고 있는 셈이 되기 때문이다.

서양은 비록 한때 절대자의 존재를 사물 자체에서 찾는 분석적인 접근방법의 결실로 과학혁명과 산업혁명을 통해 2백 년 넘게 전 세계의 과학기술과 학문, 사상 등을 지배해 왔으나 현재 우리가 목도하듯이 일정한 한계를 드러내고 있다. 이는 '자기모순'의 패러독스에서 벗어날 수 없기 때문이다. 사물을 이분법적으로 쪼개는 접근방법은 아날로그 시대에 커다란 위력을 발휘했다. 그러나 디지털 시대에는 사물의 상호관계를 종합적으로 해석하지 않으면 사물의 궁극을 이해할 수 없게 된다.

에피메니데스가 언급한 패러독스는 사물의 상호관계를 종합적으로 이해하는 차원에서 접근하면 하등 문제 될 것이 없게 된다. 이 문제는 어떤 크레타 섬 사람이 '나를 제외한 크레타 섬 사람이 하는 말은 모두 거짓말이다' 라고 말하면 하등 패러독스의 대상이 될 수 없는 것이다. 말을 하는 사람이 비록 자신은 크레타 섬에 살고 있기는 하나 거짓말을 하는 나머지 크레타 섬 사람들과는 다르니 같은 사람으로 여기지 말아달라고 하면 하등 모순이 없게 된다.

그렇다면 서양은 왜 이토록 쉬운 문제를 '자기 모순' 의 패러독스로 인식한 것일까. 그것은 바로 선악과 진위의 중간에 선도 악도 아니고, 진실도 거짓도 아닌 것이 존재할 수 있다는 사실 자체를 인정치 않은 데 있다. 서양의 이분법적 논리는 크레타 섬 사람이 모두 거짓말쟁이로 규정되었을 경우 그들 중 참말을 하는 사람이 존재할 수 있다는 가능성 자체를 인정치 않는 것이다. 이는 『성경』이 '태초에 로고스Logos : 말씀가 있었다' 는 말로 시작하는 것과 무관치 않다. 종교에서 말하는 절대자의 '로고스' 에는 오직 선과 참만이 존재하는 까닭에 이에 반하는 모든 것은 악과 거짓으로 몰릴 수밖에 없게 된다.

그러나 중국은 신석기시대부터 농경문화를 유지한 까닭에 비록 '복서卜筮' 를 통해 길흉화복을 점단占斷하기는 했으나 절대자를 끌어들여 사물을 이분법적으로 재단할 필요성을 전혀 느끼지 않았다. 『주역』의 논리는 바로 여기서 출발하고 있는 것이다. 『주역』에서 가장 높이 평가하고 있는 '중정中正' 의 덕도 당사자의 '자강불식自彊不息'이 전제되지 않으면 제대로 발휘될 수 없다. 『노자』에서 말하는 '화복상의禍福相依' 개념도 마찬가지이다. 절대적으로 길하거나 흉한 것이 존재하지 않는 것이다.

여기에 바로 이분법적 분석방법으로는 도저히 해결할 수 없는 '자기 모순'의 역리를 풀 수 있는 해법이 담겨 있는 것이다. 가장 정밀한 언어체계인 수학조차 완전할 수 없음을 분명히 밝히고 있는 현대 수학의 총아인 괴델의 '불완전성 정리'는 이분법적 접근에 따른 아날로그적 사고의 불길한 종말을 예고하고 있다. 아날로그 시대의 변방에 불과했던 우리나라가 디지털 시대에 들어와 세계를 선도하는 디지털 강국이 된 것도 결코 우연만으로 볼 수는 없는 것이다.

틀린 것도 아니고, 옳은 것도 아니고, 틀리지 않은 것도 아니고, 옳지 않은 것도 아닌 것이 존재하는 것을 받아들일 수 있는 것이 바로 『주역』과 『노자』, 『논어』의 정신세계이다. 종교적 차원의 선악을 언급하고 있는 불가사상 역시 오랜 세월에 걸쳐 대승불교로 전화하면서 동일한 논리체계로 정립되었다.

『주역』에 나오는 64괘의 육효 중 양중음陽中陰과 음중양陰中陽의 이치를 가장 잘 나타내는 것이 바로 초효와 상효이다. 초효는 그 이전에 일어난 변역의 결과를 반영하고, 상효는 앞으로 일어날 변역의 방향을 상징한다. 초효와 상효가 비록 여타 효와 함께 동일한 괘 안에 존재하고 있지만 은장隱藏하고 있는 내용은 전혀 다른 것이다. 천지만물의 모든 변역은 양중음陽中陰과 음중양陰中陽의 변역 이치에서 벗어날 수 없는 것이다. 『주역』이 절대적인 개념의 길흉을 전혀 언급하지 않는 이유가 바로 여기에 있다. 이는 변역의 논리에 반하기 때문이다. '자강불식'은 변역 논리의 요체이자 인간의 이지理智에 대한 무한한 신뢰를 전제로 한 것이다. 『주역』과 『노자』, 『논어』의 이치가 하나로 관통하는 것도 바로 이 때문이다.

이러한 이치는 동양의 모든 고전에 두루 반영돼 있다. 『손자병법』에서 말하는 '병무상세兵無常勢 : 兵道는 늘 같은 兵勢를 유지하지 않는데 있음'와 『노자』에서 말하는 '상선약수上善若水 : 최상의 선은 물과 같이 자연스럽게 흐름', 『논어』에서 말하는 '미가여권未可與權 : 더불어 적의한 대책을 행하기에 부족함'은 바로 『주역』의 〈계사전〉에서 말하는 '유변소적唯變所適 : 오직 변하는 것만이 적당한 것임'과 그 취지를 같이 하는 것이다. 불가에서 말하는 불립문자不立文字와 교외별전敎外別傳의 정신 역시 『주역』의 '유변소적' 이치에서 벗어나지 않고 있다. 이는 임기응변臨機應變을 달리 표현한 것으로 치도의 관점에서 볼 때 소위 '왕패병용王覇兼用 : 왕도와 패도를 겸함'으로 요약되는 통치사상의 요체를 밝힌 것이기도 하다.

이를 통해 알 수 있듯이 『노자』와 『주역』, 『논어』는 바로 '자기 모순'의 패러독스를 뛰어넘어 사물의 궁극적인 이치를 이해할 수 있는 해법을 제시해 주고 있는 것이다. 10여 년 넘게 이념논쟁에 매몰된 나머지 과거의 일까지 들춰내 모든 것을 이분법적으로 재단함으로써 극심한 국론분열과 경제침체를 겪은 이제야말로 '자기 모순'의 패러독스를 뛰어넘을 때가 되었다. 나라를 잃고 전 국민이 일제의 노예가 되었던 상황을 두고 선악의 이분법적 잣대로 친일과 반일을 가르려고 시도하는 것은 사필史筆을 우습게 아는 것이다.

격동하는 21세기 동북아시대의 벽두에 작은 성과에 만족해 소모적인 논쟁을 일삼은 나머지 극히 소모적인 '자기 모순'의 패러독스를 자초해 국력을 소진시키는 것은 반역사적인 작태가 아닐 수 없다. 한반도 주변의 4대 강국이 약진을 거듭하고 있는 상황에서 우리만 한가하게 소모적인 논쟁을 지속할 경우 이내「기제괘」에서 말하는 초길종란初吉終亂의 위기에 처할 수밖에 없다. 이는 한민족 전체의 공멸을 의미한다. 자칫 '자강불식'을 소홀히 했다가는 반만년 역사에서 사상 최초로 나라를 잃고 전 국민이 일제의 노예가 된 1백 년 전의 전철을 밟지 말라는 법도 없다.

이제야말로 전 국민의 역량을 하나로 모아 총력전진할 때가 도래한 것이다. 시간이 우리만을 위해 특별히 기다려줄 리 없다. 이제라도 심기일전하여 '유변소적唯變所適'과 '임기응변臨機應變', '왕패병용王覇兼用' 등으로 상징되는『주역』과『노자』,『논어』의 정신세계를 정확히 이해해 난국타개의 기본정신으로 삼을 필요가 있다. 우리가 하기에 따라서는 잃어버린 10년을 2보 전진을 위해 1보 후퇴한 자수自修의 시간으로 만들 수도 있다. 그것이『주역』「이괘履卦」에서 말하는 '삭삭종길愬愬終吉 : 난국에 처했을지라도 두려워하며 조심하면 끝내 길함'의 활수活數에 부합하는 길이기도 하다. 현재의 난국을 도약의 계기로 삼는 것은 전적으로 우리의 몫이다.『주역』은 '자강불식'하는 자에게 모든 것이 더해진다고 했다. 위정자와 국민 모두에게 너나 할 것 없이 '자강불식'의 자세가 어느 때보다 절실히 요구되는 때가 아닐 수 없다.

✤ 참고문헌 ✤

1. 기본서

『논어』, 『맹자』, 『관자』, 『순자』, 『열자』, 『한비자』, 『윤문자』, 『노자』, 『장자』, 『묵자』, 『양자』, 『상군서』, 『안자춘추』, 『춘추좌전』, 『춘추공양전』, 『춘추곡량전』, 『여씨춘추』, 『회남자』, 『춘추번로』, 『오월춘추』, 『신어』, 『세설신어』, 『잠부론』, 『염철론』, 『국어』, 『설원』, 『전국책』, 『논형』, 『공자가어』, 『정관정요』, 『자치통감』, 『독통감론』, 『일지록』, 『명이대방록』, 『근사록』, 『송명신언행록』, 『설문해자』, 『사기』, 『한서』, 『후한서』, 『삼국지』.

2. 저서 및 논문

1) 한국

이기동, 『주역강설』(성균관대출판부, 2006).

가네타니 사다무 외, 『중국사상사』(조성을 역, 이론과 실천, 1988).

가리노 나오끼, 『중국철학사』(오이환 역, 을유문화사, 1995).

가이쯔까 시게끼, 『제자백가-중국고대의 사상가들』(김석근 외 역, 까치, 1989).

강신주, 『노자, 국가의 발견과 제국의 형이상학』(태학사, 2004).

고 형, 『주역』(김상섭 역, 예문서원, 1995).

고회민, 『주역철학의 이해』(정병석 역, 문예출판사, 1995).

곽동렬, 『문답식 주역과 한의학』(성보사, 1996).
곽말약, 『중국고대사상사』(조성을 역, 도서출판 까치, 1991).
곽신환, 『주역의 이해』(서광사, 1990).
김석진, 『대산 주역강해』(한길사, 1999).
김승혜, 『원시유교』(민음사, 1990).
김인철, 『다산의 주역』(경인문화사, 2003).
김인환, 『주역』(고려대출판부, 2006).
김재범, 『주역 사회학』(예문서원, 2001).
김항배, 『노자철학의 연구』(사사연, 1986).
남동원, 『주역해의』(나남, 2005).
남회근, 『주역 강의』(신원봉 역, 문예, 1997).
니담, 『중국의 과학과 문명』(이석호 역, 을유문화사, 1988).
니시지마 사다이끼, 『중국고대사회경제사』(변인석 편역, 한울아카데미, 1996).
다카다 아쓰시, 『주역이란 무엇인가』(이기동 역, 여강출판사, 1991).
마쓰시마 다까히로 외, 『동아시아사상사』(조성을 역, 한울아카데미, 1991).
모리모토 준이치로, 『동양정치사상사 연구』(김수길 역, 동녘, 1985).
모리야 히로시, 『중국고전의 인간학』(이찬도 역, 을지서적, 1991).
박재주, 『주역의 생성 논리와 과정 철학』(청계, 1999).
박정근, 『중국적 사유의 원형 : 주역과 중용을 중심으로』(살림, 2004).
북경대중국철학사연구실 편, 『중국철학사』(박원재 역, 자작아카데미, 1994).
빌헬름 리하르트, 『주역 강의』(진영준 역, 소나무, 1996).
서울대동양사학연구실 편, 『강좌 중국사』 1－7(지식산업사, 1989).
서정기, 『새 시대를 위한 주역』(글, 1992).
소공권, 『중국정치사상사』(최 명 역, 서울대출판부, 2004).
송재국, 『천하가 물에 빠지면 도(道)로써 건져야지』(솔출판사, 1997).
슈월츠, 『중국고대사상의 세계』(나성 역, 살림출판사, 1996)
신동준, 『논어론』(인간사랑, 2006).
______, 『순자론』(인간사랑, 2006)
______, 『노자론』(인간사랑, 2007).
심의용, 『주역 : 마음속에 마르지 않는 우물을 파라』(살림, 2006).
양 력, 『주역과 중국의학』(김충렬 외 역, 법인, 1993).

오오하마 아끼라, 『노자의 철학』(임헌규 역, 인간사랑, 1993).
요명춘 외, 『주역연구사』(심경호 역, 예문서원, 1994).
위백양, 『참동계 천유』(이윤희 외 역, 여강출판사, 1991).
유소감, 『노자철학』(김용섭 역, 청계, 2000).
이규환, 『심리로 풀어 쓴 주역』(미토, 2005).
이석명, 『노자도덕경하상공장구』(소명출판사, 2005).
이석명, 『백서노자』(청계, 2003).
이성규 외, 『동아사상의 왕권』(한울아카데미, 1993).
이성환, 『주역의 과학과 도』(정신세계사, 2002).
이 신, 『주역 : 주역의 강은 어디로 흘러갈 것인가』(이주행 역, 인간사랑, 1995).
이을호, 『다산의 역학』(민음사, 1993).
장대년, 『중국유물사상사』(최형식 역, 이론과 실천, 1989).
장영동, 『주역의 맛』(우리, 2005).
장일순, 『노자이야기』(다산글방, 1993).
전일환, 『난세를 다스리는 정치철학』(자유문고, 1990).
전해종 외, 『중국의 천하사상』(민음사, 1988).
정동국, 『주역 이해』(중문출판사, 2006).
주백곤, 『주역 산책』(예문서원, 1999).
주 희, 『주역본의』(백은기 역, 여강, 1999).
진희이, 『하락이수』(대유학당, 1997).
초굉익후, 『노자익』(이현주 역, 두레, 2000).
최 명, 『춘추전국의 정치사상』(박영사, 2004).
최영진, 『주역 이야기』(자음과 모음, 2006).
전 목, 『중국사의 새로운 이해』(권중달 역, 집문당, 1990).
평 유, 『천인관계론』(김갑수 역, 신지서원, 1993).
풍우란, 『중국철학사』(정인재 역, 형설출판사, 1995).
한국도교문화학회, 『도교와 생명사상』(국학자료원, 1998).
한국동양철학회 편, 『동양철학의 본체론과 인성론』(연세대출판부, 1990).
후외려, 『중국철학사』(양재혁 역, 일월서각, 1995).
황원구, 『중국사상의 원류』(연세대출판부, 1988).
호 적, 『중국고대철학사』(송긍섭 역, 대한교과서주식회사, 1983).

2) 중국

高　亨,『周易大全今注』(齊魯書社, 2003).
_____,『老子正詁』(中華書店, 1988).
高懷民,「中國先秦道德哲學之發展」『華岡文科學報』14(1982).
顧頡剛 外,『古史辨』1926-1941(上海古籍出版社).
郭末若,『十批判書』(古楓出版社, 1986).
金德建,『先秦諸子雜考』(中州書畵社, 1982).
譚宇權,『老子哲學評論』(文津出版社, 1992).
童書業,『先秦七子思想研究』(齊魯書社, 1982).
董眞卿,『周易會通』(上海古籍出版社, 1990).
廖墨香,『周易預測學指南』(中國華僑出版公司, 1991).
樓宇烈,『王弼集校釋』(中華書局, 1999).
牟宗三,『中國哲學的特質』(臺灣學生書局, 1980).
方立天,『中國古代哲學問題發展史(上, 下)』(中華書局, 1990).
傅樂成,「漢法與漢儒」『食貨月刊』復刊 5-10(1976).
徐復觀,『中國思想史論集』(臺中印刷社, 1951).
蕭公權,『中國政治思想史』(蕭公權先生全集4) (臺北聯經出版事業公司, 1980).
蘇誠鑑,「漢武帝"獨尊儒術"考實」『中國哲學史研究』1(1985).
孫　謙,「儒法法理學異同論」『人文雜誌』6(1989).
梁啓超,『先秦政治思想史』(商務印書館, 1926).
楊　寬,「戰國史」(上海人民出版社, 1973).
楊榮國 編,『中國古代思想史』(三聯書店, 1954).
楊幼炯,『中國政治思想史』(商務印書館, 1937).
楊鴻烈,『中國法律思想史』上, 下(商務印書館, 1937).
余培林,『老子讀本』(三民書局, 1985).
呂思勉,『秦學術槪論』(中國大百科全書, 1985).
吳　光,『黃老之學通論』(浙江人民出版社, 1985).
吳辰佰,『皇權與紳權』(儲安平, 1997).
王德有,『老子演義』(齊魯書社, 1990).

王　明,『道家和道教思想研究』(中國社會科學出版社, 1990).
王文亮,『中國聖人論』(中國社會科學院出版社, 1993).
王卡 點校,『老子道德經河上公章句』(中華書局, 1993).
饒宗頤,『老子想爾注校證』(上海古籍出版社, 1991).
熊十力,『新唯識論 : 原儒』(山東友誼書社, 1989).
袁庭棟,『周易初階』(巴蜀書社, 1991).
兪琰 撰,『周易集說 : 讀易擧要』(上海古籍出版社, 1990).
劉澤華,『先秦政治思想史』(南開大學出版社, 1984).
游喚民,『先秦民本思想』(湖南師範大學出版社, 1991).
李錦全 外,『春秋戰國時期的儒法鬪爭』(人民出版社, 1974).
李申 譯註,『老子衍今譯』(巴蜀書社, 1989).
李宗吾,『厚黑學』(求實出版社, 1990).
李澤厚,『中國古代思想史論』(人民出版社, 1985).
李衡 撰,『周易義海撮要』(上海古籍出版社, 1989).
任繼愈 譯著,『老子新譯』(中華書局, 1987).
林聿時 · 關峰,『春秋哲學史論集』(人民出版社, 1963).
張君勱,『中國專制君主政制之評議』(弘文館出版社, 1984).
張岱年,『中國倫理思想硏究』(上海人民出版社, 1989).
錢　穆,『先秦諸子繫年』(中華書局, 1985).
鄭剛中 撰,『周易窺餘』(上海古籍出版社, 1989).
鍾肇鵬,「董仲舒的儒法合流的政治思想」『歷史硏究』3(1977).
周立升 編,『春秋哲學』(山東大學出版社, 1988).
周燕謀 編,『治學通鑑』(精益書局, 1976).
陳鼓應 註譯,『黃帝四經今註今譯』(商務印書館, 1995).
______,『老子注譯及評價』(中華書局, 1984).
______,『老莊新論』(上海古籍出版社, 1992).
馮友蘭,『中國哲學史』(商務印書館, 1926).
項安世 撰,『周易玩辭』(上海古籍出版社, 1990).
許抗生,『帛書老子注譯與硏究』(浙江人民出版社, 1985).
惠棟 撰,『周易述』(上海古籍出版社, 1990).
胡　適,『中國古代哲學史』(商務印書館, 1974).

胡昌善 編,『八卦之迷 : 周易通解』(中國城市經濟社會出版社, 1990).

黃壽祺 外 撰,『周易譯註』(上海古籍出版社, 2001).

侯外廬,『中國思想通史』(人民出版社, 1974).

3) 일본

加藤常賢,『中國古代倫理學の發達』(二松學舍大學出版部, 1992).

角田幸吉,「儒家と法家」『東洋法學』12−1(1968).

岡田武彦,『中國思想における理想と現實』(木耳社, 1983).

鎌田 正,『左傳の成立と其の展開』(大修館書店, 1972).

高文堂出版社 編,『中國思想史(上, 下)』(高文堂出版社, 1986).

高須芳次郎,『東洋思想十六講』(新潮社, 1924).

顧頡剛 著 小倉芳彦 等 譯,『中國古代の學術と政治』(大修館書店, 1978).

館野正美,『中國古代思想管見』(汲古書院, 1993).

溝口雄三,『中國の公と私』(研文出版, 1995).

宮崎市定,『アジア史研究(I−V)』(同朋社, 1984).

金谷 治,『秦漢思想史研究』(平樂寺書店, 1981).

大久保隆郎也,『中國思想史(上)−古代. 中世−』(高文堂出版社, 1985).

大濱 晧,『中國古代思想論』(勁草書房, 1977).

渡邊信一郎,『中國古代國家の思想構造』(校倉書房, 1994).

服部 武,『論語の人間學』(富山房, 1986).

上野直明,『中國古代思想史論』(成文堂, 1980).

小倉芳彦,『中國古代政治思想研究』(青木書店, 1975).

守本順一郎,『東洋政治思想史研究』(未來社, 1967).

安岡正篤,『東洋學發掘』(明德出版社, 1986).

安居香山 編,『讖緯思想の綜合的研究』(國書刊行會, 1993).

宇野精一 外,『講座東洋思想』(東京大出版會, 1980).

栗田直躬,『中國古代思想の研究』(岩波書店, 1986).

伊藤道治,『中國古代王朝の形成』(創文社, 1985).

日原利國,『中國思想史(上,下)』(ぺリカン社, 1987).

中村 哲,「韓非子の專制君主論」『法學志林』74−4(1977).

中村俊也,「孟荀二者の思想と '公羊傳' の思想」『國文學漢文學論叢』20(1975).
紙屋敦之,『大君外交と東アジア』(吉川弘文館, 1997).
貝塚茂樹 編,『諸子百家』(筑摩書房, 1982).
戸山芳郎,『古代中國の思想』(放送大教育振興會, 1994).
丸山松幸,『異端と正統』(毎日新聞社, 1975).
丸山眞男,『日本政治思想史研究』(東京大出版會, 1993).
荒木見悟,『中國思想史の諸相』(中國書店, 1989).

4) 서양

Ahern, E. M., *Chinese Ritual and Politics* (London : Cambridge Univ. Press, 1981).

Allinson, R. (ed.), *Understanding the Chinese Mind : The Philosophical Roots* (Hong Kong : Oxford Univ. Press, 1989).

Aristotle, *The Politics* (London : Oxford Univ. Press, 1969).

Barker, E., *The Political Thought of Plato and Aristotle* (New York : Dover Publications, 1959).

Bell, D. A.,「Democracy in Confucian Societies : The Challenge of Justification.」in Daniel Bell et. al., *Towards Illiberal Democracy in Pacific Asia* (Oxford : St. Martin's Press, 1995).

Carr, E. H., *What is History* (London : Macmillan Co., 1961).

Cohen, P. A., *Between Tradition and Modernity : Wang T'ao and Reform in Late Ch'ing China* (Cambridge : Harvard Univ. Press, 1974).

Creel, H. G., *Shen Pu-hai. A Chinese Political Philosopher of The Fourth Century B.C.* (Chicago : Univ. of Chicago Press, 1975).

Cua, A. S., *Ethical Argumentation–A study in Hsün Tzu's Moral Epistemology* (Honolulu : Univ. Press of Hawaii, 1985).

De Bary, W. T., *The Trouble with Confucianism* (Cambridge, Mass./London : Harvard Univ. Press, 1991).

Fukuyama, F., *The End of History and the Last Man* (London : Hamish Hamilton, 1993).

Hsü, L. S., *Political Philosophy of Confucianism* (London : George Routledge & Sons, 1932).

Moritz, R., *Die Philosophie im alten China* (Berlin : Deutscher Verl. der Wissenschaften, 1990).

Munro, D. J., *The Concept of Man in Early China* (Stanford : Stanford Univ. Press, 1969).

Peerenboom, R. P., *Law and Morality in Ancient China–The Silk Manuscripts of Huang–Lao* (Albany, New York : State Univ. of New York Press, 1993).

Plato, *The Republic* (London : Oxford Univ. Press, 1964).

Pott, W. S., *A Chinese Political Philosophy* (New York : Alfred. A. Knopf, 1925).

Rubin, V. A., *Individual and State in Ancient China–Essays on Four Chinese Philosophers* (New York : Columbia Univ. Press, 1976).

Schwartz, B. I., *The World of Thought in Ancient China* (Cambridge : Harvard Univ. Press, 1985).

Taylor, R. L., *The Religious Dimensions of Confucianism* (Albany, New York : State Univ. of New York Press, 1990).

Tomas, E. D., *Chinese Political Thought* (New York : Prentice–Hall, 1927).

Tu, Wei–ming, *Way, Learning and Politics–Essays on the Confucian Intellectual* (Albany, New York : State Univ. of New York Press, 1993).

Waley, A., *Three Ways of Thought in Ancient China* (New York : doubleday & company, 1956).

Wu, Geng, *Die Staatslehre des Han Fei–Ein Beitrag zur Chinesischen Idee der Staatsräson* (Wien & New York : Springer–Verl., 1978).

| 신동준 |

1956년 충남 천안생
경기고등학교 졸업
서울대 정치학과 및 동대학원 졸업(정치학박사)
동경대 동양문화연구소 객원연구원
서울대, 외국어대, 국민대, 덕성여대 강사(현)
21세기 정치연구소 소장 겸 孟坡講院 원장(현)

저서
『통치보감』, 『관중과 제환공』, 『치도와 망도』
『역사대장정』, 『연산군을 위한 변명』
『덕치 · 인치 · 법치』, 『통치학원론』, 『삼국지통치학』, 『조조통치론』
『중국문명의 기원』, 『논어론』, 『공자의 군자학』, 『맹자론』, 『순자론』, 『노자론』.

역서
『난세를 평정하는 중국통치학-후흑학』, 『자치통감-삼국지』
『오월춘추』, 『전국책』, 『국어』, 『춘추좌전』, 『실록 열국지』.

논문
「선진 유법가의 치도관과 치본관의 비교연구」
「역대 대통령 통치행위에 대한 치도론적 비교연구」
「몽양주의에 관한 치도론적 분석」
「중도주의 이념정립에 관한 치도론적 고찰」

주역론

초판1쇄 / 2007년 5월 30일

지은이 **신동준**
펴낸이 **여국동**
펴낸곳 **도서출판 인간사랑**
인 쇄 **백왕인쇄**
제 본 **은정제책사**

출판등록 1983. 1. 26. / 제일-3호

정가 45,000원

ISBN 978-89-7418-725-5 03140

(411- 815) 경기도 고양시 일산구 백석동 1178-1
TEL (031)901-8144, 907-2003
FAX (031)905-5815
e-mail/igsr@yahoo.co.kr
igsr@naver.com